孤勇

左宗棠新传

1812—1885

刘江华 著

岳麓书社·长沙

图书在版编目(CIP)数据

孤勇:左宗棠新传/刘江华著. --长沙:岳麓书社,2025.2
ISBN 978-7-5538-1835-1

Ⅰ.①孤… Ⅱ.①刘… Ⅲ.①左宗棠(1812-1885)—传记
Ⅳ.①K827=52

中国国家版本馆CIP数据核字(2023)第079126号

GU YONG:ZUO ZONGTANG XIN ZHUAN

孤勇:左宗棠新传

作　　者:刘江华
出 版 人:崔　灿
出版统筹:马美著
责任编辑:刘　文　刘小敏
营销编辑:谢一帆　唐　睿　向媛媛
责任校对:舒　舍
封面设计:赤　徉

岳麓书社出版发行
地址:湖南省长沙市爱民路47号

版次:2025年2月第1版
印次:2025年2月第1次印刷
开本:640mm×960mm　1/16
印张:36.5
字数:545千字
书号:ISBN 978-7-5538-1835-1
定价:88.00元
承印:长沙鸿发印务实业有限公司

如有印装质量问题,请与本社印务部联系
电话:0731-88884129

为什么还要写左宗棠传

——代前言

1999年12月31日，新千年前夕，美国《新闻周刊》公布了"最近一千年全世界的40位智慧名人"评选结果。在这份由全球100多个国家的2000多名历史学家、政治学家、社会学家等评出的榜单中，中国有三人入选：一位是毛泽东，一位是成吉思汗，第三位，就是本书的主人公——左宗棠。

事业功名

左宗棠（1812—1885），湖南湘阴人，出生于清王朝由盛转衰的嘉庆朝，但经过他与同时代人如曾国藩、胡林翼、李鸿章，还有中枢大臣奕䜣、文祥，乃至最高统治者慈禧等人的努力，成就了一段颇为史家称道的"同光中兴"。左宗棠一生颇具传奇色彩，只是举人出身的他，后来官至东阁大学士、军机大臣等，成为清朝为数不多的由乙榜入阁的汉人大臣，并因军功被赐封为一等恪靖伯、二等恪靖侯。

对今人来说，左宗棠一生最大的功绩，当属打败阿古柏军队，粉碎俄英分裂、割据新疆的图谋，收复新疆广大领土，维护了祖国领土和主权的完整。收复新疆后，他先后5次上折，促成新疆建省，改新疆军府制为行省制，加强了中央政府对新疆的管理，为新疆的长治久安发挥了重要作用。在此过程中，他不惧沙俄陈兵恫吓，以武力为后盾，配合曾纪泽的外交谈判，迫使沙俄不得不交回窃据11年的伊犁。

收复新疆是中国近代抵抗外侮史上（除抗日战争外），中华民族难得一见的胜利。左宗棠也因此成为当之无愧的爱国将领、民族英雄。在上个世纪80年代，新中国开国上将王震将军接见左宗棠的曾孙左景伊时就说："左宗棠西征是有功的，否则，祖国西北大好河山很难设想。"[1]

左宗棠还有不少创造性的工作对后世产生重大的影响：他倡办福州船政局，开中国近代轮船制造业的先声，促进中国水师的近代化和近代海军的建立；他创设兰州机器制造局等，将近代工业首次引进西北；他奏请设台湾为行省，为中央政府对台湾的有效管理发挥了重要作用；他奏请设立总理海军事务衙门，以节制调遣全国所有沿海水师，为海军近代化建设迈出了重要的一步。

治国平天下之外，修身齐家方面，左宗棠也有不少可圈可点之处：他一生俭朴，践行"惟崇俭乃可广惠"[2]家书诗文63，身居高位后，依然"非宴客不用海菜，穷冬犹衣缊袍"[2]家书诗文58；他清廉自律，督师多年，仅用兵西北经手的军饷就达一亿零二百六十三万一千六百二十一两[3]277，但"未尝以余粟余财自污素节"[2]书信三309；他急公好义，很长一段时间每年只给家中寄银二百两养家，却动辄捐银万两帮助地方赈灾——有人统计，在岳麓书社版《左宗棠全集》所收213封左宗棠家书中，提及"助赈之事"就超过70处。左宗棠去世后，闽浙总督杨昌濬告诉朝廷，左宗棠出任钦差大臣督师十余载，"从未开支公费。官中所入，……岁寄家用不过十分之一"[2]附册714。学者秦翰才更是说，左宗棠为地方义举、救助他人，"挥霍去了他廉俸所入的百分之九十五"[4]8。

思想渊源

举人出身的左宗棠，能有此命数、时运和功业，与其自身的特质和努力有关，与时代的因缘际会有关，也与三湘大地所孕育的湖湘文化不无关系。

就地理位置而言，湖南北阻于洞庭湖，境内多山，"由长江侵袭而来的西方文化、沿海文化的潮水，沿江上溯，灌入洞庭湖中的很少。由港粤兴起的风雨，阻遏于粤北山区，进入三湘大地者不多"[5]100。这样的地理特点，使得以程朱理学为正统的儒家文化在湖南占据主流。

儒家文化浸润之下的左宗棠，有着突出的爱国主义情怀。他"丹心许国，白首筹边"[2]附册892：收复新疆之外，总督两江办理海防时，在奏折中说，"防所即是死所，当即捐躯以殉"[2]奏稿八240。中法战争爆发后，已是74岁的他，不顾老迈病弱，多次请缨去广西前线视师，并表示要为此立下"不效则请重治其罪，以谢天下"[2]札件596的军令状。

儒家文化浸润之下的左宗棠，身上却还有着湖南农民身上常见的朴拙。左宗棠自己曾说："吾湘之人，厌声华而耐艰苦，数千年古风未改。"[2]书信一615也正因为左宗棠能吃苦、肯任事，甚至有人称其为"湖南骡子"。历史学家茅海建先生也认为：与江南地区相比，湖南的农业还占据着绝对主导的地位，手工业与商业相对不发达。还由于这些地区开发未久，土地尚未高度集中，人们有着图谋发展、孜孜相求向上的气质。左宗棠身上，正承继了这种质朴笃实、勇于任事、锐意进取之风，才敢于"引边荒艰巨为己任"[2]奏稿六390，任天下之至难，筹兵、筹饷、筹粮、筹军械、筹转运，收复新疆。左宗棠去世时，他曾经的部属、魏源的族孙、后来曾任两江总督的魏光焘，在挽联中以"平生作事，独任其难"[2]附册809对左宗棠的为人与行事作了独特的概括。

一腔孤勇

举人出身的左宗棠，能有此命数、时运和功业，更与其身上的"孤勇"特质密切相关。

左宗棠的"孤勇"，首先表现在年轻时异于俗流，读经世致用之书。

左宗棠下大力气研读顾炎武的《天下郡国利病书》、顾祖禹的《读史方舆纪要》等书，还花了几年的时间，绘制了全国山川形势图和各省地图。他在安化小淹陶澍家做家庭教师的8年期间,更是"饱读国朝宪章掌故有用之书"[2]附册250,立志解决社会问题。

清朝自乾隆平定准葛尔叛乱之后,在一百多年的时间里,基本没有大规模战事,天下承平日久。当时,读书人人人忙着背《四书》《五经》,学着写八股文,削尖脑袋挤科考、奔仕途。左宗棠后来回忆,那时很多人都在嘲笑他看这些与科举无关的"闲书"。但后来的事实证明,这些经世致用的学问对左宗棠的事业帮助极大。光绪元年(1875),俄总参谋部军官索思诺福斯齐来华,曾与左宗棠比试地图知识。索氏拿的中国地图,临摹的是康熙朝时所绘制的内府舆图;而左宗棠告诉对方,乾隆时期,随着国土的增加,中国已经对康熙朝地图作出修订。一番比拼,索氏没占到任何便宜。左宗棠自己也对儿子们说,"频年兵事,颇得方舆旧学之力"[2]家书诗文76。左宗棠去世后,有人在挽联中就对左宗棠致力于经世致用之学给予积极评价,"一生经济,得争来半壁江山"[2]附册860。

其次,左宗棠的孤勇,表现为用兵陕甘时的"将在外,君命有所不受"。

同治七年(1868)左宗棠告诉慈禧、慈安两宫太后以及同治皇帝,陕甘用兵至少要5年时间。当时,几乎所有的人都觉得时间太长。5年用兵,并非一帆风顺:同治八年(1869)刚开始攻打马化隆占据的金积堡,就被绥远将军定安、署陕甘总督穆图善以及朝中御史参劾为激起民变;陕甘用兵每年所需饷银不下800万两,而金积堡打了将近两年尚未攻下,左宗棠因此被廷旨批为劳师糜饷;同治十二年(1873)肃州战役时,尽管清廷一再催促,但左宗棠在最后关头还是果断下令暂停攻击,改由增加大炮轰城以减少清兵伤亡;为尽快解决新疆危机,同治十三年(1874)从三月到八月,清廷至少五次下六百里加急谕旨,令左宗棠催促金顺出关。但鉴于肃州尚未攻下、后路没有扫清,鉴于粮食、军械等转运准备不足,左宗棠两度推迟金顺出关。

这些,都显示了左宗棠"将在外,君命有所不受"的气魄,以及实事求是、持有定见的胆识。

第三，左宗棠的"孤勇"，表现在同治十三年开始的海防塞防之争中。

所谓海防，指的是东南沿海各地防务；所谓塞防，则是指地处西北边塞的新疆防务。同治十三年三月日本入侵台湾，东南沿海局势顿时紧张；与此同时，新疆正被阿古柏和沙俄所占据。清廷为此下旨征求各督抚对海防和塞防的意见。以直隶总督兼北洋大臣李鸿章为代表的"海防派"，主张放弃塞防、专注海防。这种主张，还得到光绪帝的父亲醇亲王奕𫍽、刑部尚书崇实以及不少淮军将领的支持。

而左宗棠不为所动，在奏折中明确提出"东则海防，西则塞防，二者并重"的观点，并用事实和数据说话，成功说服清廷采纳其主张——用自己的努力，为收复和保全新疆奠定了坚实的基础。

第四，左宗棠的孤勇，表现为收复北疆和南疆后，坚持收复伊犁。

光绪四年（1878）收复北疆、南疆后，出使俄国头等钦差大臣崇厚与俄方签订了不平等条约。此时，李鸿章主张接受条约再徐图补救；驻英法公使曾纪泽主张不要轻言开战；沙俄则增兵中国边境，准备以武力逼迫清廷承认条约。

而左宗棠"针锋相对"，三路进兵，并不顾身患风疹、咯血等病状，进屯哈密，居中指挥。这为曾纪泽在前方与俄谈判提供了有力支撑，迫使沙俄做了他从来没有做过的事情——把吃到嘴的肥肉又吐了出来，同意将伊犁交还给中国，并放弃对中国约两万平方公里领土的索求等。

第五，左宗棠的孤勇，表现为在中法战争中，力主用兵，并不顾70高龄，多次请缨上前线。

光绪十年（1884），中法战争爆发后，年逾70的左宗棠目睹清廷在战事中接连失利后，不顾目疾未痊、毅然销假；以钦差大臣到福州督办军务时，还要亲率部队渡海援台；遗折中，对督师南下未能痛击法军、张我国威而"遗憾平生，不能瞑目"[6]——一腔孤勇，可谓贯穿一生。

本书新意

研究左宗棠的传记,已经不少了。我为什么还要写《孤勇:左宗棠新传》?或者说,本书与已有的书有什么不同?有哪些值得读者再费心力去阅读的新内容呢?

首先是史实的订正。

自2003年动念写一本关于左宗棠的传记起,二十年来,笔者在中国第一历史档案馆披沙拣金,摘录了近百万字的清宫档案。这些资料,对和左宗棠有关的史实,作了相当程度的订正:

比如,对左宗棠人生影响颇为重大的樊燮案,一直以来,都有不少传言——左宗棠曾掌掴或脚踢樊燮,咸丰皇帝曾下旨"左宗棠如有不法情事,可即就地正法"等。这些传言已被当作信史收入不少左宗棠的传记中,但根据清宫档案,这些都只是传言,并非历史真实。

再比如,关于曾国藩与左宗棠交恶的是非曲直,一般都认为是因为攻陷天京后,曾国藩奏报洪秀全及太平天国幼主、洪秀全的儿子洪福瑱已死,而时隔不久,左宗棠即上折说洪福瑱逃出。由此导致朝廷对曾国藩的不满,进而引发曾国藩与左宗棠的绝交。但实际上,曾左由历时三四十年的挚友到同治三年(1864)后的不通音问,矛盾是逐步积累的:早在咸丰七年(1857),当曾国藩从江西军营未经朝廷批准即回家奔父丧时,左宗棠就深为不满,两人当时将近一年不通音信;尽管左宗棠经曾国藩推荐被授予浙江巡抚,但自同治元年(1862)起,因为在广东办理厘金、李元度被参劾案、军饷等问题意见不合,两人矛盾日益尖锐。同治三年,不过只是总爆发。可绝大多数关于左宗棠的传记,都只关注同治三年总爆发的结果,而很少关注曾左矛盾累积的过程。如此处理,难免或让读者不明所以,或认为曾左断交仅因太平天国幼主一事,更有误导之嫌。

再比如,像左宗棠与胡雪岩逸事传闻,更是不胜枚举——有说左宗棠第一次见到胡雪岩时,就起了杀机。胡雪岩见状,赶忙提出献上粮食二十万石。左宗棠才转怒为喜。但实际上,根据清宫档案和《左宗棠全集》，两人未曾见面，左宗棠就奏保胡雪岩为其办理粮饷。除此之外，诸如左宗棠在胡雪岩破产时为其清减债务、胡雪岩阜康银号挤兑风潮时曾向左宗棠借银等众多以讹传讹的逸闻，也将在本书中得以澄清。

再比如，在边疆主将多用满洲旗人的清廷，左宗棠能在光绪元年出任进兵新疆统帅，很多观点都认为是军机大臣文祥的推荐。但考之清宫档案，文祥当时正请长期病假，并无向清廷推荐左宗棠的可能。

这样的史实考证，在本书中还有很多很多。通过对诸多传闻的考证，力争为读者还原一个真实的左宗棠。

第二个值得读者关注的，就是视野的拓展——除传主生活的大时代之外，还观照了传主的生活、家庭、情感及社会关系等。

家庭对左宗棠的影响是很大的：咸丰十年（1860），正在安徽宿松曾国藩大营的左宗棠，得知大儿子孝威生病后，立即返湘。同治十二年，孝威病逝，左宗棠十分伤心。正在为出兵新疆将士筹措军需粮秣的他，在给友人的信中，竟有"万念俱灰"这样的词句。这些，都表明左宗棠是个十分重视家庭的人。而在接连遭受丧妻、丧女、丧子等家庭变故的情况下，左宗棠毅然决然出任进兵新疆主帅，更显示出其公而忘私、国而忘家的高贵品格。本书倾注较大的篇幅写左宗棠的家庭，进而展现其情感，力求为读者呈现一个完整、立体、鲜活、有血有肉的左宗棠。比如，国人羞于谈钱，因此，在传统的传记中，很少有关于传主们银钱花销方面的记述。但实际上，左宗棠在书信中，尤其是在家书中，经常谈论银钱，就如何使用自己的养廉银、家中如何用钱等作出安排。而且，不仅左宗棠如此，与他同时代的曾国藩、郭嵩焘等在日记中，也详细记录了自己的收入和支出，包括别人送礼的钱数、自己送礼的数额等。金钱是面镜子，折射出人间百态。因此，本书设立专章，书写左宗棠的银钱观。

第三是不虚美、不饰过、不掩恶，力争写出左宗棠为人的特性。时下各类传记的一大缺点，就是对传主赞多弹少，写传主事功、优点多，说传主失误、缺点少。比如关于左宗棠送礼的问题，世人多觉得左宗棠为人耿介、廉直，居官清廉，既不送礼也不收礼。但实际上，左宗棠既收礼也送礼。虽然他收的，多是朋友所送的礼物。而且，遇到特别贵重的礼物，他一般都会折成钱给对方，甚至当即璧还。而在外官给京官送"冰敬""炭敬""别敬"成风的晚清，左宗棠、曾国藩、郭嵩焘等都不能免俗，无一例外都成了送礼者。

第四，传统的传记，主要叙述传主之事功，而较少叙及传主的性格、兴趣、局限、习惯等。但其实，这些细节既能体现传主之全貌，也能丰富读者对传主的了解。本书也为此设立专章。通过这些记述，读者将会发现：左宗棠成就收复新疆壮举的同时其实也性格褊狭、言语啰唆；喜欢书法的同时也反对子女们看《红楼梦》；高瞻远瞩筹建福州船政局，倡议新疆、台湾为独立行省等的同时，也赞成人肉入药的陋习。

概而言之，本书的特点至少有这些：订正史实错误——让读者认识更真实的左宗棠；拓展关注视角——既书写作为中兴名臣的左宗棠，又书写作为严父贤夫的左宗棠；不虚美不隐恶——既写左宗棠为国家所作的巨大贡献，也不回避左宗棠的不足和性格缺陷。所有这些，都是为了塑造一个真实鲜活、有血有肉的左宗棠。

写作方法及内容结构

在撰写此书过程中，作者采用了化整为零、归零为整的方法。

所谓化整为零，是将左宗棠一生按时间顺序、重大转折等分成若干横断面，对横断面所涉及的重大历史事件进行研究，对每一阶段左宗棠的所作所为进行详细解剖。本书部分内容曾以《从清宫档案看左宗棠樊燮案真相》《从清宫档案看左宗棠获救真相》《胡雪岩破产前后》《左宗棠进兵新疆的经济账》《伊犁收复始末》等文章的形式先后发表。

所谓归零为整，是指在对分阶段的左宗棠专题研究的基础上，将各个阶段的左宗棠事迹进行去粗存精的筛选，选取关于传主最典型的史实、言行、事功等，再进行综合，为读者呈现出一个完整真实的左宗棠。

本书在内容结构上，首先以时间为序，将左宗棠一生大体划分为青少年求学时期、小淹八年、湘幕八年、赣皖鏖战、用兵浙江、督师闽粤、经略陕甘、出关准备、收复新疆、交涉伊犁、为官京城、总督两江、福州病逝等主要阶段。在每个大阶段下面，都会再细分为若干小阶段。其他各大阶段的切分，则详见本书目录。

考虑现代读者的阅读习惯，作者行文时对左宗棠事功的书写作详略增删处理。左的一生，多用兵作战，纵横中国东部、东南、西北等13省，跨度大、时间长。如此，不可避免出现人名多、地名多、战斗多等情况。不做详略的取舍，估计会令读者望而生畏。

本书在结构上遵循的第二个原则，是叙述传主事功的同时，增加传主家庭生活、兴趣、性格方面的内容，并力求将这些内容与传主事功有机结合。为此，本书开列专章，介绍左宗棠的身体状况、性格与爱好、读书与治学、银钱收入与支出、妻妾与儿女等，以便让读者对左宗棠有更全面的了解。这些内容，多是其他各版左宗棠传记所不载的。

长久以来，关于历史人物的传记，就有文学传记、历史传记的划分。《李鸿章传》作者苑书义先生曾说：文学传记犹如人物画像，历史传记犹如人物照片[7]543。换言之，前者可以进行艺术加工，而后者则必须忠实于原型。就本书而言，其出发点和立足点自然是要写一部关于左宗棠的历史传记而非文学传记。为此，它更需要注重的，是史实的准确性、真实性。

但是，究竟如何行文才能让读者愿意阅读呢？或者说，本书是写成通俗读物还是学术专著呢？毕竟，只有读者喜欢，作者的付出才有意义。本书力求在通俗化和学术化二者之间求平衡，但客观而言，更偏重于传统传记的写作手法——以求能成为一部真实可信的传记。

同治十一年（1872），左宗棠叫停了湘人编撰《楚军纪事本末》之举——这本书，原是为记述左宗棠楚军功绩的。这一年，在家书中，左宗棠曾向儿子们透露了妻子周诒端生前的一个担忧——因觉得左宗棠向来不喜欢同尚空谈的文人打交道，周诒端担心左宗棠身后难得好名声，"日后恐无人作佳传"[2]家书诗文155。

周诒端显然是多虑了——任何对民族、对国家、对社会作出贡献的人，历史和人民是不会忘记的。

刘江华
2023 年 9 月 20 日

【注释】

[1] 左景伊. 左宗棠的爱国主义精神在历史上闪光：记王震同志谈左宗棠 [N]. 光明日报，1983-10-16.

[2] 左宗棠. 左宗棠全集 [M]. 长沙：岳麓书社，2009. 后文征引《左宗棠全集》均在夹注中简注分册书名与页码，全书照此处理，以省篇幅。另，本书所引《附册》及相关页码，均为岳麓书社 1996 年版《左宗棠全集》之《附册》，特此说明。

[3] 秦翰才. 左宗棠全传 [M]. 北京：中华书局，2016.

[4] 秦翰才. 左文襄公在西北 [M]. 长沙：岳麓书社，1994.

[5] 茅海建. 依然如旧的月色 [M]. 北京：生活·读书·新知三联书店，2022.

[6] 中国第一历史档案馆. 晚清官员遗折选编（上）[J]. 历史档案，2022（2）.

[7] 苑书义. 李鸿章传 [M]. 北京：人民出版社，2004.

目　录

第一章　底层读书人家庭
1　从一件小事看出大出息 ……………………………… 002
2　不因穷困而废学 ……………………………………… 005
3　传奇的中举经历 ……………………………………… 009

第二章　没考中进士
1　第一次落榜，与胡林翼订交 ………………………… 012
2　第二次落榜，得到名臣陶澍的激赏 ………………… 015
3　第三次落榜，终于放弃了 …………………………… 018

第三章　做了八年家庭教师
1　饱读有用之书 ………………………………………… 024
2　夫妻之间的私事也跟胡林翼讲 ……………………… 025
3　在柳庄买田安家 ……………………………………… 027
4　与林则徐湘江夜话 …………………………………… 030

第四章　避乱深山
1　婉拒了几个工作机会 ………………………………… 034
2　与郭嵩焘兄弟避乱深山 ……………………………… 037
　　考证：左宗棠避乱的地点在哪里？ ………………… 038

第五章　做了八年幕僚

1　胡林翼力促左宗棠出山 …… 041
2　第一次出山，与曾国藩重逢 …… 044
3　"围剿"浏阳征义堂 …… 048
4　第二次出山，救桑梓之难 …… 050
5　湖南援兵四出 …… 052
6　竟敢停用朝廷发行的纸钞 …… 057
7　用人的第一条是用人所长 …… 061
8　咸丰皇帝到处打听左宗棠的情况 …… 062
9　幕湘八年的作用及逸闻 …… 066
考证一：左宗棠何时进入长沙城？ …… 070
考证二：左宗棠何时离开武昌？ …… 071
考证三：左宗棠第二次出山是曾国藩设计的吗？ …… 072

第六章　樊燮案始末

1　案件爆发 …… 076
2　传言咸丰帝有密旨要将左宗棠就地正法 …… 081
3　胡林翼和曾国藩的营救活动 …… 084
4　湖南不可一日无左宗棠 …… 090
5　曾国藩这番话决定了左宗棠的命运 …… 094
6　案件余波 …… 095

第七章　进兵江西

1　这件事奠定左宗棠一生功业的基础 …… 099
2　左宗棠的部队为何叫楚军？ …… 101
3　曾左最后一次见面 …… 103
4　打了个大胜仗 …… 104
5　胡林翼病逝 …… 107

6　杭州已被太平军攻克 …………………………… 113
　　7　左宗棠临危出任浙江巡抚 …………………… 119
　考证：左宗棠当巡抚是连升三级吗？ …………… 121

第八章　巡抚浙江
　　1　发现太平军的秘密 …………………………… 123
　　2　胡雪岩第一次登场 …………………………… 125
　　3　奏调蒋益澧 …………………………………… 126
　　4　衢州保卫战 …………………………………… 128
　　5　浙江的转机在此一举 ………………………… 129
　　6　收复杭州 ……………………………………… 133
　　7　规复浙江全境 ………………………………… 136
　　8　平定浙江的三个问题 ………………………… 138

第九章　与曾国藩彻底闹翻
　　1　不再互相配合 ………………………………… 144
　　2　开始互相指责 ………………………………… 156
　　3　彻底闹翻了 …………………………………… 158
　　4　如何看待曾左的决裂？ ……………………… 162

第十章　督师闽粤
　　1　进军福建有四个困难 ………………………… 166
　　2　迎来福建战场的转折点 ……………………… 168
　　3　主要对手变成了汪海洋 ……………………… 169
　　4　汪海洋部的逃出与复振 ……………………… 171
　　5　嘉应州之战 …………………………………… 173

第十一章　与郭嵩焘也闹翻了
　　1　矛盾初起 ……………………………………… 176

2　为何要纠参郭嵩焘？ ……………………………… 177
　　3　如何看待左宗棠与郭嵩焘的矛盾？ …………… 183
　　4　失和的两个其他原因 …………………………… 189
　　5　晚年郭嵩焘对左宗棠更为不满 ………………… 191
　　6　最终恢复了联系 ………………………………… 193

第十二章　倡办福州船政局
　　1　一份具有历史意义的奏折 ……………………… 199
　　2　选定造船厂址 …………………………………… 201
　　3　请沈葆桢出山主持船务 ………………………… 202
　　4　动用西征军饷也要支持船政局 ………………… 204

第十三章　一次兴师动众的家人相会
　　1　好久不见家人面 ………………………………… 208
　　2　筹划三年的家庭聚会 …………………………… 209
　　3　短暂相聚又别离 ………………………………… 211
　　4　与妻子的最后一次相见 ………………………… 212
　　5　家里的变化 ……………………………………… 213

第十四章　军事生涯少有的失败
　　1　提出西北用兵的方略 …………………………… 217
　　2　从福州到潼关 …………………………………… 219
　　3　遭遇"走麦城" ………………………………… 223
　　4　痛骂爱子出气 …………………………………… 229

第十五章　经略陕甘
　　1　筹饷、筹粮、筹转运 …………………………… 233
　　2　由东北而西南的平陕方略 ……………………… 239
　　3　用兵甘肃 ………………………………………… 241

4　左宗棠用兵的特点 ………………………………………… 253
　　5　左宗棠对曾左关系做出结论 ……………………………… 258
　　6　陕甘总督府的诗酒唱和 …………………………………… 264

第十六章　成为收复新疆的主帅
　　1　阿古柏入侵 ………………………………………………… 270
　　2　沙俄出兵伊犁 ……………………………………………… 272
　　3　出关将领的变换 …………………………………………… 274
　　4　两度推迟金顺出关 ………………………………………… 277
　　5　悲喜：爱子病逝与入阁拜相 ……………………………… 280
　　6　阻止穆图善部队出关 ……………………………………… 283
　　7　西征粮台之争 ……………………………………………… 285
　　8　海防与塞防之争 …………………………………………… 288
　　9　出任收复新疆的统帅 ……………………………………… 293
　　考证：左宗棠成为出关的主帅是何人所荐？ ………… 296

第十七章　进兵新疆的准备
　　1　裁汰冗兵 …………………………………………………… 301
　　2　广筹军粮 …………………………………………………… 303
　　3　整顿兵马 …………………………………………………… 305
　　4　选调刘锦棠当前敌总指挥 ………………………………… 305
　　5　筹饷、筹枪械、练兵 ……………………………………… 307

第十八章　缓进急战
　　1　提出平定新疆的策略 ……………………………………… 313
　　2　出师不利 …………………………………………………… 315
　　3　三天连下四城 ……………………………………………… 316
　　4　缓攻吐鲁番 ………………………………………………… 319
　　5　收复南八城 ………………………………………………… 322

第十九章　交涉伊犁

1. 两次交涉均无成效 …… 330
2. 三路进兵，老帅出关 …… 334
3. 以武力为后盾支持曾纪泽的外交谈判 …… 339
4. 伊犁重回祖国怀抱 …… 341
5. 用兵新疆的头等大事 …… 342
6. "家书抵万金"的日子 …… 346
7. 军事生涯的顶峰 …… 349
8. 不复全疆誓不休 …… 352
9. 近代以来反抗外侮的第一次完胜 …… 354

考证：左宗棠真的抬棺出征了吗？ …… 357

第二十章　西北的建设与治理

1. 筑路造桥 …… 361
2. "引得春风度玉关" …… 362
3. 工业化尝试 …… 363
4. 恢复农业 …… 365
5. 兴办文教事业 …… 369
6. 促成新疆建省 …… 374

第二十一章　京城岁月

1. 向"潜规则"说不 …… 381
2. 兴修水利 …… 384
3. 力推洋烟加税 …… 388
4. 两次请求开缺 …… 389

考证一：究竟是谁奏调左宗棠入京？ …… 391
考证二：首度入值军机，左宗棠住在哪儿？ …… 392
考证三：左宗棠是得罪慈禧被赶出军机处的吗？ …… 393

第二十二章　总督两江

1. 五次出省巡视 …………………………………… 400
2. 筹备海防、江防 ………………………………… 402
3. 兴修两江水利 …………………………………… 405
4. 整顿盐务 ………………………………………… 408
5. 在胡雪岩破产案的漩涡中 ……………………… 413

第二十三章　病逝福州

1. 三次奏请开缺 …………………………………… 419
2. 中法战事起 ……………………………………… 422
3. 再次入京，被参劾了三次 ……………………… 424
4. 主动请缨赴福建前线 …………………………… 427
5. 保卫台湾 ………………………………………… 429
6. 屡次遭申饬，屡次求开缺 ……………………… 432
7. 推动建立海军中枢，力促台湾建省 …………… 434
8. 抱恨辞世 ………………………………………… 437

附　篇

第一章　身体状况

1. 终生受腹泻的困扰 ……………………………… 444
2. 潮州坠马落下腰腿酸痛之症 …………………… 446
3. 总督两江后目疾加重 …………………………… 448
4. 咯血之症时断时续 ……………………………… 449
5. 晚年饱受风疹之苦 ……………………………… 450
6. 左宗棠的致命伤 ………………………………… 452

第二章　性格与爱好

1. 喜欢吹牛 ………………………………………… 454

  2 细心、啰唆、事必躬亲 ·················· 456
  3 "非宴客不用海菜" ····················· 459
  4 也有自卑的一面 ······················· 460
  5 朝廷也知道左宗棠的毛病 ················ 461
  6 终生喜欢干农活 ······················· 463
  7 跟俄国军官比试地图知识 ················ 467
  8 靠练字来醒瞌睡 ······················· 469
  9 发毒誓戒酒但并未成功 ·················· 471
  10 对洋务的认识 ························ 473
  11 反对看《世说新语》《红楼梦》 ··········· 475
  12 赞赏割人肉当药 ······················ 475
  13 也曾滥保私人 ························ 476
  14 晚年意气 ···························· 477

第三章　读书与治学

  1 对待科举功名的态度 ···················· 480
  2 学问都从萧闲寂寞中出来 ················ 483
  3 读书不下万部 ························· 484
  4 "一字不许放过" ······················ 485
  5 自己开药方治病救人 ···················· 486
  6 学问发展的三个阶段 ···················· 487
  7 下苦功改正自己的缺点 ·················· 488

第四章　收入与支出

  1 发迹之前：时常需要岳母家接济 ··········· 491
  2 教书八年，买田安家 ···················· 493
  3 借了女婿1000多两银子 ················· 495
  4 每年只给家里寄200两银子 ··············· 496
  5 做了两年浙江巡抚，却从未领取养廉银 ····· 498
  6 当了闽浙总督，终于还清女婿家的欠债 ····· 501

7　30万两养廉银所剩无几 …………………………… 502
　　8　关于送礼那些事 …………………………………… 508
　　9　一掷千金与一毛不拔 ……………………………… 514

第五章　妻妾与儿女
　　1　正室周诒端：一辈子没享过什么福 ……………… 519
　　2　副室张氏：由陪嫁女侍到一品夫人 ……………… 523
　　3　大女儿做主给父亲纳妾 …………………………… 525
　　4　四个女儿皆能作诗 ………………………………… 526
　　5　四个儿子命运不同 ………………………………… 530
　　6　左宗棠的故居与坟墓 ……………………………… 536

第六章　幕府人才
　　1　左宗棠幕府发展简史 ……………………………… 541
　　2　幕宾人员的来源 …………………………………… 547
　　3　如何选择幕宾？ …………………………………… 552
　　4　如何培养幕宾？ …………………………………… 554
　　5　幕府中出了哪些高官？ …………………………… 560

第一章　底层读书人家庭

林语堂在《苏东坡传》中写道:"甚至才高如苏东坡,真正的生活也是由四十岁才开始。"[1]173

左宗棠何尝不是如此?咸丰二年(1852)40岁①之前,他作为一个落第举人,授徒之余,以务农为业,自号湘上农人。其间,虽也曾心忧天下,对第一次鸦片战争期间琦善的误国和清廷的投降不胜愤懑,却英雄无用武之地,只能"世事悠悠袖手看";40岁那年,他应新任湖南巡抚张亮基之邀,出山入幕,赞襄军政,实际把持湖南权柄长达8年之久,揭开人生新的一页。咸丰十年(1860)更是乘时而起,帮办曾国藩军务,两年后(1862)而浙江巡抚,三年后(1863)而闽浙总督,六年后(1866)而陕甘总督、主持西北军政将近14年,并出任东阁大学士、军机大臣,成为清朝268年历史中为数不多的以举人入阁的汉人大学士。②

不过,在展开左宗棠40岁以后的人生画卷之前,我们先了解了

---

① 中国人的年龄,有虚岁和足岁之说。所谓虚岁,是指出生即一岁,哪怕这个人当年12月31日出生,第二天元旦过后,即为两岁。足岁,则是指从这年12月31日到第二年12月31日方为一岁。本书所说的左宗棠年龄,是按前一种方法计算。

② 甚至有评论说左宗棠"由乙榜入相,本朝第一人也"。见叶昌炽《缘督庐日记抄》,同治十二年十一月二十五日。左宗棠自己也对户部侍郎袁保恒说:"弟以乙科躐跻端揆,事不经见。朝廷逾格录用,本非梦想所期。"见《左宗棠全集·书信二》,第421页。

解青少年时代的左宗棠。

1 从一件小事看出大出息

嘉庆十七年农历十月初七日（1812年11月10日），左宗棠出生于湖南湘阴县南文家局左家塅。① 左氏先人自南宋就迁至此，世居左家塅。

一个人物发迹之后，附在他身上的灵异之说也就应运而生。"天命玄鸟，降而生商"；汉朝开国皇帝刘邦出生前，他的母亲刘媪在湖边坡地休息，梦与神遇，蛟龙压身上而孕刘邦。这样的传言堂而皇之地被司马迁写进了《史记》。左宗棠后来贵为大学士、军机大臣，职权相当于丞相，他的出生也就有了传说——其三子左孝同在《先考事略》中写道：左宗棠将生的时候，祖母梦见有神仙从空中降落到家中庭院，自称是牵牛星下凡。祖母醒后，生下了左宗棠。[2]3

这样的附会自然不足为凭。左宗棠的家庭，其实就是晚清中国南方一个很普通的耕读之家，"余先世耕读为业，以弟子员附郡县学籍者凡七辈"。[3]家书诗文235 左宗棠刚出生时，祖父母、父母都健在。在他之前，家里的男丁已经有了大哥左宗棫、二哥左宗植，此时分别为13岁、9岁。② 此外还有三个姐姐，最大的左寿清已经15岁——一个十口人的大家庭。因此可以说，左宗棠的降生并没有给这个家庭带来太多的喜悦。

左宗棠的曾祖父左逢圣虽贫却乐善好施，曾经在家附近的高华岭设茶摊，免费为行人供茶十余年。今天的湖南玉池山还专门立碑纪

---

① 今岳阳市湘阴县界头铺镇新光村。左宗棠出生时间有十月初六日和初七日两种说法；出生地，有湘阴县东乡和湘阴县南乡两说。经考证，取十月初七日出生于湘阴县南乡之说。这里的南乡，指的是湘阴南向、南部。具体考证过程详见刘江华：《左宗棠传信录：基于清宫档案的真相还原》，岳麓书社，2017年，第2—4页。以下简称《左宗棠传信录》，特此说明。

② 左氏三兄弟的字，和排行有关。左宗棫，字伯敏；左宗植，字仲基，一字景乔；左宗棠因为行三，故字季高。见罗正钧：《左宗棠年谱》，岳麓书社，1983年，第2页。

念，成为当地一景点。

祖父左人锦①是国子监生。国子监是国家开办的学校，就读于这个学校的人，可以直接和举人一起参加在京城举行的选取进士的会试。这在当时可以说是一个文化人了。他在族中算是较有威望，曾经仿照古代社仓法，号召族人捐谷，建族仓预备荒年。这种未雨绸缪的做法，还是有些效果的。遇到农业收成较差的时候，他们就开族仓放粮，帮大家度过饥荒。左人锦根据自身经历还制定了《族仓条约》。这些公众活动无疑大大增加了左宗棠一家在族人中和在当地的威望，使得多年后左宗棠回乡招募兵马、组建楚军时进展顺利。

左宗棠的父亲左观澜是县学廪生②，曾就读于岳麓书院，与胡林翼的父亲胡达源是同窗，但没有取得更大的功名。最后，主要以教书为生，"非脩脯无从得食"。[2]2一家人可以说生活清苦。

苦到什么程度呢？在左宗棠还没有出生的嘉庆十二年（1807），左家穷得"糠屑经时当夕飱"[3]家书诗文57—58——由于这年大旱，家中无粮，左宗棠的母亲拿糠屑做饼，一家人才勉强活下来。左宗棠出生后，由于家境贫寒，营养不够，母亲余氏缺少奶水，左宗棠饿得日夜啼哭。没办法，余氏只好将米饭嚼成汁喂左宗棠。因为吃不饱，所以总在哭，时间长了，肚皮和肚脐都凸出来了，以致长大后的左宗棠腹大脐浅。同治三年七月，长子孝威喜得一子，这也是孝威的第一个孩子、左宗棠的长孙。时为闽浙总督的左宗棠十分高兴，亲自起名为丰孙③。与此同时，担心孙儿被宠坏，左宗棠不准请奶妈。在回信中，他还向儿子介绍了自己小时候的穷苦情形，"吾家本寒素，尔父生而吮米汁，日夜啼声不绝，脐为突出，至今腹大而脐不深。吾母尝言育我之艰、嚼米为汁之苦，至今每一念及，犹如闻其声也。尔生时，吾

---

① 左人锦，字斐中，一字松野。
② 左观澜，字晏臣，一字春航。县学廪生是指在县学堂就读的学生，由县里按月发给粮食。
③ 取名丰孙，意在纪念当月收复浙江孝丰。见《左宗棠全集·家书诗文》，第78页。

家已小康，亦未雇乳媪，吾盖有念于此"[3]家书诗文78。

幼年贫苦的生活，无疑给左宗棠留下了深刻的印象。道光二十年（1840），在小淹教书的左宗棠曾作《二十九岁自题小像八首》，其中第四首专门述及父母当年的贫苦状况，就有"研田终岁营儿哺""忍属儿孙咬菜根"等句，意思是说为了让孩子们能吃上一口饭，父亲教书、母亲种田，终年劳碌不止，最终有时还不得不以野菜充饥。同治元年，已是浙江巡抚的左宗棠在给孝威的家信中说："吾家积代寒素，先世苦况百纸不能详。……与尔母言及先世艰窘之状，未尝不泣下沾襟也。"[3]家书诗文57

尽管如此，左宗棠还是艰难地长大了。

父亲依然外出授徒，左宗棠主要由母亲和祖父母照管。3岁时，祖母去世了。从4岁开始，左宗棠随祖父读书识字。家中有两间屋子，因屋前有几株高高的梧桐树，还有一口池塘，就取名为"梧塘书屋"。祖父左人锦就在这里教孙儿们读书。这一经历给左宗棠留下了美好的记忆，多年后，在给友朋的题诗中，左宗棠还写下了"梦到梧塘屋两间"[3]家书诗文409之句，并自注"梧塘为先祖课诸孙处"。

祖父不仅教左宗棠读书识字，而且，也最早发现左宗棠的非常之处。

原来，嘉庆二十年（1815），左人锦带4岁的左宗棠到屋子后山拣栗子。在中国南部丘陵山区，这种外表有尖刺、果仁在里的小野果，因其味道清香而颇受欢迎。两人拣了一捧栗子，左宗棠并没有立即让祖父剥开给他吃，而是拿回家，均分给哥哥姐姐。祖父看到此景，很是高兴，连声夸"此子幼时分物能均，又知让而忘其私，异日必能昌大吾门"[2]4——小小年纪就能均分食物，不自私，将来长大之后肯定能光宗耀祖。

中国古代称赞这种谦让、追求公平的美德是不吝言辞的。西汉开国功臣陈平官至丞相，曾六出奇计使刘邦脱离险境。史书记载，陈平年轻的时候曾在乡社里负责分肉，因分得很公平而得到大家的称赞。陈平说，这算什么，让我当丞相管理这个国家，我也能分得很匀。三国时期文学家孔融4岁时，认为自己年纪小而选择小的梨、把大个的梨让给哥哥，《三字经》里就专门写入"融四岁，能让梨"，传诵至今。

2 不因穷困而废学

湘阴左氏祠是左宗棠幼年读书的地方，也是他父亲左观澜开馆授徒的场所。一个十口之家，非老即少，家庭主要收入来源，除了田地上的微薄所得之外，主要就是左观澜教书的收入了。

嘉庆二十一年（1816），左观澜举家搬到长沙，住进贡院东街的左氏宗祠，并在那儿开馆授徒。两位哥哥自然成为父亲的学生，左宗棠也跟着读书。先后入读的，除了左氏三兄弟，还有徐夔、左世望等人。根据左孝同在《先考事略》中的记载，左宗棠自小聪颖过人。父亲在教两位哥哥的时候，他在一旁默默记诵。一次，在教《井上有李》一文时，读到"昔之勇士亡于二桃，今之廉士生于二李"，父亲问"二桃"典故出自哪里，两个哥哥还没有答出来，在一旁的左宗棠已经抢先说：古诗《梁父吟》。①

父亲所教，除了古诗文，还有《论语》《孟子》，以及朱熹编的《四书集注》等，还要学习作八股文。这些，都是为将来参加科举考试做准备。从后来为徐夔、左世望等写的墓表、墓志铭中，可以简单勾勒出左宗棠当年求学情景：先是调皮，"日诵所授书毕，即跳踉嬉戏"[3]家书诗文319，而此时左世望"则端坐默识，目不左右顾"；再者是喜欢自夸，每写完一篇文章，先自己欣赏、赞扬一番后又向徐夔显摆，"余时年十四五，好弄，敢大言，每成一艺，辄先自诧以视君"[3]家书诗文300，而此时，徐夔只是"微笑而已"。

父亲教书，母亲打理家务，三个兄弟努力读书、学作八股文，期待着将来凭科举得功名。一家人在一起的温暖亲情，让穷困的生活少

---

① 《梁父吟》又作《梁甫吟》，中国古代山东一带流传的民谣，内容记述春秋时代齐国宰相晏婴以权谋帮助齐景公铲除功高震主的三大功臣的故事，其中有"一朝被谗言，二桃杀三士"诗句。《三国志·蜀书·诸葛亮传》："亮躬耕陇亩，好为梁父吟。"见陈寿：《三国志》，中华书局，2006年，第543页。

了些许狰狞。贡院东街旧祠读书情形，让左宗棠印象深刻。同治二年（1863），他曾出银800两将旧祠买下，准备改建为左氏一族读书之所。同治五年（1866）在给好友李仲云的信中，时为陕甘总督、离开长沙已有6年的左宗棠还说，"贡院东街旧祠，为弟少时嬉游之所，至今犹时时入梦"。[3]书信一670

但打击接踵而至——搬至长沙的第二年，左宗棠的祖父去世。而更令左宗棠伤心的是，从道光三年（1823）到道光十年（1830）这8年间，他先后失去了三位亲人：大哥、母亲和父亲。

道光三年，25岁的大哥左宗棫去世，留下孤儿寡妻。此时，左宗棠只有12岁。道光七年（1827）五月，刚刚参加完府试的左宗棠获悉母亲病重的消息，匆忙回家侍候。但还是无力回天，这年十月，左宗棠的母亲去世，享年53岁。看来，生活的艰辛、长子的早逝，严重损害了这位乡村妇女的健康。母亲病重就诊时，医生说身子太虚，要用上好的人参滋补。但家中实在无钱买参，多方告贷，才好不容易买了不到一两的参。这个惨痛的经历令左宗棠终生难忘——同治七年（1868），进京赶考的大儿子孝威提出想在京城买点人参回去给母亲治病，左宗棠只答应让儿子买一两。之所以如此，最重要的理由，是自己的母亲生病时，连一两人参都买不起，因此，不希望妻子享受的待遇超过自己的母亲，"能得一两亦足矣。祖母病时急需好参，无钱买取，吾至今以为恨，故不欲多买也"[3]家书诗文114。

旧痛未已，又添新悲。母亲去世后不到3年——道光十年正月，中国传统的春节，别的家庭大多沉浸在节日欢乐之中，左宗棠家里却是愁云密布。作为家中顶梁柱、经济收入主要来源的父亲左观澜，于正月十八日去世，和他的妻子一样，享年也是53岁。

按照当时的规矩,父母去世,子女要守孝3年。① 在这3年里,官员不能做官②,生员不能参加考试③,称为丁忧。

此时,19岁的左宗棠为母亲守孝快要完成。如今父亲去世,旧孝未完,又添新孝,一直持续到道光十二年(1832)四月。这样,从道光七年到道光十二年,5年的时间,别人可能已经参加了两期三年一届的大比,左宗棠却在家乡,寂寞倚庐。

虽无缘科举功名,但这5年时间,左宗棠并没有荒废,"居忧,益勉于学"。[2]7

这期间,左宗棠涉猎的主要是经世致用之学——一是军事地理类兵书;二是清代朝政;三是历史书籍。此外,还有书法。

左宗棠12岁时,"始留意书法"。最早接触的字帖,是二哥左宗植从劳崇光④处借来的北海《法华寺碑》。此帖实为贺长龄所藏,左宗棠十分喜欢,"爱玩不置"。[2]6但很快,劳崇光将字帖要走了。光绪三年(1877),有朋友送给左宗棠该碑帖。左宗棠立即出资予以刊印。这样的举动,自然有惠及更多世人的考虑,但谁又能说没有弥补少年遗憾的心理在起作用?

左宗棠用力更多的,是历史地理类的著作。道光九年(1829),17岁的左宗棠就买来明末清初思想家顾炎武的《天下郡国利病书》和顾祖禹的《读史方舆纪要》。《天下郡国利病书》是记载中国明代

---

① 守孝3年是孔子所定的。孔子认为,3岁之前的小孩不能自理,完全得靠父母喂养,因此在父母死后,子女应该用3年的时间回报父母。《论语·阳货篇》中孔子说:"子生三年,然后免于父母之怀。夫三年之丧,天下之通丧也。"见李泽厚:《论语今读》,生活·读书·新知三联书店,2004年,第487页。
② 《钦定大清会典事例》(嘉庆朝)卷114《吏部》:"凡内外汉官丁忧承重者,具文报部,以闻讣之日为始,不计闰,二十七个月终制。"
③ 《大清律例》乾隆五年(1740)增修例:"凡文武生员及举贡监生,遇本生父母之丧,期年内不许应岁、科两考及乡、会二试。"张荣铮、刘永强、金懋初点校:《大清律例》,天津古籍出版社,1993年,第582页。
④ 劳崇光,字辛阶,湖南善化人,官至两广总督、云贵总督。

各地区社会政治经济状况的历史地理著作，共120卷，书中对全国各地的形势、险要、卫所、城堡、关寨、岛礁、烽堠、民兵、巡司、马政、草场、兵力配备、粮草供应、屯田以及有关农民起义和其他社会动乱等方面资料，无不详细摘录；《读史方舆纪要》则综记"山川险易，古今用兵战守攻取之宜，兴亡成败得失之迹"，其核心在于阐明地理形势在军事上的战略价值。这两部讲古今地理形势、山川河流变化的书，自问世之后就是兵家必读书。此外，左宗棠这段时间读的书，还有本朝人齐召南专叙水道源流分合的《水道提纲》等。

清朝自乾隆皇帝平定准噶尔叛乱之后，在一百多年的时间里，基本没有大规模战事。天下承平日久，人人忙着背八股、削尖脑袋往科场挤，左宗棠却在看这种"闲书"，不仅看，还认真地逐条考证，摘录认为可行的内容，"于可见之施行者，另编录之"。[2]7左宗棠后来回忆，当时，很多人都在讥笑他在做无用功——"士人但知有举业，见吾好此等书，莫不窃笑，以为无所用之"。[2]7

道光十年，当左宗棠在长沙守父忧时，这年十月，时为江苏布政使的贺长龄因为母亲去世也回到长沙守孝。

左宗棠是如何结识贺长龄的，现存史料没有交代。但可以肯定的是，贺长龄丁忧在籍，为左宗棠读书打开了便利之门。因赏识左宗棠并"推为国士"[2]8，贺长龄将自己所藏的为数甚多的"官私图史"全部向左宗棠公开，允许他随便借阅。光绪六年（1880）十月，时为陕甘总督的左宗棠回忆，"每向取书册，贺长龄必亲自梯楼取书，数数登降，不以为烦"[3]奏稿七540——时年45岁的贺长龄，亲自搬梯子为年仅18岁的左宗棠取书，一天上下梯子多次都不嫌麻烦！贺长龄对左宗棠的志趣和才华十分赏识，每次左宗棠来还书，他都要考问左宗棠读书所得，鼓励左宗棠志存高远、发愤学习，"天下方有乏才之叹，幸无苟且小就，自限其成"[1]奏稿七540。

这种耳提面命式教育与交流，大大开阔了"颇好读书，苦无买书资"[1]奏稿七540的左宗棠的眼界。而贺长龄所传授的治国理政经验，无疑也对左宗棠日后熟悉官场运作、处理政务大有裨益。

书要读，饭也要吃。顿失怙恃，大左宗棠9岁的二哥左宗植挑起了家庭重担，以担任新化训导的微薄薪资维持一家人的生活——大哥留下的孤儿寡嫂，还有左宗棠的两个姐姐。道光十一年（1831）夏天，28岁的左宗植去武昌谋生。送别二哥，左宗棠写下了《辛卯夏仲兄客武昌送别后却寄》一诗，其中的"一家尽死丧，君我先人遗""贫居岂能久，谁复惜分离"[1]家书诗文405等，既描述了左家孤露食贫之状，也再现了左宗棠兄弟情深，读之令人怅然。

3 传奇的中举经历

在左宗棫、左宗植、左宗棠兄弟三人当中，左宗植看来对科场考试最为适应。他入县学最早，13岁就开始，而且入县学后因成绩名列前茅，被补为廪生，一年可得"廪饩银"（即伙食费）四两。而左宗棫入县学的年龄是21岁，左宗棠则是15岁开始。

左宗棫、左宗植，名字的最后一个字都是左右结构、木字偏旁，为何左宗棠名字中的最后一个字的命名规律和两位哥哥不一样呢？

原来，在县试之后、府试之前，左宗棠改了名字——原名左宗樾的他，因为县试成绩不佳，为了参加道光七年的府试，只好冒充有参加府试资格但年纪已大不会再应考的"左宗棠"之名。① 此后，这一名字伴随其一生。

道光七年五月，15岁的左宗棠参加府试，也就是由知府主持的考试。知府张锡谦对左宗棠的文章很是欣赏，本拟将其列为第一，后来为了照顾某位年纪比较大的考生，而让左宗棠屈居第二名。

按照惯例，府试及格之后应该去参加选拔秀才的院试。院试及格，才算"进学"，取得"生员"资格即成为秀才后，才有参加乡试、考取举人的资格。但前面说过，由于道光七年十月、道光十年正月，母亲、父亲先后过世，从道光七年到道光十二年，处于丁忧期间的左宗棠，无法应试。

丁忧结束后，左宗棠重拾举业。正在此时，贺长龄的弟弟贺熙龄

---

① 具体考证过程，详见《左宗棠传信录》第4—7页。

在长沙创办了城南书院,自任山长(即院长)。20岁的左宗棠成为城南书院的一名学生,在这里,他与罗泽南、丁叙忠成了好朋友——罗后来成为理学名家、湘军著名将领。

贺熙龄的教学,不专重制艺帖括这类应试八股文,而是重点讲授"汉宋儒先遗书","诱以义理经世之学"。这种"讲求实行"的学风,对左宗棠经世致用思想的形成,产生了重要影响。[2]8

对于父母去世、"家益贫困"[2]8的左宗棠,城南书院给予了资助。左宗棠十分珍惜来之不易的读书机会,刻苦攻读,"赖书院膏火之资以佐食"。[2]9这一年,湖南巡抚吴荣光开办了湘水校经堂,专门讲授史学以选拔人才。在湘水校经堂的考试中,左宗棠七次名列第一,引起了吴荣光的注意。

由于守孝,左宗棠无法参加院试以取得秀才资格。这对于已经20岁的他来说,确实是太晚了。未尝入泮,即不能参加选拔举人的乡试。为了获得乡试资格,左宗棠设法筹了一笔钱,捐了个监生(国子监学生的简称),在道光十二年四月守孝期满后参加了这年湖南乡试。

这次乡试,左宗棠最终得了第18名,高中举人,但过程颇为曲折:乡试主考官是都察院刑科给事中徐法绩①(字熙庵),副主考是翰林编修胡鉴。按程序,各考生的试卷先由同考官看,取中之后再送主、副考官确定名次;没有被同考官所看上的试卷,主考官也不再看。左宗棠的答卷,未被同考官选上,正常情况下应当无缘中举。幸运的是,这一年是道光皇帝五十大寿,为此他特别下旨,扩大中举名额,让各地考官从落选考生中"搜阅遗卷"。[2]9这项工作本应由主考官和副主考官共同分担的。不料胡鉴这时暴病身亡,于是徐法绩一个人看了5000多份卷子,从中挑出了6个人的文章——左宗棠在这6个人中排在第一位。

---

① 包括《左宗棠年谱》《左宗棠全集》等众多著作,都认为徐法绩为都察院礼科掌印给事中。但据清宫档案,出任湖南乡试正考官时,徐法绩应为都察院刑科给事中。湖南乡试结束不久,徐法绩出任礼科给事中。见中国第一历史档案馆藏《大清宣宗成皇帝实录》卷二一二、卷二三〇。

当徐法绩让同考官补荐这份试卷时，却遭到同考官的拒绝。直到徐法绩公开了道光皇帝的谕旨，大家才不敢有异议，但心中仍存不服，认为这只是主考官一人所选定的试卷，肯定是人情"温卷"。打开试卷的装订线，看到第一名是曾经在自己主办的湘水校经堂里七次夺冠的左宗棠时，现场监察的湖南巡抚吴荣光当即高兴地离开座位，来到徐法绩面前，祝贺他为朝廷选对了人才。

长沙发生的这一切，左宗棠并不知晓。乡试完毕之后，他就回到家乡湘阴，于八月与同为20岁的周诒端（字筠心）完婚。婚事是父亲在世时就已经订好的。因为家贫，左宗棠只好入赘周家。入赘在当时是件很不光彩的事情，而且周家所在的湘潭位于长沙南部，左宗棠老家湘阴在长沙北部，两地相距超过百公里。好在蜜月尚未结束，乡试的结果揭晓：二哥左宗植得第一名（解元），左宗棠中第十八名。兄弟双双中举一时传为佳话，也给左宗棠带来了自信，暂时纾缓了他的苦闷。

【注释】

[1] 林语堂. 苏东坡传 [M]. 天津：百花文艺出版社，2000.

[2] 罗正钧. 左宗棠年谱 [M]. 长沙：岳麓书社，1983.

[3] 左宗棠. 左宗棠全集 [M]. 长沙：岳麓书社，2009.

第二章　没考中进士

乡试第二年即道光十三年（1833），正是三年一次的会试大比之期。会试一般在春天举行，为了提前熟悉环境、从容准备，全国各地士子大多头年岁秒起程，赶在春天之前到京城。

1　第一次落榜，与胡林翼订交

新婚不久的左宗棠也为赶考做准备，但家境贫寒的他实在拿不出去京城的旅费。贤惠的妻子从自己的私房钱中拿出了100两银子，总算解了左宗棠燃眉之急。

可正在这个时候，大姐左寿清家里也穷得揭不开锅。看着大姐一家困窘的生活，左宗棠恻隐之心大发，将100两银子悉数送给大姐，自己再另筹资斧。总算有亲友肯借钱，左宗棠这才有了盘缠，与二哥左宗植一同北上。

由湖南北上，到湖北汉口长沙郡馆过小年和春节，再取道河北井陉、获鹿，过正定、定州、保定进入京城所辖的房山、良乡。道光十三年正月底，左宗棠总算赶到了京城。第一次会试，三场考试的三篇四书文、一首五言八韵诗、五篇五经文、五道策问文，虽被考官评为"首警透，次、三妥畅。诗谐备""气机清适。诗稳"，[1]家书诗文348 左宗棠却名落孙山。

出闱后，想到自己沿路见闻，左宗棠写成《癸巳燕台杂感》八首。第一首写道：

世事悠悠袖手看，谁将儒术策治安？

国无苛政贫犹赖，民有饥心抚亦难。

天下军储劳圣虑，升平弦管集诸官。

青衫不解谈时务，漫卷诗书一浩叹。[1]家书诗文406

和清代众多诗人一样，左宗棠的诗艺术性不强，偏于写实一路，更多表现的，是其忧国忧民的情怀。

"世事悠悠袖手看，谁将儒术策治安?"《治安策》是西汉著名政治家贾谊劝汉文帝削藩的一篇安邦治国的策论。此时的左宗棠，虽然只是一个落第书生，但充满忧国忧民情怀——他看到"民有饥心抚亦难"的社会矛盾；看到"天下军储劳圣虑"的情况下，却"升平弦管集诸官"——京城的官员们依旧歌舞升平、醉生梦死。

这八首诗，是21岁的左宗棠忧国忧民的真实表露。其中，谈到西域用兵和新疆建省，"西域环兵不计年……置省尚烦它日策，兴屯宁费度支钱"；谈到了海防空虚，"南海明珠望已虚……五岭关防未要疏"。[1]家书诗文406 道光十三年的清朝，已经进入了它的暮气期，政事积弊日多，周边强敌窥伺。后来的历史证明了左宗棠的预见。道光二十年爆发的鸦片战争打开了中国国门；西域方面，英国、俄国与阿古柏阴谋分裂新疆，经左宗棠多年用兵方始解决。

这八首诗，也是他京师困窘生活的真实记录。因为家贫，他在京师过得很是困顿，"客金愁数长安米"；第一次远离湖南故土的他，十分思念家乡和亲人，感慨"壮游虽美未如归。故园芳草无来信"。[1]家书诗文406

"家事国事天下事，事事关心"是中国读书人的一个优良传统。左宗棠这八首诗，有对国家大势的思虑，有对家乡亲人的思念，可谓这一传统的体现。

第一次会试失利对左宗棠虽小有打击，但还不是很大。《癸巳燕台杂感》之八中，他虽然发出"穷冬走马上燕台""洛下衣冠人易老"的感叹，但也强调"西山猿鹤我重来"——与北京西山的猿鹤相约，还要来京城再看它们。左宗棠相信，假以时日，自己必能金榜题名。

更为重要的是，此番进京，左宗棠与胡林翼得以结识并建立了终生的友情。

左宗棠的父亲左观澜和胡林翼的父亲胡达源本是岳麓书院同窗，均师从罗典。左宗棠与胡林翼同年，胡林翼六月十六日出生，比左宗棠大四个月。嘉庆二十四年（1819），胡达源参加科举会试，获殿试一甲第三名进士。不久，授翰林院编修，居住在京城。而左观澜科举不中之后，从嘉庆二十一年开始设馆授徒，成了教书先生。

左宗棠第一次参加会试的道光十三年，《胡林翼年谱》如此记载：是岁二月，湘阴左文襄宗棠以会试至京，公一见定交，相得甚欢。每风雨连床，彻夜谈古今大政，论列得失，原始要终，若预知海内将乱者，辄相与欷歔太息，引为深忧。见者咸怪诧不已，詹事公则谆谆交勉，益以矫轻警惰为诫。[2]201

"一见定交，相得甚欢"，确实道出了左宗棠与胡林翼友情开始的特点。相见的情形，《胡林翼年谱》的记载和左宗棠在《祭胡文忠公文》中所说十分吻合：当时，胡林翼参加乡试屡次不中，因此左宗棠在祭文中说其"犹踬文场"。[1]家书诗文340 至于两人之间的默契，左宗棠写道，"纵言阔步，气豪万夫。我歌公号，公步我趋"。而旁人的态度，两处的记载也是十分相似，《胡林翼年谱》说"见者咸怪诧不已"，左宗棠则写道，"群儿睨视，诧为迂怪"。

按常理推断，两人的生活环境很不一样，此前也没有太多的共同经历，关系应该是比较疏远的。而左宗棠与胡林翼很快就能成为好朋友，究其原因，首先是由于父辈的交情；其次两人同年，都是读书人，有共同的语言；再者，两人有相同的爱好，也就是文史、地图。胡林翼"不为章句之学，笃嗜《史记》、《汉书》、《左氏传》、司马《通鉴》暨中外舆图地志，山川阨塞、兵政机要，探讨尤力"[2]201，而左宗棠对兵法、史地之学也是十分喜欢；胡林翼后来留下《大清一统舆图》，而左宗棠自己也花了几年时间编绘了全国地图。

在性格上，左宗棠与胡林翼属于互补型。左宗棠在《祭胡文忠公文》中说，"我刚而褊，公通且介"[1]家书诗文340——左宗棠家境贫寒但相当自负，因此容易形成自尊心过强的性格，趋于刚烈；而胡林翼因为是生活在京城，见识颇广，眼界颇高，比较通达，与左宗棠正好相互补充。但两人在性格上都有一个共同的特点，那就是正直、有骨气。

能够成为知己，还有一个很重要的条件，那就是能够互相指出对方的缺点。他们初次见面时就做到了这点：虽然在一起有说有笑，但两人"不忘箴言，庭诰相勉"。这种朋友间的直言可谓贯穿左宗棠、胡林翼一生。

离京南归之前，左宗棠写信给乡试座师徐法绩，表示返湘后将潜心研究荒政、盐务、河务、漕务等能解决实际问题的学问，"睹时务之艰棘，莫如荒政及盐、河、漕诸务。将求其书与其掌故，讲明而切究之，求副国家养士之意"。[1]书信一 同时，左宗棠还引历史上的贾谊、诸葛亮等为例，表明自己"不为流俗所转移"的决心。

人在青年时期，大都喜欢"指点江山，激扬文字，粪土当年万户侯"；随着入世日深，很多人逐渐变得世故起来，"欲说还休，欲说还休，却道天凉好个秋"。于是，只关心家庭不再关心国家，只关心眼前不再关心长远，只俯身看地不再仰望星空。而左宗棠一生，始终秉持《癸巳燕台杂感》中忧国忧民的书生情怀，没有因为时间环境的变化而动摇。或许，这就是他成功的一个重要原因吧。

2 第二次落榜，得到名臣陶澍的激赏

父亲去世之后，左宗棠家中主要的经济来源是数十亩祖田每年所收的48石稻子，家道日艰。看到大哥左宗棫死后，留下的孤儿寡妻度日艰难，第一次会试完毕从京师回到家后，左宗植、左宗棠兄弟二人便将自己的那份田产全部给了大哥一家。如此一来，左宗棠净身出户，寄居湘潭妻子家。

道光十四年（1834）十二月，左宗棠首途北上，进京参加第二次会试。此时，正逢妻子周诒端待产，左宗棠可谓万般不舍。北上期间，在抵达汉口之际以及抵京之后，他在二月初十日、二十三日，以及三月二十二日、二十三日、二十九日频繁给家中写信。直到三月收到妻弟周汝充的来信，得知次女左孝琪已于去年十二月出生，妻子虽然有产后失血之症但身体尚无大恙的消息后，左宗棠心情才轻松下

来，"得此信，使人帖然高卧，无复愁苦"[1]附册12。

从左宗棠三月二十二日给周汝充的信末尾所署"京师铁门周宅书寄"可知，此番进京，左宗棠住在铁门周华甫家。①

旅京期间，在给周汝充的信中，左宗棠多次说"毫无善状可以掬告"[1]附册12—13。而且，因为水土不服，在京期间，左宗棠还染了病，"兄在此处，体气虽好，然终是不服水土，日间杂病亦所时有，心中颇不甚舒畅。兼以客居无聊，思乡念切，此时真是万感并集，兴会索然也"[1]附册14。思念家人、身染杂病加上客居无聊，左宗棠自认为在京过得并不如意。

这次会试，左宗棠自我感觉还不错，他对周汝充说，"会试已毕，头场三题俱极平正……兄文颇妥惬，可望"[1]附册13。试卷本已为同考官、翰林院侍讲温葆深所选中，评语为"言有体，不蔓不支。次畅。三顺。诗妥。二场尤出色"[1]家书诗文364，并录为第十五名。不料在揭晓前发现湖南多录了一名，要将这一名额让给湖北。温葆深极力争取未果，十分遗憾地在试卷上写下"额溢，极为可惜"之语。[1]家书诗文364最后，左宗棠的进士资格被撤销，只是被录取为史馆誊录②。左宗棠拒绝了誊录职位，毅然南返。

到家之后，左宗棠开始研究方舆家言，也就是古今地理，包括古今陵谷的变迁、河流的塞决、山川的走向、府县的沿革等等。他不仅看，还付诸实践。为了纠正以往舆图的谬误，他制定计划：先画一幅本朝的全国地图，全国总图画成之后，再画各省的分图，然后是府县地图；本朝疆域图画好之后，又画各地历史沿革图，先明朝后元朝后

---

① 今天的北京西城区，有"铁门胡同"，北起西草厂街，南至骡马市大街。铁门之名始于明代，因有圈虎的铁栅栏而得名。清人程穆衡在《箕城杂缀》中记载，"虎坊桥在琉璃厂东南，其西有铁门，前朝虎圈地也"。可知此处原为关老虎的地方。清时虎场废，铁门演化为巷名，一直延续到1965年。由此推测，左宗棠所住的铁门，应当就是今天铁门胡同一带。

② 所谓誊录，就是在史馆负责抄抄写写等低级工作的人员，工作如果表现得好，将来或许有机会外放做个小官。

宋朝，一直推至禹贡九州时期！妻子周诒端大力支持他的工作，左宗棠每画成一幅，就交给周氏，由周氏进行影绘、上色等。这项工作历时数年完成后，左宗棠对全国的地形可谓了然于胸。在后来的军事生涯中，他从这项工作中获得的益处之大，怎么说也不过分。也是在此期间，左宗棠撰写了"身无半亩，心忧天下；读破万卷，神交古人"的对联，表明自己不因人穷而放弃远大志向和努力求学的决心。

道光十六年（1836），在左宗棠准备第三次参加大比时，湖南巡抚吴荣光请左宗棠主讲醴陵渌江书院。这时的左宗棠，除了妻子之外，家里还有4岁的长女左孝瑜、3岁的次女左孝琪，去年还刚刚纳张氏为配室。五口之家，需要他去挣钱养活。于是，25岁的左宗棠子承父业，拿起了教鞭。

在渌江书院期间，左宗棠严格执教：上任之初，就给每个学生发一本日记本，让他们记录每天学习的内容。每到夜晚，即关上书院大门，检查学生们的功课，奖勤罚懒；每逢初一、十五，还要把全体学生召集在一起，检查他们的功课和日记。在左宗棠的严格要求下，渌江书院风气很快为之一新，"初来渌江，即严订学规，诸生各给日记一本，令其将功课随时纪清。日暮门钥既下，即查阅功课，赏勤罚惰，必公必平。……月之朔望，则会订功课、日记，为之引掖而督勉之，有不率教者，则扑责而斥逐之。迩来人人奋勉，气象一新"[1]附册244—245。此外，左宗棠还规定，在初一、十五的检查中，累计两次不合格的学生，学院即将其除名，该生的津贴则用来奖励那些努力学习的学生。风气好转之后，教学进度也加快了，"计七十余日，熟《毛诗》一部及《尚书》二卷"[1]书信一7。

吴荣光的赏识给左宗棠带来了名气，也带来了运气。这一年，湖南安化人、两江总督陶澍去江西检阅部队，特向皇帝请假检阅完毕后回湖南扫墓。陶澍回乡途中要在醴陵小住，醴陵县令自然得做好接待工作。建好接待馆舍之后，县令请左宗棠撰写挂在门柱上的楹联。其中的一联，左宗棠写道：

　　春殿语从容，廿载家山，印心石在；
　　大江流日夜，八州子弟，翘首公归。

史料记载，陶澍看到这副楹联之后，大加欣赏之余，连连嘱咐县令将作者左宗棠请来相见，"倾谈竟夕，与订交而别"[3]15。

陶澍为何对这副楹联如此欣赏呢？

原来，这副楹联既写出了陶澍平生最引为得意的事情，又表达了湖南人民对他回乡省亲的期盼，故此让他十分高兴。

上联中的"印心石"指陶澍少时随父亲读书于安化石门潭之滨，潭心有石，被称为"印心石"。道光十五年（1835），道光帝第14次接见陶澍。交谈中，得知陶澍这段经历后，道光帝温言劝勉，亲书"印心石屋"四字赐予陶澍；"廿载"则是指陶澍自嘉庆十三年（1808）丁父忧起复为官至今已20多年未回老家。道光皇帝接见并亲书题赠，是陶澍一生最为自豪的事情。经左宗棠这样一个远离庙谟的举子写出，更说明此事流布甚广，陶澍岂能不高兴？

下联中的"八州"是湖南的古称。湖南行政区划几经变迁，隋朝时湖南省境设8郡，唐初改郡为州，唐高祖李渊时湖南设潭州总管府，管辖潭州、衡州、永州、郴州、连州、南梁州、南云州、南营州8州，其中的潭州即现在的长沙，衡州、永州、郴州之名则沿用至今。"翘首公归"表达了湖湘子弟欢迎陶澍之情，与"大江流日夜"前后呼应、情景交融，打动人心。

因为这副对联，陶澍对左宗棠印象颇好，"一见，目为奇才，纵论古今，为留一宿"[3]15。试想，堂堂从一品大员省亲，在醴陵这个小地方，有多少人在排着队等着陶澍接见呢？而他竟对左宗棠这样一个素昧平生的年轻举人如此重视，两人还谈了个通宵！这样的破格待遇，无疑让左宗棠名声大噪。

3 第三次落榜，终于放弃了

道光十七年（1837）十二月，左宗棠第三次进京参加会试。根据其给周汝充信中"北上之期，当在初九、十"[1]书信一10可知，左宗棠是十二月初九或初十日离家北上的。道光十八年（1838），左宗棠第三次参加会试，依旧名落孙山。而同期参加会试的曾国藩，则中了第38名进士。至于胡林翼，虽然在乡试多次受挫，但在道光十五年中举后，立即于道光十六年考上了进士。

左宗棠会试一事乏善可陈，但北上和在京期间的故事倒是可圈可点。到汉口，遇见欧阳兆熊，两人结伴而行。那年春节，左宗棠诵读了自己所撰写的《题洞庭君①祠联》：

迢遥旅路三千，我原过客；

管领重湖八百，君亦书生。[3]15

将自己和管领八百里洞庭湖的神仙相提并论——口气如此之大的对联，让欧阳兆熊十分震惊，后来在其所著的《水窗春呓》评此联为"意态雄杰"。

在京期间，左宗棠依旧住在铁门周华甫家，与劳崇光、黎樾乔②、郑敦谨③等为伴。在给夫人周诒端的信中，左宗棠更是说，每天和几位好友一起饮酒高会，几乎忘了会试一事，"住华甫家，日与小珊、霖生、润之诸人文酒游宴，几置试事于度外矣"[1]附册247。

此次会试，连左宗棠自己都觉得准备不充分。在给周汝充的信中，他多次表达了想尽早回家的想法，"兄孟浪进京，全无佳想。客中景况，殊不为快，未知何日是归期耳"[1]附册24。会试卷子，考官评价也不甚高，"首艺文成法立，语亦诚挚。次顺。三饶有笔致。诗妥"，"平畅，过七百字。二、三平。诗平。出失数误"[1]家书诗文380因此，落第也在情理之中。

左宗棠道光十八年二月初十日抵京，什么时候回湖南的呢？在京期间，左宗棠曾有参加实录馆以及明后年恩科等考试的打算。参加实录馆考试，是想外放为教谕，以挣钱安身和补贴家用。由于这一考试在道光十九年（1839）春天才举行，因此，左宗棠曾有道光十九年春夏再回家的计划，"明年春夏之交，大约必归也"[1]附册29。但最终，左宗棠放弃了，在道光十八年九、十月间离开京城，绕道江宁（今南

---

① 洞庭君，为蒲松龄在《聊斋志异·织成》中所记载的传说人物。见蒲松龄：《聊斋志异》，上海古籍出版社，1986年，第1511—1515页。

② 黎樾乔后任御史，其子黎福昌（字尔民）为左宗棠三女婿。

③ 郑敦谨，字小珊，后任刑部尚书。

京）拜访两江总督陶澍后回湖南。道光十九年，左宗棠曾给周汝充写信，"隔别一年之久，始得聚话数日，复尔告别，我其何以为怀。且别时距岳母大人千春大庆只四日耳"[1]附册30。左宗棠岳母的生日为正月十七日。这表明，最晚在道光十九年的正月，左宗棠就已经回到湖南，见到了周汝充。

除参加会试外，左宗棠此番在京，一度还准备为岳母申办旌表。此事，自道光十七年即开始谋划。所谓旌表，就是当时朝廷对守节不嫁之妇女、孝顺父母之儿女等所作出的表彰。比如我们所熟知的贞节牌坊，妇女如果在30岁之前守寡，到50岁就可以申请。在湖南申请，大约需花费银一百数十两。道光十八年左宗棠来京后，发现通过礼部办理，只须银4两，加上之后湖南"布政司礼房书吏纸笔之费亦不过三数十金"[1]附册27。但申请成功后，朝廷将奖励银30两。如此折算，只需银数两即可办成，至少比湖南申请省去百两银子花费——为此，左宗棠在京中去信周汝充，建议由自己代其申请。

但或许是觉得花费过多，或许是岳母年纪还不到五十，请旌表一事搁置了下来。直到同治元年，左宗棠出任浙江巡抚之后才办理完毕。这年十二月，在给孝威的信中，左宗棠专门提到寄银120两为岳母等请旌表，"若农观察处拨付一百二十金为尔外祖母及文官妇请旌表"[1]家书诗文59。

以往参加完会试，一般四、五月间即离京。这次左宗棠却待到九、十月份。由于在京城的时间延长，所带的盘缠已然不够，"刻下饱系长安，客囊如洗，将来史馆费用又复不赀"[1]附册25。道光十八年五月份起，左宗棠开始举债，向同来参加会试的陈尧农借银九十七两六钱。为此，他请周汝充帮忙偿还。但不知是办事拖沓还是家中没钱，借周汝充的钱到了说好的九月份却没能还上。无奈之下，左宗棠只好写信致歉，"此事实出意外，并非兄之失信，想蒙鉴谅"[1]附册25,29。

缺钱之外，左宗棠此番在京，还得了重病。他告诉周汝充，"兄半月以来，为病所苦，似疟非疟（大约是受了寒，又受了热），不能辨其何症"[1]附册28。好在医生所开药方颇为灵验，加上周华甫夫妇的悉心照料，左宗棠的病总算逐渐痊愈。

落第、缺钱、生病,时运不济、命途颠踬,此时正穷困潦倒的左宗棠,心情也十分苦闷。在给周汝充的信中,他多次表露了"旅居无聊"的心情。京城困顿的光景,甚至让他不时回忆起去年与周汝充在渌江书院"读书说事"的快乐日子,并直言不再参加明、后两年的会试,"明年预行正科,后年又系恩科,友人多劝兄留京者,兄甚不以为然"[1]附册29。

应试的艰难经历,给左宗棠留下深刻印象。同治十三年,时为陕甘总督的他曾对陕西巡抚谭钟麟、陕甘学政吴大澂回忆起40年前一路风尘、满面风霜进京赶考以及在京城困居无聊的日子,"忆四十年前,南城灯火,北路风尘,无聊景况,如在目前,尤不能无感也"[1]书信二418,445。也正是这样的经历,同治四年(1865)、同治七年长子孝威参加会试时,左宗棠专门寄钱给孝威,资助湖南进京赶考的学子,以便他们在京和南返时过得舒服些;还自掏养廉银,资助甘肃学子求学和进京赶考。

当然,岁月确实是一个神奇的过滤器——把痛苦滤掉,让幸福留下。光绪五年(1879),身为陕甘总督的左宗棠,对昔日参加会试的经历,更多的,已是回味和珍惜。此时,与左宗棠同时参加道光十八年会试的郑敦谨,已官至刑部尚书。彼此通信时,左宗棠回忆说,"忆金台聚首,故交如樾乔、华甫、霖生、润之与先生及不肖数人,跌宕风流,未堪复玩,流光迅驶,人事变迁,不仅朋旧凋亡,足令人悲感已也"[1]书信三425。信虽是写给郑敦谨,但其中的"跌宕风流",清楚明白地展现了这一群年轻学子当年交往之融洽。

此次北上进京期间,左宗棠在河北还留意到栾城知县桂超万政声颇好。他后来对福建巡抚徐宗幹说,"忆昔会试北行,道出栾城,时聆其政声洋溢,即已心仪而敬慕之"[1]书信一486。巧合的是,同治二年左宗棠为闽浙总督时,桂超万为福建布政使。八月,深受左宗棠器重的桂超万以八十高龄去世,左宗棠还十分伤心,高度评价桂"刚方笃实,实所钦企"[1]书信一483。之后,左宗棠不仅送去奠银百两,还亲笔写了《祭桂丹盟文》,盛赞桂超万疾恶如仇可比李膺、陈蕃等史上名臣,并亲自上折请求朝廷为桂超万立传。

道光十九年回湖南之前，左宗棠绕道江宁两江总督驻地拜访陶澍。陶澍热情地接待了这位忘年交。正是这次相见，陶澍提出聘左宗棠的大女儿左孝瑜为儿子陶桄（字少云）之妻。考虑到两家门第相差悬殊，左宗棠未敢立即答应。

　　中国古代读书人在落魄时，是可以到途经的县府乃至省级长官那里请求招待几顿的，这叫"打秋风"。"十年寒窗无人晓，一举成名天下知"，谁也无法判定其中的某一位将来会官至何等高位，于是这些长官一般对这些读书人都会以礼相待。陶澍对左宗棠的礼遇，既有儿女亲家之谊，也不能说没有上述的考虑。假如陶澍当时就有这样的想法，那我们不得不佩服其远见和识人——因为后来左宗棠的官位确实在陶澍之上。

　　抡才大典三度落第，左宗棠决意不再参加科举考试。咸丰元年（1851），新皇帝登基，朝廷重开孝廉方正科。时为翰林院编修的郭嵩焘（字筠仙）推荐了左宗棠。应该说，这一科的竞争没有三年一期的大比那么激烈，通过后可被授知县等职。但左宗棠以要给女婿陶桄上课为由，拒绝参加，彻底关上了凤麟之选的大门。

【注释】

[1] 左宗棠. 左宗棠全集 [M]. 长沙：岳麓书社，2009.

[2] 梅英杰，等. 湘军人物年谱（一）[M]. 长沙：岳麓书社，1987.

[3] 罗正钧. 左宗棠年谱 [M]. 长沙：岳麓书社，1983.

第三章　做了八年家庭教师

绝意科考后，种桑养蚕等农学、山川地图等地理学，以及历代兵事成为左宗棠研习的重点。

农学方面，他首先从理论方面充实自己，在参看以往农书的基础上，对农田试验划片轮种，并通过总结实际经验，撰写了《广区田图说》。他还种了五亩桑树，和家人一道养蚕织丝。到了道光二十年，"春蚕作茧二万余"[1]书信一20。仅靠此项收入，家人已可免受冻之虞。

道光十八年六月起，左宗棠开始抄录经史，以及《畿辅通志》《西域通志》和各省通志等，分门别类记录各地山川关隘、驿道分布。一年之间，竟抄了几十册。[2]16在清代，开雕印书是件成本很高的事情，普通士子更多采用抄书这种办法。

这些研习看来颇有成效。道光十九年秋天，贺熙龄进京，左宗棠、罗研生等10人为老师送行。临别自然少不了赋诗，贺熙龄到江西九江时，也写了一首诗寄给左宗棠，赞左宗棠"开口能谈天下事，读书深抱古人情"[2]19。在自注中，贺熙龄写道："季高近弃词章，为有用之学，谈天下形势，了如指掌。"

正当左宗棠在湘潭忙于绘制舆图、研究山川疆域变革、条列兵事以及种桑养蚕之际，两江总督陶澍于道光十九年去世了。遵照贺熙龄的嘱咐，左宗棠担起了教育陶澍7岁的儿子陶桄的责任，住到了安化小淹陶家。这一住，从道光二十年至二十八年（1848），前后历时8年。

1 饱读有用之书

借着住在陶家的便利，左宗棠得以遍览陶澍所藏的历朝典籍、清代奏章掌故等，熟悉了清朝的制度，并根据陶家藏书对自己当年所画地图进行了修订。可以说，这8年，左宗棠完成了自己的知识储备，为日后的建功立业奠定了坚实的基础。

此前，左宗棠所研究，主要还是军事地理方面的学问——他买过顾祖禹的《读史方舆纪要》、顾炎武的《天下郡国利病书》，研究历史地理、山川变化；道光十年，借过贺长龄家的书研读，但主要还是"官私图史"方面的书籍；道光十二年以后，与夫人合作，绘制全国地图。到陶家任教之后，他根据陶澍所藏的《康熙舆图》和《乾隆内府舆图》，订正自己所绘地图的讹误。其子左孝同就说，"文毅公家藏书籍甚富，府君课读之暇，博观纵览，取《图书集成》中《康熙舆图》并《乾隆内府舆图》，悉心考索，以订正昔年所绘舆图脱误"[2]19—20。

左宗棠到陶家就馆的道光二十年，正值鸦片战争爆发。清廷的腐败与落后，更刺激着左宗棠潜心研究兵事。在信中，左宗棠告诉老师贺熙龄自己正在研究海防，"山斋无事，每披往昔海防纪载，揆度今日情形"[1]书信—15。中英开战不久，定海失陷，林则徐被免两广总督之职，琦善上任。忧愤于清廷失败的左宗棠，先后写了《料敌》《定策》《海屯》《器械》《用间》《善后》等文。这些文章，虽已流失，但从篇目可知，当为海上应战之策。而从同年左宗棠写给贺熙龄的信中，我们还可以获知其部分观点：他指出敌人的特长在于火炮，"大抵火炮利仰攻而不利俯击，利远击而不利近攻"，因此可以放弃城垛守卫，改在城根河岸一带设置障碍、埋伏士兵，等敌人走近时再开炮痛击。这样，即使敌人用大炮击破城墙，也无法靠近城根，最终炮弹用完后自然只好退兵。此时，如果预先埋伏士兵断其归路，当能使其"片帆不返"，全军覆没。对左宗棠这一落第寒士而言，此时多少有点"纸上谈兵"。但它至少表明，左宗棠曾对此事有过相当的思考。

至于荒政、盐务、河务、漕务等实务，虽然左宗棠在道光十三年第一次落第时就表示要好好研究，但一直没有合适的机会；虽然当年贺长龄曾与其探讨过理政经验，但左宗棠在这方面并无系统学习。陶家藏书，正好弥补了这一缺陷。陶澍家所藏的清朝宪章、奏疏很多，左宗棠一方面"遍览文毅公所藏本朝宪章"[2]19，一方面通过读陶澍奏疏，了解实务治理之道。在给妻子周诒端的信中，左宗棠读书之乐溢于言表，"吾在此所最快意者，以第中藏书至富，因得饱读国朝宪章掌故有用之书"[1]附册250。

小淹八年，是左宗棠苦读的八年。道光二十四年（1844），在给连襟张声玠的一封信中，他就说，"弟近阅新书万卷，赏心者数种已耳。学问之荒，人才之敝，可见一斑"[1]附册42。常言"读书破万卷，下笔如有神"，世人但见左宗棠后半生事业功名骎骎向用，羡慕其官运亨通，但只要了解其小淹八年苦读，就会明了左宗棠之功业，绝非偶然，可谓其来有自。

小淹的八年苦读对左宗棠一生影响深远，使他掌握了一生功业的两大法宝：军事学和实务治理。熟悉实务让他在后来的湘幕期间赢得了广泛的赞誉；军事方面的才能，在他后来平定闽浙、陕甘以及收复新疆时，更是发挥着重要作用。而广泛的阅读使他的所知，远较许多官员要多得多。光绪二年（1876），正当清军收复乌鲁木齐、玛纳斯等城准备进兵南八城时，英国驻华公使威妥玛代阿古柏向清廷提出乞降。分析英国此举的原因时，左宗棠告诉好友刘典，当年他看陶家所藏疏稿，就有道光年间英国商人已到安集延的内容，可知英国与浩罕国的勾结由来已久。光绪六年，鉴于中俄关系紧张、有爆发战争的可能，左宗棠向总理衙门提出购买水雷以加强海防，说在陶澍的奏稿中，曾看到道光年间已有广东绅士将洋人所制水雷呈进，还曾在天津海面演示，"不解后此谈洋防者何以并无一语道及"[1]书信三589。

2 夫妻之间的私事也跟胡林翼讲

陶澍死后，陶夫人带着7岁的陶桄守着一份大家业，"以独富之家，处众贫之地"[1]书信一32。如此一来，自然有很多人，包括陶澍的族人在内，觊觎陶家的财产。

虽然陶澍生前有提亲之说，但女儿毕竟没有过门，左宗棠此时更多是以老师的身份待在陶家。介于亲疏之间，陶家事务很多本来他就不便插手。但即便如此，诸如"左宗棠要侵吞陶家家产"之类的流言蜚语已经在蔓延。这对于清高的左宗棠来说，无疑是难以容忍的，以至于道光二十一年（1841）他向老师贺熙龄提出要辞馆回去租数十亩田，试行区田古法，希望老师另荐高明，"敬求吾师于时贤中择其最者，为代宗棠"[1]书信一28。

道光二十二年（1842），陶澍女婿胡林翼为父守丧期间来到小淹，与左宗棠、贺熙龄等筹划如何改变这一状况。最后决定陶家拿出部分资财，救济村里贫困人家、安抚有非分之心者，并"待以至诚"[2]22。如此，陶家的日子才好过点。但诸如亲戚向陶家借钱、陶氏族人借口孝敬太薄而小题大做等日常琐事，无疑大多还得依靠住在陶家的左宗棠为之周旋。

陶家家事给左宗棠留下的印象是十分深刻的，也是痛苦的：咸丰二年，已为湖南巡抚幕宾的左宗棠，在给胡林翼写信谈到陶家家事时，还说"不欲与闻，亦不敢与闻也"[1]书信一83——事情已经过去将近10年，左宗棠对陶家家事还不愿意打听，也不敢打听！但可以想见，左宗棠为陶家的这些付出，进一步巩固了他与胡林翼之间的友情。

在安化小淹陶家8年时间，左宗棠与胡林翼一共见了三次面。

第一次是道光二十二年。这年，胡林翼父亲去世。按照当时的礼制，胡林翼需要回老家守孝三年。考虑到陶桄年纪尚小，胡林翼不时从益阳到小淹看望，并与左宗棠相聚。

和当年在京师首次相见一样，他们再次彻夜长谈，"雨夜与公连床，谈古今大政，恒至达旦"[2]22。在咸丰二年写给左宗棠的信中，胡林翼也追记了此次见面情形，"林翼之先人，与先生之先贤交最厚，林翼与先生风雨联床，彻夜谈古今大政，前后十余年"[3]卷二75。除此之外，胡林翼也曾向云南巡抚张亮基说及，"季公在小淹时，每与林翼纵谈，自嗟迟暮"[2]22。这些都表明，小淹晤谈给胡林翼留下了十分深刻的印象。

第二次是道光二十四年，陶澍夫人去世，胡林翼前来祭奠。但两人都没有记述这一次相见的情形。

第三次是道光二十五年（1845）秋间，陶澍夫人下葬，胡林翼来小淹住了十日，两人又进行了深谈。此番，胡林翼直言左宗棠的缺点是"虑事太密、论事太尽"；劝其"出言不宜着边际"。虽然对胡林翼"说话要不着边际"的观点并不赞同，但后来在给贺熙龄的信中，左宗棠认为胡林翼所说的"虑事太密、论事太尽"是"切中弊病"，他"为之欣服不已"。[1]书信—47

道光二十六年（1846），胡林翼进京报捐知府，两人开始书信往来。《左宗棠全集》收录的写给胡林翼的第一封信，就是胡林翼去京城之后所写的。从信的内容我们可以推断出两人的关系已经是非同一般了：

在信中，左宗棠一开始就和胡林翼说，去年冬天从湘潭搬到新家湘阴柳庄，在新家住了一段时间，最近总觉得自己很疲惫。才刚刚35岁，为什么就会这样呢？左宗棠反思之后说："大抵人生惟游房一事所损实多，而少食、多思，其祸亦与之等。"左宗棠还坦言自己前段时间"兼三者而有之，则无怪其惫也"。所谓游房就是女色，离家日久，好不容易与妻室相聚，因此耽于女色；刚刚搬新家，大事小情自然都得操心，于是他总结："游房、少食、多思为人生三祸"，并将这心得告知胡林翼，"既以自箴，还告阁下，幸留意焉"。[1]书信—48

还有什么比夫妻之间的事情更隐私的呢？自己最近沉迷女色这种私密之事，左宗棠坦然告知胡林翼，还提醒胡林翼要注意，可见两人关系之好了。

3 在柳庄买田安家

道光二十年爆发的鸦片战争，尽管没有改变左宗棠的命运，但改变了他的心境，更使其看清了朝廷的腐败无能，进而产生了避世的悲观心态。这一年，左宗棠29岁。诗言志，左宗棠所写的《二十九岁自题小像》八首，正是其思想的艺术体现。

这8首诗，意境偏于悲观。其中的第一首，可谓典型代表：

犹作儿童句读师，生平至此乍堪思。

学之为利我何有？壮不如人他可知。

蚕已过眠应作茧，鹊虽绕树未依枝。

回头廿九年间事，零落而今又一时。[1]家书诗文407

"犹作儿童句读师"，以及第四首的"研田终岁营儿哺"，是对自己及父兄都只能以教书为生的无奈。"鹊虽绕树未依枝"，化自曹操《短歌行》中的"月明星稀，乌鹊南飞；绕树三匝，何枝可依"，透露出左宗棠对前途的迷茫；而第二首的"君王爱壮臣非老"，化自王勃《滕王阁序》"冯唐易老，李广难封"，都是报国无门的伤感。第六首的"九年寄眷住湘潭，庑下栖迟赘客惭"，则是对自己寄居岳母家的羞惭。

古人云：三十而立。此时的左宗棠，已经29岁了，还寄居岳母家，以教书为生。虽得陶澍、贺长龄等名臣的赏识，却仍报国无门，"十数年来一鲜民"，失望心态可谓溢于言表。因此，这8首诗中，虽也有"乾坤忧痛何时毕"这样的忧国表达，但更多的，是准备避世的消极，"只待它年衰与老"——这时的左宗棠，既失望于自己的时运不济，又忧愤于清廷鸦片战争失败后割地赔款、开放通商口岸的丧权辱国，决心归隐山林做一农夫，终了此生。道光二十二年胡林翼来小淹时，两人就谈及买山隐居之事。只是两人观点并不一致——胡林翼主张在陶家附近买，左宗棠不赞同，认为小淹山多地少，粮食短缺，加上陶家的亲戚"求欲无厌"，并非佳所。

道光二十三年（1843），左宗棠用历年教书的积蓄，在湘阴东乡柳家冲买田70亩，建屋安宅，命名为柳庄，"此为有家之始"[1]家书诗文315。第二年，全家从湘潭搬到柳庄。

搬至新家，左宗棠对农事倾注了更大的热情。他自号"湘上农人"，将自己所学农学知识加以实践，以古法耕种柳庄之田；每次从安化陶家回来，便"日巡行陇亩"，督工耕作。[2]23

种粮之余，左宗棠还遍植茶树、桑树、竹子等。湘阴本不产茶，左宗棠在安化陶家教书，发现安化盛产茶叶，每年卖茶叶可得银百万。安家柳庄之后，道光二十六年，他在湘阴第一个引种茶树。第一年卖茶的收入，交完70亩田的国税之后，竟然还有盈余！这样一来，其他农户也纷纷跟着种茶。湘阴产茶，实自左宗棠开始，其子左孝同就说，"湘阴产茶，实府君为之倡"[2]23。左宗棠做了件开风气之先的事情！

道光二十八年，湘阴遭遇大水，柳庄的稻田被淹，左宗棠家中的稻谷也被水泡得发了芽。祸不单行，全家十二口人还得了病。为了治病，最后连发了芽的谷子也被迫卖掉了，"典质罄尽"[1]书信一393。

为了让乡亲们尽快度过灾荒，左宗棠顾不上照顾生病的家人，全力以赴赈灾，与乡亲们一道劝当地富室捐款捐粮，并动用族里积谷救荒。据后来他给陕西巡抚谭钟麟的信，此番募来的谷米钱粮，"不下五十余万"[2]24。需要指出的是，义仓的建立还是得益于左家往日的推动：左宗棠的祖父左人锦就曾号召族人建族仓备荒，还亲自制定了《族仓条约》；左宗棠也一直呼吁族中要备粮谷以防荒年。此后，随着自己经济条件的好转，左宗棠在义仓之事投入了更多的财力——咸丰元年他亲自组建仁风团义仓，制定规约。同治九年（1870），已为陕甘总督的他，虽远隔千山万水，在给儿子孝威的信中还心系仁风团义仓：得知家乡因洪水受灾后，要孝威买谷400石给义仓用于救济，并挑合适人选管理。

通过募捐和动用义仓，道光二十八年的洪荒总算捱过去了。没想到，第二年，洪水再次来袭，斗米价格涨到六七百文。左宗棠与家人一道救灾。他先是从陶家预支了自己的薪俸用来买米。这些米，一半救济族人，一半救济柳庄邻里。除此之外，湘江沿岸的受灾民众，纷纷逃往地势高的未受灾之地乞食，饥民络绎不绝路过柳庄。左宗棠尽其所有，拿出家中所有的粮食，熬粥救济路过的饥民。而且，他还凭借自己以前看医书学到的知识调配丸药，给饥民治病。周诒端和张氏妻妾二人也积极投入到救灾之中。她们不辞劳苦，带着仆人到各家探望病情。赈济缺钱时，两人还当掉了自己的首饰，买粮买药，救活了很多人。[2]26

多年后回忆往事，道光二十八年的洪灾曾被左宗棠评为自己一生中遇到的两个最艰难时刻之一。咸丰十一年（1861），他对郭嵩焘说，"兄生平境遇最苦者有二"：一件是当时七千兵马饱受疾疫，病者十之六七；另一件，就是"道光二十八年，柳庄耕田遭淫雨之害，谷尽生

芽，典质罄尽，而一家十二口，无不患病者"。[1]书信一393

尽管如此，当时的左宗棠还引杜甫的诗和妻子开玩笑，说："将杜甫《同谷歌》中'男呻女吟四壁静'改成'男呻女吟四壁空'，最为切合眼前景象。"可见左宗棠还颇为乐观。同治八年，老家湘阴再度遭受水灾。此时已是陕甘总督的左宗棠，经济状况大为好转，慷慨捐出养廉银二万两赈灾。在给孝威的信中，他说当年赈灾情形仍历历在目，"回思道光二十八九年，柳庄散米散药情景如昨"[1]家书诗文127。

道光二十九年（1849），左宗棠本有机会外放小官，但他嫌花钱太多而放弃了。原来，道光十五年那次会试被录为誊录后，到这一年可以请优叙，"据仲兄信云，今年冬、明年春可得优叙，叙后不必在部候选，即可请分发到省，补缺不过一二年内"[1]附册59。但左宗棠粗略一算：如果想补缺，请优叙需银300多两，加上进京等花费，总共需要1000多两。最后，他只好选择了候缺——由于官多缺少，候缺者往往等待很长的时间也不一定有位置。只是左宗棠此举，无疑是放弃了优叙的机会。

当然，只要中了举人，就有做官的资格。左宗棠被取为誊录，尽管没有赴任、尽管此番没有补缺，但做官的资格依然有效，只要肯花钱打点，还是可以补缺。咸丰九年（1859），身陷樊燮案的左宗棠北上、想进京由吏部引见谋官[1]书信一350，即为此故。

4 与林则徐湘江夜话

道光二十九年十一月，时任云贵总督的林则徐因病向朝廷请辞，回福建侯官（今福州）老家休养。获准之后，林则徐取道水路返闽。到洞庭湖时，他让人去柳庄请左宗棠来长沙相见。

林则徐为何要见左宗棠？首先应该是林则徐为江苏巡抚时，两江总督陶澍、布政使贺长龄对左宗棠的赏识，他应该有所耳闻。再者，道光二十八年，胡林翼曾向林则徐推荐左宗棠，称左宗棠为"楚材第一"，林则徐为此曾邀请左宗棠入其幕府。虽然左宗棠未就，但如今路过湖南，林则徐要见一见左宗棠，也属正常。

就左宗棠而言，长期以来他对林则徐就很敬仰、很关注。在道光二十九年给胡林翼的信中，他就说在小淹曾经看了不少陶澍与林则徐之间的往来书信。鸦片战争爆发后，更是十分关注林则徐的行止，"海上用兵以后，行河、出关、入关诸役，仆之心如日在公左右也。忽而悲，忽而愤，忽而喜，尝自笑耳"[1]书信一64。海上用兵，指的是第一次鸦片战争。因战事不利清政府求和，道光帝下旨斥责林则徐在广东"办理不善"[4]卷三三九，56岁的林则徐被贬至伊犁。道光二十五年开始，朝廷重新起用林则徐，调署陕甘总督、陕西巡抚、云贵总督。左宗棠所说的"悲""愤""喜"，指的就是随着林则徐命运的起伏而产生的心理变化。林则徐因主张禁烟而成为一代名臣、民族英雄，受到朝野敬重，也成为了左宗棠的偶像。如今，林则徐相邀，左宗棠得知后，立即赶往长沙与林则徐相见。

这是左宗棠与林则徐唯一的一次见面，两人"江中宴谈达曙，无所不及"[1]书信一68——在林则徐的官船里谈了整整一个通宵。

这次见面可以说对左宗棠影响很大：林则徐对东南海防的看法、林则徐经营西北塞防的观点等，深刻影响了左宗棠。左宗棠后来创办福州船政局、收复新疆，在新疆大兴水利、办理屯务，从某种程度上都是林则徐遗愿之嗣响。光绪二年，在给西征新疆前线统帅刘锦棠的信中，左宗棠就提到，30年前林则徐曾告诉他，南疆盛产粮食，因此希望刘锦棠进兵南疆后多加留意。[1]书信三129

临别之际，林则徐亲书联语相赠：

　　此地有崇山峻岭，茂林修竹；
　　最能读三坟五典，八索九丘。①

这副对联是乾隆时著名文人袁枚为他的南京小仓山随园题写的匾

---

① 徐珂：《清稗类钞》，第三册，中华书局，1984年，第1429页。关于左宗棠与林则徐相见，《清稗类钞》记载颇为生动：时值岁末，左宗棠此时正坐船准备回湘阴，得知林则徐要见他，激动之下，在上林则徐所坐舟船时失足掉入河中，衣衫尽湿。穿着湿衣服的左宗棠，见到林则徐后说：古人待士有三沐三薰之礼。三沐之礼已领教，三薰则还没有。林则徐所赠左宗棠联，上款书"季高仁兄先生大人法正"，下款署"愚弟林某某"。

联。前句写园林之美，后句写在此园中最适合读各种杂书，玩赏文学，修身养性。林则徐书赠此联给左宗棠，一是表明自己反对死读经书、主张经世致用的思想情操；二是鼓励左宗棠努力读书，成为于国于民有大用的栋梁之材。

第二年（1850），林则徐病逝于前往广西检阅、调遣镇压太平天国起义部队途中。左宗棠闻讯之后，亲自撰写了"一副传诵一时的长联"[5]730，表达对林则徐的景仰之情：

  附公者不皆君子，间公者必是小人，忧国如家，二百余年遗直在；

  庙堂倚之为长城，草野望之若时雨，出师未捷，八千里路大星颓。[1]家书诗文428

与此同时，左宗棠"又以真挚的感情，忆往悼今，写了一封极生动的唁函"[5]730，致慰林则徐的儿子林汝舟。在信中，左宗棠回忆起相见当晚"江风吹浪，柁楼竟夕有声"的美好，回忆起与林则徐"抗谈今昔……曙鼓欲严，始各别去"的不舍，对林则徐的不幸去世表达了"人之云亡，百身莫赎，悠悠苍天，此恨何极"的悲痛。[1]书信一68

同治七年，时为陕甘总督的左宗棠曾上了一道奏折，恳请朝廷将一个名叫王家璧的官员由五品升为四品。奏折中有这样一句："臣与王家璧向未谋面。二十余年前，曾闻云贵总督贺长龄、林则徐称其万里寻亲一事，非晚近士夫所有，心窃敬之。"[1]奏稿三669仅凭当年听到林则徐的一句话，就敢向朝廷保荐一名官员，可见左宗棠对林则徐之敬仰！

晚年左宗棠更以陶澍、林则徐的继承人自居。光绪九年（1883），身为两江总督的他在江宁为陶、林二人合建一座专祠，并亲自题写一楹联：

  三吴颂遗爱，鲸浪初平，治水行盐，如公皆不朽；

  卌载接音尘，鸿泥偶踏，湘间邗上，今我复重来。[1]家书诗文427

这副楹联，上联歌颂陶、林二人治理两江的政绩；下联则直接表达了自己对40年后能够有机会如陶澍、林则徐那样治理两江深感荣幸，并表示要继承陶、林二人之风，善治两江。

【注释】

［1］左宗棠．左宗棠全集［M］．长沙：岳麓书社，2009．

［2］罗正钧．左宗棠年谱［M］．长沙：岳麓书社，1983．

［3］胡林翼．胡林翼集［M］．长沙：岳麓书社，1999．

［4］中国第一历史档案馆．大清宣宗成皇帝实录［A］．

［5］来新夏．林则徐年谱长编［M］．上海：上海交通大学出版社，2011．

第四章　避乱深山

清制，官员上任，朝廷既不给上任的路费、制作官服的费用，也不给配备秘书班子等，因此官员除了自己想办法筹钱做官服、雇车马之外，还需要自己出钱聘请师爷——这些师爷一般都是落第的读书人。当时，落第的读书人主要的出路就是当私塾老师或者当幕宾师爷，而后者的待遇要比前者好得多。

在湖南巡抚张亮基邀请之前，左宗棠曾有四次出任幕宾的机会，只是他都谢绝了。

1　婉拒了几个工作机会

第一次邀请的，是时任云南巡抚的贺长龄。

根据道光二十三年左宗棠写给贺长龄弟弟贺桂龄的信可以得知，贺长龄至少已是两次邀请：一次是他亲自邀请，一次是通过贺桂龄转达。考虑到左宗棠家境比较贫寒，贺长龄还"许以重币之酬"[1]书信一36，答应给予优厚的酬金。

左宗棠没有去成，主要原因是陶家。首先大女儿与陶桄的婚事定于道光二十四年订亲；其次，听说左宗棠有辞教馆的想法，陶澍夫人就开玩笑对陶桄说"你要是不好好学，先生将舍你而去"，于是陶桄加倍发奋，这让左宗棠不好意思离开；第三，如果去贺长龄处就幕宾，属于辞掉薪金少的地方而去薪金多的地方，离开穷苦的地方而去暖逸的地方。这虽是人之常情，但左宗棠觉得不好。最终，他谢绝了贺长龄的好意，表示"长鸣之报，敬俟他年"[1]书信一36—37。

左宗棠没有食言。道光二十五年，贺长龄升任云贵总督，但不久就因为处理回民事务不力而被贬为河南布政使，最后因病被免官，道光三十年（1850）落寞死于长沙。

光绪六年十月，在有官员提出给贺长龄官复原职、立传建祠而被交部议处的情况下，时为陕甘总督的左宗棠还是上了《请将前任云贵总督贺长龄事绩宣付史馆并准入祀湖南乡贤祠片》。虽然最终没有得到清廷的准许，但左宗棠在他的有生之年，还是实现了自己对贺长龄"长鸣之报，敬俟他年"的承诺。光绪十一年（1885），左宗棠就在福建辞世。

第二个邀请者，是名臣林则徐。而背后运作之人，则是左宗棠的好友胡林翼。

胡林翼、左宗棠二人同年，两人的父亲为岳麓书院的同窗。道光十三年二月左宗棠第一次进京参加会试，与胡林翼认识并订交，从此成为一生知己。与陶家订亲后，左宗棠与胡林翼更成为亲戚——因为胡林翼就是陶澍的女婿①。只是这样一来，原本同龄的两人辈分发生了变化，胡林翼得叫左宗棠"姻丈"了！咸丰六年（1856）九月，经左宗棠牵线，胡林翼九妹胡同芝嫁给了左宗棠的侄子、二哥左宗植的儿子左澥。两家从此亲上加亲，关系更进一步。

道光二十八年，时为安顺知府的胡林翼向时任云贵总督的林则徐推荐左宗棠，说左宗棠为"楚材第一""究心地舆兵法"。林则徐为此曾邀请左宗棠出任其幕宾。胡林翼之所以敢于向自己的顶头上司推荐左宗棠，是因为他自身颇受林则徐赏识。后来在与左宗棠见面时，林则徐就告诉左宗棠，胡林翼、张亮基是其在云贵时的左右手。

这次，左宗棠依旧没有去，按照他在道光二十九年给胡林翼的信中的解释，主要有两个原因：一是大哥的儿子也就是他的侄子左世延今年准备结婚，由于大哥早逝，他得帮忙操持、无法离开；二是陶桄

---

① 胡林翼8岁时，陶澍一见"惊为伟器"而将女儿陶静娟许给胡林翼。见严树森：《胡林翼年谱》，大陆书局，1933年，第4页。

搬到长沙,已经说好请左宗棠到长沙来继续教他。[1]书信一64

还有一种说法,前两江总督李星沅①也曾邀请过左宗棠。

咸丰元年,为了平定广西天地会起义,清政府任命在籍的前两江总督李星沅为钦差大臣。李星沅曾邀左宗棠"参戎机"[2],但李至广西不久便病死,左也满足于"湘上农人"的生活,他的"出山之想,又因此抛却矣"[1]书信一71。

只是,此说从《左宗棠全集》《左宗棠年谱》中并未得以证实。

咸丰元年年底至咸丰二年,胡林翼连写三封信,将左宗棠推荐给湖广总督程矞采。在第一封信中,胡林翼再次将左宗棠推为"今日楚材第一"。他说:"左孝廉品高学博,性至廉洁,即陶少云之业师,又其妻父也。在文毅第中,读本朝宪章最多,其识议亦绝异。其体察人情,通晓治略,当为近日楚材第一。"[3]卷二44

仔细分析,可以看出,胡林翼的推荐语是颇为讲究的,"品高学博,性至廉洁"主要说的是左宗棠的人品;"陶少云之业师,又其妻父"主要介绍左宗棠的身份,同时想通过左宗棠与陶澍的关系,打消程矞采的顾虑;至于"读本朝宪章最多"一句,则是介绍左宗棠的才能,让程矞采知道,请左宗棠为幕宾,将会对他的工作有很大的帮助。

胡林翼的第二封推荐信,除了推荐左宗棠之外,还有其他7人。这次,胡林翼对左宗棠的评语为"才学识力,冠绝一时"。到了九月三十日,看程矞采没有任何反应,胡林翼又去了第三封推荐信。在信中,胡林翼评价左宗棠"品学为湘中士类第一",并且告诉程矞采,当年林则徐曾想聘请左宗棠为幕宾,只是因为左宗棠有事,没能成行。后来林则徐过长沙,曾召左宗棠来长沙相见,称赞左宗棠为"不凡之材"。

但这些推荐和建议,程矞采并没有采纳,"当是时,湘、粤告警,文宗已命大学士赛尚阿公为钦差大臣出视师,又诏湖广总督程公矞采

---

① 李星沅,字子湘,湖南湘阴人。

行边驻衡州。公三上书程公陈兵势，并举衡湘之士七人，以备任使。程公不能用"[4]218。因此，胡林翼当时并没有将推荐之事告知左宗棠，只是在事后通信时提及，"去年冬间，以大名呈荐于程制军，而不能告之先生，固知志有不屑也"[3]卷二75。

2 与郭嵩焘兄弟避乱深山

让程矞采紧张的"湘、粤告警"，指的是道光三十年爆发的金田起义。这场起义不仅改变了晚清的政局，也改变了左宗棠的人生轨迹。

道光三十年十二月初十日（1851年1月11日），洪秀全等在广西桂平县金田村正式起义，建号太平天国。咸丰二年五月，太平军在广西境内与清军作战一年半之后，经过蓑衣渡之战，冲出广西，进入湖南。湖南开始全省戒严。在攻下广西全州时（全州之役中南王冯云山身负重伤牺牲），太平军曾收集到几百条战船，准备从水路攻打长沙，但被江忠源的部队打败。于是，太平军往东改从陆路进兵。本准备进攻永州，为水所阻，又返回来攻下湖南南部的道州（今道县）。在道州，太平军进行了整顿和较大规模的扩军，增员达五六万人之多，并确定了由东王杨秀清提出的继续北进、"专意金陵，据为根本"[5]290—291的方针。七月初，太平军占领阳州（今阳县），之后又攻下湖南南部重镇郴州。

攻下郴州之后，太平天国部队兵分两路：大部队由洪秀全带领从郴州、衡阳北上；另一部分由西王萧朝贵率领，从湖南东部的攸县、醴陵加速北上，于七月底进攻湖南省城长沙。

洪秀全金田起义这一年，左宗棠正忙着在深山中找地避乱。和他结伴的，有同为湘阴人的郭嵩焘和弟弟郭崑焘一家。

郭嵩焘，字筠仙，道光二十七年（1847）四月中进士，赐进士及第，七月朝考后，改授翰林院庶吉士。正准备一展宏图之际，道光二十九年七月十六日母亲去世，他只好离京回到湘阴老家守丧。祸不单行，道光三十年，又遇父亲逝世。值此乱世，郭嵩焘和弟弟郭崑焘便"与左宗棠为山居结邻之约，欲筑屋于湘阴东山之周磜岭"[6]79。

避乱山林的想法，左宗棠早在道光二十一年中英两国交战时就有。在当年写给老师贺熙龄的一封信中，左宗棠就说去年冬天回家时曾准备寻找一个险僻场所，以便将来一旦有战争能带宗族亲友去避乱。直接刺激左宗棠有此意的：一是鸦片战争爆发后清政府的软弱无能使他有点心灰意冷；二是左宗棠从书上读到，明末大儒孙奇逢（世称夏峰先生）曾带着数千人进河北易州五峰山避乱，布置大家量才分守，竟能在明末清初那样动荡的时局中营建了一个"世外桃源"！

避乱的地点，族人曾推荐过位于湘阴、长沙交界的青山；胡林翼曾推荐过小淹、益阳碧云峰。对于青山，左宗棠考察后觉得不够安全，"青山一带，宗棠雅志所不取，盖距大路太近，而山势亦太单耳"[1]书信-59。至于小淹，左宗棠认为山多地少，经商风气重，粮食短缺，加上陶家的亲戚"求欲无厌"，也不太合适。

最终，左宗棠和郭嵩焘选择的地方，是湘阴东山之周磜岭一带，距离县城50多里。咸丰二年，当洪秀全率领太平军大举进攻湖南、包围长沙之际，左宗棠、左宗植等家人族友，郭嵩焘、郭崑焘一家，就来到此处避乱。

考证：左宗棠避乱的地点在哪里？

就左宗棠和郭嵩焘避乱的具体地点，有周磜岭、梓木洞、白水洞等说法。

周磜岭说法出自郭嵩焘。他后来曾写有《养知书屋诗集·题东山十八景画册》，自注云："周磜岭为予结庐之地，托始于庚戌，与季高为山居结邻之约。咸丰壬子避粤寇之乱，遂徙家焉。"庚戌即道光三十年；咸丰壬子，即咸丰二年，这表明两家一起山居避乱的想法，始于道光三十年。

梓木洞的说法，见于胡林翼的信。咸丰二年，胡林翼给左宗棠写信，劝他出山做新任湖南巡抚张亮基的幕宾。信中，胡林翼说："设楚地沦于贼，柳家庄、梓木洞，其独免乎！"[3]卷二76

而在《亡妻周夫人墓志铭》中，左宗棠写道，"咸丰二年秋，粤寇犯长沙，举家避居白水洞，亲故多就之"[1]家书诗文315。

周磜岭、梓木洞、白水洞，究竟哪一种是正确的呢？

要弄清这个问题，我们首先要对湘阴的地理情况有所了解。该县地形以湘江为界，江东统称东乡，左宗棠出生地左家塅，就在湘江之东，故有"湘阴东乡之左家塅"的说法①。同此，湘江东部的山统称东山。

由此可知，周磜岭、梓木洞、白水洞都在湘江东面。那它们究竟在今天的什么位置呢？今天汨罗市的玉池山，山中石洞纵横交错，较著名的有双狮、伏家、望塔、梓木、戴家、陈家、古窖、白鹤、小暑等10个大洞。玉池山还有关山"避暑洞"这一景点，标注为左宗棠当年避难之所。

但是，今天湘阴县的鹅形山风景区里，也有"左公避难洞"的景点。两个景点，究竟哪一处为真呢？由梓木洞属玉池山推断，应该是玉池山为当年左宗棠避难地。至于白水洞，则是梓木洞这一大洞附近的一个小洞。而郭嵩焘兄弟选择的，是毗邻白水洞的周磜岭。咸丰三年（1853），在给女婿陶桄的一封信中，左宗棠曾有"内子及儿女等因土匪到梓木洞者三十余人，虽未到白水洞，而情形甚危"[1]书信一93的说法，更表明白水洞为左宗棠一家避乱所在。

梓木洞今天明明属于汨罗市，左宗棠、郭嵩焘、胡林翼等为何说是湘阴梓木洞呢？原来，汨罗一带本属湘阴，1966年才从湘阴划出，成立汨罗县（后改为汨罗市）。

至于青山，据明嘉靖《湘阴县志》载："青山在县南三十里，高五里，即仙坛岭，其峰青秀故名。"因山上建有草庵，故又名青山庵，海拔552.4米，是湘阴县的最高峰。这应该是左宗棠最早考察的地方，后来放弃了。

不论是青山庵，还是鹅形山、玉池山，都是幕阜山余脉，位置在今湘阴县东南、汨罗市南部，彼此毗邻，因此，才会出现让今人迷惑

---

① 实际上，左家塅在湘阴县南部。具体考证过程，详见拙著《左宗棠传信录》，第3页。

的左宗棠多个避难地现象。但准确的地点，应该是玉池山的白水洞。

【注释】

[1] 左宗棠. 左宗棠全集［M］. 长沙：岳麓书社，2009.

[2] 樵. 纪左恪靖［N］. 晨报，民国二十四年四月五日.

[3] 胡林翼. 胡林翼集［M］. 长沙：岳麓书社，1999.

[4] 梅英杰，等. 湘军人物年谱（一）［M］. 长沙：岳麓书社，1987.

[5] 张德坚. 贼情汇纂：卷十一［M］//中国史学会主编：太平天国（三）. 上海：上海人民出版社，1957.

[6] 郭廷以. 郭嵩焘年谱［M］//"中央研究院"近代史研究所专刊：第二十九辑. 台北："中央研究院"近代史研究所，1972.

第五章 做了八年幕僚

咸丰二年（1852）太平军进入湖南后，时为湖广总督的程矞采极为恐惧，他"自衡州疾还长沙"，想躲到省城避祸，奏请尚在广西的钦差大臣赛尚阿督师湖南。赛尚阿呢？反而把湖南军务推卸给程矞采。鉴于这种状况，咸丰皇帝一面严旨令赛尚阿、程矞采同办湖南军务，一面调换广西、湖南、湖北三省巡抚，以加强防御。在这种背景下，担任云南巡抚的张亮基于咸丰二年五月被清廷任命为湖南巡抚。

张亮基出任湖南巡抚，为左宗棠出山入幕创造了条件。

1 胡林翼力促左宗棠出山

张亮基，字采臣，号石卿，江苏铜山人。原是林则徐的部属，与胡林翼关系也很好。他在云南，"素闻林文忠盛称"左宗棠"负经世才"，因而早就将有关左的材料"久储夹袋中"。[1]261

刚被任命为湖南巡抚时，张亮基即驰书胡林翼，请教御敌之方并请胡林翼帮忙推荐湖南人才。胡林翼在复信中大力推荐左宗棠，"内有左子季高，则深知其才品超冠等伦……此人廉介刚方，秉性良实，忠肝义胆，与时俗迥异。其胸罗古今地图兵法、本朝国章，切实讲求，精通时务"[2]卷二45。

七月，胡林翼再次向张亮基推荐江忠源、左宗棠。七月初八日（8月22日），张亮基由贵州进入湖南境内，到达常德时，"于途次专弁赍函礼往聘"——还在去往湖南上任的路上，就派人带着他的信和礼物专门去请左宗棠，"力请出山共匡大局"。担心道路不通、信使被

041

耽误，张亮基同日再派"专弁赍手函另途往聘"——另派一路人马带着自己的手书和礼物从另外一条道去左宗棠家请他出山。

但左宗棠回信谢绝出山。

左宗棠为何三番五次谢绝出任幕宾？道光二十九年他在辞谢林则徐幕宾时给胡林翼的信或许能说明部分缘由。信中引了北宋欧阳修谢绝范仲淹幕府之聘时所说的话，"士虽贫贱，以身许人，固亦未易"[3]书信一64。读书人虽不名一文，但想让其死心塌地跟随一个人，也不是件容易事。

还有，左宗棠全家此时刚从湘阴柳庄搬进山中十多天，伐茅建屋以避战乱，跟随而来的亲戚朋友为数不少。一时头绪繁多，百废待兴。可以说，忙着布置新家的他，正想着像昔日孙奇逢那样在乱世中享太平，自无出山的心境。

八月二十三日（10月6日），张亮基抵达长沙附近的乔口，连夜驰书胡林翼，"托再致饥渴于"左宗棠，"望即出山相助"。[1]271

胡林翼收到张亮基的信之后，立即写信给左宗棠，敦促左宗棠急速出山。在信中，胡林翼首先夸赞张亮基"才智英武，肝胆血性，一时无两"，同时搬出了左宗棠最为敬重的林则徐，"先生最敬服林文忠，张中丞固文忠一流人物也"。[2]卷二74

胡林翼不愧为左宗棠知己，了解左宗棠的秉性。在信中他还提到家乡湖南正面临战祸，如果湖南真的为太平军所占领，左宗棠你哪能独善其身，"设楚地沦于贼，柳家庄、梓木洞其独免乎"！

其实，左宗棠秉性上就有爱管事的特点，早在道光二十四年他就开始在家乡一带找避乱之所。即便如此，在当年给贺熙龄的信中，他写到这一细节：昨偶阅明人诗云"老去寻山报国恩"，每微吟一过，神辄为之不怡也。[3]书信一43看到"老去寻山报国恩"一句，神情为之不快。为什么？是因为太消极了：报国无门，尽管尚未老去，但已经只能寻山避世了。这也说明，左宗棠内心里依旧渴望报效国家、建功立业的机会。寻山避乱，只是他乱世自保的一种无奈，而非其志向——像道光二十八年在族中号召建仓、救济众人度过洪灾，像为宗族建仁风团义仓，像后来出任陕甘总督时"引边荒艰巨为己任"收复新疆，都表明左宗棠身上始终有着一种以天下为己任的情怀。

除托胡林翼外，张亮基还驰书已尾追太平军到达长沙的江忠源，请江忠源"托为切函劝挽"左宗棠出山。[1]272 与此同时，与左宗棠同居山中的郭嵩焘、郭崑焘兄弟以及二哥左宗植，也劝左宗棠应聘，说："公卿不下士久矣，张公此举，宜有以成其美。"[3]书信—353

当年，林则徐与左宗棠在船中交谈时，曾提到云南张亮基、贵州胡林翼和黄惺斋是他任云贵总督时的左臂右膀，"而仆于林文忠公处，闻公言滇之张石卿、黔之胡润之、黄惺斋乃吾左右手"[3]书信—353。而且，林则徐还向道光皇帝推荐过张亮基。

当时，左宗棠曾询问过张亮基所长，林则徐告以"固开爽敏干，不易得见者"。如今又有亲友的大力推荐，于是，左宗棠答应张亮基出山相助。八月二十四日（10月7日），张亮基"率卫卒亲秉炬梯北门"进入早已被太平军重兵逼围的长沙。八月二十五日（10月8日），左宗棠也由湘阴到达长沙，"缒城而入"，到湖南巡抚衙门见张亮基。张"握手如旧，留居幕府，悉以兵事任之，至诚推倚，情同骨肉"[1]274。

在古代，读书人不外乎出仕、游幕和教馆三种出路。左宗棠终于答应出山，意味着由课徒转而入幕。湖南巡抚幕宾可谓奠定了左宗棠一生功名的基础，"此左宗棠功名所从此始也"[4]31。他"为太平军而入山，亦终为太平军而出山"，将其"经营一山一洞之谋略与精神"，变为"经营一省一国"。[5]53

到长沙后，张亮基"悉以兵事任之"。

为何张亮基偏偏委以左宗棠军事方面的重任呢？

抵抗太平军进攻是湖南当时面临的头等大事。熟读顾炎武《天下郡国利病书》、顾祖禹《读史方舆纪要》，以及绘制全国山川地理形势图，使得左宗棠对全国当然也包括湖南的兵家要地了如指掌。

鸦片战争爆发后，左宗棠曾经写过《料敌》《定策》《海屯》等策论，虽然只是纸上谈兵，但也表明左宗棠对用兵谋战作过系统的思考。

道光二十四年，左宗棠曾向恩师贺熙龄借魏源所著的兵书《圣武记》，潜心研读并记下读书心得。事后，他曾对贺熙龄说，《圣武记》正文部分序次有法、条理分明，附录的《武事余记》可读性强但议论之处不太如意。

咸丰元年，正在黎平剿匪的胡林翼曾写信给左宗棠，说到在当地办保甲团练所取得的良好效果。左宗棠在回信时表示团练之法对付小贼可以，但难以抵抗大寇。要对付大寇，团练的同时还应该修建碉堡，采用步步为营的战术，改变敌军以逸待劳的局面，扭转湖南广西等地办团练收效甚微、屡屡败给太平军的不利状况。[3]书信—72—73相信这种从实际出发又独具一格的观点给胡林翼留下深刻印象，胡氏也会据此推荐给张亮基。

如此种种，可见左宗棠对历代兵书颇为了解、颇有心得。所以当张亮基委任他帮办军务时，相信左宗棠也是乐意的。而张亮基此举，是对左宗棠的信任，也表明通过与胡林翼的书信往返，他对左宗棠的特长十分了解。

但等待新任湖南巡抚和新任幕宾的，却是一场恶战。

2 第一次出山，与曾国藩重逢

在错过了贺长龄、林则徐、李星沅、程矞采之后，咸丰二年，左宗棠终于接受了张亮基的邀请。从咸丰二年到咸丰十年，左宗棠担任湖南巡抚幕宾长达8年之久。这8年的幕宾生活，又分为两个阶段：

第一阶段是从咸丰二年八月到咸丰三年正月，大约为半年，辅佐湖南巡抚张亮基。咸丰三年正月，张亮基调署湖广总督。左宗棠跟随张亮基至武昌入湖广总督署。九月十五日（10月17日），张亮基改任山东巡抚，于次日晚渡江赶往山东。左宗棠不愿前往山东，便于张亮基离任前10天，即九月初四日（10月6日），辞归湖南，从而结束了他为期约7个半月的在湖北的幕宾生活。

第二阶段则为湖南巡抚骆秉章的幕宾，时间从咸丰四年三月初八日（1854年4月5日）到咸丰九年十二月，将近6年。受樊燮案牵连，咸丰九年十二月二十日（1860年1月12日），左宗棠向骆秉章提出辞任，推荐刘蓉替代自己，于十二月二十八日正式结束幕宾生活。

成功促使左宗棠出山，胡林翼很是高兴，在给李元度的信中，他得意地写道：

> 左季高安心隐处，是大便宜，我岂肯饶他！去年荐于程（湖广总督程矞采），程请之不坚，左亦漠然不顾。今年荐于张，左乃不能不出矣。处此时世，岂可任其安享山林？一笑！[6]54

左宗棠方面感觉如何呢？同年十月，在给胡林翼的信中，他说："中丞开诚布公，集思广益，为近代所罕有。"[3]书信一82 咸丰十年，时间已经过了8年，他在给胡林翼的信中记述了当时的心情："比见石公于围城中，握手如旧，干以数策，立见施行。"[3]书信一353 这表明，张亮基对左宗棠是信任的；左宗棠对张亮基幕宾生涯，是满意的。

应该说，胡林翼力促左宗棠出山，是一个双赢的举措。

此时在长沙的要员，有准备进京陛见的原湖南巡抚骆秉章，以及原在湖南办理团练、现已被任命为云贵总督的罗绕典等。他们的首要任务，是打退太平军对长沙城的围攻。

在左宗棠进入长沙城之前，太平军其实已经开始攻打长沙。咸丰二年七月初七日（1852年8月21日），太平军西王萧朝贵率数千太平军从郴州出发，七月二十七日（9月10日）抵达长沙城东十里扎营。第二天，太平军向长沙城发动进攻，打响了长沙战役。当时张亮基尚未到任，长沙城防主要由帮办军务的罗绕典负责。萧朝贵在攻城时受重伤牺牲。洪秀全、杨秀清得知后，急率太平军主力向长沙进发。左宗棠进入长沙城仅4天之后，洪秀全、杨秀清率领的太平军也抵达长沙城南。

左宗棠认为太平军"背水面城"，属于"自趋绝地"。[4]31 为此，他提议派一军西渡，扼守长沙西路的土墙头、龙回潭一带，既断太平军粮道，又堵其退路，可将太平军一网打尽。但当时清军援助湖南的部队分隶十几个总兵和提督，指挥不一，而且多是乌合之众。张亮基接连提出要派几路部队西渡，都没有人肯去；提出要派人守龙回潭，也被拒绝。无奈之下，张亮基只好准备亲自率兵前往龙回潭。只是此时太平军进攻甚急，长沙城城垣多次被太平军用隧道爆破战术所轰塌，张亮基和左宗棠只好留在城中死守。围攻80多天未能攻下后，十月十九日（11月30日）深夜，太平军主力从长沙撤出。撤退之路，果然选择了左宗棠先前所预计的龙回潭。之后，太平军转战于益阳、岳州等地，冲出湖南，进入湖北。

因守长沙有功，经张亮基奏保，清廷下旨将左宗棠"以知县分省补用并加同知衔"[1]330。左宗棠从此有了官衔，步入仕途。

长沙之战再次暴露了八旗和绿营战斗力之差。太平军撤走后，左宗棠和张亮基开始考虑在湖南练就一支团练武装来筹办防剿。十二月十九日（1853年1月27日），由左宗棠草拟，张亮基上了《筹办湖南堵剿事宜折》，提出初步设想：除调集省内各镇将近1300名官兵外，还准备在省内挑选"有身家来历、艺高胆大之乡勇一二千名"[3]奏稿九25，由绅士管带，用戚继光兵法加以训练。在左宗棠、张亮基看来，这样一支团练队伍如果能练成，所需费用"不及客兵之半，遇有缓急，较客兵尤为可恃"。

左宗棠写好这份奏折的第三天，20多天前被朝廷任命为帮办团练大臣的曾国藩从湘乡来到长沙。

曾国藩，字伯涵，号涤生，湖南湘乡人，生于嘉庆十六年（1811），大左宗棠一岁。道光十三年起到岳麓书院深造、道光十四年（1834）肄业并于同年中举。道光十五年，他们二人同时参加了会试——同时参加会试，同为湖南老乡，认识也在情理之中。也就是说，道光十四、十五年前后，或许就是左宗棠和曾国藩相识的开始。光绪二年（1876），在给好友吴桐云①的信中，左宗棠曾有"即以两江言之，曾文正独非四十年旧交乎"[3]书信三65之语，按此上推40年，即为道光十六年（1836）左右。这或可作为曾左二人结识的旁证。

道光十八年，曾国藩第三次参加会试，中三甲第四十二名，"赐同进士出身"。之后的朝考，曾国藩获得了道光皇帝的青睐——先排了一等第三名，道光皇帝审核钦定时，十分欣赏曾国藩的应试之

---

① 吴大廷，字桐云，咸丰朝举人，同治年间曾任福建分巡台湾兵备道。

文，亲笔将其圈定为第二名，由此入翰林院成为庶吉士。从道光二十年至咸丰二年在京城为官13年期间，他由从七品的翰林院检讨做起，道光二十七年六月由翰林院侍讲学士（从四品）连升四级擢为内阁学士（从二品）兼礼部侍郎衔，成为有清一代，湖南第一位37岁就官至二品者，"湖南三十七岁至二品者，本朝尚无一人"[7]家书一133。此后，先后奉旨兼任兵部右侍郎、工部左侍郎、兵部左侍郎、刑部左侍郎、吏部左侍郎。也就是说，出任过六部之中除户部以外的各部侍郎。

咸丰二年六月，时为礼部侍郎兼吏部左侍郎的曾国藩被派任江西乡试正考官。本已请假获准乡试结束后回籍省亲的他，七月在安徽获悉母亲去世的噩耗，立即改服回家奔丧，于八月二十三日（10月6日）抵湘乡老家。十二月十三日（1853年1月21日），丁忧之中的曾国藩接到湖南巡抚张亮基转来的谕旨，令其接替已经升任云贵总督的罗绕典"帮同办理"湖南"团练乡民、搜查土匪诸事务"。[7]奏稿一69 曾国藩本拟上疏恳辞，后在其父曾麟书的支持以及好友郭嵩焘的相劝下，一番考虑之后，最终决定"墨绖从戎"、出山剿贼。

曾国藩十二月十七日（1月25日）动身前往省城长沙，二十一日抵达，二十二日便上折表示要选调精壮湖南乡民、严加训练。他说，官兵同太平军作战，之所以往往遇敌即溃，主要是因为"未经训练，无胆无艺，故所向退怯也"。为此，曾国藩也提出要仿照明代戚继光、近人傅鼐之法对招募来省的各县乡民加以训练，"但求其精，不求其多；但求有济，不求速效"[7]奏稿一70。可以看出，曾国藩和左宗棠都主张效法戚继光来训练兵士。

曾国藩至长沙，自然免不了与左宗棠相见。这年在给女婿陶桄的信中，左宗棠提到对曾国藩的印象，"曾涤生侍郎来此帮办团防，其人正派而肯任事，但才具稍欠开展，与仆甚相得，惜其来之迟也"[3]书信一80。"与仆甚相得"一句，表明此时左宗棠与曾国藩相处甚洽。而咸丰三年正月，曾国藩告诉胡林翼，"日与张石卿中丞、江岷樵、左季高三君子感慨深谈，……盖无日不共以振刷相勖"[7]书信一107。"无日不共以振刷相勖"，每天都在深谈，都在相互勉励。可知，此时的曾国藩、左宗棠相交甚欢。

再回到传主左宗棠。太平军撤退后，左宗棠开始反思清军被动、失利的原因。他对胡林翼说，主要原因是主客易位，本来流动作战的太平军反而以逸待劳，清军却疲于奔命、四处追剿，失败也就不可避免了，"贼常为主，而我常为客，故贼暇而我忙，贼逸而我劳，贼设伏设险以待我，而我辄中其计"。[3]书信—74 其次，是指挥不统一，犯了用兵大忌。长沙一带，三万多兵勇，"半月以来率皆坐视"，而且"行间八总兵，同城两提军，新旧三中丞，彼此不相承摄"。[3]书信—81 在此期间，张亮基曾多次去函催促，但湖广总督程矞采"总置不理"，迟迟不来，以致3万多兵马竟没有一个统一指挥者。日后在用兵闽浙、陕甘和新疆期间，左宗棠多次强调用兵最贵节制精明、最忌遥制。这些，应该说都受到长沙保卫战经验和教训的影响。

3 "围剿"浏阳征义堂

"围剿"征义堂土匪充分体现了左宗棠谋定而后动、"进兵宜神速"[3]书信—78 的用兵特点。浏阳地处长沙东部，与长沙相距不过百里。征义堂的巢穴在距浏阳县城40里的地方，有湖南本地土匪4000多人，可以说时刻威胁着省城的安全。更为严重的是，由于与宿仇王氏的纠纷，征义堂首领周国虞派他的侄子带300人明目张胆进驻县城，声称是要保卫县城重要的仓库与监狱；另一方面，征义堂下面的曾世珍、邓万发等，还率人烧毁狮山书院，杀死了廪生王应苹，抢夺富家财产，奸淫妇女。如此种种，在地方引发恐慌，也挑战着湖南地方政府的威权。

咸丰二年十二月，湖南巡抚张亮基决定派江忠源前往"围剿"。江忠源此时正率部追赶太平军，行至长沙东北的平江。由于太平军已出湖南，他正准备带部回长沙。在给江忠源信中，左宗棠详细地介绍了用兵方略：

首先是兵贵神速。让江忠源从平江抄小路迅速赶往浏阳，但前提是要事先找人了解当地地形，到离浏阳一天路程的地方先扎营休息。第二天五更出发，迅速赶到并占据有利地形，防止土匪大部逃窜和冲犯县城。之所以要这样安排，是要保护当地官绅——因为征义堂土匪扬言如果官军剿办，他们就要杀害浏阳县令。

其次做好保密工作。考虑到省城一些部门可能有不少官员已被征义堂所买通，为了做好保密工作，张亮基要求对此次行动不得声张。左宗棠也提醒江忠源不必立即复信，等到了浏阳再来信通报情况即可。

第三，对征义堂土匪实行分化瓦解政策，明确主要目标只是犯下烧杀掳掠罪行的曾世珍、邓万发等匪首。因此江忠源部到达浏阳、占据有利地形之后，立即大量张贴告示，"不问征义堂与非征义堂，但问为匪不为匪"；对肯来投诚的，颁发良民证。甚至对于有投诚之意的头目周国虞，也暗中派人去接洽。

最终，江忠源带着不到两千人将征义堂土匪一鼓荡平。对此，郭嵩焘点评说："江忠源讨平忠义堂①，实受方略于左宗棠，发谋决策，皆宗棠任之，张亮基受成而已。"[8]200左宗棠因此功而被升为同知直隶州选用，成正五品官员。此后，在左宗棠的规划下，攸县、郴州桂东县等湖南各州县的两广会党和土匪先后被肃清。左宗棠自己也承认，自咸丰二年入湘幕起，"八九年来，所诛斩真匪三千余，迄少冤滥。而向之勾连黔粤烟、盐各枭，及会匪、斋匪著有名迹者，亦鲜有漏逸"[3]书信一521。

话题再回到太平军。

太平军从长沙撤退、冲入湖北后，十二月初四日（1853年1月12日），第一次攻占武昌。这是太平军攻占的第一座省城。清廷为之震动，并因此解除了钦差大臣兼湖广总督徐广缙的职务，任命张亮基署理湖广总督。咸丰三年正月初四日（1853年2月11日），张亮基接到调任谕旨，正月十二日（2月19日）即交卸湖南巡抚篆务，启程赴湖北。左宗棠作为主要幕宾，也被张亮基邀请前往湖北，从而结束了他历时约四个半月的第一次湖南巡抚幕宾生涯。正月二十二日（3

---

① 忠义堂，即征义堂。

月1日），左宗棠随同张亮基、江忠源等抵达武昌，进入督署，开始其湖广总督幕宾生涯。

张亮基、左宗棠抵达武昌之前，洪秀全已于正月初二日（2月9日）率太平军撤离武昌。二月初十日（3月19日），太平军占领南京并将其定为首都，改名天京。张亮基和左宗棠到湖北之后，先后在湖北东部的黄州（今湖北黄冈）以及与江西交界的田家坪屯重兵设防。这年四、五月间，北伐的太平军吉文元部因在河南遭遇清军堵截，未能过黄河北进，于是南撤攻入湖北黄安县（今红安县），准备经麻城、黄州攻取武汉。但这次进攻被左宗棠识破。他与张亮基调集部队在黄州团风镇一带伏击，南撤的太平军被迫后退突围，之后只剩下少部分人与太平军西征军会合。这次胜利印证了左宗棠与敌作战关键在于料敌之先的军事观点。这点，他在咸丰三年给陶桄的信中亦有说及，"用兵无他，只要训练得法，谋略总须先贼一着，自然应手"[3]书信一86。

这年九月，张亮基被降调山东巡抚。左宗棠不愿随往山东，便南返湖南。而辞归湖南，意味着左宗棠结束了他为期约7个半月的湖广总督幕宾生涯。

4 第二次出山，救桑梓之难

九月二十三日（10月25日）——到家第二天，左宗棠即和全家一起搬到玉池山避难，想"自此匿迹销声，转徙荒谷，不敢复以姓字通于尘界矣"！[3]书信一88

但"树欲静而风不止"，得知左宗棠归乡后，湖南巡抚骆秉章多次派人带书信和聘礼前去请其出山。由于觉得一年多以来的幕宾工作耗尽心血，左宗棠坚辞不出，"兄归后甫数日，骆中丞及方伯、廉访诸公以书币见招，并委郑司马入山敦促，礼意优渥，实为可感。然年来心血耗竭，不欲复参戎幕，已托词谢之"[3]书信一88。

左宗棠与骆秉章其实早就认识。骆秉章（1793—1867），字籲门，广东花县人。道光三十年起任湖南巡抚。咸丰二年（1852），清廷同时调整湖南、湖北、广西三省巡抚，骆秉章调任湖北巡抚。但直到张亮基抵湖南接任巡抚后，骆秉章仍奉令"暂留长沙，办理防剿事宜"[9]49。

八月二十五日（10月8日）左宗棠入长沙出任张亮基幕宾，此时骆秉章也在长沙。咸丰三年正月十九日（1853年2月26日），骆秉章抵达武昌履任，而左宗棠在3天之后也随同新任湖广总督张亮基到达武昌。直至二月二十七日（4月5日）骆秉章离鄂赴京请训前的一个多月时间，骆秉章和左宗棠同在武昌。可以说，左宗棠第一次出任幕宾，大部分时间实际上是与骆秉章在同一座城市。

如此一来，对于左宗棠的能力，骆秉章自是十分了解。骆秉章之外，江忠源、曾国藩也曾先后邀请过左宗棠重新出山。咸丰三年，已为安徽巡抚的江忠源托郭嵩焘去征求左宗棠的意见，想请左宗棠来帮忙，"季兄天下士，归伏梓木洞，固于吾楚有益。忠源欲要赴皖省，未敢启齿。弟为我代探之。非为忠源而来，为天下而来也"[4]36。

曾国藩呢？此时也想请郭嵩焘、左宗棠出山帮忙练兵，练成后拨给江忠源带往庐州。十一月十八日（12月18日），他对江忠源说，"季高、筠仙，仆寄书山中，属其来衡练兵，远付皖中，助阁下一臂之力，现皆未来"[7]书信一352。

曾国藩确实去信相邀，但左宗棠拒绝了，"自鄂渚归后，颇不欲闻世事。石翁山东奏调之举，既已谢之，长沙诸当道礼意甚勤，亦权词谢之。岷樵擢皖抚后，曾驰书来迓，其意甚勤，其词弥苦。涤生亦欲召勇三千，委吾练之，遂帅以行，与岷兄合。自维胆识薄劣，不足当重寄，亦竟不答"[3]书信一89。从左宗棠给贺仲肃此信得知，先后有张亮基、骆秉章、江忠源、曾国藩等邀请其出山，但左宗棠都没有答应。

就在左宗棠谢绝各方邀请的这5个多月里，外界正发生着翻天覆地的变化：十二月十七日（1854年1月15日）安徽巡抚江忠源在庐州阵亡；咸丰四年（1854）正月，湖广总督吴文镕在湖北黄州投水；二月，太平军攻陷岳州，距长沙仅70里；三月，被王鑫①击败的太平

---

① 王鑫，字璞山，湖南湘乡人，罗泽南弟子，湘军早期将领。咸丰七年（1857）病逝于江西军营。

军再度攻陷岳州,清军退守长沙。在这种情况下,骆秉章再遣使入山敦促。考虑到军情紧急、桑梓有难,左宗棠终于答应再次出山,并于三月初八日(4月5日)进入长沙城湖南巡抚署。

此时,左宗棠的家乡湘阴已为太平军所占领,玉池山白水洞一带虽然离县城有50多里,但已有从太平军军营中逃脱的人传话说太平军扬言要进山抓到左宗棠及其家眷才甘心。

三月二十八日(4月25日),左宗棠与曾国藩商定,陆路派兵4000人、水师派兵5营前往湘潭偷袭太平军。此役杀敌近万,烧毁太平军船只1450艘,收复湘潭,取得了重大胜利!与此同时,胡林翼收复湘阴。

然而,太平军从湘阴撤退的时候,派30多人进玉池山,准备搜拿左宗棠家眷。左宗棠得知后,亲自带领百名兵勇前往白水洞,将家眷接至相对安全的湘潭辰山安置。这次,左宗棠可以说是与太平军争分夺秒:最紧张的时候,他们与太平军大部"相距不过十里,为时不过数刻"[3]书信—93——左宗棠一家八口卯刻离开湘潭县城,前去抓他们的太平军辰刻到湘潭,中间只差一个时辰也就是两个小时!

湘潭大胜后,曾国藩率湘军北上进兵岳阳、武昌,长沙大局相对安定。此后,虽然左宗棠还想更名改姓、隐居荒山,但由于骆秉章"推诚相与"[3]书信—93,军事方面的事情全部委托给左宗棠,因此他也只好留在了长沙湖南巡抚幕府。

5 湖南援兵四出

从咸丰四年三月初八日(1854年4月5日)到咸丰九年十二月二十日(1860年1月12日),左宗棠担任湖南巡抚骆秉章幕宾长达将近6年的时间。在这6年里,他所做的工作,可以分为军事、财税和吏治三个方面。

左宗棠这6年间在军事上的工作,秦翰才在《左文襄公在西北》一书中曾如此概括,"他帮助秉章的策略,只有八个字:'外援五省,内清四境'"[10]21。那时的广东、广西、贵州、湖北、江西都有湖南的援兵,而且都是由湖南给饷。左宗棠自己也说,"自军兴以来,内固疆圉，外救邻封"[3]书信一386。

为了扩大活动空间，咸丰三年（1853）四月，太平天国部队兵分两路，分别进行西征和北伐。很快，西征军占领安徽安庆，包围南昌，威胁湖北。

九月初四日（10月6日），左宗棠离开武汉。9天后，石祥祯率领的太平军一举攻克了湖北门户田家镇。九月十八日（10月20日）太平军第二次攻占武昌，后撤至湖北黄州。咸丰四年正月十五日（1854年2月12日），太平军在黄州大败新任湖广总督吴文镕所率清军，吴投水殒命。4天后，太平军第三次占领武昌。紧接着，石祥祯指挥太平军由湖北挺入湖南，从二月初一日（2月27日）至十三日（3月11日）的13天中，连克岳州、湘阴、靖港、宁乡等地，威胁长沙。

此时，曾国藩已经在衡州练成湘军陆师15营、水师10营。正月二十八日（2月25日），曾国藩发布《讨粤匪檄》，率湘军自衡州出征，迎击太平军。迫于湘军的攻势，石祥祯的部队一度放弃岳州、湘阴、靖港、宁乡等地，撤回湖北。但与林绍璋的部队会合之后，又重新杀进湖南，于三月初十日（4月7日）击败曾国藩湘军再克岳州，之后接连占领乔口、靖港等地。湘军纷纷溃逃，曾国藩也狼狈逃回长沙。这就是三月初八日第二次出山的左宗棠所面临的军事形势。

占领乔口、靖港后，太平军兵分两路：石祥祯扼守长沙北面的靖港；林绍璋则率主力绕道宁乡到长沙西南的湘潭，以成南北合围长沙之势。三月二十七日（4月24日），太平军攻占湘潭。

大兵压境，曾国藩在长沙召集将领讨论用兵方略。当时，大多数人都主张从水路取道靳江攻击太平军营寨，只有左宗棠和以委员身份帮办曾国藩军务的褚汝航主张从陆路救援湘潭，"湘潭之役，宗棠在涤兄舟中决计速调水师五营，及贼新掳民船尚未成列击之，褚独以为然"[3]书信一107。

最终，曾国藩采纳了左宗棠的意见，让原本已开往宁乡的塔齐布陆军1300多人改援湘潭。之后，续派江忠淑带楚勇1300名、李辅朝带楚勇800多名、张正扬带兵丁500多人前往；并派杨载福、彭玉麟率水师五营前往支援。但同时，曾国藩又没有全听左宗棠的建议，在侦知太平军精锐悉攻湘潭、靖港守兵很少后，他亲率战船40只共水勇1000多人，以及陆勇800人，以偏师北攻靖港，想偷袭取胜。

靖港，在长沙西北，距长沙城六七十里，处资水入湘江之口，有铜官山，六朝置铜官于此，因此称为铜官渚。四月初二日（4月28日），靖港之役结束，曾国藩军遭惨败——陆勇和太平军仅战斗了半个小时即行溃逃，水勇溃散一半，大小战船也损失严重，船炮丢失三分之一。据说，当时兵勇溃逃不已，曾国藩虽挥剑亲斩溃逃者，但依旧无济于事。想到自己成军后的两次出征，先败于岳州，如今又败于靖港。羞愤之下，曾国藩两度投水自杀，幸亏被部下救起，最后只好率残部退回长沙，栖身于城南南湖港。

当时由于太平军围攻，长沙城门紧闭。获悉曾国藩兵败消息后，左宗棠于第二天清晨坐大竹篮出城，到船上看望曾国藩。此时的曾国藩，投江时所穿衣服都没有换掉，落水后所沾的泥沙还清晰可见，狼狈颓唐。[3]家书诗文239 左宗棠见状，又急又气，不禁责备曾国藩轻生之举过于莽撞。

按照左宗棠后来在《铜官感旧图》序中的描述，见到左宗棠，曾国藩依然紧闭双眼、一言不发，许久之后，叫人拿来纸笔，将所剩的炮械、火药等军备数量写出，请左宗棠代为查验，一副交代后事的架势。左宗棠见状，十分不放心，连着几天都到曾国藩大营，对其加以开导。[3]书信一100 四月初五日（5月1日），湘军在湘潭获胜的消息传来——塔齐布、杨载福、彭玉麟等统率的湘军主力，经过8天的苦战，收复湘潭。太平军遭受极其严重的损失，被迫北撤。这是湘军出师以来的第一次大捷，对于稳定刚刚经历过靖港惨败的湘军士气、巩固清王朝在湖南的统治起了重大作用，也使得曾国藩颓唐之气得以复振。《曾国藩年谱》中说，"自粤逆称乱以来，未受大创。湘潭一役，始经兵勇痛加剿洗，人人有杀贼之志矣"[11]41。

左宗棠对湘潭战役的胜利也给予高度评价，在给女婿陶桄的信中就夸赞湘军剿贼神速，使太平军遭受了出兵以来最大的失败，"贼匪相向痛哭"[3]书信一92。由左宗棠主笔、骆秉章和曾国藩会衔的《靖港击贼互有胜负湘潭大捷克复县城折》，也极言克复湘潭、毙贼不下万人的战绩，铺陈太平军遭此惨败之后，互相埋怨，军心不稳。[3]秦稿九162

湘潭战败之后，入湘太平军退守岳州，由进攻转为防御。六月十三日（7月7日），湘军兵分三路直趋岳州，七月初一日（7月25日）占领岳州。一个月后，太平军被迫退出湖南。

太平军撤离湖南之后，左宗棠与曾国藩在长沙计议出省作战问题。他们"无一日不见，无一事不商"[3]书信一108，最后决定曾国藩带湘军出兵湖北，左宗棠在湖南为湘军补给军火、饷源。七月，曾国藩湘军挥师北上东进，于八月二十三日（10月14日）克复武昌、汉阳，太平军被迫退守田家镇。九月下旬，曾国藩率军东下。太平军虽用铁索拦住长江江面，但难阻湘军进攻势头。陆营湘勇斩断太平军设置的铁索，杨载福、彭玉麟则督率水军烧断江中铁链、飞桨而下，纵火焚烧太平军战船。当时正值东南风大作，太平军4500多条战船全被烧毁，伏尸万数。田家镇北岸的太平军也毁营而溃。曾国藩湘军取得了田家镇大捷，并顺江而下，于十一月十四日（1855年1月2日）进驻江西九江城外。

正在这时，胡林翼调任湖北按察使，3个月之内升任湖北布政使，并于咸丰五年三月（1855年4月）署湖北巡抚。这样，就基本形成了以左宗棠经营湖南后方保证饷源，曾国藩、胡林翼分别在江西、湖北前线作战的格局。

太平军撤出湖南后，左宗棠以湖南暂无危险为由，一度想辞去湖南巡抚幕宾。骆秉章极力挽留。如此一来，"推诚委心，所计画无不从，得尽所为"[4]39。在前线的曾国藩也来信挽留。如此一来，左宗棠只好继续留在长沙。他对周汝充说，"世局日艰，兄昼夜撑拒无少休息，徒以籥公、涤公拳拳之故，不能抽身"[3]书信一96—97。自此至咸丰九年十二月（约1860年1月），左宗棠担任湖南巡抚幕宾长达将近6年的时间。

连续的几场胜利使得曾国藩和湘军骄傲起来，攻克武昌后，曾国藩兵分数路，想一举拿下湖口、九江。这时，太平天国派出翼王石达开带领西征援军由安庆抵湖口。曾国藩遇到了强劲对手。

咸丰四年十二月初一日（1855年1月18日），湘军陆军合攻九江城，未克；初十日，水陆合攻湖口贼营，依然未克。十二日，石达开设计引诱湘军水师舢板船驶入内湖，然后在湖口设卡筑垒，使得舢板小船被困无法驶出。湘军水师的船只分为快蟹长龙大船和舢板小船，大船主要负责指挥，舢板小船负责大船之间的联络和作战。舢板被困，大船立即运转不灵。当晚，太平军以小艇乘夜来袭，烧毁湘军战船39艘。十二月二十五日（2月11日），太平军又派小艇夜袭湘军水军，放火焚湘军战船十余号。此役，曾国藩的座船被夺走，文书档案丢失无数，甚至连朝廷刚刚赏赐的扳指、翎管等也被太平军掳去。乘小船逃离的曾国藩羞愤之余，一度又要自杀，"公座船陷于贼，文卷册牍俱失。公棹小舟驰入陆军以免。调舟师悉泊南岸，与罗公泽南湘勇陆营紧相依护。粮台辎重各船皆退驶至邬穴以上，战舰亦多溃而上溯者。公愤极，欲策马赴敌以死，罗公泽南、刘公蓉及幕友等力止之"[11]56。

湖口胜利之后，在与曾国藩九江对峙的同时，石达开一面令林启容（也作林启荣）在九江牵制曾国藩的湘军，一面派秦日纲、陈玉成率大军进攻湖北。太平军沿江上溯，于咸丰五年二月二十七日（1855年4月3日）第四次占领武昌。九月初，石达开西援武昌，并在一个月后由湖北突入江西，半年之内连克乐平、景德镇、祁门、徽州、广信等七府四十七县，使得龟缩在南昌的曾国藩发出了"道途久梗，呼救无从，中宵念此，魂梦屡惊"[7]奏稿二69的哀叹。

为救武昌，曾国藩派罗泽南率湘勇3000人回援。如此，他在九江城外的陆勇，只剩下塔齐布所统率的5000人，再也无力对九江城发动进攻。但罗泽南的部队刚到武昌城外泊好船，就连遇大风，船只沉损不少，面对人马数倍于己的太平军，一筹莫展。七月十九日（8月31日），塔齐布因攻九江不下，患气脱而死；一心想攻下武昌城的罗泽南，日夜督战，于咸丰六年二月为炮所伤而亡。一时间，曾国藩连失两员大将。

江西形势的陡变让左宗棠十分震惊。他对骆秉章说，江西如果危急，势必殃及湖南，进而影响整个东南大局，"贼不得志西北，欲且逞于东南。江西一有蹉跎，则江、浙、闽、广皆为贼有，而湖南亦危，东南大局不可问矣。以时局论，固无有急于援江西者"。[4]46 在他的建议下，骆秉章将正在湖南境内剿匪的王鑫、刘长佑等召回，派往江西支援。本来朝廷只是要求他们派 1500 到 2000 名兵丁，但湖南一开始就派王鑫带 6000 兵马前往，此后更是源源不断地派兵输饷。

根据骆秉章的奏报，自咸丰二年起至咸丰九年，湖南派出援鄂、援赣、援粤、援黔的兵马人数不下 10 万人，以致阵亡的将领、营官、弁目数以千计，而阵亡的勇丁长夫更是以万计。[3]奏稿九714 其中，支援江西的水陆官兵，自咸丰五年十月起，至咸丰八年（1858）八月攻取太平军在江西的最后一个据点吉安止，人数近两万人。[3]奏稿九603 至于军饷方面的援助，也是为数甚巨——仅咸丰五年十月到咸丰八年，湖南在江西的援军所花费的军饷，以及湖南支援江西的饷银就将近 300 万两。[3]奏稿九603—604,643

这样一来，"湖南名闻天下，天下皆以为强国"[12]116。

6 竟敢停用朝廷发行的纸钞

为了筹措军饷，咸丰帝甚至下旨将宫中三口金钟熔化，炼得金块折银三万二千多两——清宫档案显示，面对财政拮据困局的咸丰皇帝，对此区区数万两银子关心异常，不时下旨让负责此事的奕䜣奏报进度，还叮嘱奕䜣要防止工匠们私吞。[13]200—215 连年征战，很多省份早已银库空虚，湖南的钱是哪里来的呢？主要是左宗棠和骆秉章在财税方面进行了改革。

第一是劝捐输。这是较早推行的一项筹饷措施，咸丰二年就开始实行，在长沙设有捐输局，为办理全省捐务的总汇。之后，又有船炮局所劝之捐，城工局所劝之捐，曾国藩给札委劝之捐，胡林翼指地委劝之捐，广西所劝之捐，江西所劝之捐等等，自"咸丰元年以来，盛衰相参，所输银亦以千万数"。[8]165

第二是办厘金。这是当时筹饷的一个主要措施，用现在的话来说就是收税。从全国范围看，最早是咸丰三年刑部侍郎雷以諴帮办扬州军务时，采用幕友建议，设卡抽厘，以充军饷。湖南方面，咸丰五年由黄冕在常德偷偷实行，收取厘金用以铸炮。郭嵩焘得知之后，告诉了湖南巡抚骆秉章，建议在湖南全省推行。骆秉章接受了这一建议，四月在长沙设立了厘金局，"规画皆由黄冕手定，崑焘佐之，裕麟总其成，而左宗棠斟酌其当否"①[8]249。

抽厘的标准，是各色货物定每千钱抽厘二三十文。抽厘的同时，左宗棠加强了服务工作，派兵勇护卫商旅，同时聘用廉朴士绅管理厘金，并实行财务公开——每月将厘金开支"榜示通衢"[4]48。在交通要道张榜公布等举措，使得厘金制度得以在湖南较顺利而有效地推行。根据骆秉章的统计，"每年共得厘金或八九十万至一百一二十万不等，湖南兵饷始觉稍舒"[9]85。

继厘金局之后，咸丰六年三月起，湖南又设立盐茶局，在湖南南部抽取盐茶税②。盐茶局成立之后，在郴州、桂阳一带设卡抽税，"盐税每包抽钱七百文，茶税每箱抽银四钱五分"。这两项大约每年能收银三四十万两。

厘金、盐税、茶税三项，为湖南增加了重要饷源。据骆秉章的统计，至咸丰七年底，办理一年多后，"总计拨解藩库军需局省平银一百零七万九千五百八十九两七钱九分零二丝，足典钱一百四十七万一千零二十五串零八十六文，均经陆续支发军饷"[3]奏稿九570。

第三是罢大钱、废部钞。办理厘金之余，对于骆秉章和左宗棠来说，更重要的工作是进行财税改革。从这个意义上说，咸丰五年是个财税改革年。

咸丰大钱始铸于咸丰三年，背景是因与太平军作战而军费大增，加上因战乱云南铜矿北上受阻，导致国库空虚、收支失衡。为此，刑部尚书周祖培、大理寺卿恒春等奏请修改钱法，开铸大钱，以资国需。五月，咸丰帝批准开铸，其中当五百、当千以净铜铸造，当百以下以铜铅配铸。

---

① "崑焘"指郭嵩焘的弟弟郭崑焘，裕麟时为湖南即用道。
② 之所以在湘南，是因为太平军占据南京之后，湖南原来吃的淮盐运不进来，从广东经湖南南部走私来的盐盛行。

咸丰四年正月，清政府通令各省铸当十、当五十、当百大钱，规定在市面流行时制钱与大钱各占一半。六月，湖南开始鼓铸、流通咸丰大钱。原来的制钱，每文标准重一钱二分；按此标准，新铸的当十大钱应为十二钱，而实际上是只重约五六钱；当百大钱，按标准为一百二十钱，而实际上只有一两四五钱即十五钱左右。这就表明，铸造大钱的面值越大，朝廷获利越多，老百姓损失越大——比如，当千大钱额面规定每枚等于制钱一千文，但其金属比价实际只等于制钱三十八文。也就是说，发行一枚当千大钱，朝廷强制增值九百六十二文，每枚可以使户部增加铸钱收入八百八十六文。当然，朝廷收入增加的代价，是百姓财产的损失。

由于大钱面值与实际价值相差太大，物价飞涨；由于大钱中铜的比例过低，民间即可仿制，而且有利可图，一时私铸成风，"私铸比官钱更多，私铸价值比官钱减半。故钱店皆买私铸之大钱而不买商店之大钱，以至商店大钱无处销售……旬日之间，省城贸易歇业者不知凡几……几至罢市！"[9]67-68骆秉章、左宗棠见情况危急，立即由巡抚衙门发出告示，停用当五十、当百大钱；派人分县分段，以八成制钱收缴大钱一千。几天之内，共回收大钱16万贯，而实际上，政府发行的大钱只有9万余贯——私铸将近一半！之后，骆秉章下令将长沙府掌管钱币的仓守撤任，将管局委员革职，并绞决了参与私铸的炉头、长沙府知府家丁等二人，才将风潮平息。

不久，户部又发放纸钞8万到湖南搭放兵饷。湖南布政使请示骆秉章该如何处置，骆秉章答复说当百大钱还含铜一两五钱，都无法流通，一张纸币就想当钱三两，怎么可能呢？断然不同意流通，下令将这些纸币封存，而以"湖南无官钱铺，不能用钞"为由，附片上报了事。对此，左宗棠也深表赞成。他在咸丰六年给通政使严正基的信中写道："大钱、钞票之不可行，只'不诚无物'四字蔽之。设法以必其行，终归无益，而又大有害。"[3]书信-140

湖南作为地方，敢停用中央发行的钱币、纸币，可以说需要很大的勇气。骆秉章、左宗棠此举，对于安定湖南地方起到很大的作用。好在清廷很快也意识到滥发大钱、纸钞不妥，于咸丰四年收回当五百大钱，停铸当二百、当三百、当四百三种大钱；咸丰五年，又停铸当一百、当五十大钱。从这个角度上说，湖南走在了全国前列。

第四是剔除漕粮积弊。地丁漕粮是清政府财赋的正项来源。按照朝廷的交税标准，地丁银为每地赋银一两加收丁银二钱，漕米为每人一石（按部定章每石折银一两三钱缴纳）。但当时湖南包括全国漕粮方面的积弊很深，首先是名目繁多：完纳银米，奇零均加作整数，名曰"收尾"——比如一分一厘收二分；未完纳之先，有"由单"费；既完纳之后，有"串票"费；完纳稍迟，有所谓的"借垫"，计息取偿，多至数倍；官员出外催追漕粮，名曰"揭差"——揭差下乡，危害乡里。此外，官府还需出资笼络当地刁民劣绅，名曰"漕口"，每人补偿标准十至百两不等。[3]秦稿九572 由于朝廷收税只收白银，道光、咸丰朝以来，银贵钱贱，按标准一两银换钱千文，如今已增至一两银换钱二千三四百文。咸丰五年谷价贱，一石仅值钱四百余文，农民买谷五石，始得银一两，"民间每收租谷百石，须卖去谷三十余石，方能完粮"[9]77。

众多的"浮收"大大加重了百姓的负担，也使得种地变得无利可图，"佃户除纳租外，收得谷石不敷工本，以致纷纷退佃"[9]77。

时间一长，钱粮积欠逐年增多，退耕的农民越来越多。以湘潭为例，以前每年收钱粮四五万两，到咸丰四年只收得四千余两，咸丰五年"已交七月，未见征纳"[9]77。

已经到了七月还没有人来交地丁银，这逼迫政府方面作出相应的改革。就在此时，湘潭举人周焕南提出：地丁自愿每两加钱四钱，漕米折色照章每石纳银一两三钱之外，再加一两三钱帮军需、四钱助县用；与此同时，必须尽除一切浮收。[9]78

原来，"楚南地丁，向来每两加五钱，漕米折色，向来每石收银六两"[9]77，合起来大约七两五钱。而按周焕南提出的方案，朝廷能收为四两四钱，应该说是少了。但根据周焕南的测算，这样一来，仅湘潭县，"凡减浮收银四万余两，实增于正纳三万余两"[14]339。百姓负担减轻，官府能实实在在收上来赋税。左宗棠肯定了这一建议，报请骆秉章批准实施。

应该说，这样的举措，存在着很大的风险：首先是触动了各级官吏的利益，地方官员的陋规收入大幅减少；再者如此做法又在某种程度上承认了湖南陋规的合法性，违反国家政策——因为按国家规定，废除各种陋规后，农民实际上只需缴纳地丁银一两六钱，漕米每石一两三钱。毫无意外，对此，一开始有州县和官吏反对，"焕南等议之，宗棠主之，藩司百计挠之，知县明阻之"[14]339。署湖南按察使兼粮道谢煌，也不赞成这一做法，说"减少百姓亦不能完纳，照湘潭章程，即是加收，与部章尚不合，亦难出奏"。但骆秉章顶住了压力，反驳说："减少尚不能完纳，增多独能完纳乎？若不揣度时势，仍照向来如此加收，恐本年钱粮分厘不能上库，湘省兵饷凭何支发？"[9]79 为了保证这一政策能顺利推进，骆秉章奏请免去谢煌所兼粮道之职，任命了专门的粮道，同时参劾罢免反对此政策的善化县县令。[9]79 自此，湖南钱漕才开始有起色，不仅当年完纳比以前踊跃，历年积欠也逐渐还清，"岁增银二十余万，民乃得减赋数百万"[8]166。

此番厘剔，减少的是浮收，增加的是实纳，而浮收本来就不是上缴国库而是入了各级官吏的私囊。如此，百姓的负担减轻了，政府的声誉、收入提高了。无疑，这样的改革功于国而利于民。

7 用人的第一条是用人所长

湘幕时期，左宗棠就非常重视人才，他说："国家治乱之原，视乎用人行政，而用人尤为行政之本。"[3]奏稿九125

在左宗棠看来，用人的第一条是用人所长、不求全责备，"凡用人，用其朝气，用其所长，常令其喜悦……勿穷以所短，迫以所不能"[3]书信一136。湘军大将王鑫"善以少击众"[8]49，但居功自傲，较难相处，以致就是曾国藩也不肯用他，"独左宗棠奇之，恒留湖南击土寇"。王鑫后来确实也成了湘军早期著名将领，作战勇敢，可惜不幸早逝。此外，像黄冕、裕麟、萧启江等，"虽清浊有别"，但因敢于任事，左宗棠都予以重用。

咸丰六年，在给李续宜（号希庵）的信中，左宗棠就说，时下可谓人才极度缺乏，应当放宽标准，他甚至表示，"只要其人天良未尽汨没，便可有用"。谈及用人心得时，他就告诉李续宜："吾察人颇严，用人颇缓，信人颇笃，此中自谓稍有分寸也。"[3]书信一136

与此同时，对那些贪赃枉法、玩忽职守、畏敌潜逃的文武官员，无论是上至监司、提镇大员，还是下至府县属吏，左宗棠都主张毫不留情地予以罢免、参劾。咸丰四年，"劾奏失守镇道以下十八人，与属吏更始"[4]40；十二月，"劾署提督多顺庸劣，罢之"[4]42。咸丰五年，候补臬司（按察使）魁联"离防，劾罢之"[4]44。咸丰九年，两次具疏参劾永州总兵樊燮等等。

左宗棠自己也是以身作则——不以权谋私、不借幕宾特殊地位办私事。8年幕宾期间，不少亲友纷纷想通过左宗棠谋取差事。为此，咸丰五年，左宗棠特意给妻子周诒端写信，希望妻子告诉亲朋好友、乡邻族人，不要来找他谋求差事，来了他也不会帮忙的。甚至，左宗棠为此做好了挨骂的心理准备，"吾现居抚幕，一切皆系手为布置，却自誓不用乡里、族戚私人，任其（缺）〔觖〕望骂我，我亦受之"[3]附册263。

光绪九年，在和郭嵩焘忆及幕府生活时，左宗棠还强调，当年樊燮案中他得以无事，洁身自好、不以权谋私也是重要原因之一，"其时湖南厘局纷起，弟创为布署，未敢引用一私人，旧籍犹存，可取视也。……后弟因官相猜忌，以骆中丞参樊燮疏出弟手，含沙射之，幸无一昔之疑，得免于戾，盖亦素节皭然所致耳"[3]书信三718。左宗棠认为，正是自己平素操行无瑕，在樊燮案中才没有被对手找到攻击之处，最终得以无事。

这些赏罚分明、秉公行政的做法，使得湖南吏治面貌为之一新，"于后论军政吏治者推湖南"[8]9。

8 咸丰皇帝到处打听左宗棠的情况

两次担任湖南巡抚幕宾期间，左宗棠在剿办土匪、筹办团练、整顿财税、刷新吏治等方面，取得有目共睹的成绩，同时也赢得了朝廷内外的交口称赞。

咸丰三年正月，署湖广总督张亮基以左宗棠"防守湖南功"入告清廷，得旨左宗棠以知县用，并赏加同知衔。这里所谓"防守湖南功"，主要是指咸丰二年八月解长沙重围事。同年四月，湖南巡抚骆秉章追叙左宗棠"平征义堂功"，请旨以同知直隶州使用，获得批准。

咸丰五年九月初九日（1855年10月19日），曾国藩上《师久无功自请严处并兼保各员片》，以在江西湖口用兵日久、徒劳无功而自请处分的同时，为左宗棠、骆秉章等请功："臣自抵江西整饬水军……已逾半年……师久无功，饷项虚縻，应请旨将臣交部严加议处……而助臣办理军务实有劳绩不可泯灭者，……赖湖南巡抚骆秉章一力维持，接济船炮，拨给饷项，添募水勇，俾金口水师危而复安，弱而转强，以保湘省，即以卫大局。该抚署内幕友候选同知左宗棠，于外江水师尤为殷勤保护，一船一炮，一哨一勇，皆苦心照料，劳怨兼任；一面在长沙操练，一面发往鄂省，力挫水贼凶锋。"[7]奏稿—540—541

由于曾国藩的此番保奏，咸丰六年正月，咸丰帝下旨左宗棠以兵部郎中用，并赏戴花翎。兵部郎中为正五品。咸丰八年（1858）九月，骆秉章又为左宗棠请功，"兵部郎中左宗棠，连年筹办炮船，选将练勇，均能悉心谋画"[4]63。九月初三日（10月13日），朝廷下旨：左宗棠赏加四品卿衔。[15]卷二六三

湖南官员之外，朝廷大臣中，最早向咸丰帝荐举左宗棠的，是时为掌山西道监察御史的宗稷辰。

宗稷辰和左宗棠素昧平生，从湖北布政使严树森处听闻左宗棠的事迹。咸丰五年十二月，他上了《平寇需才，请保举备用》一折，向咸丰帝推荐了湖南左宗棠，浙江湖州姚承舆，江苏常州周腾虎、管晏，广西桂林唐启华等5人。在奏折中，宗稷辰将左宗棠列为保举的第一人，并称赞"宗棠通权达变，疆吏重倚之，不求荣利，真心辅翼，迹甚微而功甚伟。若使独当一面，必不下于胡林翼诸人"[3]附册616。十二月十二日（1856年1月19日），咸丰帝就此折颁发明谕，要湖广总督、湖南巡抚为左宗棠"出具切实考语送部引见。"[15]卷一八六

时为湖广总督的官文，曾于咸丰六年二月奏报，表示要"咨行湖南抚臣骆秉章迅速查传左宗棠，即日饬赴大营、听候差遣"[16]档号:03-4273-039，但因官文表示左宗棠"是否学术优长未能深悉"，

也未像宗稷辰所说的那样希望让左宗棠独当一面，而只是调左宗棠来大营听候差遣。这样的态度，自然导致左宗棠不肯去，骆秉章也不肯放。最后是骆秉章告知官文，左宗棠已在湖南巡抚幕府效力，"无须咨调"[15]卷一九〇。左宗棠自己，对官文的这一安排也颇为不满：这年七月，他向胡林翼抱怨，如果给自己数千兵马并能保证粮饷，办贼可成，但现在只是"交某人差遣而止"[3]书信—179，就是真诸葛在世也难有作为，何况自己这个假诸葛？

胡林翼的奏保，则始于咸丰六年。这年七月十七日（1856年8月17日），他在上《援贼大至谨陈攻剿防御情形疏》的同时，附片保举左宗棠：

> 再，臣与兵部郎中左宗棠同受业于前御史贺熙龄之门，深知其才学过人，于兵政机宜、山川险要，尤所究心。臣曾荐于前两江总督臣陶澍、前云贵总督臣林则徐，均称为奇才。咸丰二年，贼犯长沙，臣荐于前抚臣张亮基，招入幕府，专襄兵事。张亮基调任山东巡抚，该员仍入山居。四年，南抚臣骆秉章、侍郎臣曾国藩，招入幕中办事。其才力犹能兼及江西、湖北之军，而代臣等为谋。业经御史宗稷辰奏明在案。该员秉性忠良，才堪济变，敦尚气节，刚烈而近于矫激，面折人过，不少宽假。人多以此尤之，故亦不愿居官任职。臣思圣明之世，正气常伸。该员畏罹世网，殊为过虑，但久在两湖办事，所用多系楚人，自系廉颇思用赵人之意。不乐吏职，可从其志；义在讨贼，谅无可辞。臣既确知其才，谨据实胪陈圣听，以储荆鄂将材之选。[2]卷一—152—153

胡林翼认为，左宗棠由于秉性刚直，容易得罪人，更适合带兵为将。虽然咸丰帝没有对胡林翼此份奏折作出直接批复，但宗稷辰、胡林翼等人的奏保使得咸丰帝开始熟悉左宗棠这个名字，"文宗显皇帝以中外交章论荐，始有意乎其为人，凡两湖之人及官于两湖者，入见无不垂询及之"[3]家书诗文56—57。就是左宗棠自己也承认这点，"自曾涤翁、宗涤翁两次保荐以来，九重见人辄垂询及之"①[3]书信一179。

咸丰十年五月初三日（1860年6月21日），胡林翼再次上《敬举贤才力图补救疏》，向咸丰帝推荐阎敬铭、沈葆桢、左宗棠、刘蓉等人。在此折中，胡林翼如此评价左宗棠：

> 湖南在籍四品卿衔兵部郎中左宗棠，精熟方舆、晓畅兵略，在湖南赞助军事，遂以克复江西、贵州、广西各府州县之地。名满天下，谤亦随之，其刚直激烈，诚不免汲黯太戆、宽饶少和之讥。要其筹兵筹饷，专精殚思，过或可宥，心固无他。臣与左宗棠同学，又兼姻亲。咸丰六年，曾经附片保奏，其在湘南情形，久在圣明洞鉴之中。……以上二员②应请天恩，酌量器使，并请旨饬下湖南抚臣，令其速在湖南募勇各六千人，以救江西、浙江、皖南之疆土，必能补救于万一。[2]卷一710

汲黯，汉武帝时任主爵都尉而位列九卿。《史记》中评价，"黯为人性倨，少礼，面折，不能容人之过"[17]3106。当时，汉武帝正忙于招揽文学之士和儒生，说想要如何如何。汲黯便答道："陛下心里欲望很多，只在表面上施行仁义，怎么能真正仿效唐尧虞舜的政绩呢！"气得汉武帝变色退朝，在后宫对身边的近臣直喊："甚矣，汲黯之戆也！"宽饶，指的是汉宣帝时司隶校尉盖宽饶。根据《汉书》记载，盖宽饶为人刚直公廉，好言事讥刺，上书直接批评汉宣帝重用宦官，最终被汉宣帝科以"怨谤大逆无道"罪。盖宽饶被迫自杀。胡林翼在此用了两个典故，形象说明左宗棠的性格特点。

此外，骆秉章也曾上折保举左宗棠。咸丰七年五月，因为曾国藩、骆秉章的奏保，咸丰帝曾下旨征求骆秉章意见，能否派左宗棠到曾国藩军营效力，"再湖南举人左宗棠，前经曾国藩奏保，以郎中分发兵部行走。复经骆秉章奏：该员有志观光，俟湖南军务告竣，遇会试之年，再行给咨送部引见。现当军务需才，该员素有谋略，能否帮

---

① 曾国藩之举荐是指曾以接济军饷有功，于咸丰五年保举左宗棠为兵部郎中。
② 另一人为刘蓉。

同曾国藩办理军务；抑或无意仕进、与人寡合，难以位置？着骆秉章据实具奏"[15]卷二二六。后来，骆秉章以"湖南军务未了，暂不能离"[3]书信一231为由，将左宗棠留下。

咸丰八年十二月初三日（1859年1月6日），咸丰皇帝召见郭嵩焘时，详细询问左宗棠的情况。郭嵩焘则当面向咸丰帝大力举荐左宗棠：

> 上曰："汝可识左宗棠？"曰："自小相识。"上曰："自然有书信来往？"曰："有信来往。"上曰："汝寄左宗棠书，可以吾意谕知，当出为我办事。左宗棠所以不肯出，系何原故？想系功名心淡。"曰："左宗棠自度赋性刚直，不能与世合，所以不肯出。抚臣骆秉章办事认真，与左宗棠性格契合，彼此亦不能相离。"上曰："左宗棠才干何如？"曰："左宗棠才尽大，无不了之事，人品尤端正，所以人皆服他。"上曰："年若干岁？"曰："四十七岁。"上曰："再过两年五十岁，精力衰矣！趁此时人尚强健，可以一出办事也。莫自己遭踏，汝须一劝劝他。"曰："臣也曾劝过他，他只觉得自己性太刚，难与时合。在湖南亦是办军务。现在广西、贵州两省防剿，筹兵筹饷，多系左宗棠之力。"上曰："闻渠尚想会试？"曰："有此语。"上曰："左宗棠何必以科名为重！文章报国与建功立业所得孰多？渠有如许才，也须得一出办事才好。"曰："左宗棠为人是豪杰，每谈及天下事，感激奋发。皇上天恩如果用他，他也断无不出之理。"[18]第一卷203—204

这些奏保，为左宗棠日后能在樊燮案中得以解脱，应该说起到了舆论铺垫作用。

9　幕湘八年的作用及逸闻

对于左宗棠在骆秉章幕府中举足轻重的作用，时人王定安在《湘军记》曾做过这样的评述：宗棠刚明有智略，幼读书，究心舆地，夙以诸葛亮自负。秉章资其赞画，内绥土寇，外协邻军，东征兵源、饷源，倚之为根本，湖南屹然强国矣。[19]16

一、经手事件极多。

湖南当时"内固疆圉，外救邻封"——援鄂、援黔、援江、援粤，既要负责兵马，也要筹备粮饷。因此，左宗棠的幕府生活是忙碌的。咸丰二年腊月，妻子来信询问归期，左宗棠在回信中就说，"我经手事件极多，一时难于限定归期"[3]家书诗文4。公务之忙碌，就是一向身强体壮的左宗棠也吃不消——连连感慨"昼夜撙撙，无少休息，疲困极矣"[3]附册261。咸丰四年，他就表达了想归隐的念头，"亟思摆脱，更名隐姓，窜匿荒山"[3]附册261，只是后来由于骆秉章、曾国藩的一再劝挽才作罢。咸丰六年，他又对湘军将领刘腾鸿（字峙衡）再度提起隐退、归山养病的想法，"弟近因思虑太杂，心气虚耗，拟暂归山养病，不复预闻时事"[3]书信一167。自然，在当时的情形下，这样的想法实在过于奢侈，难以实现。

这样的忙碌生活贯穿左宗棠整个湘幕期间。咸丰六年，他对王鑫说，"日间忙不可言，口讲手批，略无片刻暇也"[3]书信一161。咸丰八年，他就因幕府工作繁忙以致回信拖延而向蒋益澧致歉，"弟因黔、鄂军务繁剧，手画口答，几无暇晷，以致作答颇迟，亮蒙原鉴"[3]书信一281。

左宗棠在湖南巡抚幕府是深受信任的。咸丰二年，给张亮基当幕宾不久，在给女婿陶桄的信中，谈到与张亮基的关系，左宗棠用了"情同骨肉"一词，"张中丞明爽果断，与仆情同骨肉，或可相与有成"[3]书信一79。之所以有这样的感觉，是因为左宗棠知道自己深受信任，他对胡林翼说，"中丞开诚布公，集思广益，为近代所罕有。弟与岷樵尤被赏识，恨无勇无谋，不能有所裨益耳"[3]书信一82。跟随张亮基入湖广总督幕时，张亮基更是将总督关防大印交与左宗棠和郭崑焘，准许他们对紧急军书可先用印再告知，"张公每夕手挈总督关防以属左公及君曰：'军情缓急，眉睫间耳，有发'先行而后告"①[20]集部三509—510。

---

① 左公即左宗棠，君指郭嵩焘的弟弟郭崑焘。

这种信任，在骆秉章出任湖南巡抚时悉仍其旧。咸丰四年，左宗棠对妻子说："中丞推诚委心，军事一以付托，所计画无不立从，一切公文画诺而已，绝不检校。其相知相信如此！"[3]附册261—262

光绪九年，在给郭嵩焘的信中，已经72岁的左宗棠回忆起当年给骆秉章当幕宾之事，如此描述："弟自入居湘幕……骆文忠初犹未能尽信，一年以后，但主画诺，行文书，不复检校。"[3]书信三718

"画诺而已，绝不检校""行文书，不复检校"，对左宗棠呈报的文书，骆秉章只负责签字、盖章，不再查看。如此，相当于把湖南巡抚的大权交给左宗棠行使，这是何等的信任！

二、幕府逸事。

由于骆秉章的信任，野史笔记中，记载了不少关于左宗棠第二次幕湘时期的传言与逸事：

有说当时湖南即有"文武官绅非得左欢心者，不能得意；而得左欢心者，无不得意"[14]14。

王闿运在《湘军志》中说"巡抚专听左宗棠，宗棠以此权重，司、道、州、县承风如不及矣""骆秉章委事左宗棠，湖南诸将伺宗棠喜怒为轻重"。[8]8,51 湖南文武官员，都以讨好左宗棠为要务。

曾国藩的学生薛福成记载了这样的传言：有一天，骆闻见辕门炮响，顾问何事？左右答："左师爷发军报折。"骆点头，说："盍取稿一阅！"由于这样，"惟时，楚人皆戏称左公曰'左都御史'，盖以骆公官衔不过右副都御史，而左公权当过之也"[14]45。

甚至有说法，骆秉章想用一人，也要看左宗棠的脸色：骆秉章有爱妾某氏，其弟弟来湖南很长时间也没能得差使，便央其姐向骆秉章求情。骆面有难色，说这类事情向由左宗棠作主，自己不便启齿。架不住爱妾多次苦苦相求，骆秉章某日设席宴请左宗棠。酒至酣处，骆秉章说明原委。左宗棠先是沉默不语，随后连饮三杯后，"置杯而长揖曰：'喝过三杯离别酒，左某从此告别矣。'"[14]191 骆秉章自知失言，不该为妾弟求差使，赶忙表示此事作罢，挽留左宗棠，说："骆某倾心相任，从善如流，此心可质天日。万勿因一时误会，致萌去志。以后一切倚重，骆某再不干涉矣。"

事实上，骆秉章对左宗棠十分信任不假，但最终的决定权，还是操之骆秉章。咸丰六年，左宗棠曾和湘军将领刘腾鸿说过一件事。十一月攻克袁州后，他曾主张派周凤山、曾国荃①带兵急赴吉安攻城，但骆秉章没有同意。最后，周、曾二人被派去了瑞州。此前左宗棠已侦知，吉安太平军其实早已倾巢而出去救袁州，只留下三千老弱守城。如果周、曾两军前往，定能夺得吉安城，"其时若凤山、沅甫两军急赴吉安，则此城早得矣。惜中丞闻抚州之挫，虑瑞州吃紧，遽调援瑞耳"[3]书信一167。

至于社会上关于骆秉章能力不行等传言，左宗棠明确反对，并且自始至终，对骆秉章十分尊敬。咸丰十一年，新任湖南巡抚毛鸿宾②来信，向左宗棠请教骆秉章治理湖南十年的经验。在回信中，左宗棠盛赞骆秉章的德行和才干，"籲门先生之抚吾湘，前后十载，德政既不胜书，武节亦非所短，事均有迹可按而知。而其遗爱之尤溥者，无如剔漕弊、罢大钱两事。其靖未行之乱，不动声色，而措湖湘如盘石之安，可谓明治体而识政要，非近世才臣所能及也。……外间论者，每以籲公之才，不胜其德为疑。岂知同时所叹为有德者，固不如籲公；即称为有才者，所成亦远不之逮乎"[3]书信一386—387。

左宗棠在信中还告诉毛鸿宾，湖南的财税收入，本不及江、浙一个郡多，但"自军兴以来，内固疆圉，外救邻封"，既没有向国家要钱，也没有请邻省协助，非但"兵无饥噪之事，民无困敝之虞"，而且还能自备军饷，去援助广东、广西、湖北、贵州和江西，收复袁州、临江等地。在左宗棠看来，骆秉章治理湖南的政绩，"有非寻常所能仿效者"。

关于左宗棠与骆秉章二人的关系，《湘军记》作者王定安总结说："骆秉章专听左宗棠，吏事军事，咨而后行。宗棠毅然任劳怨，谤议

---

① 曾国荃，字沅甫，曾国藩弟弟。湘军将领，后因攻占天京之功而锡封伯爵，历任浙江巡抚、湖北巡抚、山西巡抚、两江总督等。
② 毛鸿宾，山东历城（今济南）人，字寄耘，也作寄云，与曾国藩为同榜进士，历任安徽按察使、江苏布政使、湖南巡抚、两广总督。

颇起，然未尝稍自卸。秉章自度才智不逮，信之弥专。时论以宗棠善谋，秉章善任，两贤之。"[19]17

对于自己和骆秉章的关系，左宗棠评价为"九载于兹，形影相共，惟我知公，亦惟公知我"[3]书信一386。终其一生，左宗棠始终对骆秉章十分尊重。同治六年（1867），身为陕甘总督的左宗棠，在职位上已同四川总督骆秉章平起平坐。但在书信中，他始终毕恭毕敬地尊称骆秉章为"公"，并在信中不时感谢骆秉章当年"时亲教益"之恩。[3]书信二6

同治二年，广东花县生员邓辅廷在骆秉章祖坟旁挖了三个墓穴，被骆氏宗族告到县城。四川总督骆秉章咨请广东巡抚查办。未料署广东巡抚郭嵩焘并未支持骆秉章的诉求。① 时为闽浙总督的左宗棠得知后十分不满，直言不讳地批评郭嵩焘完全不顾骆秉章巡抚湖南时所做的贡献，处理此事过于操切，"筠仙于骆籲公先茔一事，处置殊欠允协。……况骆公八年湘抚，清操卓然，有功德于民者乎？筠仙以势豪例之，悖矣"！[3]书信一661看得出来，从心理上，左宗棠总是很自然就站到骆秉章一边。

考证一：左宗棠何时进入长沙城？

关于左宗棠进入长沙城的时间，除了上文所说的咸丰二年（1852）八月二十五日之外，还有八月二十四日入城的说法。孙占元《左宗棠评传》中说：1852年10月2日（咸丰二年八月十九日），左宗棠随张亮基抵长沙城外，1852年10月7日（咸丰二年八月二十四日），进入长沙城，成为湖南巡抚张亮基的幕宾。[21]36

究竟哪个正确呢？

首先可以确定的是张亮基确实是于八月二十四日入城。左宗棠在咸丰二年八月二十六日所上的《带兵抵省接印任事折》中说，"于八

---

① 详见本书第十一章。

月二十四日酉刻驰抵长沙省城北门,因贼踞南城民房,攻扑南城甚急,臣即率随身弁兵数人由北门登梯入城"[3]奏稿九3。酉刻,为十七时到十九时。

其次,张亮基在八月十九日的时候并未见到左宗棠。前文所引的胡林翼劝左宗棠出山的书信就说,"昨得张中丞八月二十三日乔口舟次信,言思君如饥渴"。既然八月二十三日仍"思君如饥渴",何来八月十九日之相见?乔口(也作桥口),属长沙县,张亮基在八月二十六日所上的《搜捕桥口土匪片》中曾有"臣于二十三日晚间舟泊该处"之语,亦可证实胡林翼所说不虚。由此可知,孙占元《左宗棠评传》所说并不符合史实。而从八月二十六日就替张亮基起草奏折来看,左宗棠于八月二十五日入长沙城应当比较可信。

考证二:左宗棠何时离开武昌?

关于左宗棠离开湖广总督幕府的时间,沈传经、刘泱泱著的《左宗棠传论》,以及孙占元著的《左宗棠评传》都认为是九月初四日(10月6日),"1853年9月13日(八月十一日),张亮基调补山东巡抚。10月17日(九月十五日),遂解署湖广总督任,而于次日晚渡江驰赴山东。左宗棠……便于张亮基离任前10日,即10月6日(九月初四日),辞归湖南"[6]61。

而左宗棠自己,却有九月初四日和十三日两种说法:咸丰三年在给妻弟周汝充的信中,左宗棠写道,"石卿先生移抚山东,兄于九月初四日归,二十二日抵湘阴,次日入山"[3]书信-87。咸丰十年在给胡林翼的信中,他又说,"逮九月十三日,石公赴山左任,仆乃辞归"[3]书信-353。张亮基,号石卿,故被称为"石公";"山左"即山东。

一般相信,咸丰三年给周汝充写信时,事情刚刚过去,左宗棠的记忆自应比咸丰十年时准确。因此,大家采信九月初四日(10月6日)离开湖北回家的说法。至于到家的时间,《左宗棠年谱》中说是九月二十三日。[4]36这和左宗棠给周汝充信中所说的九月二十二日也不同。但同理,大家更多采信的是左宗棠对周汝充所说的"二十二日抵

071

湘阴"。

考证三：左宗棠第二次出山是曾国藩设计的吗？

关于左宗棠咸丰四年三月出山入湖南巡抚骆秉章幕府，有一种说法是——因为左宗棠不愿意出山，因此骆秉章和曾国藩设计，以让富绅捐饷为由，将左宗棠的女婿陶桄骗到省城、加以拘押。左宗棠闻讯大怒，赶往省城相救，因此被骆秉章和曾国藩留下。

陶桄，前两江总督陶澍之子。其捐家财助军饷一事，传说颇多——有的认为是骆秉章借此逼左宗棠出山，有的说此事导致左宗棠与曾国藩产生矛盾。

相国（骆秉章）官湖南巡抚时，倚任左湘阴如左右手，当时忌者且有两巡抚之目。先是，相国廉得湘阴才，思大用。左匿迹不出，无如之何。乃以抗捐事，逮其婿陶某而系之。左大愤，入督署〔抚署〕，攘臂而争。相国闻声至，急下阶抵手大笑曰："此正所以逼公之出也。安有陶文毅（澍）之子、左季高之婿而可以被逮者乎！"乃解其缚，留左于署，与商大计焉。[14]105

曾国藩的幕僚赵烈文在《能静居日记》中记载了曾国藩对其所说的一番话，"起义之初，群疑众谤。左季高以吾劝陶少云（桄，文毅子）家捐资，缓颊未允，以致仇隙"[22]416。照此说法，左宗棠怀疑，向陶桄派捐输，是曾国藩的主意。

事实真相究竟如何？

首先，是否真的有向陶桄派捐输、让其捐款之事？

有。

骆秉章在《骆秉章自订年谱》中说："上年冬，左季高先生已自武昌回湘阴。屡次函请到省帮办军务，不就。四年三月同婿陶桄到省捐输，极力挽留，始允入署襄帮，仍不受关聘。"[9]61根据骆秉章的叙述，并无逮捕陶桄之事，而是左宗棠和陶桄一起主动来的。

可左宗棠为何肯和陶桄一起来？个中原因，骆秉章并没有说明白。

甚至还有一种说法，那就是湖南巡抚署派给陶桄的捐输额度达到5万两之多，而且这个主意是曾国藩所出——

> 发逆之变，曾文正（国藩）督师江南，饷糈奇绌。不得已，募捐各直省。文毅（陶澍）官封疆廿年，督两江五年，邵右为三楚冠，非倡捐巨资，不足塞时望，而不知其中干也。文襄则纠集陶氏房产券，约罄所有，纳当道，核其数，不逮五万金。事得释，而天下益知文毅之廉。[14]101

曾国藩此时确实办过勒捐以充兵饷之事。练兵之初，曾国藩施行的是自愿捐赠之法，但"捐项寥寥，每日仅进钱一二百千"[7]书信-302，100多两。到咸丰三年十月初三日，他在信中对湖南巡抚骆秉章说，由于军饷已不够两个月之用，不得不自食其言采用勒捐之法了。[7]书信-252十月初八日，他更是明确告诉骆秉章，造船所需的3000两银子，通过勒捐应可凑齐，不需由省城寄来了。[7]书信-262

让陶桄捐输的事发生在什么时候呢？

按照《骆秉章自订年谱》的说法，是发生在咸丰四年三月，与左宗棠第二次入湖南巡抚幕府的时间确实相距不远。

咸丰四年，在给陶桄的一封信中，左宗棠说到，湖南现有两万多兵勇，每月需饷超过十万，而省城银库已空，专盼钱粮、捐输两项接济。在信中，左宗棠还肯定陶桄慷慨捐输之举，盛赞其不愧为名父之子，"婿处屡捐巨款，洵不愧为名父之子"[3]书信-97。看来，陶桄确实是多次捐出家财。

左宗棠这封信还透露，为了帮助陶桄凑足湖南方面所定的捐款数，身为陶桄姐夫的胡林翼曾资助了2600两，陶桄通过卖地得银四五千两，此外还动用了陶桄母亲的私房钱。由此看来，不在小数。

这封信写于什么时候呢？信中提到署湖北巡抚青麟咸丰四年六月十二日（1854年7月6日）丢失武昌后率万余溃勇逃至湖南，使得湖南被迫支付银两万多两犒军之事。这表明此信写于咸丰四年六月之后，此时左宗棠已在湖南巡抚骆秉章幕府。

综上所述，确实发生过让陶桄捐输之事，提议者应该就是湖南主事的骆秉章以及曾国藩。但无论是曾国藩还是骆秉章，应该都没有逮捕陶桄之举。至于钱数，左宗棠这封信中有"补足银二千六百两""卖田得钱五千缗"等语。五千缗大约为5000两，虽为数不少，但应该没有"五万"两之多。此外，左宗棠帮其卖地的说法，也不准确——是陶桄自己卖的地。

陶桄捐输事件是否影响了曾左关系呢？

前文所引咸丰四年给陶桄的信可以看出，左宗棠对陶桄捐输之举很是赞同，直夸陶有见识；而从"当此时局艰难之秋，毁家可以纾难，可以免祸，贤婿所见，良然良然"[3]书信一97 可知，陶桄自己也是乐于捐输的。

根据那段时间曾国藩的书信，被要求捐输的，不止陶桄一人，还有朱岚暄、湘潭左家、曾国藩老家湘乡富商等。而且，捐输一事，并非咸丰四年一次。咸丰十一年，陶桄又被要求捐饷。此时已带兵在江西一带作战的左宗棠，在信中两度询问此事——先是催促陶桄尽快了结捐输一事；得知陶桄已积极捐输后，则加以肯定，并认为陶家世受国恩，尽力捐输也是应有之举。[3]家书诗文41

同治九年，得知家乡湖南哥老会猖獗，时为陕甘总督的左宗棠专门写信给湖南巡抚刘韫斋，希望大力剿办。与此同时，在给儿子的信中，他就表示要大力支持湖南募勇对付哥老会，要求儿子们率先捐输助饷。[3]附册274 除此之外，他还给刘韫斋出主意，可以让湖南立军功已至一二品的绅士、经营淮盐的商家和本地富家先捐。

就左宗棠对待捐输一事前后一致的表态，我们可以推断，在湖南兵饷紧张而太平军大兵压境的情况下，左宗棠并不反对向巨室豪门派捐之举。柴小梵《梵天庐丛录》中甚至说只要湖南缺饷，左宗棠还主动要求陶桄先捐，"文襄佐湖南抚幕时，饷事有急，辄令陶氏输重金为倡，不少顾惜"[14]201。因此即使陶桄被要求捐输，左宗棠应该也不至于"大愤，入督署（抚署），攘臂而争"，并因此与曾国藩达到"以致仇隙"的地步。

此外，咸丰十年七月起，湖南方面还在省城设立了东征筹饷局，为曾国藩东征大军筹饷。东征局名义上由湖南布政使文格、湖北按察使裕麟负责，但实际主持局务的是黄冕、恽世临、郭嵩焘。东征局还在各地设有分局，陶桄就负责其中的一个分局。[23]377 愿意为曾国藩效劳，或许也可证明，陶桄虽被要求捐输，但和曾国藩的关系，还算融洽。

【注释】

[1] 张祖佑. 张惠肃公年谱 [M]//近代中国史料丛刊：第六十四辑. 台北：文海出版社，1967.

[2] 胡林翼. 胡林翼集 [M]. 长沙：岳麓书社，1999.

[3] 左宗棠. 左宗棠全集 [M]. 长沙：岳麓书社，2009.

[4] 罗正钧. 左宗棠年谱 [M]. 长沙：岳麓书社，1983.

[5] 秦翰才. 左宗棠全传 [M]. 北京：中华书局，2016.

[6] 沈传经，刘泱泱. 左宗棠传论 [M]. 成都：四川大学出版社，2002.

[7] 曾国藩. 曾国藩全集 [M]. 长沙：岳麓书社，2011.

[8] 王闿运，郭振墉，朱德裳. 湘军志 湘军志平议 续湘军志 [M]. 长沙：岳麓书社，1983.

[9] 骆秉章. 骆秉章自订年谱 [M]//近代中国史料丛刊：第十五辑. 台北：文海出版社，1967.

[10] 秦翰才. 左文襄公在西北 [M]. 长沙：岳麓书社，1984.

[11] 黎庶昌，王定安，等. 曾国藩年谱 [M]. 长沙：岳麓书社，1986.

[12] 朱克敬. 儒林琐记 雨窗消意录 [M]. 长沙：岳麓书社，1983.

[13] 中国第一历史档案馆，文化部恭王府管理中心. 奕訢密档：第一册 [M]. 北京：国家图书馆出版社，2008.

[14] 秦翰才. 左宗棠逸事汇编 [M]. 长沙：岳麓书社，1986.

[15] 中国第一历史档案馆. 大清文宗显皇帝实录 [A].

[16] 中国第一历史档案馆. 军机处录副档 [A].

[17] 司马迁. 史记 [M]. 北京：中华书局，1959.

[18] 郭嵩焘. 郭嵩焘日记 [M]. 长沙：湖南人民出版社，1981.

[19] 王定安. 湘军记 [M]. 长沙：岳麓书社，1983.

[20] 郭嵩焘. 郭嵩焘全集 [M]. 长沙：岳麓书社，2012.

[21] 孙占元. 左宗棠评传 [M]. 南京：南京大学出版社，1995.

[22] 赵烈文. 能静居日记 [M]//太平天国史料丛编简辑第三册. 北京：中华书局，1962.

[23] 朱东安. 曾国藩传 [M]. 天津：百花文艺出版社，2001.

第六章　樊燮案始末

当左宗棠在湖南巡抚幕府忙着"内清四境、外援五省",做得风生水起的时候,咸丰八年发轫、咸丰九年发酵并于年末达到高潮的樊燮案,改变了他的幕宾生活轨迹,甚至成为左宗棠人生的第一个重大转折。

对左宗棠而言,这一案件有如下影响:一是迫使他离开待了将近8年的湖南巡抚幕府(其中有半年多,因张亮基升署湖广总督,跟随张至武昌湖广总督府);二是因祸得福,从此走上了清廷的政治舞台中心。此案后不到两年,他练楚军进兵江西收复闽浙等,由浙江巡抚而任闽浙总督,进而出任陕甘总督、钦差大臣督办新疆军务,以及大学士、两江总督等,成就了晚清的政治传奇。

1　案件爆发

樊燮案的爆发,始于咸丰八年底。

樊燮,湖北恩施人,咸丰四年五月十七日(1854年6月12日)起任湖南永州镇总兵①。咸丰八年(1858)任职满4年,循例奏请进京面见皇帝。七月二十一日接到朱批同意其进京。于是,樊燮于八月二十日交卸湖南永州镇总兵篆务,准备进京。

樊燮八月就交卸工作,却在这年的十二月十五日(1859年1月

---

① 正二品,一省之内仅次于提督的武官。

18日）才到北京。原来，进京之前，他专程到湖北面见湖广总督官文。咸丰八年十一月初二日（1858年12月6日），湖广总督官文奏请将樊燮升为署（即代理）湖南提督，同时又奏调云南临元镇总兵栗襄代理永州镇总兵。

对于此项人事变动的理由，官文在十一月初二日的《奏请樊燮署理湖南提督栗襄署理永州镇篆务事》一疏中这样说：一是新授湖南提督周天受督师闽浙，短期难以回湖南上任；二是"查永州镇总兵官已赴京陛见，经过鄂省，面加察看，知其久历戎行，曾经战阵，人亦明干，于署理提篆，可期胜任"[1]档号:03-4215-022。

由于官文的推荐，咸丰八年十一月十三日（12月17日），咸丰帝发布上谕：湖南提督印务着樊燮署理，仍来京陛见；其湖南永州镇篆务着栗襄署理，毋庸来京陛见。[2]

在十一月初二日奏请樊燮为提督的奏折中，官文奏明是"会同湖南抚臣骆秉章恭折具奏"，这说明骆秉章当时是知道并同意的。然而，仅仅过了20多天，十一月二十九日（1859年1月2日），骆秉章就上折参劾樊燮。

骆秉章参劾樊燮的主要罪名是"违例乘坐肩舆，私役弁兵"。具体而言：一是樊燮进京时带了30多名兵丁一同北上，这些兵丁的主要任务是给他抬轿、伺候起居。二是樊燮还派数名兵丁在长沙专门照顾他的家眷。三是挪用公款，像永州总兵署内盖建樊燮私人房屋、家宴、赏戏等，均从公项开销。

骆秉章这份奏折最要害的地方还不止此。他告诉皇上，虽然永州有兵2000多名，但近来为镇压"粤匪"（指太平军）和各地起义军而向永州镇调兵时，樊燮所派出的，从来就没有超过200人。奏章还进一步指出，樊燮北上之时，正值两广贼势嚣张之际，湖南巡抚多次调派兵勇前往防剿，"及当辖境军务紧要、存城标兵不敷派拨之时，犹敢擅役弁兵随同出境"[3]奏稿九622。

省内剿匪兵力尚且不够，樊燮为一己之便就带走数十名兵勇侍候。据此，骆秉章的奏折给樊燮扣上了"玩视军务，希便私图"的帽子！

将樊燮私带兵勇放在省城剿贼的大背景下,事情立即变得十分严重了。这个帽子一扣,樊燮的命运由此改变——咸丰帝在这年十二月十一日(1859年1月14日)下旨,将樊燮"交部严加议处,即行开缺",用今天的话来说,樊燮被就地免职,并交有关部门调查、追究责任。

在参劾樊燮的同一天,骆秉章还上疏参劾官文所保举的栗襄,认为栗襄难以胜任。① 同在十二月十一日,咸丰帝也照准了骆的参劾,"让官文查明参奏,再降谕旨",改由周宽世出任永州镇总兵。

不仅如此,咸丰九年二月二十八日(1859年4月1日),骆秉章再上《已革樊总兵劣迹有据请提省究办折》,指出樊燮贪污、挪用营中银钱至数千两,"署中一切零星使用,无一不取之营中"[3]奏稿九631,请将樊燮拿问,严审究办。

三月十三日(4月15日),咸丰皇帝下旨同意骆秉章所请,"樊燮着即行拿问,交骆秉章提同人证、严审究办"。由于此时樊燮在进京面见皇帝之后正回湖北省亲,还没有回湖南,谕旨还特意"着湖北督抚饬查该革员现在行抵何处,即日委员押解湖南,听候查办"[3]奏稿九632。

一下子,樊燮由原来的一省提督、从一品大员而身陷缧绁,变成了阶下囚,内心的不满,可以想见。加上骆秉章参劾他的两封奏折都出自左宗棠之手②,因此他要反控骆秉章、左宗棠也在情理之中。

咸丰九年四、五月间,樊燮派家人分别向湖广总督衙门和北京都察院呈诉状,为自己鸣冤辩护。樊燮的诉状主要有这些内容:一是驳

---

① 骆秉章的理由是栗襄原为他在署湖北巡抚任内的抚标中军参将,骆秉章曾饬令栗襄整顿营务,栗襄却一味支饰,甚至各城门应派弁兵,经骆秉章亲往查视,并无一人。张亮基署湖广总督时,让栗襄监造鸟枪,结果造出来的枪内膛并未钻过,木壳外虽涂饰光彩,料极脆薄,所有铁箍,均是浓墨画成,着手即脱。张亮基恨其伪,令其自行点放,栗襄不敢点放,自认赔造,请求免究,"一时咸以为笑"。见《左宗棠全集·奏稿九》,第624页。

② 两封奏折,均收入《左宗棠全集·奏稿九》。

斥湖南巡抚骆秉章所参的"摊派兵饷、动用米折"实无此事；二是揭发永州镇中营守备、候补千总贺炳翊，及兵丁唐吉禄伙同永州知府黄文琛滥邀保举——没立相应的战功却得以被奏保请赏；三是控告湖南巡抚骆秉章，认为会审的各级官员为了迎合骆秉章逼其改换亲供认罪；四是指责骆秉章在一个多月之内没有调人证前来，只是凭账簿就将其定罪。

在呈状中，樊燮认为，骆秉章之所以要参劾他，是贺炳翊的诬告——贺炳翊怕樊燮告发他无功受保，便与黄文琛串通先发制人到湖南巡抚骆秉章面前告状，而左宗棠在其中起了中间人的作用：

> 黄文琛于八年五月内到省后即于省城遍贴匿名揭帖，内云革员①眇视文员、凌辱属下官兵；在营提用银钱，永州不日即有兵变之事。如不肯信，将贺炳翊调问即知等语。并商同巡抚署左幕友最为亲密之前署永州镇中营游击侯光裕通知左幕友，云革员此次进京，必将南省保举不公之事面奏。内外声蕙，骆秉章既受黄文琛蒙蔽滥保于前，不得不回护于后。[1]档号：03-4549-065

六月二十七日（7月26日），湖广总督官文将樊燮的诉状抄送咸丰皇帝。与此同时，他表示现在江皖军情紧急，正与太平军鏖战，胡林翼进驻黄州，自己一人留在省城武昌，公务繁忙，希望朝廷派钦差大臣前来调查、处理此案。在这份奏折中，官文主要是复述了樊燮供状的主要内容，涉及左宗棠的部分，则是如此叙述的：

> 讵该员弁②深恐败露，串通黄文琛连合抚署幕友发于革员③进京之后捏款陷害，委员文官迎合抚署，令革员认罪结案，呈请提集人证账簿审讯等情。[1]档号：03-4549-064

长期以来，关于樊燮案的缘起，不少坊间传闻认为是樊燮为永州镇总兵时来省城汇报工作，因没向左宗棠下跪而遭到左宗棠掌掴或脚踢，以致樊燮觉得自己一个堂堂二品大员，竟遭左宗棠一举人羞辱便

---

① 此时樊燮因骆秉章的参劾已被朝廷革去总兵职，故自称革员。
② 指贺炳翊。
③ 指樊燮。

怒而控告左宗棠。

比如柴小梵的《梵天庐丛录》记载："文襄（左宗棠）初以举人居骆文忠公籤门（骆秉章）幕府，事无大小，专决不顾。监司以下白事，辄报请左三先生可否？一日，樊提督诣文忠，延文襄出共谈。意大龃龉，（左）遽起批樊颊，大诟，樊不能堪，致有互揭查办之举。"[4]201

类似记载也见于周维新《高心夔传》中："时左宗棠以举人为湘抚骆秉章主奏稿，会劾永州总兵樊燮骄倨罢官。燮往见宗棠，语不逊。宗棠怒，批其颊。"[4]44

至于脚踢说，则见于刘禺生《世载堂杂忆》：

（恩）施城吴老人，年九十矣，幼时曾见燮公。其言曰：燮公谒骆帅，帅令谒左师爷。未请安。左厉声喝曰："武官见我，无论大小，皆要请安，汝何不然？快请安！"燮曰："朝廷体制，未定武官见师爷请安之例。武官虽轻，我亦朝廷二三品官也。"左怒益急，起，欲以脚蹴之，大呵斥曰："忘八蛋，滚出去！"燮亦愠极而退。未几，即有樊燮革职回籍之朝旨。[5]45

不可否认，左宗棠与樊燮、官文的关系都不太好。早在咸丰六年，在给王錱的信中，左就直言不讳地说："永州一路，竟无好武官！"[3]书信一129 而永州一带最高的武官，就是身为永州镇总兵的樊燮！

至于左宗棠同湖广总督官文的关系，在樊燮案爆发之前，就已不和。前文说过，咸丰五年年底，因御史宗稷辰的奏保，咸丰帝曾下旨让官文对左宗棠进行考察使用。但后来，官文只表示将左宗棠调到军营听候差遣，并无明确任用安排。这自然使得左宗棠不愿意去、骆秉章也不肯放。

此外，对于官文这位才疏学浅、仅凭血统获得高官的满族贵胄，左宗棠一向看不上。咸丰六年时直言自张亮基之后的湖广总督都不行，"自张石帅去后，湖北无好督"[3]书信一169；还批评官文不敢战、不知兵，"制军拥数万不能战之众，不能剿贼，仍须南路派兵，真是怪事"[3]书信一165。

言语讥讽和挞伐之外，在行动上左宗棠对上司官文也不支持：咸丰五年，官文遣人到湖南劝捐，结果被左宗棠拒绝；咸丰六年，官文想将湖南派往支援湖北的王鑫部队留在湖北，左宗棠则力劝王鑫仍回湖南岳州，认为留在官文处，属于"明珠暗投，固已太辱"[3]书信—161；咸丰七年，官文为了留住王鑫，奏请加王鑫臬司衔，以道员留用，左宗棠则认为官文此举太过分，并让骆秉章去札抗议。

左宗棠内心十分清楚，自己已经得罪了官文。樊燮案爆发后，在给湘军将领李续宜的信中，他就直言官文和自己矛盾很深，"此公与弟则嫌隙已深，伏而未发者数年"[3]书信—316。

因此，樊燮不满左宗棠、官文想借樊燮案报复左宗棠，可以说在情理之中。但前引清宫档案所收樊燮诉状、官文奏折表明，樊燮只是在诉状中提及左宗棠帮黄文琛、侯光裕、贺炳翊等在骆秉章面前牵线，并无掌掴或脚踢之语。而官文的奏折主要是引述樊燮供状部分，而且还把"左幕友"隐去，笼统说为"幕友"。由此可知，掌掴或脚踢说，只是以讹传讹，并非历史事实。①

2 传言咸丰帝有密旨要将左宗棠就地正法

不过，正是由于官文这道奏折，咸丰帝于咸丰九年七月十五日（1859年8月13日）下旨时先将此案定性为"案关镇将大员侵亏营饷并各员挟嫌陷害、滥邀保举，情节较重，是否该革员借词狡展抑或事出有因，亟应彻底根究"[6]。与此同时，咸丰帝任命湖北乡试正考官、都察院左副都御史钱宝青为钦差大臣，在乡试结束后，会同官文共同审理。

关于咸丰帝与樊燮案，不少传言说甚至有"咸丰密谕左宗棠如有不法情事，可就地正法"之密旨。不过，根据清宫档案，从咸丰八年十一月至咸丰十年四月，内外臣工与咸丰皇帝关于樊燮案的奏折中，

---

① 具体考证过程，可参见拙文《从清宫档案看左宗棠樊燮案真相》以及拙著《左宗棠传信录》第二章。

并无咸丰帝将左宗棠就地正法等内容。①

但在此期间,咸丰帝确实曾下密旨,要官文调查左宗棠在湖南巡抚幕府是否有把持军政的行为。十二月二十五日(1860年1月17日),官文曾告诉咸丰帝"其(指左宗棠)恣意要挟之处一时尚难得有确据,诚以迹涉暧昧果有。……伏查湖南属员幕友近年积弊早在圣明洞鉴之中,奴才等一面就本案供情留心根究,一面仍加密访"[1]档号:03-4149-005。

这也表明,官文只是怀疑,并没有肯定左宗棠等湖南巡抚幕友就是"劣幕",把持湖南军政。

咸丰十年二月初二日(1860年2月23日),樊燮案审结,官文、钱宝青奏报对樊燮案的处理意见。奏折的最后再次提及密查左宗棠是否"劣幕"之事:

> 再,前经奉密查之件,奴才等业将查无确据情形附片密奏。连日明察暗访仍无端倪,现正案已结,臣钱宝青例应于拜折后起程北上,应仍由奴才官文另行专折奏覆,合并奏明。谨奏。[1]档号:03-4551-016

这和官文在十二月二十五日奏折中所说完全吻合——并无左宗棠为劣幕的证据。

由此可知:咸丰皇帝确实有让官文、钱宝青查湖南是否有属员幕友把持军政这类事情,但也确实没有下"左宗棠如有不法情事,可就地正法"这样的谕旨。试想,从官文的奏折中我们得知,案情还在密查阶段。连案情都没有查清楚,哪里谈得上处理了呢?

从法理上讲,"就地正法"作为一种最为严酷的刑律,其施行有着严格的规定。左宗棠即使被控为劣幕,也不至于被就地正法。据法学教授李贵连考证,"就地正法",本指将罪犯抓获审清,在当地立即斩首。历代封建统治者,为了维护自己的统治,不乏就地正法之例。[7]但是,把就地正法上升为一种制度,在全国推行,则是清朝末

---

① 具体考证过程,可参见拙文《从清宫档案看左宗棠樊燮案真相》以及拙著《左宗棠传信录》第二章。

年太平天国农民起义爆发以后之事："唯就地正法一项，始自咸丰三年。时各省军兴，地方大吏，遇土匪窃发，往往先行正法，然后奏闻。"[8]4202

咸丰三年三月十三日（1853年4月20日），咸丰皇帝以谕旨形式将"就地正法"作为制度正式发布：

> 现当剿办逆匪之时，各处土匪难保不乘间纠伙抢劫滋扰，若不严行惩办，何以安戢闾阎？着各直省督抚，一体饬属随时查访，实力缉拿，如有土匪啸聚成群，肆行抢劫，该地方官于捕获讯明以后，即行就地正法，以昭炯戒。[9]

但根据《大清律例》，准予实施就地正法的，是军队谋反、吏卒犯死罪，后来延伸到临阵脱逃、叛乱。看来，咸丰时期也就是扩大到了军兴之时的盗匪案件等。

左宗棠作为一介幕宾，无论如何，应该都够不上上面所列的各款。因此，咸丰皇帝完全没有理由下令将其"就地正法"。

如果左宗棠"通知"的罪名坐实、被参为"劣幕"，那他面临的处分是什么呢？《钦定大清会典事例》所刊乾隆四十一年（1776）的规定：如有恶幕招摇生事，及劣员徇纵滥交者，即行严参治。嘉庆五年（1800）又规定：官员纵容幕友出署结交者，照纵容亲友招摇例革职；失察者降一级调用。其有接用旧任幕友，令其始终占据一衙门者，亦照此例议处。也就是说，最主要的处分，是对主官革职或降级使用。[10]

宣统三年（1911）的一个案例更证明了这点，"贵州巡抚庞鸿书被参祖庇劣幕玩丁等，经查并无此事，但疏于察觉属员买官卖官等，着交内阁察议。前充抚署幕职、候选同知胡寿彭性喜招摇、拽泄机密，并有姻缘为奸之事，其子候选县丞胡显祖侥幸得官，声名尤劣，均着革职永不叙用，并即行驱逐回籍，交原籍地方官严加管束"。[11]217按此上谕，贵州巡抚的幕宾胡寿彭当属劣幕，也被参有结交地方官等"通知"之罪，但最终是"革职永不叙用"，并无性命之虞。

所以说，咸丰皇帝"左宗棠如有不法情事，可就地正法"的密谕，只是坊间传言，并非历史真实。

3 胡林翼和曾国藩的营救活动

但无论如何,左宗棠还是被牵扯到案中,而且是皇帝钦点的大案。因此,一场营救左宗棠的行动也随之展开。

时为湖北巡抚的胡林翼,本是左宗棠知己,自不会坐视不管。湖北巡抚和湖广总督同在武昌城,督抚同城,关系向来难处。但胡林翼为人懂权术、善笼络,与官文相处颇好。

民初陈灨一的《睇向斋秘录》记载:官文颇为宠幸某小妾。一次,小妾生日,官文为讨她欢心,便广发请柬,通告群僚,说是夫人寿辰。之所以要假托夫人的名义,是因为旧时很讲究名分,姨太太虽受官文宠幸,但名分卑下,堂堂官员是不屑于为姨太太祝寿的。到了生日这天,百官来贺,总督府的从官才以实相告。这下大家觉得上当受骗了,一位布政使大怒说:"我为朝廷二品大员,岂能屈膝于贱妾裙带之下?"其他大员也继之不满,准备打道回府。这时胡林翼到了,什么也没说,若无其事地送上寿礼,进入总督府道喜。大家一看,也只好鱼贯而入。[12]16—17

清人胡思敬的《国闻备乘》还说,因为有胡林翼的捧场,官文小妾大大地长了回面子。官文对胡林翼的"救场"也心存感激!

此后,胡林翼还嘱咐胡夫人经常邀请这小妾游宴,联络感情。更绝的是,后来胡林翼的母亲还认这个小妾为义女。如此一来,胡林翼成了这位小妾的哥哥,与官文还攀上了亲戚——成了官文的"舅爷"。从此,官文对胡林翼极为放手,胡林翼在湖北得以大施拳脚。[13]9—10

笔记小说所载胡林翼带头为官文小妾贺寿之事是否可信,已难以查考。但是,胡林翼有意笼络官文,应该不虚。查考史料可知,咸丰七年之后身为湖北巡抚的胡林翼刻意不与湖广总督官文会衔上折,以突出官文的功绩。这点,胡林翼的朋友曾国藩看得非常清楚。同治四年(1865),时为署广东巡抚的郭嵩焘来信告诉曾国藩:两广总督毛鸿宾经常让自己草拟奏章,最后却只署总督名字上奏。郭嵩焘为此抱怨督抚同城之难。曾国藩在回信中,就举了胡林翼和官文的例子,"督、抚同城,诚为两难,而胡文忠乃独得少行其志。世多言官帅休休有容，不佞观其用人行政，自度万难与之共事，然后知胡公所处极难耳"[14]书信七533。而且，就总督不让其会衔一事，郭嵩焘表现得过于在意了，事实远非他所描述的那么严重。以同治三年为例，在《郭嵩焘奏稿》所收录的郭嵩焘当年所上的52份奏折中，与总督毛鸿宾会衔的就有48份，可以说占了绝大部分。两相比较，更显胡林翼的圆滑和郭嵩焘的迂琐。

凭借自己与官文较好的关系，樊燮案爆发后，胡林翼多方向官文进行疏通。他在与官文的信中写道："此案樊与黄（文琛）等似无好声名，正案不敢预闻。其案外之左生，实系林翼私亲，自幼相处。其近年皮（脾）气不好，林翼无如之何。……如此案有牵连左生之处，敬求中堂老兄格外垂念，免提左生之名。此系林翼一人私情，并无道理可说。惟有烧香拜佛，一意诚求，必望老兄俯允而已。"[15]285

咸丰九年，胡林翼还致函奉旨办理此案的钦差大臣钱宝青，力荐左宗棠、曾国藩，"骆之办事，全在左卿。然公忠之志，亦近年所独也。涤若任事，则才力更大，惟与俗不谐耳"[16]卷二245。

有说法认为，樊燮案期间，胡林翼见事有转圜，更乘机上了一个《敬举贤才力图补救疏》，极力推荐左宗棠；官文知朝廷欲用左宗棠，也见风使舵，从而结束了喧闹一时的樊燮京控案。[17]89—90

但这一说法并不准确。胡林翼在《敬举贤才力图补救疏》推荐过左宗棠不假。但此折上递的时间为咸丰十年五月初三日（1860年6月21日），而四月二十日（6月9日）咸丰帝即发布谕旨任用左宗棠。因此说，就解救左宗棠于樊燮案而言，在咸丰皇帝面前，胡林翼并无具体举措。

那曾国藩呢？

樊燮案爆发前后，正是左宗棠和曾国藩关系颇为密切的一段时期。此前，两人刚刚度过了因曾国藩奔父丧而导致"不通音问"的一年隔膜期。

前文说过，进兵江西湖口后，曾国藩连遭败绩，并连失塔齐布、罗泽南两员大将。除此之外，军饷无着、与江西地方官员频发龃龉，也让曾国藩心情郁闷。

曾国藩湘军入江西后，兵饷最初主要来自在籍刑部侍郎黄赞汤在江西劝捐所得的 40 余万两。之后虽有湖南和湖北的接济，但依旧不敷使用。湘军为江西抵挡了太平军的大部分进攻，但面对曾国藩一而再、再而三的求饷，江西巡抚陈启迈均不肯拨给。用兵方面，两人也是意见不合：曾国藩想调罗泽南去与水师会攻湖口，陈启迈则调其去防景德镇、防省城；曾国藩札调万载县举人彭寿颐来营效力，但由于彭寿颐和万载县知县有矛盾，陈启迈不但不从，还令臬司将彭抓起来、严加审讯。由此曾、陈二人矛盾更深。

咸丰五年六月十二日（1855 年 7 月 25 日），曾国藩专折奏参陈启迈。不久，咸丰帝下旨将陈启迈革职，江西巡抚由文俊补授，江西臬司恽光辰被撤职查办。但曾国藩与江西官场的关系，依然没有好转。

军事失利，饷项无着，与江西官场关系紧张。咸丰六年整整一年，曾国藩和石达开在江西鏖战，苦苦支撑——南昌不时告急，江西处处有警，当地官吏事事掣肘。一年争战的结果：南昌、袁州两郡全境肃清；九江、南康、瑞临、临安，收复过半；湖北崇通一带，虽屡经官军进剿，太平军依然活跃。如此一来，曾国藩的心情自然不会愉快。

在曾国藩政坛失意、军事受挫的同时，父亲病逝的消息于咸丰七年（1857）二月不期而至。

二月十一日（3 月 6 日），曾国藩在瑞州获知父亲初四日去世的消息，"大恸，仆地欲绝"，于第二天赶回南昌。十六日，上折奏报丁忧开缺，"微臣服官二十年，未得一日侍养亲闱。前此母丧未能妥办葬事；今兹父丧未能躬视含殓。而军营数载，又过多而功寡。在国为一毫无补之人，在家有百身莫赎之罪。……瑞州去臣家不过十日程途，即日遵制丁忧，奔丧回籍"[14]奏稿二213。

还没有接到朝廷的谕旨，曾国藩和弟弟曾国华即于廿一日自营启行，二十九日抵家后，才请湖南巡抚骆秉章代奏奔丧到籍日期一折。

本来，对曾国藩在江西处境艰难，左宗棠"心窃忧之"[3]书信一123。

湘军将领王鑫此前和曾国藩小有矛盾①，因此，在说服骆秉章急派王鑫带6000人前往江西支援曾国藩后，左宗棠亲自写信做王鑫的思想工作，"江西与吾乡为唇齿，彼中一有蹉跌，吾乡东路防不胜防。且涤公为今时办贼之人，岂可使有差失？"[3]书信一125

但对于曾国藩不等朝廷谕旨就匆忙回家的做法，左宗棠并不认同。他对曾国藩的弟弟曾国荃说，"昨接涤公二十五日醴陵来函，知已戴星旋里。此事似于义不合"[3]书信一201。个中原因，左宗棠进一步解释，曾国藩是受命讨贼，自古以来，就有明文规定，遇到打仗这样的"金革之事"，可以不用遵守丁忧的规定，何况现在江西时局艰危、军情紧急，身为统帅，岂可擅离岗位？为此，左宗棠还修书一封，批评曾国藩"匆遽奔丧，不俟朝命，似非礼非义"[3]书信一209，劝曾氏尽快出山。

曾国藩奔丧，本来想打着尽孝的礼义大旗以逃避在江西的困顿，没想到被左宗棠评价为"非礼非义"，岂能不窝火？

于是，曾左两人因此事闹起了矛盾，并发展到彼此不通书信的地步。咸丰七年六月，左宗棠告诉好友王柏心，他和曾国藩已经两个月不通信了，"曾公以终制故，与弟议论不合，不通音问者两月余矣"[3]书信一268。左宗棠一开始还自我批评，觉得自己说话有点过分，"吾言过亢……其咎不尽在涤矣"[3]书信一225。随着时间的推移，见曾国藩依旧不来信，他也生气了，对胡林翼说决定先不理曾国藩了，"此公仍负气如故，我亦负气如故也"[3]书信一244。

接到曾国藩奔父丧折后，咸丰帝一开始降旨"赏假三个月""赏银四百两"，让曾国藩料理父亲丧事，"俟假期满后，再赴江西督办军务"[14]奏稿二217。未料曾国藩此时心灰意冷，多次上折恳请在籍终制②、开兵部侍郎署缺，并上折痛陈历年办事用兵所遇到的无权、无饷、无名分三大难题[14]奏稿二221—224，变相向咸丰帝提出了出山条件——要地

---

① 王鑫不愿放弃"自立创军"的念头，曾国藩也不愿因迁就而收于自己军中。此外，曾认为王"精神上浮，言事太易"。见曾国藩：《曾国藩全集·书信一》，岳麓书社，2011年，第257页。
② 父母去世服满三年之丧为终制。

方实权，"臣细察今日局势，非位任巡抚，有察吏之权者，决不能以治军。纵能治军，决不能兼及筹饷"[14]奏稿二—223，迟迟不肯出山。

左宗棠对曾国藩如此举动更是不满。咸丰七年四月，他对胡林翼表达了自己对曾国藩的失望之情，"此公才短气矜，终非平贼之人。……此辈宜置之高阁，待贼平再议耳"[3]书信—262。曾国藩不出山、曾国荃迟迟不回营，在吉安的曾国荃吉字营无人管理，发生索饷事件，八月在与太平军作战中失利。如此一来，左宗棠的批评更是毫不留情，"沅浦本宜速来，乃屡奉札催，竟不返顾，亦殊难解！"[3]书信—247

还好，在家一年多的时间里，曾国藩对自己这些年来的所作所为进行了反思和检讨。在给弟弟曾国荃的信中，他多次表示，"惟回思历年在外办事，愆咎甚多，内省增疚"[14]家书—325。经曾国荃相劝，曾国藩于咸丰八年（1858）三、四月间，主动给左宗棠写了一封信，检讨自己"晰义未熟，翻成气矜"[3]书信—284，希望求得左宗棠的谅解。接到曾国藩书信后的左宗棠，"喜慰无似"，十分高兴之余再次进行自我批评，说自己过于"负气相持"。彼此一番自我批评之后，曾左两人重归于好。但从左宗棠的回信可知，二人"不奉音敬者一年"。一年不通信，以致左宗棠都怀疑曾国藩要和自己断绝关系了，"疑老兄之绝我也"[3]书信—284。

也是这年四月，太平军在江西失利后，退入浙江，在石达开指挥下连陷江山、常山、开化、处州等城邑，围攻衢州——浙江形势危急。五月，经工部尚书许乃普奏请，咸丰帝下旨让"前任兵部侍郎曾国藩驰赴浙江办理军务"[18]档号：03-0192-2-1008。

这一次，曾国藩没有再推辞——六月初三日（7月13日）接奉谕旨，初七日即从家出发，十二日抵长沙，与骆秉章、左宗棠会商军事。随着曾国藩的再度出山，曾国藩与左宗棠两人和好如初。根据《曾国藩日记》，从六月十二日到十九日在长沙这8天，曾国藩和左宗棠天天见面、商谈军务；十六日中午，左宗棠更是设家宴招待曾国藩等，"早起，会客数起。至季高家赴宴，午刻归"[14]日记—303。足见此时两人关系之好。

话题再回到樊燮案。

第六章　樊燮案始末

在咸丰九年九月二十五日（1859年10月20日）给左宗棠的一封信中，驻扎宿松的曾国藩第一次述及樊燮案，"樊案本出意外，润帅焦灼急切，然窃闻外议，实无锄兰焚芝之意，似可夷然处之，以为何如？"[14]书信二253

"润帅"即胡林翼。和胡林翼"焦灼急切"不同，曾国藩认为樊案可以"夷然处之"。九月三十日（10月25日），得知此案有新变故之后，曾国藩赶紧写信去安慰左宗棠，"闻樊案又生波折，深恐台端愤悒自伤！"[14]书信二256

曾国藩所说的"樊案又生波折"，应该是指樊燮派家人进京递诉状一事。除去湖广总督署递诉状之外，九月份，樊燮又派家人王昇到都察院递送相同内容的诉状。九月初七日（10月2日），都察院左都御史绵森将此事上奏。和官文六月二十七日奏折中没有提到左宗棠不同，绵森奏折中两次明确提到"左幕友"——"并商同游击侯光裕通知抚署左幕友，内外怂恿，骆巡抚亦为心动，是以革员起程之后，即以查问左右营地方情形为名，将贺炳翊专札调省。先见左幕友，次日巡抚传见，询问匿名揭帖内各情"[1]档号:03-4563-011。如此，无疑将左宗棠置于此案风口浪尖。

奉旨和官文共同查办樊燮案的钱宝青①，和曾国藩、胡林翼等是旧相识。咸丰九年九月至十二月期间，无论是曾国藩还是胡林翼，都与钱宝青有多次书信往来，互相赠送书法作品等。十一月二十七日（12月20日），曾国藩就遵钱宝青之嘱，写了六幅书法作品送去，"前缄言昨作屏幅奉酬，兹谨书六幅，便中寄呈"[14]书信二322。

书信往来之外，曾国藩、胡林翼还与钱宝青见面晤谈。咸丰九年十月初四日至初六日的日记中，曾国藩就记载了自己和胡林翼、钱宝青畅谈之事，"初四日……闻星使钱副宪宝青萍矼与胡中丞将来营，各队伍于午未间先后迎接，余于申正至河干迎接，到营已更初矣。谈至三更三点，竟夕不能成寐。初五日……与之邕谈至夜二更，余倦

———————————

① 钱宝青，道光朝进士，官至都察院左副都御史，咸丰十年闰三月病逝。

甚，早睡。钱、胡及少泉谈至四更……初六日……与钱萍矼、胡润帅鬯谈。巳正至江干送客"[14]日记—475。

三天的畅谈中，相信，樊燮案是其中绕不开的一个话题。审理完毕樊燮案返京后，钱宝青曾和郭嵩焘等聚谈。他告知郭嵩焘，当时官文曾想在奏折中写上"左宗棠性情刚愎"之语，经过他的劝说，官文才作罢，"闰三月十六日。……苹江言：官协揆缄示南藩，以急流勇退讽左季高，使之退避，后又以左性情刚愎具之折中。苹江力言之，乃始抹去"[19]第一卷348。钱宝青和左宗棠素不相识，很难想象，如果没有曾国藩、胡林翼、郭嵩焘等人的斡旋，他会对左宗棠如此鼎力相助。

4　湖南不可一日无左宗棠

樊燮案爆发后，在咸丰皇帝面前最早为左宗棠奏保的，是当时与郭嵩焘同在南书房值班的大理寺少卿潘祖荫。咸丰十年闰三月二十三日（1860年5月13日），潘祖荫上了《奏保举人左宗棠人材可用疏》，直接点名批评湖广总督官文"惑于浮言"揪住左宗棠不放的同时，赞扬左宗棠辅佐骆秉章外援五省、打败石达开数十万众对湖南的进攻等功劳，还断言"国家不可一日无湖南，即湖南不可一日无宗棠也"：

> 窃以楚南一军，立功本省，援应江西、湖北、广西、贵州，战胜攻取，所向克捷，最称得力。楚军之得力，由于骆秉章之调度有方，实由于左宗棠之运筹决胜。此天下所共见而久在我皇上圣明洞鉴中也。

> 左宗棠之为人负性刚直、嫉恶如仇，该省不肖之员不遂其私，衔之次骨，谣诼沸腾，思有以中之久矣。近闻湖广总督官文惑于浮言，未免有引绳批根之处。左宗棠洁身引退，骆秉章势难挽留。夫宗棠一在籍举人耳，去留似无足轻重，而于楚南事势关系甚大，有不得不为国家惜此材者。

> 上年石达开闻窜该省，号称数十万众。抚臣骆秉章因本省之饷，用本省之兵，数月之内，肃清四境。盖其时带兵各官，如李续宜、萧启江等，皆系宗棠同省之人，孰长于攻、孰长于守、孰

可以将多将少,宗棠烛照数计,而诸将亦稔宗棠之贤,乐与共事;且地形之扼塞、山川之险要,素所讲求,了如指掌。故贼虽纵横数千里,实在宗棠规画之中。设使易地而观,将有溃败决裂、不堪收拾者矣。是则国家不可一日无湖南,即湖南不可一日无宗棠也。

今年贼势披猖,东南蹂躏,两湖亦所必欲甘心之地,不可不深计而豫筹。合无仰恳天恩,饬下曾国藩、胡林翼、骆秉章酌量任用,尽其所长,襄理军务,毋为群议所挠,庶于楚南及左右邻省均有裨益。[20]25—26

潘祖荫在此奏折末段中声明他"与左宗棠素无认识",但通读这份奏折,非熟知左宗棠者,难以写就。而为潘祖荫介绍左宗棠事迹者,是郭嵩焘。

咸丰八年十二月,郭嵩焘奉旨进京供职,并被任命为"翰林院编修,着在南书房行走"。咸丰帝对南书房的翰林一向不错,时常有赐宴、赏银。咸丰十年五月二十九日(1860年7月17日),咸丰帝就亲笔写谕旨,赏翰林们同他一起用膳,并另赏银钱,"[朱]六月初二日,早膳彭蕴章、晚膳穆荫;初三日,早膳匡源、晚膳杜翰;初四日,早膳文祥,晚膳沈兆霖、潘祖荫、许彭寿、杨泗孙。库平银一千两赏南书房翰林等"[21]。

郭嵩焘入京之初,也颇得咸丰帝赏识。咸丰九年,他奉旨前往山东查访当地厘税弊端。一开始进展顺利,并因办理有功,于八月二十五日(1859年9月21日)受到表彰——翰林院编修郭嵩焘着赏戴花翎。[22]

年轻气盛的郭嵩焘一意要革除山东当地厘税弊端,但由于缺乏从政经验,得罪当地官员士绅,最后反而引发群体性事件。当地部分百姓受士绅鼓动前往捣毁厘税局,郭嵩焘也因此遭到亲王僧格林沁的参劾,于十二月被"降二级留任"。

咸丰十年三月十七日(1860年4月7日),已经回到京城的郭嵩焘,意气用事,以生病为由向咸丰帝告假,回老家养病,以此表达对处分的不满。当天,即奉到谕旨,让其"即行回籍就医"[23]。

值得注意的是，这份谕旨还罕见地经过咸丰帝的批改，将军机处原来所拟的"着准其回籍就医"朱笔改为"既系病难速痊，留京无益，着即行回籍就医"。由此看来，对于郭嵩焘的意气用事，咸丰皇帝是不太满意的——下笔较重的"留京无益"，让其快快离开的"即行回籍"等，毫无掩饰地流露出对郭嵩焘的不满。

因此，作为一名已失宠的官员，郭嵩焘想帮助左宗棠，也不可能亲自上折了，而只能求助于当时恩眷正浓的潘祖荫。

关于郭嵩焘劝说潘祖荫的情形，《郭嵩焘年谱》记载颇详："先是祖荫与先生同直南书房，因告之曰：'左君去，湖南无与支持，必至倾覆，东南大局不复可问。'祖荫遂用其语入奏。"[24]159

郭嵩焘本人，在晚年述作《玉池老人自叙》中记载：鄂督以总兵樊燮呈诉湘抚，具奏牵及左文襄。钱萍江副宪（宝青）典试湖北，即交查办，严责左文襄归案审讯。嵩焘时入值南书房，以为左君去，湖南无与支持，必至倾覆，东南大局不复可问。同直潘伯寅尚书（祖荫）悉用其语入奏。[25]集部三759

就是左宗棠自己，也认可郭嵩焘、潘祖荫相救的说法。同治元年十月二十三日（1862年12月14日），左宗棠向儿子孝威谈及了这场官司，"官文因樊燮事欲行构陷之计，其时诸公无敢一言诵其冤者。潘公祖荫直以官文有意吹求之意入告，其奏疏直云：天下不可一日无湖南，湖南不可一日无某人。于是蒙谕垂询，（而官文乃为之丧气，）诸公乃敢言左某果可用矣。咸丰六年，给谏宗君稷辰之荐举人才以我居首；咸丰十年，少詹潘君祖荫之直纠官文，皆与吾无一面之缘、无一字之交。宗盖得闻之严丈仙舫，潘盖得闻之郭仁先也"[3]家书诗文57。

在这封信中，左宗棠肯定：在官文、樊燮案中，最早救他的是潘祖荫、郭嵩焘①——郭嵩焘将左宗棠的事迹告诉了潘祖荫，于是才有了潘祖荫的《奏保举人左宗棠人材可用疏》。

左宗棠感激潘祖荫应该是真心的，清代笔记中，不乏类似记载：

---

① 郭嵩焘，字筠仙，号仁先、筠轩。

"当左公之由陕入觐也,以数十亲兵舁大鼎赠公。"[4]172 照此说法,潘祖荫喜欢收藏古董,身为陕甘总督的左宗棠收复新疆进京面见皇帝时,让数十亲兵抬一口大鼎、不远千里进京城给潘祖荫。甚至传言说:左宗棠每年还给潘祖荫两三千两银子作为孝敬!

孝敬银子是否属实有待商榷,但送大鼎确有其事,只是时间不是像这些传言所说的发生在左宗棠收复新疆后进京的光绪六年(1880),而是同治十三年(1874),而且左宗棠也没有派亲兵抬着进京。《潘祖荫年谱》就记载,同治十三年十一月,左文襄公自关中辇致盂鼎。[26]73 而根据《左宗棠全集》,在同治十二、十三年间,潘、左等就大鼎之事有过多次书信往来——该鼎是左宗棠委托办理西征粮台的户部侍郎袁筱坞所买,由于最初潘祖荫怀疑为赝品,一度放在关中书院。后来潘祖荫改变主意又想要,左宗棠便让袁筱坞设法将鼎送入京城,交给潘祖荫。[3]书信二355,402

这个盂鼎,如今收藏在国家博物馆,说明文字明确写着:"大盂鼎系清道光初年出土于陕西郿县礼村,先后为当地乡绅郭氏、县令周广盛以及左宗棠、潘祖荫等所有,潘氏后人潘达于女士于1951年将其捐赠予上海博物馆,1959年入藏中国历史博物馆(今中国国家博物馆)"。

需要说明的是,同治十二年和十三年正是潘祖荫仕途失意之时:同治十二年三月十一日(1873年4月7日),因户部行印遗失,被部议革职留任,六月兼署吏部左侍郎……十一月奉上谕降两级留任。[26]69,71 相反,左宗棠此时圣眷正隆,同治十二年因平定陕甘回乱还升任协办大学士。因此,他送"盂鼎"给潘祖荫,自无巴结之求,或许有帮潘氏排解忧闷之意。

左宗棠一生性格耿介、向不服人,却对潘祖荫如此客气,足见他对潘祖荫在咸丰十年的那次相救是多么的感激。

除此之外,像李岳瑞的《春冰室野乘》、柴小梵的《梵天庐丛录》、王逸塘的《今传是楼诗话》以及薛福成《庸庵笔记》中《肃顺推服楚贤》等,还主张肃顺相救说——认为在潘祖荫上奏之后,当咸丰帝就此征求重臣意见时,"肃顺首奏:'潘祖荫国家世臣,所保必可信。请姑宽之，以观后效。'因乘机极言满将帅腐败不可恃，非重用汉臣不可。上大感动，即可潘奏。文襄获无事，旋即大用"[4]145—146。这些记载还详细指出，肃顺之所以愿意相救左宗棠，是由于当时和肃顺关系甚密的王闿运、高心夔受郭嵩焘之托。

虽然王、高二人在咸丰九年底、十年初和郭嵩焘往来甚密，有传递信息和运作的可能；虽然根据肃顺一贯注重任用汉人的表现，他救左宗棠也在情理之中，但由于"祺祥政变"（又称"辛酉政变"）之后，肃顺等八大臣为政变成功后掌权的慈禧太后所整肃，关于肃顺的史料估计也被删改不少。至今，清宫档案等正史尚未发现肃顺相救左宗棠的史料。

5 曾国藩这番话决定了左宗棠的命运

咸丰十年闰三月二十三日（1860年5月13日）上了《奏保举人左宗棠人材可用疏》之后，闰三月三十（5月20日），潘祖荫再上《请饬左宗棠仍帮办湖南军务等由》，认为"左宗棠熟习湖南形势，战胜攻取，调度有方。目下贼氛甚炽，应对左宗棠酌量任用"[18]档号:03-0201-1-1010-118。

四月初一日（5月21日），咸丰帝针对潘祖荫此折发布谕旨，就左宗棠的使用问题征询曾国藩的意见。谕旨说："有人奏左宗棠熟悉形势，运筹决策，所向克敌。惟秉性刚直，嫉恶如仇，以至谣诼沸腾。官文亦惑于浮言，未免有指摘瑕疵之处，左宗棠奉身而退。现在贼势狓猖，东南蹂躏，请酌量任用等语。左宗棠熟悉湖南形势，战胜攻取，调度有方。目下贼氛甚炽，应否令左宗棠仍在湖南本地襄办团练等事，抑或调赴该侍郎军营，并着曾国藩酌量办理。"[27]

四月十三日（6月2日），曾国藩上《复奏未能舍安庆东下并恳简用左宗棠折》，对咸丰皇帝四月初一日谕旨作出答复："查左宗棠刚明耐苦，晓畅兵机。当此需才孔亟之际，或饬令办理湖南团防，或简用藩臬等官，予以地方，俾得安心任事，必能感激图报，有裨时局。"[14]奏稿二488

接到曾国藩的覆奏之后，四月二十（6月9日），咸丰帝发布谕旨,"左宗棠以四品京堂候补,随同曾国藩襄办军务"[14]奏稿二490。

至此,樊燮案尘埃落定。

6 案件余波

樊燮:咸丰十年二月,此案审结。骆秉章原奏樊燮贪污银两4000多两,而湖广总督官文、都察院左副都御史钱宝青二月初二日上《奏为审明永州镇总兵樊燮呈控文武陷害一案按律定拟事》折,认定其中动用米折一项200多两,"延不发还,即系为私自借用",樊燮"合依'监临主将私发钱粮、私自借用计赃以监守自盗论,监守盗钱粮四十两,斩,杂犯徒五年'律,拟徒五年,从重发往军台效力赎罪"。[1]档号:03-4551-016

樊燮长子樊增祹后来中了举人;次子樊增祥号樊山,光绪三年(1877)中了进士,成为翰林。樊增祥中了进士不久,樊增祹即病逝,张之洞督编的《江汉炳灵集》中收有其文章数篇。樊增祥在宣统三年(1911)时曾出任江苏布政使,在革命军攻占南京时出城逃走了。[28]这是樊增祥最后一次出现在清宫档案之中。樊增祥活的时间挺长,一直到1931年,是清末民初有一定诗名的文士,著有《樊山政书》等。

官文:仍居湖广总督原职。同治五年底,因湖北巡抚曾国荃参劾,于同治六年被革去湖广总督,仍留大学士,进京供职,管刑部。后改任直隶总督。同治十年正月十二日(1871年3月2日)逝世。

钱宝青:办理完此案即回京,不久于咸丰十年闰三月廿六日(1860年5月16日)病逝。

骆秉章:仍官居湖南巡抚。咸丰十年六月后调任四川总督。

【注释】

[1] 中国第一历史档案馆. 军机处录副档[A].

[2] 中国第一历史档案馆. 军机处上谕档[A]. 咸丰八年十一月十三日.

[3] 左宗棠. 左宗棠全集[M]. 长沙:岳麓书社,2009.

[4] 秦翰才. 左宗棠逸事汇编[M]. 长沙:岳麓书社,1986.

[5] 刘禺生. 世载堂杂忆[M]. 北京:中华书局,1960.

[6] 中国第一历史档案馆. 军机处上谕档［A］. 咸丰九年七月十五日.

[7] 李贵连. 晚清"就地正法"考［J］. 中南政法学院学报，1994（1）.

[8] 赵尔巽，柯劭忞，等. 清史稿［M］. 北京：中华书局，1977.

[9] 北京大学图书馆. 刑部奏案［A］. 手稿本.

[10] 吏部处分例［A］//昆冈，等. 钦定大清会典事例：卷七十六.

[11] 中国第一历史档案馆. 光绪宣统两朝上谕档：第三十七册［M］. 桂林：广西师范大学出版社，1996.

[12] 陈灨一. 睇向斋秘录［M］. 北京：中华书局，2007.

[13] 胡思敏. 国闻备乘［M］. 北京：中华书局，2007.

[14] 曾国藩. 曾国藩全集［M］. 长沙：岳麓社，2011.

[15] 梅英杰，等. 湘军人物年谱（一）［M］. 长沙：岳麓书社，1987.

[16] 胡林翼. 胡林翼集［M］. 长沙：岳麓书社，1999.

[17] 沈传经，刘泱泱. 左宗棠传论［M］. 成都：四川大学出版社，2002.

[18] 中国第一历史档案馆. 军机处随手登记档［A］.

[19] 郭嵩焘. 郭嵩焘日记［M］. 长沙：湖南人民出版社，1981.

[20] 潘祖荫. 潘文勤公（伯寅）奏疏［M］//近代中国史料丛刊：第三十六辑. 台北：文海出版社，1969.

[21] 中国第一历史档案馆. 军机处上谕档［A］. 咸丰十年五月二十九日.

[22] 中国第一历史档案馆. 军机处上谕档［A］. 咸丰九年八月二十五日.

[23] 中国第一历史档案馆. 军机处上谕档［A］. 咸丰十年三月十七日.

[24] 郭廷以. 郭嵩焘年谱［M］//"中央研究院"近代史研究所专刊：第二十九辑. 台北："中央研究院"近代史研究所. 1972.

[25] 郭嵩焘. 郭嵩焘全集［M］. 长沙：岳麓书社，2012.

[26] 潘祖年. 潘祖荫年谱［M］//近代中国史料丛刊：第十九辑. 台北：文海出版社，1967.

[27] 中国第一历史档案馆. 大清文宗显皇帝实录：卷三一五［A］.

[28] 中国第一历史档案馆. 大清宣统政纪实录：卷六五［A］.

第七章　进兵江西

受樊燮案牵连，左宗棠于咸丰九年十二月二十日（1860年1月12日）离开湖南巡抚幕府，结束其八年幕宾生活。

咸丰十年正月二十八日（1860年2月19日），左宗棠由长沙启程北渡洞庭，逶迤北上。隆冬的湘楚大地，"雨霰交作，风雪均大"[1]书信—355。仕途遇挫的左宗棠，旅途也不甚如意，走了一个多月，才于三月初三日（3月24日）抵达距长沙500公里的襄阳——此时的襄阳仍大雪纷飞，"泥深没踝，薪贵数倍，行者、居者均以为苦"[1]书信—355。正在此时，安襄荆道毛鸿宾转来湖北巡抚胡林翼的一封密信。胡林翼在信中告诉他"含沙者意犹未慊，网罗四布，足为寒心"[1]书信—355，湖广总督官文"方思构陷之策，蜚语已满都中"[1]书信—366，劝左宗棠不要北上。

按左宗棠原来的设想，入京后准备参加当年的恩科考试，再由吏部引见以求外放。接到胡林翼密信之后，没办法，左宗棠只好返驾而南。至汉川，鉴于盘缠尚充足①，便改道前往英山胡林翼大营。闰三月二十四日（5月14日），左宗棠辞离英山，于闰三月二十六日（5月16

---

① 由于正值忧谗畏讥，左宗棠此番北上，对于亲朋好友的馈赠一概婉拒。最后是李槃（字仲云）赠以银三百两才得以成行。22年后的光绪七年（1881），左宗棠赴两江总督任前请假回籍省亲。此时，李槃已下世数月。左宗棠便祭于其墓、亲书挽联，并将银三百两还于李家。由此可见左宗棠对银钱的一丝不苟。见《左宗棠全集·家书诗文》，第435页。汉川，今孝感市汉川县。

日）到达宿松曾国藩大营,并在曾营住了20多天。在此期间,因接到儿子孝威病重的消息,左宗棠急急忙忙于四月二十日(6月9日)离开宿松,买舟返湘。根据同治十二年(1873)左宗棠的回忆,孝威此次所患,乃吐血之症。不过等他赶回长沙时,孝威已经康复。

咸丰十年(1860)初,就在左宗棠辗转于胡林翼和曾国藩大营时,江南军事形势已发生重大变化。二月二十七日(3月19日),为解除江南、江北两座大营对天京的威胁,太平军实施了干王洪仁玕提出的"围魏救赵"策略——忠王李秀成率军先占领杭州,待江南大营分兵往援时迅即回师北上,会同各军,于闰三月十六日(5月6日)再次攻破兵分势单的江南大营。接着,太平军乘胜东进,连克丹阳、常州、无锡等地,并于四月十三日(6月2日)攻占苏州,建立苏福省。此役的结果:江南大营统帅和春自缢,副帅张国梁落水而死,江苏巡抚徐有壬自杀于苏州,两江总督何桂清与其他江苏官员逃亡上海。一时间,太平军声势大震。

左宗棠闰三月二十六日(5月16日)抵达宿松,直到四月十八日(6月7日)才离开。根据《曾国藩日记》,四月初一日(5月21日)刚被任命为署理两江总督、第一次获得地方实权的曾国藩,在这23天的日记中,有21天记有"与左季高畅谈"——有时一天竟谈三次之多,四月十一日(5月31日)这天更是"与胡中丞、左季高诸君罄谈竟日"[2]日记二40。毫无疑问,东南大局是他们畅谈的重点话题,"昕夕纵谈东南大局,谋所以补救之法"[3]114。

左宗棠在曾国藩大营时,已知江南大营溃败情形,"涤老得张小浦①副宪信,知前月十六日贼扑金陵大营,各垒均溃,和、张俱退镇江,恐苏、常亦将不保"[1]书信一357。而此时的曾国藩,只有一万一千人,断难完成既要包围安徽安庆又要规复江苏、浙江的重任。

咸丰帝下旨让"左宗棠以四品京堂候补,随同曾国藩襄办军务"的四月二十日,正是左宗棠因儿子孝威病重、辞离曾国藩大营由宿松

---

① 张芾,字小浦,道光朝进士,历任翰林院编修、内阁学士、工部侍郎、刑部侍郎、江西巡抚、左副都御史等。

买舟返湘之时。抵达长沙三天后，左宗棠于五月初五日（6月23日）接到清廷谕旨。

起初，左宗棠本想只募选二千五六百人，训练成军，聊助曾国藩一臂之力。正在物色营官、总哨之时，接到曾国藩令其募勇五千的咨文。[1]书信一367六月初二日（7月19日），左宗棠带领所募楚勇出城，住校场[1]书信一373；六月二十四日（8月10日）起，由校场转至长沙城南金盆岭开始练兵，合计约五千七八百人[1]书信一374——以王鑫的堂弟王开化（字梅村）总理营务，王开琳（字毅卿）管理老湘营营务，杨昌濬（字石泉）、刘典（字克庵）辅助。

左宗棠本已和曾国藩说好，"一月余成军，一月余训练"[1]书信一363，大约3个月以后启程。未料五月上旬起，太平军石达开部余明富、余诚义、曾广依等数万人由广西北上贵州，先后攻克永宁、广顺、归化等地。清廷揣测石达开将亲率大军由贵州进入四川，于是筹议川防。五月十一日（6月29日）清廷发布谕旨，拟派左宗棠入川督办四川军务，就此征询官文、曾国藩、胡林翼等人的意见。

1 这件事奠定左宗棠一生功业的基础

虽然入川为督办，比在曾国藩处的襄办权力更大、名分更好听，但综合考虑之后，左宗棠表示并不愿前往。

首先是觉得难以和部众解释。他对胡林翼说，招募时说好的是去江西——由于在江西的曾国藩湘军也多为湖南老乡，因此部众愿往。改去四川，难以跟他们解释，"所募之人均知为东征而出，若改赴蜀中，又多一番周折"[1]书信一370。

其次不愿入川也是左宗棠谨慎性格所使然。左宗棠觉得，自己的部队刚刚练成，并无实战经验，如果入川，立即就要变成与太平军作战的主力，很可能吃亏。在给胡林翼的信中，他还以开店为例予以解释，"今选募五千，自为统带，譬如乡居富人，弃农学贾，起手即开大店生意，虽是好做，恐不免折阅之虞"[1]书信一370。在他看来，和曾国藩军配合作战、互相呼应，逐步积累作战经验，更为稳妥。

再者是左宗棠觉得自己资历浅，入川即使督办也呼应不灵。"蜀乱已久，吏治、军政、人心一无足恃。……宗棠资望既浅，事权不属，欲提数千之众，专讨贼之事，是何异以寸胶而救黄河之昏乎？"①[1]书信一372

而且，刚刚经历过樊燮案的左宗棠，对于孤身入蜀心有余悸，担心又遭小人构陷，"襄涤军事或能办者，以彼此相知有素，可稍行其志；督蜀军事必不能办者，以彼此不相习，君子不能无疑我之心，小人且将百端以陷我也"[1]书信一372。

为此，左宗棠一面通过胡林翼多次向曾国藩表达自己"志在平吴，不在入蜀"之意；另一方面则直接向曾国藩表明自己不愿入蜀的心迹，"蜀事实非数千客军所能了，而来吴或可得指臂之功。以现在大局言之，吴越急而蜀尚缓。以宗棠私计言之，依人不如从公之乐"[1]书信一373。

就胡林翼而言，他是明确反对左宗棠入川的。他也认为，以左宗棠目前的威望，以及所统率的四五千兵马，难以保全四川。他对湖广总督官文说，李元度、刘蓉和左宗棠的兵马，都应该留下来支持曾国藩，"故愚见仍以留左为是"[4]卷二612。

担心曾国藩不愿意要左宗棠，胡林翼更是在曾国藩面前大力推荐左宗棠，称赞左宗棠"谋人忠、用情挚而专一"[4]卷二614，属于那种临危难才知道可靠的大材，请求曾国藩主稿上奏朝廷，留下左宗棠。

曾国藩呢？由于左宗棠在曾国藩处为襄办，入蜀则为督办。换言之入蜀权力更重、名分更好听。如此一来，他不便强求，只是多次对胡林翼、左宗棠说，要左宗棠自己拿主意，"或先蜀后吴，或置蜀不顾，敬请阁下自定至计"[2]书信二596。

但内心里，曾国藩还是希望左宗棠留下来帮自己的。因此，得知左宗棠不愿入蜀后，曾国藩十分高兴，连连表示"至慰至幸"[2]书信二600。高兴之余，曾国藩于六月十六日（8月2日）主稿并亲

---

① 《本草纲目》记载，用东阿水熬制的阿胶能使浑浊的水变清，"取其水煮胶，用搅浊水则清"。民谚有"寸胶不能理黄河之浊，尺水不能却萧丘之火"的说法。

自领衔，与胡林翼联合上折，提出江皖一带为"京师及东南数省之根本"[2]奏稿二536，地位比四川重要，军情也比四川危急，建议朝廷与其让左宗棠在四川人地两生、呼应不灵，不如仍派其来安徽襄助自己，这样对江皖大局，将大有裨益。

六月二十七日（8月13日），咸丰帝下旨，改派骆秉章以四川总督督办四川军务，留左宗棠襄助曾国藩。

此举可谓奠定了左宗棠一生功业的基础：江南处于与太平军作战的前沿，更容易使人才脱颖而出。没有入蜀的左宗棠，因缘际会，咸丰十一年（1861）十二月即出任浙江巡抚。此时，距曾左胡三人议定不让左宗棠入蜀不过一年多的时间！只可惜，胡林翼已于这年八月去世，没能看到左宗棠大展宏图。

2 左宗棠的部队为何叫楚军？

咸丰十年三月二十七日（1860年4月17日）起，曾国藩下令弟弟曾国荃督勇攻安庆，并逐步形成对安庆的包围。这年八月初，太平军为解安庆之围，大举进行第二次西征。大军分南北两路：北路由英王陈玉成统率，自天京渡江北上，西趋武汉；南路军由两部分组成，李秀成率主力沿长江南岸向西挺进，计划与陈玉成部会师武汉，侍王李世贤、辅王杨辅清等部向皖南、赣东北推移，牵制曾国藩兵力。

八月初八日（9月22日），在曾国藩的一再催促下，左宗棠率兵从长沙出发，经醴陵入江西，取道袁州、临江一带，开赴皖南，目的地是曾国藩大营驻地安徽祁门，增援曾国藩。

左宗棠的部队，定军号为"楚军"，吸收了咸丰七年去世的王鑫（字璞山）的老湘营，再增募新勇而成。"楚军"以王鑫的堂弟王开化总理营务，刘典、杨昌濬副之。它和湘军有不少相同之处：

首先在选兵上都遵循由将选营官、营官选哨官、哨官选兵的思路，以保证兵为将有，而且兵勇都强调选募朴实之人；其次，他们都设立了营务处，负责全军的指挥、管理事务；再者，兵勇每月的薪水银都是4.2两，①"大致每五百人一营官，坐粮每月二千五百余，行粮每月二千八百。散勇每名每月四两二钱（火勇一钱，长夫一钱）"[1]书信一367。

咸丰初年，湘军名将江忠源曾募勇赴广西镇压太平军，由于是作战于客省，故名楚军。既然左宗棠所组建的部队和湘军共同点颇多，为何还要另立名号、将自己的部队定名为楚军呢？个中原因，主要是和曾国藩湘军有着不小的区别，此外也不无想独树一帜、不愿永久依傍曾国藩之心理：

首先兵员的来源方面，以前湘军主要是由同一个县的人组成一军；由于连年征募，如今单靠一个县，已经无法成一军，需要在湖南全省内招募。左宗棠告诉胡林翼，"弟部多用骁士，名为楚军"[1]书信一368。在给曾国藩的信中，左宗棠也说，"名曰楚军，所纠集不仅一郡一县之人"[1]书信一369。而且，在左宗棠看来，完全由一个县的人组成一军，由于多有亲戚关系，稍有牺牲，就会因牵扯的人过多，进而影响一军的士气，反而不好，"且一处有挫，士气均衰，非计也"[1]书信一368。

其次和湘军多是秀才、举人出任营官不同，楚军的营官多为"武人"。左宗棠说，"营官多用武人，已不尽朴实之选，止取其能拼命打硬仗耳"[1]书信一369。

再者，每营兵员的规模，楚军每营共500人，比湘军每营505人略少。左宗棠设立了湘军没有的总哨，并且专为王鑫旧部设立了四旗，由王鑫的弟弟王开琳统领。楚军设四营官，每营500人；又设四总哨，每哨320人；此外，"收璞山旧部四旗一千四百，别精选勇士为八队亲兵，共二百人，以奋勇著名者为其队长，每队二十五人，供临阵冲堵之用"[1]书信一368。

和湘军相比，楚军还有两个比较鲜明的特点：一是统领多兼任营官。这点，左宗棠曾在同治八年对部下说，"本军统领多兼营官之任，

---

① 当时清廷的绿营部队，每月薪水只有1两，出征作战时为1.5两。

即本爵大臣与抚部院所带亲军，亦未尝另设营官，不但可省经费以充公用，且将士随身日久，情意孚洽，一旦亲临行阵，便于指挥，不虞隔膜也"[3]札件173。二是注重营务处，认为"军中以营务处之权为重"[3]札件429。

左宗棠带往江西的楚军兵力究竟有多少？根据左宗棠给时任湖南巡抚骆秉章的札件可知，共有"亲兵左、右翼，前、左、中、右、后及老湘十一营，共勇五千八百零四名。各营坐粮……定于本月二十四日起支，按照楚军营制，综计银数每月需银二万六千二百零一两五钱七分七厘六毫，行粮每月需银三万三千九百九十两零五钱四分五厘六毫"[3]札件497。

楚军官兵总共 5804 人。每月军饷，平时训练时，约需银 2.6 万两；行军打仗时津贴稍高，约需银 3.4 万两。这和左宗棠在给曾国藩的书信中所说大体一致，"合之老湘及长沙先募各营共五千七八百人。……召募经费及一月坐粮，一月行粮，约需六七万金"[3]书信一374。成军之初的练兵费一万两，加上各一个月的行粮、坐粮共 6 万多两由湖南方面提供，之后再准备到江西劝捐。

3 曾左最后一次见面

八月二十六日（10 月 10 日），左宗棠率军到达南昌。然后经安仁（今江西余江）北上。九月十六日（10 月 29 日）至乐平，九月二十日（11 月 2 日）进抵赣东北重镇景德镇。

就在左宗棠行军过程中，太平军发动了猛烈进攻。八月十二日（9 月 26 日），李世贤、杨辅清部攻克宁国府城，击毙守城的已革湖南提督周天受，江南大营的溃军两万余人被全歼。接着又连克徽州、休宁、绩溪，威胁曾国藩的祁门大营。曾国藩飞调鲍超、张运兰两军回援。九月二十九日（11 月 11 日），鲍、张两军攻休宁获胜，太平军大半由严州进入浙江，皖南局势暂时缓和。与此同时，广东会党起义军却由韶州北入江西，南昌、安仁陆续告警。

曾国藩本来想让左宗棠军进驻江苏、安徽、浙江交界处的广德，以保浙江而规江苏。如今，由于江西吃紧，曾国藩按照"安庆决计不撤围，江西决计宜保守"[2]家书一523的既定方针，让左宗棠驻扎景德镇一带，相机进取，以保护自己饷道和后方安全，兼防太平军由皖南进入江西。

十月十七日（11月29日），广东会党军进攻贵溪、安仁，左宗棠派王开琳率老湘营4旗迎击，会党军败走。左宗棠部乘胜追击，接连收复德兴、婺源两城。这是楚军出师以来的初次战斗，旗开得胜。左宗棠在家书中写道："共毙贼五六千，解散数千，拔出男妇数百，而我军仅一弁带伤后物故，又两勇阵亡而已。此次新军甫试战事，而十日之间连获三捷，克两城，未亡一卒，则训练之效也。"[1]家书诗文16 10天之内，连获三捷，克复两城，毙贼数千人，而己方并未阵亡一卒，可谓战果辉煌。

十月二十七日（12月9日），左宗棠到达祁门，在祁门住了7天，与曾国藩共商军事。此期间，曾国藩给胡林翼的信中，评价左宗棠"精悍之色更露，议论更平实，脑皮亦更黑"[2]书信三40。而同期的《曾国藩日记》所载，两人仍是"久谈、邑谈"[2]日记二96—97。脑皮黑，看来是练兵俩月晒的。

无论是曾国藩还是左宗棠，此时自然不会想到，这是他们人生中的最后一次见面。4年之后，二人即割袍断义、不通音问！

这年十一月二十八日（1861年1月8日），曾国藩上奏朝廷，汇报左宗棠一军4个多月以来的战绩：赢贵溪大捷，克德兴、婺源、浮梁三城，"计十日之内转战三百余里，连克三城。……左宗棠初立新军，骤当大敌，昼而跃马入阵，暮而治事达旦，实属勤劳异常"[2]奏稿二630。从中我们得知，左宗棠不仅坐镇指挥，还亲冒锋镝矢石、入阵作战；曾国藩对左宗棠治军的描绘，颇为形象生动，可见其用心。

这年十二月十七日（1861年1月27日），清廷下旨：左宗棠以三品京堂候补[5]卷三三八。官升一级。

4　打了个大胜仗

当左宗棠连获三捷时，驻节祁门的曾国藩，其实正陷入危机之中。

咸丰十年八月二十五日（1860年10月9日），李元度所率的平江勇战败，徽州失守。位于徽州西部的曾国藩所在的祁门，因此门户大开。皖南太平军分三路包围祁门：一路出祁门之西，至景德镇；一路出祁门之东，陷婺源县复南窜玉山；一路由祁门之北，越岭南犯，直趋曾国藩大营。如此一来，驻扎在祁门南部景德镇的左宗棠军，就成了曾国藩后路的唯一屏障，"独恃景镇为后援"[6]74。正是为了进一步巩固后防，在左宗棠收复婺源、浮梁之后，曾国藩派鲍超一军前来支援，共同迎击虽退守但还活跃在鄱阳、建德一带的堵王黄文金部。

祁门地处安徽南端一隅，咸丰十年五月，曾国藩从宿松进驻于此。时为曾国藩幕僚的李鸿章，当时就极力反对，认为祁门为军事绝地，"不如及早移军，庶几进退裕如"。但曾国藩株守祁门，主要是想摆出一种姿态，向外界宣示自己正准备督军进兵苏常。因此，无论李鸿章及其他湘军将领如何劝谏，曾国藩坚守祁门，不为所动，"诸将皆谏弗听"。[7]39—40

左宗棠也认为曾国藩驻扎祁门不妥。咸丰十年九、十月间，在给儿子孝威的家书中，他就说祁门崎岖险阻，地逼势孤，"亦殊可危""未为得地"。[3]家书诗文13,14

果然，进入咸丰十一年（1861），祁门成为湘军和太平军争夺的重点。正月初六日（2月15日），太平军黄文金部分两路从北面进攻祁门。此时，曾国藩在祁门的兵力，仅剩下亲兵营。消息传来，"人心震恐，居民惊走""午刻闻贼踪甚近，满城惊慌逃奔……是日天色愁惨，人民惊慌，忧心如焚"。[2]日记二122 幸好，提督江长贵在大洪岭，湘军将领唐义训、朱品隆在历口（今祁门历口镇）击退太平军的进攻，将太平军逼出大洪岭外。

初九日，黄文金部主力分三路自谢家滩渡河，以图再次进攻祁门，但遭到左宗棠部的阻击。与此同时，鲍超部按照左宗棠先前的部署渡河出击，大败太平军，并于正月二十六日（3月7日）乘胜占领建德，将祁门西路的太平军全部驱逐出江西。

左宗棠和鲍超的胜利对于曾国藩来说至为重要。曾国藩在正月二十四日的《官军扼守景德镇会剿洋塘大捷折》中说,"逆首黄文金为著名枭悍之贼,自去年十一月扑陷建德,蔓延鄱阳、浮梁等县。其时臣在祁门,三面皆贼,仅留景德镇一线之路以通接济。该逆尽锐攻扑,欲得甘心。赖左宗棠之谋、鲍超之勇,以守则固,以战得胜,用能大挫凶锋,化险为夷,洵足以寒贼胆而快人心"[2]奏稿三4。

建德之战刚刚结束,乐平保卫战又来。当黄文金在西路败退之际,东路李秀成大军由广信入攻抚州、建昌,深入江西腹地;李世贤部则于二月初二日(3月12日)从皖南休宁退出,占领婺源,派兵出清华街,准备进入江西。

由于太平军已经进占清华街,于是左宗棠派王开琳、罗近秋率部赴清华街迎击,而自统大军趋婺源。途中得知李世贤部已由中云(今江西中云镇)入乐平,急引军还。二月十二日(3月22日)回到景德镇。而就在这一天,王开琳、罗近秋在清华街中埋伏败归。

这是左宗棠军成师以来的第一次失利。不过,看来此事对左宗棠尚未造成很大的影响。他在家书中说"惟老湘各营甲路之役稍有挫折,然全师还镇(杀贼四五千),亡伤不及百名,于大局无伤也"[1]家书诗文21—22。此番小失利后,由于左宗棠准备出攻鄱阳,曾国藩便派陈大富率5000兵马前来接防景德镇。二月三十日(4月9日),李世贤大军由乐平奇袭景德镇,城破,陈大富投水死。李世贤留李尚扬驻守景德镇,自引军攻祁门。

左宗棠得知景德镇失守,急忙于三月初一日(4月10日)退守乐平。初五日(14日),李尚扬进攻乐平,被左宗棠击败。十二日(21日),李世贤率领大军号称十余万,自祁门大举南下围攻乐平。左宗棠据城坚守,并于十四日(23日)趁风狂雨急之际出击。李世贤军仓皇迎敌,大败狂奔,人马自相践踏,被击杀和溺死、踏亡者达5000人,李世贤易服潜遁。左宗棠率军追击,由德兴直入广信,将李世贤部队赶出江西、赶往浙江。

乐平保卫战的胜利,稳定了赣东北的局势,巩固了曾国藩祁门大营的后路,使曾国藩得以拔营移驻东流,增援安庆。三月二十四日(5月3日),曾国藩在家书中高兴地写道:"二十二三得确信,知左季翁军于初六、初十、十四日三次大获胜仗，杀贼极多。伪侍王在乐平，于十五日败溃鼠窜而去。景德镇之贼于十八九退净。所有鄱阳、浮梁，凡祁门之后路一律肃清。余方欣欣有喜色，以为可安枕而卧。"[2]家书—603—604 除此之外，在给好友李续宜、江西巡抚毓科、广西巡抚刘荫渠以及刘蓉、李鸿章等的信件中，曾国藩不厌其烦地通报左宗棠乐平大捷之胜利，盛赞左宗棠此胜利使得"侍逆远遁""饶、景、浮、乐一律肃清"，皖南军务渐有起色，自己也可以安心移驻东流，可谓大快人心。[2]书信三319

四月初二日（5月11日），曾国藩上奏清廷，请将左宗棠改为帮办军务：

（左宗棠）上年奉旨襄办臣处军务，募勇五千余人，驰赴江、皖之交。方虑其新军难收速效，乃去冬堵剿黄文金大股，今春击退李世贤大股。以数千新集之众，破十倍凶悍之贼，因地利以审敌情，蓄机势以作士气，实属深明将略，度越时贤。可否吁恳天恩，将左宗棠襄办军务改为帮办军务，俾事权渐属，储为大用之处，出自圣主鸿裁。[2]奏稿三47

清廷接受了曾国藩的建议，于四月十七日（5月26日）发布谕旨，"命候补三品京堂左宗棠帮办两江总督曾国藩军务"[5]卷三四九。同时，赏左宗棠白玉扳指、翎管、火镰、小刀、荷包。五月，又授左宗棠太常寺卿。[6]78

5　胡林翼病逝

对于咸丰帝来说，咸丰十年（1860）可谓多灾多难。借口"亚罗号事件"，这年春天，英军18000多人、法军7000多人陆续开往中国，之后陷舟山、占烟台，进攻天津大沽，威胁京师。九月，僧格林沁军被英法联军败于通州，京师大震。咸丰帝仓皇逃往热河承德避暑山庄，令恭亲王奕䜣留守京师。

逃往承德的咸丰帝，既要面对英法联军攻进北京、火烧圆明园的噩耗，又要直面东南半壁为太平军所占据、湘军能否取胜尚难预计的苦恼。连串的打击，使得他更加沉湎于琼酒美色、笙歌戏台之中。即使在与英法联军签订和约之后，他不仅找各种借口推迟返回京城，还将大内升平署调往承德，几乎日日看戏甚至有时一日两三场，以麻醉自己的神经。如此一来，身体很快垮掉，于咸丰十一年七月十七日（1861年8月22日）病逝于避暑山庄烟波致爽斋，年仅31岁。

咸丰帝驾崩前夕的七月十五日，左宗棠刚刚收到因乐平大捷而升为正三品太常寺卿的谕旨。八月下旬接到咸丰帝驾崩的谕旨后，他在家书中有这样一段话，"七月十七日大事，薄海凄然。我以一书生身受特达之知，竟未能少立战绩以慰宸念，悲愤何言！"[1]家书诗文38

但其实，对于他这样一位新任三品官而言，皇帝驾崩相关的大事，是没有多少发言权的。根据清宫档案，在此事上，左宗棠的名字只有一次出现在各地大员奏请新帝节哀顺变的折子中。

更让左宗棠焦心的，是好友胡林翼的病情。

咸丰十年年底，当左宗棠在江西一带与太平军鏖战时，胡林翼的病势已然不轻。

胡林翼的身体一直不是特别好。咸丰七年，在左宗棠给胡林翼的信中就有胡林翼得了痢疾的记载；咸丰九年，在给胡林翼的信中，左宗棠还说，胡林翼的病可能是中暑所致。[1]书信一198,329

但其实，胡林翼更严重的病情是咯血病（也就是今天所说的肺病）。咸丰十一年，胡林翼对李续宜说，自己这个病是积劳而成，就是所谓的痨病，"贱恙是伤劳，即俗所谓痨病名也。有事则病，无事则安；心忧则病，心悦则安，大约是做不得官的病"[4]卷二907。而且，在咸丰十年时，胡林翼就感觉自己的病已难以治愈。他跟郭嵩焘说，"林翼之病已成痹症，恐不可愈"[4]卷二580。

为了帮助胡林翼治病，曾国藩派自己幕僚中精通医术的陈作梅前去太湖为胡林翼诊治。咸丰十一年二月十七日（1861年3月27日），胡林翼告诉曾国藩，桐城的王医生和陈作梅诊断的结果，都说"心肺模糊"。在胡林翼看来，这是最重之症。他在信中对曾国藩说，只想在军中了此一生，别无他念。[4]卷二829 10天之后的二月二十七日，胡林翼的病情更为严重——咳嗽、吐血，及至病危。他告诉官文，二月二十六日以来，除了感觉五脏炙热如火之外，还一咳嗽就吐浓紫色的血。在信中，胡林翼还说，自己的身体一天不如一天，只能来生再报答官文对自己的恩情了，"今则病势危笃，一日不如一日，来亦无及矣。辱承深爱独厚，且感结来生而已"[4]卷二835。这样的话语，已经有了交代后事的意味。

咸丰十一年初，太平军为解安庆之围，发起了第二次西征，准备沿长江南北两岸进军，合取湖北。正月底，陈玉成率5万大军自桐城出发，连克英山、蕲水、黄州，又分兵攻麻城、黄安、孝感、黄陂等地，逼近武汉。此时正驻扎太湖的胡林翼闻讯大惊，骂自己是"笨人下棋，死不顾家"[4]卷二823，急调李续宜、彭玉麟水陆两军回师武汉。当时湖北兵力空虚，只有湖广总督官文率战斗力极差的两三千防兵驻守武昌。听闻太平军来攻，整个武汉三镇官员、富户逃徙一空，散兵游勇乘机抢掠。根据彭玉麟向曾国藩的报告，负责总办胡林翼军后路粮台兼办营务的阎敬铭（字丹初），"呼唤不灵，愤极自尽，几断气，为朋友所觉救下，两时始醒，可悲可叹。咏公夫人执不肯出署，言必须兵临城下，再定行止。诸当事力劝两日，见满城已无人，始行听劝，携幼子下河"[8]。陈玉成太平军本有很好的机会再次攻占武汉，但一方面，当时英国海军中将何伯正沿江察看《天津条约》和《北京条约》中所规定的对外开放之湖北商埠，行至武汉，闻太平军攻占黄州，急派参赞巴夏礼赶到黄州会见陈玉成，英方以维护英国商业利益为借口，反对太平军进取武汉；另一方面，没能得到李秀成部的及时配合——李秀成部进入湖北较晚，前锋曾进逼武昌，但很快退兵。如此一来，陈玉成被迫放弃进攻武汉，逐步回兵集贤关，救援安庆。

当陈玉成进兵湖北时，胡林翼驻扎在英山、太湖前线，为正包围安庆的曾国荃提供了强有力的支持。他指挥的部队接连在安庆外围大败前来救援安庆的陈玉成部。战事危急时，胡林翼亲率500士兵登城固守。连续的劳累，让他接连吐血十多天，病情进一步恶化。[9]300 也就是在此期间，陈玉成犯了兵法大忌，只留刘仓琳的4000精兵于集贤关外赤岗岭，自己回师救援桐城。结果，在桐城受阻，未能及时返回集贤关，最终导致刘仓琳一军于五月初二日（6月9日）为湘军鲍超、成大吉部所败，全军覆没。

当陈玉成部在安庆外围苦战之时，五月，李秀成率兵从江西突入湖北，八日攻占武昌县，与先前陈玉成留守黄州的赖文光部隔江相望。此时李续宜虽已回到湖北，但兵力单薄，既不能兼顾南北两岸，也难保武昌省城无恙。鉴于武昌岌岌可危，加上安庆军情已经好转，胡林翼率军回救武昌。此时的胡林翼，每日咯血已达二百余口之多。五月十五日至十八日（6月22日至25日），在返武昌路上，他和曾国藩在香口镇会商三日，商定以鲍超一军回援湖北。这是两个人的最后一次相见。之后，胡林翼继续返鄂，并于六月初三日（7月10日）抵武昌。

而李秀成获悉李世贤部在乐平为左宗棠所败和鲍超率军回援湖北后，便于五月底迅速自湖北撤退，移兵进攻杭州。这样，太平军解安庆之围的最后一个机会也就随之丧失了。

胡林翼见状，抵武昌后便趁机请假两个月，准备好好调理一番。无奈已是沉疴难起，只好于七月二十七日（9月1日）上疏奏请开缺、回籍调理，同时密荐李续宜接替湖北巡抚之职。得知八月初一日（9月5日）克复安庆的消息后，胡林翼病情本有好转。但很快，咸丰皇帝驾崩的噩耗传来，他不禁悲痛万分，病势由此加重，于八月二十六日亥时（9月30日21时至23时）去世，年仅50岁。临死前一天，他还给杨载福、彭玉麟写信，布置皖南一带防守事宜。

胡林翼的病情一直牵动着左宗棠的心，三月二十日（4月29日）给儿子孝威的家书中，左宗棠就说胡林翼的病情已是"殊为可危"[1]家书诗文24。六月初三日，在给曾国藩的信中，左宗棠提到兵力不足、饷银不继和胡林翼病重为最令人担心的三件事情，同时又说："三可虑仍以润病为最。"[1]书信一413

军情紧急，正在江西前线指挥作战的左宗棠未能和胡林翼见上最后一面。细算起来，自咸丰十年四月在曾国藩宿松大营分别之后，两人已有一年多未曾谋面。这年七月，有人送了两枝上好肉桂给左宗棠。肉桂具有"补元阳，暖脾胃，除积冷，通血脉"之功效，尽管知道自己妻子脚气未愈需要多服滋补品，但为了帮助胡林翼治病，左宗棠还是专门留了一枝给胡林翼。八月初四日（9月8日），他特意派专人赶了7天的路到武昌,将肉桂送给胡林翼。使者回来之后,左宗棠详细地询问了胡林翼的饮食起居情况。根据《祭胡文忠公文》中的记述,由于血气两亏,胡林翼已是骨瘦如柴。见到来使,正躺在床上休养的他支开家中的女眷和小孩——这表明胡林翼已决心如实交代自己的病情,向左宗棠作临终托付。之所以让家人出去,是怕她们听后难过。在说话的过程中,胡林翼不停地咳嗽;当来使转达左宗棠的问候时,胡林翼笑了,只是由于身体无力,嘴巴都张不开,笑仅见齿。

九月十二日(10月15日),胡林翼的讣闻传至大营,左宗棠不禁悲痛万分。在给曾国藩的信中,哀痛不已的左宗棠,对自己当年经常同胡林翼辩争表示悔恨,"咏公逝去,人之云亡,悲恸何既!……回思平生辩驳之谈,深自悔恨"[1]书信一420。在挽联中,左宗棠写道:

论才则弟胜兄,论德则兄胜弟,此语吾敢当哉?召我我不至,哭公公不闻,生死暌违一知己;

世治正神为人,世乱正人为神,斯言君自道耳!功昭昭在民,心耿耿在国,古人期许此纯臣。[1]附册305

挽联上联,主要记述自己和胡林翼的情谊,为未能与胡林翼见上最后一面而悔恨,左宗棠与胡林翼兄弟相称,故将胡林翼称为自己一生的"知己";下联则盛赞胡林翼"功在民""心在国",褒扬胡林翼为国为民所立的功劳,将胡林翼比作"纯臣"。

除此之外,左宗棠还撰写了情深意重的《祭胡文忠公文》。这篇祭文,被曾国藩评为"愈读愈妙。哀婉之情,雄深之气,而达之以诙诡之趣,几欲与韩昌黎、曾文节①鼎足而三"[2]书信三560。

在祭文中,左宗棠极为悲伤地写道:"自公云亡,无与为善,孰拯我穷,孰救我褊?我忧何诉,我喜何告?我苦何怜,我死何吊?"[1]家书诗文341——从今以后,谁来为我排忧解难、谁来襄助我性格中偏激之处?从今以后,我的忧愁向谁倾诉,我的欣喜向谁表达,我的苦楚谁来可怜,我死之后谁来凭吊?声声追问,让人肠断。

---

① 曾文节,则是曾国藩的自封。一个月后,新任湖北巡抚李续宜寄来疏稿、告示请曾国藩点评。曾国藩的评语也是"可与曾文节并驾齐驱"。

《三国演义》中描写周瑜死后，诸葛亮在柴桑口吊孝时曾伤心地哭道："从此天下，更无知音"。对于左宗棠来说，胡林翼死后，何尝不是"从此天下，更无知音"！

胡林翼死后三年——同治三年，左宗棠即与曾国藩断交。如果胡林翼健在，有他在曾、左二人之间弥缝，曾国藩和左宗棠或许不至于走到如此令人惋惜的境地。

胡林翼生前，曾多次表示有意在瑶华山建箴言书院。书院就在胡林翼父亲胡达源祠堂旁边，因藏胡达源为儿孙们所写的《弟子箴言》而命名为"箴言书院"。

咸丰十年闰三月左宗棠在英山期间，胡林翼曾请其写《箴言书院碑铭并序》。在碑铭及序中，左宗棠盛赞胡林翼的父亲"积学累善"之功以及胡林翼不忘父志的孝行。左宗棠所写碑铭，被胡林翼称为"一时之盛"，曾国藩也赞左宗棠碑铭书法"简重浑括"[2]书信二508。

曾国藩呢，胡林翼生前，他曾于咸丰十一年六月二十六日（1861年8月2日）应邀作了《箴言书院记》以记其盛。胡林翼去世后，这年十月初七日（11月9日），曾国藩写信给湖北巡抚李续宜，询问书院和胡林翼后人的情况，询问胡林翼生前预留的银钱用来建书院还差多少。同时，曾国藩提出，胡家所收的胡林翼奠银中，应当先拿出来盖书院；其次再考虑救济胡氏宗族以及补贴胡林翼夫人、孩子家用；不够的，可由他和李续宜、左宗棠、彭玉麟等人捐助。最终在众人的帮助下，箴言书院在同治三年建成，同治四年开始招生。这可谓完成了胡林翼的遗志。今天，箴言书院已演变为湖南益阳县一中，又名益阳市箴言中学。

胡林翼正室为陶澍庶女陶静娟，这是胡林翼8岁时，陶澍订的娃娃亲。胡林翼19岁时迎娶时年16岁的陶氏。陶氏过门后仅育一女。胡林翼为独子，为了延续子嗣，又先后纳了两妾，但始终未能诞子。咸丰七年正月，年已46岁的胡林翼过继堂弟胡棻翼年方两岁的长子子勋为儿子。胡林翼去世后，咸丰十一年十月十四日（1861年11月16日），曾国藩上了《沥陈胡林翼忠勤勋绩折》，详细叙述胡林翼之功劳。十一月十四日（12月15日），清廷下旨将胡林翼事迹宣付史馆立传，胡林翼之子胡子勋赏给举人，准其一体会试。胡子勋此时还不到7岁，朝廷赏给举人，意味着他不必参加层层选拔的院试、府试、乡试等等，长大之后就可以直接参加录取进士的会试，且已有做官资格，可谓优待。

胡林翼死后，左宗棠十分注意维护其声誉。同治十一年（1872），距胡林翼去世已有10年。这年十一月二十二日（12月22日），在给儿子们的家书中，左宗棠非常不满王闿运新作《篁村传》把胡林翼写得过于平庸，认为与史实明显不符，"未睹大局，将胡文忠（林翼）说得极庸，李忠武（续宾）说得太愎，颇于理欠安"[1]家书诗文155。

同治十三年，在与前来主持陕甘乡试的吴大澂通信时，左宗棠还谈到箴言书院以及自己与胡林翼的总角之交，赞扬胡林翼父亲乐善好施、品行端正。

当然，左宗棠的回忆中，也有对胡林翼的批评。比如同治十一年在给夏献云（字芝岑）的信中，他就批评胡林翼当年在贵州为官时以盗攻盗的政策，认为那种政策只见效一时，没有根本解决问题，使得贵州至今还盗匪盛行。

不为尊者讳，不为死者讳，该表扬的表扬，该批评的批评，不为别的，只为实事求是。在朋友生前或死后，对其所持的态度始终如一。这，应该算是纪念朋友的一种最高境界吧。

6 杭州已被太平军攻克

话题再回到浙江形势。咸丰十年三月之时，为破江南大营，太平军李秀成曾率部攻打杭州。当时朝廷让江南大营的最高统帅和春饬令总兵张玉良前往救援，未能成功，导致浙江巡抚罗遵殿殉难。之后，太平军主动撤军，杭州将军瑞昌带兵入浙，王有龄出任浙江巡抚。咸丰十年闰三月，王有龄奏调李元度带8000平江勇来浙江[10]档号：03-4223-138，但李元度徘徊江西省城，迟迟未到浙江。

咸丰十一年四月，太平军李世贤部由江西广信东入浙江，并于四月十八、二十、二十一（5月27、29、30）三日内连下龙游、汤溪及金华府县三城，宁波、绍兴告急。浙江巡抚王有龄第一次奏调左宗棠

"统师援浙"。五月十八日（6月25日），清廷发布谕旨，要左宗棠"统带所部，克日启程，应援浙江"[5]卷三五二。

此时的左宗棠，在忙什么呢？乐平大捷之后，左宗棠乘胜占领建德。鉴于婺源处皖、浙、赣三省要冲，曾国藩咨商左宗棠分军移驻婺源，会同驻扎黟县、徽州的张运兰部夹击由福建汀州北上的太平军赖裕新部，拱卫徽州、婺源、饶州、景德镇等地，"谋所以保守徽州兼保婺源、饶、景之策"[2]奏稿三168。六月初一、二日（7月8日、9日），左宗棠命王开琳老湘营2500人及守备方雪昌新募的500人留守景德镇，而亲率4000人移驻婺源。

左宗棠这7000人马，既要防守景德镇、婺源，还兼具看护湘军粮道、保障张运兰一军安全的重任，纵横策应700余里，因此曾国藩不同意让其赴浙。六月初八日（7月15日），曾国藩奏覆朝廷，指出若无左宗棠一军作为机动部队，"则张运兰等孤悬岭内，粮路仍有必断之日，徽郡终无能守之理"[2]奏稿三168—169。因此，"以目下形势而论，左宗棠实不能分身赴浙"[2]奏稿三168。在他看来，只有等湖北、江西局势平稳，或者攻克安庆后，才可能考虑派左宗棠援浙。咸丰帝无奈，只好同意曾国藩之请。

自此，左宗棠驻军婺源，历时近3月之久。时值酷暑炎热，部队疾疫繁兴，苦不堪言："军中士卒、长夫患疟、痢者几于过半，物故者亦多。"[1]家书诗文38于是，左宗棠一面休整队伍、增补营员，一面筹备战守。太平军方面，在此期间，李秀成部曾由抚州攻扑广信府（今江西上饶）及玉山、广丰县城，经鲍超、左宗棠军迎击后，于八月二十一日（9月25日）分两路撤入浙江境内：一路由玉山占领常山，一路出广丰入江山。左宗棠则于八月廿八日（10月2日）进驻广信，策应各方。此后，江西、皖南转趋平静，战事主要在两个方面进行：在北面，主要集中在天京外围，包括太平天国的苏福省；在南面，则逐步转入浙江境内。

八月二十二日（9月26日），浙江巡抚王有龄第二次上折，请求朝廷饬派左宗棠督师到浙江援剿。王有龄再次上折的原因有三：一是浙省三次震动，湖州吃紧，安吉、孝丰等县岌岌可危；二是原来派去支援浙江的张玉良"屡经挫败、锐气全无",杭州将军瑞昌"久患暑疟,调理需时";三是此前瑞昌"奏请留张芾帮办军务,昨张芾已奏明不能赴援"。如此一来,"浙省并无统兵得力大员"。[11]

清廷九月十四日(10月17日)下旨,要曾国藩通盘考虑,"如徽宁一带无须此军,即令左宗棠统率所部,迅由广德前往,督军进剿"[11]。

但曾国藩似乎没有收到此旨,至少在《曾国藩全集》里没有找到其对此谕旨的奏覆。当时,由于捻军正活跃在河南一带,朝廷和东南各省之间的联络通信不太顺畅,奏章、谕旨时常迟误,比如八月二十五日(9月29日)朝廷赏曾国藩太子少保的谕旨,曾国藩竟然在十月二十六日(11月28日)才收到。从北京到曾国藩驻地安庆,足足走了两个月![2]奏稿三243

因此,曾国藩没有奏覆此旨,或许是因为路上耽搁的时间太长,等收到时,左宗棠事实上已往浙江,因此也就无须再奏覆了。但无论如何,这表明清廷第二次想派左宗棠援浙的计划落空了。

八月二十三日(9月27日),杭州将军瑞昌、浙江巡抚王有龄从杭州发来"六百里加紧"奏折,第三次请求朝廷饬令左宗棠督办浙江军务,并让江西等省筹饷接济左宗棠军。九月十七日(10月20日),瑞昌、王有龄又上折,告知朝廷浙江严州、浦江等地已被太平军攻占。

就在瑞昌、王有龄一而再地奏请左宗棠援浙未果的同时,几位浙江籍朝臣的努力却让此事峰回路转。

十月十五日(11月17日),侍讲学士、浙江海盐人颜宗仪上《请饬各路统帅迅图进剿江浙抚臣能否胜任由》和《请饬曾国藩酌保堪胜封疆统帅大员由》两折。第一道奏折指出,东南军务紧要,请严饬督兵大员速图进剿,并请曾国藩密查江苏巡抚薛焕、浙江巡抚王有龄能否胜任。第二道奏折的内容,则和第一道紧密相连,认为东南军务,需才孔亟,请朝廷饬曾国藩酌量保奏堪任江苏、浙江巡抚人选,以接替薛焕、王有龄。[12]档号:03-0206-2-1011-275

十月十六日(11月18日),给事中、浙江萧山人高延祜上了

《浙省军务不振请另简贤员督办由》一折[12]档号:03-0206-2-1011-276，批评"上年瑞昌、王有龄督办军务以来，将及二载，府县纷纷失守，处处戒严。该将军等一筹莫展，几有坐以待毙之势"，同时批评浙省统兵大将张玉良"拥兵观望、恣情抢掠"。在此奏折最后，高延祜认为"当今将才都在楚营，诚得如左宗棠者统率一军来浙，畀以封疆重权，与两江督臣声气相通，谋定而战，互相援应，庶几浙省可保、郡县可复"[2]奏稿三250。在让左宗棠办理浙江军务的同时，高延祜提出任命左宗棠为浙江巡抚。这是在朝臣中，第一个提出授予左宗棠浙江巡抚之职者。

十月十七日（11月19日），给事中林之望上了《请派曾国藩经略江皖两湖军务由》一折，提出赋予曾国藩统辖江苏安徽江西三省并浙江军务、节制四省巡抚和提镇之权。

清廷将高延祜奏折转给曾国藩的同时，接受颜宗仪的建议，于十月十六日密谕曾国藩查访薛焕、王有龄名声、能力。[12]档号:03-0206-2-1011-277第二天，又收到了瑞昌、王有龄在八月二十三日和九月十七日的两次奏折。军情紧急，清廷于十月十八日连下三道谕旨，让曾国藩统辖江苏安徽江西三省并浙江军务的同时，派左宗棠赴浙督办军务，并赋予左宗棠调遣浙省提镇之权。[12]档号:03-0206-2-1011-278

至此，左宗棠援浙成为定局。

其实，在此之前，关于左宗棠一军的使用，曾国藩有过众多的想法。

先是想带左宗棠北上勤王，咸丰十年九月左宗棠刚到江西不久，正值第二次鸦片战争时期，英法联军进攻天津，清廷要求曾国藩北上勤王。当时，曾国藩有带左宗棠军北上的念头。他对左宗棠说，"所以必邀阁下同行者，弟于兵事本无所解，又近来心血日亏，思不能入，此等大举，尤不可无贤智者与共艰危"[2]书信二765。

不过很快，清政府和英法签订和约，曾国藩无须北上。左宗棠一军，则改留江西。但内心上，直到这年十月，曾国藩更希望左宗棠进兵江苏。

曾国藩之所以念念不忘江苏，是因为其身为两江总督，此时却只能驻扎安徽，对于太平军占据的江苏，未能派出一兵一卒。为此，心中自是十分不快。这点，在给弟弟们的信中，曾国藩说得更为清楚，"盖兄为江督，又握江南钦篆，不能绕道以履苏境，久已为苏所唾骂"[2]家书一634。可知，因为迟迟不能救援江苏，当地绅民对曾国藩颇有怨言。

咸丰十一年五月，由于鲍超的追剿，进攻湖北的太平军全部回撤、进攻江西。六月十三日（7月20日），李秀成攻打南昌。省城危急，江西方面几次想请调左宗棠前去救援。但曾国藩觉得左宗棠部春夏间太过辛苦，加上左军正在对付从福建汀州图犯徽州的太平军，没有同意，改调鲍超部前去救援。与此同时，他对左宗棠表达了希望左军能进兵江苏之意，如此自己也稍有颜面去面对苏省绅民，"若义旗能先指苏境，则弟稍可对吴人，而公亦不辜海内之望"[2]书信461。当时，还有很多人主张调驻扎广信的左宗棠回援徽州。但曾国藩认为景德镇、婺源不可撤防，且想让左宗棠部入江苏，"且妄思阁下伺隙入吴"，因此都没有答应。[2]书信三485

前文说过，四、五月间浙江巡抚奏调左宗棠军时，曾国藩曾表示等攻克安庆后再考虑。八月初一日，湘军克复安庆；九月初二日（10月5日）江西全境肃清。再不援浙，似乎已无借口。此时，鲍超和左宗棠都驻扎江西，派谁去救援浙江呢？

最终，曾国藩舍弃鲍超而选择左宗棠。原因一是鲍超虽勇猛，但不懂谋略——他对左宗棠说，"鲍军能战而方略实非所长……一入浙境，面面皆贼，全无方略，四顾失措，不足救浙，适足害鲍也"[2]书信三537。二是鲍超军队纪律太差，"霆军之骚扰，弟久以为虑……该军之无方略不宜远征者，其患犹浅，惟无纪律，不宜腹地，其患至深"[2]书信三541。而鲍超自己也担心进入浙江后，失去曾国藩的支持，"银钱、子药、米粮均无人应付"，不愿前往。

左宗棠呢？可以说早就考虑救援浙江的问题。在曾国藩八月二十一日（9月25日）给左宗棠的一封信中，曾有"接中秋日复书，……'不援浙江，不能并力一向，终无了日'，亦至当之论"之语。[2]书信三506这表明，在八月十五日（9月19日）之前，左宗棠就主张救援浙江，否则湘军无法全力对付太平军。只是，当时曾国藩苦于兵力不足而将左宗棠留在江西为其镇守广信，以保障自己后路安全。

进入九月份，曾国藩逐渐改变态度，同意左宗棠救援浙江，但前提是要照顾江西、不能将太平军赶回江西。九月十九日（10月22日），他对左宗棠说，"若大力能毅然援浙，而又不至逼贼回窜江西，则请台旆竟为浙中之行"。[2]书信三537

几乎在十一月十五日收到清廷十月十八日三道谕旨的同时，十一月十六日（12月17日），曾国藩和江西巡抚毓科联名上奏清廷，已经决定派左宗棠援浙。在此折中，曾国藩夸赞左宗棠"平日用兵，取势甚远，审机甚微……毅然以援浙为己任"[2]奏稿三257的同时，奏请赋予左宗棠专折奏事之权，"左宗棠现驻广信，距臣国藩安庆行营相隔千余里，若一入浙境，相去弥远，声息难通。遇有转奏请旨之件，诚恐耽延贻误。以后该处一切军情，应由左宗棠自行奏报，以昭迅速"[2]奏稿三257。获得同意后，曾国藩又提出将江西饶州、广信，安徽徽州、广德各军归左宗棠节制，以加强左宗棠的兵力。

曾国藩对左宗棠的支持还不止于此。十一月二十五日（12月26日），他上折恳辞节制四省之权的同时，提出让左宗棠节制浙江主客各军，"以臣遥制浙军，尚隔越于千里之外，不若以左宗棠专办浙省，可取决于呼吸之间。左宗棠前在湖南抚臣骆秉章幕中赞助军谋，兼顾数省，其才实可独当一面。应请皇上明降谕旨，令左宗棠督办浙江全省军务，所有该省主客各军，均归节制。即无庸臣兼统浙省"[2]奏稿三346—347。在清廷尚未同意之前，曾国藩就明确告知左宗棠，进兵浙江，他决不遥制，"弟于他军尚不肯遥制，况阁下乎？"[2]书信三541

左宗棠军饷方面，曾国藩也是大力支持：他主动提出为左军补发欠饷，并将河口、景德镇、婺源厘金划归左宗棠征收，使得左宗棠军有了固定的军饷来源，"至其所部各营与信防各军，欠饷太多，难邀用命。臣等拟将信郡各属本年钱漕拨归经收，以清广、玉各军积欠。并将河口、景镇、婺源厘金拨归征收，以清左宗棠所部各营积欠"[2]奏稿三257。要知道，曾国藩亲自统率的兵马，在六月时就"水陆各军皆欠至六个月有奇"[2]书信三465。如此，更看出曾国藩的诚意。

正当左宗棠准备入浙救援之时，十一月二十九日（12月30日）夜接徽州防军驰报，太平军杨辅清部正由浙西遂安、开化回攻徽州。这是杨辅清为掩护李秀成、李世贤等部大军攻取杭州，牵制左宗棠等援浙之军而采取的军事行动。紧接着，左宗棠又接到金衢严道江永康禀报，杭州已于十一月二十八日（12月29日）被太平军攻克，杭州将军瑞昌、浙江巡抚王有龄殉职。徽州是左宗棠部入浙的后路，加上杭州已失，左宗棠决定暂缓入浙：一方面派军驰援徽州，一方面规划复浙全局。直到十二月二十九日（1862年1月28日），杨辅清率军撤回浙江，徽州、婺源才解除危机。

曾国藩支持左宗棠暂缓入浙的主张。十二月初二日（1862年1月1日），他对左宗棠说，此时入浙，"无益于浙而徒有损于江西，似又不如姑保江西完善之区"[2]书信三629。为了挽留左宗棠于江西，他甚至还很体贴地提出要上折奏请，以免左宗棠落下"避难就易"之名。

7 左宗棠临危出任浙江巡抚

前文说过，十月十五日、十六日，侍讲学士颜宗仪、给事中高延祜先后上折，在不约而同地奏参江苏巡抚薛焕、浙江巡抚王有龄的同时，请饬曾国藩酌保封疆大员。高延祜更是明确提出授予左宗棠浙江巡抚之职。

王有龄被参，主要是由于督办浙江军务两年以来，未有成效，被认为难以胜任浙江巡抚一职；而薛焕，情节更为严重——除难以胜任之外，国子监署司业马寿金还参薛焕迟迟不按旨押送前两江总督何桂清来京受审，并有娱情古玩、纵容下属金安清贪贿等情状。[12]档号:03-0206-2-1011-276

清廷接到这些奏折后，让曾国藩密查王有龄、薛焕、金安清三人的同时，也要求曾国藩"择其智勇兼全、堪胜封疆将帅之任者，酌保数员，听候简用"[2]奏稿三248。

十一月二十五日（12月26日），曾国藩上《查覆江浙抚臣及金安清参款折》，明确指出浙江巡抚王有龄、江苏巡抚薛焕等"似均不能胜此重任"[2]奏稿三352。根据十二月十二日（1862年1月11日）曾国藩给左宗棠的书信，在奏折附片中，他已密请朝廷任命左宗棠为浙江巡抚，"弟于二十五日复奏统辖浙江军务，已附片密请简阁下为浙江巡抚。无论是否俞允，目下经营浙事，全仗大力，责无旁贷"[2]书信三667。

虽然无论是《曾国藩全集》还是清宫档案中都已找不到曾国藩此奏保附片，但十二月十四日（1月13日），清廷确实发布谕旨，其中有："曾国藩遵旨查王有龄各款，持论平允。惟王有龄困于围城，左宗棠尚须赴援，一时骤难更换。应俟事定之后，权度时势，再降谕旨。"[2]奏稿三386

从中，虽看不到有关左宗棠出任浙江巡抚的内容，但字里行间，已有让左宗棠替换王有龄之意。只是由于军务未定，一时难以更换。

曾国藩《国史本传》中的相关记载也印证了这份谕旨，"上以浙江巡抚王有龄及江苏巡抚薛焕不能胜任，着曾国藩察看，具奏并迅速保举人员，候旨简放。国藩奏言，苏浙两省群贼纵横，安危利钝，系于巡抚一人。王有龄久受客兵挟制，难期振作，欲择接任之人，自以左宗棠最为相宜。惟此时杭州被困，必须王有龄坚守于内，左宗棠救援于外。俟事势稍定，乃可更动"[13]11。

曾国藩十一月二十五日的折片发出仅三天，二十八日杭州被太平军攻克，王有龄自缢身亡。十二月二十四日（1月23日），清廷发布上谕："浙江巡抚着左宗棠补授。"

在奏保左宗棠为浙江巡抚的同时，曾国藩奏请现任湖北巡抚李续宜改任安徽巡抚，奏保沈葆桢为江西巡抚、李鸿章署理江苏巡抚。这些，朝廷均一一照准。就任命时间而言，沈葆桢最早——为十二月十八日（1月17日），比左宗棠早6天；李鸿章最晚，同治元年三月二十七日（1862年4月25日）署理江苏巡抚。

从此，左宗棠步入了封疆大吏的行列。

考证：左宗棠当巡抚是连升三级吗？

左宗棠于咸丰十一年底被任命为浙江巡抚，对此很多人惊呼左宗棠是连升三级、平步青云。比如戊戌变法期间，翰林院侍读学士徐致靖在疏荐康有为时就曾引左宗棠作为例证，"宗棠以举人赏三品卿，督办军务"；曾任清史馆馆长的柯劭忞早年疏请慎用丞参时也说："宗棠以举人授四品京堂，当时比之夐求梦卜。"

正如胡思敬在《国闻备乘》"左文襄循资进用"条所评"二公（即徐致靖、柯劭忞）懵于掌故"[14]127，徐、柯二人所说，确非实情——左宗棠出任浙江巡抚，其实是积功、一步一步升上来的。

左宗棠为道光十二年举人。在当时，中举后即有功名，有做官的资格。咸丰三年正月（1853年2月），署湖广总督张亮基以左宗棠前一年"防守湖南功"入告清廷，得旨以知县用，并赏加同知衔。同年四月，湖南巡抚骆秉章上奏左宗棠"平征义堂功"。左宗棠获同知直隶州职衔。

咸丰五年九月初九日，曾国藩上《师久无功自请严处并兼保各员片》，为左宗棠等请功。为此，咸丰六年正月，咸丰帝下旨左宗棠以兵部郎中用，并赏戴花翎。

咸丰八年九月初三日，经骆秉章奏请，清廷赏左宗棠加四品卿衔。

樊燮控案尘埃落定后，咸丰十年四月二十日，咸丰帝发布谕旨，"左宗棠以四品京堂候补，随同襄办曾国藩军务"。

因收复德兴、婺源两城之功，咸丰十年十二月，左宗棠官升一级，以三品京堂候补。

咸丰十一年五月，诏授左宗棠为正三品的太常寺卿。同年十一月，命左宗棠督办浙江军务，浙省提镇以下统归调遣。十二月，清廷任命左宗棠为浙江巡抚。

清朝巡抚为从二品，加侍郎衔者为正二品。由上可知，从知县到巡抚，左宗棠用了8年，也是从七品官起步，一步一步升迁上来的。

咸丰十一年由正三品的太常寺卿转任从二品的浙江巡抚，可谓按部就班。

剔除李续宜由湖北巡抚转任安徽巡抚属平级调动不算，与左宗棠差不多同时升任巡抚的，还有沈葆桢、李鸿章。沈葆桢之前，只是按察使衔、吉南赣宁道，未经布政使等职位历练，直接出任巡抚，而且没有署理而是实授，实属超擢；李鸿章更是以四品的福建延建邵遗缺道员署理江苏巡抚！他们二人的升迁幅度，都大于左宗棠。当然，左宗棠由一个身陷纠纷的举人，不出两年而跻身督抚，传奇经历也不禁让人慨叹人生的曲直相间、崎坦并存。

【注释】

[1] 左宗棠. 左宗棠全集 [M]. 长沙：岳麓书社，2009.

[2] 曾国藩. 曾国藩全集 [M]. 长沙：岳麓书社，2011.

[3] 黎庶昌，王定安，等. 曾国藩年谱 [M]. 长沙：岳麓书社，1986.

[4] 胡林翼. 胡林翼集 [M]. 长沙：岳麓书社，1999.

[5] 中国第一历史档案馆. 大清文宗显皇帝实录 [A].

[6] 罗正钧. 左宗棠年谱 [M]. 长沙：岳麓书社，1983.

[7] 苑书义. 李鸿章传 [M]. 北京：人民文学出版社，2004.

[8] 彭玉麟. 彭玉麟集（二）[M]. 长沙：岳麓书社，2008：247.

[9] 梅英杰，等. 湘军人物年谱（一）[M]. 长沙：岳麓书社，1987.

[10] 中国第一历史档案馆. 军机处录副档 [A].

[11] 中国第一历史档案馆. 军机处上谕档 [A]. 咸丰十年九月十四日.

[12] 中国第一历史档案馆. 军机处随手登记档 [A].

[13] 曾国藩. 曾国藩全集：第一部 [M]. 长春：吉林人民出版社，1995.

[14] 秦翰才. 左宗棠逸事汇编 [M]. 长沙：岳麓书社，1986.

第八章　巡抚浙江

清廷发布左宗棠出任浙江巡抚谕旨时，左宗棠正在婺源督军与太平军作战。驱逐杨辅清部、扫清援浙的后顾之忧之后，左宗棠于同治元年正月十五日（1862年2月13日）率部由汪口翻大庸岭进入浙江境内。十七日（15日）前往开化张村途中，接奉补授浙江巡抚的谕旨。

"宠命骤颁"，左宗棠"感惭曷既"，表示"谨当惮诚尽瘁，奋励戎行"。[1]奏稿一16 二月初六日在给孝威的信中，左宗棠也谈到了自己受宠若惊的心情，"正月十七日接奉补授浙抚之旨，从此责任益重矣！朝廷方倚我与涤翁（曾国藩）、希庵（李续宜）办贼，有'夙负时望，卓著战功'之褒。然自忖才力渐钝，精神渐耗，恐不能仰副圣明之望"。[1]家书诗文46

此前，两任浙江巡抚罗遵殿、王有龄已于咸丰十年、十一年先后身亡，可以说浙江巡抚已成一个高危职位。此时，浙江几乎全省沦陷——清廷能有效管辖的只剩衢州、温州、湖州等有限几处。无地、无饷，举目皆敌，摆在新任浙江巡抚左宗棠面前的，可谓是艰难万状之局。

1　发现太平军的秘密

规复浙江，该从何入手呢？

在咸丰十一年接到让左宗棠督办浙江军务的谕旨后，曾国藩就提醒左宗棠将浙江进剿方略上报朝廷。

咸丰十一年十二月二十五日（1862年1月24日），左宗棠上了《遵旨督办浙江军务据探省城失守敬陈办理情形折》，指出目前浙江的金华、严州（今建德市）、处州（现丽水市）、绍兴、宁波、台州已相继失守，"由江西入浙之道，遍地贼氛"，进兵浙江，最主要的是稳住后路，保持饷道疏通，确保米粮军火接济无误，再图进取，"以江、浙现在局势言之，皖南守徽、池以攻宁郡、广德，浙江守衢州以规严州，闽军严遏其由浙窜闽以绕犯江西之路"[1]奏稿一3——也就是守住当时还在清廷手中的衢州，取道严州（辖浙江西部淳安、建德、桐庐一带），进而收复杭州的进兵路线。

接到补授浙江巡抚的谕旨后，左宗棠于同治元年二月二十日（1862年3月20日）又上了《复奏筹画进取情形折》，分析了从衢州、金华进兵之不可行，再次提出"取道严州"的进兵路线——"浙省列郡仅存衢州、温州，其湖州一府、海宁一州孤悬贼中，存亡莫卜。此时官军从衢州入手，则坚城林立，既阻其前，金、严踞贼，复挠其后，孤军深入，饷道中梗，断无自全之理。……金华介衢、严之中，城坚贼众。臣军若由金华进攻，则严州之贼必由淳、寿一带潜出包抄，亦非善策。善弈者置子四旁，渐近中央，未有孤立贼中而能善其后者。似臣军救浙，必须依傍徽郡，取道严州，较为稳妥"[1]奏稿一32。

和上一次"守住衢州、取道严州"的进兵路线相比，左宗棠此番所奏的进兵路线，略有调整——改为依傍徽郡，取道严州。这是因为此时衢州正为太平军所包围。但大的方略不变——稳扎稳打。同治四年（1865），在给二哥左宗植的信中，左宗棠曾对此加以说明，"弟自办军务以来，拿定主意，宁肯缓进，断不轻退。其制贼之略在保完善之区、制鸱张之寇。初奉督办之命，即以此上陈，至今未敢变易"[1]家书诗文88。

之所以采用稳扎稳打的战术，是因为左宗棠通过研究太平军占据杭州等地的战例后发现，近年来太平军"每遇坚城，必取远势包围，待其自困而后陷之"[1]奏稿一23——进攻杭州，就是将杭州包围了两个多月，使得杭州清军粮草、弹药耗尽而于十一月底攻占的。为此，左宗棠针锋相对地提出"办贼之法，必避长围、防后路，先为自固之计，然后可以制贼而不为贼所制"[1]奏稿一23。这，正是兵法上所说的"知己知彼"。

有趣的是，江西巡抚沈葆桢也发现太平军"断清军后路加以围困"的用兵特点，并向清廷上了"与左宗棠所奏大略相同"的奏折，建议左宗棠军稳固江西广信、浙江衢州后，再取道金华、严州进兵杭州，如此才不至于有后顾之忧："衢州江、常一带时有股匪游弋，意图乘左宗棠东下，窥伺信防，断其后路，并图绕窜闽境。必广信、衢州一带先无意外之虞，再由金、严规取杭州，方无绝我粮道、阻我援师之患。"[1]奏稿一34

曾国藩呢？一方面他明白"守衢、攻严，谋浙不外此二着"[2]书信四11，但与此同时，又十分担心左宗棠进兵浙江后，徽州、婺源一带兵力空虚。为此，他多次希望左宗棠关注徽州、婺源，"衢州为谋浙者所必争，人人知之。然阁下进兵之路则不在衢而在严；贵军自全之道，则不重衢而重在徽、婺。请以贵军常常翼蔽徽、婺，而即以徽、婺常常暖贵军之背。千万！千万！至恳！至恳！"[2]书信三694

同治元年正月初十日（1862年2月8日），在给朝廷的《再辞节制四省军务折》中，曾国藩提到了具体进兵浙江路线：

综计全浙，惟衢州一府可以图存。然欲保衢州，必先守定江西广信、玉山，而后有运粮之路。欲复杭省，必由徽州以攻严州，而后有进兵之路。是图浙之道，守衢与攻严二者并重，缺一不可也。[2]奏稿四20

先稳定后方皖南的徽州、婺源，再守住衢州，由衢州进兵严州、杭州等地。在这点上，左宗棠、沈葆桢、曾国藩是基本一致的。

2 胡雪岩第一次登场

接到自己出任浙江巡抚谕旨后不久，正月二十九日，左宗棠即上了《官军入浙应设粮台转运接济片》，奏保王加敏（字若农）和胡光墉（字雪岩）为其办理粮饷。

王加敏自咸丰四年起就跟随左宗棠；而胡光墉，即大名鼎鼎的胡雪岩①。从奏折中"又闻籍隶浙江之江西候补道胡光墉，急公慕义，勤干有为，现已行抵江西，堪以委办台局各务"[1]奏稿—25可知：左宗棠对胡雪岩还不很了解，关于胡雪岩的事情，还是"闻"——听别人说的。

此时胡雪岩已是候补道台。鉴于左宗棠刚刚督办浙江军务和出任浙江巡抚的事实，可以推知，胡雪岩的道台衔，并非左宗棠所保奏，更大的可能是之前浙江巡抚王有龄的功劳。②

还有，此时左宗棠驻扎在江西婺源，胡雪岩正赶往江西来和左宗棠见面。见面之前，左宗棠就已经奏请胡雪岩为其办理粮草。可知，诸如"在衢州大营两人见面，左宗棠一开始要杀胡雪岩。胡灵机一动，献上所采购的二十万石粮食。左才转怒为喜，不杀胡雪岩"等传言，并不足信。况且，左宗棠直到同治元年五月才进兵衢州。③

3 奏调蒋益澧

蒋益澧，字芗泉，生于道光五年（1825），比左宗棠小13岁。他虽是曾国藩同乡，但更为左宗棠所识。《清史稿》载："益澧年少戆急，曾国藩、胡林翼素不满之，而左宗棠特器重。"[3]11967根据《左宗棠全集》，左宗棠在书信中第一次提到蒋益澧，是咸丰七年给胡林翼的一封信，"蒋芗泉克服平乐府，首逆就擒，杀贼总在两万以外。此才亦颇难得，惟心地不纯净，才气太露，则少读书之故也。然在广西，则实见所未见矣"[1]书信—257—258。

左宗棠所说，是蒋益澧咸丰七年五月克复平乐府之事。当时广西

---

① 清宫档案等正史中，一般都写作胡光墉。为了读者阅读便利，本书此后行文均用胡雪岩这个公众更为熟知的名字。
② 咸丰十年十二月，因"浙江省城解围并连复余杭、临安等县城"之功，道员胡光墉等被赏花翎。见中国第一历史档案馆藏《大清文宗显皇帝实录》卷三三七。
③ 具体考证过程，详见《左宗棠传信录》第七章。

向湖南请求援兵以对付太平军,"湖南宿将尽出征,骆秉章顾左右无可属者,益澧请行,乃令率千六百人赴之"[3]11966。蒋益澧获胜后,被擢升为道员,授按察使衔。在给胡林翼的信中,左宗棠虽然还有对蒋的批评,但以左之狂傲,能评蒋益澧为"则实见所未见矣",已属难得。

《左宗棠全集》所收录的写给蒋益澧的第一封信,则是咸丰八年十一月间,信中提到"前月十一日"李续宾的三河之败,提到自己"手画口答,几无暇晷"的幕府生活,并安慰刚刚失利的蒋益澧,"胜败兵家常事,局势迫促之时,总要和气平心,从容以待,俟有机会,再起图之,断不可急于求战,反误事机"。[1]书信—280之后,左宗棠对蒋益澧的情况十分关心——咸丰九年(1859),广西学政李载熙参劾蒋益澧贻误军机及冒饷忌功,以致蒋被降为道员。此时,身陷樊燮案中的左宗棠,在给接替蒋益澧出任广西按察使的刘长佑(字荫渠)的信中,多次为蒋益澧抱不平:"蒋芗泉被劾,其事一时尚难了妥"[1]书信—318,"芗泉年少气盛,性质偏驳,事上接下,均多不合,被议固宜。然粤西如芗泉者,又岂可多得乎?"[1]书信—319

接到督办浙江军务谕旨之后,左宗棠在咸丰十一年十二月十五日给朝廷上的第一道奏折中,就附片奏调蒋益澧来浙,"广西臬司蒋益澧,才气无双,任事勇敢。本年春间,以臣军太孤,愿率所部助臣讨贼。……应请旨饬下广西抚臣刘长佑,速催蒋益澧统带所部,……星速前来,以当一路"[1]奏稿—5—6。同治元年正月初四(1862年2月2日),朝廷任命蒋益澧为浙江布政使。经曾国藩和左宗棠一再做广西巡抚刘长佑的工作,蒋益澧终于成行,于闰八月初六日(9月29日)抵达浙江衢州。

之后,蒋益澧屡立战功——先后收复龙游、金华、绍兴、余杭、杭州、湖州等。尤其是同治三年六、七月间救援蔡元吉、进攻湖州一役,蒋益澧面对十倍于己的太平军,奋勇进军,击败太平军数万人,逼迫包括伪幼主洪福瑱在内的太平军弃城逃走。浙江全境肃清后,左宗棠亲自上折,夸赞蒋益澧"自调任浙江以来,战功卓著,屡拔坚城,兹复亲督各军克复杭州省城,实属奋勇异常"[1]奏稿—333。蒋氏因此被赏穿黄马褂以示优奖，不久又授骑都尉世职。

4 衢州保卫战

从同治元年正月到同治三年七月，历时将近3年，左宗棠从太平军手中收复浙江全境。其间主要经历了衢州保卫战、龙游汤溪战役、富阳大战、杭州决战、湖州战役。

咸丰十一年五月，曾国藩将浮梁、景德镇、乐平、婺源四地钱粮厘税划给左宗棠军作为粮饷。粮饷有了着落，左宗棠答应了曾国藩让他增募两千士兵、凑足万人的请求。但兵力增加的同时，还须"留防婺源四营"[1]奏稿一5。如此一来，能随同"出战者不满七千人"。而据左宗棠估计，"两浙为贼渊薮，遍地贼氛，占地千数百里，贼众数十万"[1]奏稿一5。此时，这些太平军在杨辅清的指挥下，正兵分两路：一路由杨辅清亲自率领，进攻徽州所属的屯溪等地，以占领徽郡；一路进攻衢州府属的开化张村、马金等地，以窥婺源。两路兵马形成对衢州的包围之势。左宗棠针锋相对，派刘典率9营兵马由广信驰赴婺源，自己带剩下的3000人防守徽郡。

按照左宗棠的设想，要等婺源、徽郡的太平军被赶跑、后路无忧之后，才可进兵解围衢州。但十二月二十九日（1862年1月28日），朝廷下旨，一方面根据江西巡抚毓科的奏报，批评左宗棠仍在江西，"仅分拨各军往徽、浙两处防剿……并未亲督兵勇入浙"[1]奏稿一22；一方面要左宗棠"迅即督率所部兵勇，亲赴衢郡"，节节进剿，收复金华、严州。

但左宗棠不为所动，继续用兵婺源、徽郡，在十二月三战三捷、肃清开化一带太平军后，才于同治元年正月间移驻浙江开化，救援衢州。

衢州保卫战大约开始于同治元年二月。左宗棠率队往援衢州，前队刚到常山县境璞石一带，就获悉太平军李世贤部向开化逼进。左宗棠见后路有危，立即撤队回攻遂安（今淳安县），并于二月初九日（3月9日）占领遂安县城。之后于13日，再次出兵援衢州，15日又回到常山县境璞石。由于兵力有限，为了救后路，他多次派兵回援，3

个月间，全军进展缓慢——从开化经由遂安、常山、江山，又回到开化，等于绕了一个大圈子。用兵之濡滞，莫过于此。直到六月初九日（7月5日），才逼迫太平军撤往龙游、兰溪一带，衢州得以解围。

一个人的成功，有自身的努力，也有机缘的凑泊。当左宗棠在衢州外围苦战的时候，浙东、浙南的形势朝着有利于左宗棠的方向发展：先是仙居县团总吴琮会同知县费希濂等于四月初三日（5月1日）攻占县城，在5月中旬收复台州全境；接着已革署浙江提督陈世章、宁绍台道张景渠等联合宁波的英、法、美驻军①，于四月中旬相继收复宁波、奉化、慈溪等地。攻占宁波之后，英国舰长即招募千名中国人组建"常安军"，由英国军官训练、统带；法国人、宁波海关税务司日意格等，招募400名中国人，后扩展至1500人，组建"常捷军"，帮同清军进攻太平军。宁波战略地位重要，"浙中饷源，全在宁波海口"[1]书信一442，左宗棠为此奏派史致谔署理宁绍台道，经理浙东事宜。而浙南方面，闽浙总督庆端派林文察入处州、秦如虎入温州，阻遏太平军由浙入闽之路。浙东、浙南形势的好转，使得左宗棠可以一意北上，进攻金华、严州，规取杭州。

5 浙江的转机在此一举

左宗棠北上的第一战就是龙游汤溪战役，这可以说是左宗棠收复浙江3年期间最艰苦的一次战役。

衢州外围战期间，左宗棠奏调的兵马陆续到位——王德榜及所部从江西赶来，署衢州总兵刘培元招募的3200人于五月初一日（5月28日）从湖南开抵衢州，湖南所派的魏喻义一军2000人也到达衢州。此外，防守江山、常山一带的署浙江布政使李元度于四、五月间被清廷革职，所部平江勇交左宗棠差委——8000人经左宗棠严加甄汰，撤去10营，只留下5营，大约两千兵马。如此一来，左宗棠所辖兵力

---

① 宁波为《中英南京条约》所列的五个开放港口之一，英法美等在该处设有领事馆。

增加了近万人。

龙游为金华的南大门,是北上进攻金华、严州的必经之处。六月十一日、十二日(7月7日、8日),左宗棠军陆续开到龙游对岸。六月十五日(7月11日),太平军李世贤部由严州南下,前队抵达遂安。左宗棠即令刘典、王德榜、魏喻义各军会同驻防遂安的王文瑞部出城迎击。龙游汤溪战役正式打响。

龙游汤溪战役从同治元年六月到同治二年正月,历时半年多。双方开始先在遂安、寿昌一带鏖战,左宗棠军取得胜利,不仅阻止太平军对遂安的围攻,还于闰八月十三日(10月6日)攻占位于龙游、严州之间的寿昌县城——如此北可威胁严州,南可挥兵龙游,打乱了太平军李世贤的部署。

但进攻的胜利难掩左宗棠行军之苦:首先是正值盛夏,军中疾疫流行,"营官哨长几于无一不病,打仗出队不能满五成(死者日以十数计,长夫尤甚),实为可伤"[1]家书诗文51。再者是军中欠饷严重,"军中欠饷七个月有奇"[1]家书诗文50,以致左宗棠虽然知道家中拮据,也不忍多寄银两。

幸运的是,在此期间,形势的发展再次有利于左宗棠。先是四月下旬,曾国荃、彭玉麟等部湘军主力,沿长江水陆并进,直抵太平天国首都天京,从而拉开了天京攻击战的帷幕。天王洪秀全连发诏书,令正在东线进攻松江、上海的李秀成和在浙江苦战的李世贤等统兵回援天京。李世贤奉诏,于寿昌失守后的闰八月十四日(10月7日)亲率三四万人北上,回救天京。浙南太平军顿失主将,实力大减。与此同时,蒋益澧部8000人于闰八月初六日抵达衢州,并迅速投入战斗,连下罗埠、湖镇等地,使左宗棠军得以兵临龙游城下。更为重要的是,随着蒋益澧部的到来,左宗棠所部达到将近三万人,战斗力大大增强。

九月初二日(10月24日),左宗棠移营至距龙游县城5里的新凉亭,督促各军修长壕围龙游,令蒋益澧进攻汤溪,令刘典驻扎湖镇等地以防太平军从金华来援。左宗棠还采取了引水灌城等方法,但均未成功。之后,双方多次接战,互有伤亡,龙游、汤溪战事处于胶着

第八章 巡抚浙江

状态。

这年重阳节，驻扎龙游、督兵与太平军鏖战的左宗棠马上迎来50岁的生日。军书旁午之际，重阳登高，左宗棠写了《壬戌九日军次龙丘作》一诗：万山秋气赴重阳，破屋颓垣辟战场。尘劫难消三户憾，高歌聊发少年狂。五更画角声催晓，一夜西风鬓欲霜。笑语黄花吾负汝，荒畦数朵为谁忙？[1]家书诗文410

这是左宗棠现存诗歌中唯一一首正面描写战事的作品。"五更画角声催晓，一夜西风鬓欲霜"，战事紧张艰苦且呈胶着之态，但显然左宗棠此时心情不错，"高歌聊发少年狂"，还笑问田间黄花为谁而忙？新授浙江巡抚不久，且喜获儿子孝威中举消息的他，正踌躇满志，收拾金瓯、重扶社稷。

由于李秀成、李世贤等的回援，南京的曾国荃等遭遇强烈攻势，曾国藩先后三次去信调蒋益澧部——先让蒋援救徽州；接着让蒋替防宁国，腾出鲍超援金陵；后因宁国失守，又调蒋援救徽州、旌德。最终，由于李秀成主动撤围，又表示不再调蒋军了。如此折腾，就是曾国藩自己也觉得不好意思，十月初四（11月25日），他对左宗棠说，"三案之中函牍重叠，不啻六七次"[2]书信五89。没想到，十月初四日此信刚寄出不久，皖南情况危急，曾国藩又于二十二日写信给左宗棠要调蒋益澧部，"极思调芗泉生力之军一救皖南之急"[2]书信五142。

其实，此时蒋益澧正苦攻汤溪不下，哪有余力去救曾国荃？在给郭嵩焘、刘荫渠等人的信中，左宗棠抱怨说，"涤相（曾国藩）又以逆贼分犯金陵大营，及大股上犯皖南，时势岌岌，檄芗泉速赴宁国之援，不知芗泉正日对愁城，猝难舍此鸡肋也"[1]书信一433。因此，尽管曾国藩多次来信，左宗棠都坚持没有调派蒋益澧一军。后来的局势发展，也证明左宗棠坚持的正确——因左宗棠在浙江连连获胜，李秀成赶紧从金陵调兵支援浙江，曾国荃之围亦解。十一月十八日（1863年1月7日），曾国藩在左宗棠面前作了自我批评，"弟当军事危迫之际，明知事不能行，每每不自持而陈说及之。胡润帅昔年亦多不自持之时，独阁下向无此失"[2]书信五219。只是，这些用兵的分歧，无疑会给曾左关系抹上了阴影。

龙游、汤溪战事胶着之际，左宗棠派魏喻义统率所部 2000 人北上进攻严州，与太平军守将谭富正面交锋。由于军情先期被叛徒出卖，谭富于十一月十二日（1863 年 1 月 1 日）在进兵途中遭伏，大败回城。严州府城于十一月十四日被左宗棠收复。

这已经不是太平军第一次向左宗棠部投诚。闰八月二十七日（10 月 20 日），正是由于太平军守将李世祥的叛变，蒋益澧军得以攻占罗埠，并逼迫太平军撤出湖镇。同治元年十一月、十二月间，当刘典、蒋益澧进攻汤溪时，谭星部将张成功就于十二月二十一日（2 月 8 日）投降蒋益澧军。同治二年正月初九日（1863 年 2 月 26 日），汤溪守将之一彭禹兰派人到蒋益澧营中乞降，使得蒋益澧正月十一日攻陷汤溪。看来，蒋益澧进兵很喜欢从内部突破。

同治二年正月十二日（3 月 1 日），驻守龙游的太平军弃城出走，刘培元、王德榜等率军入城；同日刘典、黄少春等进驻兰溪。正月十三日，高连陞（字果臣）等攻陷金华。三日之间，连下四城，左宗棠大喜过望，连称实非"意料所到"[1]奏稿一137。

龙游汤溪战役至此结束。左宗棠在奏稿中，称夺取金华为浙江战事之转捩，"金华府城最得地势，城垣坚固异常，考历代浙中兵事，均以此为关键，攻取之难，十倍他郡。此次乘胜而克，实非愚臣意料所到。……浙事转机或在于此"[1]奏稿一137。

在此期间，左宗棠军其实有过失利——同治元年十二月初八日（1863 年 1 月 26 日），蒋益澧军猛攻汤溪，受到太平军守将李尚扬部的有力抵抗，伤亡 300 余人，副将何万华、守备贺启泰等被击毙。两天后，同知刘璈会同署知县江绍华率军夜攻溪西，亦遭失败。

左宗棠用兵，不喜攻坚。同治元年十二月，蒋益澧部攻打龙游、汤溪，并倾力开地道、攻城垒。左宗棠就表示反对，提出应当分兵兜剿。当太平军前来金华救援的时候，左宗棠又提出要趁太平军营垒未定的时候出击。但这些建议，蒋益澧都没有采纳。如此一来，使得太平军得以扎住营盘，自金华府城西至汤溪白龙桥一带，连营数十里。蒋益澧见状，去信向左宗棠请罪。左宗棠回信批评说，"公部万人攻一城，三月未下，盖攻坚之难。……吾与公不足惜，恐浙事误于我辈之手，此心无以对天下后世也"[4]91。

6 收复杭州

龙游汤溪战役结束，左宗棠收复金华、严州。"金华既得，则浙江局势大振。"[1]家书诗文62 此后，他兵分两路，令蒋益澧兵进义乌，刘典进攻浦江，再北上合攻诸暨。同治二年正月二十三日（1863年3月12日）刘典占据诸暨之后，左宗棠又命令蒋益澧攻取绍兴。由于蒋益澧邀请英国"常安军"和法国"常捷军"的支援，加上太平军叛徒杨应柯投降、约为内应，绍兴很快于正月二十六日（3月15日）被左宗棠军占领。

左宗棠用兵，十分注意后路。这在收复浙江的战斗中就表现得十分明显。绍兴收复之后，"刘典一军追贼已抵富阳县境，当杭州之西南，距省城仅八十里。蒋益澧所部高连陞、熊建益等，已饬由临浦、义桥、萧山而前，当杭州之南，距省城亦不过百余里"[1]奏稿一152。如果乘胜长驱，将杭州包围，"杭州粮少城孤，似亦无难速克"。但在此时，左宗棠得知，之前龙游汤溪大战中失败的太平军将领谭星，已率部和广东花旗党会合，窜入皖南，威胁自己后路。为此，左宗棠一方面派刘典回兵徽郡，"为肃清皖南之计。必俟皖南局势渐定，江、皖边围义安，然后臣军无后路之虞，方可一意进取"[1]奏稿一146。另一方面，他要求各营稳扎稳打，"勿贪克复省城之功，冒进而忘大局"。考虑将士多愿意进攻杭州，而不愿意回援皖南，左宗棠上折恳请将来收复杭州、肃清皖浙之后，朝廷"毋论曾否克复省城，总以杀贼之多寡为劳绩之高下"论功行赏。[1]奏稿一152

富阳为杭州上游关键，背江面山，右阻一溪，形势完固。而且，桐庐失守之后，太平军纷纷撤入富阳，齐力防守；加上杭州城派来支援的战船，富阳可谓兵力厚集、防守稳固。

二月初六日（3月24日），富阳大战打响，双方水师首先接战。左宗棠军首战告捷，焚烧太平军战船数百艘，并夺得炮船十多艘，水师乘势合围富阳。二月二十二日、二十四日（4月9日、11日），蒋益澧大军陆续进至富阳东北的新桥。与此同时，太平天国天将谢某、朝将汪海洋等率军数万援富阳。二月二十四日，双方大战，太平军失利。

之后的战斗，双方充分施展了围魏救赵的本领。二月二十四日失利后，太平军援军和从杭州派出的听王陈炳文、归王邓光明军改而进攻左宗棠军后路的新城。左宗棠急调魏喻义军驰援新城。四月初一日（5月18日），双方在新城一带展开大战，蒋益澧带高连陞部往援，让总兵熊建益留守新桥；左宗棠也派杨昌濬率10营兵马前往新城救援——这也是杨昌濬首次单独领军。太平军见状，迅速回兵富阳、杭州，对新桥的熊建益部发起攻击。由于兵力太单，楚军大败，总兵熊建益被击毙。蒋益澧得报，急忙回军新桥。

太平军新桥获胜，但左宗棠水军侦知杭州太平军守将陈炳文出城攻打新城后，便于四月初一日进迫杭州，直抵杭州望江门外，杭州告急。如此，陈炳文等只得撤回杭州。

富阳大战期间，三月十八日（5月5日），清政府发布上谕，令左宗棠补授闽浙总督。由于新授浙江巡抚曾国荃正督率湘军主力围攻天京，无法抽身赴任，因此左宗棠奉旨兼署浙江巡抚，以主要精力经营浙江事务，兼顾福建军务。至于总督衙门例行事件，只好由福建巡抚徐宗幹代办。[1]奏稿一175

陈炳文等撤回杭州后，富阳城中的太平军固守不出。至于左宗棠部，"五月以后，各营因疫气流行，将士之物故者、病弱者，牵算已逾一半"[1]奏稿一244，包括左宗棠、蒋益澧、刘典、魏喻义等先后患了疟病。在给儿子孝威的家书中，左宗棠说及所患疟疾，"苦不可言，平生未曾抱病如此之久也。现服浙医药数十剂，清理湿热，乃就痊可。然复元则非数十日不能"[1]家书诗文64—65。正是此番疟病，使得左宗棠余生饱尝腹泻之苦，始终未愈。

一时间，双方战事暂停。七月末（9月初），黄文金部太平军退出江西，刘典军还歙县，与左宗棠相距渐近。左宗棠于是调驻守新城的康国器前来富阳助战，蒋益澧则请领法国人德克碑统"常捷军"并带洋炮来富阳，最终于八月初八日（9月20日）攻克富阳并攻破新桥太平军营垒。

富阳地处上游，"为杭城锁钥"[1]奏稿一247。攻陷富阳后，蒋益澧率各军沿江而下，进取杭州。左宗棠则令康国器由富阳进兵余杭，令魏喻义由新城出师夹击；太平军则"自杭城至余杭连营数十里"进行抵抗。[1]奏稿一254 八月二十五日（10月7日），杭州决战打响。

杭州战役可以分为两个阶段：第一阶段是余杭争夺战，从八月二十五日到十二月初一日（1864年1月9日）；第二阶段从十二月初一日到同治三年二月二十四日（1864年3月31日），双方在余杭、杭州同时交战。

八月二十五日，蒋益澧侦知太平军朝将汪海洋潜赴余杭，即令高连陞率军进攻十里长街，德克碑统"常捷军"接应，由此拉开了余杭争夺战的帷幕。双方一交战，太平军即败退入城。此后的战斗，太平军归王邓光明以及杭州太平军先后来援余杭。尽管太平军人数占优，但基本处于被动、败退的局面。十月三十日（12月10日），左宗棠进驻富阳，并增调朱明亮、张声恒，以及接替回家丁忧的刘典暂时掌管部队的黄少春前来余杭支援。双方在余杭展开激战。

就在左宗棠军在余杭苦战之时，周围的太平军防线开始瓦解——湘军主力包围天京和天京保卫战的日趋危急，加上左宗棠大军兵临杭州、余杭城下，使得浙北各城投降成风——从十一月初六日（12月16日）到同治三年正月初八日（1864年2月15日），先后有包括李秀成女婿、会王蔡元隆在内的5批太平军投降，杭州北部的海宁、桐乡等也为左宗棠军所有。此外，李鸿章淮军的潘鼎新、程学启部先后攻占了杭州东北的嘉兴府城等地。如此，使得杭州、余杭成为孤岛！

同治二年十一月十七日（1863年12月27日），余杭太平军出城求战，为左宗棠部所击退。十一月二十四日（1864年1月3日），张声恒、蒋益澧、黄少春、杨昌濬等军分别从西、北两路攻城，太平军守将、归王邓光明中炮受重伤。十二月初一日，蒋益澧率水陆各军分攻杭州城外太平军营垒，余杭杭州决战进入第二阶段。

杭州决战阶段，左宗棠军曾遭遇失败。那是十二月二十五日（2月2日），当天杨昌濬、康国器率军分别进攻余杭北、东两门，太平军守将李有庆等阵亡。同日，黄少春受命袭取余杭东北的瓶窑镇，以断绝太平军粮道。太平军汪海洋率军来救援余杭。第二天作战，左宗棠军归队经过横港时，中了汪海洋部在两岸竹林所设埋伏，殿后的左宗棠表侄、营官余佩玉带伤溺毙，部队伤亡 300 余名。此番先胜后挫，左宗棠大为震动，惊为"我军从前未有之事，深为忧愤"[1]家书诗文71。

但大势所趋，余杭、杭州太平军地处孤城，已难抵抗。同治三年二月，驻守杭州的听王陈炳文曾遣人先后赴李鸿章、左宗棠营求降，因康王汪海洋反对，未成。二月二十一日（3月28日），蒋益澧下令各军开始攻城，德克碑的"常捷军"在馒头山放炮轰塌凤山门城垛三丈余。二十三日，蒋益澧派水陆各军大举进攻杭州城十里街及武林、钱塘、凤山、清波、望江、清泰各门，自率亲兵往武林门督战。凌晨五更，听王陈炳文率军从武林门撤出，官军从各门拥入。二十四日（3月31日），太平军据守了2年又3个月的杭州城遂告失守。正在余杭苦战的康王汪海洋闻讯，急率军出东门向瓶窑镇退走，余杭也于同日被康国器等攻陷。余杭、杭州决战至此结束。

根据左宗棠的奏报，攻克杭州，杀敌约为数千名；攻克余杭，杀敌更少，大约为几百名。[1]奏稿一339,340两城逸出的太平军纷纷逃往杭州西北的瓶窑镇。杀敌不多，后来成了曾国藩攻击左宗棠的一个借口。但清廷获悉收复杭州、余杭的消息后，仍然十分高兴，于三月十二日（4月17日）发布上谕，以左宗棠"调度有方"，"着加恩赏加太子少保衔，并赏穿黄马褂"。[1]奏稿一333其他像蒋益澧、高连陞、德克碑等各有赏赐。在曾国藩、李鸿章、左宗棠三人中，左宗棠成为最早获得宫保类殊赏者。

7 规复浙江全境

杭州、余杭"两城同时克复，浙西大局渐可次第肃清"[1]奏稿一341。此前的同治二年十一月初五日（1863年12月15日），太平天国纳王郜永宽等杀死苏州守城主将、慕王谭绍光后开城投降，使得苏州失陷，太平军纷纷逃往浙江湖州；而从杭州、余杭逃出的太平军过了瓶窑镇之后，也分别逃往湖州的武康、德清。同治三年六月十六日（1864年7月19日），天京失陷之后，幼天王洪福瑱在干王洪仁玕等人的保护下，经溧水、东坝到达安徽广德，并于六月二十六日（7月29日）被堵王黄文金迎入湖州。一时间，湖州成为太平军的重要据点。

三月初二日（4月7日），左宗棠进驻杭州，随即派蒋益澧率兵攻打湖州。自三月十三日（4月18日）起，左宗棠军连续发动进攻，太平军坚决抵抗，并不时出击，战事处于胶着状态。与此同时，李鸿章也派淮军南下，合击湖州。加上此前进兵武康的杨昌濬等前来支援，左宗棠军逐渐取得战场主动权。至六月初四日（7月7日），全浙只剩下湖州及安吉府、县还在太平军的控制之下。

六月十六日天京失陷之后，左宗棠军士气更盛。在淮军潘鼎新、郭松林等和德克碑、日意格等的支援下，蒋益澧部经过七月初二日（8月3日）、十五日（8月16日）的失利之后，终于在七月二十日（8月21日）的大战中取胜。二十五日（26日），湖州南门守将陈学明率众1000余人降于蒋益澧；二十六日（27日），又有两位太平军将领投降，堵王黄文金、干王洪仁玕等只得统率大军出西门由梅溪逃往广德。二十七日（28日），蒋益澧军攻入湖州城；二十八日（29日），杨昌濬部收复安吉。至此，左宗棠收复浙江的战事取得了最后的胜利。此时，距清廷咸丰十一年十月十八日诏旨左宗棠督办浙江军务不到3年。

十月十一日（11月9日），清廷发布谕旨，高度赞扬左宗棠"督师入浙，恢复浙东各郡县，进规浙西，攻克杭州省城及湖州等府县，肃清全浙，并派兵截剿皖南窜贼，荡平巨股，卓著勋猷"[1]秦稿-501，锡封左宗棠为一等伯爵。

两天之后，清廷以"闽省军情万分吃紧"为由，催令左宗棠"派出各军并亲督官军速筹进剿"。左宗棠接旨后，于二十四日（22日）"将浙江巡抚关防、两浙盐政印信、王命旗牌"，托交浙江布政使蒋益澧护理，他自己则指挥浙省援闽军二万三千余人兵分三路——刘典率8000余人为西路；王德榜率2500人、黄少春率4600人为中路；高连陞率4000人、知府魏光邴率500人为东路；其余为左宗棠所率亲兵，

于二十八日取道衢州，向福建进发。[1]奏稿一510

8 平定浙江的三个问题

第一，如何看待左宗棠平定浙江的战事？

首先，不可否认，左宗棠规复浙江，采取了正确的策略：依托徽郡，进兵衢州、严州，稳固后路之后再北上，由金华、富阳，最后余杭、杭州。稳扎稳打，徐徐收效。

其次，左宗棠进兵十分重后路、不冒进的特点，在收复浙江战事中也得以充分体现。在救援衢州时，他多次分兵回婺源、徽郡一带肃清太平军以稳固后路；收复绍兴后，得知龙游汤溪大战中失败的太平军守将谭星已率部和广东花旗党会合窜入皖南后，又立即派刘典一军从严州回兵徽郡。即便同治三年，在进攻余杭、杭州的关键时刻，当皖南太平军由广德、宁国南下严州府属的淳安、遂安，威胁到部队后路时，他还是立即派黄少春率8营兵马驰赴严州出淳安，派魏喻义率3营人马由新城回守严州，令喻德成屯金华、戴奉聘守衢州，又檄调王开琳所部老湘军由屯溪下趋淳安，甚至还添派水师前往支援，可谓防范周密。

此外，左宗棠用兵不喜攻坚的特点，在攻打龙游、汤溪时，也有所体现。

同治四年十月，在给郭嵩焘的信中，左宗棠曾说："受浙抚之命，其实浙境沦胥，弟率孤军转战两年有余，乃克挈全境还之朝廷。"[1]书信一622类似的话，左宗棠说过多次。从前文叙述可知，当左宗棠受命浙江巡抚时，浙江确实只存衢州、温州、湖州三府城及边远少数县份为清廷所有。但其实，浙东的宁波一带是当地团练和外国军队所夺；浙南处州、温州一带，是时任闽浙总督的庆端派人夺回并守住的。左宗棠用兵的重点，主要在浙西和浙北——当时，这两处也是太平军重兵所在。因此，左宗棠对郭嵩焘所言，多少有些夸大。

第二，进兵浙江，左宗棠是否百战百胜？

左宗棠并非常胜将军。他也不时遭受败绩。咸丰十一年二月，李世贤部占领婺源，派兵出清华街，准备进入江西。左宗棠急忙派王开琳、罗近秋率部赴清华街迎击，结果于清华街中伏败归，退至黄港、景德镇。那是左宗棠军成师以来的第一次失利。虽部队伤亡不及百人，主力安全撤回，但在军情四处告急、曾国藩祁门危殆之时，这次小失利的影响还是挺大的。曾国藩就对胡林翼说，"本拟十七日拔营赴江滨，因左军新挫，人心震动，尚须小停"[2]书信三1891。

就是在进兵浙江期间，左宗棠军也遭遇数次失利：龙游汤溪战役期间，同治元年十二月，蒋益澧军猛攻汤溪，受到太平军守将李尚扬部的有力抵抗，伤亡300余人，副将何万华、守备贺启泰等被击毙；富阳大战期间，太平军从杭州出来的援军对新桥的左宗棠军发起攻击，左宗棠军大败，总兵熊建益被击毙；杭州决战阶段，左宗棠军曾中汪海洋埋伏，营官余佩玉带伤溺毙，伤亡300余名。但由于左宗棠始终注意后路，讲求稳扎稳打，基本上是得尺守尺、得寸守寸，最终取得了浙江战事的全面胜利。

第三，如何看待外国军队比如常捷军、常安军在收复浙江中的作用？

此前的历史书中，多有左宗棠勾结外国洋枪队镇压太平天国的叙述。比如武汉大学历史系编撰的《简明历史辞典》，对"常捷军"如此解释——1862年浙江巡抚左宗棠与法国侵略者勾结，由法国军官勒伯勒东组成"花头勇"1500人，成为"常捷军"。勒伯勒东被太平军击毙后，由法国军官德克碑继任统领。它是中外反动派在浙江战场镇压太平军的工具。1864年解散。[5]438

宁波"常捷军"最早由法国人、宁波海关税务司日意格等招募士兵400人组成，后陆续扩至1500人，目的是在宁波维护英法美尤其是法国的利益，和左宗棠并无关系。左宗棠与"常捷军"的第一次联系，发生在同治元年十月，还是受清廷之命——当时法国方面考虑宁波防守吃紧，提出将勒伯勒东统领的"常捷军"1500人交清廷指挥、接受清廷职务，并由清廷提供军饷。清廷为了"以一事权"、显示统属关系，提出或由江苏巡抚李鸿章、或由浙江巡抚左宗棠向勒伯勒东"给付札凭"。考虑当时自己尚在龙游汤溪一带作战，与宁波"中隔贼氛，暂难兼顾"[1]奏稿一108，左宗棠最初想让李鸿章"就近发交，方资控制""常捷军"。后来考虑到宁波毕竟属于浙江辖境,由自己委任,将来"更易撤留"、更有主动权。于是,左宗棠接统了"常捷军",并奏请委任勒伯勒东署理浙江总兵。

当时,无论是清廷还是左宗棠,都没有长期保留此军的想法。清廷在给左宗棠的寄谕中就说,"一俟左宗棠等克复金华,兵力足以兼顾宁波一带,即行察看情形,将勒伯勒东撤回法国,仍用中国官兵防守,毋庸俟浙省全行平靖方令撤卸"[1]奏稿一108。

由于"常捷军"的待遇较高,当地"桀骜者多投入其中,挟洋人之势,横行乡井,官司莫敢诘治"[1]奏稿一108—109。如此一来,当地清兵中的健壮者,纷纷逃营转而争入"常捷军",以致"常捷军"很快就增至4500人。这在左宗棠看来,"若不稍加裁禁,予以限制,则客日强而主日弱,费中土至艰之饷,而贻海疆积弱之忧,人心风俗日就颓靡,终恐非计"[1]奏稿一109。因此,左宗棠当时就表示,等浙江形势稍有转机,他就与曾国藩、李鸿章商量如何妥善裁撤。

后来的浙江战事中,"常捷军"等外国军队主要受蒋益澧具体指挥,先后参加了收复绍兴、富阳、余杭、杭州的战斗。法国人的洋炮在其中确实发挥了重要作用。比如在杭州决战的关键时刻,德克碑统领的"常捷军"在馒头山用大炮轰塌杭州凤山门城垣三丈余,使得左宗棠军乘势登城。

左宗棠对待"常捷军"的态度,可以说同治二年二月为界。此前,在收复绍兴、萧山等地时,洋兵率先入城,搜刮城内米物和太平军遗留财物等并据为己有,还对先入城的清兵搜身。之后,又勒派当地绅民变价购买这些财物。如此骚扰地方,在左宗棠看来,"洋人在内地强横之状,实有不可以情理论者"[1]书信一451。为此,他向宁绍台道史致谔提出,趁攻下金华、军威正盛,将宁波、绍兴一带的洋兵陆续遣撤。

经左宗棠施加压力和史致谔的工作,英国同意在给足遣散银两后将所募的1000名"常安军"调回宁波陆续遣散。而法国所募的1500名"常捷军"却不肯裁撤。法国方面提出的原因,一是勒伯勒东、达耳地福(即买忒勒)两任统领先后阵亡,他们要进攻杭州为阵亡统领复仇；二是借口绍兴绅民还欠他们四五万元变卖财物钱款。二月间，接任"常捷军"统领的德克碑还给左宗棠写信，提出增募千人助剿，"左宗棠严饬不准"。之后，德克碑于五、六月间来到严州拜见左宗棠。左宗棠"待以礼貌，而微示以威严。德克碑惟俯首认罪，连称愿出死力报效中国，谨受节制"[1]书信—475。左宗棠随即让其立字据为证，不准节外生枝。德克碑一一遵从。

此后，左宗棠多次为"常捷军"和洋将请奖：

同治二年八月，他上《外国官兵助剿出力恳恩酌赏物件片》，希望朝廷对历次助剿最为出力的英国领事夏福礼、法国参将德克碑等人"酌赏玉器、荷包等件，俾得传诸本国，以示宠荣"[1]奏稿—236。

虽然在请赏折中连左宗棠自己也承认"惟由内府颁赐奇珍，恐亵国体，从前并无办过成案"，但最后，清廷还是同意向这批洋人分别颁发或头等或二等或三等金银牌，以及闪缎、湖绉、大小荷包等。

在同治二年十二月给宁绍台道史致谔的信中，左宗棠就说，"弟初意以赏件为非常旷典，体制攸关，未可因彼族之请而遂为陈乞（后见沈中丞疏请赏功，谕旨斥为不应，盖知此固未可率请也），又未便拂彼族之意而肇起论端，固有传旨颁给之请"[1]书信—511。由此可知，给洋人颁发功牌等，来之不易——之前江西巡抚沈葆桢也提出类似请求，朝廷就没有答应。此次，是左宗棠冒着被批评的风险一再奏请而得来。

同治三年二月底攻克杭州、余杭之后，左宗棠又于三月初单独上《洋将助克杭城出力拟请奖赏片》，提出筹措纹银 2 万两分赏"常捷军"，同时希望清廷"赏加德克碑提督衔，并赏给大小荷包、衣料"[1]奏稿—343。三月二十日（4 月 25 日），清廷下旨，赏给德克碑头等金牌，并赏银 1 万两，但没有给予提督衔。

同治三年七月底，湖州、安吉收复，浙江全省肃清，左宗棠立即将德克碑的 1500 名"常捷军"撤遣 1000 名，酌留 500 名。当时，因德克碑回国，双方商定由前税务司日意格管理。之后不久，法国又任命日意格管理宁波税务。由于税务司不便带兵，左宗棠趁机提出将剩下的 500 人优给薪资，全部裁撤，"日意格欣然乐从，已于九月十五日将此项勇丁全行撤遣"[1]书信—523。与此同时，常驻宁波、由法国人教练的千名绿勇也一并撤遣。至此，法国人教练的"常捷军"等不复存在。而根据左宗棠向总理各国事务衙门的奏报，此番裁撤，并未引起任何震荡，"现在诸形安谧，请释荩怀"[1]书信—523。

"借师助剿"政策始议于咸丰十年间①，但被咸丰帝认为"贻无穷之患"[6]卷三三八而否决。进入同治朝，清廷态度有所变化。同治元年正月初十日（1862年2月8日），清廷就江苏巡抚薛焕呈请上海士绅借英法官军镇压太平天国一事发布谕旨，"借师助剿一节，业谕总理衙门、与英法驻京使臣商酌。上海为通商要地，自宜中外同为保卫。军务至紧，若必俟总理衙门在京商酌，转致稽迟。即著薛焕会同前次呈请各绅士与英法两国迅速筹商，克日办理。但于剿贼有裨，朕必不为遥制"[7]卷十五。这表明，"借师助剿"至此为清廷所采纳、认可。

毋庸置疑，左宗棠在平定浙江时借用了"常捷军""常安军"等外国雇佣军的力量，执行了"借师助剿"的政策。但从前文所述也可知，在借用洋兵力量的同时，无论是清廷还是左宗棠，也对外国雇佣军作出了限制、防范，防止洋兵坐大，并在合适之机将其裁撤。这点，应该说并非妄言。

【注释】

[1] 左宗棠. 左宗棠全集［M］. 长沙：岳麓书社，2009.
[2] 曾国藩. 曾国藩全集［M］. 长沙：岳麓书社，2011.
[3] 赵尔巽，柯劭忞，等. 清史稿［M］. 北京：中华书局，1977.
[4] 罗正钧. 左宗棠年谱［M］. 长沙：岳麓书社，1983.
[5] 武汉大学历史系. 简明历史辞典［M］. 郑州：河南教育出版社，1983.
[6] 中国第一历史档案馆. 大清文宗显皇帝实录［A］.
[7] 中国第一历史档案馆. 大清穆宗毅皇帝实录［A］.

---

① 咸丰十年五月两江总督何桂清、江苏巡抚徐有壬曾提出借洋兵防守苏州，被咸丰帝斥为"纰缪已极""断不可行"。见中国第一历史档案馆藏《大清文宗显皇帝实录》卷三一八。

第九章　与曾国藩彻底闹翻

同治三年，左宗棠率部收复浙江全境，曾国藩湘军克复金陵。就在二人双双被清廷封侯赐爵之时，交好近30年的左宗棠和曾国藩，却面临着割袍断义。

他们曾经互相欣赏。咸丰二年左宗棠第一次幕湘，丁忧在籍的曾国藩奉旨到长沙办团练。两人相见后，左宗棠夸曾国藩"其人正派而肯任事"。咸丰十年四月，曾国藩向咸丰皇帝如此推荐左宗棠，"查左宗棠刚明耐苦，晓畅兵机"。

他们曾经互相激励。"无日不共以振刷相勖"。咸丰四年三月曾国藩靖港兵败一度投水自杀。左宗棠获悉后，不顾危险，连续多日"缒城出"前往曾国藩大营对其加以开导。咸丰九年樊燮控案爆发，曾国藩多次去信表达劝慰，"深恐台端愤悒自伤"。咸丰十年三月，他还专门去函欢迎左宗棠来宿松大营，并说"江湖空阔，足遣壮怀"[1]书信二469。对左宗棠想在自己营中"求一营官，杀贼自效"[2]书信一355的想法，曾国藩又"劝其不必添此蛇足"[1]书信二505，将来自有大用。

他们曾经互相关心。咸丰五年曾国藩在江西遭遇石达开，用兵频频受挫。左宗棠"心窃忧之"，向骆秉章、王鑫等表示"涤公为今时办贼之人，岂可使有差失？"在他力主之下，湖南从兵源、饷项上加大了对曾国藩湘军的支持。咸丰十年十二月，获悉左宗棠的帐篷太小后，曾国藩立即让人仿照自己帐篷的样式，为左宗棠制两架送去，"阁下之帐棚太小，亦必思所以变计。耐劳固为吾辈立身之第一义，然必稍稍完具，足以御寒，足以安寝，庶几可继之道。拟仿照弟帐棚之式为阁下制二架。弟帐即迪、希兄弟之式，亦寻常人字帐，特稍大耳"[1]书信三112。

赠送战马或其他战备，是当时好友之间表达感情的一种方式。此前，李续宜和胡林翼曾送给曾国藩战马，曾国藩在信中分别表示感谢："接惠函并赐名马，感纫无似"[1]书信二541 "蒙惠良马。谢谢。此马系公所常乘，不欲受之，而贵纪执不可，割爱为愧耳"[1]书信二280。曾国藩送帐篷之举，无疑是表达对左宗棠的关爱。

只是，随着时间的推移，这样的互相关心变得越来越少，两人关系的裂痕日益显现——如同一张巨兽的嘴，吞噬了昔日友情的点点滴滴。

1 不再互相配合

曾左之间的裂痕，其实从同治元年左宗棠出任浙江巡抚不久就开始出现，主要体现在办理广东厘金、李元度事件、左宗棠军饷和用兵方略的差异等方面。

第一，办理广东厘金意见不合使曾左关系出现裂痕。

办理广东厘金之提议，最初并非曾国藩所提，而是御史朱潮的进言。

同治元年二月初，御史朱潮上《统筹东南大局》一折，其中说：湖北等省全境肃清，四川、广东亦属安靖，请朝廷下旨湖北等省出师会剿金陵太平军，并让四川、广东协饷，同时派一名督抚专门负责为曾国藩大军筹饷，"兵事责之曾国藩，饷事则派督抚大员一人，督催各路征输，专司馈运"[1]奏稿四76。

正为军饷问题所苦恼的曾国藩，立即采纳朱潮的建议，奏请朝廷选派一名二品或三品官员前往广东，驻扎韶关，专门负责征收广东全省厘金事务，以接济江苏、浙江、安徽三省军饷。曾国藩之所以选择了广东而不是四川，因为在他看来，除地丁粮、漕粮等国家正赋外，其他收入大致可分为海关、盐场、富户劝捐和市镇抽厘四类，"他省或据其一，或据其二三，惟广东兼四者而有之。……四宗之中，得其一宗，即可养数万之兵，剿江、浙之贼"[1]奏稿四111。

为了让广东方面同意办理，曾国藩表示，办理抽厘后，广东每月给浙江的10万两协饷可以停解。不仅如此，他还对两广总督劳崇光说，就是广东给江浙四省每月近20万两的协饷也可从中抵除。

曾国藩之所以如此豪爽，是他十分看好广东办理抽厘的前景：咸丰十年间，广东巡抚耆龄在韶关设一新卡，未及一年，收税就有50余万两；布政使周起滨在肇庆府设卡，每年亦得40余万。如今是全省专办，在曾国藩看来，每年应是几百万两之数。

但左宗棠一开始就不赞同此举。他认为曾国藩强行到广东抽取厘金的做法不妥，并认为以两广总督劳崇光的个性，一定不会配合，难有实效。

左宗棠与劳崇光也算旧交——道光初年，左宗棠二哥左宗植曾从劳崇光处借阅贺长龄所藏的唐李邕《秦望山法华寺碑》，只是劳崇光很快就将此帖要回去了。或许从中左宗棠察觉劳崇光悭吝的性格。道光十七年十二月左宗棠第三度参加会试时，就与劳崇光、黎樾乔、郑敦谨等为伴，应该是熟知劳崇光的个性。

不幸为左宗棠所言中。

根据曾国藩此前提出的广东厘金分配方案，左宗棠应该说得到了特殊的照顾：韶关和省城广州所收厘金，两成半给浙江，两成半留广东，五成给安徽江苏；其余广东各关卡所收厘金，五成分给浙江，三成给安徽，两成给江苏。

但曾国藩接办广东厘金后，每月所收不过十多万两，远低于预期。同治元年十月，办理已有3个月，曾国藩第一次通报了广东厘金的收入与分配——共运来20万两，经分配，曾国藩处12万两，左宗棠处8万两。

3个月8万两，对左宗棠来说，不仅数量远低于朝廷规定的广东协饷每月10万两，而且广东厘金收取后，还是曾国藩处得益多。以援浙名义奏请办理广东抽厘，实际是曾国藩的江、皖拿了大头。显然，纸面上的文字与现实有着巨大的差距，左宗棠自然不免有怨气。

尽管曾国藩后来倾注了大量心血，尽管派去办理抽厘的晏端书、李瀚章等十分努力,但由于劳崇光等广东官员不配合,广东厘金始终不旺。同治三年七月刚攻下天京,曾国藩立即奏请停办此事。根据曾国藩此折,办理广东厘金33个月(含闰月)以来,仅收入120万两左右。[1]奏稿七347 而根据左宗棠的统计,120万两中,他的楚军分配到22万两,只占五分之一左右。[2]奏稿一483 而如不办理抽厘,楚军可从广东获得协饷330万两。330万两和22万两,两者之间的差距,实在太大。加上所收取的广东厘金中,左宗棠楚军所得远少于曾国藩湘军,左宗棠因此对曾国藩不满,可谓理所当然。

第二,军饷问题使得曾左矛盾裂痕扩大。

曾国藩之所以改变初衷,没有将广东厘金按原分配方案拨给左宗棠,很大的一个因素,是因为自己统兵日多,需饷孔亟。而出乎曾国藩意料的沈葆桢截留漕银、洋税、厘金,使得曾国藩军饷更为匮乏。

同治元年四月下旬,曾国荃、彭玉麟等部湘军主力,沿长江水陆并进,直抵太平天国首都天京城下,开始包围天京。为了进一步缩小包围圈,曾国藩不断增兵,同治二年七月时统兵已超过10万人,每月需饷不少于50万两——这还不包括弹药、枪械等花费,"而入款不过十余万"[1]奏稿六142,缺口巨大。同治元年闰八月十五日(1862年10月8日),他就向广东巡抚毛鸿宾抱怨,各军欠饷已长达11个月,甚至连买药都没钱,"各军欠饷至十一个月,医药无资"[1]书信四547。进入同治二年,欠饷问题更为严重。这年七月,他对湖北布政使厉云官诉苦说,即使不包括彭玉麟等军的军饷,湘军发半饷每月都需要30多万两,而每月的收入从来没有超过24万两,以至只能发三成军饷,实难支撑。[1]书信六72

曾国藩在江西所得之饷,包括漕折银、九江洋税和厘金三部分。①同治元年九月起,出任江西巡抚不满一年的沈葆桢,未与曾国藩商量,就停解漕折银给曾国藩;第二年开始停解洋税;到了同治三年二月,沈葆桢又上奏朝廷,请求将江西厘金全部归本省征收使用,不再

---

① 漕折银每月5万两,同治二年起改为4万;洋税自同治二年四月起每月3万两;厘金为设立关卡向过往货物征税所得,数额不定,为十多万两。

给曾国藩军营。果真如此，意味着曾国藩军饷每月将减少收入近 20 万两。

沈葆桢，福建侯官（今福建福州）人，进士出身，清代名臣林则徐女婿。沈葆桢曾为曾国藩幕宾，深得曾国藩赏识。咸丰六年，太平军杨辅清部数万人围攻江西广信府城，时为署广信知府的沈葆桢临危不惧，身先士卒率部登城守卫，最终以少胜多，七战七捷，击退了太平军的进攻。经曾国藩保荐，沈葆桢第二年升任广饶九南道。

沈葆桢为官清廉，性格刚直。咸丰九年，因与上司不和，即以父母年老、身体不适为由愤然辞职回老家养病。广信当地百姓为此先后十多次到曾国藩行辕请留。但当时曾国藩只是一个挂兵部侍郎衔的湘军首领，并无地方实权，爱莫能助。咸丰十年五月初三日（1860 年 6 月 21 日），曾国藩出任两江总督后第一次上折，就奏请起用沈葆桢仍办理广信防务。

更为关键的是，咸丰十一年，曾国藩即保荐沈葆桢出任江西巡抚。清朝巡抚为从二品，加侍郎衔者为正二品。沈葆桢，之前只是按察使衔、吉南赣宁道，大体相当于三品官。在没有经过布政使等职位历练的情况下，直接出任巡抚，而且不是署理而是实授，就连《清史稿》，也评价沈葆桢此番际遇为"超擢"——破格提拔。而且朝廷任命谕旨还温言有加，说考虑沈葆桢照顾父母双亲的需要，特意安排他在毗邻福建的江西出任巡抚，希望沈葆桢不要再推辞，"朕久闻沈葆桢德望冠时，才堪应变。以其家有老亲，择江西近省授以疆寄，便其迎养；且为曾经仕宦之区，将来树建殊勋，光荣门户，足承亲欢。如此体恤，如此委任，谅不再以养亲渎请"[3]12044。

沈葆桢此番隆恩的背后，是曾国藩为其背书：咸丰十一年十一月曾国藩奏保沈葆桢为江西巡抚时，咸丰帝已于当年七月病逝，"辛酉政变"也尘埃落定，朝廷主政的，是慈安、慈禧两宫太后和议政王奕䜣。两江总督曾国藩，刚刚受命"统辖江苏、安徽、江西三省并浙江全省军务"，节制"四省巡抚、提镇以下各官"，成为清廷与太平军作战的绝对主力，声望日隆。[1]奏稿三345 野史传闻，当时湖北巡抚胡林翼、湘军水师提督彭玉麟曾送给曾国藩写有"东南半壁无主，我公其有意

乎"的纸条,暗中讽劝曾国藩自立为王。[4]778—781

因此,毫无意外,曾国藩的保荐,朝廷一一批准,包括他同时保荐的三品太常寺卿左宗棠出任浙江巡抚、四品补缺道员李鸿章署江苏巡抚。

停解漕折银、洋税,曾国藩都忍了,没有上奏朝廷,只是向左宗棠抱怨说"初不省其开罪之由"——实在不明白在什么地方得罪了沈葆桢,以至沈要如此。

同治三年(1864),同样需饷甚巨、感叹"今各营枕戈杀贼,悬釜待炊,薪桂米珠,深虞哗溃"[5]450的沈葆桢要停解十多万两厘金,曾国藩"不复能隐忍不言矣"。三月十二日(4月17日),他立即上折,批评沈葆桢此举"专尚客气,不顾情理,实有令人难堪者",要求江西厘金应由其大营经收、发放。[1]奏稿七86—87

曾国藩的理由是:首先湘军欠饷远比江西地方军严重,湘军今年以来只能发四成军饷,而沈葆桢所统各军都发八成军饷。再者,如今,湘军欠饷已长达十六七个月,而沈葆桢部队欠饷不到五个月。第三,自己身为两江总督,又是节制江西等四省的钦差大臣,江西为自己辖境。凡江西土地所出之财,无论是丁赋、漕折银、洋税还是厘金,本就有权提用。沈葆桢作为下属,事前不与他商量,就擅自做主一再截留,自己很难理解和接受,"此次截留厘金,亦并未函商、咨商一次……前年漕折、去年洋税、今年厘金三事中,岂无一事可以先商后奏者?殊不可解"[1]奏稿七86。

后经户部裁定,江西厘金收入一分为二:一半拨曾国藩湘军大营,一半留供江西本省之饷。此外,户部将原本委托英国人李泰国购轮船的退款50万两(实际上29万两已送往英国,只余下21万两可调用)拨归曾国藩使用。而且曾国藩还得到李昭寿捐款30万串,饷盐与赤金折银十五万九千余两,六月之后每月又可增收淮北盐厘8万两,这样缺饷问题才基本得以解决。与此同时,曾国藩还从湖南借谷4万石,暂时解决缺粮问题。[6]210

在三月十二日奏折中,曾国藩威胁说沈葆桢此举导致湘军人心惶惶,围攻天京大局有面临决裂的危险;二十五日(30日),他又上折请求给假养病，以示抗议[1]奏稿七86。后虽经朝廷调解平息，但曾国藩、沈葆桢二人自此断交。

曾国藩沈葆桢二人争饷，沈葆桢是站在江西的角度，认为江西所出之银自应用于江西，所谓"楚弓楚得"；而曾国藩是站在湘军大局的角度——此时曾国荃统率的湘军主力，一方面要围攻天京，一方面又要与前来救援天京的李秀成部队作战，处于腹背受敌的关键时刻，无论如何不能断饷。而曾国藩辖下的其他两省：江苏大部分为太平军所占据，李鸿章只得上海一隅；安徽则是太平军与湘军互有攻守。两省厘金既尚难指望，江西自然就成了湘军军饷的重要来源。难怪曾国藩会厉言抗争，而不顾文人耻于谈钱的体面。

一方面广东厘金收入远低于预期，另一方面沈葆桢截留江西厘金，两个因素的叠加使得曾国藩的军饷来源锐减。但与此同时，自己所统辖的兵马日益增多。于是，"城门失火、殃及池鱼"的"蝴蝶效应"开始显现。为了增加收入，同治二年五月起，为"近年所未有"[1]书信七72之缺饷所苦的曾国藩收回原来拨给左宗棠的江西景德镇、河口、乐平及皖南婺源的厘金收入，由此使得曾左矛盾裂痕进一步扩大。

左宗棠同治二年三月起已被任命为闽浙总督，兼浙江巡抚，并陆续收复衢州、金华、严州、绍兴等地。身为两江总督的曾国藩要回自己辖境的厘金，于理并无不妥。不过，曾国藩对形势存在误判：他认为左宗棠可以依靠福建的饷银；但实际上，福建的地方部队欠饷已达三年，根本无力支持左宗棠军，"闽中无一宿将足恃。制兵之饷，欠已三年"[2]书信一599。

至于浙江方面，同治二年春天，左宗棠刚刚收复浙西金华、严州等有限的几座城池，正与太平军鏖战富阳，根本没有精力经营地方。以至于此时的楚军，欠饷长达八个月到一年之久，左宗棠因此时常处于"兵勇即有饥溃之时，军火即有缺乏之虑"[2]奏稿一4的危险局面。

同治二年七月十四日（1863年8月27日），左宗棠在《宁关洋税俟浙西肃清再行解京片》中告诉朝廷：其所部中外防军每月需饷三十六七万，但各省协饷寥寥，加上曾国藩要回了河口、景德、乐平、婺源等处厘金,军饷更显紧张——"臣处顿失此的饷,已觉拮据。……即将洋税一款截留,亦不敷甚巨,若再提还解部,则筹办更艰,必致立形饥溃"[2]奏稿一227。为此,他请求截留宁波海关洋税作为军饷,等浙西肃清、饷源稍裕之后,再将宁波海关洋税悉数补解京城。

在饷项如此紧张的情况下,曾国藩收回了四地的厘金,左宗棠的不满,是自然的。因为,此时左宗棠麾下的刘典一部,还在江西鄱阳、浮梁、景德镇一带作战,为曾国藩防备后路呢!如再考虑到前文所说的因为曾国藩动议而造成广东协饷落空的状况,左宗棠的不满,更有充足理由。

就是曾国藩自己,也觉得有点不好意思。同治二年五月,他曾对沈葆桢说,裁减沈葆桢所部两万两饷银、向左宗棠索还景德镇等四地厘金以及不同意广东巡抚黄赞汤截留粤饷这三件事,自己做得很不厚道、不近人情,"深惧无以对阁下暨左、晏、黄诸公"[1]书信五647——深感对不住沈葆桢、左宗棠等人。

第三,办理江西厘金时的误会让曾左信任不再。

在收回景德镇四地厘金之前,因为觉得左宗棠在景德镇等地所征收的厘税影响了江西全省厘金收入,曾国藩一度还对左宗棠有意见。

同治元年闰八月,曾国藩就向左宗棠表示要整顿厘局、参劾总管厘金的道台李桓(字黼堂),"弟办江西厘金有名无实,省局比赣局尤坏,不特不能如东征局之数,亦并不能如河口、景、乐三局月解之数。黼堂总办粮台,又管厘务,半年无书信往来,不图漠不关心若此,恐不能不一参劾"[1]书信四525。从曾国藩这封信可知,江西其他各地全部的厘金收入,竟然比不上左宗棠所管辖的景德镇、河口、乐平等几处厘金收入。

同治二年三月,曾国藩又向左宗棠抱怨:江西省局厘金收入太少,"饷项奇绌,二月入款仅赣局四万耳。江西省局竟至不名一钱"[1]书信五462。为此,这年八月,曾国藩要沈葆桢稽查江西办理厘务的厘局委员,"声名最劣者,……立即撤委"[1]书信六127。并于同治三年二月二十七日(1864年4月3日),会同沈葆桢参革江西厘金委员万永熙。不久,李桓也被免职。

但两人被免后，江西厘金仍不见起色。鉴于此，曾国藩一度怀疑，是由于左宗棠管辖下的景德镇等地厘金侵占了江西其他地方的厘金。左宗棠曾去信解释是由于办理厘金的人员"认真综核所致，于江西各局之厘无所侵占"，并暗讽曾国藩用人不当，"丰财非和众不能，非用人不可。用人不宜独断，公幸察之"[2]书信一486。

好在这个误会很快得以澄清，同治二年六月之后，景德镇等地归还曾国藩征收，但江西省厘局的收入还是没有多大起色。曾国藩这才明白：不是左宗棠截抢厘金，而是左宗棠办理得法。为此，他去信向左宗棠解释，辩说所谓景德镇等截抢江西全省厘金只是外人的说法，自己一直认为是由于左宗棠委任得人，"景镇、河口之厘日旺，由公委任得人之故，自无疑义。顾二处之旺，谓他处之衰为有所侵占，弟却无此疑团"[1]书信六224。

但从上我们得知，曾国藩的这番话，多少有些言不由衷。

第四，李元度事件使得曾左矛盾公之于众。

李元度（字次青）早年即追随曾国藩办理营务。咸丰四年三月靖港兵败，曾国藩几番寻死，李元度当时是救命恩人之一。为此，曾国藩将李元度视为莫逆，感念非常。咸丰五年正月起，在罗泽南率部救援武昌、江西兵力空虚之际，李元度招募平江勇开始带兵。咸丰八年，借父丧弃军回籍蛰居、处于窘忧之中的曾国藩屡屡致书李元度及其母亲，追思情谊，表达感激，还多次表示曾家要和李家联姻。当时，因李元度已有的两个儿子都已订婚，便约李元度若再有第三个儿子，便以曾国荃的次女或三女许之，后因双方儿女的年龄差异过大，此议终未实现。直到曾国藩死后，才有其孙曾广铨与李元度之女成亲。[7]138—140咸丰八年正月十一日（1858年2月24日），在给弟弟曾国荃的信中，曾国藩就说自己这些年最对不起的，就是李元度，"惟回思历年在外办事，愆咎甚多，内省增疚……李次青之才实不可及，吾在外数年，独觉惭对此人"[1]家书一325—326。

咸丰十年（1860），李元度由原浙江温处道被曾国藩奏调为安徽皖南道，统带所募之3000平江勇于八月上旬赶抵祁门。脚跟尚未立稳，便有宁国失陷、徽州吃紧的军情，遂被曾国藩派往徽州办防。事前，曾国藩反复告诫李元度如遇太平军攻城，只可固守，不可出城决战。李元度却违反军令，在李世贤大军进攻徽州时轻率出城接仗，后见形势不利又率先逃跑，致使全军崩溃、徽州失守，危及曾国藩所在的祁门大营。

最初几天里，曾国藩一直不知李元度的下落，以为其已经殉难。未料李元度逃亡之后，游走于"浙江衢州、江西广信等处"，迟迟不回老营。[1]家书一521 九月十六日（10月29日），李元度回到祁门，但并没有在曾国藩面前虚心承认错误。同在这天，曾国藩上了《周天受殉节请恤及陈奏徽宁在事人员折》，在奏折的后半部分参劾李元度失守徽州之责，请旨将李元度革职拿问。[1]奏稿二596 得知曾国藩奏参了自己之后，李元度更是愤而不平（还有说他私下擅自索要了欠饷），离开曾国藩大营，赌气返回湖南老家。

回到湖南老家之后的李元度，通过浙江候补道邓辅纶的引荐，由浙江巡抚王有龄奏调赴浙。之后，李元度并不具禀请示曾国藩，即行募勇8000人赴浙，命名为"安越军"。而且，绕过曾国藩，经湖广总督官文、江西巡抚毓科奏报，以收复义宁、瑞州有功，先后被赏还按察使原衔、赏加布政使衔，同治元年二月初三日（1862年3月3日）更被实授为浙江按察使。

这样不打招呼就改换门庭，无疑让曾国藩颇为恼火。二月二十二日（3月22日），曾国藩在代刚被授为江苏布政使的弟弟曾国荃上折谢恩的同时，附片参劾李元度虚报战绩、滥邀功名。曾国藩在参折中告诉朝廷，李元度所称收复的义宁、瑞州两城均为太平军先自退出，并无克复之事，抨击李元度名义上援浙实则节节逗留，致使浙江巡抚王有龄兵败自杀。为此，他请朝廷将李元度革职，暂免治罪，交浙江巡抚左宗棠差遣，并对安越军进行裁汰精简。[1]奏稿四99—100

曾国藩的本意，或许是想通过主动表态，将李元度革职、自己请求"交部议处"，使李元度能免于治罪。他相信，李元度跟随左宗棠，一旦立有战功，便可官复原职。但令曾国藩没有想到的是，李元度一案的发展，很快就超出了他可控的范围。

参劾李元度后，曾国藩一度颇为自责。三月三十日（4月28

日），他对左宗棠说，仅他自己就三次参劾李元度，心中岂能不内疚，"次青之事，……回首许与之情、患难之谊，乃由吾手三次参劾革职，吾亦安能无疚？"[1]书信四182他还对曾国荃、曾国葆两位弟弟说，自己平生极少辜负朋友，却十分对不住李元度，希望两位弟弟帮他设法补救，"余生平于朋友中，负人甚少，惟负次青实甚。两弟为我设法，有可挽回之处，余不惮改过也"[1]家书二29。

未料这年八月，御史刘庆上折，认为对李元度的处罚太轻，请仍按律定拟。清廷为此先后下旨让左宗棠、曾国藩查办。但蹊跷的是，朝廷在让曾国藩和左宗棠查办李元度案件的同时，并未让曾左会奏。如此一来，曾国藩不知如何是好。此后，他多次去信左宗棠，或暗示或明说，希望左宗棠在李元度案件上帮忙转圜，"弟前疏着语过重，致言者以矛陷盾，尚祈大力转旋为荷"[1]书信五398。同治二年八月，又以李元度母亲来信询问为由，去信暗示左宗棠尽早了结此事，"次青之事，尊处已复奏否？其母太夫人曾遣人至敝处，陈诉不平，今又已阅半年，敝处拟于月内一为复奏也"[1]书信六86。

但或许是戎马倥偬，或许是有意拖延，同治元年闰八月清廷让左宗棠查覆李元度一事的谕旨，他一直没有上奏，也没有在信中答复过曾国藩关于此事的询问。同治三年八月十三日（1864年9月13日），曾国荃率湘军攻占天京后，曾国藩终于按捺不住，先上了《密陈录用李元度并加恩江忠源等四人折》，告知朝廷李元度跟随他时间最久、备尝艰辛，奏报咸丰六年春间江西糜烂之时李元度力战抚州、苦撑危局的功绩，还动情地写道，如今收复金陵（即天京），他和曾国荃兄弟二人蒙赏封侯伯等殊恩，其他部属也各有封赏，"追思昔年患难与共之人，其存者惟李元度抱向隅之感"[1]奏稿七400，恳请朝廷酌情任用李元度。

清廷对曾国藩奏折的处理也颇耐人寻味：曾国藩上的是密折，朝廷却于八月二十一日（9月21日）将其主要内容转述给左宗棠，并让左宗棠去查曾国藩所奏各情。这，明显是对曾国藩的不信任。看来，在太平天国被镇压之后，清廷也在找机会敲打敲打曾国藩。

十月二十七日（11月25日），拖延了两年多之后，左宗棠终于上了《复陈李元度被参情节折》。在奏折中，左宗棠一一否定了曾国藩当年参劾李元度徽州失守、不候审讯径自募勇赴浙、江西援浙节节逗留以致杭城失陷这三大罪名，但采信了曾国藩参劾李元度虚报军功的说法，指出李元度"于贼去之后，居复城之功，实近无耻"[2]奏稿一507。

与此同时，左宗棠还批评李元度于浙江形势危急之时不顾大局——当初为了对付号称20余万的太平军，左宗棠希望李元度留数营兵马，而李元度坚决不同意，"必求全撤"，且将左宗棠看中的那几营人马先行裁撤，"以示决无转念"；明知当时浙省几乎全省沦陷，无从得饷，左宗棠军"苦窘万分"，李元度还"日向逼索，不给不休"。

至于曾国藩所提出的酌量任用李元度的请求，左宗棠则认为这些是同僚私情，不是国家奖功罚过之公义，他都不敢同意，"至曾国藩初次奏劾李元度，谓其负曾国藩，负王有龄，此次代为乞恩，又谓昔年患难与共之人，惟李元度独抱向隅之感。所陈奏者，臣僚情义之私，非国家刑赏之公，臣均不敢附会具奏"[2]奏稿一507。

左宗棠此折，逻辑严密，为先扬后抑奏折之典范。十一月初六日（12月4日），清廷发布上谕，采纳了左宗棠而不是曾国藩的主张，要求对李元度在江西饰报胜仗、不顾大局、撤勇索饷等行为按律治罪。[2]奏稿一508

如此一来，曾国藩恳请朝廷对李元度法外开恩的愿望因此落空。得知朝廷将李元度交部定罪后，曾国藩在十二月十一日（1865年1月8日）的日记中写道，"见李次青交部拟罪，为之悁焉不安。睡不成寐"[1]日记三119。悁，忧思之意，日记如实记载了曾国藩当时忧愁不安、夜不能寐的心情。

刑部定谳，李元度"从重发往军台效力赎罪"。所幸，沈葆桢、李鸿章先后上奏为李元度求情，指出李元度曾立战功，如今母亲年事已高，请求免于发配军台。同治四年，清廷同意李元度免于发配军台效力，准其回原籍。[8]

后来，李元度再度筹兵援黔，于同治七年三月初五日（1868年3月28日）补授云南按察使。七月初七日（8月24日），李元度请辞云南按察使，回家养老。但又于光绪十一年重新出山，并补授贵州按察使，最终以贵州按察使职结束仕宦生涯。

对李元度案件的处理充分暴露了曾国藩、左宗棠之间的矛盾：同治元年，左宗棠按照朝廷旨意将李元度"安越军"15营人裁减为5营、2500人。"安越军"欠饷已五六个月，左宗棠裁撤时，只发给一个月的饷银。当时，曾国藩就向沈葆桢抱怨，撤勇应该将欠饷全数发给，"左帅撤次青之勇，仅给一月，并不满六两，何能帖服？"[1]书信四265 这是曾国藩第一次将对左宗棠的不满告知第三人。此后，左宗棠先是迟迟没有就处理李元度同曾国藩商量如何回复朝廷，又基本否定曾国藩参劾李元度的各项罪名，更不附议曾国藩关于加恩李元度的恳请。两人意见之不合表露无遗。

第五，用兵上的差异导致话不投机。

进入同治二年，左宗棠在浙江陆续收复了宁波、金华、萧山等地，曾国荃对天京的包围也日益趋紧。可以说，无论是曾国藩还是左宗棠，甚至普通民众，都知道镇压太平天国的战争已胜利在望。

但应当如何进兵，才能毕其功于一役呢？在这点上，曾国藩和左宗棠有着明显的分歧——左宗棠主张避免太平军再窜往江西、浙江、安徽，应将其赶至江苏沿海地带，一举全歼，"金陵之军遂拔坚垒，水陆并进，足令逆竖夺气，甚为庆慰。惟皖南肃清尚稽时日，终为可忧。驱贼进聚海角，合力歼旃，乃期一了百了也"[2]书信一471。

只是，按照湘军当时的兵力，想将太平军一举赶往江苏东面沿海地带基本不可能，于是曾国藩、左宗棠等转而担心金陵太平军冲出重围后逃窜至江西、安徽——因为湘楚军大部分兵力集中在天京和杭州，二者之间留着一大片空白地带。

一旦太平军从天京突围，将会撤向何地呢？在这点上，曾左意见并不一致：曾国藩认为太平军会西窜，从安徽南部进入江西。同治二年十一月，李鸿章相继攻占苏州、收复无锡后，曾国藩立即写信，希望左宗棠在攻下杭州后，派人协防婺源、乐平、景德镇、饶州等地，"闻少荃分兵进剿嘉兴，想杭州、余杭之贼亦难久抗。杭城一下，尊处当可分兵回顾婺、乐、景、饶一带，但恐忠、侍、辅、堵之窜逸，不待杭城既破之后耳"[1]书信六307。

但左宗棠认为,太平军更有可能去往安徽、浙江交界的广德。为此,他多次建议曾国藩派兵驻守广德。但曾国藩以无人可派和粮饷难保障等为由,始终未派,"来示欲派兵驻守广德,敝部诸将实无足当此者,粮路又极不易"[1]书信六377。

对此,左宗棠深不以为然。同治三年正月,他对儿子孝威说,"上年秋冬皖南肃静时,曾商之节相(一咨三函)请急争宁国县、广德州两处,断贼去路。渠总以兵力不敷为词,广德久不进兵,宁国贼去已久并不过问,致此处空缺,为贼留一去路,实可叹惜"[2]家书诗文71。

后来的历史事实证明了左宗棠的远见——同治三年七月天京被攻克之后,太平天国余部就是携幼主洪福瑱先到广德,之后进入江西,一度使得曾国藩和清廷十分被动。

2 开始互相指责

同治二年三月,左宗棠被任命为闽浙总督。从咸丰十年以四品京堂候补、襄办曾国藩军务身份组建楚军,到如今出任闽浙总督,成为从一品大员。左宗棠以两年多的时间,完成了三级跳,在职位上可以说和曾国藩已平起平坐。

也就是从这时候开始,左宗棠在曾国藩面前更多地表现出"老师"的架子,开始更多地批评曾国藩:

同治元年十一月十七日(1863年1月6日),左宗棠向李桓直言曾国藩才干不够、心胸欠广——"涤相才不甚大,量亦不甚宏,至其大段之正,存心之厚,亦实非近世所易得"[2]书信一446。我们知道,因办理江西厘金不力,曾国藩早就对李桓心存不满。尽管左宗棠此信主旨是劝李桓注意和曾国藩相处之道,但在李面前说曾国藩的不是,多少会影响曾国藩对江西厘金的管理。

曾国藩呢,也多次表达对左宗棠的不满。同治元年闰八、九月间,曾国荃在金陵被李秀成20万兵马包围。此时,太平军马融部等又从河南窜入湖北,并进攻安徽,以图迫使湘军从金陵分兵救援,达到解天京之围的目的。曾国藩一时乱了分寸,不停抱怨左宗棠对自己漠不关心。九月初七日（1862年10月29日），他向左宗棠说："文忠死，希庵归，此间竟罕共谋大局之人。每有大调度，常以缄咨敬商尊处。公每置之不论，岂其未足与语耶？"[1]书信五21

而对于左宗棠的批评，曾国藩再也不像过去那样基本认可，而是开始辩解并回击。

同治二年五月，左宗棠批评曾国藩"喜综覆而尚庸材"，喜、尚，都是喜欢之意，意思是说曾国藩事事躬亲、用人喜欢平庸之辈。曾国藩以去年强行让曾国荃派程学启去上海支援李鸿章为例反驳：程学启后来立了大功，曾氏为此自认为"庸则有之，尚则未也"[1]书信五616。曾国藩的意思，是承认自己可能会用了一些才识平平的人，但并非一直如此。

同治二年的一封信中，左宗棠指出曾国藩与部属公文应该用钦差体例而不是总督体例，"尊处与各镇公牍是总督体例，非使相督师所宜"[2]书信一456。同时批评曾国藩对具体战役管得过细，"……元戎之职，在明赏罚、别功罪、一号令。其于战阵之事，筹画大局而已。若节节筹度，则明有所蔽，而机势反滞碍而不灵"。不仅如此，左宗棠还用颇为生硬的语气，认为曾国藩应当谨遵自己的这一教诲，"公宜终纳斯言，勿哂其妄"。

而曾国藩则反驳说，自己以总督而非钦差大臣体例和提督总兵等武官行文，历时已久，一下子恐难以更改，"与各镇公牍，体例少乖，行之已久，今亦难以骤更"。至于左宗棠对其用兵的批评，曾国藩虽不得不承认，"兵事不贵遥制，节节代为筹度，机反滞而不灵，则来缄屡经指导，固已敬佩无致矣"。但从"屡经指导"可以看出，左宗棠已不止一次就此事来信批评曾国藩！[1]书信五661

诸多分歧之下的曾左关系，到同治三年可以说已经是裂痕重重。

这点，左宗棠十分清楚。同治三年，在给四川总督、自己的老上司骆秉章的信中，左宗棠再度批评曾国藩在用兵和筹饷上的不足，并直言和曾国藩的关系已不好，只是出于对抗太平军这一大局需要，不得不勉强维持，"涤相于兵机每苦钝滞，而筹饷亦非所长。近时议论多有不合。只以大局所在，不能不勉为将顺，然亦难矣"[2]书信一513。

3 彻底闹翻了

同治三年六月十六日（1864年7月19日），在围困将近3年之后，曾国荃的部队终于攻占了太平天国的都城天京（又称金陵、江宁，今南京）。二十三日（26日），曾国藩上折告知清廷，金陵城内的太平军已被全歼。就朝廷最为关心的洪秀全等下落问题，曾国藩在奏折中明确表示洪秀全已于城破之前的五月服毒身亡，幼主洪福瑱举火自焚，忠王李秀成则被擒，"又据城内各贼供称，首逆洪秀全实系本年五月间官军猛攻时服毒而死，瘗于伪宫院内，立幼主洪福瑱重袭伪号。城破后，伪幼主积薪宫殿、举火自焚等语。应俟伪宫火熄，挖出洪秀全逆尸，查明自焚确据，续行具奏。至伪忠王李秀成一犯，城破受伤，匿于山内民房，十九夜，提督萧孚泗亲自搜出，并搜擒王次兄洪仁达"[1]奏稿七299。

在这封奏折中，曾国藩还告诉朝廷，城破之夜四更，有大约千余太平军伪装成湘军，从太平门地道缺口冲出，但经过湘军的拦截和追杀，全部杀毙，"城破后，伪忠王之兄巨王、幼西王、幼南王、定王、崇王、璋王乘夜冲出，被官军马队追至湖熟桥边，将各头目全行杀毙，更无余孽"。

这封获取完功的奏折让朝廷高兴异常。清廷六月二十九日（8月1日）下旨，赏加曾国藩太子太保衔，赐封一等侯爵，并赏戴双眼花翎；曾国荃赏加太子少保衔，赐封一等伯爵，并赏戴双眼花翎。

仅仅过了10天，清廷的态度就发生了急剧变化——在七月十一、十四、十五日接连下旨，指出曾国藩所奏报的洪福瑱自焚身亡失实，并对曾国藩加以训饬，"昨据曾国藩奏洪福瑱积薪自焚，茫无实据，似已逃出伪宫。李秀城［成］供曾经挟之出城，后始分散。其为逃出，已无疑义。湖熟防军所报斩杀净尽之说，全不可靠。着曾国藩查明。此外究有逸出若干？并将防范不力之员弁，从重参办"[1]奏稿七355—356。

清廷之所以得知洪福瑱已经逃出金陵，是由于左宗棠的奏报。七月初六日（8月7日），左宗棠上了《攻剿湖郡安吉踞逆迭次苦战情形折》，告知朝廷太平天国幼主洪福瑱已被迎入湖州，"昨接孝丰守军飞报，据金陵逃出难民供，伪幼主洪福瑱于六月二十一日由东坝逃至广德，二十六日，堵逆黄文金迎其入湖州府城"[2]奏稿一421。

左宗棠的奏报直接导致了清廷训饬曾国藩的上谕。

左宗棠是如何获知洪福瑱逃出的消息？

证据主要有两点：一是同治二年围攻龙游等地时，左宗棠部曾缴获洪秀全与李世贤的通信，得知太平天国已立有幼主；二是部将黄少春送来缴获的洪福瑱六月二十四日的诏书，上面所用印玺，明确表明是洪福瑱所拥有，"顷据黄少春送到所获幼逆六月二十四日给伪首王范汝增黄绸伪诏，则幼逆由金陵窜出实无可疑。阅所钤伪玺，上方横列'太平天国'四字，下方横列'玉玺'两字，左刻'天下太平'，右刻'万方来朝'，中刻'皇上帝基督带瑱幼主作主'字一行，而'瑱'字'玉'旁刻作'主'字，拆视则'真主'二字"[2]奏稿一450。

上奏之前，左宗棠是否和曾国藩兄弟有过沟通呢？

六月二十八日（7月31日），左宗棠曾写信给曾国荃，祝贺其克复金陵、擒获李秀成。在信中，左宗棠虽没有明确指出洪福瑱逃出，但已暗示有兵马逃出金陵、逃至广德，"漏逸各逆得至广德者当亦无几，惊窜之余，何能为患？"[2]书信一533

据《左宗棠全集》，左宗棠第一次肯定洪福瑱逃出，是在七月初五日（8月6日）给福建巡抚徐宗幹的信中，"金陵克复后，逸出之贼挟幼主洪福瑱由东坝窜至广德，前月二十六日黄逆文金迎以入湖，将借以号召群寇"[2]书信一534。

信中所说的"东坝"在今江苏南京市高淳区东坝街道，广德则属安徽东部，湖州则位于浙江西北，此三地基本毗连。

七月初五日肯定洪福瑱逃出，七月初六日就上奏朝廷。由此看来，上奏之前，左宗棠并没有向曾氏兄弟通报确知洪福瑱逃出之事。

曾国藩的奏折也证明了这点。在七月二十九日（8月30日）的《再陈裁撤湘勇及访查洪福瑱下落尚无端倪片》中，曾国藩说："旋于七月十一日，接宁国守将刘松山及委员陈斌禀称：'洪福瑱带二三千人，逃至广德。'旋又见左宗棠寄臣弟函称：'称伪幼主率贼二三千人，逃入广德，迎至湖州。皆云系逃出难民所供。'十三日，接浙江粮道杨昌濬禀，亦云：'洪福瑱带二三千人，窜至广德。'十四日左宗棠寄臣一函，则云：'金陵余逆漏出数百，亦有数千之说。'"[1]奏稿七350 左宗棠这两封信，至今尚未发现，但从上下文推断，写给曾国荃的信应在七月十一日至十三日之间；而写给曾国藩的信，则在七月十四日。

这，都在左宗棠上折告知清廷洪福瑱逃出之后。

连番接到训饬谕旨的曾国藩，在《再陈裁撤湘勇及访查洪福瑱下落尚无端倪片》中表示将尽力追剿洪福瑱的同时，攻击左宗棠收复杭州时曾放走了十多万太平军，"至防范不力之员弁，是夕贼从缺口冲出，我军巷战终日，并未派有专员防守缺口……碍难查参。且杭州省城克复时，伪康王汪海洋、伪听王陈炳文两股十万之众，全数逸出，尚未纠参。此次逸出数百人，亦应暂缓参办"[1]奏稿七350。

认为曾国藩此番对自己的批评"为欺诬之词"，主张"军事最尚质实，故不得不辨"的左宗棠，九月初六日（10月6日）上《杭州余匪窜出情形片》，对曾国藩的攻击予以回应：和金陵先被围困再攻城不同，杭州并没有被围住，因此有太平军逃出不足为奇。且自己当时在奏折一开始就说了太平军守将已逃出的事实，"至云杭贼全数出窜，未闻纠参，尤不可解。金陵早已合围，而杭、余则并未能合围也。金陵报杀贼净尽，杭州报首逆实已窜出也"。与此同时，对于曾国藩所说的有10万太平军从杭州、余杭逃出的说法，左宗棠并不认同。他告诉朝廷，杭州、余杭两城的太平军从五更开始撤出——陈炳文率杭州太平军从武林门窜往德清，汪海洋率余杭太平军从余杭东门窜往武康。而官军在黎明时即攻入两城，中间相差不到一个时辰，"以片时之久，一门之狭，而谓贼众十万从此逸出，殆无是理！"[2]奏稿一451—452

与此同时，左宗棠还批评曾国藩没有听从自己的派兵驻守广德的建议，以致洪福瑱从广德逃出。左宗棠分析，或许正因自己再三坚持进驻广德，曾国藩不耐烦，才会有上折攻击杭州10万太平军逸出之举，"至若广德有贼不攻，宁国无贼不守，致各大股逆贼往来自如，毫无阻遏，臣屡以为言，而曾国藩漠然不复介意。前因幼逆漏出，臣复商请调兵以攻广德，或因厌其絮聒，遂激为此论，亦未可知"[2]奏稿一452。

在奏折的最后，左宗棠总结曾国藩此番对自己的批评"为欺诬之词"的同时，表示不会以私废公、今后公事上仍将与曾国藩商议，"此后公事，均仍和衷商办"。

曾国藩七月二十九日所上攻击左宗棠之折，朝廷并无回复。相反，对于左宗棠九月初六日的辩护之折，清廷十四日立即下旨，声明不会追究杭州之事，并对左宗棠提出表扬，"朝廷于有功诸臣，不欲苛求细故，该督于洪幼逆之入浙则据实入告，于其出境则派兵跟追，均属正办"。此外，清廷对左宗棠在奏折最后所说的与曾国藩"此后公事，均仍和衷商办"尤为赞赏，"所称此后公事仍与曾国藩和衷商办，不敢稍存意见，尤得大臣之体，深堪嘉尚。朝廷所望于该督者至大且远，该督其益加勉励，为一代名臣，以副厚望"。[2]奏稿一453

同治三年九月底，洪福瑱在江西被知府席宝田所擒并于十月二十日（11月18日）在南昌被杀害，左宗棠因收复浙江全境和追击洪福瑱有功，被朝廷封为一等伯爵。同治四年四月赐爵名恪靖。曾国藩兄弟则没有再被封赏。

至于曾国藩、左宗棠二人，就私交而言，自此画上了终止符。仅从《曾国藩日记》所记录的两人通信情况也可见一斑：咸丰八年22封，九年20封，十年和十一年均为84封，同治元年35封，二年11封，三年5封。

从最高峰时的每年通信84封，到同治三年的只有5封信，可以看出曾国藩与左宗棠交往日少的过程。而同治三年七月之后，再无二人通信的记录。

同治三年八月十七日（1864年9月17日），在给鲍超的一封信中，曾国藩说自己的成功"全赖阁下与杨、彭、胡、李诸公维持一切"[1]书信七107。杨、彭、胡、李，分别指水师的杨载福、彭玉麟，以及胡林翼、李鸿章及李续宜。之前说过，在与左宗棠通信时，曾国藩还时常感激左对其进兵后路的看护，如今在这封信中，完全没提左宗棠镇压太平军的功劳，实在有点不太公允。这也表明曾左之间，此时已经完全决裂。

4 如何看待曾左的决裂？

七月二十四、二十五日（8月25日、26日），在从金陵返回安庆途中，曾国藩接连接到清廷七月十一日至十五日的三道训饬谕旨。在此之前，他是否知道洪福瑱逃出的消息？

答案是肯定的。

首先正如他在七月二十九日的《再陈裁撤湘勇及访查洪福瑱下落尚无端倪片》中所说的，在七月十一日至十四日之间，刘松山、杨昌濬、左宗棠等先后告知了他。

而曾国荃知道此事的时间应该更早。六月二十七日（7月30日），李鸿章在给曾国荃的信中说得很明白，"洪秀全必须戮尸以抒众愤，其幼子想已窜出"[9]3229。

而从六月二十五日至七月二十日，曾国藩一直在金陵，和弟弟曾国荃在一起。李鸿章的信，曾国藩自然也会看到。七月初九日，曾国藩在给儿子曾纪泽的信中，就说及有洪福瑱逃出的传闻，"伪幼主有逃至广德之说，不知确否"[1]家书二309。

相信，曾国藩肯定看到李鸿章等人的信，知道了洪福瑱逃出的消息，只是由于在六月二十三日的《金陵克复全股悍贼尽数歼灭折》中，已经奏报了洪福瑱自焚的消息，一时难以下台而拖延未上奏。之后，他还在《再陈裁撤湘勇及访查洪福瑱下落尚无端倪片》中对自己的行为进行辩解，"贼情诡谲，或洪福瑱实已身死，而黄文金伪称尚存，亦古来败贼常有之事。应俟查明洪福瑱实在下落，续行具奏"[1]奏稿七350。

就此，董丛林先生在其所著的《曾国藩传》中如此评述：洪福瑱逃出，"就意味着曾家湘军攻灭'逆都'的战果，在朝廷的心目中大打了折扣。由此，自然引发曾国藩与左宗棠的再度交恶。而让朝廷怀疑的结果，也难免使曾国藩的心里更增几分悚惧。当然，在这个问题上，左宗棠比曾国藩更'实事求是'和'开诚布公'"[10]307。

不过，对比李鸿章的举动可以看出，左宗棠在此事上的具体做法，也有值得商榷的地方。

在六月二十五日写信告知左宗棠有金陵太平军余部逃至广德的同时，李鸿章曾先后在六月二十日（7月23日）、七月初六日写信给曾国藩，告诉有洪福瑱、李秀成逃出的传闻，"闻洪、李两酋改装窜逸"[9]3227。七月二十三日（8月24日），更是明确告诉左宗棠，"探闻伪幼主尚在城内，专靠湖州、泗安一路转运粮食，欲纠诸逆合窜，堵逆尚不欲遽弃湖州"[9]3232。

但此期间，李鸿章始终没有向朝廷奏报洪福瑱逃出之事，直到八月二十三日（9月23日），洪福瑱出逃之事已经明朗化，他才在《铭军击贼宁国孝丰安吉界内折》中说到洪福瑱已于七月二十七日（8月28日）逃往安徽绩溪一带。

这封八月二十三日上的奏折，报告的却是将近一个月前（七月二十七日）之事，可谓是名副其实的旧闻。李鸿章拖延如此之久才奏报，与他拖延不发兵助攻金陵以免分了曾国荃之功的心态一样，都是为了维护自己老师曾国藩的名声。

不仅如此，对于左宗棠奏报洪福瑱逃出的做法，李鸿章还流露出讥讽之意。九月二十三日（10月23日），他在给曾国荃的信中就说，"太冲①于幼逆一节，断断辩争，得毋贻笑大方"[9]3239。

但在左宗棠面前，李鸿章又对左宗棠追剿洪福瑱表现出激赏的态度，"幼逆、李远继余股经贵部节节痛击，过金溪后急趋闽边，必仍入粤与侍康合股……仍须我公长驾远驭，收拾残烬也"[9]3239。

由此，我们可以看出李鸿章处事之圆滑、狡诈，也可以看出曾氏集团与左宗棠之间的矛盾。当然，在上奏洪福瑱一事上，不能说左宗棠没有一丝诸如出风头之心；在处理上也略显急躁——完全可以在上奏之前先通报曾国藩、曾国荃兄弟。但曾国藩因此攻击左宗棠收复余杭、杭州的成绩，同样显得不够冷静，有些乱了方寸。毕竟，客观说来，左宗棠奏报洪福瑱出逃之举并无不妥，确实比曾国藩更为实事

---

① "太冲"是西晋文学家左思的字，李鸿章用以借指左宗棠。

求是。

【注释】

［1］曾国藩.曾国藩全集［M］.长沙：岳麓书社，2011.

［2］左宗棠.左宗棠全集［M］.长沙：岳麓书社，2009.

［3］赵尔巽，柯劭忞，等.清史稿［M］.北京：中华书局，1977.

［4］萧一山.清代通史：下卷［M］.北京：中华书局，1986.

［5］吴元炳.沈文肃公（葆桢）政书［M］.台北：文海出版社，1967.

［6］朱东安.曾国藩传［M］.天津：百花文艺出版社，2001.

［7］董丛林.曾国藩家族［M］.合肥：时代出版传媒股份有限公司，2011.

［8］中国第一历史档案馆.军机处上谕档［A］.同治四年四月十八日.

［9］李鸿章.李鸿章全集：朋僚函稿［M］.长春：时代文艺出版社，1998.

［10］董丛林.曾国藩传［M］.北京：人民出版社，2011.

第十章　督师闽粤

清廷收复浙江、占领天京，使得太平军余部纷纷逃散，陆续进入江西。同治三年七月十二日（1864年8月13日），从杭州撤出的听王陈炳文，率所部6万余人投降；九月上旬，保护洪福瑱、洪仁玕、黄文英等的太平军在江西广昌全军覆没，洪仁玕、黄文英、洪福瑱先后被俘和被杀害。

如此一来，太平军余部只好退往福建、广东一带：

八月三十日（9月30日），李世贤部十万之众，占领广东平远县，后由广东大埔攻占福建南靖、平和，于九月十四日（10月14日）攻占福建南部的漳州府城，击毙清军总兵禄魁等。

九月初七日（10月7日），汪海洋部大约9万人进驻福建西南部汀州府（现福建长汀）濯田镇，之后进一步占据长汀、连城、上杭；

九月十一日（10月11日），太平军将领丁太阳、林正杨攻入福建西南的武平县，擒杀新任福建按察使张运兰，之后纵横于漳州、龙岩之间。

九月十五日（10月15日），太平军将领陆顺德、何明亮等占领福建西南的龙岩州。

这样一来，各路太平军云集福建，在福建南部形成了一个太平军的临时根据地。各路太平军互为声援，声势浩大，加上接连擒杀清军将领，使得清廷十分恐慌，赶忙于十月十三日（11月11日）下旨："闽省军情万分吃紧，着左宗棠催令派出各军并亲督官军速筹进剿。"[1]奏稿一510

1 进军福建有四个困难

此前九月间，左宗棠已陆续派出三支军队分路开赴福建：帮办军务刘典率8000余人为西路，从江西抚州、建昌开赴汀州；署福建按察使王德榜率2500人，也由西路进入福建；黄少春、刘明珍等率4600人为中路，由衢州、江山进兵福建浦城，并继续南进至延平（今南平市）；高连陞率4000人、知府魏光邴率500人为东路，从宁波坐轮船，向福州、泉州开进。

十月二十日（11月18日）接到清廷让其进兵福建的谕旨后，左宗棠于二十四日"将浙江巡抚关防、两浙盐政印信、王命旗牌"，托有关官员交给浙江布政使蒋益澧护理，于二十八日取道衢州，沿中路向福建进发。

太平军余部虽然大势已去，但人数尚众。此时，摆在左宗棠面前的困难主要有四：

第一是兵力不敷分布。左宗棠兵力，除上面所说的三路外，还有王开琳老湘营一军3000余人和左宗棠亲兵各营3000人，总计大约二万五千余人，"以之分布数百里之间，且防且剿，兵力实形不足"[1]奏稿二4。

第二是军饷不足。左宗棠所带的二万五千多兵马，每月由浙江筹饷14万两，缺口还有万余两；福建方面，情形更差，已经欠饷3年，"闽军则欠饷三载，无可应调"[1]书信一547。由于福建财力困难，左宗棠既不敢多招兵马，也不敢催鲍超军前来。如此，兵力不足问题一时难以解决。

第三，筹米不易。福建山多水少田少，号称"八山一水一分田"，自古以来产米不多，"闽省山乡狭瘠，本地所产谷米，不足供本地之食"[1]奏稿二6，各军进兵，"处处皆须预为购办柴草米盐，临时则无从买给"[1]家书诗文84。为此，左宗棠只好将总粮台还设在浙江衢州，从江西、浙江购米运往福建。而由于福建多山，粮食不仅购买不易，而且转运困难，以致各军竟有断顿之虞——"山谷阻深，馈运极难，约须费米一石五斗然后可运一石（每石价须八九千）。各军一粥一饭尚有间断之时，目睹情形极为焦灼"[1]家书诗文89。

第四是民风吏事不正。由于生计不易，当地百姓游手好闲者甚众，吸食鸦片之风盛行，"又近年鸦片流毒日宽，吸食者十人而五，其流为盗贼，势所必然"[1]奏稿二6。而官吏索陋规、买官职之风也颇为严重。如此一来，形成民不惧为贼、官无力抓贼的恶性循环。据左宗棠在给孝威的家书中说，同治三年十一月二十七日（1864年12月25日）他刚刚驻军延平时，"前后数十里间，白昼抢劫之案几无日无之。数日后，分兵四出掩捕，斩杀数十名，风乃稍息。然聚则匪而散则良、东捕而西窜者不知凡几"[1]家书诗文84。盗贼与太平军的并存，无疑大大增加了左宗棠进军的难度。

就在左宗棠从浙江前往浦城、延平途中，十一月初三日（12月1日），太平军李世贤部在漳州向福建陆路提督林文察部发动进攻。因后路被袭，清军溃退，林文察中枪身亡。前往救援的署福建水师提督曾玉明部也被李世贤击败，只好退扎江东桥，以保泉州门户。十一月初七日（12月5日），从海路搭轮船前往福建的高连陞部由福州驰抵泉州，紧接着又进驻距漳州20余里的万松关一带，力扼漳州东路；十一月十五日（12月13日），中路进兵的黄少春部进扎漳州东北十余里的北溪，才逼迫李世贤部退入漳州城区。

漳州局势刚刚稳定，西路龙岩方面，左宗棠部又吃了一个大败仗：十一月初二日（11月30日）开始，西路军康国器部开始和太平军接战，刘典军也前来支援。未料十一月十九日（12月17日），汪海洋率太平军大举反攻，袭破刘典军行营，阵斩副将卢华胜、参将刘敬廷、游击郭立本等。刘典被迫收集败兵，退守连城。

应该说，龙岩和漳州是左宗棠与太平军在福建争夺的两个主战场，两路同时作战也是此次用兵的一大特点。

十一月二十七日左宗棠行抵延平。十二月初五日（1865年1月2日），他上折提出应对太平军余部的方略——鉴于所部只有两万多人，而太平军有20多万之众，左宗棠采取了稳扎稳打、步步推进，将太平军赶到一处而全歼的策略，"办贼之法，必须取远势渐逼渐进，驱各处股匪归并一处而后力蹙之，庶完善之区得以保全，而兵力亦敷分布，未敢急目前之效致误大局也"[1]奏稿一524。为此，他一方面严令驻扎在漳州一带的高连陞、黄少春等要考虑漳州城外数十里地势平衍、难以进攻的特点，"勿攻城，勿浪战"，而是先将漳州城外的村庄抚定，再"深沟固垒"，以吸引太平军出城攻垒，如此"反客为主，痛剿数次，然后机有可乘"；另一方面，让刘典固守连城，与王德榜、王开琳部密切配合，不要急于攻城，"必将汪逆巨股扫除，然后可合图龙岩也"。[1]奏稿一523

2 迎来福建战场的转折点

进入同治四年，左宗棠在福建的军事颓势得以扭转，开始慢慢掌握战场主动权。

漳州方面，从同治三年十二月中旬开始，李世贤果然中计，先后派大队攻击高连陞、黄少春所驻扎的瑞香亭、北溪等地，均被高连陞、黄少春击败，最后只好退回漳州。

十二月底，粤军方曜部会同闽军守备李仰山等，攻占了闽粤交界的永定县，使得太平军丁太阳部被迫撤退。

最大的胜利来自龙岩方面，同治三年十二月中旬，王德榜军赶到连城与刘典会合，分路进攻汪海洋部，汪海洋军被迫步步退守。同治四年正月二十日（1865年2月15日），太平军一度攻占漳浦县城。当时，驻守漳州的李世贤计划促汪海洋移驻龙岩，抽出龙岩守军会同丁太阳、林正杨部进攻泉州，以断高连陞、黄少春两军饷道，并进一步谋取福州。不料，计划被叛徒泄露。高连陞、黄少春等急调兵马驻守各地，王德榜则将汪海洋赴龙岩之路阻断。如此，太平军龙岩守军变得势单力孤，并很快于正月二十四日（2月19日）被左宗棠军康国器部占领。

之后，左宗棠各军乘胜追击，刘典、王德榜部于正月二十八日（2月23日）大败汪海洋于新泉，"是役共毙贼五六千名，生擒四百余名"[1]奏稿二24，此外还阵斩太平军将领多名，"汪逆下马痛哭，勒诸贼回拒，仓卒间几为官军所获，旋为其死党拥之翻山逸去"[1]奏稿二24，左宗棠军趁机收复南阳；漳州方面，李世贤率三四千人，从漳州镇门出发，准备攻取石码，以断左宗棠军粮道，却被高连陞、黄少春截击，结果李世贤部大败，得逃脱者不过百余人，"战败时李世贤犹乘一白马殿后，今见其马为官军所牵，不见李世贤，或已凫水逃走，不知生死"[1]奏稿二25—26。

"两路均同时克获大捷，贼之精锐丧失过半"[1]奏稿二26，左宗棠认为"尤足寒贼胆而固民心"。鉴于江西、广东边防尚固，加上入春以来接连下雨造成山洪暴发，以及漳州南境濒海、福建水师薄弱、洋人可能给太平军提供交通便利等因素，左宗棠判断太平军可能要入海。为此，他提出"此时自以严防下海为要"。于是，他一方面命令署衢州总兵刘清亮率部赶赴石码一带，防太平军从漳州东南入海；一方面命令新授福建水师提督吴全美速购船只，以固海防，目的是"断贼入海之路……逼贼归并一处，锁围困之，庶东南余逆可冀尽歼，免致流毒他方，又成不了之局"[1]奏稿二26。

克复龙岩可以说是左宗棠军在福建军事战斗的转折点，自此太平军逐渐转入守势，在福建再也没有取得大的胜利。

3 主要对手变成了汪海洋

二月二十五日（3月22日），漳州战役打响。战役打响前，左宗棠军刘清亮部、黄少春部、高连陞部已形成对漳州的包围。之后，左宗棠又调王德榜部由龙岩驰赴漳北，刘典部则赶至龙岩接防并负责阻击汪海洋的援军。三月十六日、十七日（4月11日、12日）奉旨前来支援的李鸿章淮军郭松林、杨鼎勋部陆续抵达。左宗棠派郭松林部进攻漳州，派杨鼎勋部防守石码、海澄，以防李世贤军南下漳浦入海。

注重后路是左宗棠用兵一贯的指导思想。在分调各部围攻漳州的同时，他还派新授福宁镇总兵刘明灯由福州赶至安溪一带，保障攻击漳州各军的后路安全。

各路大军严密包围之余，福州税务司、法国人美里登亦由厦门、海澄带开花炮前来漳州助战。在中外联军的进攻下，四月二十一日（5月15日）深夜，太平军在闽南的重要根据地漳州失陷。第二天，另一重地南靖也被追击而至的左宗棠部王德榜军和刘典军攻陷。李世贤从漳州西门撤出，退至平和县。左宗棠军进逼平和，李世贤绕城而走，连马坠于桥下，身负重伤，被救得脱。之后，福建西南的漳浦、诏安等城陆续被左宗棠军占领。太平军在福建平和与广东大埔一带，前有粤军拦截、后有左宗棠军追杀，伤亡惨重，仅向王德榜军投降的就有4000余人。太平军另一重要将领丁太阳，也于四月二十四日（5月18日）率众投降于刘典。

之后的战斗集中在广东大埔和福建永定一带，左宗棠军的主要对手变成了汪海洋。

漳州战役进行时，汪海洋部曾率军出援李世贤，但被刘典部击败，最后只好于四月十日、十一日退回大埔，不久又回军永定县境。四月二十日（5月14日），就在漳州战役进行到最紧张激烈之际，汪海洋以一军攻永定，一军围攻左宗棠军总兵丁长胜驻扎的射猎凹。射猎凹距永定35里，丁长胜奉王开琳之命驻扎此处。双方激战两昼夜，汪海洋于二十二日（5月16日）攻克射猎凹，击毙总兵丁长胜，丁所部8营全军覆没。左宗棠得报，连连悲叹"为频年未有之事"[1]家书诗文89。刘典急派军前来支援，康国器、王开琳、刘明亮和淮军杨鼎勋部队也赶往永定。巧合的是，太平军将领林正扬、侍王李世贤余部也来到永定。双方在永定一带展开激战。四月二十六日（5月20日），抢渡永定河的太平军被左宗棠军截击。李世贤军大败，降者万余人。李世贤受伤，于当晚仅带着十数骑逃脱。太平军余部两万余人投降王开琳部。至此，闽南太平军仅剩下汪海洋一军数万人，驻扎在上杭、中都一带。五月十五日（6月8日），左宗棠军高连陞、黄少春、刘清亮等率部进兵上杭，汪海洋军败走武平，五月二十一日（6月14日）折回下坝，进入广东境内。至此，福建境内的太平军基本被肃清。

福建全境肃清之后，左宗棠于漳州万松关磨崖勒铭以记其功。铭文曰："率师徒，徂闽峤。穷山穴，截海徼。龙岩复，漳州平。寇乱息，皇心宁。"[2]94文虽简短，而气韵非凡。

4　汪海洋部的逃出与复振

福建太平军被扑灭后，左宗棠派康国器及关镇邦所部粤勇5000人入广东，会同广东防军夹击太平军；命王开琳率所部老湘营由汀州赴江西，防止太平军进入江西；又派刘典由汀州西赴南安（今属江西大余县），防止太平军由江西进入湖南；留高连陞、黄少春、刘清亮三军在武平休整，视太平军动向，再相机进取。

撤到广东的汪海洋部，于五月二十二日（6月15日）占领镇平（今广东梅州市蕉岭县），作为根据地并收集太平军余部：李世贤败后，余部投汪海洋军；五、六月间，鲍超的霆军一部因索饷而哗变，遭到清军围剿后，也到了镇平投奔汪海洋。闰五月，汪海洋部曾进攻嘉应州城（今梅州市），击败粤军副将林保，但很快被赶来救援的康国器军所败，被迫退回镇平。此后，双方多次接战，左宗棠军虽有小失，但还是把握战场主动权，于六月在东、南、北形成对镇平的三面包围。

此时的太平军余部，因福建失利而军心涣散、互相猜忌。闰五月十三日（7月5日），汪海洋杀老王宗李元茂以示威；六月二十八日（8月19日），李世贤逃至镇平，汪海洋将其迎接入城——原来，自五月初二日（5月26日）在永定大败之后，李世贤凫水得脱，剃发改装，逃匿山中，后又混迹难民之中，夜行昼伏，历尽艰辛，终于来到镇平。见到李世贤，其旧部纷纷诉说汪海洋疑忌暴虐，排斥异己。李世贤本来就对汪海洋在永定之战中见死不救有所不满；得知李元茂被杀后更是心有不平；如今听到旧部的控诉后尤为愤怒。惶恐不安的汪海洋，深恐李世贤要取代自己，便派心腹于七月初三日（8月23日）将李世贤刺杀，并杀其部将5人。如此一来，太平军内部更为混乱。

从七月初八日（8月28日）开始，到八月初十日（9月29日），将近一个月的时间，康国器军、粤军总兵卓兴部与汪海洋部队在镇平、长乐（今广东五华县）一带展开激战。七月中旬，汪海洋军在高思（今蕉岭县高思村）被康国器军大败，太平军重要将领汪大力阵亡，汪海洋左手负伤，退回镇平，"旬日以来伏匿不出"[1]奏稿二160。左宗棠命令高连陞、黄少春进驻广福乡，扼守镇平之北，康国器等军严扼镇平东南；此外，还让刘典、王德榜的部队陆续移驻，声援镇平。

此时左宗棠部队已经完成了对镇平的半包围。按照此前计划，镇平西部和西南应该由粤军负责合围，"以此时局势而论，镇平东南及东面、北面，闽军已互相联络，长围蹙贼之势已成。惟镇平西路、西南路可通兴宁、长乐、龙川，其地距闽稍远，中隔贼氛，必须粤军自为截剿，非闽军所能代为之谋，是固地势限之也"[1]奏稿二153。

当时，受命前来指挥粤军的广东布政使李福泰向闽军高连陞保证，等粤军将领卓兴剿灭龙川县花旗起义军后，将前来合围。但到了七月三十日（9月19日），广东方面变卦，表示因为要攻打被花旗军占据的长乐县城，粤军无法前来镇平。

此后，朝廷一再下旨要署两广总督瑞麟、署广东巡抚郭嵩焘催促粤军迅速攻克长乐县城，与左宗棠合兵包围镇平，以将汪海洋太平军一举歼灭。但直到八月十二日（10月1日）左宗棠军攻占镇平，粤军依然没有形成对镇平的合围，"仅方耀一军距镇平尚近，然亦相距五六十里，余则百里内外矣"[1]书信一609。汪海洋部趁机从镇平西门向平远方向撤退。

撤至广东平远八尺墟（今平远八尺镇）一带的汪海洋部，侦知娄云庆统率的鲍超军以及刘典所部副将张福斋、总兵刘明灯等正从下坝（今福建武平县下坝乡）赶往八尺墟一带后，避实就虚，南下折向广东大柘（今平远县大柘镇）。从镇平追击而来的高连陞、康国器军，在兴宁县境黄陂墟一带遭遇汪海洋部和当地起义军的袭击，损失惨重——辎重军火被夺，都司关镇邦被击毙，300多名士兵被杀害。就连左宗棠派亲兵护送前来犒军的800面银牌、400张功牌也在嘉应、镇平交界地方被抢去。经此大挫，高、康两军被迫就地休整。粤军此时虽然已经攻陷长乐，距兴宁不过百里，但迁延观望，并不出兵会攻堵截、追剿，"镇平未克，不会闽军攻城；镇平既克，不会闽军追剿"[1]奏稿二270。如此，汪海洋便趁机率领大军甩脱官军的尾追，出罗浮司，进入江西南境。只是在八月二十六日至二十八日（10月15日至17日）与江西防军的战斗中，汪海洋部三战三败，只好再次南趋广东。

当时，左宗棠派刘典全军由江西南康进驻广东南雄，高连陞一军由广东河源进驻长宁，防止太平军内攻广东；黄少春一军由赣州进驻信丰，防止太平军窜往江西北境。汪海洋部见往江西、广东腹地不成，改由连平翻山绕入和平、兴宁各境，沿途不停留，直扑嘉应州城，并于十月二十一日（12月8日）攻占嘉应①，声势复振。

5 嘉应州之战

从五月太平军余部在福建被肃清至八月上旬闽军高连陞、黄少春、康国器等攻占镇平——将近3个月，清军始终没有平定太平军。

在此期间，前江西巡抚孙长绂上折，认为战事拖延这么久，主要在于"主客各军营数既多，职分又各不相下，且该将领进止机宜须俟各该省督抚调度指挥，势必迁延观望，坐失事机"。为此，他奏请朝廷"特派重臣进驻粤境，节制三省各军督剿"。清廷于八月十三日（10月2日）下旨，令左宗棠立即督率高连陞等军驰赴粤境，调遣节制福建、江西、广东三省之军，相机合力攻剿，"所有江西、广东援剿各军，均着归左宗棠节制，以一事权"[1]奏稿二244。

九月初五日（10月24日），左宗棠收到此旨时，镇平已被左宗棠军攻占，汪海洋部已窜往江西，广东境内暂时没有太平军。为此，左宗棠上折请辞节制三省军队之职，但清廷先后两次下旨未予同意。十月二十一日汪海洋部占领嘉应州城后，左宗棠不再坚持己见，于二十六日（13日）率亲兵自漳州出驻平和琯溪（福建漳州西部），调兵遣将，围攻嘉应州城的太平军。

按照左宗棠的部署，各路大军陆续开到嘉应外围——高连陞、刘清亮进驻嘉应州城东北，康国器军进扎嘉应城北，粤军方耀部进驻嘉

---

① 嘉应州，辖程乡、兴宁、长乐、平远、镇平五县，为今天广东省梅州市的绝大部分地区。

应州城西,赖长部、何云章部进扎嘉应州城东南。与此同时,左宗棠还催调浙江提督鲍超所部大军由平远赶往嘉应西北,刘典由武平、上杭在东南方对嘉应形成第二道包围圈。左宗棠自己则率亲兵于十一月二十九日(1866年1月15日)由平和移营大埔,督率各军合围嘉应州城。

十二月初二、初三日(1月18日、19日),黄少春、王德榜的部队也陆续赶到,至此,"嘉应州城东路、东南、东北及北路长围之势渐成"[1]奏稿二304。但由于鲍超军尚未赶到,嘉应州城西北尚有缺口,因此左宗棠没有立即进攻,而让"各军营垒若断若续,若即若离,令贼不觉"[1]奏稿二305。与此同时,他命令粤军记名总兵郑绍忠带所部6000人在长沙墟驻扎,与方耀部、闽军驻丙村部形成对嘉应州南部的长围;又请广东方面调水师前往三河坝,防汪海洋部从水路逃窜。①

左宗棠如此大费周折,就是想"四面锁围,庶免流毒他方"[1]奏稿二305,将太平军聚歼于嘉应。十二月十二日(1月28日),汪海洋见官军包围日紧,率队由东出击,与刘典、高连陞等部队展开大战。汪海洋在激战中被枪子击中头部,抬回州城后早已气绝。十三日,鲍超大军开抵平远县,于十二月十七日(2月2日)进至相公亭。同日,左宗棠发起对嘉应州城的总攻。各路军迅速合围。十二月二十一日(2月6日),左宗棠拔营进至嘉应州城东井城,上前线亲自督战。二十二日深夜,被推为领导的太平军偕王谭体元下令开西南门出城逃窜,高连陞、黄少春等闻讯于当夜四更从东门入城。太平军在南方的最后一个据点嘉应州城陷落。

嘉应陷落,太平军数万之众撤往黄沙嶂。黄沙嶂为嘉应州南险隘,太平军急切间不得全过,很快被清军追上,谭体元在黄沙嶂北受枪伤落马坠崖。数万太平军于十二月二十三日(2月8日)在北溪、丰顺县北一带被包围,先后投降。嘉应战事结束后,左宗棠于十二月

---

① 长沙墟,今梅州市梅江区长沙镇;丙村,今梅州市梅县区丙村镇;三河坝,今梅州市大埔县三河镇,位于大埔西部,因梅江、汀江、梅潭河三江在境内交汇而得名。

二十五日（2月10日）返回松口大营，安置降众、部署各军继续搜剿。谭体元则于同治五年正月二十一日（1866年3月7日）被黄少春盘获，解往左宗棠松口大营后被杀。至此，江南太平军余部被左宗棠部尽行攻灭，清廷因此赏左宗棠双眼花翎。

正月二十四日（3月10日），左宗棠由潮州取道诏安回福建，二月十八日（4月3日）抵福州，督师闽粤的战事至此结束。

凯旋福州后，幕客吴观礼作嘉应班铙歌①，"金盘堡，班师回，金盘岭，率师来，七岁徂征五行省，东南澄镜无纤埃。……父老欢迎窃相语，元戎勋业照古今"[2]96，赞扬左宗棠咸丰十年进兵江西到同治五年这七年间鏖战江西、平定浙闽之功。

只是，因镇压闽浙边境太平军而导致同多年好友郭嵩焘失和，多少冲淡了左宗棠凯旋的喜悦。

【注释】

[1] 左宗棠. 左宗棠全集［M］. 长沙：岳麓书社，2009.
[2] 秦翰才. 左宗棠全传［M］. 北京：中华书局，2016.

---

① 铙歌，军中乐歌。

第十一章　与郭嵩焘也闹翻了

同治四年五月，经过左宗棠军的督剿，太平军余部在福建已难以立足，被迫退至广东，占领镇平。这引起了同治二年六月二十九日（1863年8月13日）起署理广东巡抚的郭嵩焘的担忧，并认为左宗棠有"驱贼入粤"、将太平军从福建赶往广东之嫌。

郭嵩焘这一心理，左宗棠应该说是了解的，也表示理解。但对于"驱贼入粤"的说法，他并不承认。在这年三、四月间给李鸿章的信中，左宗棠就说，"筠仙每以驱贼入粤为虑，亦实因所处致然。然入闽、入粤，均是公患，并无此疆彼界之可言也"[1]书信一566。

相反，左宗棠认为，正是由于广东方面的不配合，才使得太平军余部迟迟未能剿灭。由此，引发郭左两人之间更大的矛盾，并导致同治五年的恩断义绝。

1　矛盾初起

同治四年（1865）三、四月间，当以汪海洋为主力的太平军余部被左宗棠军击败退回广东时，粤军非但没有及时迎击以形成前后夹击之势，反而缩守嘉应州城。如此贻误战机，让左宗棠觉得非常可惜。他向好友蒋益澧以及福州将军英桂、福建巡抚徐宗幹抱怨广东方面未能夹击，以致汪海洋得以逃脱、避至镇平，认为广东方面此举不但"殊可惜也"而且"可怪也"。[1]书信一590,596

而在郭嵩焘看来，战机贻误是因为左宗棠部驱贼入粤又迟迟不敢进剿造成的。六月二十五日（8月16日），他会同署两广总督瑞麟上折，先批评江西近 10 万精兵围追半年，没能全歼太平军，只是将他们赶到福建；而福建方面近 10 万精兵追剿八九个月的结果，也只是将太平军赶到广东。现在，江西、福建防军距太平军远在百里或数百里之外。为此，郭嵩焘和瑞麟请求朝廷饬令江西、福建两省迅速进兵，与粤军联合作战。[2]228

太平军余部本有李世贤、汪海洋两支主力共十多万人，经过左宗棠部的追剿，李世贤部基本被消灭，只剩下汪海洋部几万人。郭嵩焘此折，并不符合实情。但此时，太平军余部在广东已盘踞一个多月，因此清廷接到奏报后，认为郭嵩焘等"所见甚是"，下旨要左宗棠等摒弃门户之见，迅速调派所部进兵围剿，不得拖延观望。

三、四月间粤军没有前来堵截，左宗棠虽有不满，但只是和朋友、同僚、家人发牢骚；而郭嵩焘一上来，就奏报朝廷。《郭嵩焘年谱》就认为：郭嵩焘、瑞麟此折，有暗指江西、福建军进剿不力，"株守门户"之意，是对左宗棠的指责。[3]341

这无疑引起左宗棠的不满。他愤怒地对福州将军英桂、福建巡抚徐宗幹说，楚军高连陞部、黄少春部、刘清亮部距镇平仅 30 余里，康国器部更是早就开始进攻镇平的南部和东部，距离镇平不过十余里，而"粤军近者七八十里、百余里"[1]书信—596。在这种情况下，瑞麟、郭嵩焘等反倒说楚军不迅速进兵——如此罔顾事实，也难怪左宗棠生气了。

2 为何要纠参郭嵩焘？

这年七月起，左宗棠军开始进兵镇平，并在东南、东面、北面三面形成对镇平的包围。但直到八月十二日攻克镇平，粤军始终未能从西面完成对镇平的包围，致使汪海洋余部从镇平西门逃脱，败往平远。汪海洋余部在败退途中，还会同广东当地起义军在兴宁县境黄陂墟设伏攻击了尾追而来的左宗棠军高连陞、康国器部。而粤军虽距兴宁不过百里，却没有派兵前来救援，使得汪海洋乘机率领大军甩脱楚军的尾追，出罗浮司，挺进江西南境。

此战之后，左宗棠在家书中对儿子孝威说："郭叔如何布置情形，

未见一字，昨克镇平，亦未见粤东一卒一骑相助，不知其何说也。"[1]家书诗文94—95

左宗棠军虽然收复镇平，但未能歼灭汪海洋部主力，太平军余部依然活跃于广东、江西一带。为改变广东境内粤军和楚军、江西军主客混杂、各自为战的混乱局面，清廷接受前江西巡抚孙长绂的建议，于八月十三日下旨，令左宗棠立即驰赴粤境，同时将江西、广东前来助剿的部队归左宗棠节制，统一指挥三省部队。[1]奏稿二244也就是受命督粤之后，左宗棠开始了对广东军务的纠参。

一、九月初五日第一次纠参，提出李鸿章、蒋益澧为广东督抚人选。

九月初五日（10月24日），左宗棠接到让其进驻粤境、节制三省兵马的谕旨。由于此时太平军余部已被赶出广东、逃往江西，因此左宗棠认为无须入广东调遣各军。于是，两天后，他上折希望朝廷收回旨意。

同在此折中，左宗棠首次对粤军在收复镇平战役中的失误提出批评——他告诉朝廷，由于粤军没有堵住镇平西部，以致汪海洋部从镇平西南逃出，窜犯江西。汪海洋部逃出后，粤军也没派兵前来助剿，"闽军穷追六昼夜，粤东竟无一骑一卒会剿也"[1]奏稿二245。

结合实例批评广东督抚所选的方耀、卓兴等三员大将难以胜任的同时，左宗棠认为"办贼必须得人，用兵必须选将"[1]奏稿二246，否则广东兵事将无了期。在奏折的最后，左宗棠说，如果能有像李鸿章、蒋益澧这样的将帅去办理广东军务，何愁祸乱不平，"若得治军之才，如李鸿章、蒋益澧其人，祸乱庶有豸乎？"[1]奏稿二246

话虽比较含蓄，但更换广东督抚之意已明。《郭嵩焘年谱》就认为，左宗棠此番言语，无疑是在批评广东督抚不胜职任，应该以李鸿章、蒋益澧代替瑞麟、郭嵩焘。[3]351这是左宗棠对郭嵩焘等的第一次参劾，也是左宗棠想让蒋益澧出任广东巡抚的最早证据。

二、九月十八日第二次纠参，使得郭嵩焘遭明降谕旨申饬。

第一次纠参折上后不久，九月十三日（11月1日），左宗棠接到朝廷谕旨，要他对广东督抚究竟为何不和进行调查、如实上奏。

朝廷是如何知道广东督抚不和之事呢？并非左宗棠奏报，而是因为郭嵩焘的请辞折。

八月初一日（9月20日），郭嵩焘曾上折恳请辞职，同时附片沥陈广东督抚不和，参劾总督瑞麟贻误军务、纵容幕宾、虚报军功等情形。

郭嵩焘提出辞职，虽然有复杂的原因，但最直接的因素，是和两任总督毛鸿宾、瑞麟关系不和——督抚同城，关系向来难处。按例，巡抚为从二品，加侍郎衔者为正二品，但郭嵩焘是以三品衔署理广东巡抚。或许正是基于此，两任总督都将郭嵩焘这位巡抚视若幕宾，更多是让其负责给总督改订奏章。郭嵩焘因此心中渐有不平。在同治三年十月十三日（1864年11月11日）的日记中，郭嵩焘就写道，"居粤年余，不过为督辕供一幕友之职而已"[4]第二卷179，不满之情，溢于言表。

同治四年七月十八日（1865年9月7日），认为汪海洋久踞镇平，长乐失守、惠州戒严，方耀、卓兴等广东将领进剿不力，郭嵩焘提出自己带兵前往惠州剿贼并整顿军务。觉得郭嵩焘想染指自己的兵权，当着各司道的面，署理两广总督的瑞麟大加反对，讥讽郭嵩焘"立论离奇"，并威胁说如果郭带兵出剿，很可能会酿成方耀、卓兴兵变。瑞麟如此不尊重郭嵩焘，"司道等至传以为笑"，两人的矛盾公开化。[2]246 如此一来，郭嵩焘在广东已再难以树立威信。

此时太平军正活跃在广东境内，朝廷自然担心广东督抚不和影响攻剿太平军大局，因此下严旨要求左宗棠调查覆奏。左宗棠九月十八日（11月6日）所上的《复陈广东军务贻误情形折》，就是对朝廷此旨的回复。

九月十三日接到谕旨，九月十八日即上折，应该说左宗棠并没有进行认真调查。个中原因，他在附片中加以说明——自己与郭嵩焘有姻亲关系，请求回避，要朝廷另派大员前来调查。[1]奏稿二272

由于郭嵩焘原折中谈及广东布政使李福泰在镇平失守20多天后还不禀报、方耀不敢与贼作战等贻误军务情形，因此，左宗棠再次以八月份攻打镇平时卓兴、方耀不能及时防堵镇平西南为例，证明郭嵩焘所言不虚。除此之外，左宗棠指出，广东军事之误，还包括：当太平军还在福建境内时，没有积极防堵，让太平军从夹缝中逃出，而反过来指责楚军驱贼入粤；不愿负担娄云庆军入粤兵饷，以致娄军没能入粤防守，使得平远、镇平被太平军攻占。并批评署两广总督瑞麟纵容方耀、卓兴而不据实奏参，支持郭嵩焘提出的驱逐瑞麟幕宾徐灏的请求。[1]奏稿二270—271

但与此同时，左宗棠在奏折中非但没有为郭嵩焘转圜，反而不留情面地予以批评。他批评郭对督抚不和一事处置不当，没有及时向朝廷奏报，而是委曲求全，最终贻误事机。左宗棠告诉朝廷，自己早就和郭嵩焘说"圣明在上"，遇事应当如实禀报，等候朝廷公断。① 而郭嵩焘对此并不赞同，复信说"时艰同值，宜委曲以期共济"，如今看到广东兵事已经难以收拾，忧惧交加，才上奏直言，可谓为时已晚。更为关键的是，左宗棠在复奏时直言郭嵩焘难以胜任广东巡抚之职，"郭嵩焘勤恳笃实，廉谨有余，而应变之略非其所长"。至于郭嵩焘称病辞职被朝廷批评为"负气"和"不据实陈奏"，在左宗棠看来，都是咎由自取。[1]奏稿二271

十月十二日（11月29日），朝廷"明降谕旨，将瑞麟、郭嵩焘严行申饬，并令瑞麟将幕友徐灏驱逐"[1]奏稿二274。和寄谕只是接到谕旨者本人知晓不同，朝廷此次处分，是明发谕旨。如此一来，瑞麟、郭嵩焘挨批评之事，变得朝野皆知。

在外界看来，这是郭嵩焘与左宗棠结怨的开始。《郭嵩焘年谱》就评论说，当郭嵩焘得知由左宗棠奉旨调查他和瑞麟不和之事时，还一度希望左宗棠对他有所袒护，殊不料左宗棠不但将其和瑞麟相提并论，而且"落井下石，乘机倾陷"，因此与左宗棠结怨。[3]359

客观而言，左宗棠此折占篇幅最多的，是批评卓兴、方耀；其次是批评瑞麟；关于郭嵩焘的篇幅最少。而且，朝廷对瑞麟的处分要比对郭嵩焘的重。另外，从附片请求回避这点可知，左宗棠并不想插手

---

① 事实上，左宗棠是将后面发生的事情前移——他是上此折后才写信如此劝告郭嵩焘。具体考证过程，详见《左宗棠传信录》第四章。

查办广东督抚不和之事。

三、郭嵩焘不愿意给鲍超军队供米导致左宗棠的第三次纠参。

八月从镇平逃出后，太平军余部转战江西、广东边境，并进入江西。十月二十一日（12月8日），在江西屡遭败绩的汪海洋部窜回广东，占据嘉应州城，声势复振。一时间，军情变得紧急。为此，左宗棠一改初衷、奉旨入粤督战并节制闽粤赣三省助剿部队。与此同时，他催调鲍超所部大军由平远趋嘉应西北，前来助剿。到十一月底、十二月初，左宗棠指挥楚军已从东路、东南、东北及北路对嘉应州形成包围，专待鲍超及江西席宝田、刘胜祥等军进扼嘉应西北之相公亭、大坪两路，便可四面锁围。

鲍超一军一万二千多人，所需军饷由江西承担，但"军米、子药为一刻不可缺误之事"[1]书信一640，需要源源不断供应。左宗棠原计划每月给鲍超军供粮240石，但鲍超嫌少，最终增至每月300石。考虑到鲍超一军行进路线为江西、广东之间的山区，产粮本来就少，加上不懂广东话，采买更难。为此，十二月十二日（1866年1月28日），左宗棠向朝廷提出先由福建拨银16000两作为经费，请广东派员设局帮忙为鲍超一军采买军粮。至于江西席宝田、刘胜祥两军所需粮食，则由江西筹银3万两，同样交给广东方面代为采买。

奏报朝廷之前，左宗棠写信给郭嵩焘，希望广东方面购买鲍超一军所需粮米。[1]书信一641但郭嵩焘以广东无此先例为理由，没有答应！

之后，左宗棠还以亲身经历为例，试图说服郭嵩焘。他告诉郭嵩焘：广东之所以没有设采米局、转运局，是因为这些年没有经历过大仗。像他自己，包括胡林翼、曾国藩，在与太平军作战时，为了数万大军的粮草，都设有这些机构。[1]书信一641与此同时，左宗棠透露，楚军现在入粤作战，还在厦门、潮州、汀州、永定、大埔等地设转运、派人买米。他希望郭嵩焘即使不为鲍超军专门设局、设转运，也应当派专人负责采办。

鲍超军能战，但有索饷、哗变传统——同治四年四、五月间，因为军饷发放不及时，鲍超带往甘肃"剿"捻的8000人就在湖北金口发生溃变；而被派去福建援剿的其余鲍超部兵勇，也闻讯哗变，两股势力甚至准备会合攻打江西省城。[5]书信七420 左宗棠在向郭嵩焘介绍鲍超军此陋习的同时，力劝郭嵩焘以大局为重，不要过分纠缠于琐屑事情而影响大局，"天下事莫不败于寻常琐屑之人；治大国不可以小道理；天下事当放手做。是三言者，愿为明公诵之"。[1]书信一642

左宗棠虽苦口婆心，但郭嵩焘依旧不愿意为鲍军采买全部军粮，只答应每月暂垫付银一万两为鲍超军采买粮食。按照当时的粮价，一万两大约能买 150 石，只够鲍超军军粮的半数！这自然影响鲍超进兵嘉应州的积极性。

此时，汪海洋部占据嘉应已 40 多天，楚军虽已在三面形成合围，但为了等待鲍超军，始终未敢前进——害怕因此让太平军警觉而窜平远、兴宁，无法一举歼灭。面对郭嵩焘的迂琐，左宗棠无奈之下，只好从康国器 4 万两军饷中挪出 1 万两，迅速派员赴兴宁为鲍军买米，加上武平所购，总算凑足鲍超军队米粮。经左宗棠一番调度，鲍超军终于放心前来，于十二月十三日（1866 年 1 月 29 日）开抵平远县，十二月十七日进至相公亭。同日，左宗棠指挥楚军形成对嘉应州城的包围。

郭嵩焘的拒绝，大大出乎左宗棠的意料，也让左宗棠颇为伤心。他对郭嵩焘说，"不图阁下惜此米价，欲鲍军之入而闭其门……此后弟再不敢一字奉商矣"[1]书信一646。而郭嵩焘的行为，直接刺激左宗棠上折对广东事务进行第三次参劾。

十二月十二日（1866 年 1 月 28 日），左宗棠上了《陈明广东兵事饷事片》，痛陈广东兵事、饷事之弊端，认为"广东一省，兵事实无足观，而饷事亦不可问"，必须有明干开济之人，才能承担用兵和筹饷的重任。为此，他建议朝廷饬令蒋益澧赴粤督办军务，"浙江布政使蒋益澧，才气无双，识略高臣数等，若蒙天恩，调令赴粤督办军务兼筹军饷，于粤东目前时局必有所济"[1]奏稿二309。

此折决定了郭嵩焘的命运。同治五年正月初八日（1866 年 2 月 22 日），清廷下旨，让蒋益澧督办广东军务——"命浙江布政使蒋益澧驰赴广东办理军务，兼筹粮饷"[6]卷一六五。对此，《郭嵩焘年谱》点评为：是无异保益澧以代先生。[3]373

为什么这样说呢？按惯例，一省军务应当由总督总管、提督分管，并非巡抚的主要职责。广东军务方面，有署粤督瑞麟，有提督高连陞，而且高连陞就在广东。蒋益澧以浙江布政使这一文官职务调来广东督办军务，该处何位置？再看"兼筹粮饷"四字，可知蒋来广东负有行政使命，将来出任巡抚可谓顺理成章——当年左宗棠就是先督办浙江军务后迅速出任浙江巡抚的。

果不其然，正月二十三日（3月9日），清廷接到左宗棠等所上的收复嘉应州、全歼太平军余部的捷报；二月二十六日（4月11日）即下旨命郭嵩焘来京、另候简用，而以蒋益澧为广东巡抚。五月初四日（6月16日），郭嵩焘与蒋益澧交接，结束其将近3年的署理广东巡抚生涯。五月二十日（7月2日），郭嵩焘离开广州，但并未遵旨进京，而是回湖南老家。同治六年正月十二日（1867年2月16日），清廷任命郭嵩焘为两淮盐运使。[7]这是郭嵩焘署理广东巡抚之前所担任的职务，可谓降职使用。郭嵩焘见此，便以生病为由、没有赴任，直到同治十三年（1874）才被重新起用。

3 如何看待左宗棠与郭嵩焘的矛盾？

根据《郭嵩焘日记》，同治五年四月初六日（1866年5月19日），还在广州的郭嵩焘就写信给曾国藩、曾国荃、刘坤一等，将被免广东巡抚之委屈"遍告同人"，同时抄送批评左宗棠的两封书稿。

由于郭嵩焘晚年自焚了不少信函著稿，以致岳麓书社2012年版的15卷本《郭嵩焘全集》中，竟然没有一封郭嵩焘在同治四年至同治五年初写给左宗棠的信。而根据《郭嵩焘日记》，在此期间，他给左宗棠写了不下10封信。

批评左宗棠的那两封书稿，无论是翻检王先谦的《养知书屋遗集》①，还是岳麓书社的《左宗棠全集》，以及《郭嵩焘全集》，都没有发现。不过，《郭嵩焘全集》收录了四月初八日（5月21日）他写

---

① 郭嵩焘临终前曾检索自己的文稿，交王先谦编辑。

给湖南巡抚李瀚章的信,信中痛诉左宗棠陷害自己的同时,也谈及这两封信,"粤之不幸,尤鄙人之不幸也。左帅蓄意相倾,犹可忍;既相倾矣,又肆用其陵暴,且至与此公①比而倾我。……略以一书相诘问,遍告同人,以求共白。谨抄呈尊览,亦以见世路之险,而仕官之不可久居"[8]集部一183。相信,郭嵩焘给曾国藩等人的书信,大体也持此论调——被解除广东巡抚一职,郭嵩焘颇为愤怒,难以接受。他认为,是因为左宗棠蓄意陷害的结果,而且左宗棠是和署理两广总督瑞麟合谋陷害他。

同治十三年,郭嵩焘奉命进京陛见。第二年,也就是光绪元年八月,他写信给时任两江总督的沈葆桢,还不忘8年前左宗棠参劾之事,"左君以强很济其偏私,四折相倾……自为左君所倾,茫然无以为解,郁郁不自聊"[8]集部一250。

光绪十五年(1889),年已71岁的郭嵩焘衰病缠身,自觉时日不多,九月初九日(10月3日),他写就《玉池老人自叙》,概述一生事迹。此时,左宗棠已于4年前去世,距郭嵩焘被解任广东巡抚已过去20多年。但忆起此事,他依然对左宗棠充满怨恨,"一生读书行己及稍涉仕宦,多受朋友之益,而于友朋多愧未能自尽其力。然其倾诚待人而受人反噬者,亦多有之。最不可解者,与某公至交三十年,一生为之尽力,自权粤抚,某公来书,自谓百战艰难,乃获开府,鄙人竟安坐得之,虽属戏言,然其忮心亦甚矣。嗣是一意相与为难,绝不晓其所谓,终以四折纠参,迫使去位而后已"[8]集部三773—774。

这里的"某公",指的就是左宗棠,在《玉池老人自叙》,郭嵩焘还有不少责备左宗棠之语,"某公不察事理,不究情势,用其诡变陵砾之气,使朝廷耳目全蔽,以枉鄙人之志事。其言诬,其心亦太酷矣"[8]集部三775。"某公于嵩焘在粤筹饷情形,亦能知其节要,而蓄意攘夺此席,畀之蒋君(指蒋益澧),不惜戈矛相向,任意诬蔑,以恣其排抵,乃使区区勉求自尽之功,实一力扫刮之,反据以为罪。呜呼!

---

① 这里的"此公",指署粤督瑞麟。

抑何酷也"[8]集部三775。即使时光已过去120多年，从这些言辞激烈的语句中，我们依然能体会到郭嵩焘内心痛苦之烈、对左宗棠愤懑之深。

此前，郭嵩焘和左宗棠曾交好近30年。

他们是患难之交：咸丰二年七月，长沙被太平军包围。正在家居父丧的郭嵩焘、郭崑焘兄弟，带着家眷，和左宗棠、左宗植兄弟一家躲避于玉池山（东山）梓木洞及白水洞，可谓患难之交。

郭嵩焘有大恩于左宗棠：咸丰八年十二月初三日（1859年1月6日），咸丰皇帝召见当时入值南书房的郭嵩焘，问及左宗棠。郭嵩焘盛赞左宗棠："左宗棠为人是豪杰，每谈及天下事，感激奋发。皇上天恩如果用他，他也断无不出之理。"[4]第一卷203—204 尤为重要的是，咸丰九年下半年起，因原永州镇总兵樊燮先后到湖广总督署、京城都察院控告骆秉章等并牵扯到左宗棠，咸丰帝将此案定性为"案关镇将大员侵亏营饷并各员挟嫌陷害、滥邀保举，情节较重"，是郭嵩焘最先说服潘祖荫上折奏保左宗棠，说"国家不可一日无湖南，即湖南不可一日无宗棠也"，为左宗棠最终从此案中解脱立下了汗马功劳。

郭家和左家是亲戚：郭嵩焘之女嫁给了左宗棠兄长左宗植之子左浑。

因此，如果郭嵩焘在给曾国藩等人的信中以及在《玉池老人自叙》中所说皆为事实，那左宗棠确实是一位忘恩负义之人。

但左宗棠并未承认郭嵩焘被解职是因为自己的参劾。光绪二年（1876），在给好友刘典的信中，左宗棠明确否认了因自己参劾而导致郭嵩焘去职的说法，"郭筠仙与弟凶终隙末，谓其署抚由弟劾罢，死不甘休。此等意见从何说起？"[1]书信三42

而且，《玉池老人自叙》中的记述，有不少失实夸大之处，须读者、引用者注意。比如郭嵩焘写道，正是自己当年劝说曾国藩、左宗棠出山，去信劝说已经离开曾国藩的李鸿章重投曾氏门下，才有三人后来的发迹，"三人者，中兴元辅也。其出任将相，一由嵩焘为之枢纽，亦一奇也"[8]集部三759。这一说法，就被史家认为夸大。

具体到左宗棠奏参郭嵩焘一事，《玉池老人自叙》的记述也不尽属实。比如，书中批评左宗棠"四折纠参，其立言大都以不能筹饷相责"[8]集部三774 显然有误。因为,除《陈明广东兵事饷事片》主要说军饷和潮州厘金事之外,其他像《复陈近日贼情恳收回节制三省各军成命折》《复陈广东军务贻误情形折》,左宗棠只字未提军饷之事,更多是说广东军务贻误情形。因此,郭嵩焘在《玉池老人自叙》中大谈办理潮州厘金和广东军饷的成绩,可以说答非所问、避重就轻。

该如何看待左宗棠与郭嵩焘在同治四、五年间的矛盾呢?

一、郭嵩焘最早奏请左宗棠入粤督师。

当福建全境肃清时,由于江西南部防守严密,太平军转移到广东。如此一来,楚军想歼灭太平军余部,就得越境追剿、进兵广东。

对此,正与总督瑞麟关系不和的郭嵩焘,一开始是欢迎的。而且,正是郭嵩焘,最早奏请左宗棠入粤节制三省兵马。

因此,同治四年八月三十日(1865年10月19日)接到朝廷让左宗棠入粤节制三省兵马谕旨时,郭嵩焘是十分高兴的。他在当天的日记中写道:孙小山此奏,与(鄙人)八月初一日所奏同意,亦如前奏恽次山一件,均落第二义矣。[4]第二卷304

孙小山,即前江西巡抚孙长绂。正是他的奏请,朝廷下旨令左宗棠赴粤督剿汪海洋部,并节制福建、江西、广东三省援剿兵马。郭嵩焘说孙长绂的奏请比他的晚,这并非虚言。更早前的六、七月份,郭嵩焘就有请左宗棠督师的想法,但广东官员并不赞成,"七月廿九日,司道来见,以东江军务非粤军所能了,予前议请左帅督办,故相不谓然也"。[4]第二卷295

尽管广东官员不同意,郭嵩焘八月初一日上折请辞署理广东巡抚、参劾总督瑞麟时,还是正式奏请朝廷饬派左宗棠督师闽粤、进剿镇平太平军余部。他在奏折中说,"左宗棠深悉贼情,江、闽各军皆其旧部"[2]247,指挥起来比较便利。他认为,太平军余部如今活跃在福建、江西、广东三省交界处,三地兵马本各有统辖,"非有左宗棠之威望",难以让各军帖服。郭嵩焘还告诉朝廷,五月份当镇平被太平军占领时,他就和瑞麟商量,请其奏调左宗棠前来广东督办,"臣于镇平再陷之际,商请瑞麟,奏饬左宗棠移师督办"。

这是朝廷大员中,最早奏请左宗棠督师入粤围剿太平军的。

二、郭嵩焘最初快意于左宗棠对广东的批评。

九月初七日（10月26日），左宗棠上《复陈近日贼情恳收回节制三省各军成命折》，批评粤军未能积极防堵、广东督抚未能选将得人。当时正与瑞麟闹矛盾的郭嵩焘看到此折及朝廷的处置后，自觉惭愧的同时，心中甚至有一种快意之感。在十一月十八日（1866年1月4日）的日记中，郭嵩焘认为左宗棠的参折"发聋振聩之功可喜"的同时，还嘲笑被朝廷处分的瑞麟"世间都是可怜虫"。[4]第二卷330

也是在九月份，左宗棠与郭嵩焘之间的矛盾开始表面化——左宗棠于九月间的一封信中透露，郭嵩焘曾不满自己没有让郭杨两军前来广东助剿太平军余部，并责怪自己在奏折中没有提及粤军收复诏安、平和的功劳。左宗棠在回信中解释粤军并没有参与诏安之战，自然不能叙功，同时友善提醒郭嵩焘要明察粤军诸将功罪，不要再出现像方耀进攻大埔时损兵折将却谎报杀敌近万的情形。[1]书信一587—588

九月十八日（11月6日）左宗棠上《复陈广东军务贻误情形折》前后，郭左之间进入了责怪和开始批评的阶段。十月十二日（11月29日）的一封信中，左宗棠责问郭嵩焘：楚军高连陞、黄少春已经入粤境帮着赶跑太平军、收复镇平了，你还坚持认为福建方面"驱贼入粤"，合适吗？"阁下于镇平未克之前，疑高、黄之不入粤，康军入粤为少为，仍是固闽之意，然耶？否耶？"[1]书信一622此时距郭嵩焘上折批评左宗棠"驱贼入粤"已过3个月，左宗棠对此依然耿耿于怀。

三、嘲笑郭嵩焘显示左宗棠德行有亏。

同治四年七月底、八月初开始，在给部属和儿子的家书中，左宗棠评价郭嵩焘"迂琐"：他提醒部将高连陞进入广东要多加注意，"郭中丞性近迂琐，所用各大将均是广东滥崽，……入粤以后，均须留神也"。[1]书信一605。此后，在给京城好友夏芝岑、给儿子孝威的信中，左宗棠都直言郭嵩焘"迂琐"。[1]书信一645;家书诗文97

"迂"，迂腐、不会变通；"琐"，细碎。左宗棠此评价，大体是认为郭嵩焘是个书呆子，办事不会变通，而且不善于抓全局、谋大事。除此之外，此时期左宗棠的书信中，还有"才不副其志""才短气急"等几乎对郭嵩焘全盘否定的言辞。[1]书信一645,648

187

郭嵩焘是读书人，进士出身，自视颇高，对于左宗棠这样的评价，自然难以接受。十一月十一日（12月28日），在平和的左宗棠连续接到郭嵩焘两封书信。在信中，郭嵩焘一诉粤抚任内委屈，二是认为左宗棠对其"好官好人，微近迂琐"的评价过于苛刻。

同治四年底，左宗棠回信解释为何认为郭嵩焘"迂琐"的原因：署理广东巡抚两年来，不在识拔人才等大事上留心，却在细微处精打细算，"此其所以近于迂琐也"[1]书信一633。左宗棠为此还举了三个例子：其一是因为给的饷银太少，以致淮军郭松林、杨鼎勋部不愿去广东帮忙攻剿太平军。其二是高连陞已被任命为广东陆路提督，广东一方面希望高连陞带兵前来助剿太平军，却又不肯为其承担军饷。不但如此，当福建为高连陞部拨付军饷时，广东方面竟然提出要扣还先前垫发的4万两。其三是明知武将没有筹饷之权、谋饷之才，广东还是不愿为前来助剿太平军的鲍超军筹米粮。为此，左宗棠批评广东方面和郭嵩焘遇事只知推诿，"谥之迂琐，不亦宜乎？"[1]书信一634

更让郭嵩焘难以接受的，明知自己和两任总督毛鸿宾、瑞麟关系不好且对毛、瑞深为不满、不屑，左宗棠还直言郭嵩焘连毛、瑞二人都不如——不但才干不如，就是见识也不如，"使公处毛瑞之地，吾窃料公所为亦无以远过毛瑞也"[1]书信一642。这让郭嵩焘岂能不生气？

嘲笑的同时，在给郭嵩焘的信中，左宗棠还不断自我表扬：

比如收复浙江全境之功，左宗棠在这期间至少跟郭嵩焘说过两次，称赞自己刚刚到浙江时，只有衢州一座城池，率孤军转战两年多后，不但收复浙江全境，同时恢复了民生——使浙江财政不但能自给，还能上贡京师、下济福建。[1]书信一622,642

等到同治四年十二月底收复嘉应州、全歼太平军余部后，左宗棠志得意满之情更是溢于言表。他曾在信中毫不掩饰地向郭嵩焘夸赞自己在此战役中平定快速、调度周密，"度阁下览至此，亦必服其戡定之敏、调度之周"[1]书信一648。

左宗棠自小就爱自夸，"每一艺①成，喜自负"[9]6。他自己曾回忆，十四五岁时，每写完一篇文章总是要假装不知文章作者是谁、大惊小怪地夸奖一番，"余时年十四五，好弄，敢大言"[1]家书诗文300。但通观左宗棠与其他人的通信，罕有这样的嘲笑、挤兑之语。为何在与郭嵩焘的通信中，左宗棠如此放浪形骸、毫无顾忌呢？

或许他觉得，自己和郭嵩焘相交多年，彼此应该都很了解对方、不必掩饰。或许他觉得，在追剿太平军余部一事上，自己为朝廷尽忠尽责，所作所为占理，因此有理难免声高。他自己就对郭嵩焘说，"因忠而愤，以直而亢，知我罪我，听之而已"[1]书信一648。

但无论如何，如此贬损有恩于自己的好友郭嵩焘，显示出左宗棠德行有亏的一面。

4 失和的两个其他原因

一、性格冲突。

首先两人均非心胸开阔之人，否则，左宗棠不至于对郭嵩焘"驱贼入粤"的批评耿耿于怀将近半年之久，郭嵩焘也不至于因记恨左宗棠不让淮军郭杨两部入粤而不同意给鲍超军筹米。客观而言，就鲍超军米一事，郭嵩焘处置不当，不顾官军正围攻嘉应州太平军这一大局——"迂"者，不会变通也；"琐"者，只关注眼前小利而忽视长远利益也。从这点上说，左宗棠批评郭嵩焘"迂琐"也并不过分。

再者两人性格都有急切的毛病。同治五年五月初四日（1866年6月16日），曾国藩对郭嵩焘的弟弟郭崑焘说："令兄每遇褊急之时，有所作为，恒患发之太骤。"[5]书信八5727同治十三年（1874），郭嵩焘奉命进京陛见，十月二十日（11月28日）从长沙启程北上，途中在湘阴停留数日。临行前，湘阴县县令冒小山对他说："大人心地开爽无城府，然世路崎岖，人心叵测，一切愿求慎重。"郭嵩焘闻此语"悚然"，觉得冒小山此语切中自己的要害。他在日记中反思，自己平生

---

① 艺即制艺，是八股文的别称。

与人发生矛盾，多半是由于言语激切、说话过急过直的缘故，"生平愚直，……自问无取恶之道，而所在抵牾，则由语言激切之故。冒君此言，深中隐微"[4]第二卷844。

而左宗棠，自认也是心直口快之人。在给友朋的信中，他曾评价自己"疏狂婞直，久不见谅于人"[1]书信一618。"婞"，倔强固执；"直"，心直口快。看来，左宗棠与郭嵩焘的缺点都很相近。

二、骆秉章祖坟案火上浇油

同治二年（1863）正月，广东花县生员邓辅廷在切近骆秉章明代祖坟旁挖了三个墓穴，埋葬自家的骨殖坛子，被骆氏宗族告到县城。但当时的县官并未进行丈量，只是将邓氏所挖墓穴清理后即行拟结。时为四川总督的骆秉章为此咨明广东督抚核实查办，免留后患。署理广东巡抚的郭嵩焘奏复说，邓氏挖的坟穴，离骆的祖坟一丈之外，符合广东现行章程和当地风俗，难以定罪。骆秉章不服，复咨礼部、刑部。礼部、刑部裁决认为邓辅廷做法不对，"系在例文禁步之内"，应照例对邓氏科罪；同时指出"郭嵩焘所称该省现行章程，系与礼部定例不符"。[6]卷一四四

但郭嵩焘并不服气，复奏认为广东省现行章程更加符合广东地方情形，反对适用部例。骆秉章因此继续上奏。此番争论延至同治十年七月方告一段落——最终，朝廷采纳了郭嵩焘提出的折中主张，"所有官山坟地无力升科者，应仍遵同治五年部议，以横直二丈为限，有力升科者，即按定例庶民茔地九步，穿心十八步为率"[6]卷三一六。而此时，骆秉章已经去世了4年。

骆秉章与左宗棠相处七八年，情感融洽。祖坟案爆发之初，左宗棠就认为郭嵩焘的做法过于操切。同治五年，他对新任广东巡抚蒋益澧表示此事郭嵩焘处理得十分不妥，"筠仙于骆吁公先茔一事，处置殊欠允协……以势豪例之，悖矣！"[1]书信一661

此事，左的观点不一定就对，但鉴于骆秉章与左宗棠关系之亲近，郭嵩焘此举足以引发左宗棠的不满。

5 晚年郭嵩焘对左宗棠更为不满

有一点多为史家所忽略,那就是——关于被免去署理广东巡抚一职,在同治四、五年间和晚年之际,郭嵩焘的心境是不一样的。

出任署理广东巡抚之后,郭嵩焘过得并不如意——除了与总督关系不和之外,曾因勒捐助饷操之过急而引起广东民众强烈反对并招致朝廷批评,下旨令其"未可一意孤行,致失人心"[4]第二卷209;又因粤海关未能及时解送给内务府的银两而遭"交部议处"。更为严重的是,同治三年(1864)十一月,郭嵩焘和两广总督毛鸿宾捐廉助饷后请求朝廷改"交部从优议叙"为"移奖子弟"——即为自己的孩子请求封赏,被廷旨批评为"意存计较,不知大体,所见卑陋,命将捐银发还,撤销从优议叙,并交部议处"[3]306。十一月二十三日(12月21日),更是下旨将毛鸿宾和郭嵩焘革职留任。

种种不如意,让原本踌躇满志的郭嵩焘在同治三年年底开始就有辞职的念头,当时曾国藩、李鸿章等先后来信劝阻。

同治四年八月初一日(1865年9月20日),郭嵩焘还是以身体有病为由,奏请开缺广东巡抚一职,但未获准。因为在任上过得不如意,故同治五年得知被免职后,郭嵩焘虽有不满,但多次表达了不无解脱之感。这年正月廿六日(1866年3月12日),他在日记中写道,"致蒋芗泉一信,以左帅奏令来粤,意在排挤(鄙人),不知(鄙人)七月一疏,原拟举蒋自代也。日夜以脱离此邦为幸,于左帅但有感激而已"[4]第一卷351,另见同册249、307。

而到了晚年撰写《玉池老人自叙》时,如同前文所说,郭嵩焘却对左宗棠充满了怨恨,痛骂左宗棠为夺广东巡抚一职给蒋益澧,可谓居心不良、手段残酷。

为何会有这样的变化呢?原来,从被解职之后,郭嵩焘仕途和家庭生活一直不顺:认为被授两淮盐运使一职等于降职使用,心有不甘的他便告病引退,从此开始了8年的赋闲生活。在此期间,他不仅政治上不得志,而且家里变故迭出,几年之内连丧6位亲人,包括他最疼爱的儿子郭刚基和最宠爱的继夫人邹氏。

另一方面,对比同样被左宗棠所参的瑞麟、李福泰之命运,也让郭嵩焘心有不平。瑞麟本为满洲贵族,朝中又有奥援①,不但没有去职,反而于同治五年八月由署理而实授,直到同治十三年卒于两广总督任所。广东布政使李福泰粉饰战功经左宗棠奏参,本应照部议降三级调用。后经瑞麟、郭嵩焘保奏,改为加恩准其开复降调处分,来京另候简用。同治六年竟得以出任福建巡抚。

而郭嵩焘,直到同治十三年才被重新起用,并于光绪元年二月出任福建按察使,同年七月被任命为出使英国钦差大臣(即驻英公使),成为我国首任驻外使臣。光绪二年十月十七日(1876年12月2日),郭嵩焘携副使刘锡鸿赴任。但很快,因与刘锡鸿关系不和,加上出使期间所著的《使西纪程》被国内顽固派口诛笔伐甚至攻击为卖国,光绪四年七月,清廷将郭嵩焘、刘锡鸿双双召回,由曾纪泽接替。

光绪五年闰三月回国抵长沙,到光绪十六年(1890)六月在长沙病逝,郭嵩焘一直未再被朝廷起用。

光绪六年五月,慈禧太后和光绪帝召见两江总督刘坤一,垂询洋务人才。刘坤一随即具折保荐江苏替补道洪汝奎,并附片请召用郭嵩焘。[3]873 刘坤一本意,是保奏郭嵩焘入值总理各国事务衙门。但清廷任命洪汝奎补授广东盐运使缺、两淮盐运使,而郭嵩焘,则无下文。郭嵩焘去世后,李鸿章曾奏请国史馆为郭立传,并请赐谥,均未获朝廷批准。清廷上谕强调:"郭嵩焘出使外洋,所著书籍,颇滋物议,所请着不准行。"这自然不能代表对郭嵩焘的历史定评,但足以证明:清廷早已将郭嵩焘打入另册。

宦途的变幻无常让郭嵩焘心灰意冷,更让他对左宗棠当年的参劾难以接受,哪怕左宗棠所参的是事实——是呀,官场黑暗成这样了,你左宗棠为何如此耿直,偏偏和我过不去?更何况我还有大恩于你!因此,郭嵩焘的怨愤是可想而知的。

---

① 瑞麟历任太常寺少卿,内阁学士,礼部户部侍郎,军机大臣上行走,礼部尚书,文渊阁大学士,内大臣,与慈禧同为叶赫那拉氏。

6 最终恢复了联系

两人失和之后，左宗棠其实一直关注着郭嵩焘的消息。光绪元年，赋闲8年的郭嵩焘刚被任命为福建按察使，左宗棠就对时任陕西巡抚的谭钟麟（号文卿）说，"筠仙已放闽臬，闻已委屈上轿"[1]书信二457。光绪五年，郭嵩焘被召回国后，左宗棠特意交代儿子孝宽等，"郭仁先已归，……尔等见面当恭谨如常，但不可多言，徒取憎恶"[1]家书诗文193。这些，都表明左宗棠对郭嵩焘一直有所关注。

郭嵩焘的日记中，也不时有与左宗棠二哥、也是他的亲家左宗植交往的记载。同治十二年，左宗棠的长子左孝威病逝，郭嵩焘还送去挽联，"乃翁为当代奇才，记往时间里过从，已看头角峥嵘，笑语相呼小诸葛；群彦皆后来健得，喜频岁连翩竞爽，讵料功名泡幻，凄凉同付大槐安①"[1]集部二264。上联忆起孝威少时光景，伤感孝威的早逝，赞扬左宗棠为"当代奇才"；下联"喜频岁连翩竞爽"，指孝威17岁即中湖南乡试成为举人，同时借南柯一梦典故进行劝慰，希望左家能看开些，不要太过悲伤。这些都表明，和左宗棠的失和并不影响郭嵩焘与左家其他人的交往。

光绪七年（1881），左宗棠在赴任两江总督新职前，请假回籍省亲。十一月二十五日（1882年1月14日），左宗棠行抵长沙，十二月初二日（1月21日）回到湘阴老家，十二月初八日（1月27日）离开湘阴——在长沙住了8天，在湘阴住了7天。

逗留长沙期间的十一月二十八日（1月17日），左宗棠亲自登门，拜会郭嵩焘。这是自咸丰八年郭嵩焘进京时两人在长沙相见后，时隔20多年，郭左的再次见面；也是自咸丰十年带兵前往江西后，时隔22年，左宗棠首度返湘。由于左宗棠的身份和地位，跟随而来的各级官员等有100多人，以至于郭嵩焘在日记中慨叹，"驺从乃至百余人之多，亦云豪矣"[10]第四卷241。而郭嵩焘则于第二天回拜。

---

① 大槐安，指大槐安国，典出唐代李公佐传奇《南柯太守传》。有个叫淳于棼的人，一天醉卧槐树下，梦入大槐安国，娶公主，出任南柯太守，荣贵无比。后来公主死，他被遣归，梦醒后才知，所游其实是大槐树下的蚁穴。

尽管如此，长沙相见并未能抹平左宗棠与郭嵩焘之间的裂痕。左宗棠在与郭嵩焘交谈时，痛骂沈葆桢忘恩负义；而郭嵩焘在日记中，则批评其实左宗棠更忘恩负义，"已而左季高至，力诋沈幼丹，以为忘恩背义，而不自知为忘恩负义之尤者也"[10]第四卷241。

离开长沙前夕，左宗棠于十二月初一日（1月20日）宴请郭嵩焘兄弟以及黄彭年、周桂坞等旧友。尽管黄、周等极力相劝，但郭嵩焘还是没有赴宴，而让弟弟郭崑焘带着准备好的酒菜，代表自己前往。在日记中，郭嵩焘还批评劝他赴宴者"于事理有未谙""而不知吾往无以为名"。[10]第四卷242

关于两人相见，有左宗棠前来谢罪的说法——某君云："光绪十年，文襄（左宗棠）视师福建，先期便道返里。筠仙时已乞退家居。文襄年已七十三，清晨衣冠诣其门，请见。筠仙固辞不得，久之，始出见。文襄顿首称老哥，述往事，深自引罪，再三谢。筠仙为留一饭而别，竟不答拜。"[3]880

对此，《郭嵩焘年谱》认为：所说似可信，且殊有趣。而据《郭嵩焘日记》，与郭嵩焘相见时，左宗棠并无谢罪之举。否则，郭嵩焘在日记中岂能不记录？且左宗棠回长沙是在光绪七年而非光绪十年，当时左宗棠年七十而非七十三。

但无论如何，蹉过同治五年（1866）到光绪七年（1881）这15年的阻隔，左宗棠与郭嵩焘重新恢复了联系。此后，郭嵩焘曾让左宗棠代递自己所写的关于中法关系的《论法事疏》；左宗棠曾邀郭嵩焘来两江总督衙门所在地南京游览，请郭嵩焘主持金陵钟山书院，但郭嵩焘始终未就。

光绪十一年七月二十七日（1885年9月5日），七十四岁的左宗棠病逝于福州。获悉消息的郭嵩焘在八月初五日（9月13日）的日记中充满感情地写道，"自昨日闻恪靖侯左相之丧，伤感不能自已。计数三四十年情事，且伤且憾之。伤者，生平交谊，于国为元勋，所关天下安危；憾者，憾其专恃意气，可以为一代名臣，而自毁已甚也。凡其所以自矜张，自恣肆，皆所以自毁也。曾文正之丧，顾念天下，若失所凭依，怅然为之增悲。恪靖之视胡文忠、江忠烈，遗泽之及人者，犹未逮也。此其所以憾之也"[10]第四卷574。

看来，为相交三四十年的好友左宗棠去世悲伤之余，郭嵩焘对左宗棠的评价并不高——认为左宗棠意气用事，终难成一代名臣，不但远不如曾国藩，甚至比不上胡林翼、江忠源。今天看来，郭嵩焘此评价，过于苛刻——其实，左宗棠力主用兵收复新疆，为祖国保有这六分之一的国土立下了重要功勋，可谓光照千古。

左宗棠去世后，郭嵩焘先后写了挽诗和挽联。其三首挽诗中，既有"功成文武并，道大古今疑"等赞扬左宗棠之功绩语，也有"攀援真有术，排斥亦多门"等表达自己仍未忘旧怨的不满。[3]934

挽联则有两副。其中之一，盛赞左宗棠的功绩以及他与左的情谊，"平生自许武乡侯，比绩量功，拓地为多，扫荡廓清一万里；交谊宁忘孤愤子，乘车戴笠，相逢如旧，契阔死生五十年"[1]附册803。武乡侯即诸葛亮，上联夸赞左宗棠收复新疆的功绩；孤愤，出自韩非子所写的《孤愤》篇名，借指因孤高嫉俗而产生愤慨，下联评点两人失和原因的同时，更以"相逢如旧，契阔死生五十年"表明两人已重新交好。

另一副挽联则如此写道："世须才，才亦须世；公负我，我不负公。"[8]集部二264但此挽联郭嵩焘最终没有正式拿出，据说是因为亲朋好友看后极力相劝——毕竟，"公负我，我不负公"属私人恩怨，不值得在此际过分提起。而郭嵩焘终老都无法释然于以前之恩怨，正中佛家所谓"迁执"之病，殊为小见。

【注释】

[1] 左宗棠. 左宗棠全集 [M]. 长沙：岳麓书社，2009.

[2] 郭嵩焘. 郭嵩焘奏稿 [M]. 长沙：岳麓书社，1983.

[3] 郭廷以. 郭嵩焘年谱 [M] // "中央研究院"近代史研究所专刊：第二十九辑. 台北："中央研究院"近代史研究所，1972.

[4] 郭嵩焘. 郭嵩焘日记：第二卷 [M]. 长沙：湖南人民出版社，1981.

[5] 曾国藩. 曾国藩全集 [M]. 长沙：岳麓书社，2011.

[6] 中国第一历史档案馆. 大清穆宗毅皇帝实录 [A].

[7] 中国第一历史档案馆. 军机处上谕档［A］. 同治六年正月十二日.

[8] 郭嵩焘. 郭嵩焘全集［M］. 长沙：岳麓书社，2012.

[9] 罗正钧. 左宗棠年谱［M］. 长沙：岳麓书社，1983.

[10] 郭嵩焘. 郭嵩焘日记：第四卷［M］. 长沙：湖南人民出版社，1983.

第十二章　倡办福州船政局

经历了咸丰十年至同治四年与太平军的数省转战，经历了先后与曾国藩、郭嵩焘交恶的惊涛骇浪，进入同治五年，左宗棠终于有了久违的"静水流深"。借着这个短暂的平静期，他着手筹办福州船政局，一申旧志。

让中国拥有坚船利炮，是左宗棠很早就有的想法。在同治五年（1867）在给总理各国事务衙门的一封信中，他说"思之十余年"[1]书信一666。但其实，还可以追溯到更早——道光二十年（1840）鸦片战争爆发后，十分关心战事的他，在给老师贺熙龄的信中谈到应对之策时，就提出要自造炮船，"其策如练渔屯，设碉堡，……讥造船之厂，讲求大筏软帐之利，更造炮船火船之式……而海上屹然有金汤之固"[1]书信一15。不过，当时左宗棠只是一名落第举人，人微言轻，这样的议论只能是纸上谈兵。

在同治二年（1863）二、三月间，关于究竟是仿制还是购买轮船，刚刚出任闽浙总督的左宗棠还意存游移：法国富硕行咸丰十年在温州海面被劫一案迁延至今，为此朝廷下旨让左宗棠尽快破案。左宗棠调福建都司关镇国带红单船赶赴温州剿捕。由于红单船和海盗的船只相比并无优势，左宗棠首次提出仿制轮船，"将来经费有出，当图仿制轮船，庶为海疆长久之计"[1]书信一449。

进入十一月中旬，朝廷催要京饷，左宗棠让浙江宁绍台道史致谔筹备银5万两赶紧送往京城。最初是想着通过新泰厚票号兑汇，后来左宗棠觉得汇费太高，建议派专人搭轮船送到京师。此期间，他提到购置轮船,"将来必须自置轮舟数只,以为长久之计。未知李国泰代置之轮舟可以减价买得否?"[1]书信一499李国泰,为李泰国之误,英国人,时为清朝总税务司,当时正为清廷在英国订购轮船。后来他在英国组建起由所购 7 艘兵舰、1 艘趸船和 600 士兵组成的舰队,以英国军官阿思本为统带,于同治二年秋驶抵上海。中国人花钱购买的兵舰,却为英国人所掌控,清廷没有接受,其他各国也纷纷反对——最后的结果,遣散英国弁兵,船只驶回英国变卖,清廷因此恐怕遭受了不下百万两银的经济损失。[2]276 如此情势下,还希望和李泰国合作,表明左宗棠当时对洋务还不是十分了解。

殷鉴在前,左宗棠的想法由购买改为仿制。同治二年十二月十四日(1864 年 1 月 22 日),他对史致谔说,"轮舟为海战利器,岛人每以此傲我,将来必须仿制,为防洋缉盗之用。中土智慧,岂逊西人?如果留心仿造,自然愈推愈精"[1]书信一508。在他看来,英国人李泰国购买轮船一事之所以失败,主要是英国人的蒙骗;而各国之所以反对,一是不愿英国人独得利益,二是不愿中国掌握轮船利器。如此,更加激发了左宗棠仿制轮船的念头,"毕竟沿海各郡长久之计,仍非仿制轮舟不可。欲仿制必先买其船,访得覃思研求之人,一一拆看,摹拟既成,雇洋人驾驶而以华人试学之,乃可冀其有成"[1]书信一508。

先买外国轮船,之后再自己仿造;先请外国教习,之后再自己接管。这是左宗棠办理轮船事务之初就确立的宗旨。

同治三年(1864)占领杭州之后,左宗棠即招募一些能工巧匠仿造出一艘小轮船,在西湖试航,并邀请法国人德克碑和日意格前来观摩。看到小轮船行驶并不快,左宗棠询问原因。二人回答说,"大致不差,惟轮机须从西洋购觅,乃臻捷便"[1]奏稿三56。德克碑等还拿来法国制船图册给左宗棠看并表示愿意代为监造。只是,由于福建军情紧急,左宗棠奉旨督师入闽,此事只好暂时搁置。不久,回到法国的德克碑,将轮船"图式、船厂图册"以及购轮机、雇洋匠的计划寄给日意格,并转交驻扎漳州行营的左宗棠。德克碑还从法国来到漳州,与左宗棠进一步商议。未及定议,左宗棠又奉旨赴广东平定太平军余部。德克碑则暂时离开，前往暹罗①。尽管尚未付诸实施，但通过与日意格的多次书信往返讨论，左宗棠对仿造轮船一事"渐得要领"[1]奏稿三56。

1　一份具有历史意义的奏折

同治五年（1866）正月嘉应战役结束、平定太平军余部后，左宗棠于二月回到福州。正准备请日意格前来进一步商讨之际，他接到清廷就应该是买还是雇外国轮船征求各督抚意见的谕旨。

原来，英国总税务司赫德和英国驻华使馆参赞威妥玛分别向总理衙门送交了《局外旁观论》和《新议略论》，认为中国要自强，最好是采用华洋合办或借资兴办的办法"借法自强"。与此同时，他们认为雇用外国轮船比中国设法制造更为便捷。

五月十三日（6月25日），左宗棠奏覆朝廷，认为"威妥玛、赫德所递论议、说帖，悖慢之词，殊堪发指"，批评二人"惟利是视，于我何有？"——欲借为中国购买轮船获利。根据与太平军作战的经验，左宗棠认为广东制造的枪炮已不输于外国的枪炮，英国能够用以欺压中国的，只有轮船，"彼之所恃以傲我者，不过擅轮船之利耳"。他还进一步指出，如果将来与英国再度开战，"陆地之战，彼之所长皆我所长，有其过之，无弗及也；若纵横海上，彼有轮船，我尚无之"。为此，左宗棠提出"拟习造轮船，兼习驾驶"，同时表示这个想法，他已"怀之三年"。[1]奏稿三59—61

同在五月十三日，左宗棠上《拟购机器雇洋匠试造轮船先陈大概情形折》，向清政府正式提出购买机器、雇募洋匠、设局试造轮船的建议。

在这份具有历史意义的奏折中，左宗棠首先分析了设局试造轮船对于国家安全的重要性。他开宗明义指出，"东南大利，在水而不陆"，有了轮船，不但便于日常的巡视海面、缉拿海盗，还有利于兵

---

① 暹罗，泰国的旧称。

事,"匪特巡洋缉盗有必设之防,用兵出奇有必争之道也"。与此同时,左宗棠认为拥有轮船对于拱卫京师更有重要作用,"况我国家建都于燕京,津、沽实为要镇",但由于没有强大的水师防御,"泰西各国火轮兵船直达天津,藩篱竟成虚设"。[1]奏稿三52

阐述重要性之余,左宗棠在奏折中也指出了制造轮船的紧迫性。他说,"西洋各国与俄罗斯、咪利坚,数十年来讲求轮船之制,互相师法,制作日精",就是东洋日本,仿造未成之后,派人去英国学习,几年后必有所成。中国虽曾有请外国代造或购雇外国轮船的想法,但都不是根本解决之道。如果再不筹划,"彼此同以大海为利,彼有所挟,我独无之。譬犹渡河,人操舟而我结筏;譬犹使马,人跨骏而我骑驴,可乎?"[1]奏稿三55

奏折中,左宗棠罗列了外国轮船给中国民生带来的危害:由于轮船运量大,所运商品成本低,江浙以普通海船为主要运输工具的大商人受冲击严重,导致税厘减少,"目前江浙海运即有无船之虑,而漕运益难措手"[1]奏稿三53。

除此之外,左宗棠还提出了设局造船的可行性和具体设想,一一驳斥时论中的畏难情绪。船坞、工厂、艺局是福州船政局三大组成部分。关于船政局所在地,左宗棠说经实地考察并征求洋人及福建当地士民的意见,福建海口罗星塔一带是设船厂的好地方;至于购买机器,左宗棠提出先购买一艘,请西洋师匠一同前来,进行仿造,积少成多,"机器既备,成一船之轮机即成一船,成一船即练一船之兵。比及五年,成船稍多,可以布置沿海各省,遥卫津、沽"。对于时人怕外国技师要挟中国的担心,左宗棠提出通过合同进行管理的方法——先订合约,讲定薪水,再根据他们的表现发放。与此同时,遴选"少壮明白"的国内工匠跟随洋人学习,"西洋师匠尽心教艺者,总办洋员薪水全给",否则,扣罚工资。[1]奏稿三53,54

至于船政局的经费,根据左宗棠的估算,造船厂、购机器、募师匠等开办费用,大约30余万两。此后,每月开工买料、支付中外技师和匠人薪水等,大约需五六万两;总计3年所需,不过300余万两,"五年之中,国家捐此数百万之入,合虽见多,分亦见少,似尚未为难也"[1]奏稿三54。款项的来源,左宗棠认为,鸦片战争赔款已经结清,福建海关当初用以支付赔款的海关结款,可划给船政局;还不够的,通过抽取厘税补足。此外,经左宗棠函商,浙江巡抚马新贻、广东巡抚蒋益澧,都表示愿意拨款襄助。

左宗棠这份自道光十九年(1839)起萌发、同治二年开始酝酿的奏折适应了历史发展的需要,符合清政府御侮自强的要求,因此发出后只有20天,六月初三日(7月14日),清政府就正式批准了他设厂造船的建议。虽然清廷在谕旨中表示"库储支绌"、不同意左宗棠将福建海关结款直接划拨船厂,但允许左宗棠在海关洋税内酌量提用,并同意左宗棠提取福建厘税。更为重要的是,清廷谕旨对左宗棠此奏折给予了高度评价,"中国自强之道,全在振奋精神,破除耳目近习,讲求利用实际。该督现拟于闽省择地设厂,购买机器,募雇洋匠,试造火轮船只,实系当今应办急务……所陈各条,均着照议办理"[1]奏稿三61。

2 选定造船厂址

清廷同意建造福州船政局之后,左宗棠立即请日意格和德克碑来福州,具体商定建厂造船的计划。

七月初十日(8月19日),日意格到福州。左宗棠和他同赴罗星塔考察,最终选定马尾山下地为造船厂厂址。马尾位于福建省城福州东南20公里、罗星塔北15公里,马限山脚下、马江北面,是福州府闽侯县中歧乡的一块依山傍水的平地。它上距福州20公里,下离闽江入海口只有40公里,江面宽阔,水流量大,万吨火轮可溯江而上;但从海口五虎门而上,沿途多岛屿滩头,形势险要。中间港汊旁通长乐、福清、连江等县,"重山环抱,层层锁钥"。当潮水上涨,海口以上岛屿被水覆盖;潮水退后,这些岛屿露头,成为沿江和省城的天然屏障。[3]711—712临近马尾的罗星塔居白龙江、乌龙江、闽江汇合处右岸,为宋朝时所修的一座高达30米的石塔,是闽江从入海口到省城福州的咽喉,也是福州船政局的南大门。

左宗棠最终所选定的船厂厂址,"宽大二百三十丈,长一百一十丈，土实水清，深可十二丈，潮上倍之，堪设船漕、铁厂、船厂及安置中外工匠之所"，占地344亩。[1]奏稿三117 这片地方，不少"旧本村田"，后经"购买归官，始圈为船坞"。[3]712

同治五年十一月十七日（1866年12月23日），福州船政局正式动工兴建。至此，经左宗棠首倡，福州船政局这个中国最早的近代造船企业诞生了。全部工程至同治十年（1871）完成。船政局由清政府派船政大臣、下设提调等人进行管理，虽是官办，但是用机器生产，采用近代工厂管理办法，最终成为一家规模较大、设备较好的近代军用造船企业。①

3 请沈葆桢出山主持船务

正当左宗棠忙着为福州船政局"议程期，议经费，议制造，议驾驶，议设厂，议设局"[1]奏稿三117，并开始着手与德克碑、日意格等订立合约之际，由于陕甘回民起义军日益壮大，时任陕甘总督的杨岳斌（字厚庵）因进"剿"无方，以生病为由请辞。同治五年八月十七日（1866年9月25日），清廷任命左宗棠为陕甘总督。九月初六日（10月14日），左宗棠接到调任谕旨。

福州船政局是左宗棠颇为看重的事务，在给总理各国事务衙门的信中，他曾说"于此事，思之十余年"[1]书信-666。为了保证这项刚刚草创的事业能得以完成，他必须有所规划——首先，就是要找到一个合适的负责人。左宗棠想到了正在福州丁母忧的沈葆桢。

此时的左宗棠可谓相当忙碌，在给兄长左宗植的信中，他说，"自奉西征之命，自限四十日料理闽事而后卸篆，发折三十余件、片四十余件，心力为瘁"[1]家书诗文104。但即便如此，他还是抽时间，三次

---

① 福州船政局全部建成后，包括由船台、船亭、船漕组成的船坞，由铁厂、水缸厂、打铁厂、铸铁厂等30多个厂所组成的造船厂，以"求是堂艺局"为代表的船政学堂和相关衙署、医院等。参见秦翰才：《左宗棠全传》，第421页；沈传经、刘泱泱：《左宗棠传论》，第216—217页；孙占元：《左宗棠评传》，第97—98页。

登门拜访沈葆桢，以说服沈氏出山，"乃奏清沈公葆桢出主船政。沈公方丁忧家居，公三造其庐敦促之"[4]135。

九月二十三日（10月31日），左宗棠上折，正式推荐沈葆桢总理船务，"丁忧在籍前江西抚臣沈葆桢，在官在籍久负清望，为中外所仰……臣曾三次造庐商请，沈葆桢始终逊谢不遑。可否仰恳皇上天恩，俯念事关至要，局在垂成，温谕沈葆桢勉以大义，特命总理船政"[1]奏稿三118。九月二十七日（11月4日），清廷曾下旨让继任闽浙总督吴棠接办船政局事务。接到左宗棠此折后，十月十三日（11月19日），清廷收回成命，改令沈葆桢总理福州船政局，"所有船政事务，即着该前抚总司其事"[1]奏稿三121，而让闽浙总督吴棠和福州将军英桂、福建巡抚徐宗幹等则负责妥筹经费。

与此同时，左宗棠还细心地为沈葆桢奏请了专折奏事之权，以使福州船政局事务可相对超脱于闽浙总督管辖，"凡事涉船政，由其专奏请旨，以防牵制"[1]奏稿三118；又特意安排自己的老部下、主管福建财政的布政使周开锡负责与沈葆桢接洽，安排胡雪岩负责船政局涉外事务。这些奏请，清廷均一一批准。

有评论指出："福州船政局设总理船政大臣，这是左宗棠的灼见，同时也是中国近代工业发展史上空前的创举。总理船政大臣有具折奏事的权力，地位相当于督抚，这是只设总办的江南制造总局等军事工业所望尘莫及的，反映出福州船政局确实占有举足轻重的地位。"[5]89后来的事实表明，专折奏事之权，十分重要。新任闽浙总督吴棠非但不支持反而阻挠福州船政局的工作，并将左宗棠在福建时的施政方针大加更改。同治六年（1867），左宗棠就向曾国荃发泄自己的不满，"弟自去闽后，所有手定节目，均经吴仲仙更易殆尽"[1]书信二43。沈葆桢以船政为己任，与闽浙总督吴棠作坚决斗争——福建布政使周开锡为福州船政局提调，延平知府李庆霖佐局事，皆为吴棠所不喜，多次意欲排挤此二人，皆因沈葆桢而得以留下，"龃龉欲去之，葆桢疏争得留，藩署吏玩抗，以军法斩之，众咸惊服"[6]12045。

同治五年十一月初十日（1866年12月16日），左宗棠离开福建，取道江西进湖北，准备再从河南进京觐见。启程前五天，他一气上了六道和船政局有关的奏折,将其亲自拟定的《船政章程》(10 条)和《艺局章程》(8 条)进呈御览。在《船政章程》中,左宗棠提出通过合同管理所雇洋匠,"已饬日意格等拟定合同、规约,由法国总领事钤印画押,令洋匠一律遵守"[1]奏稿三300。有评论认为,"这种以合同形式雇佣外国员匠指导造船的方法实为左宗棠的开创之举"①[5]94。

他虽交卸船政,却不畏虚名。鉴于福州船政局为自己所首倡,"事成无可居之功,不成则无可逭之罪",十一月初五日(12 月 11 日),左宗棠不避揽权之嫌,奏请"此后船局遇有陈奏事件",由沈葆桢和他一起会衔上奏。[1]奏稿三304 清廷在谕旨中称"左宗棠所见远大,大臣谋国,理当如此"的同时,也同意以后有关船局事务的奏陈,"均着仍列左宗棠之名,以期始终其事"[1]奏稿三308。

他"身虽西行,心犹东注"[1]书信一664。行抵福建建阳时,左宗棠致信总理各国事务衙门,体贴地为沈葆桢争取舒心的工作氛围,认为沈葆桢本已节俭,望朝廷不要再提醒其节约,以免沈缩手缩脚,"幼丹中丞清望素著,谨慎有余,其无虚縻之事,不用虚縻之人,尤可预决。……伏求钧函下逮时,勿以虚縻为戒,庶少一分瞻顾,即多一分担当,而局外浮言,岛人蜚语,均不禁自绝矣"[1]书信一668。

4 动用西征军饷也要支持船政局

按照左宗棠最初的设想,福州船政局以 5 年为期,"月由海关拨经费五万两,期以五年告成"。但由于闽浙总督吴棠的阻挠,导致福州船政局经费一度非常紧张。左宗棠得知后,主动提出从福建协拨自己的西征军军饷中每月拨出两万两作为船政局经费,以支持沈葆桢。[1]奏稿五323,附册226,235

同治十年十二月,内阁学士宋晋上折,指出"闽省连年制造轮船,闻经费已拨用至四五百万,未免糜费太重"[7]奏稿十二528,疏请暂停

---

① 与福州船政局同时期创办的金陵机器局、天津机器局,在雇佣英国人时没有签订任何合同,以致英国人在局中自行其是,辞退他们也颇费周折。

船工。清廷因此下旨听取大臣意见。正"丁父忧"的沈葆桢上疏明确反对,"自强之道与好大喜功不同",认为"不特不能即时裁撤,即五年后亦无可停",否则不但经济损失巨大,而且违反合同,益启外国轻视之心。[8]112—116

远在西北的左宗棠也上折力陈福州船政局之不可停止。他在同治十一年三月二十五日(1872年5月2日)的奏折中说,船政局原定5年造16艘船,同治八年船厂建成至今才3年已建成7艘,费用增加是因为后来"增拓厂基,添购机器料物,用工日多,需费日巨"[1]奏稿五214——比如工匠由1600人增加到2000人,铁厂由5家增至8家,学徒由60人增至140多人。左宗棠在解释随着技术日益熟练、造船费用将随之降低的同时,强调指出造船厂不能停,否则造船事业将半途而废——非但原来的投资再也无法收回,而且外国将永远把持轮船技术,"国家旋失自强之远图……殊为失算"[1]奏稿五215。

除此之外,李鸿章等也反对宋晋停造轮船的奏请。他在五月十五日(6月20日)的奏折中说,"该局至今已成不可弃置之势,苟或停止,则前功尽弃,后效难图,而所费之项转成虚糜,不独贻笑外人,亦且浸长寇志。"[8]120

最终清廷采纳了左宗棠、沈葆桢、李鸿章等留住船厂的主张。同治十一年,沈葆桢丁忧期满,再次出任总理船政大臣。

西征路上的左宗棠对沈葆桢管理福州船政局的成绩表示十分满意。同治十二年(1873),得知船政局原定造船计划将能如期完成后,左宗棠十分高兴,在信中将沈葆桢比为"大贤","船政日起有功,限内工可全蒇,非大贤绸缪之殷且挚,曷以有此!"[1]书信二368还在给船政局提调夏献纶的信中再度肯定船政局的工作,"船工迭至十一号,其十二号亦将次动工。今腊五年届期,与原奏定造之数所差当不甚远"[1]附册226。我们知道,同治十二年,正是最钟爱的长子孝威去世之际,左宗棠万念俱灰,已在做退隐准备。但在给总理衙门的信中,他还是细心想起福州船政局仍旧使用木质关防之事。鉴于"事关重大,木质关防,不足久用",考虑到沈葆桢不便出面奏请,左宗棠希望总理衙门遵当年"一俟局务办成,再行奏请部颁"[1]书信二375谕旨,上折为船政局奏请铜质关防，以昭永久。

据统计，从同治五年（1866）创办到光绪三十三年（1907）暂时停办的40余年里，福州船政局共造船40艘，其中兵轮32艘，商船8艘；从船的质量来说，木质船19艘，铁胁船9艘，钢胁船12艘。它在后期为南洋水师代造的"开济""镜清""寰泰"轮，以及为北洋制造的"龙威"轮，都达到了较好的水平。"龙威"轮是2400匹马力的双机钢甲兵舰，被编入与向德国购买的"镇远""定远"等主力船队操演，改名"平远"，李鸿章评为"该船钢甲锅炉等项均系新式，洵属精坚合用"。[9]8

正如张爱玲祖父张佩纶所说，福州船政局"造轮船以为水师之基，设学堂练船以为水师将材之选"[10]10。据统计，福州船政局先后培养了具有造船和驾船技术与经验的人才共510名。光绪十四年（1888），海军设官建制时，北洋舰队设提督1人，总兵2人，副将5人，参将4人，以及游击、都司、守备、千总、把总等职，提督以下的总兵、副将、参将等11个要职，以及重要舰船的管带（舰长），全都由毕业于福州船政局船政学堂的学生担任。这其中包括大家熟悉的右翼总兵刘步蟾、中军副将邓世昌、后军参将萨镇冰等。[11]220

可以说，中国近代轮船制造业的开端、水师的近代化和近代海军的建立，都离不开福州船政局的贡献。左宗棠的草创之功，沈葆桢的继承发展之美，都值得肯定。光绪十年五月，张佩纶在奏折中就说，福州船政局"创自左宗棠，成于沈葆桢"[10]10；光绪十七年（1891）六月，福建巡抚卞宝第奏请在福建为左宗棠、沈葆桢建合祠时也盛赞二人的合作为"萧规曹随，交济其美"[9]8。

【注释】

[1] 左宗棠. 左宗棠全集［M］. 长沙：岳麓书社，2009.

[2] 董丛林. 曾国藩传［M］. 北京：人民出版社，2011.

[3] 吴元炳. 沈文肃公（葆桢）政书［M］. 台北：文海出版社，1967.

[4] 罗正钧. 左宗棠年谱［M］. 长沙：岳麓书社，1983.

[5] 孙占元. 左宗棠评传［M］. 南京：南京大学出版社，1995.

[6] 赵尔巽，柯劭忞，等．清史稿［M］．北京：中华书局，1977．

[7] 曾国藩．曾国藩全集［M］．长沙：岳麓书社，2011．

[8] 中国史学会．洋务运动：5，上海：上海人民出版社，1961．

[9] 船政奏议汇编：卷四十五［M］．刊本．1898．

[10] 张佩纶．涧于集：奏议四［M］．//近代中国史料丛刊：第十辑．台北：文海出版社，1967．

[11] 沈传经，刘泱泱．左宗棠传论［M］．成都：四川大学出版社，2002．

第十三章　一次兴师动众的家人相会

"将军百战死，壮士十年归。"自咸丰十年（1860）八月带兵赴江西作战后，左宗棠就未曾与家人相见。个中原因，主要是所在的江西、安徽还有浙江，当时战事正酣，很不安全。虽说国而忘家是大臣本分，但在内心里，这位指挥千军万马的统帅对家人很是想念。同治二年十二月初五日（1864年1月19日），他给儿子孝威去信，说杭州很快就能收复，要孝威做好准备，到时和弟弟们一道侍奉家人前来，"杭城不久可复，我意俟复杭城后，尔兄弟可侍尔母同来，禀商尔母以为何如"。要他们来的原因，一是左宗棠觉得自己帐下有不少人才，孝威等来了可以增长见识，"幕中多谨饬之士，尔来此学习，亦长才识"；另一方面，也是思念家人，"我自病后，精气大减。始衰之年，复元不易，此后当日见衰颓，故望儿辈来此，少为团聚，以娱我怀耳"。[1]家书诗文69—70

1　好久不见家人面

兵事倥偬，旅途凶险，此事一时竟难以实施。同治三年三月，楚军已攻占杭州，左宗棠反而提出等浙江全省肃清后再让家眷前来，"明日当入杭州。眷属赴浙须俟全浙肃清，再着人来湘迎护，暂不必急"。[1]家书诗文73 到五月，可能是因为与太平军决战在即，左宗棠反而不希望家人前来了，"道途多梗，尔可毋来；俟有平静之日再遣人来接尔！"[1]家书诗文75

进入六月，由于曾国荃等清军围攻天京，各地太平军一度也想前往救援，江西一时成了主战场。道路不靖，左宗棠只好暂时放弃接家人前来的想法，而是要孝威在家中好好学习，"前江西无事时，曾望尔母子入浙，一慰老怀。今江西贼尚未平，自可缓议"[1]家书诗文75—76。

不接全家前来，左宗棠改为想让孝威前来。七月廿三日（8月24日），左宗棠给妻子写信，表达了此想法，"霖儿五年不见，可令其与余三伯同行，付来银五百两作雇护勇、长夫之用"[1]家书诗文77。

进入八月份，由于江西逐渐平定，左宗棠又提出还是希望家眷与孝威一道前来浙江相见，"今江西大致已可肃清，而浙、皖肃清在即，我意仍是挈眷来浙为是"。与此同时，在军事上不喜欢遥制的左宗棠，却在信中为千里之外的妻儿交代了离家注意事项：房子交给仆人何三看管，也可以让三女儿、四女儿居住；书籍、家具等列明清单，让女儿们照看；还让家人帮着把自己的蟒袍、貂挂、朝珠带来。心思周密的他甚至还特地对乡下田地的租谷作了分配：缴纳赋税后，分给两个女儿，"住宅即交何三看管。尔三姊、四姊如须在省住，即交其居住亦可。书籍、木器及笨重之物均查明开单，交其照料。乡下租谷，除完粮外概交两姐分用亦可"[1]家书诗文80。

但最终，在同治三年，还是只有孝威前来浙江与左宗棠相见。而且孝威也就住了两个月：到十月，由于左宗棠要进兵闽粤、孝威要北上参加会试，父子只好在杭州分别。孝威在京城参加完会试、考荫后，未再来营，而是于同治四年闰五月回到湖南。而此时，左宗棠正在福建与太平军余部鏖战。

2　筹划三年的家庭聚会

进入同治四年（1865），左宗棠的妻儿等开始急于想来福建看望左宗棠。此时太平军汪海洋余部尚未平定，按照左宗棠的计划，原本想再等一等——毕竟，从湖南来福建，需要取道江西。而此时，汪海洋很有可能逃往江西，并进犯湖南。

尽管如此，家眷要来，左宗棠还是乐意的，他在八月十六日（10月5日）的回信中，详细交代了路线，"眷属可雇船（红船为宜）由长沙、岳州至九江湖口入鄱阳湖，溯流至省城，换船至河口（铅山地界大船尚可到），到河口后起旱过山，至福建崇安上船（尽是装货小船），下水抵闽省"[1]家书诗文93。由于担心路途不安全，左宗棠还提醒家人"途间宜加意慎重"，可以雇数十名妥实健勇帮忙照料。同时告知，家眷进入铅山地界后，他将派数十名勇丁前往迎护。

十月二十五日（12月12日），孝威等一行起程，但为风所阻，走了十多天还在湘阴。一大家子人，还要带不少东西，比如左宗棠就要他们"来时多买土布带来，此间布少价贵故也"[1]家书诗文95，因此行程自然不会快。此时身在广东督部与汪海洋等太平军余部作战的左宗棠得知后，赶紧派妻弟周汝充和女婿黎福昌前往迎接。

同治四年年底，左宗棠率军取得嘉应州大捷，全歼太平军余部，预计明年二月中旬即可回到福州闽浙总督府。战事结束，左宗棠的心情一下子放松了，迫切盼望家人赶紧到来。同治五年正月初二日（1866年2月16日），他派勇丁持信到江西，专门探问孝威等家眷的行踪，并要求孝威及时告知消息，"如尚在章门，可写家信请岘庄中丞排递来闽，以慰悬盼。（手此谕知。）可转禀尔母及舅舅知之。来闽时，过河口，沿途可发信交周寿珊转递也"①[1]家书诗文97。让孝威通过官方邮传以更快捷地传递消息，由此也可知左宗棠之着急了。

二月十四日（3月30日），得知孝威等人还在章门（今江西赣州），左宗棠更着急了。他立即去信告知孝威，自己十八日将能回到福州，希望孝威等尽快赶来，"以慰远怀"[1]家书诗文97。

关心则乱，这期间的左宗棠，一方面盼望着家人早日能来，一方面又担心他们的安全。二月十四日刚写完信催家人前来，二月二十日

---

① 岘庄中丞，指新任江西巡抚刘坤一，字岘庄；周寿珊，即时任福建布政使的周开锡。由于左宗棠一再交代，因此家人路过南昌时，是自己租房居住，并未动用江西当地官府银钱。刘坤一后来写信告知左宗棠，"世兄奉其母夫人及各眷口，于日前抵江，询悉旌麾入粤，刻难回闽，拟暂寄寓此间。晚生亦劝令小住，已于昨日移装登岸，赁居城内新建县署后公馆，世兄称奉先生之命，不许费地方官一钱，晚生未敢相强"。转引自秦翰才：《左宗棠全传》，2016年，第598页。

（4月5日），又赶忙去信让家人暂缓前来。

为什么会如此自乱方寸？

原来是地处江西、福建要冲的福建崇安县正被土匪占据。左宗棠告诉孝威，鉴于这样的情况，如果家眷还没有从章门动身，那就暂停前进；即使已经出发，也要先折回南昌，以免发生意外，"眷属累赘，断不可冒险前来也"[1]家书诗文98。紧接着左宗棠又去信要家眷"安住章门"，等平定这股匪徒之后，他"再派人带银来接"[1]家书诗文99 谁能想到，曾经多次批评曾国藩在用兵上替下属节节筹度的左宗棠，也为家人节节筹度？

还好，7天之后，崇安、建阳一带土匪被肃清。三月十四日（4月28日），左宗棠写信给孝威等，告知道路已肃清，可速来福建。担心家人出门日久、盘缠已尽，左宗棠寄去银1000两作路费。与此同时，对迎护工作做了周密的安排：南昌到河口一带坐船，请江西巡抚刘坤一"饬炮船护送"；到河口后，自己派军官率亲兵40名迎护；到河口后需下船、走4天山路，还加派武巡捕潘喜负责护送；然后再由崇安坐船前往福州。在信中，左宗棠一再嘱咐孝威要雇熟练舵工、多加小心，"途间最宜谨慎小心，切勿大意，千万千万"[1]家书诗文100。

又是派人，又是寄钱；又是安排亲兵前往迎护，又是请江西巡抚帮忙照料。此次家眷前来，左宗棠可谓兴师动众了。而从同治二年动念到同治五年得以实现，为此次家庭聚会，左宗棠足足筹划了三年——要知道，收复浙江全境，左宗棠也就用了三年！

经此之后，家眷终于平安抵达福州。尽管抵达的具体日期尚难考证，但据《左宗棠全集》，三月十四日（4月28日）之后，到十月十九日（11月25日），左宗棠与家人之间并没有书信往来。由此，或可推测，这段时间，他们住在一起，也就无须写信了。

3　短暂相聚又别离

同治五年九月，朝廷下旨，任命左宗棠为陕甘总督。陕甘总督驻节甘肃兰州。如此一来，左宗棠得进兵西北。团聚刚刚半年的左宗棠一家，再次面临分别。九月廿三日（10月31日），左宗棠写信给二哥，对家眷回湘一事作出安排：

妻子周诒端等暂时留在福建，照顾即将分娩的两位儿媳；孝威也留福建，帮忙照料的同时为后年的会试做准备。至于妾室张氏和侄子左澂，则跟随自己一道先到湖北汉口。之后，再从汉口回湖南老家。

左宗棠给二哥写信，是告知想接二哥前来汉口，以便兄弟相见，"与兄别久矣，闻病嗽久，人甚消瘦。白头兄弟，会少离多，此去又不卜何时聚首？亟思派人迎兄来汉，倘能先挈浑侄①到此候视，则更盼望之至矣"[1]附册268。

十一月初十日，左宗棠离开福州起程西征，经江西九江，于十二月二十六日（1867年1月31日）抵达夏口②。

尽管清廷一再催促，但左宗棠并没有孟浪前行，而是在武昌积极为进兵西北招兵、买粮、备械等。逗留武昌期间，周诒端等也从福建坐船至上海再溯长江而上抵达武昌。这样，一家人得以再次相聚。

同治六年（1867），家人返湘。这年四月，人在湖北樊城的左宗棠收到妻子的平安书信，颇为宽慰。在回信中，他还罕见地深情回忆起当年和周夫人柳庄种田的情形，"家下事一切以谨厚朴俭为主。秋收后还是移居柳庄，耕田读书，可远嚣杂，十数年前风景想堪寻味也"[1]家书诗文107。

4 与妻子的最后一次相见

之所以在回信中忆起当年在柳庄种田的情形，是因为分别勾起了左宗棠的伤感之情。

光绪四年（1878），在给孝威媳妇写墓志铭时，左宗棠曾回忆起此次家人再度相聚的情景：家眷到武昌后，左宗棠到船上看望，还逗长孙念谦，"尔从海上来，宁见海未？"念谦回答说"见之"。左宗棠又问念谦海有多大？念谦用手围了一个圆圈说，海就这么大，"家人

---

① 浑侄，指左宗植的三子左浑。
② 今湖北武昌。

皆笑"[1]家书诗文320。

虽然"家人皆笑",但此时的左宗棠,其实已经很清楚——他和妻子此后相见更难了,"余登舟饯别,慨后会之难期,夫人亦凄然相对"[1]家书诗文316。同治七年(1868),在给孝威的信中,说起此事,左宗棠心中仍不胜悲戚,"尔母病已复元,畏风寒是老人常态。惟我若(不)去关陇,则难再见,思之恻然"[1]家书诗文120。

一语成谶。同治六年之后,左宗棠夫妻两人再没有见过面。同治九年(1870),周诒端病逝,徒留左宗棠伤心"珍禽双飞失其俪"[1]家书诗文317。

5 家里的变化

从咸丰十年(1860)八月离家到同治五年(1866)三月,6年未见,左宗棠家发生了哪些变化?

最大的变化,应该是来自孝威。咸丰十一年五月,16岁的孝威与贺熙龄的小女成亲。贺熙龄为左宗棠的老师。这桩婚事,是在孝威出生不久就已定下——孝威出生这年,贺熙龄去世,"遗命以季女字孝威"[2]24。婚后不久,同治元年,17岁的孝威在湖南乡试中第32名举人。

同治三年七月,孝威的第一个孩子,也是左宗棠的长孙念谦出生。此时,距孝威结婚已有3年多。3年多没有孩子,无论是孝威夫妇还是左宗棠夫妇,心中的焦虑可想而知。孝威迟迟没有孩子,可能和他身体一直不好有关系。因此,接到长孙出生的消息后,左宗棠十分高兴,"新得一孙,足慰老怀。是月克孝丰,可名之丰孙,所以志也"[1]家书诗文78。亲自起名叫丰孙,以纪念当年七月收复浙江孝丰。

对于左念谦这位长子长孙,左宗棠虽然宠爱,但也害怕其被宠坏。于是在信中,他回忆起当年的贫寒家境,叮嘱孝威不可溺爱,甚至要求如果儿媳奶水充足,就别雇乳母,"乳足则无须雇用乳母,不可过于爱之。吾家本寒素,尔父生而吮米汁,日夜啼声不绝,脐为突出,至今腹大而脐不深。吾母尝言育我之艰、嚼米为汁之苦,至今每一念及,犹如闻其声也。尔生时,吾家已小康,亦未雇乳媪,吾盖有念于此"[1]家书诗文78。

二儿子孝宽比孝威小一岁,比较贪玩,在学习上不是很用心。咸丰十年正月,离开湖南巡抚幕府、准备北上进京的左宗棠,在家书中对孝威和孝宽进行点评,"孝威气质轻浮,心思不能沉下;年逾成童而童心未化……孝宽气质昏惰,外蠢内傲,又贪嬉戏,毫无一点好处(可取),开卷便昏昏欲睡,全不提醒振作。一至偷闲顽耍,便觉分外精神。年已十四,而诗文不知何物,字画又丑劣不堪"[1]家书诗文11。

话说得比较重,但孝宽读书天分不高,也是事实——同治元年,孝威17岁时就中了举人,可以进京参加会试;而孝宽呢,同治七年才入府学。

同治二年,孝宽结婚,娶的是左宗棠表兄余明珊的女儿,也就是左宗棠外婆家的亲戚——母亲的内侄孙女。同治四年,孝宽的大儿子出生,左宗棠给起名为建孙,以纪念此时正进兵福建,"润儿信来,十一月十五日举一子,吾命之曰建孙"[1]家书诗文84。

四个女儿方面。道光二十七年八月,大女儿左孝瑜与陶桄结婚。[1]附册56同治四年,孝威等去福建看望左宗棠时,左孝瑜原本打算同去。左宗棠也希望大女儿一同前来的。不巧的是,此时陶桄生病,她只得留在家中照料,"少云病似不轻,尔大姊闻眷属赴闽未免孤寂,亦无法致之"[1]家书诗文94。二女儿左孝琪,因身体原因,终生未嫁,此时依然待字闺中。而三女儿左孝琳以及四女儿左孝瑸,在同治四年孝威等前往福建时,曾帮着照看左宗棠在长沙的房子。这也表明,她们二人并未前往福建。

至于生于咸丰四年(1854)的三子左孝勋和咸丰七年出生的四子左孝同,此时年龄尚小。不过,当同治五年左宗棠离开福州时,两个儿媳妇都即将分娩。这表明,左宗棠家此时又添新丁——已经有一妻一妾四儿四女四孙,加上左宗棠,组成了共15人的大家庭。

【注释】

[1] 左宗棠. 左宗棠全集 [M]. 长沙:岳麓书社,2009.

[2] 罗正钧. 左宗棠年谱 [M]. 长沙:岳麓书社,1983.

第十四章　军事生涯少有的失败

辞别家人，左宗棠摒挡行装、抖擞精神，准备西行。只是，此时朝廷赋予他的任务，已由"平回"变成了"平回"和"剿"捻并重。

清廷八月十七日（9月25日）令左宗棠调补陕甘总督的谕旨中说："陕甘为边陲重镇，现当回氛甚炽，杨岳斌于人地不甚相宜，办理未能有效。眷顾西陲，实深廑系。左宗棠威望素著，熟娴韬略，于军务、地方俱能措置裕如。因特授为陕甘总督，以期迅扫回氛，绥靖边圉。"[1]奏稿三109这表明，左宗棠的任务是进兵陕甘"平回"。

进入十二月，任务发生了改变。十二月初六日（1867年1月11日）由于陕西回民起义军进入甘肃，加上新疆哈密失陷、巴里坤危急，清廷下旨令左宗棠"驰赴甘肃督办军务"[1]奏稿三310。

仅仅十天之后，新谕旨又来——由于陕西局势糜烂，当地起义军有四处蔓延之势，并已窜出南山扑往湖北，而前陕甘总督杨岳斌、陕西巡抚刘蓉等一筹莫展。十二月十六日（1月21日），清廷令左宗棠由湖北迅赴陕西，"督饬诸军先剿南山一带之贼。俟此股办有眉目，再赴甘肃督剿回逆"[1]奏稿三310。

但左宗棠对这两份谕旨都没有回复。不仅如此，自同治五年十二月底至同治六年正月初，左宗棠没有递送任何奏片。心急如焚的朝廷在正月十四日（2月18日）下旨询问"左宗棠现在行抵何处？何以日久绝无奏报？殊不可解"[1]奏稿三318。

此时的左宗棠，究竟在哪儿，又在忙些什么呢？

鉴于西北"回氛甚炽"，清廷让左宗棠"接奉谕旨后，即将闽浙

印务交与英桂兼署，迅即驰赴新任"。[1]奏稿三109

同治五年九月初六日（1866年10月14日），左宗棠接到调补陕甘总督谕旨，于初八日上折谢恩的同时提出进京觐见。

九月二十三日（10月31日），左宗棠上折提出暂时未能迅速西征，原因有三：一是福州船政局一事，须等德克碑前来，与之商议条款、订立合同；二是所部兵马除被裁撤之外，正分配到各地剿匪，想要凑齐随同西征的3000人，尚需时日；三是手下的营官、哨官等已陆续被安排到福建、浙江地方，如再调入军营，闽浙地方"空虚可虑"，为此让请假回湘侍奉母亲的刘典在湖南招3000旧部，多选营、哨之才，到湖北与自己会合。由于这些事务均非短期能办成。为此，左宗棠计划接到谕旨40天后——十月中旬左右交卸篆务起程西征。这一奏请，也得到了清廷的同意。[1]奏稿三122

十月十七日（11月23日），左宗棠交卸闽浙事务并计划于二十七日（12月3日）起程。没想到，十月二十三日（11月29日），德克碑和日意格才由胡雪岩陪同来到福州，左宗棠又与他们反复商量轮船厂事务，直到十一月初三日（12月9日），"轮船局务俱有眉目"[1]奏稿三296。正在此时，福建绅民出面恳请左宗棠暂缓西行，"惟士民闻臣将有万里之行，不禁依恋"，左宗棠不得不"勉为数日之淹"，[1]奏稿三296于十一月初十日正式起程，由江西、湖北取道河南北上按原计划进京陛见。

就在左宗棠由福建前往湖北的过程中，陕甘局势进一步恶化，"关内外情形同时沸腾"。如此一来，感慨"眷言西顾，竟无人能为朝廷分忧者"的清廷，十二月初六日让左宗棠暂缓进京，频繁更改左宗棠最初的"平回"使命。

随着任务的变更，左宗棠的身份也不断发生着变化。同治六年正月初一日（1867年2月5日）——中国传统春节假期的第一天，清廷下旨令左宗棠督办陕甘军务；正月十八日（2月22日），又授左宗棠钦差大臣、督办陕甘军务。[1]奏稿三315,330有趣的是，由于此时湖广总督官文被湖北巡抚曾国荃劾罢，清廷便命将官文所遗的钦差大臣关防，授予左宗棠[1]奏稿三339;书信二9——当年在樊燮控案中曾不相能的二人，如今以这样一种方式实现了赓续。

"直从瓯海指黄河，万里行程枕席过。"[1]家书诗文410 翻越闽赣两省的崇山峻岭，同治五年十二月二十六日，左宗棠部进扎武昌。同治六年正月初十日（1867年2月14日），他上了这年的第一份奏折——《敬陈筹办情形折》，向朝廷奏报近期筹办情形和用兵陕甘的初步方略。

1　提出西北用兵的方略

尽管知捻军已经大举进入湖北、陕西，但在奏折中，左宗棠还是请求"假臣便宜，宽其岁月"[1]奏稿三328，不愿仓促入关。

原因之一是兵马未齐、缺乏训练。

当时，左宗棠身边，只有从福建带出的3000多人。为此，他急催刘典在原来招募3000人的基础上加募6000人，和自己所带的3000人凑成12000人，并限刘典一个月内到湖北。与此同时，虽然觉得广东陆路提督高连陞的部队"纪律不甚讲求，队伍亦欠齐整"[1]书信二9，但在高连陞一再恳请之下，加上陕甘形势比预想中的严重，左宗棠于正月初十日奏调高连陞率所部九营水陆兵马抵湖北，取道襄阳、樊城入陕，作为自己的后路。

考虑到捻军以骑兵为主、来去迅速的特点，左宗棠提出组建马队，但此时仅得马280余匹，其他像购买马匹、筹建车营的工作则刚刚起步，更谈不上马队训练、制造轮车等工作。在左宗棠看来，此时"仓卒就戎，必贻后悔，臣不敢不慎也"[1]奏稿三327。

在此折中，左宗棠明确提出先关内后关外、先捻再回的用兵方略，"以地形论，中原为重，关陇为轻；以平贼论，剿捻宜急，剿回宜缓；以用兵次第论，欲靖西陲，必先清腹地，然后客军无后顾之忧，饷道免中梗之患。……进兵陕西，必先清关外之贼；进兵甘肃，必先清陕西之贼；驻兵兰州，必先清各路之贼。然后饷道常通，师行无梗，得以壹意进剿，可免牵掣之虞"[1]奏稿三327。如此，也是基于左宗棠用兵重视后路的一贯传统。

为了说服朝廷，左宗棠举了明末朝廷催促孙传庭仓促出关最后导致溃败的例子，并引诸葛亮《出师表》之句立下军令状，"责臣以西陲讨贼之效，不效则治臣之罪，以明军令"[1]秦稿三328。

左宗棠此折，甚至提及了购车炮、裁冗兵、办屯田等具体措施，可谓战略和战术兼备。也因此，被朝廷评为"实为动中窾要"[1]秦稿三330。后来的事实也证明，左宗棠正是按此方略进兵，最终平定陕西、甘肃乱局，进而为收复新疆创造了良好的局面。

只是，左宗棠自己都说"臣频年转战东南，于西北兵事未曾经历"[1]秦稿三328，那他是如何得悉西北情形从而提出如此中肯的意见呢？

有种说法，是左宗棠得到了王柏心的帮助。

王柏心，字子寿，湖北监利人，早年为云贵总督林则徐、陕甘学政罗文俊幕宾，遍历关内郡县，曾官刑部主事。咸丰三年，王柏心和左宗棠同入署湖广总督张亮基幕府，得以相识。张亮基调任山东巡抚后，左宗棠和王柏心离开武昌，同舟而归。归途中，左宗棠还到王柏心家做客。得知左宗棠被任命为陕甘总督后，时在荆州讲学的王柏心曾给左宗棠写了两封信。但由于行踪不定，直到同治六年正月，左宗棠才在湖北汉口收到王柏心的这两封信。根据《左宗棠年谱》，"壮而游秦陇，略习其山川风气"的王柏心在信中，除了介绍西北回民强悍、汉民孱懦、"营中将士十九皆回"的特点，以及"师行往往数月无居人，农业尽废，粮食告罄"等风土人情之外，还建议左宗棠实行屯田、勿求速效，可以3年为限，"为明公计，急宜奏请屯田，必二三年乃见成效。米谷既足，练军亦就，然后引兵下陇。战胜攻取，可运诸掌。明公上奏先与朝廷约，勿求速效，勿遽促战。必食足兵精，始可进讨，请以三年为度"[2]143。

同治五年，在给陕西巡抚刘蓉、广东巡抚蒋益澧的信中，左宗棠也曾谈及实行屯田、先捻后回、注意饷事等，"鄙意经理西陲，必练车炮、开屯田，乃有入手处"[1]书信一657；"鄙意以缓剿回、急剿捻为是，不但用兵次第宜然，即论陕、甘饷道，亦宜预为照料也"[1]书信一673。在同治六年给王柏心的第一封信中，左宗棠有"正初何小宋递到去秋惠寄前后两函"之语，而《敬陈筹办情形折》是在正月初十日上的。如此看来，左宗棠写此折时应已看到王柏心的来信。

此外，根据左宗棠在信中所说的"所论西陲方略，与鄙意不谋而合，有业经入告者，有已见施行者"[1]书信二5 "所言西事，无一不与鄙衷符合，屡经陈奏施行者什居六七"[1]书信二72 推断，关于这一用兵方略，左宗棠早有筹谋，而王柏心的建议正好印证了左宗棠的设想。

应左宗棠的再三邀请，二月底，王柏心从监利到黄陂汉皋左宗棠大营。两人见面之后，左宗棠询以"关陇山川形势、用兵次第及时务所宜先者"，王柏心不仅悉数告知，还为左宗棠鼓气。在当时亲朋好友觉得西北艰难、为左宗棠担心的时候，他的这番鼓励无疑十分难得。王柏心的这些建议，还影响了左宗棠的西北决策——左宗棠后来告诉朝廷，"后此三道进兵、坚持缓进急战之议，亦王柏心有以启之"。[1]奏稿七273

除此之外，王柏心对左宗棠的影响还包括：约定进兵之期——王柏心建议左宗棠以3年为期，同治七年左宗棠进京陛见时，向慈禧请求以5年为期；王柏心提出对起义军先剿后抚并加以安置的措施，[2]143 和左宗棠的思路吻合；王柏心建议在西北屯田，左宗棠后来在哈密等地施行，以解决军粮问题。这表明，王柏心的建议，左宗棠基本都予以接受并在西北实施。

同治十二年，王柏心病逝于荆州讲舍。光绪五年三月二十二日（1879年4月13日），左宗棠上《已故军务人员志节可传恳宣付史馆折》，奏报王柏心的功绩，请求朝廷将王柏心事迹宣付史馆、立传留存。对于王柏心这位"素以文学见重于时"的儒者来说，这应该是一种最好的奖励。[1]奏稿七272

2 从福州到潼关

捻军是咸丰三年在安徽由"捻党"联合起来的一支重要的农民起义军。太平天国失败之后，捻军首领张宗禹、任化邦与太平军遵王赖文光"誓同生死，万苦不辞"，联合作战。他们采用流动战术，易步为骑，迅速发展成为一支10万余人的武装，屡败清军。同治五年八、九月间，赖文光、任化邦率领东捻军在鄂、豫、皖、鲁之间作战；张宗禹、张禹爵、邱远才等率领西捻军，"前进甘、陕，往连回众，以为犄角之势"[3]559，极大地动摇着清政府在西北的统治。

在西捻军进入陕西前，陕西回民任武、郝明堂等于同治元年在大荔县的王阁村、羌白镇起义，先后占领了咸阳、长安、蓝田等西安附近的县邑，形成对西安的包围。清廷先派胜保督办陕西军务，率军解围西安。不料胜保取胜之后变得骄横，加上自恃在"辛酉政变"中有功，在西安枉法自为，使得百姓怨声载道，清廷于是借机"赐令自尽"。胜保死后，荆州将军多隆阿接替。多隆阿于同治二年二月（1863年3月）进攻羌白镇，攻破王阁村。陕西回民军被迫将主力撤到甘肃东部的董志原，以此为基地，分立十八营，首领有马正和、白彦虎等，人数号称20万；郝明堂则率部撤至固原。

在陕西回民起义影响下，甘肃回民也起而响应，形成了宁夏金积堡马化隆①，河州马占鳌，西宁马尕三、马桂源、马本源，肃州马文禄等势力。

陕甘除回民起义军之外，汉族农民在董福祥等领导下，收留清军的散兵溃勇，也形成大股起义军，在陕北一带活动。

捻军、陕西回民起义军、甘肃回民起义军、董福祥军，就是左宗棠入陕甘需要面对的四大势力。

同治五年十二月（1866年1月），西捻军进入陕西华阴、长安等地，回民军再度活跃起来。陕西巡抚乔松年因官军三十余营在长安城外灞桥溃败，以省城危急，请清政府速派劲旅来援。此前，同治三年四月间，多隆阿在攻城时头部受了枪伤，已不治身亡。为此，清政府于十二月三十日（2月4日，除夕夜）至同治六年正月十四日（1867年2月18日），接连发布三道谕旨，要左宗棠迅速入陕，围"剿"捻军。正月十八日谕旨授左宗棠为钦差大臣的同时，令左宗棠"即现有兵力取道入关，妥为筹办，以副期望"[1]奏稿三331。

尽管朝廷一再催促，但左宗棠始终对用兵陕甘采取慎重态度。从年初到二月二十四日（3月29日），左宗棠军一直停留汉口，进行西

---

① 也作马化潪。清时，人名加三点水旁表示蔑称之意，如将孙文写成孙汶。

征前的准备工作。

首先是组建马队。从郭松林、张树珊、刘铭传等淮军先后败于捻军的战例中,左宗棠得出"是步不敌骑之征也"[1]书信二9的结论,为此提出组建马队。通过原湖广总督官文的帮助,左宗棠搜集到战马280余匹,但在汉口购买和征集战马毕竟不易,最后"极力搜索,亦只得四百六十余匹"[1]书信二11。左宗棠一面请驻扎当地的吉林将弁帮忙训练现有马队,一面派人到察哈尔采买马匹、征募马兵。他原计划买战马3000匹,征募2500人,但最后的结果颇让人失望——所买的马匹,由于沿途照料不周,陆续病倒或死去,到陕西只剩1000多匹;至于2500名马兵,有不少老弱和吸食鸦片者,真正的吉林猎户只有400多名。不得已,左宗棠放弃了原定编练十营马队的计划,勉强凑成了四营。

其次是编练士兵。进入二月,刘典所募的部队陆续抵达,左宗棠分配车炮,编为前、中、后十五营,加以操练;而自己率亲军十哨四旗并马队。

再者是筹划军实。比如多买枪炮,在奏调高连陞及所部九营西征的同时,左宗棠请蒋益澧从"香港购办上好洋枪二千杆及枪药、铜帽,便交高连陞带解前来"[1]奏稿三330。在给浙江布政使杨昌濬的信中,左宗棠就表示"剿"捻要多用火器——每营500人配备劈山炮38尊,使用洋枪者占到六成。[1]书信二16再比如采购军粮,楚军多是两湖人士,喜大米而不惯西北面食。在此期间,左宗棠先后给老上司、四川总督骆秉章,以及好友、四川布政使江忠濬写信,请求四川帮忙购运粮食,"敝军多是楚产,麦食既非所宜,况并麦粟杂粮亦且无从采购,苦何可支耶!……伏恳……代为筹策"[1]书信二6—7。

更为重要的,是筹措西征军饷。左宗棠西征军军饷,并不在原各省协陕甘饷银之内,经其奏请朝廷批准临时由各省拨解协饷——福建每月给4万两,广东每月给4万两,浙江每月加给2万两。这对于已有两万多人的左宗棠军来说远远不够,"以之支给臣军饷需,约计每月已短四五万两"[1]奏稿三357。为此,左宗棠于三月十八日(4月22日)提出以同治六年七月到十二月各省协甘饷银为抵押,由胡雪岩向上海洋商借银120万两。此事经朝廷批准之后,又引发署陕甘总督穆图善的争饷。最终,直到同治八年(1869),左宗棠奏请朝廷为自己的西征军专门设饷,才免除了此类纷争。

二月二十四日(3月29日),左宗棠离开汉口,行抵黄陂县滠口地方扎营。此时,捻军正回窜麻城、黄冈,而李鸿章所奏调的鲍超一军尚未赶到,汉口一带只有湖北巡抚曾国荃的军队苦苦支撑。为此,左宗棠令刘典所部五营留守滠口,自己则准备绕道出孝感、云梦攻击捻军,以防止东西捻军会合。三月十六日(4月20日),左宗棠部抵德安(今湖北安陆)。曾国荃亲临拜访,请求左宗棠帮忙出兵组成长围,围困时在天门、钟祥一带的捻军。二十四日(28日),左宗棠军前部进驻随州西北净明铺,获知捻军正在随州西南一带。四月初一日(5月4日),左宗棠军在随州塔儿湾遭遇数千捻军。但还没等左宗棠军施放枪炮,"捻逆一见炮车,即绝叫快走,略不回顾"[1]奏稿三362。而左宗棠军阵法新变,未能如意。因此,此次交战"共伤毙贼人马仅百数十……官军未能猛追多杀"[1]奏稿三362。

随州交战后,淮军于四月初三日(5月6日)抵枣阳接防,左宗棠军继续北进,初八日(11日)抵樊城(今湖北襄阳市樊城区)。在樊城,左宗棠接到刘松山、黄鼎在泾阳(今陕西咸阳市泾阳县)大败捻军的消息。捻军遭此败绩,转而窜向西北,有从山西河津一带渡黄河入陕西的可能。于是,原本计划由河南淅川县荆紫关入陕西的左宗棠,改而准备从北部的潼关入陕,以阻击西捻军。另一方面,考虑黄河防务战线长、兵力少,左宗棠一方面咨请河南巡抚派兵扼守河津以南;一面让原本在河津驻守的山西按察使陈湜(字舫仙,湖南湘乡人)向北移防延长、延川一带,以防在陕西的捻军渡河入晋,再东犯直隶、京畿。

四月初八日,左宗棠行抵樊城后,一面雇备车驮,一面等候刘典。从四月十七日(5月20日)至二十三日(5月26日),左宗棠和刘典所率部队分别和捻军交战,但均斩获不多,捻军窜向河南新野。四月二十五日(5月28日),清廷发布谕旨,"所有山西军务,仍归左宗棠节制,以一事权"[1]奏稿三366。

五月，左宗棠军分三路进兵陕西：他率领的亲兵及中路、后路各营，约共7000人，由樊城大路进潼关；刘典所部及左宗棠处前路各营，合共5000人，由樊城进荆紫关，直抵蓝田；高连陞所部九营约4300人，则由樊城溯汉水上行，出均州、郧阳、洵阳以抵蜀河口。[1]书信二29

按照左宗棠原来的计划，20多天可抵达陕西潼关一带。但大军入陕之路并不顺遂：

由于连年兵战，樊城一带难以购齐装运军装辎重的车驮。左宗棠只好派人前往河南南阳一带购买，但还是不够，"虽增雇购之价过市价倍余，尚少应者"[1]奏稿三370，于是只好先让刘典所部出发，自己所率的部队等陆续添雇到车驮之后再起程。

五月十三日（6月14日），左宗棠所部终于买齐车驮，冒着酷暑由樊城启行。到二十四五日之后，又遇连续降雨，道路泥泞，车行缓慢。更为糟糕的是，六月十四日（7月15日）下午，左宗棠军在函谷关遭遇暴雨，车辆辎重几乎被冲走了十分之九，"顷刻大雨倾盆，山溜暴发，平地水深数尺……水势冲激，车马撞击，破裂至多。押解之弁勇，长顾、短顾之车夫数十名及车骡，均随流漂出大河，其中遇各营搭救得免者亦多被伤损，而军火辎重则十不存一矣。幸各军队伍均携枪械随行在前，炮车所载子药毫无损失"[1]奏稿三376。

遭遇山洪，辎重损毁严重，部队被迫休整一日。最终，直到六月十八日（7月19日），左宗棠部才到潼关。原计划20多天的路程，最后走了40天；而从福州到潼关，1600多公里的路程，左宗棠部走了7个多月的时间。

3　遭遇"走麦城"

左宗棠入陕之前，在陕西的清军，有广东提督刘松山率领的老湘军马步十八营，按察使衔、留陕补用道黄鼎率领的蜀军约马步二十营，记名总兵郭宝昌率领的卓胜军马步十七营，以及在陕北的刘厚基的湘果军马步3000名等，加上西安将军库克吉泰的马队1300名。总计兵马在35000人左右。

此时，陕西的战事主要集中在中部西安一带与西捻军，北部一带与陕西起义军，陕西西部和甘肃交界处与陕西回民起义军。经过考虑，左宗棠提出先捻后回、力争将捻军滞留陕西加以围歼的方针，以免捻军窜往中原，"陕省全局之患，在捻与回。……官军之讨贼也，宜先捻而后回。盖捻强于回，捻平则回益震，一也；捻在秦不过秦之患，窜豫则中原之患，两害相形，在秦为轻，又一也"[1]奏稿三386。

就在左宗棠排兵布阵之际，陕西境内的大股西捻军，经过刘松山、郭宝昌两军的几次痛击，已渡渭河以北撤往富平。但左宗棠认为西捻军北上只是假象，最终还是想找机会南返，然后进入湖北、河南，"避窜渭北，其回窜鄂、豫之念未尝忘，意俟大军进至渭北，乃乘间南渡，得以善脱耳"[1]奏稿三386。为此，左宗棠让刘典军由蓝田北上进驻临潼；让刚刚抵达蓝田的高连陞部进驻咸阳南岸；命各军沿黄河扎营，防止捻军南渡渭河及窜往湖北、河南。

西捻军北上，有四种可能：除折回南渡渭水之外，还可能向北与陕西起义军合流，或向西与陕西回民起义军会合，而最让左宗棠担心的，是西捻军东渡黄河进入山西再北上进犯直隶、京畿一带。为此，六月抵潼关时，负责节制山西兵马的左宗棠，曾在潼关和担任河防的山西按察使陈湜面商，将陕西、山西两省间长一千数百里的黄河，按天然地形和行政区域，划作三部分：北段从绥远、归化辖境起往下到保德州（今保德县），作为西北岸，归大同镇总兵负责防守，兼顾西北关外，受陈湜节制；从河曲、保德州向下到永济辖境，作为西岸；自永济起至垣曲上，为南岸。陈湜于汾州（今山西汾阳）一带择地驻扎，居中调度。

但这一部署留下了巨大的漏洞，那就是西岸防守空虚。这段黄河，"道路绵长，津渡至多，与陕西同州、延安、绥德各属地址紧连，为捻、回窥伺之所"[1]奏稿三380，而此时陈湜的数千兵马既要防南岸，又要防西岸，节节设防，兵力明显不足。山西巡抚赵长龄虽同意左宗棠让陈湜回湖南招募3000人以补充山西河防部队的建议，但拖了一个多月才派员赴湖南。等招募到晋，已是同治七年三月的事情了。此时，西捻军早已东渡黄河，进犯京畿。

正如左宗棠在给妻子的信中所说，"自入关以来，无一事顺手"[1]家书诗文109：左宗棠预计捻军要南渡渭河、回窜鄂豫，但西捻军后来西走临潼，由泾阳渡过泾河，之后又回走再次渡泾河往东。左宗棠下令主客各军在泾河西岸会合，向三原、富平分三路横排并进。但突如其来的洪水，使得部队进展缓慢，"阻水半月，致愆师期，实非意料所及"[1]奏稿三397，最终未能实现在渭河两岸围困西捻军、防其"急图回窜河南"的战略意图。十一月初八日（12月3日），左宗棠在《捻逆连陷州县回逆狓猖自请严议折》中，对半年的军事作了这样的总结："臣军自六月中旬入关以来，先为时疫所苦，八月初六以后，至九月二十七日，捻逆北窜，中间为大雨积潦所厄，事机不顺，莫甚于此！"[1]奏稿三449他也因十月底延川、绥德两州县为捻军所占而被迫自请"交部严加议处"[1]奏稿三449。

八月起陕西、山西一带进入雨期，大雨连旬，兵事也处于暂时休整的状态。从八月至十一月，捻军始终在陕西中部富平、蒲城、宜川和北山一带活动，间或攻陷州城。由于捻军马队来往迅速，左宗棠军步步落于敌后，始终未能得手。数万大军，首先是"无粮可裹，第一苦事"[1]书信二48；其次是进入冬季，"寒衣则万难措办"[1]书信二61；再者，由于陕西回民起义军不断从甘肃回窜，"刘典、高连陞、刘松山、郭宝昌、刘厚基各军先后皆被牵扰，频滞师行"[1]奏稿三433。在这种情况下，一向善于用兵的左宗棠，罕见地向朝廷示弱，对黄河防务表示担心，"惟自山西至河、保已千数百里，不但臣鞭长莫及，即陈湜亦虑呼应不灵，臣岂敢遽谓确有把握？"[1]奏稿三433

尽管左宗棠"夙夜惴惴，深以捻逆直趋北路为惧"[1]奏稿三433，但让他最担心的事情还是发生了——十一月二十二日（12月17日），接到东捻军告急文书之后，西捻军于宜川县东龙王辿一带（今壶口瀑布一带）踏冰渡河入山西，破吉州，经平阳，到怀庆、卫辉、彰德，然后北上定州，威胁京畿。清廷为之大震。而此时，左宗棠军刘松山、郭宝昌部刚刚收复被捻军占据的绥德，正在搜寻西捻军主力的踪迹！直到二十九日，左宗棠才从山西河东道杨宝臣的飞禀中得知西捻军东渡黄河的消息，"阅报之下，忧愤无措"[1]奏稿三473的他，立即催刘松山、郭宝昌从上游渡河，星夜兼程从晋北赶往直隶，"再侦贼踪所至，进逼痛剿……毋得蹑踪尾追，又落贼后"[1]奏稿三474。此时，驻扎临潼的左宗棠，身边只有亲兵千余人和副将戴定邦一营。无奈之下，他立即飞调在西路的黄鼎等数千人星夜东来，准备亲率部队进山西追击西捻军，"俟各营调到，即亲率入晋督剿"。至于陕西军务，则奏请由刘典和甘肃提督高连陞督办。

清廷在十月十九日（11月14日）谕旨中曾要求左宗棠将西捻军就地歼除，否则将唯左宗棠是问，"陕西兵力不为不厚，总当就地歼除，不可以驱贼出境即为了事。倘任贼东渡，阑入晋疆，惟左宗棠是问"[1]奏稿三433。如今，西捻军却东渡黄河，威胁京师！清廷震怒之下，于十二月初三日（12月28日）下旨，批评左宗棠督办陕甘军务多日，非但未能消灭西捻军，反而使其东渡黄河、北上犯京。十二月初八日（1868年1月2日），更是将左宗棠革职留任，严加申饬，"前经吏部遵旨将该大臣严议革职，已加恩改为革职留任……且该大臣自闽浙总督调任陕甘，授为钦差大臣，督办陕甘军务，倚任不为不重。若不振奋精神，力求成效，清夜自思，何以自安？"[1]奏稿三476 5天之内，两获严遣之旨，左宗棠面临的压力，前所未有。

当西捻军在陕西、山西一带纵横驰奔之际，同治六年年底，突入山东的东捻军却陷入危殆的境地：十月间，任化邦在苏北赣榆战败被杀；十二月赖文光被俘并于扬州被李鸿章杀害。至此，东捻军主力已被李鸿章淮军歼灭。而这些，急于前往救援的西捻军，并不知悉。他们本想出潼关由河南直接进入山东。后来考虑到清军聚集山东，河北空虚，张宗禹等遂决定进军直隶，以威胁京畿、逼迫清军回救根本，从而达到解救东捻军的目的。于是，西捻军经山西、河南进入直隶，于同治七年正月抵达保定一带。

左宗棠则率领亲兵1300人和提督杨和贵等部共4900余人（随后增至8000人），由潼关入山西，于同治七年正月二十二日（1868年2月15日）抵达河北获鹿（今石家庄市鹿泉区）。

也就在此时，驻扎山东济宁的李鸿章也遇到棘手问题：由于淮军将领刘铭传、郭松林、潘鼎新、刘秉璋等纷纷求退，使得李鸿章无法遵旨北援。正月十二日（2月5日），恼怒之下的清廷新账旧账一起算，除将官文、左宗棠交部严加议处之外，以未能催令刘铭传等北上又日久无一字复奏为由，将李鸿章"拔去双眼花翎、并褫去黄马褂，革去骑都尉世职"[1]秦稿三526。严旨催迫下，正月二十日（2月13日），李鸿章自济宁起程，督师北援，淮军将领除刘铭传"浩然回里"外，其余"皆投袂而起"，跟随李鸿章北上。[4]156

左宗棠刚到获鹿时，担心捻军北上，便派重兵加强对固安、涿州的防守，不料西捻军又出左宗棠预料，并不往北走，而是先于二月二十五日（3月18日）由晋州西南涉浅水处渡滹沱河南，又于三月初一日（3月24日）渡漳河到河南彰德一带，然后在三月底北上沧州、静海，进逼天津。西捻军在河南、河北一带飘忽驰骋，清军由于辎重多，因此总在追截之中，十分被动，以致左宗棠慨叹，"贼速而官军迟，尾追之战多，迎头之战少；盘绕之日多，相持之日少"[1]秦稿三537。

二月初五日（2月27日）起，清廷下旨特派恭亲王奕䜣出面节制，指挥钦差大臣李鸿章、左宗棠、都兴阿，及署直隶总督官文、山东巡抚丁宝桢、安徽巡抚英翰、河南巡抚李鹤年所部，合京营、天津洋枪队等十余万众围攻西捻军。西捻军进逼天津后，无法立足，四月中旬折回山东。未料漳、卫上游山洪暴发，运河水位陡涨至一丈五六尺。这就使得清军在运河防线北段有了水险可恃。此外，通过沧州以南的捷地坝将运河水灌入减河，还增加了一条自捷地坝至海滨牧猪港全长百余里的北面水上防线。进入四月下旬，"黄水陡涨数尺"，强固了清军黄河防线的同时，又使清军得以在张秋开坝引黄入运，大水漫灌原来自张秋至临清200余里干涸可涉的河段。此后黄河水继续暴涨，形成了南以黄河、西以运河、北以减河为凭的包围圈。西捻军受到致命的威胁。

随着运河水陡涨，左宗棠也转而赞同李鸿章的"圈制"之策。四月二十九日（5月21日），李鸿章、左宗棠在德州桑园会见，一致同意将主要兵力用于"圈制"而腾出一定兵力用于"追剿"。此后，随着"划河圈地""且防且剿"战略的实施，清军在直隶、山东战场取得了战略主动。捻军试图突破清军河防未果，而在包围圈内又无法摆脱清军围追堵截，只好被动地奔突，最后进入山东北部。李鸿章不失时机地"缩地围扎"，在马颊河与徒骇河布防，把捻军压迫在其间的高唐、商河、惠民一带的狭长地带，并下令当地官府"查圩"，致使捻军陷入绝境。六月十三日（8月1日），张宗禹率部突围，南下到达山东茌平境内。不料徒骇河水陡涨，又猝遇清军阻击，全军覆没。张宗禹投徒骇河，"穿秫凫水，不知所终"[5]108。西捻军被完全平定——与清廷作战长达18年的捻军至此被镇压。

当李鸿章率部在山东境内追击西捻军时，左宗棠正率5000人防守西线——运河西部自吴桥辖境至沧州减河捷地160余里的地段。四月二十五日（5月17日），清廷发布谕旨，"因贼窜山东，距李鸿章行营较近，是以将前敌诸军改命李鸿章总统"[1]奏稿三611。此前，清廷曾让左宗棠节制直隶境内的各省援军，以及前来助"剿"的程文炳、宋庆部和张曜部。[6]卷二一八;[1]奏稿三532 四月二十五日的这道谕旨，意味着左宗棠这位昔日的"剿"办西捻军统帅降为专办防务的偏师。西捻军覆灭之际，左宗棠正在连镇处置先后收抚的7000余捻军——或留用，或遣散。

两捻军被镇压后，七月初十日（8月27日），清政府发布上谕，取消对李鸿章和左宗棠等人的降革处分，李鸿章获镇压西捻军首功，赏加太子太保衔，并授以湖广总督、协办大学士。左宗棠则只赏加太子太保衔，与山东巡抚丁宝桢、安徽巡抚英翰等交部照一等军功议叙。从军事的角度看，"剿"捻是左宗棠军事生涯中比较少的完败：自进入陕西开始，他对西捻军动向的判断几乎无一准确，虽纵横陕西、山西、河南、直隶、山东数省，并从山东追至天津、塘沽等，但始终处于尾追捻军且追赶不及的状态；虽有小胜，始终被动。

此期的家事纷扰也让左宗棠心绪不佳。

4 痛骂爱子出气

左宗棠接任陕甘总督，主要是因为前任总督杨岳斌①镇压陕甘回民起义军不力。但接手后，"无一事顺手"[1]家书诗文109：原定的进京陛见，因为军情紧急于同治五年十二月被取消；同治六年正月出任钦差大臣、督办陕甘军务后，一年多的时间里，始终未能将西捻军围困在陕西境内，反让西捻军于十一月渡黄河，从陕西进入山西，进犯直隶，威胁京畿；同治七年正月，西捻军逼近卢沟桥，清廷大为震惊，"降旨"先行将"剿"办捻军的钦差大臣李鸿章、左宗棠"交部严加议处"，同时将署直隶总督官文、河南巡抚李鹤年免职，让他们戴罪立功。

"剿"捻以来步步被动，时常被朝廷严批，左宗棠无疑十分窝火。此时，儿子孝威的举动，在他看来更是火上浇油。

同治六年年底，在没有同左宗棠商量的情况下，孝威进京参加会试。没想到北上期间，母亲因脚气大发竟然导致病重，"医言'脉绝不可为矣'！"[1]家书诗文111

伯父左宗植赶忙一面派人去追孝威回来，一面写信告知左宗棠。幸好，此后周诒端"连进参茸大剂，渐有转机"[1]家书诗文111。于是左宗植赶忙写信告知孝威，让其安心会试，不用折回。

本来，因"剿"捻无功正被清廷革职留用的左宗棠，此前已让孝威"读书家居为是，断不可令作官，致自寻苦恼"[1]家书诗文110。因此，接到孝威要北上的消息后，考虑捻军活跃、路途可能不安全，正在河北获鹿的左宗棠立即写信给在湖北为其负责后路粮台的王加敏，让他阻止孝威北上。得知妻子病重后，他又写信给在京城的好友夏芝岑，通知孝威"不准会试"[1]家书诗文111。

但孝威看来并没有收到左宗棠、左宗植等人的书信，已经抵达京城。同治七年二月初六日（1868年2月28日），左宗棠收到孝威的平

---

① 即湘军前期著名将领杨载福，同治帝载淳登基后，因避皇帝讳，由同治帝亲自为其改名为杨岳斌。

安书信,十分生气,"不意尔竟敢违我训饬如此!……我因捻逆渡河忧愤欲死……尔断不准入闱赴试,天下有父履危地、母病在床,而其子犹从容就试者乎?"批评孝威在父亲身处险境、母亲卧病在床竟然还有心情参加会试外,生气之下的左宗棠还不允许孝威来行营看望他,"不会试,亦不必来营,来营徒添我累"[1]家书诗文112。

因为"剿"捻失利而焦头烂额、被朝廷训斥的左宗棠,可谓毫不讲理——按照左宗棠的说法,将"剿"捻这种用兵作战比为危地。其实,从咸丰十年开始,左宗棠就一直用兵作战,孝威不也参加了同治四年的会试吗?当时左宗棠非但不反对而且大力支持。接到左宗棠这样一封语气空前严厉的斥责信后,孝威赶忙来信提出从天津搭轮船,以便能更快回家,而左宗棠又表示"惟天津轮船断不可搭!"[1]家书诗文112。

之后,左宗棠得知妻子的病势转好,而"剿"捻战事也较前顺利。在幕友谢维藩等的规劝下,他终于同意孝威参加会试,但又一反常理地要孝威不必考中,"尔如赴会试亦可,但不必求中进士。功候太早,本无中理,且科名亦易干人忌也"[1]家书诗文113—114。

如此反复折腾,多少对孝威参加会试有所影响。四月初发榜,孝威再度名落孙山。左宗棠得知后,一面提醒孝威"断不可发下第牢骚,惹人讪笑"[1]家书诗文115;一面让孝威在京小住,等自己派人去接来大营相见;同时又托在直隶一带"剿"捻的淮军将领张树声帮忙打听孝威行踪并派人护送来营。

至此,左宗棠此前对孝威的两项要求——不准参加会试、不准来营,都没有作数。可见,这只是他当时的气话。而且,在闰四月十四日(6月4日)的一封信中,左宗棠甚至向孝威提出如果取道保定南下不安全,可以从天津坐轮船南返,"或由水陆到连镇行营见面;或径由天津托夏筱涛(兄)搭轮船至上海,再由上海南旋亦可"[1]家书诗文116。而这,不正是二月份时他所极力反对的吗?

京城距左宗棠大营也就二三百公里。但不知何故,一直迁延到五月二十七日(7月16日),左宗棠既没有见着孝威,也不知道其行踪,不禁又大为光火。这天,他去信痛骂孝威,语气悲伤,"吾三十五岁始得尔，爱怜倍至，望尔为成人。尔今已长大，而所学所志如此，吾无望矣"[1]家书诗文120。然后，又夹枪带棒地批评孝威不写家信以致让父母担忧；翻出旧账批评孝威去年十月初虽知母亲病重，但看到母亲病情转好允许自己进京参加会试后，立即欣然前往；还批评孝威交友不当——原来，过宁津时左宗棠偶遇三位年轻人，说是孝威的同年，而且孝威曾托他们帮着买人参。由于发现这几个人鸦片瘾挺大，左宗棠便十分不高兴，在信中责问孝威为何要托有烟瘾者帮母亲买人参，要求孝威立即和这几个人断绝交往。

虽然批评不断，但其实内心里，左宗棠对孝威是十分牵挂的。这在闰四月十九日（6月9日）的一封信中表露无遗，"昨接尔由宛平递来一函，知尔尚未出都，甚为欣慰。未接尔信之前，已数夕展转床褥，不能合眼也"[1]家书诗文117。由于担心孝威的安危，左宗棠已经好几晚睡不着了！

但无论如何，在同治六年底、七年初对孝威参加会试一事的处理上，我们可以看出左宗棠对孝威的爱之深、责之切，以及左宗棠脾气之大、性情之急。

【注释】

[1] 左宗棠.左宗棠全集［M］.长沙：岳麓书社，2009.

[2] 罗正钧.左宗棠年谱［M］.长沙：岳麓书社，1983.

[3] 太平天国历史博物馆.太平天国文书汇编［M］.北京：中华书局，1979.

[4] 苑书义.李鸿章传［M］.北京：人民出版社，2004.

[5] 中国史学会.捻军：第二册［M］.上海：上海人民出版社，1957.

[6] 中国第一历史档案馆.大清穆宗毅皇帝实录［A］.

第十五章 经略陕甘

西捻军刚刚被平定之际，在给好友杨昌濬的信中，左宗棠曾有辞卸军务、专办屯田之意，"拟事毕入觐，将经手大件，缕陈殿陛，自陈衰病乞罢，专办秦陇屯田之事"[1]书信二99。此虽非左宗棠真实想法，但也是他镇压捻军遇挫、仕途失意心态的写照。

同治七年七月十七日（1868年9月3日），清廷下旨让左宗棠进京陛见。

左宗棠此次觐见，和慈禧等有哪些交流呢？左宗棠虽然不像曾国藩、郭嵩焘那样有记日记的习惯，但通过他的奏折、给友朋的信札，我们还是可以将此次陛见大体还原。

七月二十四日（9月10日），左宗棠从河北连镇出发入都。由于秋水暴涨，官道漫溢，马步难行，左宗棠只好改走水路取道天津进京。他八月初五日（9月20日）抵天津，初十日（25日）入觐。十二日（27日），清廷赐左宗棠紫禁城骑马。十五日（30日）再度召见，主要讨论西北用兵问题。八月十九日（10月4日），左宗棠陛辞出都。此次在京，总共待了10天。

以慈禧为代表的清廷，十分担心陕甘回民军像西捻军那样偷渡黄河、进犯山西而威胁京畿，因此要求左宗棠由东而西征讨，并加强山西防务。这点，在左宗棠给刘松山的信中也得以印证，"前此入觐时，面奉谕旨，须由东而西，力固晋边，无令内窜。即枢邸议论，亦以力争此着为是"[1]书信二103。在这年十月的一份奏稿中，左宗棠重申了这点，"臣亲承慈谕剿贼须由东而西，不敢不慎益加慎"[1]奏稿三704。

确定进兵大略之外，朝廷更关心的，是多长时间能让陕甘安靖如常。同治九年（1870），左宗棠告诉闽浙总督英桂，"弟前年入觐，蒙谕询何时可了此勾当，谨奏须假之五年，而圣意似以为远"[1]书信二171。同治十年（1871）给好友吴观礼的信中，左宗棠回忆起此次召对情形时也说："前年入觐，面陈非五年不办，慈圣颇讶其迟。"[1]书信二224

由此可知，同治七年陛见时，左宗棠确实是向朝廷保证5年之内平定陕甘。

当时，对于5年之期，两宫太后都觉得太长；一般人也据此批评左宗棠不肯认真"剿"办。左宗棠去世后，光绪十一年（1885），闽浙总督杨昌濬奏请将左宗棠勋绩宣付史馆时，重提5年之期，"方戊辰召见之日，左宗棠面奏西事以五年为期，人或以骄讥之"[1]附册713。

此前，好友王柏心给左宗棠的建议是以3年为期平定陕甘。那左宗棠为何要以5年为期呢？主要是考虑西北地形复杂，进兵、运粮困难。当时，他就对杨昌濬说："新命甫下，思及进兵、运粮之难，合山川道里计，非二三年所能蒇事。天语垂询，应声而对，实自发于不觉。"[1]附册713这，显示出左宗棠的谨慎之处。同时也表明，就如何经略陕甘，他在陛见前已有充分的考虑，也因此才会应声而答，说出5年之期。

最后，左宗棠于同治十二年平定陕甘，真的用时5年，"至此，果如其言"[1]附册713。战国时期，乐羊与中山国交战3年，谤书盈箧；明末崇祯时期，袁崇焕在平台召对时，也曾对崇祯帝说过为期5年平定辽东，但不到两年，他就被崇祯帝投入大牢，之后凌迟处死。左宗棠5年后得以平定陕甘，和乐羊、袁崇焕相比，无疑是幸运的。

而这幸运背后，是左宗棠解决用兵陕甘的筹饷、筹粮、筹转运等的艰辛。

1　筹饷、筹粮、筹转运

兵马未动，粮草先行。经略陕甘，筹饷是左宗棠面临的最大难题，"陕甘所急者饷，为陕谋者宜先集饷，不在增兵"[1]奏稿四88。

对于身为陕甘总督的左宗棠来说，他需要面临的饷项，有这几大块：一是治下的陕西、甘肃每年正常运转的银两；一是自己统率的西征军军饷；一是各省派到陕甘的援军军饷。各省派到陕甘的援军军饷，由派出省负责。因此，左宗棠主要面对的，是前两项。

一、"筹饷难于筹兵"。

当时的陕西和甘肃，是一个怎样的局面？严重缺饷。同治三年杨岳斌出任陕甘总督，莅任之初，"据军需局报告，仅存火药六两"[2]246。由此可见陕甘饷银、军需匮乏之一斑。同治七年八月十六日（1868年10月1日），左宗棠在被召见次日，即上折奏陈陕甘饷事艰难，指出不包括屯田、安抚流民等费用，"陕西每年缺饷一百五六十万两，甘肃每年缺饷二百余万两"[1]奏稿三678。经其奏请，朝廷下旨于各海关六成洋税下专项划拨陕甘军饷100万两。

就在此时，发生了署理陕甘总督穆图善争饷事件。

原来，同治六年十二月，朝廷曾允许左宗棠借洋款100万两，加上此次所拨的100万两，一共200万两作为陕甘用饷。穆图善认为，100万两洋款是以各省协济陕甘的银两作为抵押的，应该分给甘肃一半。同治七年九月，清廷同意穆图善所请，要求左宗棠将所借洋款的剩款一半解甘。与此同时，这次所拨的100万两，也"着分半解甘，毋稍短欠"[1]奏稿三682。

按照左宗棠最初的设想，这200万两银子，除去自己带兵入直隶追"剿"西捻军的花销外，其余的"应两股平分，一半给陕，一半给甘"[1]奏稿三615。

那为何后来没有给穆图善呢？

原来，驻守甘肃平凉、庆阳、泾川、固原一带的甘军，本应由设在西安的甘肃后路粮台拨款接济。但同治六年冬天起，穆图善下令甘肃后路粮台将各省解到的协甘款项，一律运到秦州（今甘肃天水），由其支配。

如此一来，平、庆、泾、固四地甘军顿时没了军饷来源，被迫按惯例向西安求饷。左宗棠无奈，只好"勉强凑拨"[1]奏稿三616。此外，被贬成到甘肃的田兴恕所带来的旧部，军饷也由左宗棠处代拨。这样，左宗棠自然不能再实施此前的对半匀拨方案。最后的解决方案，是在算清楚代甘肃拨付的军饷后，左宗棠将把剩下该给甘肃的饷银分成两部分：一部分交甘肃后路粮台，继续为平、庆、泾、固四地驻军支发；一部分则解往兰州交给穆图善。[1]奏稿三616

争饷问题虽告一段落，但并不能根本解决陕甘缺饷之困。此时陕甘两省的兵马，除穆图善负责的甘肃防军、署理陕西巡抚刘典负责的陕西防军外，还有左宗棠统率的西征军。

左宗棠的西征军兵力有多少呢？同治八年正月，为使朝廷同意设立专门的西征军军饷，左宗棠曾开具楚军人数和花销清单。从中，我们得知：其所部楚军马步约共七十余营，合共四万六千七百余人（其中有九营暂交署陕西巡抚刘典统率，用于陕西防"剿"），加上大营文武随员、差弁、夫役及远近各局随时添派的人数，合计约5万人——一年的粮饷支出为280余万两。

除此之外，还有采买及转运粮食、军装、军械的运费。此项花销覆盖的范围，不仅包括左宗棠所部楚军，还包括前来支援的刘松山、郭宝昌、李辉武等部队，以及陕甘防军。概而言之，就是当时正在陕甘地面的各支部队，其军实等皆由左宗棠大营负责。这些花销，每年需要180余万两。

两项合计，左宗棠估算每年共需银460余万两。"其陕甘各军饷项及赈抚难民、安插降众、开垦屯田等经费均不在内"[1]奏稿四32。也就是说，尚未包括穆图善、刘典所辖部队。

由于连年战乱，陕西、甘肃两省收入甚少，除地丁、钱粮等必须上交中央的正税外，地方可以自主支配的牙厘、杂税、捐输少得可怜，"陕西厘税每年尚可得十万两内外，甘省则并此无之，捐输则两省均难筹办"[1]奏稿三677—678。如此，陕甘两省所需饷银，只能靠中央拨款和各省协饷。而各省协饷拖欠严重——据署陕西巡抚刘典所奏，陕西每年需饷300万两，但各省协饷拖欠之数达140万两；署陕甘总督穆图善则表示，甘肃每年需饷480万两，各省协饷拖欠之数达200余万两。[1]奏稿三678,683；奏稿四27

左宗棠西征军所需饷银460余万两、陕西所需饷银300万两、甘肃所需饷银480万两。三者相加，每年的总数达到1240万两！而清廷当时一年的田赋等正项收入，不过三四千万两。即使加上洋税、厘金等，估计也就七八千万两。① 陕甘每年上千万两的开销，清廷无疑难以承担。

同治七年九月二十四日（1868年11月8日），左宗棠曾上折提出解决陕甘军饷的办法——从同治八年起到陕甘平定为止，"每岁于各海关洋税、各省厘金项下划提实银四百万两，分给陕甘"。不够的，再由各省根据情况协解，"酌时势之缓急，定协饷之多寡"[1]奏稿三685。

由于户部迟迟没有答复，同治八年（1869）正月，左宗棠又建议为自己统辖的七十余营设立西征专饷——今后无论是朝廷拨款还是各省协饷，如果是拨给左宗棠军的，都叫西征饷。在左宗棠看来，如此，则户部"容易稽核，而臣军此时可免侵占陕饷、攫取甘饷之疑，异时办理报销亦易清晰"[1]奏稿四27。

但清廷不同意设立专门的西征军军饷。理由是各省解送协饷的进度不一，界限过严，很容易出现有些防军因相应省份协饷解送不及时而断饷，不如将协饷集中，还可彼此通融。[1]奏稿四52 与此同时，清廷让安徽、浙江、湖北、江西、福建、江苏、广东等七省从厘金中增拨协饷，凑足300万两给陕甘。至此，拨给陕甘两省和西征军的饷银，名义上每年已达到800多万两——除专解穆图善军营及秦州的每年120万两仍解甘肃外，"其原拨左宗棠协饷每年三百三十余万两，刘典协饷每年六十万两，及本年添拨各省厘金三百万两，均仍由左宗棠兑收，以一事权"[1]奏稿四52。

这800多万两，占清廷总收入七分之一到八分之一，不可谓不多。朝廷如此支持，相当不易。

---

① 据《清史稿》，光绪七年"通计实入共收银八千二百三十四万九千一百九十八两"。见赵尔巽等撰：《清史稿》，中华书局，1976年，第3705页。根据曾主持海关的海关总税务司、英国人赫德的调查，1901年庚子赔款前数年，清政府的岁入总额为8800万两，岁出为10100余万两，每年亏空1300万两左右。见中国近代经济史资料丛刊编辑委员会主编：《中国海关与义和团运动》，中华书局，1983年，第64—65页。

但我们也要明白，左宗棠用兵陕甘所获得的胜利，是在军饷经常不足的情况下取得的，也相当不易——比如同治七年八月朝廷下旨在海关六成洋税下拨付的100万两，直到同治八年二月下旬才收到52万两[1]奏稿四49—50；再比如各省新增的300万两协饷，按朝廷规定截至同治八年四月底，共应解银230万两，但实际上只送到70多万两。[1]奏稿四85而且，迟解、拖欠现象还越来越严重：至同治十年八月各省欠饷达1200多万两，同治十二年十月更是增至1800多万两。[1]奏稿五108,479

二、"筹粮难于筹饷"。

西北所产粮食，本来就不敷食用。兵燹之后，百姓逃亡，田地荒芜，产粮更少。如今，一下子涌入这么多兵马，粮食供应紧张，也就十分自然了。

粗略统计，左宗棠所部楚军马步共七十余营，合共四万六千七百余人；陕西原有部队，包括刘松山老湘营等，大约三万五千人；穆图善所统的甘肃原有部队，约三万五千人；此外，还有奉调前来助"剿"的张曜部、宋庆部约一万两千人。[2]63—66仅此，陕甘兵马就有大约12万人。如果再加上大营文武随员、差弁、夫役及远近各局随时添派的人员等，那就更多了。

按照左宗棠的统计，即使不包括穆图善的部队，"合楚、陕各军，及驻陕甘军、勇夫共七八万余人，每人食米一升，日需米七八百余石①"[1]奏稿四32。兵燹之后，大军所需粮食，需从四川、湖北、河南、山西等处购买——像为了购买大米，左宗棠曾写信请求老上司四川总督骆秉章和昔日好友、四川布政使江忠濬等帮忙。多番请求，在同治六年，骆秉章终于答应帮忙"采办甘米万担"[1]书信二21，江忠濬则设法在广元每月帮忙购运大米数千石。[1]书信二26

千里购粮，自然价格不菲。粮食价高，士兵所得薪粮，扣除食用外所余无几，像长夫的薪水每月只有3两，还不够食用。长此以往，

---

① 1石究竟等于多少斤，各朝代的数目不同。在清代，大体在100斤至160斤之间。

自然会影响士兵的积极性。为此,左宗棠采用变通的方法——不管市面价格多少,各军每领官粮百斤,只扣价银3两。不够之数,由左宗棠大营从军饷中补足。根据左宗棠的测算,如此每月大约需要补贴一万五千两左右。至于马料,也是采用类似的补贴方法。两项总计每月两万多两,每年约需补贴实银二十余万两。

三、"筹转运尤难于筹粮"。

四川、湖北、河南、山西等处所购粮米,在千里之外,必须通过转运前来。同治七年,在给安徽巡抚英翰的信中,左宗棠就说,"惟秦、陇之事,筹饷难于筹兵,筹粮难于筹饷,而筹转运尤难于筹粮,窘迫情形,为各省所未见"[1]书信二101。筹饷难于筹兵,筹粮难于筹饷,而筹转运尤难于筹粮——这三句话,左宗棠在给朝廷的奏折、给友朋的书信以及给部下的批札中多次提及,可谓深有体会。

转运分为水运和陆运两种方式。陆运主要采取夫运、驮运:夫运靠人力挑、拉,以50里为一站;驮运依靠畜力,以60里为一站。要将四川、湖北、河南、山西等地购买的粮食通过陆路转运至陕甘,须十余站至二十余站不等。水路则沿长江、汉水、黄河逆流而上进陕西,全靠纤夫拉动——其间道路崎岖,可谓艰难万状,为此所费也不低,"水陆远近牵算,每石约需运脚银四五两,即月需银十万两有奇"[1]奏稿四32。此外,还需转运军饷、军火、军装等。如此种种,大约每月转运花费就需十二三万两,每年需银一百五十余万两,几乎占了左宗棠西征军饷的三分之一。

鉴于西北"转运所费,几于费一石而致一石"[1]书信二111的现状,为筹措粮食,左宗棠想了不少办法:比如,在陕西、山西广设粮食采运局,变长运为短运,以减少运夫的粮食消耗;比如,在各地粮食最多的时候加紧采买——在绥德一带作战的刘松山部,军粮自山西碛口①一带采买转运。同治八年,左宗棠致信刘松山,告知碛口在清明前后粮食最多,此时可以多加采买,"碛口向为口外粮食总汇之所,

---

① 今山西省吕梁市临县下辖镇,有"九曲黄河第一镇"之美誉,是晋商发祥地之一。

每岁清明以后,到粮最多"[1]书信二130。比如,奖励助购粮食的官兵士绅:同治六年,得知四川候补道彭汝琮在四川采买了 16 万石新谷,左宗棠十分高兴,夸奖"非阁部公忠,何以有此?"[1]札件76比如,采取多种途径确保粮食安全,他多次提醒将领"用兵先顾饷道,转运必取多途"[1]奏稿四92,以免一处受阻全军陷于无米之虞。他甚至要求带兵主将注意搜寻当地藏匿的粮食——同治八年,他就提醒在陕北靖边、定边一带作战的刘松山,"未知贼巢尚有余粮否?"[1]札件144

2 由东北而西南的平陕方略

同治七年八月十九日（1868 年 10 月 4 日）陛辞离京之后,左宗棠八月二十六日（10 月 11 日）启行南下,十月十三日（11 月 26 日）行抵西安。

在左宗棠返回西安途中,清军在陕西已连续获胜,将陕西回民军挤压在东北的延安、榆林、绥德和西南的董志原两处。[1]奏稿三703—704抵达西安后,左宗棠召集署陕西巡抚刘典、甘肃提督高连陞、署汉中镇总兵李辉武等将领连日会商,最终定下从东北向西南的进兵方向。具体而言,先平定陕西东北绥德、清涧、延安、榆林一带包括董福祥部队在内的起义军,再进兵董志原。为防止陕北起义军进山西,左宗棠派张曜、宋庆、刘松山率部分别驻扎在晋陕交界的汾州（今汾阳）、榆林一带,加固晋防并协攻陕北。

陕西东北方向的作战任务,主要由刘松山老湘营①承担。老湘营有步队十八营、马队五营,大约 12000 人。同治七年十二月,刘松山留下 3000 人担负晋陕防守任务,自率主力由山西渡河进入陕北,与成定康部由绥德自东向西进兵。与此同时,左宗棠派郭运昌率卓胜军居南,令署宁夏将军金顺率军在北,与刘松山配合,从东、南、北三面进兵。在清军的包围和压力下,占据陕北保安（今志丹县）、安定

---

① 刘松山老湘营一军,同治五年抵陕支援"剿"捻,同治七年七月奉旨归左宗棠节制。

（今子长县）的起义军首领扈彰率部投降。十二月初九日（1869年1月21日）起，刘松山率军在绥德、清涧一带，由东向西，经过六昼夜苦战，打败了另一首领高二，对董福祥形成威胁。与此同时，金顺、张曜和刘厚基等人，在榆林和府谷一带打败了由靖边北扰的董福祥零星部队。

三路大军围困之下，以镇靖堡为基地的董福祥的父亲董世有、弟弟董福禄，以及董福祥所部被迫于十二月间"跪乞投诚"[1]奏稿四11。刘松山挑选精壮，改编为董字三营，由董福祥率领，跟随老湘营作战。光绪二十六年（1900）的庚子事变中，在与八国联军作战时，董字三营还成了勤王精锐。

随着董福祥等的投降，陕北平定。左宗棠开始用兵西南的董志原。

董志原属甘肃庆阳，是黄土高原最大的一块原面。董志原战役大约从同治七年十一月中旬开始，到同治八年二月（1869年4月）庆阳一带肃清而结束，主要作战部队为固原提督雷正绾的部队，以及陕安道黄鼎的蜀军。经此一役，董志原回民军"十八营"除三营逃至金积堡外，其余基本被镇压。清军"拔出难民万余，拾获军械无数。庆、泾各属一律肃清"[1]奏稿四65。

董志原战役的胜利，基本切断了陕甘回民军东进的可能，使得战事此后基本在陕西以西进行，无法再对中原和京畿一带构成威胁。这点，十分重要。首先，它使得左宗棠避免重蹈同治六年西捻军东渡黄河、窜往中原、威慑京津的覆辙，让左宗棠重新获得了朝廷的信任；再者，由于后路稳固，左宗棠得以一意西进，为后来的次第进兵甘肃、青海、新疆奠定了基础。董志原战役结束后，左宗棠就告诉朝廷，"此次乘其窜动，急追猛剿，积年蚁穴，搜荡一空，贼之精骑悍党，销亡殆半"[1]奏稿四65"陕甘回患庶有止息之期"[1]奏稿四66。

董志原战役之后，左宗棠指挥各军继续清"剿"陕西西部、北部一带起义军余部。从二月到四月底，经过将近3个月的搜捕，榆林、绥德、延安、鄜州（今陕西富县）各地一律肃清。同治八年五月十九日（1869年6月28日），左宗棠正式奏报朝廷：陕西平定，他即日由邠州（今陕西彬州）、长武（今咸阳市长武县）进驻泾州（今甘肃平凉市泾川县），督办甘肃军务。

3 用兵甘肃

总体而言，左宗棠用兵甘肃，主要有金积堡战役、河州战役、西宁战役以及肃州战役这四大战役。四大战役中，尤以金积堡和肃州两大战役最为重要。

就在同治八年五月十九日这天，左宗棠一口气上了十一道折片。除报告陕西肃清、进驻泾州外，更主要的，是为督办甘肃军务作饷事、人事等安排。这其中，最重要的，当属《请敕各省力筹协饷折》和《沥陈饷事窘迫片》。

在《请敕各省力筹协饷折》中，左宗棠第一次正式向朝廷提出：西北用兵筹粮难于筹饷，筹转运又难于筹粮的特点，"盖秦、陇用兵，筹粮艰于筹饷，筹转运又难于筹粮，古今不易之局"[1]奏稿四85。

与此同时，左宗棠指出，杨岳斌和穆图善两任陕甘总督"劳师数载""每年费过百万"却频频失利的原因，主要是缺饷和冒进，"而采粮、转运两者，尤非实饷到手，无从筹办。虽有良将，不能点铁而成金；虽有神兵，不能煮沙以当粥"。因为，如果粮饷无法保证，军士就会抢夺百姓财物。如此，既会逼迫百姓逃亡，又将导致军士战不能战、守不能守，"杨岳斌之急赴陇西趣战而溃，穆图善之急保兰垣竭蹶而危，足为前鉴"。吸取杨、穆二人的教训，左宗棠表示，此次必先布置好后路、确保粮饷后才能进兵，"臣奉命出师，岂敢逗留不进，然不预将后路稍为布置，饷道概予疏通，而贸然前行，再蹈覆辙，其必贻朝廷异日之忧也决矣"[1]奏稿四85—86。

当时各省以派兵来陕甘助战为名，减少或停止给陕甘协饷。左宗棠对此深感忧虑。他指出"陕甘所急者饷，为陕谋者宜先集饷，不在增兵。各省之兵增，则陕甘之饷绌，盖各省既以兵助陕甘，必不肯再以饷资陕甘也"[1]奏稿四88。为此，他恳请朝廷一方面停派潘鼎新所部淮军4000人、陈湜所部晋军9000人前来陕甘，另一方面下旨将已经来陕的张曜、宋庆、郭宝昌三支部队加以裁汰，以缩减兵力、节约饷银。此外，还请求朝廷派员整顿山西盐务，降低盐价，以扩大销量、增加甘饷。

至于用兵方略，则可概括为：五支大军三路进兵、"层逼渐进"。这三路是：北路刘松山、金顺，由西北进定边、花马池一带，以截宁夏、灵州（今宁夏灵武市）之回民军，不让其向东。中路魏光焘等，从正宁、宁县进兵庆阳、环县，雷正绾、黄鼎诸军则由董志原、泾州北进镇原、固原而取平凉。南路为陕西军营中书科中书吴士迈及李耀南等人的部队，由陕西陇州（今陇县）、宝鸡进兵秦州。左宗棠则取道邠州进驻泾州，居中指挥。除此之外，以总兵马德顺、简敬临部为预备队，驻扎甘肃灵台，策应南北两路。同时，左宗棠还给马德顺、简敬临的部队特别任务——屯田和"剿"匪，"且耕且战，安民以除土匪"[1]奏稿四84。

系列安排，充分体现了左宗棠用兵谨慎、注重后路、稳扎稳打的特点。这种"'慎'之一字，战之本也"[1]札件180的军事方略，正是其与杨岳斌、穆图善的明显不同，也是他能最终完成经略陕甘任务的关键。

一、金积堡战役。

在商讨进兵次第时，左宗棠就对刘松山说："以大局计之，欲平陕甘回逆，非先攻金积堡不可；而攻金积堡，非宁夏、固原均有劲军夹击不可。……此关一开，则威震全陇，乃收全功也。"[1]书信二134—135

金积堡地理位置险要，"地居宁夏、灵州之间，扼黄河之要"[1]书信二134。宁夏、花马池、磴口、宁条梁、包头、归化城的粮食百货，都要经过此地才能抵达兰州，以保证兰州日常供应。而在左宗棠看来，金积堡的头目马化隆在陕甘威望很高，"恃其富豪，恃其地险（四面皆水），为甘回所推服"，因此表面上听从署陕甘总督穆图善的招抚，暗地里依然和陕甘各回民军互通款曲，"自就抚后，筑寨修堡，购马造械，仍与陕回互相首尾，陕回败则资以马械，陕回穷则助以军粮"[1]奏稿四171——此前在董志原战役中逃出的白彦虎等回民军，就投往金积堡。如此一来，马化隆的势力更大。

金积堡战役从同治八年七月二十六日（1869年9月2日）开始，

至同治十年正月十二日（1871年3月2日）结束，历时一年半。

考虑到马化隆"非陕回可比"[1]书信二150，加上署陕甘总督穆图善曾以马化隆求抚入奏，因此，在正式战役发动之前，左宗棠指示刘松山以进剿定边、花马池土匪的名义，出兵金积堡北部，以免马化隆生疑。

七月二十六日，刘松山率军抵达花马池后，在向灵州进兵的同时，让马化隆传知各寨堡："官军只剿陕回，已抚之甘回安居无恐。"[1]奏稿四121 老湘营进展顺利，七月二十八日（9月4日）攻占吴忠堡，八月初三日（9月8日）占领灵州。

灵州与金积堡唇齿相依。灵州被清军所夺，直接威胁金积堡的安全。马化隆见状，派兵击退清军，于八月初五日（9月10日）夺回灵州，再次反清。

灵州城丢失、马化隆再次反清，为满族官员攻击左宗棠提供了口实。绥远城将军定安参劾刘松山"不分良莠，肆行杀戮"[1]奏稿四133；穆图善则密陈马化隆本来已经同意就抚，如今刘松山在灵州吴忠堡"率行抢杀"，很有可能激起金积堡的叛乱，"又成不可收拾之势"。[1]奏稿四144

为此，清廷于九月初六日、十八日和十月初二日、初七日接连下旨，让左宗棠将刘松山部"起衅情形查明具奏，不得稍涉回护"。[1]奏稿四133

对马化隆，究竟是"剿"还是抚？毫无疑问，这是关系到金积堡战役成败的重大问题。九月二十三日（10月27日），刘松山攻破马家寨等堡，搜获马化隆于九月十三日给参领马重山、吴天德、杨长春等的信札。信中马化隆自称"统理宁郡两河等处地方军机事务大总戎"。[1]奏稿四183 左宗棠十月将此奏报朝廷，认为马化隆此举与中央政权分庭抗礼的意图非常明显。与此同时，他告知清廷：马化隆"受抚"后交上来的马械，都是腐朽不堪、无法使用者；马化隆只字未提甘回是否就抚；马化隆一面代陕回求抚，一面又帮助陕回藏匿马械、暗中帮助陕回逃亡[1]奏稿四161-165——种种迹象表明，其求抚为假、缓剿是真。

在大量的事实面前，十月二十六日，清廷下旨，认为"刘松山督军进剿，马化漋屡以求抚为辞，而贼中修寨掘濠并未少息。……若不痛加剿击，为患更深"[1]奏稿四175，要求左宗棠、刘松山对马化隆部痛加剿击。至此，关于剿、抚马化隆的争论告一段落。只是，由此番争论我们也可揣知左宗棠西征之不易。

对于左宗棠来说，攻打金积堡是艰难的，其间的同治九年是黑色的。

金积堡、吴忠堡为灵州西南两个著名的大堡。吴忠堡虽然早已废弃，但环吴忠二三十里的堡寨，当地人都称为吴忠堡。同样，金积堡也包括环金积的各堡寨。同治八年十一月初一日（1869年12月3日），左宗棠进驻平凉，正式受陕甘总督印。① 此时，刘松山已将吴忠各堡寨攻毁殆尽，正同雷正绾、黄鼎等军不断从东、南两路进逼。如此一来，白彦虎等陕西回民军被迫西逃，金积堡北面一带堡寨失守，只存东西数十堡。当时，左宗棠乐观地估计，金积堡战事应该很快就能结束。十月间，他曾对陈湜说："战事均尚顺利。寿卿战于灵州，十余大捷……北路、中路渐可肃清。"[1]书信二163

不料，陕甘回民军于十二月二十二日（1870年1月23日）乘虚袭取定边，切断刘松山一军后路粮道。与此同时，金积堡回民军千余人从黑城子一带重入陕西，部分甚至进入陕西、河南、山西交界的大荔县一带。河南巡抚李鹤年、山西巡抚李宗羲接二连三的奏报，引起

---

① 陕甘总督衙署在甘肃兰州。自同治五年九月被授陕甘总督之后，由于忙于征战，左宗棠一直未入甘肃，因此陕甘总督篆务由宁夏将军穆图善署理。同治八年五月，陕西肃清，左宗棠进兵甘肃，驻扎泾州，准备接任陕甘总督。穆图善希望左宗棠进驻秦州，兼卫省城兰州。但出于便利北路、中路大军与自己大营联系等考虑，左宗棠坚持扎营泾州，而派吴士迈等驻扎秦州。双方为此在清廷面前展开了"口舌之争"。直到八月十九日（9月24日），清廷同意左宗棠驻扎泾州的同时要求"穆图善即将总督关防迅速派员资交左宗棠接受，毋庸再行请旨"。至此，拖延交篆这个小插曲，才告一段落。左宗棠十一月初一日（12月3日）进驻平凉后，正式受陕甘总督印。见《左宗棠全集·奏稿四》，第112、117、118页。

清廷恐慌，以为又要重现同治六年西捻军渡黄河进犯京畿的历史，立即下旨将左宗棠"交部严加议处"[1]奏稿四252。

双方在你死我活的战斗中度过了同治九年的春节，就连正月初一这天[1]奏稿四249，枪炮声也未曾停止。正月十五日（1870 年 2 月 14 日），刘松山在督军进攻金积堡外围的马五寨时中枪身亡。刘松山"智勇深沉，实一时名将"[1]书信二176，临死前还嘱咐部属"尔等杀贼报国，我死不恨"[1]奏稿四261，年仅 37 岁。他的去世，让左宗棠不禁悲叹"失吾右臂，伤何可言"[1]书信二175。刘松山的阵亡也迫使左宗棠对金积堡由攻转守。在给接替刘松山统率老湘营的刘锦棠的信中，他甚至还提出了暂时退军的设想，"如实不能支，不能不作退军之计"[1]书信二167。还好，时年 26 岁的刘锦棠一心想着为叔叔刘松山报仇，坚持留在金积堡，并与金顺的卓胜军合作，不断扩大战果。

刚刚处理完毕刘松山丧事，驻节平凉的他就接到儿子们的来信，获知妻子周诒端在二月初二日病逝，年仅 59 岁。在感伤儿子们"长为无母之人"的同时，左宗棠更为"衰老余年，不遑启处，失兹良助，内顾堪虞"[1]家书诗文316的自己而伤悲。身体方面，他对好友杨昌濬说，自从严州患上疟疾后，至今未愈，今年以来迭闻噩耗，更加严重了，每天得上几十次厕所、不胜其烦，"春间复抱亡妻之戚，割哀忍痛，以就王事，形未瘁而神已伤"。当时的左宗棠，甚至做好了平定陕甘自己也将马革裹尸、追随妻子而去的心理准备，"计西事粗定，亦将辞尘界而同归大暮矣"[1]书信二175。

勇将阵亡、爱妻病逝之余，左宗棠还需承受好友辞别之苦——署陕西巡抚刘典要回湖南老家侍奉母亲。同治五年，左宗棠西征时，奏请已补授甘肃按察使的刘典帮办陕甘军务。同治七年二月，陕西巡抚乔松年因病开缺，刘典接署陕西巡抚，但清廷一直未予扶正。相反，同治九年正月，当金积堡回民军奔袭陕西并有零星小股进入河南等省时，刘典却被"交部议处"[1]奏稿四252。这虽然并不是很严重的处分，但更增本就"宦情甚淡，志在乞休"[1]书信二99的刘典辞官之念。此外，当时的刘典，和左宗棠在用兵思路上没有达成一致，认为左宗棠用兵冒进，以致师久无功，"臣进驻平凉，左提右挈，机局尚紧。刘典颇以臣轻进为疑"[1]秦稿七228；在对待回民军上也是分歧明显——刘典主张以招抚为主，而左宗棠认为应先"剿"再抚，"剿能得手，抚局亦易矣"[1]书信二69。

正在此时，刘典收到家里的来信，得知母亲"思子成疾，日盼其归"[1]秦稿七228，便向朝廷请求归乡事母，并于同治九年三月交卸陕西巡抚篆务。

刘典此次辞归，外间纷纷议论是因为和左宗棠不合①，以致在给杨昌濬的信中，左宗棠还专门予以解释，"人疑与弟不合，殆非也"[1]书信二175。

尽管打击接踵而至，但在给好友杨昌濬的信中，左宗棠依旧慨然表示"弟一息尚存，不敢不勉"[1]书信二175。他克服种种困难，指挥部队稳扎稳打，终于在同治九年九月间形成对金积堡的合围。

金积堡合围刚成，左宗棠就接到清廷谕旨，批评其攻打金积堡所费时间太长，劳师糜饷，"计每岁拨用饷银不下八百余万两……金积堡一隅之地，至今日久未下……该大臣扪心自问，其何以对朝廷？"[1]秦稿四385

关键时刻，左宗棠再度显示了其"将在外，君令有所不受"的胆识，坚持合围，坚持多用后膛开花螺丝大炮轰堡，最终逼迫马化隆率部于十一月间投降。同治十年正月（1871年3月），金积堡战役终告结束。

对于左宗棠而言，金积堡战役的胜利有着特别的意义。他上奏说，"关陇安危，机括全在金积。金积一克，全局已在掌

---

① 福建台湾道吴大廷当时正告假回籍，在其自订年谱中记载了同治八年四月间游历关陇时为左宗棠、刘典说合之事，"四月朔，抵龙驹寨……十三日，同子俊赴三原县；留行李于西安，令张小齐守之。次日，谒克庵中丞于大营，时方因公与左公相忤，人颇惶惶，余为力解之……十六日，辞，赴乾州。次日，抵营，左公极依故人之意。……住营十日，左公亦时以克翁不能和衷为言，余又力解之。二十七日，辞赴三原，反复关说，督、抚之嫌尽释"，见《清吴桐云先生大廷自订年谱》，台湾商务印书馆，1980年，第56页。

中"[1]奏稿四444。而金积堡战役的胜利，来之不易：左宗棠曾对友朋说"仆十余年剿发平捻，所部伤亡之多，无逾此役者"[1]书信二208—209。除此之外，在围攻金积堡过程中，左宗棠还遭遇了"一年之间，连丧大将，人心震骇，谣诼繁兴"[1]书信二208等困难。还好，在这些困难面前，左宗棠虽有短暂的退却，但"恐误国家大计"[1]书信二169的他总体不改初衷，不为流言所左右，不因一时失利而沮丧，稳扎稳打，取得了最后的胜利。

金积堡战役结束之后，清廷下旨对左宗棠"加恩开复降三级留任处分，并赏加一骑都尉世职"[1]奏稿五31。左宗棠将马化隆先后呈缴的19万多两银，以每营2000两的标准分赏给71营参战将士（老湘营出力最多，酌量加赏）；其余的，则作为当地回民安置费用。[1]奏稿五3—4

二、河州战役。

金积堡战役之后，从本着进兵先顾后路的原则，左宗棠将用兵重点转向甘肃南部的河州。

河州，即今天的甘肃临夏，位于甘肃西南部，与青海交界，地属兰州府，辖境方圆400余里，洮河贯流其中，山壑纵横，地势复杂。辖境内著名的回民军头目有马尕大、马梧真、马占鳌等多股，主要集中在三甲集、太子寺和大东乡，就地势而言，"以太子寺、大东乡为总汇，以三甲集为门户"[1]札件278。

金积堡战役进行的同时，左宗棠先派吴士迈、李耀南为南路军进占秦州，与甘军配合作战。同时，他下令将甘南原穆图善的10营兵马裁并成5营，并于同治八年十月（1869年11月）奏请让自己的学生、福州船政局前提调周开锡为南路翼长（北路为刘松山），总统秦州各军，以加强对进攻河州部队的协调。

同治九年五、六月间，南路军傅先宗部克复渭源、狄道（今甘肃临洮县）；十月至十二月间，南路军多次击退河州北援金积堡的回民军，为河州战役奠定了较好的基础。

虽进兵尚属顺遂，但南路军面临的困难也不少：八月间，记名提督、凉州镇总兵傅先宗右营发生了索饷事变；总兵范铭所部黑头勇被裁减之后，余勇在十一月间发动叛乱，攻打岷州（今甘肃定西市岷县）一带。虽然很快就被平定，但一时议论认为范铭部叛变为周开锡所激，谕旨中更有"巩、秦为甘省完善之区，前此并未大遭蹂躏。乃自周开锡总统南路诸军，既不能御外来之匪，任其奔突，又激变范铭之勇，致与官军为仇，长贼势焰"[1]秦稿五27 之语，使得周开锡一度要辞官归乡。经左宗棠极力挽留，并先后两疏为周开锡辩解，才使得朝廷不再追究。但受此事影响，加上旧患胃疾复发，周开锡于同治十年（1871）五月间病逝。左宗棠在甘肃失一臂膀。

同治十年二月，趁官军进剿范铭部叛卒的时机，河州回民军4000余人从安定出袭，"多者百骑，少者数十骑，投间四出"[3]218，左宗棠部魏光焘、周绍濂等虽日夜追击，但由于河州一带山地较多，回民军一遇追赶便散走山谷，追击成效不大。进入三、四月间，更是扩大至两当（今甘肃陇南市两当县）、秦安（今甘肃天水市秦安县）一带。清廷又像当年金积堡回民军窜扰陕西、河南一带那样，严旨诘问，要求左宗棠早日进兵河州。[1]秦稿五66

此时的左宗棠，在做什么呢？原来，考虑到自兰州东行的驿道早已不通，他正派记名提督刘明灯率部进驻安定（今定西市安定区），派记名提督徐文秀的部队进驻会宁（今甘肃会宁）。两支部队一方面造船架桥以备将来渡洮河；一方面修治兰州大道，以便将来转运粮草军械。与此同时，左宗棠还要求部队备足3个月军粮，并清剿甘南一带土匪。因此，虽然朝廷催促，左宗棠还是认为要等麦收之后军粮有着时方可进兵，"河州夏收约在六月底，秋收约在七八月，若急于前进，则未及成熟，前无可因之粮，非稳着也"[1]秦稿五67。

六月间，各路大军陆续禀报"浮桥、渡船已办，各营刍粮军用粗备，道路修治已平"[1]秦稿五92。十四日（31日），左宗棠上折正式向清廷提出三路进兵河州的方案：傅先宗率所部由狄道进兵，一半渡洮河在河西修垒扎营，一半在洮河东岸扎营，为中路；记名提督杨世俊部及提督张仲春部为左路，取道南坪关进驻峡城（今甘肃渭源县城西南部峡城乡）；刘明灯进安定以扼康家岩，徐文秀进兵会宁，合为右路。八月初二日（9月16日），左宗棠抵安定督战。

应当如何进兵？在安定，经与刘明灯、徐文秀商议，左宗棠决定先夺取康家岩,作为攻取河州的前沿阵地,"康家岩在洮河之东……对岸十里即三甲集,虽属狄道辖境,而实河州门户"[1]奏稿五107—108。八月十一日(9月25日),清军分两路攻取洮河东岸的康家岩,拉开了河州战役的序幕。八月二十二日(10月6日),三路清军用船架桥渡过洮河,首先对三甲集发起猛攻。但由于回民军的顽强抵抗,三路大军力战一个多月,才于十月初十日(11月22日)占领三甲集。

接下来对太子寺的总攻,左宗棠采取先清外围的战略,次第夺取大东坝、董家山;又调派尚在金积堡一带的刘锦棠湘勇三营和董福祥部等赴安定增援。

整个同治十年腊月和同治十一年春节,双方激战不断。同治十一年正月初六日(1872年2月14日),傅先宗在进攻中被飞炮击中阵亡;十一日的激战中,徐文秀"身受三矛,力竭阵亡"[1]奏稿五192;同时被打死的,还有总兵4名,副将、参将、游击、都司7人,士兵140多人。左宗棠军遭遇重大失利。

左宗棠得报,连忙派王德榜前往太子寺,接统傅先宗部队,同时加紧调遣部队前往增援。马占鳌见"新调各军方络绎奔赴,亦知官军之不可力抗也"[1]奏稿五193,只好派人前来求抚,共缴马2600余匹,叉子枪900余杆,刀矛4000余件等。二月二十二日(3月30日),左宗棠正式上奏朝廷,确认马占鳌"输诚乞抚情形属实"[1]奏稿五194。河州战役至此结束。

经左宗棠奏请,清廷任命马占鳌为统领,将其部队按清军编制改编为3营。与此同时,委任了署河州知州、河州镇总兵、署河州州判等文武官员管理河州事务,恢复了清廷对当地的管理。[1]奏稿五259—263

在派兵剿清甘南土匪之后,左宗棠于七月十五日(8月18日)离开安定开赴省城兰州,十八日(21日)入驻陕甘总督衙门。一路上,百姓冒雨"跪道迎送",一睹陕甘总督的风采,"风殊近古"[1]书信二296。这也是左宗棠第一次来到陕甘总督的驻地兰州。

与此同时,西宁战役拉开序幕。

三、西宁战役

西宁"即古湟中,地属荒服,汉民与番、回杂错而居"[1]奏稿五311。

就当时西宁形势而言,回民军势力有土回和客回两大支:客回主要是指从陕西来的回民军,包括白彦虎、禹得彦、崔三等,他们主要散居在西宁城南大、小南川一带;土回以马尕三(又名马汉毅)为首领。

西宁战役主将为同治十一年六月刚刚从湖南回来的刘锦棠。金积堡战役结束后,刘锦棠于同治十年六月请假半年回乡,一为护送刘松山灵柩回湘,二为招募新兵以替换已在西北作战多年的老湘营兵勇。原定请假半年,最后却展假至一年方归。河州战役进行过程中,刘锦棠来到安定面见左宗棠,两人商定"宽土回而急客回"的西宁进兵方略——主要攻打白彦虎势力,暂缓对马尕三势力的进攻。

原来,同治初年陕西回民军起事时,马尕三也在西宁起事响应。当时的西宁办事大臣玉通"力不能制",便采取"抑汉以扶回"的手段,奏请任命马尕三的亲戚马桂源署西宁知府、马桂源的哥哥马本源署西宁镇总兵。玉通此举,本是"冀图旦夕无事",但马尕三狡黠异常,一方面"以抚局愚官",一方面"挟官以钤制汉民,凌虐残杀,无所不至",结果玉通被迫困守西宁城内,郡城虽未失守,但已"名存实亡"。[1]奏稿五311

同治九年(1870),马尕三病死,马桂源的叔叔马永福接任统领,西宁地方权力继续由马桂源兄弟所操纵。

当清军进逼时,马桂源于八月初在西宁府东关私宅密约禹得彦、白彦虎、崔三等陕西回民军首领,商议抗拒清军之策。马本源自称统领陕湟兵马大元帅,马桂源仍称西宁知府,调集关外土回,并尽带城中回兵出城对抗清军。

经过两个多月大小五十余战,清军于十月二十日(11月20日)收复西宁,马本源、马桂源等土回向东川逃走,后逃到巴燕戎格(今青海省化隆回族自治县巴燕镇);白彦虎在战斗中被清军炮子洞穿左乳后逃脱。夺取西宁后,刘锦棠先后攻取向阳堡、大通县,肃清西宁周边。陈湜、沈玉遂和马占鳌等,配合刘锦棠、刘明灯等乘胜追击,包围巴燕戎格,先于同治十二年二月初一日(1873年2月27日)擒获马本源等人之妻子,三天后又趁马桂源、马本源等出城就抚之机将其擒缚。二月初八日(3月6日),清军攻占大通城,白彦虎率2000

余人由大通逃往肃州。至此，西宁战役结束，河湟一带终告平定。左宗棠得以集中精力，展开更为棘手的肃州战役。

四、肃州战役

肃州即今天的甘肃酒泉市肃州区，距兰州700多公里，为甘肃河西走廊的凉（今武威市）、甘（今张掖市）、肃（今酒泉市）、安（今瓜州县）四郡之一。肃州城前有祁连山，群峰并峙；后有讨来河，曲折萦绕；其西七十里，则为嘉峪关，自古以来就是历史上有名的边关重地，"欲保障河西，固须镇守肃州，即控制新疆，亦须守肃州"[2]164。

按照左宗棠的部署，是先收复河州、西宁，肃清后路，再向西进兵肃州，"以陇中局势言之，自宜先规河、湟，杜其纷窜，然后一意西指"[1]奏稿五104。但局势的发展出乎左宗棠的预料：同治十年（1871）五月，河州战役正在筹备之际，俄罗斯出兵侵占伊犁，并扬言要代为收复被阿古柏等占领的乌鲁木齐。伊犁被占，本就让清廷感到棘手，"若乌鲁木齐再为该国收复，则更难于措手"[1]奏稿五103。七月二十五日（9月9日），清廷下旨令乌鲁木齐都统景廉带兵相机规复乌鲁木齐，令当时徘徊在甘肃高台（今甘肃张掖市高台县）一带的乌鲁木齐提督成禄立即统率所部出关，与景廉会合。

成禄逗留关内的理由，是帮助攻打回民军。为此，清廷同日下旨，要左宗棠"即调派劲旅前往扼剿窜匪，替出成禄一军出关剿贼"[1]奏稿五103，同时要求左宗棠"统筹全局，妥筹兼顾"新疆事务。

尽管觉得在后路未清的情况下"兴师远举，尚非稳着"[1]奏稿五104，但考虑到俄罗斯强敌环伺、心怀不轨，左宗棠收到谕旨后，立即调记名提督徐占彪率所部蜀军马步12营，从所驻扎的靖远出发，取道兰州，经武威、张掖赴肃州接防，让成禄率部出关。

孤勇:左宗棠新传

  此时的肃州为马文禄①所占。同治十年十一月，徐占彪先头部队抵达甘州。第二年二月初，徐占彪派兵逼扎距肃州30里的红水坝，成禄派兵两营扎临水，开始攻城。双方激战月余，战事进入胶着状态。鉴于肃州城坚壕深，马文禄自恃粮多坚守不出，加上有关外援兵不时前来，左宗棠只好让徐占彪"稳慎办理，候西宁事毕，再筹会剿"[1]奏稿五266。

  双方互相调兵遣将：马文禄向关外、西宁等地求援，仅乌鲁木齐就来了两三千人，白彦虎也率数千人马前来支援。清军方面，左宗棠先派提督陶生林等率马步5营前往增援，又派守备陈文英率炮队护解后膛大炮赴肃州。与此同时，金顺一军也由凉州赶往肃州。

  清军虽已将外围节节扫荡，使肃州成为孤城，但攻坚无善策，徐占彪数次采用开掘地道之法，每次都是快近城墙根时为马文禄部队发现，未能奏效。至此，只剩用后膛螺丝大炮轰墙之法，但肃州城"城高三丈六尺，厚三丈有奇，外环深濠二丈有奇，阔可十丈"，易守难攻。清军大炮"平轰城身，已用子一百六十余颗，只能深入数尺，不能迸裂"[1]奏稿五431攻打两三个月，清军始终未能入城。进入六月，左宗棠下令将所储炮弹悉数运往肃州，使得肃州前线炮弹数达到2400余颗，同时决定赴肃州前线督战。

  七月十九日（9月10日），左宗棠从兰州出发，前往肃州——此行可谓志在必得，其祭旗文写道"朝烹雄狐，夕腌封狼"[4]6，豪情万丈。八月十二日（10月3日）抵达肃州。察看地形后，为减少伤亡，左宗棠决定暂缓攻城。他一方面下令用后膛开花大炮日夜不停向城中测准轰击，一方面加掘地道，并檄调刘锦棠率湘军5营前来增援。马文禄知生路已绝，只好于九月十五日（11月4日）出城到左宗棠大

---

① 马文禄，原名马四。同治三年在嘉峪关起义，后声称"就抚"请求攻取肃州自赎，并于同治四年占据肃州。肃州镇总兵成桂欲借马四势力钳制当地回民，"别出心裁"捏造原来在嘉峪关起义者为马忠良，替马四改名马文禄，并上奏马文禄"收复"肃州之功。清廷因此下旨任命马文禄为镇标都司，负责肃州防务。于是，同一个马四，由原来的起义军首领，变为朝廷命官。

营乞抚。九月二十三日（12日）晚，清军入城。至此，历时将近3年的肃州战役结束，清军收复被回民军占据了10年的肃州城。

肃州战役被左宗棠评为"数十年征伐之事，以此役为最妥善"[1]书信二368。有评论认为，左宗棠平肃州，多赖大炮之力，尝耗弹一千数百枚，"乃用子至一千六百余颗"[5]书信二383。城既复，乃留三尊后膛大炮镇北城楼，"一尊廿四磅，两尊十八磅"。为安葬阵亡将士，特意在肃州城东建了五座塔，"同光间攻克肃州，战亡将士忠骸毕葬于此。建塔其上，以为封识"[5]108—110。

肃州战役的结束，也意味着左宗棠从同治七年（1868）开始的经略陕甘任务圆满完成——所费的时间，正好是当初他向慈禧等承诺的5年之期。同治十二年十月二十五日（1873年12月14日），清廷发布谕旨，称赞左宗棠"总督陕甘，数年以来，不辞艰苦，次第剿除……关内一律肃清"，并以肃州克复、陕甘平定之功，着左宗棠"以陕甘总督协办大学士"，并将此前所赏的骑都尉世职"改为一等轻车都尉世职"[1]奏稿五481。

4 左宗棠用兵的特点

历时5年的陕甘用兵，可以说按照左宗棠原定计划有序推进。从中，我们也可以看出左宗棠用兵的特点。

筹饷重于增兵。在左宗棠看来，此前杨岳斌、穆图善等陕甘用兵主帅，"误于重兵巨饷，蒇事可速之说"[1]书信二111。不断增兵，最终却因为粮饷不济，所募之军，不但没有战斗力，反而成了溃勇，为害地方。陕甘平乱，左宗棠在深刻总结杨岳斌、穆图善等教训的基础上，大胆采用了和以往不同的用兵之道——大力筹饷而不轻易增兵。他将导致陕甘不靖的势力分为回民军、土匪、溃勇、饥民四类，指出饥民和土匪，不是官军的主要对手；而战斗力较强的回民军和溃勇中，溃勇多是因为统领未能及时足额发给粮饷而产生的。因此，左宗棠下定决心，"立意不肯增灶"，并一再告知朝廷，"陕甘所急者饷，为陕谋者宜先集饷，不在增兵。各省之兵增，则陕甘之饷绌，盖各省既以兵助陕甘，必不肯再以饷资陕甘也"[1]奏稿四88非但不增兵，随着战事的推进以及各地的逐渐收复，左宗棠还将驻陕甘的部队进行裁汰——比如穆图善部号称 140 营 7 万人，左宗棠裁至 3.5 万人；比如金顺部 40 营，经过左宗棠一再做工作，最终减至 20 营。

左宗棠用兵，重视后路。这点，和进兵浙江①可谓一脉相承。同治七年开始攻打陕西回民军时，他先派张曜、宋庆率部驻扎在晋陕交界处的汾州（今汾阳）、榆林一带，防止回民军窜入山西、进犯京畿。同治十年五、六月间，河州回民军一度占领甘肃南部的两当县。于是，在大军进兵金积堡之前，左宗棠先后派陕西汉中镇总兵李辉武②、吴士迈等前往甘南进剿，收复两当县，稳定甘南形势。之后，又让吴士迈等驻扎秦州，马德顺驻陇州（今陇县），李辉武驻宝鸡、凤县，"节节搜剿，会商防剿，期渐清陇境以通饷源"[1]奏稿四107，保障部队后路。金积堡战役结束后，尽管因新疆危机而提前进行了肃州战役，但本着用兵注重后路的原则，左宗棠还是将主力部队用于进攻甘南的河州以及西宁，清理后路，以便可以一意西进。同治十年，左宗棠确立三路进兵河州的战略，当时他就提醒提督傅先宗等，"兵虽分三路，仍须联络一气……但凡遇卡隘，必须留营留哨守之，以顾运道"[1]札件515。

重视后路的同时，左宗棠尤为重视粮饷的保障。他十分清楚，"自古西北用兵，以粮与运为最急最难"[1]书信二168—169。如今，西北经历多年战乱，民众逃亡，田地撂荒。为此，他多方采购粮食，设法从千里以外转馈军前，并一再强调，西北用兵，"筹饷难于筹兵，筹粮难于筹饷，筹转运又难于筹粮"[1]书信二111。同治九年得悉刘松山阵亡消息后，左宗棠立即指示老湘营"军粮军火，最宜广为备储"[1]札件213，同时加发银 2 万两，派人采运粮食运往老湘营以安定军心。另一方面，对各将领只顾进兵、不顾粮道的做法，左宗棠总是毫不客气地提出批评：同治九年，提督金运昌调派定边、安边各营增援金积堡，很快面

---

① 详见本书第八章。
② 同治八年四月，左宗棠奏请朝廷将长期不到任的汉中镇总兵伍维寿开缺，推荐李辉武出任。

临粮运不通的问题。左宗棠得知后，一面令郭宝昌将卓胜军后路军粮节节护运前进以接济，一面对金运昌提出严厉批评，"远道馈粮，本难接济。该军未进兵之前，本爵大臣曾饬力顾运道，为节节布置之谋，原不欲示该逆以可乘之隙也。嗣该提督将定边、安边各营调赴前敌，后路空虚，逆骑伺间而入，横梗粮道"[1]札件212。同治九年六月十二日（1870年7月10日），进兵河州的提督傅先宗来函，说军中缺粮，"如十三日粮仍不到，无计可施"。从河州到平凉，信需要走半个月左右，左宗棠直到六月二十九日（7月27日）才接到傅先宗的告急文书。傅先宗在甘肃带兵多年，却做出如此不明事理之事，让左宗棠十分生气，说北路、中路各军都自带少则一个月多则两个月的军粮，就是这样，走到半道还派兵回平凉运粮，"该镇在甘日久"，应当知道西北运粮之难。因此，面对如此一封告急文书，左宗棠批示说"本爵大臣亦无计可施"[1]札件228。同治九年西宁战役期间，回民军经常从山谷中窜出袭扰刘锦棠军粮道。左宗棠得知后，特意调派刘明灯率马步6营前往，专司护运，使刘锦棠得以一意进攻。左宗棠自己曾说"粮运维艰，本爵大臣日夜筹及"[1]札件211，从其所作所为来看，此言非虚。

用兵谨慎。无论是重视后路还是重视粮道，都是左宗棠一贯用兵谨慎的表现。左宗棠为人性格豪迈，在用兵上却是慎之又慎。用兵陕甘期间，更是如此。同治八年，他在批示驻守甘南的李耀南军报书写错误的公禀时说："'慎'之一字，战之本也。"[1]札件180同治九年，金积堡将被攻破之前，他对老湘营总统刘锦棠说："凡事将成未成之际，必有无数波折，稳慎图之为要。"[1]札件245同治十二年，清军包围肃州已久、总攻在即，他对攻城主将之一徐占彪说："事到将成未成之际，尤宜慎之又慎，希为留意。"[1]书信二365诸如"不敢不慎""慎以图之""倍加审慎"等语，时常出现在左宗棠奏折和朋僚函稿中，也因此，有评论指出"谨慎"可"引为宗棠军事学说之主脑"。[2]339

持有定见。同治七年左宗棠进京陛见，告诉慈禧、慈安两宫太后以及同治皇帝，平定陕甘至少要5年时间。当时，两宫太后和皇帝就觉得时间太长。5年的陕甘平乱，并非一帆风顺。刘松山攻打马化隆时，遭遇阻击并一度丢失灵州城。绥远城将军定安、署陕甘总督穆图善就攻击刘松山滥杀，力证马化隆为良回，暗示主张先剿后抚的刘松山、左宗棠激起民变，致使清廷下旨要左宗棠严查刘松山。左宗棠用事实说话，将马化隆自称"统理宁郡两河等处地方军机事务大总戎"、与中央政权分庭抗礼的证据，以及假求抚等一一奏报，最终使得清廷采纳了左宗棠而不是定安、穆图善的意见，同意进剿马化隆。金积堡久攻不下，最终历时将近两年，在此期间，清廷曾下旨，说每年用于陕甘的饷银不下800万余两，耗尽了东南数省的财赋，如今攻打逾年、日久未下、劳师糜饷，国家财政岂能日久支持？甚至责问左宗棠"该大臣扪心自问，其何以对朝廷？"[1]奏稿四385 但左宗棠深知，金积堡堡高墙厚，一味强攻会造成部队严重伤亡，因此坚持既定的炮轰方针，请求朝廷"稍宽时日"，最终一个多月后迫使马化隆求抚。肃州战役也是如此：尽管当时清廷一再催促左宗棠早日收复肃州，为出关进兵新疆扫清障碍，但左宗棠根据肃州实际情形，还是要求先期进兵肃州的徐占彪稳慎出战、坚守待援，在攻城的最后关头果断下令暂停攻击，改由增加大炮轰城以减少清兵伤亡。这些，都显示了左宗棠"将在外，君命有所不受"的气魄，以及实事求是的态度、持有定见的性格。

先剿后抚。面对陕甘回民起义，清廷当时即分为"主抚""主剿"两派。"主抚"派如署陕甘总督穆图善，因无力镇压只好对回民一味顺从；"主剿"派则如曾任陕西巡抚的曾望颜，主张"带兵剿洗"[6]241。左宗棠则认为，办回之法在于先剿后抚。同治十年，他多次谈及剿抚的辩证法，"非剿不可言抚，亦非抚无以善其剿"、"非剿无以为抚，亦非抚不能剿"[1]书信二210,212。与此同时，左宗棠也深知：抚的难度远大于剿——毕竟剿是动武，而抚还得考虑诸多民生问题。同治七年，他就对儿子们说，"用兵之道，剿抚兼施，抚之为难，尤苦于剿。剿者战胜之后，别无筹画；抚则受降之后，更费绸缪"[1]附册406。

因为在剿抚问题上存在分歧，左宗棠和好友刘典之间一度产生矛盾：他批评刘典一意求抚，"颇以将就了事为意，将来后患殆不可思议"[1]家书诗文122；因为在剿抚问题上存在分歧，左宗棠尽管知道与满人闹口角容易吃亏，还是与署陕甘总督穆图善争辩，不同意穆图善一意招抚马化隆之策。可以说，尽管有"同事之牵掣，异己之阻挠，朝廷之训饬"，左宗棠都没有屈从，也不肯"敷衍了事"，而是坚持他"剿到极处，故能议抚"的信条。[7]103

注意善后。经略陕甘，左宗棠十分注意善后。他深知用兵陕甘和镇压太平军、捻军的不同——像太平军、捻军只要打败、歼灭即可，而回民长期居住在西北，平乱后还需在陕甘将他们妥善安置，解决其生计问题，否则时隔不久就很可能变乱再起。对朝廷而言，西北地广人稀，也需要百姓填充此间。同治十年，他对好友杨昌濬坦陈剿抚兼施的分寸把握起来十分不易，"虽谓剿抚兼施，其中次第曲折极多，入手稍错，便不易了，不比发逆、捻逆，一了即了也"[1]书信二212。为此，左宗棠始终抱着谋划长治久安的想法。同治十年，在给军机大臣文祥的信中，左宗棠就说西事"思规百年之安，不敢急一时之效"[1]书信二206。而在给儿子孝威的信中，他更是自信地表示，"如经理得宜，西陲百年无事也"[1]家书诗文139。

本着"果欲奠定西陲，决不能求旦夕之效"[1]附册406的初心，左宗棠在进兵的同时，着力安置百姓、恢复经济、改善民生等工作。经过努力，濒临绝境的陕甘经济得到了复苏。光绪元年（1875），左宗棠在批示镇西厅厅丞的禀文时就表示经济民生恢复之快超出他的预想，"陇省兵燹以后，赤地千里，官私困竭……五六年来，残破地方渐次归业，斗价以次平减。泾、平、巩、秦、兰、凉、宁夏各属，净面每斤值银一分上下，核与当年承平时相似，始愿亦不及此"[1]札件379。德国人福克，光绪五年（1879）十二月由上海起程赴新疆拜见左宗棠，光绪六年六月行抵哈密。在其沿途见闻中，福克写道，"自爵相入甘，使民兴耕种，栽桑麻，种种有益于民者无不热心劝教，所以现时民困已苏，耕种已旺，卖买亦通""陕甘一带，现在粮食甚贱，面粉每斤十三四文，杂粮更贱也""凉州、肃州、甘州一带，前朝专为屯兵之地。大清御宇以来，地方尚属冷淡。自爵相入甘，卖买人络绎不绝。现自陕西至甘肃关外，有几处居然市面纷纭矣"[8]258-259……从这些记载中可以看出，陕甘经济确实已经得到一定程度的复苏。

5 左宗棠对曾左关系做出结论

同治十一年二月初四日（1872年3月12日），曾国藩在江宁病逝。二月底三月初①，驻节安定大营的左宗棠，得悉两江总督曾国藩病逝的消息，不禁悲从中来。

同治三年交恶后，虽然彼此不再通音问，但曾国藩、左宗棠之间并未因私废公。

同治三年八月，清廷令曾国藩、李鸿章等仿照浙江的办法，核实裁减江苏地漕多收的税款；严令各州县官吏洁己奉公，不准妄取分毫；依法惩办大户包揽税收然后少交的流弊。[9]12 浙江属时为闽浙总督左宗棠的辖境，对于清廷要其向左宗棠学习的谕旨，曾国藩等很快就加以落实。

南京城外本来设有龙江、西新两关，例由江宁织造兼管两关盐、茶专卖事务，并负责征收城门进出税，每年能收银将近19万两。同治四年二月二十七日（1865年3月24日），曾国藩上折说，江宁刚刚收复，百业凋敝，"城门进出皆须收税，更恐商民闻风裹足，有碍于招集流亡之政"[10]奏稿八241，为此，他奏请参仿同治三年左宗棠在浙江创议的停止北新等关口征收之例，暂缓对龙江、西新两关征税，以吸引商户前来。等到城市复业、各地商贾回归江宁后，再行设关。这是曾国藩主动向左宗棠学习。

同治五年，得知左宗棠出任陕甘总督后，曾国藩在九月初六日（10月14日）的家书中认为左宗棠是勇挑重担，"季高有陕甘之行，

---

① 同治十一年给内阁学士袁保恒的信中，左宗棠首次提及曾国藩去世之事，"曾侯相戛然而止，几生修到？"此信还说到二月二十二日所上奏折之事，可知应写于二月二十二日后。见《左宗棠全集·书信二》，第274页。同年三月初十日给孝威的家书中有"涤侯无疾而终，真是大福"之语，而二月二十七日的家书尚未提及此事，亦证实左宗棠获悉曾国藩病逝消息的时间在二月底、三月初。见《左宗棠全集·家书诗文》，第165页。

则较我尤难，渠精力过人，或足了之"[10]家书二447—448。

同治十年（1871）七月，就在左宗棠即将平定陕甘回乱之际，新疆发生伊犁之变，致使新疆全境基本被阿古柏势力所占，伊犁则被俄罗斯窃据。这年七月二十六日（9月10日），曾国藩在给弟弟的家书中谈及此事，赞扬左宗棠精力过人，并有预见性地认为将由左宗棠完成平定西陲的重任，"现派刘省三①出关剿新疆伊黎之贼。左帅平定甘肃之后，恐下文尚长，亦由天生过人之精力，任此艰巨也"[10]家书二563。

据陈其元《庸闲斋笔记》，得知左宗棠要西征后，曾国藩曾问刚从陕甘回来的翰林侍读吕庭芷对左宗棠的看法。吕庭芷历数左宗棠"处事之精详，律身之艰苦，体国之公忠"，并认为左宗棠所作所为属于"朝廷无两"。曾国藩听后，击案而起说道："诚然。此时西陲之任，倘左君一旦舍去，无论我不能为之继，即起胡文忠（林翼）于九原，恐亦不能为之继也。君谓为朝端无两，我以为天下第一耳！"[8]40曾国藩将左宗棠评为"天下第一"，这是笔记小说所载，或不足信。因为自同治二年之后，曾国藩在日记中再无关于吕庭芷的记载。但此说法，和前引同治十年七月二十六日曾国藩给弟弟的家书，都表明了曾国藩对左宗棠的赞赏，以及时人认可曾国藩对左宗棠的赞赏。

同治九年十月初九日（1870年11月1日），慈禧接见由直隶总督改任两江总督的曾国藩。交谈中，谈及这年正月十五日死于金积堡战役的湘军将领刘松山。刘松山为曾国藩一手提拔。之前，曾国藩曾在慈禧面前夸其为名将。对于刘松山之死，曾国藩深感痛惜，曾在给友朋的书信中伤感地写道，"刘寿卿②一军，秦陇倚若长城，其忠诚奋发，不避险艰，诚近来不可多得之名将，而于敝处则相从最久。骤闻凶问，尤难为怀"[10]书信十158。接见时，慈禧问："你从前用过的人，此刻好将尚多么？"曾国藩回答："好的现在不多。刘松山便是好的，今

---

① 刘铭传，字省三。
② 刘松山，字寿卿。

年糟踏了，可惜！"[10]日记四362

我们要注意，曾国藩并没有趁机攻击左宗棠。因为刘松山正是受左宗棠调遣去攻打金积堡受伤而死的。相反，曾国藩虽然说刘松山的阵亡对陕甘用兵损失重大，"非惟西事之不幸，实亦大局之隐忧"，但认为在刘松山阵亡一事上，左宗棠并无不妥，"鄙意左帅调度并无乖失，断无轻于易置之理"。[10]书信十150

至于左宗棠方面。同治四年十二月，曾国藩倡议筹办长江水师，左宗棠表示大力支持。同治七年七月二十日（1868年9月6日），平定捻军不久，左宗棠立即上了《刘松山转战出力并曾国藩知人之明片》，盛赞刘松山的平捻之功，"此次巨股荡平，平心而言，何尝非刘松山之力！"并高度评价曾国藩知人之明、谋国之忠，"臣尝私论曾国藩素称知人，晚得刘松山尤征卓识。……臣以此服曾国藩知人之明、谋国之忠，实非臣所能及"。与此同时，左宗棠希望朝廷能将曾国藩赏拔刘松山之功劳"详明宣示，以为疆臣有用人之责者劝"[1]奏稿三665—666。而此前的奏稿中，左宗棠从未如此毫无保留地称赞过曾国藩。

同治八年二月，陕北游勇勾结留驻绥德的老湘营4营兵马中的哥老会起事，攻入绥德州城。老湘营叛卒起事的同时，甘肃提督高连陞所部发生兵变，高连陞及总兵衔副将贺茂林、提督衔总兵黄毓馥等被杀。尽管两起兵变很快就被镇压，但"楚勇在秦，两次变乱，实为用兵以来所未闻"，也使得有人对左宗棠及其统率的军队产生怀疑。御史宋邦傃在参折中就引左宗棠此前之语认为，"南人用之西北，本非所宜，拟将陕甘各营兵勇分别汰留"[1]奏稿四63。关键时刻，左宗棠上折沥陈刘松山"治军纪律严明，恩信素著"[1]奏稿四71。与此同时，直隶总督曾国藩也上折反驳宋邦傃"楚勇暮气已乘"的说法，认为刘松山所部老湘营未可撤遣。[9]奏稿十6300—6302 最终，老湘营得以保留、刘松山免于治罪[1]奏稿四72，两次兵变并未影响左宗棠用兵陕甘的大局——曾国藩和左宗棠在同治三年之后，难得地有了一次联手。

私人意气，不废公事。这也是曾国藩、左宗棠的过人之处。

同治十一年二月初四日（1872年3月12日），曾国藩在江宁病逝。除在给友朋的信件中盛赞曾国藩"德业勋名卓绝当世，功成身退"[1]附册161，羡慕曾国藩"无疾而终"、从此得以解脱之外[1]书信二274,294,330，四月十四日在给儿子孝威的信中，左宗棠更是表达了悲伤之意，"曾侯之丧，吾甚悲之。不但时局可虑，且交游情谊亦难恝然也"[1]家书诗文147。在左宗棠看来，抛开国事不谈，仅从个人交情的角度，曾国藩的去世，也足以让他难以释怀。

当然，左宗棠并没有像刘蓉那样写《哭曾涤生太傅十二首》《曾太傅挽歌百首》[11]悼念曾国藩的举动，但时为钦差大臣、陕甘总督的他不仅送去了赙银400两，① 更送去了挽联——"知人之明，谋国之忠，自愧不如元辅；同心若金，攻错若石，相期无负平生。"[1]家书诗文485

这首广为传颂的挽联中，"知人之明，谋国之忠"的评价，左宗棠在此前的《刘松山转战出力并曾国藩知人之明片》中，在给杨昌濬的信中，以及在给儿子孝威的家书中，已多次说过。[1]书信二99,家书诗文147,附册405 挽联中的"同心若金，攻错若石"，左宗棠是在肯定和曾国藩同心同德为主流，但也有求同存异、意见相左的地方。而"相期无负平生"则表达了自己和曾国藩的互相勉励。

更为难得的是，左宗棠在挽联署名中罕见地署了"晚生左宗棠"[12]399。此前，他从未在曾国藩面前这样自谦过，包括曾国藩升任协办大学士、大学士之后。光绪元年（1875），他向曾国荃回忆说，同治元年曾国藩被授协办大学士，按例在信中他应该署名为"晚生"，但觉得自己只比曾国藩小一岁，"似未为晚"，因此未署。而曾国藩幽默地回复说，"曾记戏文一句：'恕汝无罪！'"[1]书信二481。

无论是在给黄翼升、袁保恒、陈湜（字舫仙）等友朋的信中，还是在给儿子孝威的信中，左宗棠都说，挽联"盖亦道实语"[1]书信二274,330;家书诗文167。由此可知，他在挽联中所说，确实是心里话。北宋仁宗期间韩琦、富弼均为一代名臣，因彼此政见不同，最终在富弼守母丧该不该起复的问题上两人断绝私交。韩琦病逝后，富弼"竟

---

① 遵曾国藩遗言，其子曾纪泽谢收赙银。

不致吊"！两相比较，或更见左宗棠之胸襟。

同治十一年四月十四日（1872年5月20日），在给孝威的信中，左宗棠正面回应了外界对他和曾国藩交恶的推测，明确表示所争的是"国事兵略"，而不是权和利——"吾与侯所争者国事兵略，非争权竞势比"。同时认为外界的种种猜测都不值一提，"纤儒妄生揣拟之词，何直一哂耶？"[1]家书诗文148

曾国藩逝世后，左宗棠对其家人的关照，远胜之前。

曾国藩次子曾纪鸿在京城工部为官，因家人生病缺钱买药、生活窘迫，而大哥曾纪泽正出使英法，远水难解近渴。为此，曾纪鸿只好向在新疆带兵的刘锦棠借钱。但刘锦棠花钱一向大手大脚——此时，刘锦棠的身份为帮办新疆军务、总统前敌各军，按营制，总统费每月是300两，每年3600两。左宗棠虽已特批增加至每年万两，刘锦棠还是入不敷出。光绪四年（1878），刘锦棠家属去新疆探亲回家，一路花销就高达两万两。为此，刘锦棠一度想变卖房产还债，最后还是左宗棠在军饷中为其增加了总统费两万两才得以还清。[1]书信三482,484

刘锦棠自身难保，哪里有钱借给曾纪鸿？光绪六年（1880），偶然的机会，左宗棠得知此事，立即决定以送炭敬为名，向曾纪鸿赠银300两。他还给好友杨昌濬写信，希望杨代他就历年来忘记送炭敬一事向曾纪鸿致歉。[1]书信三541 要知道，给京官送炭敬，军机处大学士这一级别的，一般才送银百两，重要一点的官员送五十两，普通的则送二三十两。① 曾纪鸿当时仅为正六品的工部主事，左宗棠送礼三百两，可谓破例。

光绪十年闰五月十八日（1884年7月10日），刚刚交卸两江总督、回京师再度入值军机的左宗棠，上折举荐曾国藩长子曾纪泽"博通经史，体用兼赅，于泰西各国情形，了如指掌。奉旨出使，于交涉事件随时执中，宽而有制。内则成乃父未伸之志，孝不违亲；外仍慎与国邦交之义，志殷补衮"，希望朝廷能重用曾纪泽，委以督抚之任，

---

① 详见《左宗棠传信录》。

"若畀以疆圻重任，必能肃海防而戢群族器凌之气"。[1]奏稿八457

从这份奏折看出，左宗棠对曾纪泽的评价甚高——他甚至认为曾纪泽之才高于刚被任命为署理两广总督的张之洞，希望朝廷能简任曾纪泽为两江或闽浙总督，"现在两江督篆需才甚殷，张之洞虽名重一时，若论兼通方略，似尚未能及曾纪泽也"[1]奏稿八457。

左宗棠此次保举还引发了一场风波：两天之后，时为御史的赵尔巽上折参劾左宗棠此举与体制不合——曾纪泽已为正三品的都察院左副都御史，属朝廷高官，自有朝廷体察，而不应由左宗棠保举。赵尔巽奏请对左宗棠提出批评，并撤销此前将曾纪泽"交军机处存记"的奖励。还好，朝廷支持了左宗棠，没有采纳赵尔巽的建议，"从前保举人才，曾有将一二品大员列保者。朝廷因材器使，自有权衡。若谓身膺峻秩，即不宜再行论荐，殊属拘泥。该御史请将左宗棠申儆及曾纪泽存记撤销之处，着毋庸议"。[13]卷一八六

还有对曾纪渠的照顾。曾纪渠是曾国藩弟弟曾国潢的儿子，过继给战死军中的曾国葆，也就是曾国藩和曾国荃的侄子。光绪十年，曾国荃由两广总督调任两江总督，此前刚按官员回避之例由广东连州直隶州知州调往江西的曾纪渠，又得再度回避，"以实缺人员辗转投闲置散"[1]奏稿八494。正以钦差大臣身份在福建主持对抗法军军务的左宗棠获悉后，于十二月十三日（1885年1月28日）奏调曾纪渠来营中总理营务。第二年六月中法议和之后，左宗棠又亲自上折，安排曾纪渠回广东，并在奏折中称赞曾纪渠"年富才优，沉毅豁达，实为牧令中不可多得之员"[1]奏稿八537。

光绪四年（1878），曾纪泽奉命出使英、法，以妹婿陈远济为二等参赞官随同前往，另一妹婿聂缉椝也请求跟随出洋——聂之夫人曾纪芬为曾国藩"满女"（最小的女儿）。但曾纪泽认为聂缉椝"年轻而纨绔习气太重，除应酬外，乃无一长，又性跟无定，喜怒无常"[14]第二册831—832，没有答应。光绪七年（1881）九月，左宗棠出任两江总督，安排聂缉椝到上海制造局任职，每月薪金50两。时为制造

局总办的李兴锐①上书左宗棠，引用曾纪泽此段日记为证据，反对任用聂缉椝。但左宗棠不为所动，去长信加以解释的同时，坚持任用聂缉椝，使其"有所成就，不至弃为废材"[1]书信三711。左宗棠去世后，聂缉椝历任江苏、安徽、浙江巡抚，可见左宗棠识人不差。聂的后人和左宗棠后人还结成了亲家——聂缉椝二儿媳左元宜，就是左宗棠的长孙女。[15]377—378或许，这是聂缉椝回报左宗棠当年知遇之恩的一种方式。

在给李勉林的信中，左宗棠还回顾了自己和曾国藩的交往与交恶，"弟与文正论交最早，彼此推诚许与，天下所共知，晚岁凶终隙末，亦天下所共见。然文正逝后，待文正之子若弟及其亲友，无异文正之生存也。阁下以为然耶？否耶？"[1]书信三711

对自己和曾国藩交往的特点，左宗棠用"论交最早""推诚许与""凶终隙末"三个词加以概括；对自己与曾国藩的交恶，左宗棠用"晚岁"加以界定、用"天下共知"形容流布之广；对自己关心、照顾曾国藩后人的举动，他也毫无隐讳。此时的左宗棠，可以说坦诚而真实。

这，也可以说是左宗棠对自己与曾国藩交恶的最终结论。

6 陕甘总督府的诗酒唱和

话题再回到同治十一年时的左宗棠。

河州战役结束、善后工作基本告一段落后，同治十一年七月十八日（1872年8月21日），左宗棠抵兰州入住陕甘总督府。此时，距他同治五年八月十七日（1866年9月25日）被任命为陕甘总督，已经过去了将近6年。

陕甘总督衙门原为明代肃王府邸，坐北朝南，背靠黄河，内有一花园，原名"凝熙园"，本为王府花园，如今被称为节园，取钦差大

---

① 李兴锐，字勉林，早年随曾国藩镇压太平军，后总办上海机器制造局，历任广西布政使、江西巡抚、署闽浙总督和署两江总督。

臣、陕甘总督左宗棠驻节地花园之意。经过有清一代200余年的修葺，节园亭台楼阁、园林之胜在各省中称得上数一数二，"园亭之胜为诸行省最"[1]家书诗文328。面对园林胜景，加上军事进展顺利，"入居兰州后，剔除弊政"又使得"民情和乐"，[1]书信二322此时的左宗棠兴会颇佳，也因此成就了人生中少有的一段诗酒唱和时光。①

左宗棠到兰州后，看到百姓饮用水浑浊不堪，便命部属、甘肃制造局委员赖长制造了一具简易水泵，名叫"吸水龙"。与此同时，他自掏养廉银，让亲军在总督衙门的节园内外开凿了三个水池。"吸水龙"（春冬用吸水龙，夏秋用水车）吸上来的黄河水，自西流入，顺流经过三池。黄河水从"吸水龙"入池后，随着水流变缓，河水中携带的泥沙就沉积在池底，到达最后一池时，原来浑浊的黄河水终于变成了清莹澄澈的碧波。池水绕过一个亭子后变清，左宗棠因此给此亭取名为"澄清阁"，并为此撰联：

万山不隔中秋月；

千年复见黄河清。[1]家书诗文422—423

联语气势壮阔，改"千年难见黄河清"俗语并反其意用之，足显左宗棠对平定陕甘、实现国富民强和政治清明的信心。

池水绕过澄清阁，转东而南，又绕过一个亭子。左宗棠将此亭命名为"瑞谷亭"。"瑞谷"二字，从何而来呢？原来，进入同治十一年，除肃州外，陕甘基本肃清，甘肃安定、会宁、狄道（今甘肃临洮）等地长出不少一茎数穗的麦子，"五穗之麦，双角之豆，祥征叠出"[1]家书诗文157。命名之余，左宗棠还为此亭书一联：

五风十雨岁其有；

一茎数穗国之祥。[1]家书诗文423

"五风十雨"语出王充《论衡·是应篇》："风不鸣条，雨不破块，五日一风，十日一雨"，指五天刮一次风，十天下一场雨，形容

---

① 在此期间，左宗棠先后上折，请求朝廷减免甘肃因兵乱而难以完纳的盐商、茶商积欠四五十万两，重新恢复盐、茶贸易；同时开始着手整顿甘肃捐输之弊。见《左宗棠全集·奏稿五》，第290、296—299、321—322页。

风调雨顺。"一茎数穗",古代有嘉禾一茎六穗、一茎九穗的记载,认为是祥瑞之兆。

池水绕过"瑞谷亭"后,注入位于陕甘总督衙门左边的大池中,池名"饮和池",左宗棠题联云:

空潭泻春,若其天放;
明漪绝底,饮之太和。[1]家书诗文423

"空潭泻春""若其天放""明漪绝底""饮之太和",都辑自唐司空图的《二十四诗品》。"空潭泻春"指清澈见底而无丝毫尘埃的潭水,能把所有春光映现出来。"若其天放"则是放任自然之意。"明漪绝底"指明净的涟漪使人可一眼看到池底。所谓太和之气,是指阴阳会合的冲和之气。"饮之太和",借喻饮者恬淡自然之气质。这一联语,和左宗棠题新疆昭忠祠的"日暮乡关何处是,古来征战几人还"[1]附册432一样,都是其所擅长的集句联。

这年中秋,左宗棠在澄清阁设宴款待同僚。看着皎皎明月照在澄清阁畔、映在饮和池底,想到百姓取用饮和池水后"一拭尘垢痕,且沁心与脾"[1]家书诗文412的盛景,左宗棠诗兴大发,赋了一首《澄清阁公宴诗》。一时间,引来和者颇众,传为佳话,"入居节署后所作《澄清阁诗》,一时和者百数十人,多佳者"[1]家书诗文157。

同治十二年春,左宗棠又在总督衙门右侧开凿了"挹清池",从渠道引来五泉山泉水。开凿"饮和池"等所花的1.9万余工,没有雇佣民夫,而是由左宗棠的亲兵出力;所用银500余缗(400多两)则由左宗棠以养廉银支付,"用钱五百余缗,使者之俸余也"[1]家书诗文327。"饮和池""挹清池"两池凿成后,池中之水供百姓汲饮。当地百姓每天成群结队而来,手持盆、桶、瓢、勺以及柳条编的筐、篮等各种盛具前来盛水,甚至用手捧起来直接喝,"乏者或以织柳之器来,或手匊而饮"[1]家书诗文327,个个笑逐颜开。左宗棠见此景,也十分高兴,特意仿柳宗元文体,写了《饮和池记》以载此盛事。这篇文章,后来还由左宗棠以所擅长的小篆写就,并请人刻石立于池旁。可惜"后人不知爱护,建筑电报局房屋时,竟把他夷为平地"[16]228。

类似造福百姓之举,左宗棠同治八年至十年驻节平凉时,已有先例。在平凉柳湖书院旁边，有一个暖泉，古称柳泉湖，东流过万竹园，可灌溉田数十顷。左宗棠驻军平凉时，曾命修葺，供百姓汲用，并立碑题识，亲写《"暖泉"题碣跋后》。[1]家书诗文250 光绪六年，左宗棠奉诏入京，路过平凉，发现湖已被平庆泾固化道魏光焘用围墙圈入书院。如此一来，百姓就无法取用暖泉了。左宗棠立即下令另开墙门，恢复百姓的汲用。

在光绪二年第二次驻节肃州时，左宗棠曾捐养廉银200两，疏浚酒泉为湖。湖中留着三个沙洲做岛，岛上筑亭。左宗棠又买鱼苗一万余尾养湖中。环湖筑堤，周围三里，种上花树。堤外拓出肥田数百亩。光绪五年五月二十日（1879年7月9日），酒泉湖举行落成纪念，百里间的父老乡亲，前来游览，络绎不绝。左宗棠高兴地写信给在兰州后方的好友杨昌濬说："酒泉湖堤、亭子告成，为酒食飨官、幕、将、校，农官落之，尽欢始散，盖自天地开辟已来，未有之胜概也。"[1]书信三453 这年秋天，他泛舟于酒泉湖中，饱览之余，写了《秋日泛舟泉湖作》一诗，并刻石以纪念。后人便将此湖称为"左湖"，类比于杭州的"苏堤"和"白堤"。肃州池塘本不产鱼，自从左宗棠在酒泉养鱼，到民国时期还有小小鲫鱼可吃。

话题再回到兰州，在总督府后园，也有一弯河水流过，左宗棠让人开了一片菜圃，种上南方的韭菜、萝卜、瓜薯等，甚至还有湖南家乡的冬苋菜。案牍劳形之余，他穿着短衣，提着水桶，在圃中浇水种菜。这对于素来爱好农业的左宗棠来说，可谓得偿所愿。在《节园"一系"铭》中，左宗棠写道："余以湘上农人，谬任军事，持节秦陇。边事略定，以病乞休未得，于节园开畦种菜，颇得故乡风味。……回首躬耕，如在天上也。"[1]附册425 欣喜之余，他甚至为菜圃题一楹联：

闭门种菜；
开阁延宾。[1]附册294

后来，得知西方各国都市中设有公园供百姓游乐后，左宗棠还将总督府后花园开放两个月，让百姓入园同乐。这恐怕是西北最早的公园了。

可惜，这样诗酒唱和的岁月，十分短暂。同治十二年（1873）七月，左宗棠离开兰州前往肃州督战。九月肃州战役结束后，他虽返回兰州、重入节署，但由于遭逢爱子孝威病逝等家庭变故，又忙于调兵遣将，准备收复新疆，再难有那样的悠闲和诗兴。

【注释】

[1] 左宗棠．左宗棠全集［M］．长沙：岳麓书社，2009．

[2] 秦翰才．左宗棠全传［M］．北京：中华书局，2016．

[3] 罗正钧．左宗棠年谱［M］．长沙：岳麓书社，1983．

[4] 施补华．泽雅堂文集：卷八［M］．刻本．(1893) 光绪十九年．

[5] 袁大化．抚新纪程［M］//近代中国史料丛刊：第十辑．台北：文海出版社．1968．

[6] 张集馨．道咸宦海见闻录［M］．北京：中华书局，1981．

[7] 杨东梁．左宗棠［M］．北京：人民文学出版社，2015．

[8] 秦翰才．左宗棠逸事汇编［M］．长沙：岳麓书社，1986．

[9] 王继平．曾国藩研究：第6辑［M］．湘潭：湘潭大学出版社，2012．

[10] 曾国藩．曾国藩全集［M］．长沙：岳麓书社，2011．

[11] 刘蓉．养晦堂诗集［M］．光绪三年版．

[12] 黎庶昌，王定安，等．曾国藩年谱．长沙：岳麓书社，2017．

[13] 中国第一历史档案馆．大清德宗景皇帝实录［A］．

[14] 曾纪泽．曾纪泽日记［M］．北京：中华书局，2013．

[15] 左景伊．我的曾祖左宗棠［M］．武汉：湖北人民出版社，2010．

[16] 秦翰才．左文襄公在西北［M］．长沙：岳麓书社，1984．

第十六章　成为收复新疆的主帅

同治十二年九月左宗棠督部攻克肃州，为期5年的陕甘回民起义被平定。此时，解决新疆危机，成了清廷迫在眉睫的问题。

新疆，古称西域，意为中国的西部疆域，自古以来就是中国的领土。汉武帝时张骞曾两度出使西域，汉宣帝时开始在乌垒（今新疆轮台东境）设立"西域都护"，代表中央政府在新疆行使权力，首届都护为郑吉。之后，历届中央王朝，都在这里设官建制进行管理。清乾隆皇帝平定准格尔贵族和南疆大、小和卓的叛乱后，于乾隆二十四年（1759）改西域为新疆，并于乾隆二十七年（1762）设立总统伊犁等处将军（简称伊犁将军），为新疆地区最高军政长官；另设参赞大臣驻惠远，领队大臣驻惠宁（今伊宁）；在乌鲁木齐设都统，为该地区的军政长官，地位仅次于伊犁将军；在南疆，则于喀什噶尔[①]派驻参赞大臣，并于叶尔羌、和阗、库车、阿克苏等11城设办事大臣、领队大臣；新疆回部事务，则设伯克管理——伯克有30余种不同名目，由清政府任命。至于乌鲁木齐以东，设镇西府和迪化州，由镇迪道统辖地方民政事务，隶属于陕甘总督。

随着清王朝的衰落、各种矛盾的激化，以及受太平军、捻军的影响，同治三年（1864），新疆库车农民起义，揭开了新疆各地起义的序幕。之后，奇台、哈密、巴里坤、伊犁、塔城等地均有起义发生。

---

① 今喀什。喀什译义为"各色"，噶尔译义为"砖房"，因其地富庶多砖房，故得名。

到同治三年底，南疆全部及北疆之乌鲁木齐、伊犁一带，只有惠远城、惠宁城、喀什噶尔汉城、英吉沙汉城等有清军困守。到了同治四年，除哈密、巴里坤等有限几个城池外，清廷基本失去了对新疆的有效控制。广大的新疆地区，出现了几个以当地宗教头目和封建地主为首的地方割据政权。他们之间相互争战，最后大体形成：（1）以库车为中心的黄和卓政权；（2）以乌鲁木齐为中心的妥明（或称妥得璘，回族）封建神权政权；（3）以和阗（今和田）为中心的依比布拉汗（也译作哈比布拉汗）封建神权政权；（4）以喀什为中心的金相印、司迪克封建地主政权；（5）以伊犁为中心的塔兰齐苏丹封建君主政权。

1 阿古柏入侵

浩罕国是位于我国新疆西面的一个中亚汗国，版图包括今天的哈萨克斯坦南部部分地区、乌兹别克斯坦东部以及塔吉克斯坦与吉尔吉斯斯坦部分领土，主要居民为乌兹别克人，其次为塔吉克人、吉尔吉斯人和哈萨克人。

喀什噶尔回族封建主金相印、柯尔克孜族封建主司迪克占据喀什噶尔回城疏附后，弹压乏力。为了统治人民，他们便派人赴浩罕迎请和卓后裔、原南疆叛乱分子张格尔之子布素鲁克，以便利用"和卓"这个伊斯兰宗教显贵的身份来统治各族穆斯林。同治三年十二月（1865年1月），浩罕汗阿力木库里送回布素鲁克的同时，派塔吉克族人阿古柏担任布素鲁克的军队首领，带领数十名亲随越过边界来到喀什噶尔，由此引发新疆局势的重大变化。

阿古柏于道光五年（1825）生于浩罕的一个小官僚家庭，其真名叫穆罕默德·亚库甫，自幼父母双亡，由叔父抚育长大。阿古柏最初在伯克手下当差，逐渐被提升为百户长，后曾出任浩罕国的地方行政长官。[1]31

随同布素鲁克来到喀什噶尔之后，阿古柏名义上把布素鲁克奉举为汗王，但是所有实权都掌握在他自己手里。他一面将和他一道前来的亲信派充军政要职，一面贿买或暗杀当地伯克，由此一天一天地巩固了自己的统治地位。进入喀什噶尔不久，阿古柏先向东南占领了英吉沙尔、疏勒（喀什噶尔汉城）、莎车、和阗等地，又向东侵占了阿克苏、库车、乌什，于同治六年（1867）登上"汗位"，称"毕条勒特"（意即"幸运者"），宣告成立"哲德沙尔"①国。[2]222-223同治九年（1870）秋，阿古柏势力向天山北路扩展，在北疆打败妥明政权，先后占领了乌鲁木齐、玛纳斯等地，从而霸占了新疆的大部分地区。

阿古柏自立为汗，那之前所奉举的布素鲁克何去何从？原来，就在阿古柏扩张自己权力的时候，布素鲁克周围的人也进行了反对阿古柏的秘密活动。未料事情暴露，许多人因此被杀害。随后，阿古柏强迫布素鲁克去圣地朝觐，把其驱逐到麦加去了。还有一种说法，阿古柏曾在英吉沙县昂克提勒克地方修建了3间以方块盐代替砖瓦的房屋，用各种挂毯、家具布置起来，请布素鲁克住在里面，暗中浸之以水。数十天后墙倒屋塌，布素鲁克同3个差人都被压毙。阿古柏之后将他们的尸体暗埋在阿孜干的一处戈壁滩里。[1]32

"哲德沙尔"政权成立后，英国出于争夺中亚、对抗沙俄的利益考虑，派代表前来找阿古柏，并蛊惑同样信奉伊斯兰教的土耳其参与此事。同治四年后，土耳其苏丹给阿古柏派遣了20多名高级军事人员和政治顾问，并带去了许多武器和礼品。在这次来的顾问中，有17人留在阿古柏身边常任参谋职务。嗣后，英国女王维多利亚又派来以福尔赛依特·萨伊甫上校为首的代表团，并送给阿古柏陆军专用大炮和一万多支步枪。福尔赛依特还转达了女王拉拢阿古柏之意——英国可以为阿古柏接济所需武器，甚至"派一个领事和一两万名武装军队驻扎喀什保护你"[3]33，条件是阿古柏不能和别国友好、60年后"哲德沙尔"交由英国保护。阿古柏为了得到英国的庇护，对英国使节说："女王就和太阳一样，在她的温和的阳光里像我这样可怜的人才能够很好地滋长繁荣。"[4]188同治十三年（1874）初，阿古柏与英使订立了《英国与喀什噶尔条约》。英国无视清政府对新疆的领土主权，

---

① "哲德沙尔"意为"七城"，包括天山南麓喀什噶尔、和阗、阿克苏、库车、莎车、叶尔羌、吐鲁番等7城。

以承认所谓的"哲德沙尔汗国"为独立国，换取其在新疆诸如从印度进入南疆的货物不受开包检查，可以在南疆购买和出售土地、房屋、仓库等权利。此后，阿古柏先后派了两批代表团携带许多礼品前往伦敦向英国示好。英国女王热情地接待了他们，并先后回赠了6万多支步枪、200箱茶叶（每箱100斤）以及修理厂设备等。英国和土耳其专家还为阿古柏承担铸造大炮、提供弹药等工作。[3]33

在对外媚好的同时，阿古柏对新疆各族人民采取了残暴统治：其庞大的军事和行政机构的全部费用，都要由新疆民众负担；清朝统治时期那些由于引水灌溉而富饶起来的土地和夏冬两季草场被其没收卖掉，并向人民群众征收宗教税等；对汉人，则以"发扬伊斯兰教"为名，采取或杀死或强迫他们加入伊斯兰教的政策。阿古柏本人，占有维吾尔族、回族、汉族、蒙古族妇女600多名。《海米迪历史》一书作者毛拉木沙·赛拉米揭露说："他如果外出到别的地方去，便套上一二十辆轿车，装上妃妾，不令别人看见随身带着。这些年轻的妃妾周围都有男子服务，要是阿古柏有时怀疑妃妾和年轻差人发生关系，便令人在寝室内挖坑把妃妾活埋掉。"[3]36

2 沙俄出兵伊犁

几乎在阿古柏入侵新疆的同时，沙皇俄国为了把中亚弄到自己手里，开始在新疆伊犁一带积极活动，使得新疆危机进一步恶化。

由伊犁河上游及其三大支流特克斯河、巩乃斯河（空格斯河）和喀什河（哈什河）流域构成的伊犁地区，是中国西部边疆的一块宝地，也是我国西北总要重镇。清朝乾隆年间设伊犁将军，为新疆最高长官，并在伊犁地区建了惠远、绥定、广仁、惠宁、熙春、宁远、拱宸、瞻德、塔勒奇9城——其中惠远最大，是伊犁将军的驻扎地、新疆的军政中心。伊犁与俄国南界本不相连。康熙年间，俄国先后诱胁伊犁西南哈萨克、布鲁特各部为其属藩，又并入浩罕三部。自此，俄境与伊犁开始接壤。[5]88从道光二十七年（1847）开始，俄国又陆续占领了哈萨克平原浩罕汗国属境和布哈尔汗国的全部地区，于同治六年

(1867) 设立了图尔齐斯坦（也译作土尔吉斯坦）总督府，下辖七河省①和锡尔河省②，任命考夫曼③为总督，以图进一步占据中亚。

同治三年九月，阿奇木伯克率维吾尔族农民起义。起义军占领宁远城（今伊宁市）后，即派出数千人围攻伊犁最大、最为重要的惠远城。宁远城金顶寺数万回民起而响应。当时城内清军只有1000多人。情急之下，伊犁将军明绪以俄国在伊犁的贸易圈地被起义军扰占为由，行文与伊犁接壤的俄国七河省，请求暂借俄兵相助攻打起义军。

对于这种引狼入室的危险举动，慌乱的清廷，虽然也例行公事地提醒"借力外邦，不可不慎"，但也认可明绪的行为，在谕旨中宣称"暂借俄兵相助，亦是急则治标之意，尚属可行"，甚至一厢情愿地寄望于借助俄国生力军"猛鸷之气"，改变清军颓靡不振的现状。清廷还告诉明绪，如果俄军能帮忙保全伊犁并收复伊犁各地城池，可予以厚赏，"厚资犒劳，亦所不惜"。[6]卷一二四

清宫档案揭秘，明绪此次借兵，俄国军队并未前来。同治五年正月二十二日（1866年3月8日），起义军从惠远城北门外开挖地道，夜间埋置火药将城墙炸开，攻占惠远城。伊犁将军明绪阖家自尽，已革职的前任伊犁将军常清被俘后身死，城内数万官兵民众遇难。[5]22—23至此，清朝在伊犁的军府制统治被摧毁，伊犁为塔兰齐苏丹封建君主政权割据。

同治九年，俄国军队侵占了进入伊犁地区的穆素尔山口。塔兰齐苏丹政权强烈抗议，由此与俄国的关系开始紧张。但俄国并没有放慢占领伊犁的步伐。同治十年二月，哈萨克阿勒班部落首领塔扎别克率领部众反抗沙俄失败，退入伊犁地区，被塔兰齐政权收留，安置在巩留一带游牧。

同治十年三月十九日（1871年5月8日），沙俄七河省巡抚、驻军司令科尔帕科夫斯基少将向塔兰齐政权首领阿布尔·奥格兰（旧译

---

① 管辖通过《中俄勘分西北界约记》侵占的中国巴尔喀什湖以东以南地区领土。
② 管辖沙俄新征服的中亚各汗国领土。
③ 也译作高夫曼、高伏满、高福曼等。

挨婆鲁屋拉)发出最后通牒,限一周内即三月二十六日(5月15日)之前交出塔扎别克,否则就要派俄军入伊犁追捕。三月二十六日,总督考夫曼借口安定边境秩序,下达了进军令。

入侵的俄军分两路向伊犁进犯:三月二十六日,由巴里茨基少校率领的俄军从博罗胡吉尔出动,扑向马扎尔。这支侵略军共有一个步兵连,90名哥萨克和两门大炮。另一路由春济进犯克特们地区的俄军,由叶连斯基中校率领。但两路俄军都遭到伊犁当地居民的顽强抵抗,被迫撤回博罗胡吉尔。[2]230—231

失利的俄军不得不增加兵力。五月初三日(6月20日),科尔帕科夫斯基亲自来到博罗胡吉尔指挥。五月初七日,俄军近两千人,配备大炮10门,从博罗胡吉尔出发,再度进犯伊犁地区。[7]39—40五月十一日(6月28日)、十三日,伊犁阿林都村、清水河子相继失陷。五月十四日(7月1日),绥定沦陷。同日,俄军攻占巴彦岱(惠宁)。五月十七日(7月4日)占据伊犁,从此开始沙俄对伊犁长达11年之久的殖民统治。

沙俄觊觎伊犁之心,早已有之。但应该说,同治三年明绪的借俄兵平乱,某种程度上让俄方了解了伊犁清军的虚实,助长了其进占伊犁的野心。

3 出关将领的变换

同治四年(1865)接到伊犁将军明绪伊犁情形危急的奏报后,清廷曾于正月初四日(1月30日)下旨,要宁夏将军穆图善派兵出关救援,"关内之兵如杨岳斌鲍超等虽经叠次催调,本日复经寄谕严催,仍恐缓不济急。……穆图善自当懔遵前旨,迅速出关,以拯伊犁之危"[6]卷一二六。

清廷要求穆图善取道嘉峪关进驻哈密。按照清廷的设想,即使穆图善军一时无法收回伊犁,也可以由此进兵乌鲁木齐,缓解新疆东部的危机情势,但穆图善始终未能出关。从这份谕旨我们还得知,此前清廷曾下旨让陕甘总督杨岳斌、提督鲍超率部出关,也始终未果。

占领伊犁将近两个月后,同治十年七月十七日(1871年9月1

日），俄方才由驻华公使弗兰加里照会清政府，"七河省巡抚廓①，现在派兵前赴伊犁，已于五月十七日克复伊犁城池，请定如何办法"[8]卷八十二6。明明是强占中国土地，却美其名曰"克复"，俄方把自己的侵略罪责开脱得干干净净。

俄方的电报，只说"克复"伊犁城池，并无详细情节。考虑到俄军占据伊犁后，"难保无觊觎要求情事，此事关系甚重"[6]卷三一六，清廷当天便下令让署理伊犁将军荣全驰赴伊犁，与俄七河省巡抚会谈，收回伊犁。

同在七月十七日这天，清廷还下旨令乌鲁木齐办事大臣景廉带兵出关，规复乌鲁木齐；又令乌鲁木齐提督成禄"即统率所部出关，与景廉会合，力图收复"[6]卷三一六乌鲁木齐。考虑到景廉、成禄兵马不多，清廷同日还下旨调驻扎陕西乾州的刘铭传进兵新疆。但刘铭传八月初七日（9月21日）以生病为由表示势难出关，并上折请求离营休假养病。此后，虽然清廷赏假一个月让刘铭传养病，还说刘铭传部可以驻扎肃州作为成禄等的后援，不必出关；但刘铭传以路途遥远粮饷转运艰难、所部为江皖人士不愿去新疆苦寒之地为由，始终没有西行，"河湟未靖，转饷艰难；江皖之人，又不宜冲寒涉远"[6]卷三一七。

七月十七日，在下旨令乌鲁木齐提督成禄率部出关的同时，清廷密谕左宗棠速派劲旅去接防高台，替出成禄部队，便于其出关。

左宗棠接谕后，立即派驻扎在靖远（距高台600多公里）的徐占彪部前往肃州接防。但从内心里，他对成禄出关的前景并不看好。

成禄，满洲镶蓝旗人，同治四年正月初八日（1865年2月3日）以陕西陕安镇总兵升任从一品的乌鲁木齐提督，后又以钦差大臣总统西路军务，所统兵马"除营长、炮夫外，勇丁二千九百余"[9]奏稿四414。自同治四年起，清廷即多次下旨令成禄统兵出关。但胆怯的成禄"本无出关之志"[9]奏稿四414，虽虚縻军饷数十万，数年来始终未曾出关半步，而以帮助攻打肃州回民军为由，逗留甘肃高台。他在高台"蓄养

---

① 廓，即科尔帕科夫斯基。

戏班"[9]奏稿五236，就在同治十年还派人回京城专程将其第三妾接来，把荒边远塞打造成了安乐窝。同治十年十月中下旬，徐占彪部陆续抵达肃州，并派兵前往高台接替防务。但成禄还以帮助徐占彪攻打肃州回民军为由，继续在高台一带逗留。

成禄一军所需军粮，主要由关内、关外数地供给，"关外安（西）、敦（煌）、玉（门）三州县京斗三万石，关内张掖县运省仓粮三千五百石，抚彝（今甘肃张掖临泽）通判运省仓粮二千石，高台县运省仓粮二千石"。按照左宗棠的估算，这么多军粮，用以维持成禄一军2000多人，绰绰有余，"除军粮外，赢粮甚多，堪以变充军饷"[9]奏稿四414。但除了征粮之外，成禄又以出关为名，在当地照粮摊捐，以致张掖、抚彝、高台三地民怨极大。

徐占彪部开赴肃州途中，师过张掖、高台，两县地方官拿出仓粮犒师。尽管左宗棠事前已告知正派人购粮、事后补足，但成禄得知后，觉得两县地方官动用了自己的军粮，侵犯了自己的利益，便先后上折参劾署高台知县徐应魁、署凉州知府李守愚，还治署高台知县以"私卖仓粮罪"。面对成禄的为非作歹，同治十一年四月三十日（1872年6月5日），左宗棠上《成禄出关难期振作片》参劾成禄，明确指出即令成禄勉强出关，"终难期其振作有为"[9]奏稿五236，希望朝廷另选出关之将。

除"蓄养戏班"外，左宗棠在参折中还列举了成禄的数宗罪：虚縻军饷，"进兵西陲，于今七载"，没有取得任何战功；坐吃空饷，号称兵马12营，实际上"现存实数不过五六营"。对于成禄一面截留省粮、派捐百姓，一面以缺粮饷为借口不愿出关，左宗棠深表愤怒。他调查后告知清廷：粮食方面，多年以来，成禄截留省粮为数甚巨；军饷方面，成禄一军"上年解到协款二十余万两，存储尚多"[9]奏稿五235,236，最近又截留了奉拨乌鲁木齐都统景廉的军饷10万两。可知，以缺饷为由不肯出关，只是借词拖延。

这封参折上后并无下文，只有简单一句："军机大臣奉旨：览。"[9]奏稿五237相反，朝廷于八月十一日（9月13日）下旨，承认成禄一军"虽难期得力"，但依然让左宗棠继续接济粮饷，以免"因粮缺哗溃"贻害地方。[9]奏稿五295 与此同时，清廷密谕宁夏将军穆图善，调查左宗棠所言是否属实。此前，在清廷的一再催促下，成禄曾于同治九年八月下旬派前队西行出关，但他和部队主力依然留在高台。即便接到穆图善证明左宗棠所参属实的调查报告，清廷还以"成禄业经出关，所部乏人接统"[9]奏稿五368 为由，没有处理成禄，袒护之意可谓明矣。

同治九年五月，成禄曾对高台县加派捐输。当地民众无力缴纳，恳求缓交。成禄即以抗粮为名，派兵包围了请愿民众居住的权家囤庄，杀害无辜百姓200余人，并将此事定性为"聚众抗粮，派兵剿捕"[9]奏稿五365。高台为陕甘总督所辖，闰十月，正在平凉督战的左宗棠，接到成禄请求联名会奏咨文后，以未经地方官禀报为由，拒绝会衔而将原折送还。同治十一年底，成禄终于离开高台，移驻玉门。[6]卷三四一,三四七 他的离开，为地方官调查此事真相创造了条件。十二月十九日（1873年1月17日），根据前署高台县知县徐应魁和署甘凉道萧宗幹的奏报，左宗棠上折，参劾成禄"苛敛捐输，诬民为逆，纵兵攻堡"[9]奏稿五365，冤杀了200多良民。

经此奏参，清廷方认为成禄"所犯情节重大，断难一日姑容"，于同治十二年正月二十一日（1873年2月18日）密谕从凉州赴肃州增援的金顺，前往成禄驻扎的玉门县城，"将成禄革职拿问，解京治罪"[9]奏稿五368。三月十八日（4月14日），清廷下旨让金顺接统成禄部队，克期出关。至此，出关将领由成禄变成了金顺。

4　两度推迟金顺出关

金顺，满洲镶蓝旗人，最早随多隆阿在湖北同太平军作战，先后出任镶黄旗汉军副都统、宁夏副都统等；同治五年起署理宁夏将军，同治九年因攻金积堡有功而被赏黄马褂、擢升为驻乌里雅苏台将军；后因事被革职留任，派往助攻肃州。清廷同治十二年八月二十日（1873年10月11日）谕旨中，有"金顺前有带兵西进之请"字句[9]奏稿五457——这表明率队出关是金顺主动请缨。

不过，清廷正月二十一日让金顺革拿成禄的密谕中，尚无金顺出关之说，"金顺所部兵勇，或调赴前敌，或分扎后路，军粮关系紧要，左宗棠务当随时妥筹接济，毋令缺乏"[9]奏稿五368。可知，此时金顺的任务，尚不明确。仅过了一个月，在决心将成禄治罪时，二月底三月初，清廷下旨，让金顺"克期出关，接统成禄所部"[9]奏稿五412。

此后，清廷多次下旨，催促金顺早日率部出关。六月十一日（7月5日），负责为金顺筹办出关粮运的左宗棠却上折提出金顺兵马应暂缓至八月方能出关。

新疆内乱丛生、外敌窥伺，朝廷多次下旨催促，就是金顺也已经向左宗棠表示愿意先带数营出关，好对朝廷有个交代。左宗棠为何不同意金顺立即出关呢？

这是左宗棠基于当时粮饷、转运等实际情况所做出的清醒判断。"粮、运两事，为西北用兵要着"[9]奏稿五434，根据金顺的禀报，出关的数营兵马，每月需粮30余万斤、需料9万余斤。而仅就办粮而言，由于多年战乱、冗军坐食，加上当年雨水稀少，五、六月又是青黄不接之时，肃州、玉门等地的官员都表示一时难以筹措如此多的粮料。左宗棠只好派人到更远的凉州采买——900里的路途，加上此时正处于"旧谷既没、新谷未升之时"，既费成本，也需时间。

转运方面，西北地多戈壁、水草缺乏，若使用骡马或木轮车运粮，人吃马喂的路途消耗之后，能送到前线的已是不多。因此，骆驼为关外转运的最佳选择。金顺所需的每月40余万斤粮料，仅按运送至玉门计算，就至少需要骆驼800只。但现在金顺军中只有骆驼200多只，而其他各军的骆驼都各有用途，暂难抽调。左宗棠虽已派人去采买骆驼，"惟驼只于五月歇厂，八月起厂，此四个月内，正值换毛怯热之时，不宜负运"[9]奏稿五434。

筹粮、筹转运方面存在的困难，加上玉门、安西一带现在文报不通、情况不明，为此左宗棠提出金顺队伍至少推迟到八月再出关。那时，肃州想必已经攻克，新买的骆驼、新购的粮食也陆续运到，"师期虽迟两月，而局势似为稳慎"[9]奏稿五435。

左宗棠的奏请得到清廷的批准，暂未出关的金顺20营助攻肃州。但进入八月肃州依然未克，而此时由于哈密被围、巴里坤一带出现回民军，乌鲁木齐都统景廉又奏请金顺出关。八月十六日、二十日（10月7日、11日），清廷接连下旨催促金顺率部火速出关，驰援哈密。

从三月到八月，这至少已是清廷第五次催促金顺出关。八月二十日的谕旨中，语气更为严厉，警告"若再迁延不进，致误事机，定将金顺从重治罪"[9]奏稿五457。与此同时，清廷表示如果巴里坤、哈密两城"稍有疏失，定惟左宗棠是问"[9]奏稿五458。

鉴于肃州久攻不下，这年七月，左宗棠离开兰州，于八月十二日（10月3日）抵达肃州督战。按当时驿递速度，京城六百里加急谕旨传至肃州一般为10到14天，往返最多为一个月左右——比如，十月初七日（11月26日）左宗棠奏报克复肃州，清廷十月二十五日（12月14日）收悉并降旨授左宗棠为协办大学士。这一谕旨，左宗棠十一月初五日（12月24日）收到。一个往返，历时28天。[9]奏稿五483 如此推算，清廷八月二十日让金顺火速出关的谕旨，左宗棠最迟在九月底也已收到。但对这份六百里加急的谕旨，左宗棠直到十月初七日才予以奏覆，再度推迟金顺20营人马出关，改由广东陆路提督张曜嵩武军（步队12营，马队两营）和凉州副都统额尔庆额马队先行出关。

细心的读者可能记得，同治初年，曾国藩几度催问左宗棠关于李元度被参一事的处理意见，左宗棠就拖延了将近两年才答复；郭嵩焘同治四年五月辩解自己并未贻误广东军务的信，左宗棠拖至十月才回复；同治八年九月初六日，金积堡战役期间，清廷曾下旨要左宗棠调查刘松山部队杀戮普通民众一事是否属实，左宗棠则拖到十月十九日刘松山部在金积堡连获胜仗后才奏覆。看来，左宗棠为官，深谙"拖"字诀窍之妙。

此番，左宗棠拖至十月才回复清廷，也是颇有讲究：此时肃州已被清军收复，陕甘全境肃清。清帝获悉后十分高兴，"朕心实深嘉悦"[9]奏稿五481，自然也不便追究金顺延迟出关之责。

之前推迟金顺出关，客观上是因为粮饷采买和转运困难，主观上有希望留金顺部助攻肃州等因素。如今，肃州已克、又届秋时，左宗棠为何要再度推迟金顺一军出关呢？在十月初七日给清廷的奏稿中，左宗棠说一是金顺部刚刚参与攻打肃州之战，劳乏过甚，需要略作休

整；二是现在正准备裁汰整顿各部，以节省军饷，金顺部也在整顿之列，应整顿完毕再出关。[9]奏稿五473

左宗棠的裁汰部队，并非空文。根据其十二月初十日（1874年1月27日）的奏报，包括金顺、宋庆、徐占彪和其他前来攻打肃州的部队，共六十余营。整顿之后，徐占彪原来的13营缩为6营，宋庆部撤回凉州，原来的60营兵马减至41营，其中的出关兵将，包括金顺20营、张曜14营以及额尔庆额马队800人，"计金、张、额三军出关，马步共一万数千人，幸皆精实可用"[9]奏稿五492。但也应该说，鉴于自己并非出关统帅，左宗棠裁撤的，只是自己所统的徐占彪部。至于金顺等部的兵马，主要是以强壮换老弱，总人数还基本保留不变。

5 悲喜：爱子病逝与入阁拜相

收复肃州后，左宗棠调张曜部移驻此地。处理完毕肃州善后事宜、巡视嘉峪关后，左宗棠返回兰州。十月间，在永昌（今甘肃金昌市永昌县），遇到从湖南赶来的次子孝宽。从孝宽处，左宗棠得知，自己最钟爱的大儿子孝威已于七月十四日（1873年9月5日）去世。[9]书信二377；附册410

同治十年，孝威从湖南老家前来看望左宗棠。此时，左宗棠为规取河州正驻扎安定（今甘肃定西），孝威也跟着住在安定大营。一次，因所拟奏稿不符合自己的心意，左宗棠严厉批评了孝威。未料，孝威心中愧惧，因此触发了吐血之症。加上营帐漏风受寒，又得了咳嗽，"在安定营中，偶因拟稿未合，我遽诃责，旋发咯血之病；又适因营帐未密，为风寒所袭，遂患咳嗽"[9]家书诗文165。

同治十一年（1872）二月，孝威离开甘肃回家。儿子带着病体南返，做父亲的左宗棠心中实在牵挂。孝威二月从甘肃起程，四月初一日（5月7日）到家。翻检《左宗棠全集》，这两个月，左宗棠就给孝威写了6封信，其中只有3封是接到孝威信后作出的回复——也就是说不管是否收到孝威的复信，左宗棠基本上是半个月给孝威写一次信。

南返途中，孝威"因受风寒，复患腰痛、咳嗽"[9]家书诗文147。回到长沙休养一段时间，病情刚有好转，又于八、九月间再度患病，主要症状依然为咳嗽、腰痛、吐血。

此时河州战役刚刚结束，善后工作千头万绪；且西宁战役和肃州战役正酣。戎马倥偬之际，左宗棠十分牵挂孝威的身体，他曾对好友刘典说"大儿归后，患病甚剧，每一念及，如闻呻吟之声"[9]书信二360。

进入同治十二年，左宗棠一方面要孝威将所有家务交给孝宽等打理，专心养病；一面不停地托人给孝威带回老橘树皮等治咳嗽的药材，以及燕窝、肉桂、阿胶、田州山漆、人参等补品：四月二十五日寄去人参一枝；四月二十六日又派亲兵龙南贵、唐国光专程赴湘，带上药物，替自己前去了解孝威的病情；二十八日新得肉桂净八两三钱及白术两匣二十两后，又连忙派人去追赶两位亲兵，交给他们一并带回[9]家书诗文167；五月二十二日夜派第二批亲兵刘见荣、侯名贵送回人参四枝和肉桂一枝[9]家书诗文167；闰六月二十一日托请假回湖南的陈湜带回重一两五钱大参一枝、白术两匣、关东鹿茸全架。[9]家书诗文168

孝威生病，也让左宗棠的举动有些异常：四月二十六日出发的亲兵龙南贵、唐国光，五月十一日才到西安，照此速度需六月中旬方能到长沙。五月二十二日左宗棠得知后十分生气，咬牙切齿般写下"迟延可恨"四字[9]家书诗文167，连夜又派亲兵刘见荣、侯名贵带药材返湘。同时，他甚至表示要不嗜杀而为孝威祈福，"我之爱惜尔，以爱民不嗜杀为要"[9]家书诗文167。

也就在孝威患病期间，左宗棠接到家书，得知二女儿左孝琪二月去世。这更刺激着左宗棠的神经，开始因担心儿子病情而每天做噩梦，"魂梦作恶，日夜惘惘"[9]家书诗文164。

尽管如此，孝威还是于同治十二年七月十四日病逝。获悉消息的左宗棠，悲痛万分，在给沈葆桢的信中说："大儿孝威久病不起，竟于七月十四日化去，临危神志湛然，不胜惨悼之至！此儿天性孝友，短算赍志，实出非料，如何如何！"[9]书信二369 在给儿子们的信中，他甚至"批评"孝威"追侍汝母于九泉，而弃白首临边之老父耶！"[9]附册275 言语之间，全无一位手握重兵统帅的指挥若定之风。

因收复肃州、平定陕甘有功，清廷十月间下旨：左宗棠以陕甘总督协办大学士，并赏一等轻车都尉世职。清之大学士为正一品，虽无明代之实权，但仍为品级最高的官员，位同前代之宰相。有清一代，汉人以非翰林而出任大学士者，寥寥无几。左宗棠举人出身而获大拜，可谓异数——甚至有评论说左宗棠"由乙榜入相，本朝第一人也"[10]。

"将军百战身名裂，向河梁回头万里，故人长绝。"[11]189 用兵陕甘五年，左宗棠也频频遭遇"故人长绝"之痛：亲人方面，同治九年，妻子和四女儿去世；同治十一年，二哥和侄子去世；同治十二年，二女儿和大儿子去世。故友方面，曾国藩之外，还有多年来鼎力支持自己的学生周开锡等。部将方面，有刘松山、傅先宗、徐文秀……尤其是孝威之死，更是给左宗棠沉重打击，使得他一度无心工作。他对儿子们说："年来汝母、汝二伯相继下世，已极惨痛，今又夺予爱子，彼苍何酷？念之心摧！"[9]附册275 在给好友沈应奎（字吉田）的信中，一向自信的他罕见地心灰意冷，"弟近来万念早灰，所虑者国事，所忧者晚节而已"[9]书信二369。

孝威去世的打击让一向精明的左宗棠犯下了错误。十月从肃州返回兰州后，福州船政局副监督德克碑来见左宗棠，骗说因被船政大臣沈葆桢辞退、无以为生，希望能够领回船政局所欠的 25 个月的薪水。左宗棠同意了——不但答应补发 25 个月的薪水，还要从自己的养廉银中拿出 5000 两送给德克碑，合计 2.5 万两。事后，左宗棠才得知，此项薪水，德克碑早已领过了。为了不让沈葆桢为难，左宗棠提出用自己的养廉银垫付。好在经过沈葆桢的努力，要回了这 2.5 万两银子。事后他向沈葆桢承认，之所以犯下这样的错误，除了在行营无案卷可查外，孝威的去世也使得自己魂不守舍，"弟在肃时，接其到陇后禀函，未及详察，又行营无案可稽，误谓彼应得之款，致咨请照常给领。比回兰署，又适闻大儿噩耗，神识昏瞀，未暇检校"[9]书信二387。

左宗棠拜相，众人纷纷祝贺。远在湖南的儿子孝勋、孝同，也来信祝贺父亲。对于孝勋、孝同之举，左宗棠十分生气，回信痛骂，"贺者在门，吊者在室……连日形神惘惘，了无生趣……汝等犹以为贺，可谓全无心肝者矣"[9]附册276。其实，儿子们何错之有？只是左宗棠心绪不佳，借机发泄罢了。

直到同治十三年，丧子之痛依然没有从左宗棠心头消逝。在给好友李仲云的信中，他甚至自责说自己德行不够以致殃及孝威，"每一念及，心神愦愦，不知所为。自维德薄能鲜，劳苦兵间，不能以善气荫其爱子，致此夭折，夫复何言！"[9]书信二394 这一年给好友沈应奎的信中，左宗棠还说，"亡儿化去，弟每以身后为忧"[9]书信二410。

6 阻止穆图善部队出关

毫无疑问，孝威的死让左宗棠备受打击，也让左宗棠产生了抽身引退的念头。同治十二年、十三年间，他先后向好友李筱轩、王孝凤以及陕甘学政吴大澂说及因"家事不顺"、孝威去世而心绪恶劣、"急于乞身"的念头[9]书信二378,385,390。但尽管伤心欲绝、万念俱灰，左宗棠始终未敢忘却国事，多次表示之所以没有立即引退，是因为"所事未了，恩眷优渥，不敢遽以为请"[9]书信二378。他所说的"事"，就是为西出新疆的部队筹备粮饷。

或许，正是这种不眷恋官场、早有退意的心态，使得左宗棠再无顾忌，在参劾乌鲁木齐提督成禄、两度推迟金顺出关之外，他还反对穆图善出关、否定户部侍郎袁保恒在肃州设立粮台的计划，不惧一人得罪一干同僚。

前文说过，同治十年时，清廷曾考虑以淮军将领刘铭传为出关主将人选，但刘铭传以养病为由不肯前往。同治十二年十月，就在收复肃州不久，宁夏将军穆图善提出率部从泾州移驻安西、敦煌、玉门一带，作为出关部队的后备力量。

穆图善，满洲镶黄旗人，同治元年随钦差、督办陕西军务多隆阿入陕。同治三年，经多隆阿临终前疏荐，清廷任命其署钦差大臣、擢荆州将军。同治五年署理陕甘总督。在不少部队视西行为畏途之际，穆图善爽快移驻玉门的举措，在清廷看来，无疑是自告奋勇、值得表扬之举。而此时，左宗棠却告知清廷：穆图善此举只是给西征添累。如此，毫无疑问既得罪了穆图善，也给清廷迎头泼了一盆冷水。

同治十二年十二月初十日（1874年1月27日），左宗棠一气上了十道奏折，除通报张曜、金顺、额尔庆额三军将次第西行外，还奏请将穆图善驻扎泾州的部队"概予裁撤"。

左宗棠告诉朝廷，自古关塞用兵，在精不在多，时下仅出关的张曜、金顺、额尔庆额三军兵马，已将近两万人。目前虽尽力采买，还短缺粮料2万余石（合300多万斤）；粮食运转方面，从凉州到安西，共1400多里，路多砂石，需要用骆驼转运，夏间计划采买骆驼3000只，只买到一千二三百只。这1400多里，运费折算，"每粮百斤，需银十一两七钱内外"[9]奏稿五494，更别说将来要运到距凉州3000里之外的哈密。由于粮草采买、转运困难，出关的部队需要分批出发，"察张曜一军锐气方新，作为头起，金顺一军次之，额尔庆额又次之，宋庆一军整理需时，军装、驼只均须增添购办，请留俟明年秋后继发"[9]奏稿五494。

在"关内之粮，搜购无遗""前进各军，能否就近采买……又难悬拟"的情况下，如果让穆图善部队驻扎安西一带，又需要关内继续供粮，无疑大大加重关内负担，并导致张曜、金顺、额尔庆额"各军中途缺食，大局不堪设想！"[9]奏稿五498

与此同时，左宗棠还告诉清廷，自己出任陕甘总督7年，从未见穆图善所统部队获胜一次。相反，穆图善广收散兵游勇，部队"沾染军营恶习已深"[9]奏稿五501。这样的部队，如果让其出关，非但"难以图功，且恐有碍大局"。为此，左宗棠奏请将穆图善所部步兵概予裁撤，等穆图善陛见回来之后，再将宋庆整理之军、自己所挑选之军以及穆图善辖下"尚多骁健"的吉林、黑龙江马队1000多骑，交穆图善总统前进，至安西一带驻扎。

但穆图善岂肯自降身份统率别人的军马？果然，趁进京陛见之际，他积极活动。之后，清廷下旨全部裁撤穆图善所统步兵的同时，将其调任察哈尔都统。

左宗棠和穆图善私交尚可：同治十年孝威来甘肃，十二月，穆图善特意给孝威送来貂帽。左宗棠收下的同时，回赠了"貂皮便帽一顶，鱼翅二斤，海参二斤，蟹黄一匣，茶叶一匣，贡枣一匣"[9]附册275。第二年四月，左宗棠又派人专程给穆图善送去了马鹿、马鸡，给穆图善的儿子送去书扇笔墨。[9]附册320,324 而且，虽然左宗棠曾批评穆图善糊涂、只知道剥削百姓，批评其"养不能战之军"，但也承认穆图善"人尚长厚"。[9]书信二157

如今，左宗棠奏撤穆图善部队之举，显示了左宗棠公私分明的性格，但无疑也得罪了穆图善这位满族将领。

7 西征粮台之争

同治十二年、十三年间，着力于陕甘善后的左宗棠，另一项更为重要的任务，是负责为出关部队筹措粮饷，担任他们的后勤官。清廷在同治十三年正月十七日、三月十八日、四月初二日、七月十二日、八月二十五日，以及十月十五日的谕旨中，均要求左宗棠"将粮运事宜妥为筹备"，无一例外。[9]奏稿六3,30,35,79,97,101

按照左宗棠的计划，金顺等军出关，所需军粮，关内只能运至哈密。其后西进所需军粮，需"就地筹画"[9]奏稿六35。金顺出关部队马步二十营每月所需粮料大约三四千石。此前，驻守古城（今新疆昌吉州奇台县古城乡）的乌鲁木齐都统景廉在催促金顺一军出关时，曾奏报已为金顺军订购了粮料2万余石。但到了同治十三年（1874）四月，景廉却表示哈密至古城1000余里，当地存粮无多，无法为金顺供粮。为此，清廷四月初二日（5月17日）下旨，要左宗棠"将金顺等军粮石仍由关内设法筹解，直达古城"[9]奏稿六35。

根据左宗棠的统计，关内买粮，由凉州运到安西，路程1400里以外，仅运费每百斤就需银十一两七钱有奇；再从安西运到巴里坤、古城，还有26站近两千里，运费至少翻倍，"每百斤又须加运脚过倍乎！"[9]奏稿六99 而如果由科布多、乌里雅苏台购粮运至古城，根据景廉的奏报，每百斤只需银3两多，比关内采买运送至少能省6倍的费用。清廷让在关内为金顺一军供粮，显然是没有了解前线实情的纸上谈兵。但即便如此，在十月十五日（11月23日）的谕旨中，清廷依然要左宗棠负责为金顺部队供粮，"不可舍易图难，更不得意存推诿"[9]奏稿六101。

截至同治十三年十月，关内仅为金顺所部送去的粮料已达1200

万斤。要给进兵新疆的大军源源不断筹粮,就得设立粮台。这个粮台究竟设在哪里呢?清廷的想法,屡加变化:同治十二年八月二十日的谕旨中,提出在玉门安设转运粮台。[9]奏稿五457到了同治十三年八月二十五日,清廷改而提出粮台设在肃州,并派户部侍郎袁保恒办理,"从前关外用兵,均在肃州安设粮台,由重臣督率经理。本日已明降谕旨,令左宗棠督办粮饷、转运一切事宜;并令袁保恒帮办,移扎肃州"[9]奏稿六97。

袁保恒,前漕运总督袁甲三之子,也是后来大名鼎鼎的袁世凯之叔,时为户部左侍郎,管理西征粮务。他依据朝廷旨意,立即委员采买车骡、购买骆驼等,筹备在肃州设立新疆进兵后路粮台。

但袁保恒在肃州设立粮台之举,遭到左宗棠的反对。

在肃州设立粮台,最早是左宗棠的提议。如今,左宗棠为何要自己否定自己的主张呢?个中的原因,左宗棠在同治十三年十一月初三日(1874年12月11日)的《敬筹移设粮台办理采运一切事宜折》中说:去年自己提出在肃州设立粮台,是因为当时金顺、张曜、额尔庆额等各部都还在肃州。而现在,张曜已开进至哈密,金顺和额尔庆额的部队更是已由安西、哈密前进至北路的巴里坤。巴里坤、乌鲁木齐,偏于北路——而肃州偏于南路,北距古城2960里,东北距科布多4300余里,距乌里雅苏台近6000里,办理采买、转运都十分不便,"军行北路,粮台设于南路,为从前未有之事也"[9]奏稿六114。

为了说服清廷,左宗棠还搬出祖宗成法:乾隆帝当年用兵准格尔,师行北路,粮台就设于北路;道光帝时,用兵南疆,粮台才设于肃州。为此,左宗棠建议,在乌里雅苏台、科布多、巴里坤三地选择一处设立总粮台,其余两地设立分台。这样,既能利用景廉原来在乌、科一带收购的粮食,又能从关外为骆驼筹措草料,还能减省肃州方面的耗费,"譬如围棋,一着活而满盘俱活矣"[9]奏稿六115。

光绪元年三月初七日(1875年4月12日),左宗棠在《遵旨密陈片》中再次反对在肃州设粮台,并提出在哈密、巴里坤设立粮局,分别负责收粮转运和收发。在左宗棠看来,如此,"护台之军可省,粮台陋习可除,一切经费可节矣"①。三月二十八日(5月3日),清廷同意左宗棠的建议,缓设粮台,改在哈密、巴里坤设立粮局,"关外时势,可以缓设粮台,即照该大臣现行章程,于哈密、巴里坤等处各立粮局,妥为经理"[9]奏稿六192。

清廷改变主意使袁保恒陷入尴尬境地——移驻肃州筹备西征粮台,袁保恒其实只是奉旨行事,左宗棠不敢直接批评朝旨有误,改而批评袁保恒办事失当、未经请示即自作主张,"自奉帮办出关转运事宜恩命而后,一变其从前所为,不特遇事不相关白,即奏报亦不令臣预闻"[9]奏稿六189,还表示"此后更无望其能同心矣"[9]奏稿六114。

其实,自同治八年督办甘肃后路粮台至今,袁保恒已和左宗棠共事5年,彼此相处颇为融洽——左宗棠"每逢令节"必蒙袁保恒寄赠礼物[9]附册323;左宗棠也不时回赠湘莲、窝面、熊掌、鹿尾等[9]附册323,并托袁保恒帮其办事——像他送给恩人潘祖荫的大盂鼎就是托袁保恒送到京城的。就在批评袁保恒的光绪元年,左宗棠还收到袁氏送来的斗篷和紫貂裘。[9]书信二524

左宗棠对袁保恒的不满,主要在于袁保恒没有向他及时请示。可以说,两人之间并无私人恩怨。因此,就在三月初七日密折中批评袁保恒与自己"同役而不同心,事多牵掣"[9]奏稿六189的同时,左宗棠又单独附片告知朝廷,袁保恒已从西安赶来见面,承认因急于建功,有些事情"一时未及详察"[9]奏稿六191,设立粮台一事,仍将遵照左宗棠的意见。但清廷鉴于左宗棠与袁保恒存在"不和",还是于三月二十八日下旨将袁保恒调回京城任职。至此,持续将近两年的西征粮台之争始告一段落。清廷也深知袁保恒是代己受过,因此袁保恒回京后,并未受处分,先后出任吏部、刑部侍郎,光绪四年(1878)不幸病逝。

---

① 自古用兵,多设立粮台以备军食。这本属寻常,但左宗棠认为粮台规模大、开支多,若不得其人,将导致以贪墨终者,比比皆是。因此主张多设局而少设台,"臣自忝预戎事以来,有鉴于此,每设局而不设台"。见《左宗棠全集·奏稿六》,第189、190页。

8 海防与塞防之争

同治十三年七月十二日（1874年8月23日），清廷下旨授景廉为钦差大臣、金顺为帮办大臣，办理新疆军务。[9]秦稿六79 这表明，此时的清廷，有意以景廉、金顺为出关主将。

也就在这时，清廷内部展开了一场关于海防与塞防的争论。

海防与塞防之争，是中国近代史上的重大事件，也和左宗棠能出任西征统帅紧密相关。有关的论述已经很多。当然，也还有一些疑点尚待解决。

海防、塞防之争的起因，是日本入侵台湾。此事最早起于同治六年。这年，美国商船在台湾岛附近触礁被撞破，"船主罗妹及其众上岸逃生"，结果被台湾高山族人杀害并抢去财物。美国驻厦门领事李让礼获悉后，发公文向台湾镇、道申诉，提出为死者收殓尸首、接回没有被杀的美国人，并要求惩治凶手。台湾镇总兵刘明灯、台湾道吴大廷请示闽浙总督和福建巡抚后，同意了李让礼的请求，下令高山族头领与李让礼妥善协商。但后来，由于吴大廷内调、刘明灯被撤，此事竟不了了之。这引起李让礼的不满，便请求美国国内发兵攻打高山族人，以保护美国商船。美国政府否决了李让礼的建议，同时撤去其驻厦门领事一职。心怀不满的李让礼，便唆使日本人去攻打台湾，还献上了台湾地形地势图，并资助了不少武器。日本见台湾"地险而沃"，便想趁机占据。[9]书信二430—431

同治十三年三月二十一日（1874年5月6日），在日本陆军中将西乡从道的指挥下，日军先头部队在台湾南部琅峤登陆，后续部队也陆续海运至台湾。清政府迅即派福州船政局船政大臣沈葆桢以钦差大臣率队赴台湾抵抗日本侵略。清政府虽在战场上取得胜利，但还是采取了退让政策，于九月二十二日（10月31日）与日本订立《台事专约》，赔款50万两，承认日本侵台是"保民义举"。之后，日军撤出台湾。

日本侵略台湾，东南沿海局势顿时紧张起来，总理衙门九月二十七日（11月5日）上加强海防折，提出从练兵、简器、造船、筹饷、用人、持久六个方面加强海防。[8]卷九十八19 清廷于同日下旨，要直隶总督李鸿章、两江总督兼署江苏巡抚李宗羲、钦差大臣办理台湾等处海防沈葆桢、陕甘总督左宗棠等17人"详细筹议，将逐条切实办法，限于一月内覆奏。此外，另有要计，亦即一并奏陈"。[12]卷二十四1062 由此出现了如何对待海防和塞防的大争论——所谓海防，指的是东南沿海各地防务；而所谓塞防，则是指当时正被阿古柏、沙俄等占据的新疆防务。

历时近半年的海防与塞防争论，大致分前后两个阶段：光绪元年三月之前，各督抚所上折片计54件；此后是王公大臣和六部九卿等的折片有20多件。由此形成海防派、塞防派和海防塞防兼顾派。

海防派以直隶总督兼北洋大臣李鸿章为代表。十一月初二日（1874年12月10日），他上了《筹议海防折》，主张放弃西北、专注东南，也就是放弃塞防、专注海防。在回答筹饷问题时，李鸿章提出，新疆无事之时岁需兵费也要300余万，"徒收数千里之旷地，而增千百年之漏卮——已为不值"。而且，在他看来，新疆为俄国、英国势力所环伺，即使"勉图恢复，将来断不能久守"。为此李鸿章断言，"论中国目前力量，实不及专顾西域，师老财痡，尤虑别生他变"。[12]卷二十四1070

除认为"守不住"之外，李鸿章主张放弃西北，还由于"钱不够"。按照李鸿章的测算，开办海防（包括造船、练兵、简器）至少需要经费上千万两。在"财用极绌，人所共知"[12]卷二十四1069 的今日，如何才能筹措到这笔经费？李鸿章认为可按照总理衙门当年奏折所提议，从部库存银以及各海关四成洋税中提取，不够再借外债。在李鸿章看来，财政既然如此紧张，"既备东南万里之海疆，又备西北万里之饷运，有不困穷颠蹶者哉！"[12]卷二十四1070

为了增加说服力，李鸿章还搬出了自己的老师曾国藩。他说"曾国藩前有暂弃关外专清关内之议，殆老成谋国之见"。为此，李鸿章建议清廷，一方面让出关部队严守现有边界，不必急于攻取；一方面招抚伊犁、乌鲁木齐等地回民起义军，准其自为部落，而像越南、朝鲜那样进贡即可。在此基础上，整顿已经出关以及尚未出关各部队，

"可撤则撤，可停则停"，匀出军饷，作为海防之用。在李鸿章看来，"新疆不复，于肢体之元气无伤；海疆不防，则腹心之大患愈棘。孰重孰轻，必有能辨之者"。[12]卷二十四1070

放弃西北、专注海防是李鸿章一贯的主张。此前的十月份，英国公使威妥玛派译员梅辉立在天津向他提出"把伊犁让与俄国，天山南路给阿古柏"的建议，李鸿章就表示"赞同停止向阿古柏进攻，以节军费"[13]171。

主张放弃西北的，并非李鸿章一人，河南巡抚钱鼎铭、山西巡抚鲍源深，也都建议清廷命令西征各军："未出关者暂缓出关，已出关者暂缓前进。"[14]第一册总24

湖南巡抚王文韶则是塞防论的代表。他认为：俄国侵吞西北，形势十分危急！"我师迟一步，则俄人进一步；我师迟一日，则俄人进一日。事机之急，莫此为甚。"在王文韶看来，如果西北防住了，洋人也就不敢觊觎东南。为此，他主张："目前之计，尚宜以全力注重西征。"[8]卷九十九61 与王文韶持类似观点的，还有山东巡抚丁宝桢、江苏巡抚吴元炳等。

至此，这场讨论已经出现以李鸿章为代表的偏重海防放弃塞防论，和以湖南巡抚王文韶为代表的偏重塞防放弃海防论这两种针锋相对的观点。

左宗棠的态度呢？

和李鸿章十一月初二日就上奏自己的观点不同，左宗棠虽然在十月十三日（11月21日）就收到总理衙门转来的奏折，却没有立即奏报自己的意见。同治十三年底，左宗棠先后两度上书总理衙门，就总理衙门奏折以及转来的丁日昌奏折进行答复。但通观两信，主旨皆是就练兵、简器、造船、筹饷、用人、持久逐条提出自己的建议，并无只字提及塞防以及海防塞防之争。[9]书信二430—438

同治十三年（1874）十一月底，各地督抚对"筹办海防"的复奏基本汇齐。正当清廷准备举行由朝廷亲贵、部院大臣参加的"廷议"时，同治皇帝突然于十二月初五日（1875年1月12日）驾崩，"廷议"遂推迟到第二年春天。光绪元年正月二十九日（1875年3月

6日），清廷颁旨，要求各亲王和郡王、大学士、六部、九卿等大臣对沿海、滨江各地督抚的复奏和左宗棠致总理衙门函进行"廷议"。结果，这一阶段的讨论，远远超出总理衙门原奏六条的范围，实质上成了收复新疆还是放弃新疆的原则争论。

主张海防放弃塞防的李鸿章，在此前后表现得颇为活跃：正月初八日（2月13日），他写信给署江西巡抚的原淮军将领刘秉璋，再次阐述自己"西师不撤，断无力量兼谋东南"的主张，批评刘秉璋同自己唱反调而提出新疆必复、可守的奏议，认为刘秉璋是"大肆簧鼓，实出期望之外"。[15]卷十五3607

也是在此时，《申报》刊出了英国将与俄国联手，共同对付中国的消息。[9]书信二517,518 这，更为李鸿章的放弃塞防论张本。其实《申报》历来所登内容，不少为道听途说的不实之词——比如它曾刊登了左宗棠和金顺军进兵喀什噶尔、数战未能取胜的消息。但实际上，当时金顺军在古城一带，左宗棠在兰州，根本就还没有进兵！左宗棠由于此前刚刚在兰州接待过俄使并相处了一个月，从中得知俄国和英国矛盾挺多，本就难以结盟，因此并不相信英俄联手的报道。李鸿章却煞有介事地把《申报》的内容入奏，告知朝廷既然英、俄联手，那中国即使能收复新疆，也无法守住。言外之意，还不如尽早放弃。

李鸿章的这种主张，在朝廷中得到不少人的赞成，"廷臣颇有韪是言者"[15]卷十五3606。如光绪的父亲醇亲王奕譞，就称赞"李鸿章之请暂罢西征为最上之策"[16]第一册116。刑部尚书崇实也认为新疆"纵能暂时收复"，"万里穷荒，何益于事？"[17]120

清廷正月二十九日时原定让亲郡王、六部、九卿等在一个月内复奏，二月初三日（3月10日），不待廷议复奏汇集，即"密谕左宗棠通筹海防、塞防全局及关外兵事粮运"[9]奏稿六145情形迅速具奏。

翻检《军机处随手登记档》，在督抚大臣中，清廷就此问题只密谕了左宗棠一人。之所以如此，或许是考虑其时左宗棠地处西北、熟悉新疆情势之故。

二月二十二日（3月29日），左宗棠在兰州接到清廷此密谕。经过将近半个月的考虑，三月初七日（4月12日），他上了《复陈海防塞防及关外剿抚粮运情形折》,既反对放弃塞防、专注海防的主张,也不赞成专注塞防、放弃海防的论调,明确提出了海防塞防并重的观点,"窃维时事之宜筹、谟谋之宜定者,东则海防,西则塞防,二者并重"。[9]奏稿六176

左宗棠此折,并无宏篇大论,而采用相当务实、用事实和数字说话的笔法。放弃塞防、专注海防论者认为,裁撤出塞之兵、停撤出关之饷,节省下来的饷银,即可用以增加海防经费。左宗棠则用数字告诉清廷:陕甘西征军军饷,名义上为每年800万两,但实际上,由于各省关皆有拖欠,实收不满500万两,至今"各省关积欠臣军之饷则已三千数百万矣!"[9]奏稿六178也就是说,各省关在这次论争之前,就已经常停解、拖欠西征军军饷。因此,他们所抱怨的没有钱办海防,其实和西征军军饷并无关系,所谓"停西征军军饷,腾出钱来办海防"的论调,并不符合事实。

对于放弃新疆的观点,左宗棠没有针锋相对地加以抨击,而是告诉清廷,立国有疆,新疆天山南北两路,历来有富八城、穷八城之说,"北自乌鲁木齐迤西,南自阿克苏迤西,土沃泉甘,物产殷阜,旧为各部腴疆"[9]奏稿六179。左宗棠言外之意,如此膏腴之地,岂能放弃?

至于停撤已出关部队来节饷的建议,左宗棠则明确反对。他说,关外用兵,如果不规复乌鲁木齐,则无要可守;即使收复乌鲁木齐,也要在乌鲁木齐南部的巴里坤、哈密以及北部的塔尔巴哈台等地布置重兵,与乌鲁木齐成犄角之势。左宗棠认为,等到乌鲁木齐收复,当地民生经济得以恢复,方可谈论裁撤出关部队、节省军饷等问题。如果此时"停兵节饷,自撤藩篱,则我退寸而寇进尺,不独陇右堪虞,即北路科布多、乌里雅苏台等处恐亦未能晏然。是停兵节饷,于海防未必有益,于边塞则大有所妨"[9]奏稿六179。

就清廷和慈禧而言,将西北视为祖宗之地,并不赞同放弃西北的主张。二月初三日给左宗棠的密旨中,就有"中国不图规复乌鲁木齐,则西、北两路已属堪虞,且关外一撤藩篱,难保回匪不复啸聚肆扰近关一带,关外贼氛既炽,虽欲闭关自守,势有未能"[9]奏稿六145之语。这点，就是李鸿章也有所听闻。二月初十日（3月17日），他在给山西巡抚鲍源深的信中，就有"朝议祖宗之地不可弃，而弗图二者兼营，则皆无成而已"[15]卷十五3613之语，可知清廷决策层当时虽未下最后决心，但正在筹划海防塞防兼营。左宗棠在此期间给新任陕西巡抚谭钟麟的信中也说，"少荃议撤边饷以裕洋防，人人知其不可，朝论亦不然之"[9]书信二584。二月二十七日（4月3日），大理寺少卿王家璧更是上《李鸿章议弃新疆请严旨申饬》折，要求处分主张放弃新疆的李鸿章。[18]

因此，左宗棠三月初七日所上之折，正为朝廷下最后的决心提供了有力支持。清廷收到此折后，于三月二十八日（5月3日）下旨，称左宗棠的观点"所见甚是"[9]奏稿六192。四月二十六日（5月30日），清廷下旨为此次海防塞防之争做了总结，一方面肯定"海防关系紧要，既为目前当务之急，又属国家久远之图"，委派李鸿章、沈葆桢分别督办北洋、南洋海防事宜；一方面命令左宗棠"通盘筹画，以固塞防"，实际上采纳了左宗棠海防与塞防并重的主张。[17]122

9 出任收复新疆的统帅

在这次海防与塞防的讨论中，就有地方督抚对清廷任命景廉为钦差大臣提出了不同意见。如湖广总督李瀚章说："现在统帅太多，事权不一。"[8]卷一百13湖南巡抚王文韶更是直接向清廷建议，应"责成左宗棠、景廉等悉力经营，冀有成效可观"[8]卷九十九61。为此，在二月初三日的密旨中，清廷也就"关外现有统帅及现有兵力能否剿灭此贼"[9]奏稿六145等用兵新疆的关键问题，征询左宗棠的意见。

在专门答复此问题的《遵旨密陈片》中，左宗棠直言"关外统帅景廉，素称正派，亦有学问……惟泥古太过，无应变之才"。他还列举了景廉所办的几件不妥之事：一是跟"胆力尚优"的凉州副将额尔庆额关系不和；二是泥古"寓兵于农"之说，误以屯兵为战兵，导致军队战斗力下降，"偶闻贼警，一夕溃退"[9]奏稿六184；三是曾答应给金顺各军买粮2万余石[9]奏稿六99,101,144，最后却只是自己购粮囤积居奇，以致"现在关外议论，均谓景军有粮无兵，金军有兵无粮"[9]奏稿六184。

为此，左宗棠在三月初七日奏折中建议清廷改金顺为乌鲁木齐都统，认为金顺虽然有带兵"失之宽缓"、能力一般、贪小便宜等毛病，但"为人心性和平……服善爱好，无忌嫉之心……带队临阵，尚能奋勉"，因此颇能服众。在左宗棠看来，如果将景廉的乌鲁木齐都统一职改授金顺，让金顺节制关外各办事、领队大臣，"似于前敌事宜呼应灵通，较易措手"。[9]奏稿六185

清廷接受左宗棠的建议，三月二十八日同时下旨，任命金顺为乌鲁木齐都统，调景廉回京为正白旗都统；命户部左侍郎袁保恒"来京供职"；征得左宗棠同意后应河南巡抚钱鼎铭的请求调宋庆一军回河南。[9]奏稿六192

与此同时，考虑到出关将领职级、地位相差无几，彼此难以号令，如无重臣统率，容易贻误事机，同在三月二十八日，清廷下旨"左宗棠着以钦差大臣督办新疆军务，金顺仍帮办军务"[9]奏稿六192，在节制出关各部队的同时，要求左宗棠负责各军粮饷和转运事宜。至此，左宗棠由西征各部的"后勤官"变成了"大统帅"。

如何看待左宗棠出任新疆用兵统帅一事呢？

此前有观点认为，这个任命多少有点出人意料。因为清廷成例，"边方节度，例用丰镐旧家"[9]书信二376——也就是说清廷为防范汉人，手握重兵、镇守要地和边关的将军，多用旗人。对左宗棠的任命可谓突破了这一限制。

持此论者，混淆了率兵统帅和带兵主将的区别，也无视太平天国起义爆发后清廷权力下移的事实。首先，出兵新疆，左宗棠是率兵统帅，并非前敌带兵主将。至于同期的乌鲁木齐都统金顺、绥远城将军善庆等，都是旗人，为"丰镐旧家"。再者，平定太平天国与捻军，主要依靠曾国藩、胡林翼、左宗棠、李鸿章等汉人，如此使得清廷权力下移的同时，也让大批汉臣成为手握重兵、开府建牙的督抚。清廷即使还有防范汉人之意，多少也有些力不从心——就在任命左宗棠的光绪元年，全国八大总督分别为直隶总督李鸿章、两江总督李宗羲、闽浙总督李鹤年、湖广总督李瀚章、署两广总督张兆栋、陕甘总督左宗棠、四川总督文格、漕运总督文彬，前六人都是汉人。第三，新疆危机爆发后，清廷曾先后想调前陕甘总督杨岳斌、提督鲍超、提督刘铭传三位将领出关，他们就都是汉人。就是进兵新疆之后，左宗棠以汉人刘锦棠为前敌主将，总统前线各军，清廷也没有反对。因此说，左宗棠统率新疆各军，既非打破"边方节度，例用丰镐旧家"之传统，而且当时清廷的最高统治者，也不再像之前的咸丰帝那样汲汲于"用满排汉"。

那为何迟至光绪元年才确定左宗棠为出兵新疆统帅呢？原因之一，在同治十二年，清廷曾有调左宗棠为两江总督的考虑。而这点，多为研究先进所忽略——同治十一年二月曾国藩病逝后，两江总督始终空缺，先后由江苏巡抚何璟和署理江苏巡抚张树声署理。同治十一年底，在家书中，左宗棠就透露，"屡有京信说，西事报捷后当有恩命。吾意使相两江，非我所堪"[9]家书诗文159。可知当时已有左宗棠调任两江总督的传言。在同治十二年二月的一封家书中他说得更为明白，"朝廷欲俟此间肃清，调两江补协办，上腊告病开缺一疏所以不得不上也"[9]家书诗文163。已经心生退意的左宗棠，害怕被调任两江，甚至有提前上折请求告老还乡的念头。对朝廷而言，既准备调左宗棠赴两江，因此，一开始不是以左宗棠而以景廉为用兵新疆钦差大臣，也就不足为奇了。

无论如何，新疆用兵主帅人选，至此终于尘埃落定。对于左宗棠而言，同治十二年至光绪元年，其实是痛苦的时光，是一个不断抉择的过程——在忍受丧妻、丧女、丧子之痛的同时，他以为国输忠的气度，操劳出关将士的粮草、兵饷，应对陕甘善后的千头万绪；在内心早就想辞官归隐的同时，他以不唯上、只唯实的气度，上折参乌鲁木齐提督成禄、阻止宁夏将军穆图善出关、不顾朝廷催促两度推迟金顺出关、不顾5年交情反对袁保恒在肃州设立粮台，为天下事得罪了天下人；最终，他以64岁高龄，"引边荒艰巨为己任"，出任用兵新疆统帅，被当时署两江总督刘坤一赞为"任天下之至重，处天下之至难"。[19]第4册1823

明白了这些，对这位年逾花甲的老人，我们岂能不产生深深的敬意?!

考证：左宗棠成为出关的主帅是何人所荐？

左宗棠是怎样被任命为用兵新疆的主帅的呢？

首先可以肯定的是并非左宗棠自我请缨。从前文提到的两封家书可知，因家事不顺，左宗棠此时的想法是平定陕甘后辞官归籍——既不想留任陕甘总督，也不想调任两江总督，自然也没有率兵出征新疆的打算。通观三月初七日的三份奏折，左宗棠并无只字自荐为出关统帅，只是抱怨由于乌鲁木齐都统景廉越界管辖本属陕甘管辖的镇迪道，以致身为陕甘总督的他都不知道镇迪道是谁。[9]奏稿六186 不仅如此，在回答清廷新疆前敌诸军是否"或必须有人遥制"的询问时，左宗棠还明确反对遥制，认为"兵情因贼势而生，胜负止争呼吸，断无遥制之理"[9]奏稿六185。言外之意，此时在他看来，前敌各将领之上并不需要再设置节制各军的统帅。

有一种说法，左宗棠之所以能被任命为出关各军主帅，是因为军机大臣文祥的推荐。是否真的如此呢？

据曾署伊犁将军、两度入左宗棠幕府的李云麟记载，光绪元年十一月间，文祥曾对他说过自己力排众议、支持左宗棠出兵，"诸臣多因海防吃重，请暂停西陲用兵，画关而守。廷论疑之。余曾因会议时排众议之不决者，力主进剿。幸蒙谕允，因遂有左相督师西陲之命"[20]2-3。山东巡抚陈士杰谒见文祥"语及西征军事"时，文祥说："军事忌权责不一，号令不专""自是廷议专任左宗棠，不复以八旗大臣掣肘"[21]。

以上两段，只能证明文祥支持进兵新疆、主张给左宗棠放权，不能证明文祥曾推荐左宗棠。再者，这些都是私人记载，并非官方信史，可信度尚需考证。

《清史稿·文祥传》中曾说，"当新疆军事渐定，与俄国议交还伊犁，大学士左宗棠引以自任，文祥力主之，奏请专任。文祥既殁后，乃遣侍郎崇厚赴俄国，为所迫胁，擅允条款，朝论哗然"[22]11695 这样的表述，非常模糊。而且文祥光绪二年（1876）即病逝，崇厚赴俄，是光绪六年（1880）之后的事情。或许，人们将文祥对收回伊犁的支持移译为对左宗棠出任出征新疆统帅的支持。

那历史真相究竟如何呢？

一般认为，正是由于左宗棠在光绪元年三月初七日所上的《复陈海防塞防及关外剿抚粮运情形折》和《遵旨密陈片》中呼吁采取海防塞防并重的方针，促使清廷最终下决心以左宗棠为主帅。《军机处随手登记档》记载，左宗棠三月初七日的奏折，清廷于十六日即收到，下注"七月十二日另摘抄交总理衙门，堂谕封存，二十八日缮旨后归箍"[23]。"七月十二日"指的是清廷同治十三年七月十二日命景廉等迅速西进会剿、左宗棠速为转运口粮的谕旨[9]奏稿六79。此时摘抄，表明清廷有重新考虑出关主帅之意。"封存"表明收到左宗棠奏折当天，慈禧等并无定论。"二十八日缮旨"，则指当天清廷发布谕旨"左宗棠以钦差大臣督办新疆军务"。

由此可知，清廷最后下决心任命左宗棠为出兵新疆主帅，是在三月十六日至二十八日这13天。而查询此期间——甚至查询从光绪元年正月十一日到三月二十八日的《军机处随手登记档》，并无廷臣、御史或其他能专折奏事之人，奏请左宗棠为出关统帅。因此，这一任命，或是慈禧、慈安两太后所钦定（此时光绪帝年幼，自无决定之可能）；或是有资格参加廷议者所推荐，再经两宫太后最后批准。

如果非慈禧、慈安两宫太后所定，那推荐者是不是文祥呢？

应该不是。据文祥《自订年谱》，因"喘咳"之病，同治十三年起文祥即长期告假，只有十一月初二日同治病重、十二月初二日至初六日同治驾崩后治丧期间才进宫入值。[24]根据《军机处上谕档》，进入光绪元年后，至少从二月初二日到四月十六日，文祥一直请假。光绪元年三月初三日（1875年4月8日），文祥因"病仍未痊"，奏请免去所有职务。清廷当日下旨，免去文祥所兼的镶白旗满洲都统、管理工部及神机营事务差使，但仍让其留任大学士、在军机大臣和总理各国事务衙门行走等重要职务，"俟病体稍痊即行入直"[25]。此后，直到这年六月二十五日（7月27日），文祥才入值当差。光绪二年五月初四日（1876年5月26日），文祥病逝。

因此，左宗棠最终出任用兵新疆统帅，并非文祥所荐，更大的可能是慈禧、慈安所钦定，或者为主持总理衙门的恭亲王奕䜣所荐——当然，也不排除此前讨论海防塞防奏折时，文祥力主左宗棠；而鉴于自己同奕䜣的良好关系，文祥肯定也向奕䜣作过推荐。随着光绪帝新立，身为光绪帝生父的醇亲王奕譞，在慈禧面前的地位有所上升。但前文说过，奕譞是支持李鸿章放弃塞防主张的，因此，他推荐左宗棠的可能性不大。

当然，无论何人推荐、决定，此时左宗棠已出任陕甘总督将近9年，熟悉西北情势；而且所部刚刚平定陕甘，威望正著，无疑是用兵新疆主帅的合适人选。也因此，相信此提议不会遇到太大的阻力。

左宗棠是幸运的：他遇到慈安太后健在、慈禧太后尚处奋发之时。此时的恭亲王奕䜣，虽没了议政王头衔，但与慈禧等关系尚属融洽，治国理政才能得以大力展布。粗略统计，自同治五年左宗棠率部西征，至光绪六年十二月左宗棠入京，所用银一亿零二百六十三万一千六百二十一两。[26]277 如此庞大的开销，没有慈安、慈禧和奕䜣、文祥等的支持，几乎是不可想象的。正如左宗棠所说，"天下无不办之事，所难者中外一心耳"[9]书信二478。左宗棠后来出兵新疆能迅奏肤功，新疆至今犹得隶我版图，当年朝廷内外一心、中枢对左宗棠的大力支持，功不可没——这点，左宗棠在给好友刘典的信中也直言不讳，"至于倚信之专，知人之哲，则庙堂谟谋之功"[9]书信三299。

在查找清宫档案的过程中，笔者曾看到在同治八年十一月初十日（1869年12月12日）的一份奏折中，时为军机大臣、吏部尚书的文祥对左宗棠颇多赞许，"查西路军务，地势险阻，自古未易平定。现经左宗棠督办，虽不能立时奏效，然观其筹画进兵及剿抚事宜，尚属周密。以刻下情形而论，似未便遽求速效，轻为更易。若该大臣能逐渐进抵兰州，则全省不难底定。至关外军情，须俟甘省肃清，另筹办法，目前似尚难豫定也"[27]档号:03-4696-022。从中我们可以看出，文祥确实奏保过左宗棠，但从"逐渐进抵兰州"字句也可知：上此折的时间应在同治十一年（1872）七月左宗棠进驻兰州之前。

左宗棠对文祥也颇为敬重：同治十年，文祥的家人去世。左宗棠得知后，曾送上奠礼、赙仪，但文祥没有接受。事后，左宗棠还写信给文祥，赞扬其品行高洁，"腊朾接奉良书，具承所示。松楸安奠，柱躬复元，仍即入襄枢要，至慰朝野之望。前以生刍奉献，极知妄渎，未蒙鉴纳，复荷齿及，大君子秉节之峻，用情之周，何其异也！佩绎之余，既惭且感！"[9]书信二206

"生刍"即鲜草，典出《诗·小雅·白驹》："皎皎白驹，在彼空谷，生刍一束，其人如玉。"东汉之后有"生刍吊祭"的说法，指将一束鲜草放在死者墓前，并以此赞扬死者品行高洁。

不过，当时文祥更赏识的，是直隶总督曾国藩，同在同治八年十一月初十日的另一份奏折中，文祥就建议清廷将曾国藩调赴进京，与恭亲王奕訢等共同辅政，"大学士、直隶总督曾国藩老成硕望，中外咸知，勋业既崇，闻望愈重。……倘蒙我皇上简贤替代，将该大学士擢置左右，与恭亲王等朝夕辅弼，定于军情吏治裨益愈多"[27]档号:03-4650-034。但从后来的事实看，清廷并没有接受文祥的建议调曾国藩进京。

【注释】

[1] 包尔汉. 论阿古柏政权 [M]//新疆历史研究论文选编：清代卷下. 乌鲁木齐：新疆人民出版社，2008.

[2] 中国社会科学院近代史研究所. 沙俄侵华史 [M]. 北京：人民出版社，1981.

[3] 毛拉木沙·赛拉米. 海米迪历史. 手稿本 [M]//新疆历史研究论文选编：清代卷下. 乌鲁木齐：新疆人民出版社，2008.

[4] 包罗杰. 阿古柏伯克传 [M]. 北京：商务印书馆，1976.

[5] 魏光焘. 戡定新疆记 [M]. 哈尔滨：黑龙江教育出版社，2014.

[6] 中国第一历史档案馆. 大清穆宗毅皇帝实录 [A].

[7] M. A. 捷连季耶夫. 征服中亚史：第二卷 [M]. 新疆大学外语系，译. 北京：商务印书馆，1983.

[8] 文庆，贾祯，宝鋆，等. 筹办夷务始末（同治朝）[M]. 北京：中华书局，2014.

[9] 左宗棠. 左宗棠全集 [M]. 长沙：岳麓书社，2009.

[10] 叶昌炽. 缘督庐日记抄 [M]. 同治十二年十一月二十五日.

[11] 俞平伯. 唐宋词选释 [M]. 北京：人民文学出版社，1979.

[12] 李鸿章. 李鸿章全集：奏稿 [M]. 长春：时代文艺出版社，1998.

[13] 王绳祖. 中英关系史论丛 [M]. 北京：人民出版社，1981.

[14] 朱寿朋. 光绪朝东华录 [M]. 北京：中华书局，1958.

[15] 李鸿章. 李鸿章全集：朋僚函稿 [M]. 长春：时代文艺出版社，1998.

[16] 中国史学会. 洋务运动 [M]. 上海：上海人民出版社，2000.

[17] 杨东梁. 左宗棠 [M]. 北京：人民文学出版社，2015.

[18] 中国第一历史档案馆. 军机处随手登记档 [A]. 档号：03-0214-1-1201-057.

[19] 刘坤一. 刘坤一遗集 [M]. 北京：中华书局，1959.

[20] 李云麟. 西陲事略 [M]//中国方志丛书：西部地方：第三十六号. 台北：成文出版社，1968.

[21] 吴光耀. 慈禧三大功德记：卷一 [M]. 民国成都昌福公司铅印本.

[22] 赵尔巽，柯劭忞，等. 清史稿 [M]. 北京：中华书局，1977.

[23] 中国第一历史档案馆. 军机处随手登记档 [A]. 档号：03-0214-1-1201-075.

[24] 文祥. 文文忠公（祥）事略及自订年谱 [M]//近代中国史料丛刊：第二十二辑. 台北：文海出版社，1972.

[25] 中国第一历史档案馆. 军机处上谕档 [A]. 光绪元年三月初三日.

[26] 秦翰才. 左宗棠全传 [M]. 北京：中华书局，2016.

[27] 中国第一历史档案馆. 军机处录副档 [A].

陶澍画像，安化县文物所藏

骆秉章画像，骆秉章研究会藏

奉
天承运
皇帝制曰枢府崇班鑽鏞重河
山之寄中臺出鎮封疆資卽戡
之熟光屬重臣甄勞績爾太
子太保頭品頂戴一等輕車都
尉世職賞戴雙眼花翎兵部尚
書賞加都察院右都御史四川總
督駱秉章器資瑰偉風采展明
單威惠以宣猷允矢政行化
統文武而作憲休懋著保障民安
邊陲䝉祖之謀懸著保釐之效
荐膺慶澤爰叠寵章兹以覃恩
授爾為光祿大夫錫之誥命於
戲百城凛範益表率之方三
命彌恭荷恩光之渥訏謨克
奏殊眷丕膺
誥命
同治肆年玖月貳拾捌日
之寶

左宗棠画像，湖南博物院藏

胡林翼画像，湖南博物院藏

曾国藩画像，湖南博物院藏

郭嵩焘旧照

郭嵩焘致左宗棠信,记录向咸丰帝介绍左宗棠,湖南博物院藏

初三日再

名对 养心殿西暖阁也
温谕移时问曰汝可识左
上曰臣有书信来往曰有信来往曰汝寄左 书可
此吾意谕知当出为我办事左 所以不肯出係何原
故想係功名心淡曰左 亦自屡赋性刚直不能与世合
在湖南办事与抚臣骆 性情契合彼此皆不肯相离
上曰左 才幹是怎样曰左 才极大料事明白皆不了

之事人品尤极端正曰左 年多少岁曰四十七岁
上曰再过两年五十岁精力衰矣趁此时年力尚疆可
以一出任事也莫自己蹉跎过了一勒二他日臣也曾勒
过他、祗因性刚不能随同故不敢出数年来却日、在
省办事现在湖南四路征剿贵州广西筹兵筹饷
多係左 之力
上曰问渠意想会试曰有此语曰左 何必以进士为荣
文园章报国与建功立业所得孰多他有如许大

刘襄勤公遗像

刘锦棠像,湘乡李超平先生供图

左宗棠克复杭州战图，北京大学图书馆藏

克复金陵图,台北故宫博物院藏

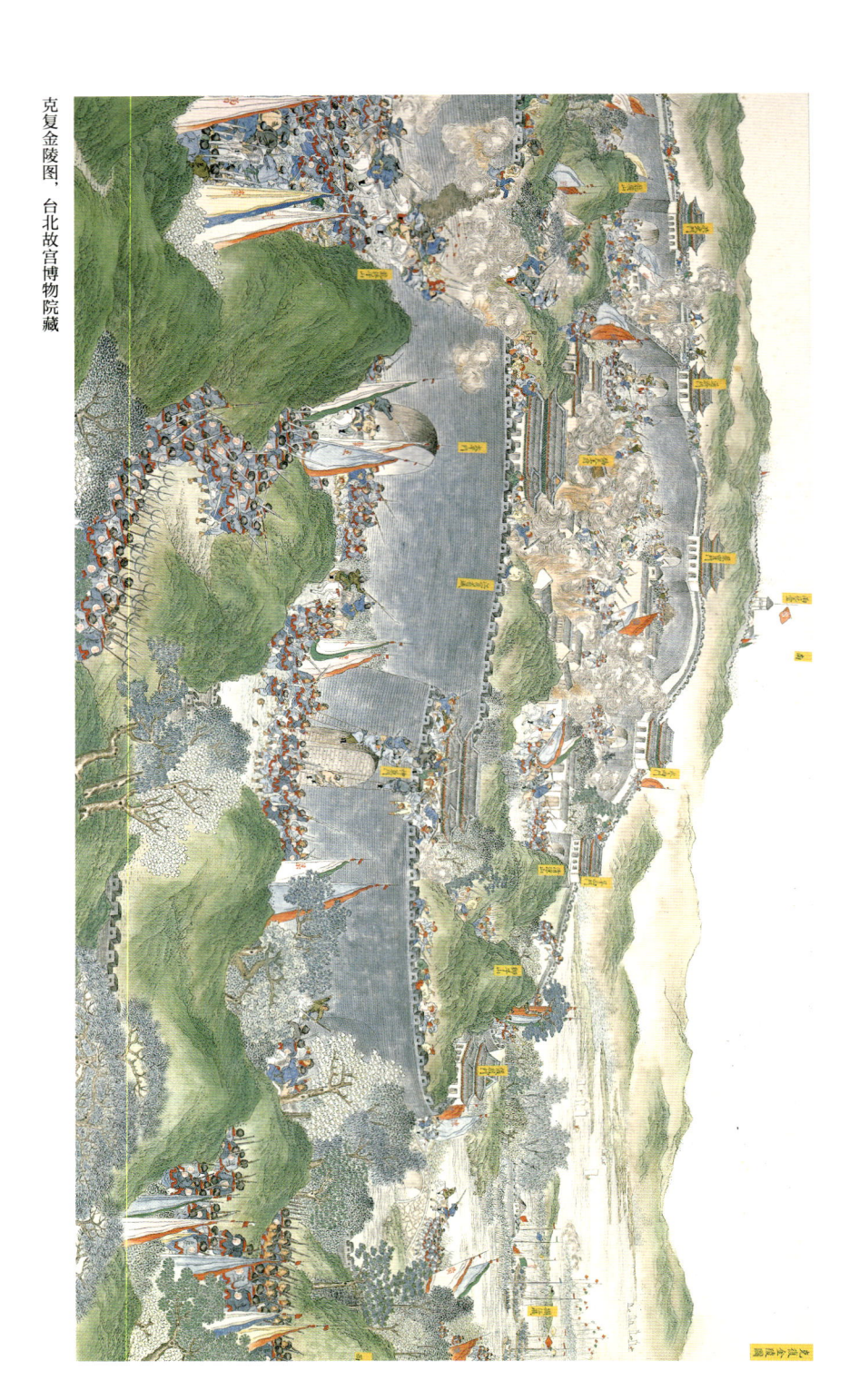

洪福瑱就擒图，台北故宫博物院藏

清军收复新疆示意图,据《中国战争史》

克复新疆乌鲁木齐等城战图一，中国第一历史档案馆藏

克复新疆乌鲁木齐等城战图二，中国第一历史档案馆藏

光绪十年九月三十日内阁奉

上谕户部等部会奏议覆刘锦棠奏统筹新疆全局一摺前据刘锦棠奏称新疆兵数饷数一切事宜当经谕令该部议奏兹披会议覆陈新疆底定有年绥边辑民事关重大允宜统筹全局釐定新章户部前奏以定额饷定兵数一事拟三端为要图刘锦棠所议留兵改营设官共四条与该部所奏用意相同即著次第举行以垂久远前经左宗棠创议改立行省分设郡县业据刘锦棠详晰陈奏由部奏准先设道廰州縣等官现在更定官制将南北两路办事大臣等缺裁撤自应号设地方大吏以资统辖著照所议添设甘肃新疆巡抚布政使各一员其应裁之辦事筭领各参贊各大臣及乌鲁木齐都统等缺除未经简放有人所有實缺及署任各缺新设迎撫布政使到任後再行交卸候简旨简用至伊犁叅贊大臣一缺塔爾巴哈台领隊大臣二缺应裁应留著劉錦棠等酌定具奏新疆旗綠各營兵數及關内外餉數均照議覈實經理國家度支有常不容枝涉耗費劉錦

新疆建省上谕（局部），中国第一历史档案馆藏

左宗棠书法拓片，西安碑林博物馆藏

天地正氣

右四字湘陰相國左文襄公所書公之勳業著在天壤書法亦高桅古人無俟予言竊謂天地之正氣人皆有之惟君子為能直養無害全剛大而配道義侠正氣常鑒乎兩間故陰不得干陽邪不得干正小人不得干君子外夷不得陵中國公之生平蓋皆天地之正氣發洩沕灝磅礴幅心畫示見一端俾覽者歸曰之正氣發洩沕灝磅礴幅心畫示見一端俾覽者歸曰森然各知正氣之在我而不可有一憂自早自汙之松即於世道人心無裨補公既勉敬奉太守祺肅以利摹公之斯世以致奉不忘之意且如正祺肅窅存公左右閒也為之歎跋而歸之光緒乙酉小陽三原賀瑞麟

第十七章　进兵新疆的准备

光绪元年三月二十八日（1875年5月3日）清廷下旨，左宗棠以钦差大臣督办新疆军务。第二年三月十三日（1876年4月7日），左宗棠以钦差大臣身份，从兰州省城移节肃州（今酒泉），督办新疆军务。从受命到出征，大约经历了一年的时间。

这一年，左宗棠在忙什么呢？主要是为出兵新疆做准备，而准备，不外乎兵、粮、饷、运四个方面。

1　裁汰冗兵

"西北用兵……其要必先核实各军支食之人马"[1]奏稿五441。就是饷、运两个方面，也需要在知道有多少兵马的基础上才可以核算。

左宗棠一贯主张，"自古关塞用兵，在精不在多"[1]奏稿五494　"自古出塞之兵断不能多"[1]书信二381。当他受命钦差大臣、督办新疆军务之时，已经出关的部队，有金顺的40营，张曜的16营，徐占彪的蜀军6营。

金顺自己的部队原来号称30营，成禄被撤职查办之后，所统的号称17营的旧部归金顺接管。左宗棠认为这47营兵马都不满员，实数只有一半，便派安肃道史念祖去和金顺商量，要金顺挑选精壮，裁并营头。最后金顺只肯将47营合并成30营。左宗棠并不满意，便于同治十二年七月奏请朝廷，令金顺将部队合并成20营。[1]奏稿五442

这是在左宗棠被任命为钦差大臣、督办新疆军务之前发生的事情。左宗棠督办新疆军务之后，乌鲁木齐都统景廉被调回京，留下的部队号称 34 营，自然也由接任乌鲁木齐都统的金顺调遣。光绪元年，金顺向左宗棠报告，已将 34 营裁并为 25 营，并表示未可操之过急。但左宗棠并不同意，在回信中附上自己调查所得的清单，告知金顺景廉的部队实际只有 8500 多人，按每营 500 人计算，也就只能合并成 17 营。[1]书信二510 经过一番工作，金顺所统部队（包括接统的成禄和景廉的部队），最后裁并成 40 营。到新疆北路平定后，左宗棠又要求金顺将部队裁并为 20 营。

除此之外，他多次阻止一些想带兵前来投靠的人。光绪二年，曾任署伊犁将军、前布伦托海办事大臣的李云麟（字雨苍）表示愿意带兵前来甘肃。左宗棠赶忙去信阻止，"窃维西事之坏，由于勇丁太多实饷太少，弟度陇后，费尽心力，裁汰归并，乃稍有眉目……阁下此来，总以不带勇丁为是，如随从太多，可速资遣，此间无饷发也"。[1]书信三1—2 为了避免再生枝节，他还让在西安主持西征粮台事务的沈应奎阻止李云麟在陕西招兵，"近日连接李雨苍信，……来书拟带勇丁度陇，弟已飞信止之……过西安时，如需盘费，可由尊处给之，若在陕招募，则断不可耳"。[1]书信三2

李云麟本是左宗棠旧交，曾入左宗棠幕府。这样不留情面的话，自然让李云麟不高兴了。李氏后来再入左宗棠幕府，但没过多久因与左宗棠不和而离开，真说了不少左宗棠的坏话。其实，因为新疆用兵，左宗棠得罪的人已经不少了：他参劾乌鲁木齐提督成禄，奏请将乌鲁木齐都统一职由景廉改任金顺，阻止穆图善出关、裁撤宁夏将军穆图善的部队迫使穆图善内调察哈尔都统，要求金顺裁汰冗兵，等等。只是左宗棠抱定林则徐所说的"苟利国家生死以，岂因祸福避趋之"原则，且放手干去。

根据左宗棠光绪元年十二月的奏报，西征部队本为马步 141 营，减去后来裁撤的穆图善步队四营半，总数大约马步 130 余营。[1]奏稿六340 这其中，金顺 40 营，刘锦棠 29 营，驻哈密的张曜 16 营，驻巴里坤的有徐占彪的 6 营和徐万福统带的湘军 4 营，金运昌的卓胜军马步 10 营，哈密办事大臣文麟的威仪军 3000 人（约 6 营）。此外，还有明春的健威军、额尔庆额的马队。至于左宗棠的亲兵营则包括亲兵10哨（步队营制，一营分为前后左右4哨，10哨即为两营半，1250人左右）、白马氏练丁1营、马队4起。① 这些兵马，加上夫役等，总数在七八万人左右。

2 广筹军粮

光绪元年六月二十八日（1875年7月30日），左宗棠上《督办新疆军务敬陈筹画情形折》。这是他被任命为钦差大臣、督办新疆军务后，第一次向朝廷汇报为进兵新疆所做的准备工作。

首先是广筹军粮。此前，时为乌鲁木齐都统的景廉向朝廷奏报，为保证出关士兵口粮，至少应当从关内运粮10万石——合3000多万斤到古城。要想运完，至少需要四五年的时间！② 景廉此举，是想将当地产粮归为己有。果真如此，将严重延误进兵时间。

左宗棠一贯主张"师行北路，宜用北路之粮"[1]奏稿六266。针对新疆用兵要分北疆、南疆的实际情况，他提出了南北两路、多方筹备的方针，并区分具体情况，采取了巴里坤、古城以购粮为主，哈密以屯田产粮为主的方法——南路筹粮，是指将存放在肃州的3万余石粮食，通过车运、驼运等方式尽快运往哈密；北路则是在归化、包头一带购粮，运往巴里坤，"自三月抄至五月，据报陆续运过四十余万斤至巴里坤"[1]奏稿六266。

陕甘刚刚平定，百业凋敝、百废待举，粮食采购困难。从归化、包头一带购粮，不仅能保证军粮的供应，而且还省运费。根据左宗棠的计算，从归化、包头等地购粮，运费"每百斤牵合银八两内外"[1]奏稿六266。这显然比从关内运粮而来要便宜不少——据同治十二年十二月的测算，仅从凉州到安西，1400多里，"每粮百斤，需银十一

---

① 起，多写为旗，一旗约为126人。马队营制，每营官兵250人，分前后左右中5哨。4起相当于2营。见《左宗棠全集·奏稿六》，第348、388页。
② 对此，金顺后来予以否认，表示按合并后的十多营兵马计算，每年需2万石（合600万斤）左右。

两七钱内外"[1]奏稿五494。至于凉州到哈密，则有3000多里，照此折算，运粮百斤至少需要银22两！

多方筹备，则是指除在国内购买之外，还向俄国采购；购买之外，还推广屯田。光绪元年五月，俄国总参谋部官员索思诺福斯齐抵兰州，准备游历西北。按索思诺福斯齐的说法，此行考察"俄国自西伯利亚境内到中国西南角亦即四川省最捷径道路的自然、商业、政治情况"[2]343，并调查从中国购买茶叶运回俄国的运输路线。但其实，军事目的是不言而喻的，索思诺福斯齐本身就是驻扎伊犁的俄国军官。左宗棠接待了索思诺福斯齐，留其在兰州住了一个月。交谈中，索思诺福斯齐提出，"紧接我布伦托海边界，距古城数百里"[1]奏稿六267的俄国山诺尔产粮甚多。左宗棠便趁机与之订立购粮500万斤的合同，这样，"年内可运古城粮二百万斤，明年春夏可运足三百万斤"[1]奏稿六267。合同规定：俄国从斋桑湖等地购买粮食雇驼运到古城，粮价、运费折合，每百斤银七两五钱，在光绪元年十二月（1876年1月）和光绪二年四月（1876年5月）各运交一半，粮银在粮食运到古城后两三个月内交清。[2]342

这批粮食后来如期运到，粮价、运费折合每百斤7两——虽比当时古城每石6两、每百斤2两的粮价略高，但和从关内运来相比，还是便宜不少，而且有效缓解了古城一带产粮不多的困难。山诺尔一带粮食每石其实只需3卢布（约1.7两），索思诺福斯齐却以每石30卢布的价格卖给中国。[2]343此后，俄方曾以山诺尔地方粮价陡涨、驼只不多为由想抬高运价，但左宗棠没有答应。他对乌鲁木齐都统金顺说，"不必定须俄接济"[1]书信三5，自己设法转运。光绪二年正月，左宗棠回信索思诺福斯齐，"如实不能多办，尽可少办"[1]书信三6。六月，左宗棠在给俄方的回信中，更明确指出，"一交秋节，我处自可就近采运，以供军食，贵国粮运可停罢矣！"[1]书信三58

西征的同时，左宗棠重视屯田工作，"臣之度陇也，首以屯田为务"[1]奏稿六589。同治十年进攻金积堡之际，左宗棠曾令防守部队就地屯田。当时驻守巩昌（今甘肃定西市）的163名士兵，只屯田270余亩。左宗棠怀疑士兵多为烟癖疲弱、游手好闲之辈，札饬认真整顿。[1]札件281 据统计，截至同治八年二月，陕西屯田四万亩；截至同治十二三年，甘肃屯田一百多万亩。[3]261 至为进兵新疆作准备时，屯田的工作主要由驻扎在哈密的张曜部队进行。为了支持张曜屯田，左宗棠专门拨付运脚银五万两、购买毡条等费用九万一千两。至光绪元年六月二十八日上折之时，"据报垦荒地一万九千余亩，可获粮数千石"[1]奏稿六267。光绪二年，又收获粮食五千一百六十石，可供应张曜部四五个月的军粮。

此外，左宗棠还每月拨银三千两，委任甘肃候补同知丁鹗收招饥兵1300余名，在巴里坤一带屯田。按照左宗棠的设想，将来还在巴里坤西北、古城以西推广屯田。光绪二年正月，左宗棠又奏报朝廷，将哈密办事大臣文麟裁撤的兵士、夫役等分为十屯，开展屯田。[1]奏稿六348

3 整顿兵马

广筹军粮之外，重要的工作还有整顿兵马。"兵事宜早为整理"，左宗棠认为，新疆兵事稽延至今未睹成效，主要在于"冗食多而战士少"。他痛陈新疆此前兵屯一体体制的弊端，批评各都统、大臣眼中只有屯粮获利而不计兵事利钝成败，直言新疆驻军员额严重不足，统兵将领就近招土著民兵入营，给他们土地耕种，"谓之且耕且战……即兵即农"。名义虽好，但一旦上了战场，则没有战斗力，反而导致"一无所就。是且战之兵不能战，且耕之兵不暇耕也"。为此，左宗棠提出"兹宜画兵、农为二"，将精壮有胆之兵，严加训练，如同内地军营一样付给薪粮；不愿打仗的老弱之兵，则由官府酌给籽种、农具、耕牛等，让其耕垦。所获粮食，除自给外，由官军照时价购买。[1]奏稿六268—269

4 选调刘锦棠当前敌总指挥

六月二十八日，左宗棠还奏请正在湖南老家侍奉母亲的刘典以三品京卿候补再次帮办陕甘军务；并函催因"修墓告假回籍"[1]奏稿六274 的陈湜速从湖南返甘。得知浙江巡抚杨昌濬因病请假一个月，左宗棠还于九月上折说"如杨昌濬能去浙度陇，则臣更可资其臂助，微臣之幸，亦西事之幸也"[1]奏稿六318。只是朝廷觉得杨氏为封疆大吏一时难有位置安排，此事才暂时罢议。不过，光绪四年，因杨乃武小白菜一案而去职的杨昌濬，还是被左宗棠奏请帮办新疆军务。

左宗棠调刘典前来，是因为自己即将移驻肃州、调度新疆军务——刘典来之后可坐镇兰州，为其管理后方。考虑到肃州距新疆哈密尚有五六百公里，左宗棠还需要选定负责前线指挥的将领。这个将领，他选择了自己最看重的刘锦棠。光绪元年八月二十五日（1875年9月24日），左宗棠奏报朝廷，说自己"年衰病久，深虞精力未足副其志"，已令刘锦棠率老湘全军西征，并委任刘锦棠总理行营事务。这也就意味着刘锦棠将负责前敌指挥。在奏折中，左宗棠极力向朝廷推荐刘锦棠，不吝赞美之辞："英锐果敏，才气无双，近察其志虑忠纯，尤堪重任。"[1]奏稿六307

刘锦棠（1844—1894），字毅斋，湖南湘乡人，道光二十四年五月初一日（1844年6月16日）出生，先辈世代务农。太平天国运动爆发后，其父刘厚荣、其叔刘松山投身湘军王鑫部。咸丰四年，刘厚荣在岳州与太平军作战中阵亡。时年9岁的刘锦棠，因家境贫寒，只能与祖母陈氏相依为命。少年时期的刘锦棠，"好言兵，然不肯竟读孙吴诸书"[4]59。正是这种不拘成规的性格，使他在日后的军事生涯中，形成了自己独特的灵活多变的作战风格。为了谋生，也为了复仇，在15岁那年来到江西，投叔父刘松山所部，开始自己的军旅生涯，并逐渐得到刘松山、曾国藩的赏识。同治五年起跟随老湘营剿捻并划归左宗棠调遣，同治八年经左宗棠奏保被赏加布政使衔、赐巴图鲁称号。

同治九年正月，老湘营统领刘松山在金积堡战役中，中弹身亡。老湘营因主将阵亡，诸将恃功自傲，"事权不一，军中为之夺气"[4]60。回民军趁机切断湘军粮道，展开猛烈反击。在此紧要关头，刘锦棠沉着镇定，毅然以总理湘军营务的身份，威服诸将，出掌老湘营大权，迅速摆脱了被动挨打的局面。左宗棠对此非常欣赏，奏请由刘锦棠接统老湘营，并赏加三品卿衔，以资震慑。此后，刘锦棠因克复金积堡、收复西宁等战功，被赏穿黄马褂、出任署西宁兵备道。

出征新疆前夕，当左宗棠询问出关作战需要多少人马时，刘锦棠豪迈地回答道："胜兵万人，足以横行，不在多也。"[4]66 光绪元年夏天，左宗棠在兰州召开分统以上将领参加的军事会议，商讨作战计划。会上，刘锦棠"自定出关马步二十余营，以缓行速战为义"[1]书信二489。左宗棠则对刘锦棠充分放权，多次强调不为遥制，由其相机处置。[1]札件392,401

光绪二年（1876）正月，刘锦棠率老湘营各部陆续从凉州向肃州集结。在肃州，刘锦棠对所部进行精简，整编为马步25营（步队17营，马队8营），并"勤加演习，以期精而又精，克收寡可敌众实效"[1]奏稿六297。左宗棠三月抵达肃州后两人再次进行磋商，确定"先迟后速为稳者"的进兵策略。四月初三日（4月26日），刘锦棠亲提大军从肃州起程，踏上西征的漫漫征途，也翻开了他人生中最辉煌、最荣耀的一页。

5 筹饷、筹枪械、练兵

按照左宗棠的统计，西征将士马步130余营，每年需实饷600余万两，加上出关粮运、军需每年需银二百数十万两，"通计一年出款共需实银八百数十万两"[1]奏稿六340。

清廷让各省关给陕甘的协饷，本来总数也不少——包括西征军军饷在内，有820余万两。这其中，除去给陕西的协饷等96万两外，归左宗棠支配的，每年实为700余万两。如果这些协饷能够及时拨运，西征军饷应该还能勉强对付。但从同治七年左宗棠用兵陕甘开始，各省每年实际送来的协饷只有500多万两。截至光绪元年十月，"增欠至二千七百四十余万两"[1]奏稿六342。

为了弥补协饷不足的亏空，从同治十三年开始，左宗棠就通过胡雪岩借洋款。同治十三年所借的洋款300万两，是在左宗棠受命督办新疆军务之前。光绪元年十二月，左宗棠奏请借洋款1000万两作为西征军饷。他本想让沈葆桢按照头一年借款办理台湾防务的方式为其商借。但出乎意料的是，此时已升任两江总督的沈葆桢反对左宗棠借洋款。沈葆桢认为，借用洋款，耗息甚多，海关、部库负担过重，因此提出西征军饷一是由各省关移缓就急，并江苏竭力筹措；二可将湖北、湖南协济海防的银两移解西征粮台济用；三是可以向国内借债。最后，经过左宗棠的争取，光绪二年三月初一日（1876年3月26日），清廷同意左宗棠借洋款500万两，并动用库存银等为左宗棠凑足1000万两。

围绕大军出关的后勤保障工作也在紧锣密鼓进行中：左宗棠在上海设立采办转运局，由胡雪岩主持，负责购运枪炮、弹药，筹借外债，收集情报；在汉口设立后路粮台，转运上海采购的军需物资；还在西安设立一个总粮台和一个军需局。同治九年，左宗棠在西北最先创办的洋务企业——西安机器局开工生产，制造枪械弹药。一个外国人在同治十一年（1872）参观后说："局里在制造大量的新式枪炮所需要的子弹和火药。制造的工人是宁波人，都曾在上海与金陵两制造局受到训练。"[2]423

同治十二年（1873）初，设在兰州的兵工厂——甘肃制造局正式投产，除改造中国旧式火器外，还仿制普鲁士螺丝大炮以及洋枪等。光绪元年，左宗棠曾对胡雪岩说，"布国①后膛进子螺丝大炮，精妙无比……此间设立制造局，延粤匠学造，已成大小二十余尊。与布炮大致无殊。弟又仿其意造二百余斤重炮，用车轮架放，亦殊合用"。除此之外，还仿造后膛七响洋枪，"洋枪惟后膛七响一种最为利器，局造已成数十杆，亦能及之。近拆造各种器具已成，更能多造好枪。……又取广东无壳抬枪，改照洋枪式……较洋枪有准，而更可致远"[1]书信二491-492。也是这年，俄使索思诺福斯齐来华，左宗棠留其在兰州住了一个月。当索思诺福斯齐看到制造局仿制的法、德枪炮，"其精者与布相同，而臆造之大洋枪及小车轮炮、三脚劈山，盖又彼中所无"时，不禁"叹服同声"[1]书信二484。

生产的大炮较多，以致炮手一时不敷分配。光绪元年，左宗棠写

---

① 布国，指布鲁士、普鲁士，即今德国。

信给胡雪岩，告知"来福枪尚存万数千枝"暂时不用买的同时，请胡雪岩帮忙招募一百二三十名炮手前来，"一等三四十人，次等八九十人，带布炮前来（大小以二十尊为度，每尊须子二千，出药宜多为预备）"[1]书信二492。这也表明，此时的左宗棠，已经储备了相当数量的枪炮，所以炮手不够用了。

部队出关之前，左宗棠尽可能地给他们配备了比较先进的武器：金顺出关时，配备开花大炮（即炸炮，为前装野战炮）一门，并派懂技术的总兵邓增（字锦亭，广东新会人）带领炮手随同；张曜出关时，配给连架劈山炮 10 门（劈山炮是一种旧式火绳引爆的迫击炮，后经甘肃制造局改制，用合膛开花弹，炮架改为鸡脚式，原需 13 人施放，改造后只需 5 人），德国造后膛来复线大炮一门，七响后膛枪（为新式连发枪，西方于 19 世纪 70 年代始发明）10 杆；桂锡桢马队出关时，配给德国后膛开花大炮一门。西征主力刘锦棠部装备最优，除原有枪炮外，出关时配给包括新式大炮在内的各种火炮十多门，各种枪支 1000 余杆。与此同时，左宗棠还建立了一支专业化炮兵——侯名贵（字桂舲，湖南长沙人）炮队。这支炮队于光绪二年八月初四日（1876 年 9 月 21 日）出关，二十五日抵哈密，"计后膛炮十二具，弁勇百有十六人"[5]。各西征军的武器，除已配备外，还有较为充足的储存。所以，后任新疆巡抚的陶模说收复新疆之役，"虽刀矛并用，得力于枪炮者居多"[6]9。此外，左宗棠还奏请清政府，对出关各营"所需添买骡驼、马匹、皮棉衣裤、锣鼓、皮碗、口袋等物，应预备棚帐、旗帜、号褂，应更换军械、火器、火药，应增筹军行粮饷、军需各项，转运、采制、津贴各项，均应宽为筹备"[1]奏稿六297。至于指挥作战的仪器设备，左宗棠也尽量采购，如前线指挥官就使用了双筒望远镜。对于这样一支西征军，英国人包罗杰（1853—1928）评论说，这支中国军队"完全不同于所有以前在中亚的中国军队，它基本上近似一个欧洲强国的军队"[7]223。

此类制造、购买枪械的工作，直到光绪六年（1880）还在继续。这一年，胡雪岩来信告知左宗棠，又买了"利名登后膛枪五千杆、七子后膛来福枪七千五百杆，克鹿卜（克房伯）后膛炮二十四尊，共价银二十余万两"。左宗棠得知后，回信让胡雪岩派人陆续运到甘肃。而其余的3500杆七子枪、24尊克鹿卜炮，左宗棠则赶紧嘱咐胡雪岩暂停购买，因为"存储甚多"。[1]书信三583—584

这些先进的枪械，在平定陕甘、收复新疆中起到了重要作用。光绪四年，新疆大部已收复，左宗棠在为胡雪岩奏请黄马褂时，曾告诉朝廷：胡雪岩所购买的后膛螺丝开花大炮等，在收复金积堡、西宁、达坂城的战斗中厥功至伟，"布鲁斯后膛螺丝开花大炮，用攻金积堡贼巢，下坚堡数百座；攻西宁之小峡口，当者辟易；上年用以攻达坂城，测准连轰，安夷震惧无措，贼畏之如神，官军亦羡为利器，争欲得之。……各营军迅利无前，关陇、新疆速定，虽曰兵精，亦由器利，则胡光墉之功，实有不可没者"[1]奏稿七93。此外，像兰州制造局所生产的枪炮，在攻打肃州，在攻占新疆古牧地、达坂城，在进取喀什噶尔、规复伊犁时，都派上了用场。

从光绪元年四月到光绪二年二月，当左宗棠在为进兵新疆做准备之时，西征部队在做些什么呢？

乌鲁木齐都统金顺的部队已于光绪元年三月间行抵古城，驻扎在济木萨。古城已经接近乌鲁木齐，考虑此地"近接南山，贼匪最易出没，已派马步各队驻扎"[1]奏稿六208。

进入六月，由于缺粮，金顺部和张曜部分别暂驻古城、哈密，"金顺进驻古城，张曜进屯哈密，迟回不前"[1]奏稿六269。此时在古城的金顺部队，主要是原乌鲁木齐都统景廉的旧部，经裁撤后为20营；金顺原来的20营，因为驮运不继，还在安西、肃州一带驻扎，难以西进。[1]奏稿六339

清廷对于出兵新疆催促甚急：先后于光绪元年正月、九月、十一月多次下旨，要求景廉、金顺等速将乌鲁木齐收复，并要求左宗棠尽早谋划，督促部队出关西进。[1]奏稿六144,308 十二月十四日（1876年1月10日），左宗棠告诉朝廷，准备出关的各营，包括刘锦棠的部队，已在凉州集结训练，准备明年春天转暖后开拔，"现在出关各营均已齐集凉州，日加训练，拟于明正拔队先行"[1]奏稿六344。至于他自己，等刘典到兰州，交代好留防善后诸事务后，也将启程前往肃州。

光绪元年十一月二十日（1875年12月17日）刘典从湖南出发，第二年二月初八日（1876年3月3日）抵兰州。二月二十一日（3月16日），左宗棠率亲兵离开兰州前往肃州。此前，西征部队24营，"已于正月二十八、二月初二、初八、十五等日陆续由凉州拔行，令至肃州取齐，分起次第继进"[1]奏稿六388。三月十三日（4月7日），左宗棠抵达肃州。与左宗棠商定进兵机宜后，刘锦棠派部将谭上连、谭拔萃、余虎恩等先行开拔，自己则于四月初三日（4月26日）亲提大军从肃州起程，踏上收复新疆之路。临行前，左宗棠再度叮嘱各军抵达古城之后不可浪战，并当面授权总理行营营务处、西宁道刘锦棠负责"前路进止机宜……相机办理，不为遥制"[1]奏稿六388。同时令徐占彪率马步4营驻扎肃州，令张曜马步12营驻扎哈密，宋庆所留的800人扼要驻守，"以防吐鲁番东犯之贼"。

到光绪二年四月，按左宗棠的估计，从俄国购买的粮食运到古城的，可达480余万斤，足供金顺全军马步之需。后进的出关部队，除随队运输、军士自行裹带之外，则由哈密、巴里坤供应。截至四月，巴里坤存粮可达600余万斤；从安西、哈密运至古城的粮食，可达400多万斤。此外，还有上千万斤粮食等待运至古城。总之，经过多方努力，到光绪二年军事行动即将开始时，在安西、哈密、巴里坤、古城等前沿地区已集中了约2480万斤军粮。[8]127

至此，左宗棠历时将近一年为进兵新疆所做的准备工作成效初现。经过左宗棠的不懈努力，征防各军"彼此互相勖勉……和辑如常，士气甚奋"[1]奏稿六389。沉寂多年的祖国西陲，兵马嘶啸，风烈寒枪，壮志横天。

【注释】

［1］左宗棠. 左宗棠全集［M］. 长沙：岳麓书社，2009.

［2］沈传经，刘泱泱. 左宗棠传论［M］. 成都：四川大学出版社，2002.

［3］秦翰才. 左宗棠全传［M］. 北京：中华书局，2016.

［4］何维朴. 刘襄勤史传稿［M］//新疆历史研究论文选编：清代卷下. 乌鲁木齐：新疆人民出版社，2008.

[5] 侯名贵. 陟屺清吟录［M］. 刻本. 1890（光绪十六年）.
[6] 袁大化, 王树楠, 等. 新疆图志：第103卷［M］. 东方学会, 1923.
[7] 包罗杰. 阿古柏伯克传［M］. 北京：商务印书馆, 1976.
[8] 杨东梁. 左宗棠［M］. 北京：人民文学出版社, 2015.

第十八章　缓进急战

光绪元年三月清廷下旨，任命陕甘总督左宗棠为钦差大臣、督办新疆军务。光绪二年三月，左宗棠移驻肃州（今酒泉）。光绪三年十二月，清军收复了除伊犁以外的新疆全境。光绪六年，因俄国增兵伊犁、派兵舰出海威胁中国，七月，清廷让左宗棠入都以备顾问。从光绪元年三月到光绪六年七月，左宗棠督办新疆军务的时间，大约五年半。

光绪元年七月初九日（1875年8月9日），经左宗棠奏请，清廷降旨刘典以三品京堂候补帮办陕甘军务。此后，经一再催促，刘典于十一月二十日由湖南起程，于光绪二年二月初八日抵达兰州。二月二十一日，办理完交接事宜后，左宗棠离开兰州前往肃州。

左宗棠离省城前，奏请为刘典刊刻木质关防，并和刘典商定分工范围：按规定，武职官员中，千总、把总各缺，由提督拣选后送总督考核；守备以上的武职，则由总督酌定。由于肃州和兰州相距七八百公里，因此两人商定，"所有武职委署、请补及拔补弁缺"[1]奏稿六396，由留守兰州的刘典就近办理；其他如本应由总督按月具奏的雨雪粮价情形等例行事务，以及关内粮饷、军务等，也由刘典负责。

1　提出平定新疆的策略

三月十三日，左宗棠抵达肃州，正式开始用兵新疆。

现在，让我们先来了解一下左宗棠进兵新疆面临的对手情形。

二月二十一日离开兰州当天，左宗棠上了《新疆贼势大概片》，对自己进兵新疆的对手作了简单的分析：新疆北部、乌鲁木齐以当地土回居多；从陕西逃脱的白彦虎所带陕回以及甘肃、青海跟随的回民，也盘踞在乌鲁木齐附近，包括红庙子（今乌鲁木齐市沙依巴克区）、古牧地（今新疆米东区古牧地镇）、玛纳斯（今乌鲁木齐西玛纳斯县）等处；新疆南部，被阿古柏的势力所占领。这三股势力加起来，不下十数万人。此外，新疆西部的伊犁地区，则为俄国所窃据。

对于阿古柏，左宗棠颇为重视，他对朝廷说，"帕夏①能以诈力制其众，又从印度多购西洋枪炮，势益猖獗，陕甘窜踞之逆及本地土回均倚之为重"。左宗棠还说，浩罕国的军队不用西洋枪炮，而安集延则多洋枪队，因此战斗力大增，就是消灭了浩罕国的俄国也"颇言其狡悍异于诸贼"。[1]奏稿六389,390

在这份奏折中，左宗棠提出了先北后南的新疆用兵方略，"官军出塞，自宜先剿北路乌鲁木齐各处之贼，而后加兵南路。……是致力于北而收功于南也"[1]奏稿六390。这也是分析新疆历史、地理以及北高南低的地势等之后所作出的正确决策。左宗棠始终认为，"自古用兵西北，从北路出兵，无由南路者"[1]奏稿六444。至于具体的进兵策略，则是先迟后速，"臣与刘锦棠熟商进兵机宜，以先迟后速为稳者"[1]奏稿六424。

经历海防与塞防的大讨论，左宗棠自然知道，此番用兵新疆西征，虽然清廷决心已定，但仍存各种意见：有担心白彦虎势力西去与俄国勾结的；有觉得新疆用兵可以速战速决以节约兵饷的；有觉得新疆难得易失，应早日撤兵节饷的。乐毅攻即墨、莒县三年未下而为燕昭王所疑。左宗棠熟读古籍，对这一典故不会不知。马上就要开战，而战事一开始，军粮、军饷、军火等就必须源源不断提供，这自然需要朝廷的大力支持。因此，在《新疆贼势大概片》中，左宗棠再度驳

---

① 帕夏为Pasha的音译，伊斯兰教国家高级官吏称谓。又译"伯克""巴夏""帕沙"，此处指代阿古柏。下文所说的浩罕国，当年曾派阿古柏来新疆；而安集延，古称安都康，乌兹别克斯坦城市，位于今乌兹别克斯坦费尔干纳盆地东南部，很早就成为中亚著名的贸易集散地。19世纪到20世纪初，新疆人将来自中亚的商人统称为"安集延人"，左宗棠在此是指阿古柏的部队。

斥了只顾海防而不顾塞防的片面看法，并且告诉朝廷，自己蒙"两朝殊恩"，所得高位显爵已是"生平梦想所不到"，但之所以在年已六十有五的时候，"妄引边荒艰巨为己任"，并非是为了"立功边域，觊望恩施"，而是因为不收复乌鲁木齐等地，国家的边疆安全将受到重大威胁，"乌鲁木齐各城不克，无总要之处可以安兵……若此时即便置之不问，似后患环生，不免日蹙百里之虑"。[1]奏稿六390,391

左宗棠的动情陈述，深深打动了朝廷。清廷于三月初一日（3月26日）下旨，盛赞左宗棠"公忠体国，力任其艰"，认为"所陈新疆贼势、军情，了如指掌"。而且，同意左宗棠借用洋款和饬催协饷的奏请，准许借款500万两，要求各省关提前拨解300万两，并破例从户部库存四成洋税项下拨银200万两，凑成1000万两，作为左宗棠出兵新疆的军费。[1]奏稿六395

2 出师不利

尽管此前做了一年多的准备，但进兵新疆，清军依然面临不少难题：首先是水源缺乏影响进兵速度，四月初开始，刘锦棠率前线各军开往安西。由安西至哈密，师行戈壁，水源缺乏，"虽多方疏浚，不能供千人百骑一日之需"[1]奏稿六423，如此，部队只能分拨前行。其次，刚刚抵达肃州，左宗棠就接到驻扎在济木萨（今吉木萨尔县）的金顺急需军粮360万斤的告急文书，只好分别从巴里坤和哈密为其调运，并将从俄国购买、原存于古城的粮食也拨给金顺。这些粮食，本是留给刘锦棠所率的25营兵马的。如此一来，刘锦棠军只好暂时驻扎古城，等待粮草运到。

为了赶运粮食，左宗棠发动此前所雇的万只商驼从安西、哈密往古城运粮，又安排官、民、商三类车辆，以节节转运方式，从肃州装粮料运古城。可以想象，当时，从肃州到古城的西北千里戈壁上，络绎不绝的驼队、车队，此起彼伏的驼铃声、吆喝声，车轮压在路面上的吱呀声，汇在一起，是何等壮观的场面！

水源、粮草等后勤保障问题之外，清军当时还遭遇了进兵失利的严峻局面。光绪二年正月二十七日（1876年2月21日），统领吉江马队的凉州副都统额尔庆额、督带定营马队总兵冯桂增,和振武营统领参将徐学功商定进攻玛纳斯城(位于乌鲁木齐市西北,今昌吉回族自治州玛纳斯县)。正月二十九日抵玛纳斯城时已是凌晨,额、冯两军又是马队,在徐学功步队尚未抵达的情况下,他们将骑兵改为步兵从西、北两面攻城,毙贼300余名。未料天亮之后反被包围,最后冯桂增受伤被俘(后来被杀),清军阵亡200多人。此事虽发生在左宗棠抵达肃州之前,但引起了左宗棠的重视,指出"袭攻坚城,本难得手,而马队黑夜扑城,尤为希见之事",批评额尔庆额、冯桂增"久历行间,不应冒昧至此。此(次)致挫之由,实因轻进贪功,咎由自取"[1]奏稿六425。

左宗棠原本预计,"战事当在五月闰月之际"[1]奏稿六424全面打响,但由于缺水、缺粮,调兵遣将有所迟缓,直到六月底,刘锦棠才开始发动进攻。

3 三天连下四城

清军进兵新疆,是从东往西推进。攻打乌鲁木齐之前,为防止乌鲁木齐的回军逸出——刘锦棠、金顺进驻乌鲁木齐东北的阜康,总兵孔才部布防乌鲁木齐西北玛纳斯一带。再往北,由乌鲁木齐领队大臣锡纶会同徐学功部防守。正在此时,乌里雅苏台将军额勒和布等奏请加强北部防守,防止白彦虎部队从乌鲁木齐逸出窜至乌里雅苏台、科布多(今新疆北部和蒙古国科布多一带的广阔地区)。清廷于是要求左宗棠派兵加强对塔城、阿勒泰一带的防守。此时身边只有亲兵一营、马队二百骑的左宗棠,已难以再派出兵马。为此,他一方面让锡纶在乌鲁木齐北部加强防守,一方面请朝廷下令额勒和布等就现有兵力妥筹防剿。他判断,白彦虎的部队即使逃出乌鲁木齐,也会南窜与阿古柏会合,而不会北逃,"陕甘逆回被白彦虎迫胁出关者非尽属其死党,不过因频年未经重创,相与安之。白逆等复劫其各弃眷属,北窜遐荒,似非陕甘各回所愿"[1]奏稿六444。

应该说,左宗棠这一招是一步险棋:乌里雅苏台、科布多幅员辽阔,防军兵力单薄,一旦白彦虎等真的窜往此地,则再难聚歼。

第十八章 缓进急战

位于古牧地的辑怀城（今乌鲁木齐市米东区）为乌鲁木齐北面门户。当时盘踞在古牧地、乌鲁木齐和玛纳斯一带的，除妥明的伊斯兰政权外，还有投靠阿古柏的白彦虎和马人得等势力。他们一面将精锐部队部署在古牧地一带，一面派人向阿古柏求援。

按照刘锦棠和金顺的计划，部队先在阜康县城扎好营盘，再出队攻打古牧地。六月初八日（7月28日），刘锦棠、金顺进驻阜康：金顺驻军县城，刘锦棠则驻扎在城东的九营街。就在此时，白彦虎从红庙子（今乌鲁木齐沙依巴克区）移踞离阜康以西90里的古牧地，阿古柏也从南疆派兵前来支援，并亲率一万多人为后援。针对这种情况，刘锦棠认为"贼中正收获麦豆，有粮可因，虽后队尚未到齐，然师期不宜再缓"[2]总266，决定马上发动进攻。

从阜康通往古牧地的大道上，浓林蔽日，野潦纵横。城西20里处的西树儿头子，尚有废渠可以把城西的积水引来供部队和牲畜饮用。再往西，50里之内尽是戈壁，没有水泉，只有途中的甘泉堡（今乌鲁木齐米东区）有一眼枯井，但开掘后只能供百十人一天的食用，根本无法在此扎营。也正因如此，白彦虎放开大道不守，选择在水源地黄田（今乌鲁木齐米东区古牧地镇黄田）筑卡竖寨，严防清军。

刘锦棠将计就计，于六月十九日（8月8日）将马步各营调集于距离阜康县城西部10里处，开挖废旧渠道，把水引到西树儿头子，就地修筑营垒。二十日，又派部分士兵在甘泉堡列队训练，佯掘枯井，摆出将由大道跨越戈壁进攻古牧地的态势，以麻痹守敌。六月二十一日（8月10日）三更，刘锦棠亲提大军，与金顺会合，抄小道奇袭黄田。黎明时分，在占领了黄田一带的有利地势——山岗之后，向白彦虎守敌发起猛烈的进攻。清军奋勇杀敌，白彦虎军大败，丢弃卡栅、辎重，狼狈逃窜。刘锦棠率兵追抵古牧地，守军或入古牧地城固守，或向红庙子逃窜。六月二十三日（8月12日），刘锦棠与金顺开始攻打古牧地外围，最终以阵亡29人毙敌五六百名的战绩，扫清外围。

六月二十七日（8月16日），清军开始进攻古牧地，经过两天的激战，以阵亡158人、伤455人的代价，收复古牧地城，"击毙、杀毙悍贼不止五六千人，生擒二百十五人，拔出难民妇女、幼孩甚众，夺获贼马二百余匹，枪炮、旗帜、刀矛无数。……首要各逆擒斩净尽"[1]奏稿六469—470，守将马十娃、王治、金中万均被击毙，白彦虎因未入城而侥幸逃脱。

入城之后，刘锦棠军拾获了一封乌鲁木齐守将马人得给古牧地城守将王治、金中万的信。信中说："乌城精壮已悉数遣来，现在三城防守乏人，南疆之兵不能速至，尔等可守则守，否则退回乌城，并力固守亦可。"[2]总278 刘锦棠因此断定乌鲁木齐城内空虚，便立即亲督部队于二十九日（18日）黎明进发乌鲁木齐，金顺部队随后跟进。刚到乌鲁木齐城北，就看到"窜贼千余已出城里许，向南奔逸"。刘锦棠一面派兵追杀，一面率兵分队进入乌鲁木齐。当日，刘锦棠、金顺部在没有遭到任何抵抗的情况下，连克乌鲁木齐、迪化、巩宁三城。而白彦虎，果真如左宗棠所料，带着五六百人南窜，投奔阿古柏，而没有北窜乌里雅苏台、科布多。

从六月二十七日到六月二十九日三天，清军接连收复古牧地和乌鲁木齐、迪化、巩宁四座城池。此举具有十分重要的意义——毕竟，自同治三年（1864）起，乌鲁木齐各城先后为妥明、阿古柏等所占据，清廷在将近13年的时间里再没能实施有效管辖，"乌垣各城遂沦为异域矣"[1]奏稿六472。

此番左宗棠进兵之所以能够如此迅速就取得成功，首先归功于进兵前就军粮、后路、军需、调兵遣将等所做的细致准备，诚如清廷谕旨所说的"左宗棠规画调度，洞中机宜"[1]奏稿六459；其次是刘锦棠临敌指挥得当，像抢在敌军援兵到来之前进攻古牧地、获知乌鲁木齐防守空虚之后立即亲督部队前进，抓住有利战机，被左宗棠赞为"忠勇罕俦，机神敏速，有谋能断，履险如夷，实一时杰出之才"[1]奏稿六473；再者，清军先进的军械也发挥了重要的作用：在左宗棠战绩奏报中，无论是进攻黄田还是古牧地，经常看到部队用开花炮轰塌城墙，得以迅速入城的记载，如"二十七日，刘锦棠以古牧地关垒既克，辑怀城锁围已合，各营攻具已备，饬发开花炮轰倒东、北两面城垛各一二丈,面商金顺,并饬所部各营分路急攻。二十八日寅刻,复轰坍城东南墙垛"[1]奏稿六457。很快,清军破城而入。

古牧地战役还在进行之时,阿古柏曾派头目阿托爱率兵前来救援;当刘锦棠和金顺的部队进兵乌鲁木齐时,阿古柏又派来援兵马队四五千人。行进到距乌鲁木齐180里的达坂城时,得知乌城丢失后,阿古柏军队主动撤退。

乌鲁木齐、迪化州各城收复后,白彦虎余部、昌吉和呼图壁各城客土回民军、玛纳斯北城余小虎部、玛纳斯南城土回头目黑宝财部纷纷南窜。至此,新疆北部仅剩玛纳斯一城为妥明的势力所占。

玛纳斯分北城和南城,按计划本由金顺所部攻取。六月二十九日,金顺部首先攻下北城,但在进攻南城时遭遇顽强抵抗。玛纳斯南城小而坚,妥明在此经营多年,死后即下葬于此城。七月二十日(9月7日)开始攻城,官兵损折过千人,始终没有拿下。最后刘锦棠派来11营援兵,加上伊犁将军荣全的部队助力,终于在九月二十一日(11月6日)攻下玛纳斯南城。

4 缓攻吐鲁番

六月底收复乌鲁木齐等地之后,左宗棠立即部署新疆南路进兵事宜。九月十七日(11月2日),他向清廷分析了新疆南路的形势:南路自乾隆二十四年(1759)平定后,建了喀什噶尔、英吉沙尔、叶尔羌、和阗、阿克苏、乌什、库车、喀喇沙尔这8座城池,统称南八城,以吐鲁番为门户。此时,经刘锦棠部多次搜剿,白彦虎、余小虎等势力被迫放弃位于乌鲁木齐东南的达坂城,逃往阿古柏所在的托克逊,达坂城则由阿古柏当初派去救援乌鲁木齐的骑兵5000人据守,"察度南路贼势,守吐鲁番者拒哈密官军,守达坂者拒乌垣官军,皆所以护托克逊坚巢也。而达坂、托克逊,尤悍贼麇聚之区,贼骑皆多至数千,守御甚固"[1]奏稿六507。

为此,左宗棠调原本驻守哈密的广东提督张曜部马步15营取道七克腾木攻取辟展(今吐鲁番市鄯善县辟展镇),又派提督徐占彪蜀军马步5营由木垒河搜山前进,会攻吐鲁番。按照左宗棠的计划,张曜、徐占彪两军攻占吐鲁番之后，再趋西北，与刘锦棠部队合攻达坂城。

由于玛纳斯南城久攻不下，金顺向刘锦棠求援，刘锦棠只好派兵11营前往助攻。九月二十一日清军攻克玛纳斯南城时，新疆已进入冬季，大雪封山，难以行军，"戎机遂滞"[1]奏稿六537。加上刘锦棠赴南路搜剿逸贼时身受瘴气，得重病一度致人事不省，此时尚未复元；部队转战多地又抢割秋粮非常劳乏、多染疫气。因此尽管清廷在十一月初十日的谕旨中催促"左宗棠督饬诸军，乘此声威，迅速规取吐鲁番等城，以收扫穴擒渠之效"[1]奏稿六524，但用兵谨慎的左宗棠在没有收到此谕旨之前的十一月十一日（12月26日），就已通知刘锦棠明年春天再进兵，"臣函致刘锦棠酌定师期，以明岁春融为妥"[1]奏稿六537。幸运的是，清廷同意了左宗棠所请。

从七月到十一月，在金顺、刘锦棠攻打玛纳斯南城的同时，左宗棠主要做了这几件事情。

首先是要求刘锦棠和金顺的部队搜捕新疆北部如古城、济木萨以西三台、滋泥泉、阜康等地的回民军余部，保障部队南下时后路的安全；其次为刘锦棠、张曜、徐占彪的部队筹备粮食。考虑新疆南路当年因蝗灾而歉收，左宗棠派人从古城买粮3万石，备运乌鲁木齐，供刘锦棠部；从巴里坤采新粮7000石，加上归化、包头、宁夏已买的旧粮，共两万余石，供徐占彪一军及各路防营；从肃州、玉门、敦煌一带采买新粮2万石，供张曜一军。[1]奏稿六508令左宗棠高兴的是，他所推行的屯垦终于见到了成效，光绪元年开始在古城、巴里坤实行的屯垦，招来商农云集，加上风调雨顺，秋粮喜获丰收；官军收复乌鲁木齐等地，也缴获了回民军在这些地方所种的粮食。如此一来，不再需要从口外买粮了。于是，左宗棠于九月十七日（11月2日）奏请停止在归化、包头、宁夏买粮，待将已购的粮食全部运至巴里坤之后，撤销此三局。[1]奏稿六512—513古城、巴里坤屯田产粮以供部队，不仅为清廷节约了大量运费，而且繁荣了当地经济，可谓一举多得。

军需之外的准备工作，还有调兵遣将。考虑到部队每攻克一处均须分兵防守，担心刘锦棠部队兵愈分愈单，左宗棠调派参将侯名贵的炮队、总兵桂锡桢马队一营、肃州镇总兵章洪胜等马队两营赴乌鲁木齐归刘锦棠调遣。此外,新疆南路地势宽阔,"由吐鲁番而西,历喀喇沙尔、库车、阿克苏、叶尔羌、英吉沙尔以抵喀什噶尔,计四十九台,为程四千一百余里,较之乌鲁木齐至伊犁一千三百余里,程途远逾三倍"[1]奏稿六509,加上阿克苏、叶尔羌均需要重兵扼守,"与其徘徊中道,始请济师"[1]奏稿六510,不如早做准备。九月间,左宗棠又奏调驻守包头的金运昌卓胜军开拔西来,同样归刘锦棠节制。

调兵的同时,还有裁汰冗兵的工作。玛纳斯南城收复后,在为攻打此城出力的金顺部请奖的同时,十一月十一日,左宗棠奏请将此时升任伊犁将军的金顺部队由40余营裁减为20营。左宗棠所以如此,一是考虑新疆北部军事已定,无须如此多的兵马;二是金顺部队有很大一部分是收编原乌鲁木齐都统景廉的人马,缺额太多;三是金顺部队每年应由各省协饷260余万两,但光绪二年只收到50多万两,以致左宗棠不得不从自己的西征军饷、军粮中勉强拨付救济——仅光绪二年三月至今,就拨粮560余万斤、脚价银60余万两,实在难以为继。

调兵,是为将来攻下南八城预留防军;裁员,是为将来进兵南疆清减"包袱"——难怪曾国藩当年评价左宗棠"平日用兵,取势甚远,审机甚微"。而更能体现左宗棠高瞻远瞩的,莫过于他在九月十七日(11月2日)所上的《筹画俄人交涉事务片》。

新疆地接俄国,两国人员往来不少,而管辖新疆事务的,既有将军,也有都统,还有办事大臣等。他们在与俄人打交道时,尺度、口径不一,极易引起纷争,"事关中外交涉,诚虑议论纷歧,无以示远人而昭画一"[1]奏稿六511。为此,左宗棠奏请朝廷统一事权,除朝廷已有定章的,各将军、都统、大臣可照常办理之外,其他涉俄事务,均应咨请他统一定夺,"此外遇俄人交涉新疆者,应咨臣定见主办,不必先与商议"。或许有人觉得左宗棠此举是为了揽权,但事关中外交涉,本就应该十分慎重,左宗棠不避嫌而奏请,更为难得。九月三十日(11月15日),清廷同意左宗棠所请,"新疆与俄境毗连,时有交涉事件,轻重缓急,自宜审慎以图,方免后患",明确"嗣后遇有与俄人交涉之事，着荣全①先行知照左宗棠酌度情形，由该大臣主持办理"[1]奏稿六512。

5 收复南八城

休整半年之后，随着春季的到来，天气转暖。光绪三年（1877）三月起，各军开始进兵新疆南路。三月初一日（4月14日），刘锦棠率部由乌鲁木齐出发，越天山南下，兵锋直指达坂城；与此同时，张曜、徐占彪分派部队向吐鲁番进发。

阿古柏方面，派自己的大管家及大小头目驻守达坂城，派次子海古拉驻守托克逊，派白彦虎、马人得守吐鲁番城，自己则退至喀喇沙尔（今新疆焉耆回族自治县）。

三月初六日（4月19日），张曜、徐占彪的部队开始进攻七克腾木，初八日拿下该处后立即进兵吐鲁番附近的辟展，"甫至城边，城贼望风西遁"[1]奏稿六582。初九日，清军收复辟展。

三月十二日（4月25日），张曜、徐占彪的部队开始攻打吐鲁番，城中守军弃城逃跑，清军紧追。至距吐鲁番十余里处，白彦虎部利用早先设置的卡寨列阵对抗。鏖战间，刘锦棠派来的援兵罗长祜所率5营兵马赶至。三路夹攻，"毙贼无算，败贼向西路狂奔"[1]奏稿六583。

与此同时，刘锦棠指挥部队夜间出发，"衔枚疾走"，于三月初三日（4月16日）五更将达坂城围住。达坂城附近有一片草泽，为了阻止清军，阿古柏部队将湖水引入泽中，形成一道淤地，"近城一派草湖，淤泥深及马腹，盖贼新引湖水图阻官军者"[1]奏稿六605。但这终究没有挡住清军，刘锦棠部将余虎恩等人率队涉过淤地，迅速占领了达坂城周围的有利地形，一夜之间，神不知鬼不觉地完成了对达坂城的包围。

天亮发现被围之后，达坂城守军并发开花大炮、擎洋枪还击。为诱敌出战，刘锦棠骑马绕城查看城壕，结果坐骑中弹。但刘锦棠毫无

---

① 荣全时为署伊犁将军。

惧色，换马后继续巡行。三月初五日（4月18日），宁夏镇总兵谭拔萃押解开花大炮来到前线，清军的攻击力量大为增强。当天，阿古柏的二儿子海古拉派马队1500人前来增援，被清军击退。达坂城守敌在援军断绝的情况下，准备突围南逃。刘锦棠从城中逃出的维吾尔族人那里得知这一消息后，即命各军"夜间列燧照耀，光如白昼"[1]奏稿六606，粉碎敌军夜晚突围的企图。初七日（20日），城东炮台建成后，清军3门大炮对城内进行连续轰击。炮弹击中城中敌军的弹药库，引发爆炸起火。火借风势，越烧越旺。城中守敌陷入一片慌乱之中。最后，清军以阵亡52人、伤116人的轻微代价，拿下达坂城，"炮毙、阵毙、焚毙之贼二千数百余名，生擒一千二百余名"[1]奏稿六606，大小头目无一人一骑漏网。

收复达坂城之后，对于被俘的南疆土尔扈特人和维吾尔族人，刘锦棠发给衣粮，让他们各回原部，等将来官军进兵时，作为内应或向导。这一做法，对瓦解敌军起到了重要的作用。这些人回到原籍后，海古拉担心俘虏被释放的消息会削弱己方的战斗力，便遵照阿古柏的命令，在喀喇沙尔处死了部分逃到那里的达坂城人。如此一来，南疆居民少了对阿古柏的好感，多了对清军的信赖。[3]74

在达坂城略作休整后，三月十一日（4月24日）夜，刘锦棠率部秘密起程。十二日，在白杨河分兵，由罗长祜率5营兵马驰援吐鲁番，自己亲自统率马步14营，从西南直捣托克逊。大军行至小草湖，刘锦棠从托克逊逃出的维吾尔族人口中得知：由于吐鲁番已被张曜、徐占彪部攻克，驻守托克逊的海古拉部"惊惧不已，急图逃窜"，留下两千多人防守后已于十二日出城仓皇西窜，而白彦虎正指挥部下抢掠人畜，焚烧村堡，准备裹胁当地居民一起西逃。居民们不堪忍受，"泣求大军速援"[1]奏稿六608。

与此同时，逃出托克逊的维吾尔族人还告诉刘锦棠：在达坂城被赦免死罪的回民头目回到托克逊后，都在宣扬清军优待回民的政策，"回众无复疑惧，俱延颈以待官军"。可见，刘锦棠优待俘虏政策已经产生了效果。获此消息后，刘锦棠下令部队疾进，行至距托克逊城10余里的地方，与敌军遭遇。双方在城郊展开激战。此役，清军毙敌

2000多人，招抚受降回民、托克逊当地回民以及被裹胁的吐鲁番、哈密、迪化、陕甘各处回民2万多人，自己只伤亡了92人。三月十三日（4月26日），清军收复托克逊。

从三月初一日到十三日，刘锦棠、张曜和徐占彪的部队接连收复达坂城、吐鲁番和托克逊。三次战役，擒斩万余人，受降以数万计，首领马人得就抚，阿古柏的大管家就擒。至此，阿古柏的主要力量基本被歼，完全实现了左宗棠的战略意图，新疆"南八城门户洞开"[1]秦稿六609。刘锦棠因此功，被授双眼花翎。按例，双眼花翎，非贝子、贝勒不能戴用。当年，曾国藩、曾国荃攻占金陵，左宗棠收复嘉应州、镇压太平军余部，方被授赏双眼花翎。刘锦棠以西宁道，"阶止监司，而受恩与督抚无异"，左宗棠因此评论说，"朝廷眷注之隆，为二百年所未有"[1]书信三203。

攻下托克逊，下一个目标应该就是阿古柏所在的喀喇沙尔。从托克逊到喀喇沙尔，路途800多里，由于"沿途产粮非多，仍须裹粮而行"[1]秦稿六610，需要从吐鲁番开始节节转运。此时正是青黄不接的三、四月份，吐鲁番尚难为大军供粮，且骆驼也处子之时。好在左宗棠早有准备，改派车驮从巴里坤、哈密往吐鲁番调粮，以保证前敌大军之需。鉴于火洲吐鲁番六、七月份"暑热至不可当，师人多病"[1]书信三203，无法继续作战，刘锦棠与左宗棠商议后，让部队在吐鲁番一带休整待命，等粮饷运到，八月秋凉时，再进兵南八城。

就在左宗棠为前线各部筹措军粮、准备秋令时节进兵南八城之际，刘锦棠、张曜等传来阿古柏已于四月中上旬服毒自杀的消息。① 原来，接连遭到清军毁灭性的打击、自觉回天无力的阿古柏，四月十

---

① 关于阿古柏之死，还有被毒死的说法。据包尔汉《论阿古柏政权》一文：阿古柏由喀喇沙尔退至库尔勒后，郁郁寡欢，喜怒无常，任和阗（今和田）阿奇木伯克（约等于现在的州长）的尼牙孜伯克，收买了阿古柏的仆人，乘阿古柏为自己的失败而愤慨的机会，在茶里下毒药害死了他，时间是光绪三年（1877）四月。见《新疆通史》编撰委员会编：《新疆历史研究论文选编：清代卷下》，新疆人民出版社，2008年，第40页。

七日（5月29日）已在库尔勒服毒自杀。[3]75

阿古柏自尽当天，次子海古拉（也称哈克·胡里伯克）从喀喇沙尔来到库尔勒，并陆续将他的军队集中到库尔勒。四月二十日（6月1日），海古拉宣布了阿古柏的死讯。二十五日（6日），他任命艾克木汗条勒为他的副手，主持库尔勒一带的防务，自己则以运送阿古柏尸体为名，准备回喀什噶尔与其兄伯克·胡里伯克争夺王位。令海古拉没有想到的是，就在他离开库尔勒的第二天，艾克木汗条勒即自立为王，并派兵占领了阿克苏。海古拉在途经库车时，遭到了当地以托胡迪夏为首的维吾尔族人的袭击。五月十三日（6月23日）行至离喀什噶尔不远的克孜勒苏河桥时，被他的哥哥伯克·胡里伯克派人所杀。

海古拉死后，阿古柏政权分裂为互不统属的三部分，即喀什噶尔的伯克·胡里伯克，阿克苏的艾克木汗条勒与和阗的尼牙孜伯克。三人之间展开了激烈的混战：七月初五日（8月13日），伯克·胡里伯克率5000人打败艾克木汗条勒，进占阿克苏，艾克木汗条勒则逃往俄国。据此，左宗棠分析，"此次屡经大创，自取灭亡。回部内讧，已成瓦解之势。计八城中，除喀什噶尔尚须重烦兵力，此外师行所至，当无敢再抗颜行者"[1]奏稿六647。

七月十七日（8月25日），刘锦棠所部32营分起西进，目标喀喇沙尔。先头部队出发后，沿途开浚泉井，以待大军。八月二十一日（9月27日），刘锦棠令各步队由大路进兵，自率马队各营抄小路前进。为防白彦虎北逃，他分出14营交余虎恩等统率，傍博斯腾湖西行，绕至库尔勒背后，奇袭该城。自己则率大军于二十九日（10月5日）从大路向开都河一带推进，直捣喀喇沙尔。

四、五月间，海古拉西返喀什噶尔、准备与其兄争夺王位时，将喀喇沙尔交由白彦虎接管。白彦虎知道仅凭自己的力量无法抵御清军进攻，就把残部驻扎在开都河西岸，然后挖开开都河水，"以阻官军"。河水"漫流泛滥，阔可百余里。……深者灭顶，浅者亦及马背"。[1]奏稿六699 清军一面泅渡搭桥，堵塞决口，一面赶修车道。九月初一日（10月7日）刘锦棠率大军入喀喇沙尔城。九月初三日（10月

9日），余虎恩率部进入已为空城的库尔勒。

此时，刘锦棠军面临南路进兵以来的最大困难——为了加快行军速度追赶白彦虎，刘锦棠部轻装简行，等攻下库尔勒，已是军无余粮，数万大军嗷嗷待哺。幸运的是，"令军士觅掘窖粮，得数十万斤"[1]秦稿六699，解了燃眉之急。

粮饷问题解决后，清军继续追击。刘锦棠亲自挑选精锐步兵1500人、骑兵1000人为先锋，6日夜驰900里，在洋萨尔赶上了白彦虎的殿后部队。十一日（17日）四更，在白彦虎狼狈逃至库车、喘息未定之际，刘锦棠已率大军追抵城下。经过激战，清军歼敌千余人，于九月十二日（10月18日）克复库车城。白彦虎被迫继续西窜，逃往喀什噶尔投奔伯克·胡里伯克。刘锦棠于十三日起继续紧追，兵发阿克苏，先后于十七日（23日）、二十一日（27日）收复阿克苏、乌什。尤其是阿克苏，北通伊犁，西连乌什，东接库车，西达喀什噶尔，又可达叶尔羌、英吉沙尔，南可达和阗，为兵家必争之地。收复阿克苏，白彦虎只能南窜喀什噶尔，别无他途。

至此，南八城中的东四城——喀喇沙尔、库车、阿克苏、乌什四城先后收复，距刘锦棠八月二十一日出兵刚好一个月。左宗棠高兴之余告诉清廷，"此次官军浩荡西征，一月驰驱三千余里，收复喀喇沙尔、库车、阿克苏、乌什四城，南疆八城已复其半。……戎机顺迅，古近罕比。东四城既克，和阗、叶尔羌、英吉沙尔、喀什噶尔西四城分攻合剿，自有余力"。由此他自信地告诉朝廷，拿下南疆东四城后，收复新疆全境也将为期不远了，"并规全局，似戡定之期当亦不远矣"。[1]秦稿六718

收复东四城后，已到新疆冬季，刘锦棠本打算在阿克苏等地休整一段时间，补充兵源和给养，等张曜率军接防阿克苏之后，再率兵攻打阿古柏余部的大本营喀什噶尔。就在此时，八月宣布降清的和阗尼牙孜伯克被伯克·胡里伯克打败，投奔了清军。阿古柏派驻喀什噶尔汉城的原清军降将何步云①，也寻机反正，派人给刘锦棠送信，告知白彦虎正被伯克·胡里伯克派来攻打喀什噶尔汉城，喀什噶尔汉城形势异常紧急。刘锦棠当机立断，改变原来先取叶尔羌，再夺喀什噶尔和英吉沙尔的计划，决定先取喀什噶尔，以断敌人外逃之路。他派余虎恩带队由阿克苏取道巴尔楚克和玛纳巴什，从正面佯攻喀什噶尔；暗派提督黄万鹏迂回包抄，约定两军由余虎恩统一指挥，于十一月十四日（12月18日）在喀什噶尔会合。刘锦棠则自己亲率余部进驻地处通衢、扼和阗及叶尔羌冲要的巴尔楚克和玛纳巴什，策应前敌各军。

十一月十三日（12月17日），余虎恩、黄万鹏两军赶至喀什噶尔汉城，正遇上白彦虎部队与何步云守军激战。余虎恩立即兵分三路，从东门发起攻击，击毙白彦虎的副元帅王元林。伯克·胡里伯克和白彦虎率残部打开西门逃窜，分别于十一月十四日和二十四日从纳林河逃入俄境。余虎恩部等虽然一直紧追，并生擒陕回头目余小虎，但鉴于"过纳林河桥俄国地方，究竟何官管辖，无从查询"[1]奏稿七33，只好暂时收队。

十一月十七日（12月21日），刘锦棠收复叶尔羌；二十日（24日）收复英吉沙尔（今英吉沙县）；二十二日（26日），刘锦棠进驻阿古柏的大本营喀什噶尔。十二月初二日（1878年1月4日），董福祥部奉刘锦棠之命收复和阗。至此，南疆西四城全部收复。"此次克复四城，未逾一月，廓清二千数百里，斩获极多"[1]奏稿七33。捷报传来，本在病中的左宗棠，霍然痊愈，"且啖全羊"。在给好友刘典的信中，他高兴地说，"十年焦愁苦恨，到此如释重负矣"[1]书信三270。

光绪四年二月初二日（1878年3月5日），左宗棠和伊犁将军金顺、帮办陕甘军务的刘典会衔，上奏收复南路四城、肃清新疆全境的喜讯。这封六百里加急的奏报，仅仅用了十天，就从肃州递到两千公

---

① 四月间，清军已侦知留守阿古柏大本营喀什噶尔的将领为何步云，自有兵力2000余人，加上"安集延兵数千，又有汉人五六千，缠回万余人"。见《左宗棠全集·奏稿六》，第647页。

里之外的京城。二月十二日（3月15日），红旌喜报传到挂着"喜报红旌"匾额的军机处。得知沦陷十多年的新疆全境肃清，清廷大喜过望，当日即下旨，"成此大功，上慰穆宗毅皇帝在天之灵，下孚薄海臣民之望，实深欣幸！"对"栉风沐雨，艰苦备尝"的左宗棠加恩由一等伯晋为二等侯，① 并盛赞其"筹兵筹饷，备历艰辛，卒能谋出万全，肤公迅奏"。刘锦棠则由骑都尉世职晋为二等男，"遇有三品京堂缺出，开列在前"，其余有功将士均赏赐有加。[1]奏稿七41—45

至此，历时一年半的收复新疆之战，胜利结束。摆在左宗棠面前的主要问题，变为新疆善后、治理，交涉追索白彦虎和伯克·胡里伯克以及追讨伊犁。至于阿古柏和伯克·胡里伯克留在喀什噶尔的子嗣，均被监禁，等候处理。②

四月十四日（5月15日），左宗棠奏报朝廷：探知白彦虎被俄罗斯安置在伊犁西南楚河（今吉尔吉斯斯坦与哈萨克斯坦界河）边界的托呼玛克。当喀什噶尔道罗长祐、伊犁将军金顺去函索要白彦虎时，俄方却推托说包括白彦虎在内的逃亡回民都是难民，甚至要求中方补偿俄方收留这些"难民"的开支，"本国不知是叛贼，故暂养活。欲求皇上将此项养活银粮偿还俄国"[1]奏稿七90。此后，虽经左宗棠、刘锦棠以及总理各国事务衙门多次交涉，俄方始终没有将其引渡给中方。

---

① 相传同治五年左宗棠在嘉应州镇压太平军余部后，班师福州省城。当地迎接左军凯旋的牌坊题"一品当朝"四字。左宗棠看到，露出夷然不屑的神情。于是，有人立即改为"万里封侯"。左宗棠"乃色然喜"。如今得以晋封侯爵，可谓有志者事竟成矣。见秦翰才：《左宗棠全传》，第212页。类似记载，亦见于李春光：《清代名人轶事辑览》，中国社会科学出版社，2004年，第1225页。

② 阿古柏后裔被擒获者：有五子引上胡里，时年十九岁；六子迈底胡里，时年十四岁；八子依玛胡里，七岁；九子卡底胡里，四岁。此外，还有伯克胡里之子爱散阿洪，三岁；引上胡里一子，二岁；以及孙女二人，阿古柏妾妇三人，伯克胡里妾妇一人。此后，4名妇人被家人领回，两名孙女和引上胡里之子病夭；引上胡里被正法。至于迈底胡里、依玛胡里、卡底胡里和爱散阿洪，则按清廷当时法律，在年满11岁后解交内务府阉割后发往黑龙江等处给官兵为奴。见《左宗棠全集·奏稿七》，第31、309—310页。

【注释】

［1］左宗棠．左宗棠全集［M］．长沙：岳麓书社，2009．

［2］朱寿朋．光绪朝东华录：第一册［M］．北京：中华书局，1958．

［3］管守新．刘锦棠与清军收复新疆之战［M］//新疆历史研究论文选编：清代卷下．乌鲁木齐：新疆人民出版社，2008．

第十九章 交涉伊犁

光绪三年（1877）十一月底，南疆西四城收复，除伊犁外的新疆全境肃清。与俄国交涉收回伊犁摆上了日程。

此前，为了收回伊犁，清廷和沙俄已进行了多次谈判。

1 两次交涉均无成效

同治十年七月十三日（1871年8月28日），占领伊犁将近两个月后，沙俄驻华公使翻译官李祺给总理衙门送来照会称："七河省巡抚廓（即科尔帕科夫斯基），现在派兵前赴伊犁，已于五月十七日克复伊犁城池，请定如何办法。"[1]卷八十二6

俄方的照会，并无进兵、占领后的详细情节。考虑到俄军占据伊犁后，"难保无觊觎要求情事，此事关系甚重"[2]卷三一六，七月十七日——接到总理衙门奏报当天，清廷便下令让署伊犁将军荣全驰赴伊犁，与俄驻军司令、七河省巡抚会谈，收回伊犁城。

与此同时，有消息说俄方准备派兵由伊犁进攻乌鲁木齐。为防止事态恶化，清廷又下令乌鲁木齐都统景廉带兵西进，将乌鲁木齐先行收复，"免致俄人从而生心"[2]卷三一六，并令一直逗留甘肃高台县的乌鲁木齐提督成禄迅速带兵出关。但此二人，迟迟未动。在此前后，清廷为救伊犁、收复新疆，先后下旨调穆图善、杨岳斌、鲍超、刘铭传等带兵出关，但他们都没有成行。

至于荣全，虽然清廷多次下旨，并以"远道驰驱，为国家力肩重巨"[2]卷三一六为由，赏荣全银万两作为部署行装及沿途购置驼马等用，但直到八月二十三日（10月7日），荣全才起程前赴伊犁，而且随带官兵，只有100多人，远未达到清廷带兵1000多人前往的要求。更为荒唐的是，荣全等行至科布多辖下的察库尔泰台后，因后勤等难以接济，只好原地等待，无法前进。清廷得知后，震怒之下，于十一月十六日（12月27日）将负责为荣全调派官兵的副都统杜嘎尔"交部严加议处"；对"空言敷衍，毫无实济"的科布多办事大臣文硕表示"实堪痛恨"[2]卷三二四之余，将其开缺以示惩处。

此前，荣全曾派章京多仁泰先行，同俄方联系。十月，多仁泰到达阿拉木图。七河省巡抚科尔帕科夫斯基根本不谈归还伊犁问题，还气势汹汹地质问多仁泰："我们取了伊犁，你们将军为何带兵前来？""章京（多仁泰）再三与言，该俄官似答非答。章京要赴伊犁，该俄官拦阻不允。"[1]卷八十四39 最后，科尔帕科夫斯基交给多仁泰一封信，要求荣全来俄境会面。

十二月二十一日（1872年1月30日），荣全一行抵达塔尔巴哈台。由于伊犁尚未收回，荣全只好将伊犁将军行营暂驻塔城。图尔齐斯坦总督考夫曼命令科尔帕科夫斯基通知荣全，会谈地点定在谢尔基奥波里①。同治十一年二月十九日（1872年3月27日），荣全赶到谢尔基奥波里，却久等不见科尔帕科夫斯基的踪影。之后才接到俄方通知，声称沙皇已改派博戈斯拉夫斯基②上校为谈判代表。直到四月初九日（5月15日），博戈斯拉夫斯基才姗姗来迟。十二日（18日）双方开始谈判，博戈斯拉夫斯基追问中国何时可以平定新疆之乱，无理要求中方立下字据确定收复乌鲁木齐、玛纳斯的时间，还威胁说，"中原要是兵力不足，俄国可以帮助。各处地方，中原若不取，俄国能取"[1]卷八十六37—38。

会谈中，博戈斯拉夫斯基还大肆敲诈，要求将塔城东南的额敏河流域割让俄国，允许俄国人到蒙古地方和新疆各处经商，在乌鲁木齐、哈密、乌里雅苏台、阿克苏、叶尔羌、喀什噶尔等处设立领事

---

① 今哈萨克斯坦阿亚古斯，清宫档案写作"色尔贺鄂普勒"。
② 旧译博呼策勒傅斯奇，清宫档案写作"布呼策勒傅斯奇"。

馆，赔偿沙俄官商前几年在伊犁、塔城、乌里雅苏台因遭遇当地百姓反对而遭受的损失。而当荣全要求商谈交收伊犁问题时，博戈斯拉夫斯基断然拒绝，声称："伊犁的事，我一句也不能说，等着我请示我们国君，才能论说。"又说："当中国军队自己还不能保卫伊犁防止阿古柏侵犯的时候，归还该地是不可能的。"[3]第三卷250沙俄代表这种傲慢与蛮横的态度，使得谈判完全无法继续进行。事后，荣全告诉清廷：双方会面后，"该俄官语多闪烁，竟不议及交还伊犁之事，并以请示该国为词，意在延宕"[2]卷三三四。不仅如此，俄军还派兵进占塔尔巴哈台属境的三工河湾、额尔米斯河、老河口等处，甚至有向东窥伺玛纳斯、乌鲁木齐之意。

得知俄军进占塔尔巴哈台境内后，清廷下旨令总理衙门与俄驻华公使交涉，并谈判收归伊犁事宜。

五月二十四日（6月29日），奕訢亲赴俄国使馆照会沙俄驻华公使弗兰加里，要求他"斟情酌理，切实函复博（呼策勒傅斯奇）大臣，俾荣（全）将军早到伊犁，接收城池"。同时告诉他，"俟交代清楚后，倘有应商各件，如买卖等事，不妨彼此从长商议"[1]卷八十七13。这就是说，只要沙俄归还伊犁，其他问题均可通融商办。六月初八日（7月13日），弗兰加里悍然拒绝中国的要求，致函总理衙门说："若遂将伊犁交还，倘三、五月或一年内仍行滋事，重烦本国动兵，有何益处？"[1]卷八十七17他还趁机向清政府提出新的领土要求，声称：如要交还伊犁，必须"修改"《勘分西北界约记》所划定的中俄西段边界。[1]卷八十七17六月十六日（7月21日），奕訢再次到俄国使馆要求俄方归还伊犁。弗兰加里不但拒绝讨论，而且扬言要继续扩大占领区，"收复喀什噶尔、玛纳斯城等处"[1]卷八十七9。随后他又向清政府伪善地声明："俄国并无久占之意，只以中国回乱未靖，代为收复，权宜派兵驻守，俟关内外肃清，乌鲁木齐、玛纳斯各城克复之后，即当交还。"[4]第54卷2

八月，博戈斯拉夫斯基突然经恰克图来到北京。中俄关于伊犁问题的第二次谈判在北京举行。从清宫档案可知，第二次谈判双方进行了多次磋商，俄方"总持先议后交之说，一味狡展，心殊叵测。其派

兵驻扎西湖阻止中国官兵前往各节，诘问再三，始允转行该国详细声复，能否照办，尚无把握"。[2]卷三四七

所谓"先议后交"，是指俄方要求先谈妥扩大通商权益、修改部分中俄西部国界等，再谈判交还伊犁问题。俄方还说，交还伊犁属边界之事，应由边界官而不是两国政府间直接谈判。至于派兵进占塔境之举，经中方多次交涉，俄国使臣才答应详细报告国内政府。俄方一面有意推诿一面提出无理要求的态度，清廷显然无法接受。因此，谈判再度中断。

被沙俄窃据的伊犁，现状如何？

俄方占据伊犁后，将其划归七河省管辖，由七河省巡抚兼驻军司令科尔帕科夫斯基直接统治，下设伊犁事务办公室，专司当地行政事务。整个伊犁地区被分为四个管区，首脑都由七河省巡抚指派俄国军官充任。[3]第三卷233

俄方占据伊犁后，将原来的塔兰奇政权头目阿布尔·奥格兰连同其全部财产（包括6000匹马）送往维尔内。除此之外，大肆搜刮，每年强征税款达到数十万两白银，把清朝军队屯田土地作为占领军共有地产出租。[5]22仅阿勒班、苏万两个部落就有5000多顶毡房被俄国军队劫走。

俄军占领伊犁后，分兵1000余人驻扎惠远城。他们先将惠远城西北三城拆毁，"将大城（惠远）西北三城庐舍隳为平地"[6]第18卷4，将汉民、回民迁至清水河、塔尔奇、绥定三城居住，对芦草沟、城盘子等处则弃而不守。此外，在宁远城东金顶寺强行建立殖民中心，拆各城堡木料搬至金顶寺盖房，"营造市廛几二十里"，并任命俄国军官担任市长。[7]93清廷收复伊犁后，伊犁将军金顺在给清廷的奏折中，就有拱宸城、广仁城"从前砖瓦、木石经俄人搜刮搬运彼境"以致两城一片荒土之语。[8]与此同时，俄军还对惠远城内的索伦族、锡伯族、蒙古族以及汉人等勒索银粮。同治十二年，当署理伊犁将军荣全向伊犁境内生活困窘的锡伯族民众发放赈粮时，俄官还去函抗议，不准中方管理。这年年初刚刚上任的俄国新公使布策，态度更加嚣张，竟要求总理衙门通知荣全，"本国伊犁官决不让中国官干预其事"，并企图

333

扩大俄军的占领范围，宣称"塔（塔尔巴哈台）、库（库尔喀喇乌苏）两城大路迤南及极西地方，均归本国以兵力办理"。[1]卷九十三34—35

2 三路进兵，老帅出关

前文说过，同治十一年（1872），沙俄驻华公使弗兰加里曾向清政府再三保证，将来中国收复乌鲁木齐、玛纳斯等地之后，俄国立即交还伊犁。光绪元年（1875）五月，受沙皇政府派遣来中国的军官索思诺福斯齐在兰州对左宗棠重申，"伊犁暂驻俄兵，原是防回侵害，只俟中国打开乌鲁木齐、玛纳斯，即便交还"[9]奏稿六271。

清军收复除伊犁之外的新疆全境、消灭阿古柏势力后，清政府即要求沙俄履行诺言，归还伊犁。但沙俄指示驻华公使布策多方推诿，坚持"中国须将通商交涉各案先行办结，方可会议交还"[6]第15卷31。清政府反复交涉，毫无结果。后来，按照布策的意见，决定改由左宗棠与考夫曼等就地交涉引渡逃入俄境的叛匪。光绪四年（1878）正月，左宗棠和刘锦棠行文考夫曼和科尔帕科夫斯基，要求根据条约将白彦虎等解回。沙俄在回文中竟硬说这些人是"难民"，不但拒不引渡，反而要求清政府偿付他们逃俄后的生活费用。[10]第308卷14 同年六月，伊犁将军金顺派员前往阿拉木图，向俄方再次要求归还伊犁和引渡逃匪。科尔帕科夫斯基却狡辩说："逃人穷蹙来依，我图（土）尔齐（吉）斯坦总督不忍置之死地，非敢故违条约。至交还伊犁一节，事体重大，难以擅专，俟咨商总督高满福（考夫曼），再行定议。"[4]第54卷4 而考夫曼则声称，"有驻京公使在，不敢专也"，"此事应由中国大臣与我驻京使臣议办"。[4]第5卷20,23 就这样，关于伊犁问题，沙俄驻华公使表示应找边界地方官也就是七河省巡抚谈判，七河省巡抚则推给总督考夫曼，最后又由总督推给驻华公使。如此互相推诿，充分暴露了俄方不想交还伊犁的立场。

五月二十二日（6月22日），清廷任命崇厚为出使俄国头等钦差大臣，前往俄国，谈判收归伊犁，"现在新疆底定，伊犁为俄兵驻守，未据交还，首逆白彦虎等逃往俄疆，尚未交出；该国修约事宜，亦久未议定。崇厚向能办事，于中外交涉情形亦俱熟悉，是以特派前往

（俄京）驻扎，相机办理"[6]第13卷28。

崇厚是一个贵族出身的纨绔子弟，咸丰十一年（1861）经奕䜣推荐，任三口通商大臣。同治九年（1870）天津教案发生后，崇厚奉命赴法国"谢罪"，同治十一年（1872）入值总理各国事务衙门。光绪二年（1876）任盛京将军。

光绪四年十月，崇厚和头等参赞邵友濂等人从上海起程。随行人员约30名，包括两名俄国人：一名是同文馆的教习哈根（夏干），另一名是俄国驻华使馆的译员波日奥（璞志）。十二月初八日（12月31日），使团抵达圣彼得堡。

光绪五年（1879）二月，在由沙皇主持召开的御前特别会议上，俄国政府决定，如果清廷在通商、赔偿损失和调整天山以北的边界等方面作出让步，可以将伊犁交还中国。于是，中俄开始在俄国进行第三次谈判。八月十七日（10月2日），在克里米亚半岛的里瓦吉亚，崇厚未经清政府同意，就擅自同沙俄外交副大臣兼亚洲司司长格尔斯、驻华公使布策签订了《里瓦吉亚条约》（又名《中俄条约十八条》）、《瑷珲专条》、《兵费及恤款专条》以及《陆路通商章程》。二十六日（11日），崇厚匆匆离俄回国。

根据这些条约，不仅"啒尔果斯河（霍尔果斯河）西及伊犁山南之帖克斯河归俄属"[9]奏稿七375，而且塔城界址按照同治三年议定之界而不是原来的旧址施划，并在西境、南境划去不少地段。如此一来，即使伊犁收回，也成了孤城，难以扼守。除此之外，条约还允许俄国在嘉峪关、乌鲁木齐、吐鲁番等7地设立领事馆，并有俄人在伊犁照旧营业以及给予俄商在新疆、蒙古享有免税贸易特权等不平等条款；赔偿款方面，也由原来的250万卢布增为500万卢布（约合280万两白银）。

在清廷新疆大胜、中俄两国没有发生战争的前提下，签订一个失地、失利、失权如此之多的条约，举国震惊，群情激愤，纷纷要求改约，甚至"街谈巷议，无不以一战为快"[6]第21卷10。连素来主张对外妥协的奕䜣也认为此约丧权太多，先后于八月二十三日（10月8日）

和十月二十七日（12月10日）两次上奏表示不能接受。时为司经局洗马①的张之洞上奏说："若尽如新约，所得者伊犁二字之空名，所失者新疆二万里之实际，……是有新疆尚不如无新疆也。"他竭力反对批准条约，认为"不改此议，不可为国"。[3]第三卷260

十月二十一日（12月4日），左宗棠上《复陈交收伊犁事宜折》，力陈"俄人自占据伊犁以来，包藏祸心，为日已久"[9]奏稿七380，对崇厚"一矢未闻加遗，乃遽议捐弃要地"的做法感到"叹息痛恨"。在他看来，如果接受了崇厚所订条约，伊犁即使收回，而阿克苏、乌什北部却要割让给沙俄，不但伊犁因南路无援难以坚守，就是"西北之事无可为矣"。[9]书信三542

此时的左宗棠，已年届69岁，身体大不如前。光绪五年（1879）夏天，他在肃州大营患了风疹，六月二十二日（8月9日）曾在家书中告诉儿子孝宽等，"我近为风湿疹子所苦，爬搔不宁，夜不成卧，服苦寒剂稍可，惟未大效。已经三月有余，只盼秋凉，或可全愈耳"[9]家书诗文196。就在此时，总理衙门来函询问左宗棠关于中俄界务、商务的意见。为风疹所苦的左宗棠，不得不拖了一段时间才回复，并因此向总理衙门致歉，"适近为风疹所苦，心神烦懑，未克即时嘱草耳"[9]书信三469。

风疹之外，此时的左宗棠还得了咯血之症。同在光绪五年，总理衙门曾让左宗棠接见前来西北的两位德国翻译。在事后的回复中，左宗棠就说及自己所患的咯血之症，"适因前患咯血数日未发，邀其入营一饭，欢洽殊常"[9]书信三446。此期间他在信中告知好友杨昌濬，某日早晨刚披衣起床，"忽吐鲜血十数口尚未能止，当由用心过度所致"[9]书信三500。而且，由于忙于调兵遣将、奏复朝廷、善后陕甘等公务，这些病症在此期间继续恶化，"近日累疏复陈，奚止万言，均取办一手，心泉涸竭，至咯血较前转甚"[9]书信三512。

尽管明知自己年事已高，明知自己已积劳成疾，左宗棠依然主动

---

① 司经局洗马，属詹事府，从五品，为翰林官迁转阶梯。清末废。

提出率兵收复伊犁。在调陕西汉中镇总兵谭上连、甘肃宁夏镇总兵谭拔萃在明年春暖雪融时赴喀什噶尔归刘锦棠指挥、增加前线兵力的同时,他告诉朝廷,自己也将"率驻肃亲军,增调马步各队,俟明春冻解,出屯哈密,就南北两路适中之地驻扎,督饬诸军妥慎办理"[9]奏稿七381,以收回伊犁。

十一月二十一日（1880年1月2日）,在一片反对声中,清政府宣布将崇厚交部严加议处。光绪六年正月初十日（1880年2月19日）,清政府照会俄国,严正声明：崇厚在俄国"所议条约章程、专条各款……多有违训越权之处""窒碍难行"[6]第19卷3。正月二十三日（3月3日）判崇厚斩监候,待秋后处决。

沙俄政府恼羞成怒,立即调集几万俄军集结于中俄边境——伊犁增兵六七千人,达到12000多人,配备火炮50门；在斋桑湖一带部署步兵12800名、骑兵6250名,配备火炮62门；另一支5000人的部队准备由费尔干省（毗邻南疆）入侵喀什噶尔。同时,沙俄还增加了在黑龙江以北、乌苏里江以东地区的兵力,准备一旦战争爆发,即入侵吉林、黑龙江。此外,一支由23艘军舰组成的舰队由黑海驶入日本长崎,准备封锁中国海面。

清政府在与俄方长达数年的交涉中,也终于明白"必须中国兵力足以震慑,先发制人,方能操纵自如,杜其觊觎之渐"[2]卷三四七。在正月改派新任驻英法公使曾纪泽前往俄国再议条约的同时,清廷密令左宗棠做好进兵规复伊犁的准备,"新疆防务紧要,左宗棠熟悉边情,老于军事,即着将南北两路边防通盘筹画,务臻周密。……现在时势艰难,全赖该督等为国宣勤,同仇敌忾"[9]奏稿七442。

二月二十三日（4月2日）,左宗棠上折提出增兵伊犁前线、三路进兵规复伊犁的初步设想：伊犁将军金顺负责东路,在精河（今新疆博尔塔拉蒙古自治州精河县）一带驻防,防止俄军北窜；广东陆路提督张曜负责中路，由阿克苏冰岭①之东沿特克斯河②进兵，主要目标是直指伊犁大城，断俄军回老巢金顶寺之路；西路由刘锦棠负责，取道乌什，从冰岭之西进兵伊犁大城，并断俄军东进救援伊犁之路。清军兵力方面，刘锦棠马步25营旗，计步兵8570人、马队1500人；张曜部步队4500余人、马队500余人，正拟增募千人，此外左宗棠还为其添派5营人马，全部到位后将近6000人；金顺部20营，大约万人。因此，左宗棠认为胜局在握，"虽兵事利钝非所逆料，然慎以终始，其要无咎。合理与势观之，固有不待再计决者"[9]秦稿七445。

四月十八日（5月26日），冒着霏霏细雨，年届七旬的左宗棠督师西进，逸兴遄飞，"弟自咸丰十年以来，每当启节，辄有甘雨随车，历历不爽"[9]书信三559。但显然，更多的时候，他们一行是头顶炎炎烈日，脚踏漫漫黄沙，"自嘉峪至安西，大道皆沙滩弥望，草树绝少，烟户亦殊寥寥"[9]书信三561。为避酷热，他们选择了昼伏夜出，以至于在给好友杨昌濬的信中，左宗棠戏称自己就像老鼠一样，"连日驰驱沙碛……沿途署（暑）喝殊甚，夜行昼伏，与鼠相似"[9]书信三565。

经过将近20天的跋涉，穿越六七百公里的戈壁大漠，左宗棠等于五月初八（6月15日）抵哈密。在哈密，左宗棠严禁部将前来迎接，也拒绝进城，而是驻军城西之凤凰台（旧称孔雀园），居中调度三路大军进兵伊犁事宜。抵哈密后，为了防范已为俄兵的回民军窜入新疆甚至窜扰哈密、甘肃玉门一带，左宗棠在科布多增设坐探，"于科布多通古城之八台外复设汉三台，以速邮传，遇有寇警，立即驰报古城"[9]秦稿七512。与此同时，在古城、巴里坤、哈密一带增兵布防。

---

① 今新疆阿克苏温宿县托木尔峰，古称冰岭。据王启明《清代新疆冰岭道研究》，乾隆时期即有将此称为"冰岭路"的记载，道光时更是直接命名为"冰岭道"，见《中国历史地理论丛》2013年1月刊。
② 伊犁河支流，源于今新疆汗腾格里峰北侧。汗腾格里峰位于新疆伊犁州昭苏县，与哈萨克斯坦交界。

3 以武力为后盾支持曾纪泽的外交谈判

左宗棠在哈密凤凰台所建大营,离城3里。大营全为土屋,简陋粗朴。左宗棠进屯哈密,极大提振了西征将士和当地百姓的信心,"父老扶杖而观,不远数百里"[9]书信三567。他不顾旅途疲劳,立即部署军事:一面加强巴里坤、古城、安西等重要据点的防务;一面派人在古城附近增设驿站,与科布多西南八站相连,以快速传递紧急军情。与此同时,与刘锦棠、张曜、金顺等商讨进兵路线,要金顺进驻精河、大河沿一带,并叮嘱金顺将新近归附的回勇及锡伯部族人"或安置后路,或分别发交内地,……严加钤束",以免"漏泄戎机,以致误事"。[9]书信三564此时,换防各军也陆续从内地开往新疆前线,"生力之军络绎而至,足供指挥。今岁天下大熟,关内外粮价平减,尤于师行为便,天赞我也"[9]书信三575。

对于俄方增兵伊犁的举动,左宗棠并不畏惧。他告诉伊犁将军金顺说,"伊犁俄兵新增数千之说,或未必确"[9]书信三563。即使增兵消息属实,也不必害怕——因为俄国地广人稀,本来兵源就不够,这次增募的士兵,多是"近边所属各游牧部众",就像中国的团练,战斗力并不强,"此辈未曾久经战阵,何能足恃?"[9]书信三564他又告诉总理衙门,俄军号称增兵数千,实际能调来的,只有两千多人,还包括六百回民军,"俄人近于伊犁增兵防守,并缠回、陕回合计,亦止数千。其调守阿来者实止两千有奇,而回兵六百即在其内……而赴调之俄兵均不能多也"[9]书信三576。此外,他还将从西方新闻报道中获悉的诸如沙皇遇刺、俄国发生内乱等消息告知刘锦棠、总理衙门等,以增强他们对俄作战的信心。

哈密和吐鲁番号称玉门关外两大火炉,"关外惟哈密、吐鲁番天气最热,与南方迥异,午、未、申三时尤不可当"[9]书信三574。"此间五月炎暑逼人,未申之时尤为蕉萃。营居赤膊度日,每见客着衣,辄汗出不止"[9]书信三568。午、未、申大约是中午11点至下午5点。资料显示,五月的哈密,气温多高达39摄氏度以上,中午11点至下午5点之间更是酷热难当。但左宗棠始终住在军营,与将士同甘共苦。

德国人福克曾于这年六月二十九日(8月4日)到哈密拜会左宗

棠，并在哈密住了一个多月。他在后来写就的《西行琐录》中，如此描述左宗棠在哈密的情况：哈密大营离城三里，悉以泥土建造，营内可容兵数千。……一月以来，觉爵相年已古稀，心犹少壮……爵相黎明即起，往菜园眺望半晌，即回见属员。事毕约七点钟，早膳，菜六碗。膳毕，握笔看公事。十二点，中膳。膳毕，仍看公事。至五六点钟，又往菜园，督看浇灌。后回晚膳。膳毕，偕营务处及余等谈天，至十二点安睡。菜园约有二十亩，诸色瓜菜俱全。爵相年已七旬，身在沙漠之地，起居饮食，简省异常。内无姬妾，外鲜应酬之人，其眷属家人多未带至任上，惟一人在塞。[11]259

上午四五个小时、下午四五个小时，如此可知，左宗棠每天处理公务的时间大约在 10 个小时左右，睡眠只有五六个小时。能够放松的去处，就是大营旁边的二十多亩菜地——或眺望，或督看浇灌。自青年时代起，左宗棠就养成了喜欢躬耕农事的特殊嗜好——如今，在哈密，不仅自己种，还让在兰州的四子孝同帮忙买来菜籽，分发各营种植，"速买红白萝卜子及天鹅蛋种子寄来，以便散给各营哨，愈多愈妙。此间地脉甚厚，种蔬最妙"[9]家书诗文205。

光绪六年六月，驻英法公使曾纪泽作为钦差大臣，从伦敦赴圣彼得堡，开始了交涉收回伊犁的第四次谈判。为了达到威胁和迫使中国让步的目的，俄国增兵中国东北边境，并扬言"兵船二十三只由黑海、阿非利加驶至中国洋面，图封辽海"[9]奏稿七546。

但显然，左宗棠对此类恫吓根本不屑一顾。十月十二日（11月14日），忙于交卸进京的左宗棠上折告诉朝廷，俄国即使派出 23 艘兵船，还不及福州船政局一处所造之船多；每船配装人数，大船不过千人，小船只能装几百人；而且，俄国所造枪械十分粗糙，自从在土耳其战败之后才开始向德国订购大小枪炮，时间不长，相信存储不会太多。而中国方面，经过与太平军、捻军、回军的战争历练，士兵久经战阵，"制兵虽未足额，而习战之勇丁、骁壮之将领，随地选募，尚易成军；炮械虽未充盈，而制造之匠师、采购之洋制，专供调发，尚无短绌"[9]奏稿七547。为此，他相信即使开战，清军也能胜出。

对于俄国以土地为抵押、借债 5200 万两的传闻，左宗棠更是直接评价为"实则挖肉医疮，久之，疮未敛口而肉亦垂尽，又何能救其倾危乎！"[9]秦稿七547 为备不虞之需，他还针锋相对地通过胡雪岩试探向德国银行借款两三千万两。

一面是战场上厉兵秣马，一面是外交场合上唇枪舌剑。从七月起的半年时间里，曾纪泽与俄方先后举行了 50 多次会议，最终于光绪七年正月二十六日（1881 年 2 月 24 日）签订了《中俄伊犁条约》（又称《改订条约》或《圣彼得堡条约》）、《改订陆路通商章程》及其附件。

《中俄伊犁条约》全文共 20 款。据此条约，沙俄虽同意交还伊犁给中国，但迫使清廷割让了霍尔果斯河以北 1 万多平方千米的中国领土及塔城以北地区的中国部分领土；迫使清廷允许俄商在中国蒙古地区免税贸易，在新疆"暂不纳税"；迫使清廷向俄国偿付"代收代守伊犁所需兵费"及"补恤"赔款 900 万卢布（约合 509 万两白银）等。虽然通过谈判，俄国同意交还特克斯河谷地区（约两万平方千米）和通往南疆的穆扎尔山口，并放弃了俄国货物由嘉峪运进内地的要求，但毫无疑问，这仍是一个不平等条约。

4 伊犁重回祖国怀抱

《中俄伊犁条约》第一条即规定俄方将伊犁交还中国，第五条则对如何交接作了明确规定：条约经两国皇帝批准后，中方派人前往塔什干城（今乌兹别克斯坦首都），向图尔齐斯坦总督提出接收伊犁的要求。之后，两国特派大臣在伊犁会面、交接。至于交接期限，条约规定，自中方人员到塔什干城之日起，最迟 3 个月内将交收伊犁之事办理完毕。

五月十五日（6 月 11 日），清廷任命原云南布政使升泰为伊犁参赞大臣，赶赴伊犁。条约原规定交收伊犁工作由陕甘总督督办，但此时，原陕甘总督左宗棠已奉旨入京出任军机大臣，新任陕甘总督曾国荃因病告假、尚未赴任。为此，闰七月初九日（9 月 2 日），清廷任命伊犁将军金顺为接收伊犁督办大臣，任命塔尔巴哈台参赞大臣锡纶为接收特派大臣，同时命金顺派人前往塔什干与图尔齐斯坦总督接洽。

但显然，锡纶并不愿意负责如此重大而敏感的事务，很快以塔尔巴哈台地方紧要、自己身为参赞大臣未可久离为由请辞。清廷只好于八月十三日（10月5日）改派伊犁参赞大臣升泰为特派大臣，负责接收伊犁以及两国分界事务。

光绪七年十二月二十九日（1882年2月17日），升泰抵达伊犁，与俄方代表会商收交办法。光绪八年二月初四日（1882年3月22日），双方换文，完成移交手续。三月十三日（4月30日），伊犁将军金顺带兵进驻，被俄军占领了11年的伊犁重返祖国怀抱。[12]69 而此时，左宗棠已经调任两江总督。

此番接收，并不彻底：俄方虽同意交还伊犁，但以保护"愿归俄地之人"的名义，要求允许俄军驻伊犁一年。同时要求中方同意一年之内，居民可随意选择国籍迁移。直到光绪九年二月十三日（1883年3月21日）俄军撤出后，沙俄还在伊犁保留了阿奇木伯克等官，负责与中方交涉。而清廷，也只能"准其遴择安设"[13]卷一六二。

在伊犁将军金顺所奏报的伊犁收复和善后费用中，有这样一项："俄使往还饩廪①已用过银二千一百余两"。[14] 看来，俄方官员前来勘分边界，其往返路费及伙食、住宿，均由中方承担，仅从光绪八年二月至十二月，就花费了银2100多两。中俄此次分界，延至光绪十年才完成。由此推算，仅饩廪费，中方支出应该在银万两左右。这样的花费，在国际外交史上，应属罕见。

5 用兵新疆的头等大事

同治三年新疆大规模起义爆发后，清廷为救新疆、救伊犁，先后下旨调穆图善、杨岳斌、鲍超、刘铭传等前往救援，但他们都没有成行。收复新疆，这一让众多将领望而生畏的任务，左宗棠为何能够成功呢？

---

① 饩，赠送食物；廪，粮食。饩廪意指作为薪俸的粮食。

首先我们应当明白，左宗棠的这一成功，后面有着巨大的艰辛。

筹饷就是其中一大难题。前文已经说过，陕甘、新疆用兵，主要依靠各省协饷。而各省协饷，拖欠严重——根据左宗棠的统计，截至光绪元年十月，"增欠至二千七百四十余万两"[9]奏稿六342。

筹饷，应该说是左宗棠——这位新疆用兵主帅的头等大事。为了要饷，他这位东阁大学士、陕甘总督经常得向官阶低其至少两级的藩司赔笑脸、说好话。比如光绪元年，文格出任四川布政使，得知左宗棠饷银紧张，迅速解来一批协饷。左宗棠不胜感激，去信盛赞文格此举"公忠之谊，一时无两"[9]书信二525。但就是这样，各地巡抚、藩司经常还不买左宗棠的账。光绪四年，处于"三空四尽"之际的左宗棠给广西巡抚杨庆伯去信，提出以湖南协饷作抵押，向广西借款100万两，分4年还清。根据左宗棠的调查，广西至少有300多万两的库款，但广西巡抚杨庆伯最后只愿意借8万两，以致左宗棠向总理衙门抱怨"广西深藏若虚，颇出意外"[9]书信三308,365。

为了筹饷，左宗棠不仅时常得罪各省督抚，还屡受朝廷批评、外界非议。

光绪二年所借的500万两被朝廷怀疑赚差价。光绪二年朝廷同意借的500万两洋款正在与外国银行接洽之际，左宗棠接到胡雪岩的来信，说有一个叫许厚如的，也在上海声称朝廷同意其为左宗棠借款。许厚如的出现，使得不明所以的外国银行开始观望，一些原本答应向胡雪岩借款的，变得犹豫。调查后发现，许厚如为伊犁将军金顺幕宾，是替金顺军筹借洋款。经朝廷下旨，金顺令许厚如离开上海，商借洋款之事，依然由胡雪岩负责。但左宗棠借洋款之进度，因此受到耽搁。

光绪三年四、五月间，终于接到胡雪岩借洋款成功的消息时，左宗棠部队刚刚收复了新疆南部的达坂、托克逊、吐鲁番三城，可谓双喜临门。回信中，左宗棠不但尊称胡雪岩为"仁兄大人"，更是盛赞胡雪岩和自己"万里同心"[9]书信三273。

洋款刚借成，就发生了利息风波：总理衙门发现此番借银的利息有出入——按照左宗棠的奏报，利息为每月一分二厘五毫，可后来英国方面转来的汇丰银行拟定的照会文稿中，却说是利息每年一分。500万两银子，每月利息相差四厘多，不是小数。朝廷让左宗棠迅速详查。

调查的结果，原来，汇丰的年息确实是一分，但以英国货币先令支付借款，要求清廷将来也以先令归还本息。胡雪岩担心在此过程中外汇有涨跌而导致损失，就将借款包给德国泰来银行，让泰来银行支付实银，并商定将来以实银还本息。这样，虽然能避免外汇风险，但月息变成了一分二厘五毫。

至此，此次利息风波才告一段落。

光绪四年的350万两被朝廷批评利息高。左宗棠借洋款，抵押的是各省、各海关给陕甘和新疆的协饷。光绪二年借500万两洋款时，英国方面要求承担协饷的各督抚和海关都得盖章、出印票。由于两江总督下辖的海关最多，导致左宗棠不得不仰求两江总督沈葆桢。未料沈葆桢并不同意左宗棠借洋款，以致借饷一事颇费周折。

饱尝苦况的左宗棠决心改变这一局面。500万两洋款借成之后，经他提议，胡雪岩于光绪四年成立了股份制的乾泰公司。这年八月，左宗棠正式向朝廷奏请向乾泰公司借款350万两。在已收复伊犁以外的新疆全境情况下，为何还要借洋款？左宗棠说是因为现在新疆正筹议开设行省，需用浩繁，而各省协饷解送迟缓，以致经费无着。这350万两，华商、汇丰银行各占一半。此次借款，虽然不用总理衙门暨税务司行文印押、手续简单，但利息较高，"定议按月一分二厘五毫起息"。[9]奏稿七141

朝廷最后虽"不得不准照办理"，但也觉得利息太高，严令左宗棠今后"不得动辄息借商款，致贻后累"[9]奏稿七143。

据统计，从同治十二年（1873）到光绪六年（1880）用兵新疆这8年时间里，左宗棠共向华商借款846万两，向洋商借款1375万两——同治十三年300万两，光绪二年500万两，光绪四年350万两（其中洋款175万两），光绪七年400万两（替护理陕甘总督杨昌濬、督办新疆军务刘锦棠所借），总计借款2221万两——其中胡雪岩经手所借的，为1710万两。四笔外债中，除了第一笔300万两是向英商丽如洋行、怡和洋行所借外，其余三笔，都是向汇丰银行借款。

胡雪岩所借洋款，利息是否过重呢？同治十三年沈葆桢所借洋款，年息为八厘；胡雪岩所借洋款，月息就高达一分二厘五毫，年息一分五厘。两相比较，胡雪岩所借，利息确实较重。曾纪泽《使西日记》光绪五年十月初二日（1879年11月15日）这天记载："葛德立①来，谈极久。言及胡雪岩之代借洋款，洋人得息八厘，而胡道开报公项则一分五厘。奸商明目张胆以牟公私之利如此其厚也，垄断而登，病民蠹国，虽籍没其资财，而科以汉奸之罪，殆不为枉。"日记中，曾纪泽批评胡雪岩从中吃差价，为"祸国蠹民"的奸商，对任用胡雪岩的左宗棠也颇为不满，批评其"瞻徇挟私"。[15]270

就是左宗棠，也觉得胡雪岩此次借款利息过重。光绪五年，他重提此事，对胡雪岩说，月息一分二厘五毫，未免过重，尤其是让汇丰银行这样的洋商赚去了，"旁人亦为眼热矣"[9]书信三492。

左宗棠借款，其实全是为了新疆用兵，自己并未染指分毫。而为了借款，除了遭受国内的非议之外，一生耿介、绝少服人的左宗棠还得无奈地向资本低头——光绪二年借那笔500万两银子时，由于中英两国正就云南"马嘉理事件"进行交涉，左宗棠本不想向英国借款。但最终，这500万两，还是向汇丰银行借定，而且还支付了每月一分二厘五毫的高额利息。

由于利息高，仅向洋商借的1375万两，截至光绪八年（1882）还本833.3万两时，就得付利息395.2万多两——利息竟占已还本款的47.43%。洋人知道左宗棠西征急需用钱，而清廷财政又几近枯竭，于是把利息定得很高。光绪五年四月初十日（1879年5月30日），英国人马格里②向正在出使俄国的曾纪泽分析道：

> 英、法两国借贷子息，常例三厘有半，重者不过四厘。中国借洋款，子息一分，银行经手者得用费二厘，债主得八厘，盖子息之最重者。其故有二：一则经手不得其人，无为国省费之心；

---

① 葛德立，驻英使馆的当地雇员，曾担任过中国总税务司赫德的秘书。
② 马格里，字清臣，英国人。曾协助李鸿章办兵工厂，时为曾纪泽幕宾。

二则借得之财以供军饷,而不甚讲求矿务、铁路兴利之政。西人以为有出无入,故不敢放手借出,非贪重息者不放债也。[15]213

应该说,利息如此高,经手者胡雪岩有一定的责任①。但客观而言,也是不得已而为之的举措。毕竟,当时清政府的财政入不敷出,不仅中央"部藏无余",各省也"库储告匮",[16]第一册总25岂能及时为左宗棠西征军提供如此巨款?

一个例子,同治十二年(1873)十月,正在为出兵新疆通筹军饷、粮草的左宗棠,鉴于各省拖欠陕甘军饷已至1796万余两以及临近年关"不敷之款已在百万两上下"[9]秦稿五479的形势,奏请朝廷从海关四成洋税②下拨款100万两。慈禧、同治帝本已于十月二十五日(12月14日)下旨同意。未料仅过4天,又收回成命,同时紧急密谕左宗棠"兹据该部密陈:库储正项银两,仅敷一月放款;其四成洋税,按照月放之款计算,亦仅能支持二、三月光景,势难动用"。清廷此旨,意思很明白:拨款100万两的承诺作废了。与此同时,还要求左宗棠"此系密谕之件,毋得宣泄"。[9]秦稿五482

6 "家书抵万金"的日子

进兵新疆过程中,左宗棠不仅要忍受因借饷带来的烦恼、非议,更是遭遇连失亲人的打击。就在为出关清军筹饷、筹粮、筹转运期间,同治十二年七月,最钟爱的大儿子孝威去世,左宗棠万念俱灰,遽萌退意。在此之前,他的妻子、二女儿、二哥、侄子先后去世。尽管如此,他依然"引边荒艰巨为己任",头白临边,还对儿子

---

① 不少史料证实洋商借债利率均常年八厘,由此有观点认为超过八厘部分即被经办人胡雪岩等所分肥。见秦翰才:《左宗棠全传》,第409页。
② 晚清实行洋税分成制度,将各海关征收的洋税正税分成两个部分,即四成洋税和六成洋税。四成洋税开始用于偿付英法赔款,同治五年(1866)赔款清偿后作为解部专款,名目仍存,成为户部财库一笔可观的进项;六成洋税被存留各关,以备各项要需。引自陈勇:《晚清海关洋税的分成制度探析》,《近代史研究》2012年第2期。

说道，"此时西事无可恃之人，我断无推卸之理，不得不一力承当"[9]家书诗文171。

尽管如此，随着年龄的增长，左宗棠对家人的挂念也与日俱增。

孝威病逝后，同治十三年，孝宽提出想来西北服侍、陪伴父亲，但左宗棠没有同意。个中原因，是左宗棠当时已有退意——同治十一年十二月，他就曾上折请求朝廷另选大臣接任陕甘总督和钦差大臣[9]奏稿五370，但未获准。孝威去世的打击，更让左宗棠神思恍惚、精力不支。同治十三年，他告诉孝宽，"一俟报销事了，即当力求罢职归田"[9]附册277。为此，他要孝宽等暂时不要前来西北，以节省旅费。

光绪元年三月被任命为钦差大臣、督办新疆军务后，左宗棠暂时抛弃了退隐的念头。于是，他在四月的家书中主动提出希望儿子们前来西北，"我既不能即赋归来，尔等久留湘中亦无是理"[9]家书诗文171。

由于孝宽要留在家里主持家事、处理孝威葬事等，这一次，是孝勋、孝同两位前来。但是来了没多久，因为要回湖南参加乡试，二人便于光绪二年端午节后回家了。

孝勋、孝同在西北期间，曾提出全家前来甘肃陪伴。但左宗棠坚决反对：一是他自己随时准备告老还乡，"吾年已衰暮，久怀归志，特以西事大有关系，遽尔抽身，于心未尽，于义未可。然衰颓日甚，岂能久据要津？西事稍定，当即归矣"。二是家眷太多，孙儿太小，从湖南来西北，需时一两个月，旅途太劳累，住不了一年半载，又要南返，"挈家累数千里，水陆兼程到陇，不数月或年许仍须整归装，劳费万状，是岂不可以已？"三是西北苦寒，害怕家人水土不服，"陇地苦寒，水土不宜，气候大异，诸孙幼小，虑非所堪"。四是觉得花钱太多，"自任疆圻，所有养廉均随手散去，计陕西所存不过二万余两（合今岁言之）。若眷属西来，盘费用度所耗不资。正恐归休以后两袖清风，无以为养，安能留余粟分赠子孙？"五是担心儿孙们入住总督衙署之后，沾染了官场气，"且一家全染官署习气，望其异日茹粗食淡，断有难能"[9]家书诗文174。

孝勋、孝同回去后，应左宗棠要求，光绪三年，孝宽曾前来西北陪侍父亲，一直住到光绪四年九月份才回家。但自光绪五年闰三月起，将近8个月的时间，孝宽等一直没有给左宗棠写信。七月的信中，左宗棠抱怨"数月不接家信，不解尔等因何故耽延，甚为悬念"[9]家书诗文196，延至十一月还未收到家信，左宗棠不禁大发雷霆，痛骂孝宽等"不肖"——"尔等自闰三月交袁彬带呈一信后，迄无只字寄到……独不思五六个月内不发家信，乃父忧念家务及合家丁口有无他故，与询问各事杳无确实着落，焦烦何若。……尔等数月不寄一信，兹信故不提及，是何居心？……尔等不肖，我亦不复挂念"[9]家书诗文197—198。

早在同治十一年，左宗棠就多次对儿子们说，自己现在记忆力衰退得厉害，要求儿子们来信要尽可能写得详细些，"尔辈来信，于应详之事当详以告我。我近日健忘益甚，尔辈来信简略，更无从记忆也"[9]家书诗文158，"写家信宜详密，不可疏略，切切"[9]家书诗文159。未料孝宽等不但不详写，变本加厉地连信也没有，左宗棠岂能不生气？

在光绪五年七月二十六日（1879年9月12日）的家书中，左宗棠曾提出让孝勋、孝同中的一人在参加完乡试后来西北服侍，"尔等今年乡试，获隽与否且置度外。榜后总须一人西来慰我晨夕，宽宜在家料理诸务，不必同行"[9]家书诗文196。这年秋天，孝同倒是来了——不仅是自己来，还带着妻子、生母张氏，以及孝威的3个儿子前来西北看望左宗棠。

光绪元年孝勋、孝同提出全家前来甘肃陪伴时，左宗棠就表示反对；光绪四年，孝宽提出让孝威的3个儿子和孝勋或孝同前来西北，以便祖孙相聚，左宗棠也表示反对。这次，孝同竟然在事先没有告知的情况下，带一大家子人前来——还带来孝威的三个孩子！左宗棠生气之余，也不得不做出相应安排——此时他正在肃州，筹划武力收复伊犁，准备进屯哈密。他让孝同等到兰州再不准西行，安顿好家小之后，只身前来肃州看望自己，"尔兄身后三子，尔嫂又故，只此孤侄，现在我岂忍令其贸然前来。尔到兰州，自应入署居住，将老小安顿妥贴，趁我在肃时，尔带随身一二人前来看视，仍须返兰照料家小"[9]家书诗文198。

光绪六年（1880）春节过后，孝同前来肃州，与左宗棠相聚。惊蛰之后，黄河解冻，天气转暖，左宗棠才派人回兰州，将一家老小接来肃州，"黄河例于启蛰前后解冻，弟遣戈什赴兰取家孙……丰孙。闻其天性尚厚，现能作径寸字，颇有父风，故欲见之也"[9]书信三541。

四月十八（5月26日），左宗棠率兵离开肃州、出屯哈密。由于天气太热，左宗棠让孝同等继续住在肃州，等过了七月秋凉之时再回兰州。为了督促孝同的学业，左宗棠在六月初一日（7月7日）的家书中就一次性出了包括"父在观其志"等42道题——21道八股文，21道古诗文，要求孝同按先多做小题后再做大题的顺序，每天写一篇，汇总后寄给他修改，"语云：'秀才不中举，归家作小题。'盖谓多做大题则思致庸钝，词意肤泛……不能动人心目也"[9]家书诗文202。七月二十日（8月25日），他亲自批阅孝同的答卷，点评认为其平时钻研不够，以致文章思路不清、词句过于浅白，"付呈课文与诗均不见思路笔路，……肤庸浅滑……盖由平时于义理少研求，惟揣摩时文腔调，以致于此"。在信中，左宗棠还进行了自我批评，承认对儿子们管教太少，"尔辈少小，未尝用心读书，……我驰驱戎马，未暇督课，又未能择延名师与尔讲习"[9]家书诗文207。

左宗棠素来不喜欢写八股文，如今，却亲自辅导孝同。咸丰十年时，看到孝威、孝宽学业未成，血气方刚的左宗棠痛骂两个儿子"真不知将来作何等人物"[9]家书诗文11。如今，一向孤傲耿介的他竟然罕见地进行自我批评，实属难得。

七月十一日（8月16日），孝同带着老老小小从肃州回兰州；二十四日（29日）左宗棠就接到朝廷谕旨，要他进京。此前的六月份，孝勋也从湖南启程赶往甘肃。这样一来，在左宗棠十一月返回兰州交接的这段时间，一大家人终于难得地相聚一处。交接完毕后，左宗棠于十二月启程从兰州进京，孝勋、孝同等随行。此后，无论左宗棠出任两江总督还是督办福建军务，在其晚年，孝同基本陪伴身边。

7　军事生涯的顶峰

左宗棠戎马一生，绝少败仗。和曾国藩用兵主张"扎硬寨"

"打死仗"不同,他用兵奇正结合——比如咸丰十一年的乐平保卫战,他趁风狂雨急之际,竟敢带数千兵马出城,进攻号称十万之众的李世贤军敌。李世贤部惊惶之下大败,人马自相践踏,被击杀和溺死、踏亡者达5000人。此番冒险使其取得乐平保卫战的胜利。另一方面左宗棠用兵谨慎,十分注意后路。

用兵新疆可谓左宗棠军事生涯的顶峰,生动体现了左宗棠的用兵之道。

正确的用兵策略。进兵新疆,左宗棠提出了"先北后南""缓进急战"的策略。光绪二年二月移驻肃州前夕,左宗棠奏报清廷,"官军出塞,自宜先剿北路乌鲁木齐各处之贼,而后加兵南路。……是致力于北而收功于南也"[9]奏稿六390。之所以要先从北路进兵,收复乌鲁木齐等地,是因为,在左宗棠看来,"乌鲁木齐各城不克,无总要之处可以安兵"[9]奏稿六390。而且,由于占据北路的白彦虎势力已经投靠阿古柏,因此,官军攻打白彦虎时,阿古柏定会派兵前来救援。如此官军可以趁机消灭阿古柏主力,为进兵南路创造有利条件。后来的事实也证明左宗棠策略的正确——攻打北路的乌鲁木齐等处时,阿古柏果然曾派兵前来救援;而收复北疆的胜利,给阿古柏等以沉重打击,为进军南疆奠定了基础。英国人包罗杰评价道,玛纳斯的陷落成了传遍中亚西亚一带的一个沉重打击,消息传来,所有人无不惊惶万状,又说中国的将军们"在乌鲁木齐和玛纳斯的围攻中,已经证明自己绝不是平平常常的战术家"。[17]195

至于"缓进急战",则是左宗棠的一贯策略,而且在用兵新疆过程中贯彻得更为彻底。光绪二年收复北疆乌鲁木齐等地后,在给总理衙门的书信中,左宗棠就阐明"缓进急战"为南下之策,"至南路贼势,重在达坂、吐鲁番、托克逊三处。官军南下,必有数恶仗,三处得手,则破竹之势可成。察酌彼己情形,仍非缓进急战不可"[9]书信三107。从新疆用兵的三大战役看,收复北路耗时3个多月,收复吐鲁番、达坂、托克逊三地耗时不到半个月,收复南城也只用了4个半月,总计作战时间不过8个多月。而每次作战之前的准备,却花费了较长的时间:收复北路,从同治十三年八月左宗棠奉旨"督办关外粮饷转运事宜"到光绪二年四月与敌军作战,准备时间超过一年半——即便从光绪元年三月左宗棠"督办新疆军务"算起也准备了一年;从光绪二年九月收复北路到光绪三年三月进攻达坂、吐鲁番地区,则休整、准备了半年多;从收复达坂、吐鲁番地区到光绪三年七月进军南路,又准备了4个多月。最为典型的是:光绪二年九月收复玛纳斯、乌鲁木齐等之后,刘锦棠曾请令立即进兵南路。但考虑到天气转冷、补给困难,左宗棠没有同意,"塞外天气祁寒,十月大雪封山,冰凌凝冱,师行非宜"[9]书信三129。而且,因为缺少车驼、运力不足,军粮尚未运够;加上金顺部队尚需整顿,"各防营不能得力……后路运道隐忧方大"。为此,左宗棠要求刘锦棠、张曜等休整,明年春暖再进兵,"师期非明岁春融不可","大抵进兵南路,又是缓进急战之局"。[9]书信三129,130

光绪三、四月间收复达坂、托克逊、吐鲁番三城之后,左宗棠再次强调了"缓进急战"策略,"以目前局势言之,南八城门户洞开,应即整饬长驱,以符'缓进急战'之议"[9]奏稿六609。收复北疆、南疆后,光绪四年,在给儿子的家书中左宗棠如此总结,"盖此次师行顺迅,扫荡周万数千里,克名城百数十计,为时则未满两载也。而决机制胜全在'缓进急战'四字"[9]家书诗文181。

当然,清军得以顺利收复新疆,还在于当地民众的支持和左宗棠部队的良好军纪。

左宗棠进兵新疆,得到新疆各族人民的热烈欢迎。光绪二年六月,清军准备进军古牧地时,刘锦棠就是因为得到当地百姓提供的情报,"知黑沟驿之上为黄田,水盈沟浍"[9]奏稿六455,从而解决了将士饮水问题,保证了首战告捷。当年秋天,吐鲁番地区的维吾尔族阿哈默特投奔张曜军,提供了许多重要情报。达坂城之役,城内百姓冒险逃出,向刘锦棠报告了敌人准备突围的消息,使刘锦棠加强戒备,最终得以全歼守敌。当刘锦棠挥戈南进时,南疆各族人民"皆日夜延颈,拭目盼望"清军的到来,"军行所至,或为向导,或随同打仗,颇为出力"[9]奏稿六743。白彦虎军败窜拜城,城内百姓"即闭城门,白逆攻之未下"。清军进抵阿克苏,"城内缠回十数万,则皆守城以待官军者"。[9]奏稿六715,716其他各族民众,也积极支持清军:由喀喇沙尔避居博尔吐山的蒙古"台吉"扎希德勒克,得知清军进抵托克逊,立即赶往该城,将自己所知悉数托出,并表示愿意随军做向导,"随同驰驱,于地势险夷、贼情虚实、水道深浅,据实备陈"[9]奏稿六736—737。从伊犁逃出的锡伯族民众,在喀尔博户一带屯田储粮。清军进至乌苏时,他们便把粮食送到营中,以供军需。

对于每一支开赴前线的部队,左宗棠都反复强调军纪的重要性。易开俊部"安远军"准备开赴吐鲁番时,曾有弁勇到敦煌索要车马、粮食。左宗棠立即命令易开俊查明禀复,并严厉告诫:"亟应整饬所部,严申禁令,加意保卫地方,以安人心而副委任。倘任所部弁勇骚扰民间,本大臣爵阁部堂定惟该提督是问。"[9]札件544当"安远军"由吐鲁番开赴库车一带换防时,左宗棠又告诫易开俊,"麾下所部虽皆劲旅,然于纪律一切能否恪遵无误,究未可知。此次进驻库车,尤宜时加申儆,忽稍宽纵,致失民心"[9]书信三279。因为在左宗棠看来,民心的向背关系到战争的胜负。对于个别不守军纪的部队,一经发现,左宗棠立即采取断然措施,予以处置。吐鲁番之役,发生过蜀军统领徐占彪向马人得索取洋财、纵兵扰掠之事。左宗棠获悉后,当即"加札严饬"[9]札件424,并派道员雷声远前往抚绥,"实则兼察蜀军"[9]书信三191。随即,他令徐占彪部留守吐鲁番,不让其到前线作战。不久,又将该部队从吐鲁番撤回,并拟将徐占彪撤职。在左宗棠的一再严令下,进兵新疆的部队,军纪严明,受到当地民众的欢迎。左宗棠自己也说,"此次官军进征,纪律严明,秋毫无犯,居然完善如初"[9]书信三317。俄国人别里尤评论说,清军所到之处,均受到"欣喜的欢迎"[18]160。

8 不复全疆誓不休

收复全疆,还得益于左宗棠不复新疆誓不罢休的决心。

阿古柏被称作是"英国政府在克什米尔以北土地上所树立的英雄"[17]2。英国为使这个伪政权能继续存在,费尽了心机。清军收复乌鲁木齐不久,光绪二年七月二十八日(1876年9月15日),英国驻华公使威妥玛就找到李鸿章,为阿古柏政权说项。威妥玛表示,英国愿意出面"居间调停",条件是阿古柏政权"作为属国,只隶版图不必朝贡"。[19]卷六4309 接着,威妥玛向总理衙门正式提出这一"建议"。左宗棠收到总理衙门转来的函件后,在回信中一针见血地指出:"英人代为请降,非为安集延,乃图保其印度膏腴耳!"他明确表示反对英国人的调停,说虽然要转战4000余里,但只要粮饷、军火转运得手,收复南疆不是问题,无须英国人费心,"然果饷粮、军火转运应手,亦不至久滞戎机,无须英人代为过虑也"[9]书信三107。

光绪二年十一月,中国第一任驻英公使郭嵩焘抵达伦敦。光绪三年(1877)四月初,阿古柏也派他的外甥赛尔德·阿古柏到伦敦求援。五月二十日(6月30日),英国外交部派刚从北京回国述职的威妥玛与郭嵩焘会谈,"急求帮令哈(喀)什噶尔自立一国"[20]第三卷235。六月初六日(7月16日),在威妥玛的一再要求下,郭嵩焘勉强同意与赛尔德见面。此后,受到李鸿章、威妥玛的影响,郭嵩焘竟然建议清廷同意阿古柏在喀什噶尔建立属国,"与其穷兵糜费以事无用之地,而未必即能规复,何如捐以与之,在中国不失为宽大之名,在喀什噶尔弥怀建置生成之德"[21]373。对此,左宗棠表示坚决反对,他在给清廷的奏折中严词驳斥说,"喀什噶尔即古之疏勒国,汉代已隶中华,固我旧土也","彼阴图为印度增一屏障,公然向我商议,欲于回疆(即南疆)撤一屏障,此何可许?"[9]奏稿六680,681 在给前线统帅刘锦棠的信中,左宗棠明确指示,"喀什噶尔是我旧有疆宇……我之兵力应即蹑踪追剿,尽复旧疆,岂容他人饶舌?"[9]书信三217 在左宗棠看来,英国人如果想让阿古柏"别为立国",可以"割英地与之,或即割印度与之可也,何乃索我腴地以市恩?"[9]奏稿六680 为此,他没有理会英国人的无理纠缠,坚决把阿古柏的残余势力赶出国境,终使英国的阴谋未能得逞。

光绪六年(1880)五月,曾任"洋枪队"头目的英国人戈登,受清政府之聘,从印度赶往北京,对伊犁问题进行"调停"。戈登先到天津同力主妥协的李鸿章密谈。他威胁说:"如果你要作战,就当把北京的近郊焚毁,把政府档案和皇帝都从北京迁到中心地带去,并且准备作战五年。"[22]369 五月十九日(6月26日),清廷在北京召开紧急会议，李鸿章的意见占了上风，协办大学士全庆、工部尚书翁同龢、礼部尚书徐桐以及南洋大臣兼两江总督刘坤一都赞成与俄妥协。清廷遂于十九日发出"上谕"，一面屈从沙俄和列强压力，将崇厚"暂免斩监候罪名，权行监禁"；一面派新任驻英法公使曾纪泽赴圣彼得堡重开谈判。

面对俄国的军事恫吓，面对朝廷诸公的妥协退让，左宗棠毫不畏惧，在表示不能坐视伊犁为俄所占的同时，力主以武力为后盾，支援曾纪泽在前方的谈判，以将伊犁收回——"惟伊犁久假不归，何能坐视不理？"[9]书信三542"伊犁事非先之议论，继以兵威，实难望有归束"[9]书信三540。他还写信给总理衙门，反对屈辱妥协，"察看情形，实非决之战胜不可"[9]书信三604。

此时，光绪三年三月爆发的俄土战争刚刚结束，俄国财政因此枯竭，赤字高达5000万卢布。[18]157沙俄政府主观上虽不惜以战争手段永远霸占伊犁，但限于财力，加上看到清廷已指示左宗棠早做准备，便不敢贸然开战。参加谈判的俄外交部高级顾问若米尼就说："只要痛打他们（指中国）一顿，才能使他们老实下来。但是我得承认，这种必要的做法对于我们涸竭的财政来说是十分困难的！"[23]118因此，沙俄最终不得不同意改约。这样，双方终于在光绪七年正月二十六日（1881年2月24日）签署了《中俄改订条约》，为中国收回伊犁奠定了基础。

9 近代以来反抗外侮的第一次完胜

收复新疆，让我们充分体会到左宗棠"苟利社稷，死生以之"的深厚爱国情怀。从同治三年开始，清廷就不断调兵遣将，以解决新疆危机，但始终未有明显成效。左宗棠督办新疆军务之后，不顾年事已高，以"生出玉关"马革裹尸的决心，独膺艰巨。在清廷的支持下，他与同僚通力合作，发挥陕甘平定、后路无忧的优势，不失时机地利用国内、国外的资源，"自关陇以至酒泉，自沪、鄂以至关陇"密切合作，"数千里一气卷舒"，筹粮、筹兵、筹饷，不到4年，即收复北疆、南疆。他在光绪四年给好友刘典的信中说，"新疆用兵，全以关陇为根本，同心断金，乃收其利……我国家当天下纷纷时，不动声色，措如磐石，复能布威灵于戎狄错杂之间，俾数千里丘索依然金瓯罔缺，以此见天心眷顾，国祚悠长，非古今所能几其盛美也。吾辈数书痴一意孤行，独肩艰巨，始愿亦何曾及此！而幸能致之者，无忌嫉之心，无私利之见，苟利社稷，死生以之耳"[9]书信三298—299。

左宗棠率军收复新疆，被称为中国近代反抗外来侵略的第一次完全胜利。它把窃据新疆13年之久的阿古柏政权完全摧垮，粉碎了英、俄两国侵占我国新疆的野心，捍卫了新疆160多万平方公里的祖国神圣领土。如果不是左宗棠等赶跑了阿古柏政权、以武力为后盾收回伊犁，新疆很有可能沦为异域。正如左宗棠所说，"自俄踞伊犁，（新疆各族）渐趋而附之，俄已视为己有。若此后蚕食不已，新疆全境将有日蹙百里之势"[9]奏稿七377。对于收复新疆的意义，左宗棠自己也不谦虚，曾自我评价，"南疆底定，以事功论，原周秦汉唐所创见""秦汉以来，……实亦两千余年所仅见"[9]家书诗文181,书信三418。

左宗棠率军收复新疆，震惊了西方，有力地提升了清政府的影响力和国际地位。总理衙门曾给左宗棠转来当时国外对收复新疆的反应，"此次平定南疆，声威之盛，度越寻常，而布置精详，尤令远人钦服，不但海上用兵以来仅见之事，即周、秦以来驭边怀远之略实鲜其比。观俄、英各国议论，无复从前嚣凌气态，俄商谓我骄傲，其心虚胆怯已见一斑。英之求查土商踪迹，词旨卑约亦露言外"[9]书信三419—420。英国人包罗杰在光绪四年出版的《阿古柏伯克传》中写道：收复新疆之役，"是一件近五十年在中亚洲发生过的最值得注意的事件"，同时也是乾隆帝统一"回部"（即南疆地区）以来，"一支由中国人领导的中国军队所曾取得的最光辉的成就"。[17]223这些都表明左宗棠率兵收复新疆的重大国际影响和意义。

左宗棠率军收复新疆，不仅功在当时，更泽润后世。百多年来，无论是时人还是后人对此都给予高度评价：比如，人们将他和汉代出使西域的班超相比——左宗棠去世之际，甘肃布政使崇保在挽联中就如此盛赞道，"手拓西域疆土万余里，班定远同其爵赏，逊其恩荣"①[9]附册807；《近代名人传》中写道："左宗棠立功万里外，西北敉平，虽汉班超何以加焉。"[24]1244 原南京中央大学历史系主任缪凤林先生曾说："自唐太宗以后，左宗棠是对国家主权领土功劳最大的第一人。"[25]81 1949 年率军出关解放新疆的王震将军，在上个世纪 80 年代接见左宗棠曾孙左景伊时也说："左宗棠西征是有功的，否则，祖国西北大好河山很难设想。"[26]

新疆的收复，也使从同治三年起即陷入兵乱的这片广袤土地，重新回到和平的局面，社会开始稳定，百业开始复苏，新疆地区的生产和经济也逐渐得到恢复和发展。出于巩固边关的考虑，光绪三年（1877）三月收复吐鲁番、达坂之后，针对军府制度重视军事控制、忽略民政管理的弊端，左宗棠于六月十六日（7 月 26 日）上折提出废除过去存在于新疆的"军府"制度，并首次提出在新疆改设行省、设置郡县，以加强中央政府对新疆地区的政治、经济、文化管理。[9]奏稿六650 从光绪三年到光绪八年（1882）这 5 年里，他又先后 4 次奏请新疆建省。② 光绪十年九月三十日（1884 年 11 月 17 日），清廷发布上谕，正式宣布新疆建省，任命刘锦棠为首任巡抚。彼时正在福建督办军务的左宗棠有幸目睹了这巩固多民族国家大业的关键一步。新疆建省，龚自珍、魏源等人在鸦片战争前就已提出，但并未引起清廷重视。在道光十三年（1833）的《癸巳燕台杂感八首》中，左宗棠就有新疆建省的设想，写下"置省尚烦它日策"[9]家书诗文406 的诗句。时过 50 年，经过左宗棠的不懈努力，夙愿终成现实——这是左宗棠的又一重大贡献。

---

① 崇保，字峻峰；班超，东汉军事家、外交家，出使西域 31 年，收服西域 50 多个国家，为西域回归中国做出重大贡献，被封为定远侯。
② 这 4 份奏折分别为：光绪四年正月初七日《新疆应否改设行省开置郡县请敕会议折》；光绪四年十月二十二日《复陈新疆情形折》；光绪六年四月《复陈新疆宜开设行省请先简督抚以专责成折》；光绪八年九月初七日《新疆行省急宜议设关外防军难以遽撤折》。详见本书第二十章。

考证：左宗棠真的抬棺出征了吗？

关于左宗棠出屯哈密，有说其让亲兵抬着棺材一同上路，以示不收复伊犁决不生还之决心。

左宗棠舁榇出关的记载，主要见于如下文献。

王定安《湘军记》：四月乙卯，宗棠发肃州，舁榇以行。五月乙亥，抵哈密。[27]332 "舁榇"就是抬着棺材之意。沈传经、刘泱泱的《左宗棠传论》[28]407、孙占元的《左宗棠评传》[29]151、杨东梁的《左宗棠》[18]154，都采用了王定安的说法。[29]

朱孔彰在《中兴将帅别传》中写道：四月，公发肃州，舁榇以行。[9]附册655

《清史稿》所收录的《左宗棠传》中，也有类似记载：六年四月，宗棠舆榇发肃州，五月，抵哈密。[30]12033

魏光焘所编纂的《戡定新疆记》中说，"四月乙卯，宗棠发肃州舁榇以行。五月乙亥，抵哈密，俄人闻王师大出，增兵守伊犁纳林河，而以兵船翔海上冀震撼京师"。[7]67

秦翰才在《左文襄公在西北》《左宗棠全传》中，也认同左宗棠抬棺出征的说法："四月，文襄公亲自舆榇出关，誓与俄人决一死战。"[31]143；"四月中，宗棠由肃州舆榇起行，亲往新疆督师"[32]231——但两书都没有注明史料来源。同样采信却没有注明来源的，还有左宗棠后人左景伊写的《我的曾祖左宗棠》——"四月十八日，他率领亲军1000余人离开肃州大本营。前往新疆哈密。在队伍中，有几名壮士抬着一口空棺材，随着他的乘舆后面。"[33]259

今人马宗玉在《湖南骡子左宗棠》一书中如此写道：光绪六年四月十八日，68岁的左宗棠跨上白马，率亲兵千余人离开肃州西行。队伍中8名精壮士兵抬着一口黑漆大棺材，随在左宗棠马后。只见队如长龙，旌旗猎猎，在雄浑的大戈壁上前进着。左宗棠作为西征军的大帅，"舁榇以行"，表现了义无反顾的决心。[34]142

但清朝国史馆为左宗棠所撰的《国史本传》中，并未采信抬棺出征的说法。左宗棠去世后，闽浙总督杨昌濬、甘肃新疆巡抚刘锦棠，曾分别于光绪十一年、光绪十二年上折奏报左宗棠勋绩，也并未提及其抬棺出征之事。[9]附册716—719 与此同时，包括杨昌濬、刘锦棠、魏光焘，以及为左宗棠总理营务的王诗正等人的祭文中，都没有说左宗棠抬棺出征。此外，像吴汝纶的《左文襄公神道碑》、蔡冠洛编纂的《清代七百名人传》也未采信抬棺出征之说。

由前文可知，"舁榇出关"说法的源头，是王定安的《湘军记》和朱孔彰的《中兴将帅别传》，但二书都没有交代此说法的来源。①

如何看待这些互有出入的记载呢？笔者曾在首都图书馆查阅《左文襄公全集》[35]，在"书牍，第24卷，第3520页"中，并未找到马宗玉先生所引"舁榇以行"的记载。其次，魏光焘时为甘肃平（凉）庆（阳）泾（州）固（原）道，为左宗棠属下，或许比较了解情况。但在《戡定新疆记》中，他只是挂名，相当于现在的丛书编委会主任，具体执笔者为其幕僚，书中所写有不少讹误。②

在左宗棠的书信中，确实曾有诸如生出玉关、马革铜棺等视死如归的话语。比如，光绪元年，他写信催请刘典前来西北为其帮办军务，以便自己能出驻肃州、指挥收复新疆之战，其中就有，"驺从西来，弟免内顾，或不负生出玉关一行"[9]书信二486；光绪六年，在给著名学者吴大澂的信中，谈及春暖后将出屯哈密时，也有"至马革铜棺，则固非所计矣"[9]书信三536。但显然，这并非是说左宗棠"舁榇以行"。

按左宗棠的性格，如果真的"舁榇以行"，自会在书信中说及。

---

① 杨公道的《左宗棠轶事》中说左宗棠小时候身体很不好，得一僧人给他治好。该僧人还预言说左宗棠某年将卒于战阵。左宗棠出关时，想起该僧人的话，便抬棺出征，"公适奉命征哈密，出发时，忆及僧言，乃令舁柩而行，凡附身之物皆备，且预嘱后事，自分不能生入玉门关矣"，见秦翰才：《左宗棠逸事汇编》，第184页。此种说法，荒诞无稽，自不足采信。

② 例如该书第80页中曾记载：同治十一年，担心成为俄方的人质，伊犁将军荣全没有前往俄境与俄国人谈判伊犁问题，但据清宫档案，荣全与俄方曾在俄境见面，六月初四日（7月10日）清廷就收到荣全关于双方会面情况的奏报。

但无论是他给子女、友朋、僚属的书信中，还是给朝廷的奏折中，都没有关于抬棺出征的直接记载。光绪六年四月十八日（1880年5月26日）左宗棠从肃州启程往哈密，一路上曾给杨昌濬、金顺、部将谭心可、总理衙门等写信，甚至提及了诸如"甘雨随车""凉风习习"[9]书信三559,560等天气变化，但并无只字提及抬棺出征；当时与左宗棠一同负责新疆军务的刘锦棠、伊犁将军金顺以及护理陕甘总督杨昌濬，在给朝廷的相关奏报中，都没有提及左宗棠抬棺出征之事。而且，《左宗棠年谱》也没有类似的记载。

因此，左宗棠"舁榇出关"从肃州前往哈密之说，虽见于不少论著，但仍缺乏当事人的直接记载，尚存疑窦。当然，无论如何，左宗棠"誓与俄人决一死战"[31]143的决心，不容置疑。自古以来，玉门几乎成为人们西行的极限。唐朝诗人王之涣《凉州词》中的"羌笛何须怨杨柳，春风不度玉门关"，就是这种情景的写照。而左宗棠在给老友赵玉班的信中却说"壮士长歌，不复以出塞为苦，老怀益壮"[9]书信三557。悲壮高昂之爱国情怀，跃然纸上。

【注释】

[1] 文庆，贾桢，宝鋆，等. 筹办夷务始末（同治朝）[M]. 上海：上海古籍出版社，2007.

[2] 中国第一历史档案馆. 大清穆宗毅皇帝实录 [A].

[3] 中国社会科学院近代史研究所. 沙俄侵华史 [M]. 北京：人民出版社，1981.

[4] 袁大化，王树楠，等. 新疆图志 [M]. 东方学会，1923.

[5] 王建民. 新疆史话 [M]. 北京：社会科学文献出版社，2012.

[6] 王彦威，王亮. 清季外交史料（光绪朝）[M]. 北京：书目文献出版社，1987.

[7] 魏光焘. 戡定新疆记 [M]. 哈尔滨：黑龙江教育出版社，2014.

[8] 中国第一历史档案馆. 宫中朱批奏折 [A]. 档号：04-01-35-0985-033.

[9] 左宗棠. 左宗棠全集 [M]. 长沙：岳麓书社，2009.

[10] 平定陕甘新疆回匪方略 [M]. //奕訢，等.（钦定）平定七省方略.

北京：中华书局，1985.

[11] 秦翰才. 左宗棠逸事汇编 [M]. 长沙：岳麓书社，1986.

[12] 钟民和. 一个真实的新疆 [M]. 北京：人民出版社，2009.

[13] 中国第一历史档案馆. 大清德宗景皇帝实录 [A].

[14] 中国第一历史档案馆. 宫中朱批奏折 [A]. 档号：04-01-35-0985-033.

[15] 曾纪泽. 出使英法俄国日记 [M]. 长沙：岳麓书社，1985.

[16] 朱寿朋. 光绪朝东华录 [M]. 北京：中华书局，1958.

[17] 包罗杰. 阿古柏伯克传 [M]. 北京：商务印书馆，1976.

[18] 杨东梁. 左宗棠 [M]. 北京：人民文学出版社，2015.

[19] 李鸿章. 李鸿章全集：译署函稿 [M]. 长春：时代文艺出版社，1998.

[20] 郭嵩焘. 郭嵩焘日记 [M]. 长沙：湖南人民出版社，1982.

[21] 郭嵩焘. 郭嵩焘奏稿 [M]. 长沙：岳麓书社，1983.

[22] 马士. 中华帝国对外关系史：第二卷 [M]. 上海：上海书店出版社，2006.

[23] 查尔斯·耶拉维奇，巴巴拉·耶拉维奇. 俄国在东方 1876—1880 [M]. 北京：商务印书馆，2013.

[24] 李春光. 清代名人轶事辑览（三）[M]. 北京：中国社会科学出版社，2004.

[25] 朱传誉. 左宗棠传记资料（一）[M]. 台北：天一出版社，1979.

[26] 左景伊. 左宗棠的爱国主义精神在历史上闪光：记王震同志谈左宗棠 [N]. 光明日报，1983-10-16.

[27] 王定安. 湘军记 [M]. 长沙：岳麓书社，1983.

[28] 沈传经，刘泱泱. 左宗棠传论 [M]. 成都：四川大学出版社，2002.

[29] 孙占元. 左宗棠评传 [M]. 南京：南京大学出版社，1995.

[30] 赵尔巽，柯劭忞，等. 清史稿 [M]. 北京：中华书局，1977.

[31] 秦翰才. 左文襄公在西北 [M]. 长沙：岳麓书社，1984.

[32] 秦翰才. 左宗棠全传 [M]. 北京：中华书局，2016.

[33] 左景伊. 我的曾祖左宗棠 [M]. 武汉：湖北人民出版社，2010.

[34] 马宗玉. 湖南骡子左宗棠 [M]. 北京：团结出版社，2010.

[35] 左宗棠. 左文襄公全集 [M]. 刻本. 光绪十六年.

第二十章　西北的建设与治理

自同治五年（1866）调任陕甘总督，到光绪六年（1880）奉调进京，左宗棠主政西北的时间长达近 14 年。用兵陕甘，左宗棠多次表示"志在图数十百年之安，不争一时战胜攻取之利"[1]书信二174。而为了百年之安，就不能只靠军事行动，还需从民生、经济、政治、文化等全方位入手。由于清廷的信任，此期间，他集兵事、政事、饷事于一身。当然，也正如有专家所言，左宗棠在西北期间，大部分的时间、最主要的精力，还是用兵。不过，其中有不少开发、治理西北的措施，可圈可点，甚至泽被后世。

1　筑路造桥

在陕甘、新疆，左宗棠颇为注重筑路造桥，以改善交通。西北多高原、山地，一些重要的通道都是有名的险隘之处，像会宁县的翟家所、张陈堡；安定县的王公桥；隆德县的六盘山；固原县的三关口等，无不如此。经战乱之后，道路被毁，河道阻塞，桥梁倾塌，农商行旅，均以为苦。为改善这一状况，左宗棠命楚军作战之余，修路筑桥。根据光绪六年四月十七日（1880 年 5 月 25 日）的奏报：在会宁县境修建砖石土木桥大小 19 座；在安定县修木石桥 8 座；在金县修建木石桥 3 座；在皋兰修木桥 1 座；在泾州修建大、小木石桥 9 座；在平凉修建大、小木石桥 29 座；在固原修建大、小木石桥 10 座；在隆德修建大、小桥梁 6 座。在甘南狄道州城外，还修建了 1 座长二十丈、高一丈、宽八尺的"永宁桥"。[1]奏稿七469—470

楚军既修桥，又筑路：他们在固原的三关口、蒿店、瓦亭沿河一带，筑石路40余里；会宁县城至翟家所修车路43里；狄道州岚关坪至白林口修路160里；碾伯县老鸦堡至响镗修路240余里；大通县境修路300余里等等。此外，平庆泾固各属驿路，固原北至平远以达惠安堡盐路，"均已一律修治平坦"[1]秦稿七469。

左宗棠调遣楚军修路造桥，除出于军事需要外，也有便利农、商、行旅和保持军队刻苦耐劳作风的目的。毫无疑问，这些土木工程对于促进西北经济的发展，有着积极的作用。

2 "引得春风度玉关"

修路、造桥之外，左宗棠在西北，更为人称道的，是倡导植树造林。据不完全统计，从陕西长武县到甘肃会宁这六百里路，共种树264000株。至于甘肃境内，在会宁种树21000余株；在安定种树106000余株；在金县种树4400余株；在皋兰县种树4500余株；在环县栽树18000余株；在董志原与镇原栽树12000株；在狄道栽树13000株；在大通县栽树45000余株；在平番县栽树78000余株，合计超过30万株。除驿路等处之外，楚军还在地方衙署、书院等处植树，比如"柳湖书院种活树一千二百余株；平庆泾固道署内外种活树一千余株"[1]秦稿七469。

楚军植树造林，延至关外。据隆无誉所著《西笑日觚》记载，"左恪靖命自泾州①以西至玉门，夹道种柳，连绵数千里，绿如帷幄"[2]316。王逸塘在《今传是楼诗话》中也说，"秦陇道上，柳荫载路，直抵新疆，皆公治军时所植，世人名曰'左柳'"[3]215。光绪五年底至光绪六年初，德国人福克前来哈密看望左宗棠，后来在《西行琐录》中如此记载沿途所见："离邠一百里，名长武县，即交甘肃地界。左爵相饬于两面尽栽杨木，以分地界。业已成林，直至新疆无间断，路颇平正，厥功伟矣。"[3]258邠，即陕西邠州（今彬州市）。由此可知，

---

① 泾州，今甘肃平凉市泾川县。

植树的范围从陕西一直到新疆。

光绪六年十月，奉命进京的左宗棠自哈密东归兰州，展现在他眼前的景象是："道旁所种榆、柳，业已成林，自嘉峪至省（指省城兰州），除砬地、砂碛外，拱把之树接续不断。"[1]秦稿七566 "所种之树，密如木城，行列整齐……午庄（魏光焘）创建柳湖书院，规模宏敞，间架整齐，新植嘉树成林，尤称胜境。"[1]书信三610 接替左宗棠督办新疆军务的刘锦棠也说，"官道两旁树株遍植，迄今关陇数千里，柳荫夹道行旅便之"[4]372。

光绪五年，"帮办甘肃新疆善后事宜"的杨昌濬，来肃州看望左宗棠。沿途看到绿柳成荫、百业兴旺的承平景象，杨昌濬高兴之余，吟成《恭诵左公西行甘棠》诗一首：

　　大将筹边尚未还，湖湘子弟满天山。
　　新栽杨柳三千里，引得春风度玉关。[5]163

这首诗化自唐代诗人王之涣《凉州词》"羌笛何须怨杨柳，春风不度玉门关"之句，但赋予了新的意境，热情歌颂了左宗棠以国为家的胸襟气度以及清军收复新疆、开发西北的伟大功绩。从中，我们也可以看到左宗棠在西北植树的成绩。后来，人们为了保护左公柳，在沿途立榜提示，"昆仑之墟，积雪皑皑。杯酒阳关，马嘶人泣。谁引春风，千里一碧。勿剪勿伐，左侯所植"[6]188。今天，在新疆哈密一带，还有幸存的"左公柳"，合抱大小，浓荫蔽日。

3　工业化尝试

主政西北期间，左宗棠还进行了工业化的尝试。

同治十一年，左宗棠曾派部下、总兵赖长创办兰州制造局（又名甘肃制造局），制造新式枪炮。光绪三年冬，赖长用自制水轮机试制呢布一段呈验。左宗棠看后，十分赞赏，"竟与洋绒相似，质薄而细，甚耐穿着，较之本地所织褐子，美观多矣"[1]书信三273。于是，他接受赖长之建议，指示胡雪岩帮忙购买织呢织布火机全副到兰州，在兰州开办织呢局。

光绪四年底，德国织呢技师石德洛末购到织呢机器几十具。光绪五年春，这些机器由德国运抵上海。由于当时中国的交通非常落后，从上海运笨重的机器到兰州极为艰难。据当时的上海《大清国》杂志记载：机器系装在一条货船上，由招商局的轮船在1879年拖运到汉口。在汉口又将这些机器用民船水运、又由人们背运到兰州府。有些机器非常重，而且难运，所以锅炉得拆散了一块块地运，山路有时得开凿了，然后才能把大件的机器搬过去。[7]899

当年八、九月间，一部分机器经湖北、陕西运抵兰州；另一部分机器也在光绪六年（1880）二月运至兰州。四月，全部4000箱机器的最后一批终于送来。经过5个月的安装，织呢局于八月十二日（9月16日）开工生产。中国第一家近代毛纺厂在西北诞生，共有各种机器60余架，包括蒸汽机、织呢机、分毛机、净毛机、顺毛机等等。按照德方技术人员的估计，如果机器开足，技术纯熟，每年可成6000匹。但其时，只开一半即10架织机，"每天成品八匹，每匹长五十尺，阔五尺"[5]249。

甘肃织呢总局的投资，机器连进口关税，共用去湘平银十一万八千零三十二两；运费从德国到兰州，需湘平银七万二千九百七十五两有零；建造厂屋、支付华洋员工薪资等，湘平银十一万零三百零五两。统共大约湘平银三十万一千三百十二两。[5]249

按照左宗棠原来的设想，西北"羊毛、驼绒均易购取（煤亦易得）"[1]书信三273，开办织呢局，可以"为边方开此一利"。但织呢局开工后，困难重重：比如牧场未建，原料不够，水源不足；产品质量不过关，没有销售市场；管理不善，冗员过多；交通不便，成本过高等。《字林西报》曾刊登了一份关于甘肃织呢总局的考察报告，认为有四大问题：一是甘肃的羊毛品质不够织上等呢绒；二是羊毛中掺杂太多，拣洗太费工力；三是局中水井，质既不好，量又不够，影响漂染；四是成品太贵，出品不能运销远地，也无法和外国呢绒竞争。[5]249就是左宗棠自己也承认，该局所织洋绒"其质略逊于洋呢"[7]900。光绪八年，德国技师因合同期满而撤走。第二年，厂内锅炉爆炸，无力修复，也无力换新，加上俄国输入的毛织品更便宜，局中出品无销路，赔本难以维持，织呢厂也就随之停工。光绪十年四月，甘肃织呢总局为新任陕甘总督谭钟麟所裁撤。左宗棠在西北经营近代民用企业的尝试宣告失败。

但应该说左宗棠此举为西北近代工业留下了一笔遗产。后来，织呢厂在甘肃织呢总局的基础上几度恢复。而据有关调查，就是新中国成立后兰州第二毛纺厂的建立，也是以甘肃织呢总局遗留的两架顺毛机为基础的。[8]182

织呢局之外，左宗棠还在西北进行了勘探、开矿的尝试。光绪三年，陕甘大旱，左宗棠曾让胡雪岩帮忙购买挖井、开河的机器，"现通饬陕人凿井、区种，以救旱荒，尊处购掘井开河机器，并请雇数洋人（要真好手），派妥匠带领来甘，以便试办"[1]书信三273。随这些凿井机器而来的，还有胡雪岩捐赠的一副采金小机器。此外，胡雪岩还聘请了德国采掘技师米海厘前来甘肃。肃州附近有金矿。光绪五年夏，这位德国技师来到肃州，并深入到离肃州800余里的文殊山进行勘探，在荒无人烟的山区共找到3处金矿产地。但因天气严寒（当地阴历八月即大雪封山，每年只有三月到八月这几个月可工作）、交通不便，最终成效甚微。就连左宗棠也跟好友杨昌濬坦承，"昨次洋匠在彼处探路，尚是勉强进步，层冰积雪中无路可觅。由官设局开采，所得不偿所失也"[1]书信三438。德国技师回国后，左宗棠令当地绅士申办，先是"计三百人二十日得金沙四两一钱有奇"[1]书信三474，后来募得本地民夫30名，淘掘40日，获金十四两多。此后，左宗棠还曾尝试在新疆库尔勒采金，在库木什采铅，并在新疆开了几处铁矿。

4 恢复农业

在古代，农业是命脉。恢复经济、开发西北，必须重视农业生产。左宗棠经营西北，对农田水利，确实下了一番功夫：泾水是西北重要河道，郑渠和白渠是引泾水最早的两条渠。从光绪四年开始，左宗棠、刘典就对泾河及相关引渠进行疏浚、重修、加固等工作。左宗棠甚至委托胡雪岩从德国买来开河机器，开挖渠沟以引泾水，起名"皇渠"。除此之外，对于宁夏、河州、西宁等地的引水渠，左宗棠都曾下令加以修理、整顿——他曾从金积堡马化隆呈缴的款项中，先后拨出数千两，用于整修宁夏的唐、清、汉三渠；河州水利方面，在左宗棠的支持下，部将王德榜将高三十五六丈、长420丈的山坡，挖低25丈，开凿明渠，引抹邦河水，可灌溉农田上百万亩；西宁一带，除修复府城附近一里多的渠道外，还创修碾伯栖鸾堡一带沟渠20余里。其他的水利设施，还有河州三甲集新挖水渠40余里；祈家集兴修水渠一道；狄道州疏浚旧渠两道。此外，秦州直隶州知州陶模（后官至新疆巡抚），就渠北引渭河水，开陈家渠、毛侯家渠、张杨家渠、河边渠——连同乾隆朝所开石渠，共为五渠，灌田数千亩。[5]230—236

西北雨水稀少，积水如积谷，自古以来就有凿井积水防旱的做法。陕西平原多，凿井历史更为悠久：有水车井，一眼可灌溉20余亩；有辘轳井，一眼可灌溉5亩；有豁泉井，一眼可灌溉20亩；有秤杆井，一眼可灌溉6亩。光绪三年西北大旱期间，左宗棠写信给陕西巡抚谭钟麟，提出"以工代赈"之法，让当地民众帮忙开井之外，还可以"加给银钱"——根据挖井的深浅、大小，每眼给银一两或钱一千数百文。左宗棠还表示，如果经费困难，他可以从养廉银里出，"计开数万井，所费不过数万金。如经费难敷，弟当力任之，以成其美"[1]书信三255。

新疆水利方面。道光十九年，林则徐谪戍伊犁时，曾在伊拉里克及各城办理屯务、大兴水利。当时虽未完工，但已由伊犁将军布彦泰奏准加赋20万两，可见收获之丰。[1]书信三129—130道光二十九年两人在长沙城外相见时，林则徐曾将此告知左宗棠。同治十三年，张曜的嵩武军进驻哈密，从事屯垦。士兵们发现一条引山水的石城子渠。引水渠为道光朝杨遇春西征时所修建，虽已损坏，加以整理，还可利用。只是地为砂质，水易流失。为此当初曾用毡条10万铺底，防止渗漏。但几十年过后，这些毡条多已破损。张曜便报告左宗棠，希望拨给经费买6万条毡条重新铺设。左宗棠欣然同意，并从宁夏、河州和西宁等地普遍搜购，备足10万条给张曜。张曜因此在哈密开垦熟田2万亩，获粮数千石。统计起来，张曜之后，各将领部属在新疆兴修的水利工程有：哈密兴修渠两道；巴里坤兴修大泉东渠一道；古城子兴修官民各渠；乌鲁木齐兴修了永丰、太平、工兴等渠；玛纳斯兴修大顺渠；吐鲁番兴修官民各渠，挖掘坎井185处；喀喇沙尔兴修官渠10道，开辟上户新开渠一道等等。通过这些努力，新疆水利大兴。

平定陕甘过程中，左宗棠曾尽心力去安置民众，发给牲畜、籽种等，鼓励他们垦耕。比如平定陕西北部之后，左宗棠招致难民垦田，教给他们区田法①和代田法②；光绪三年西北大旱，左宗棠更是大力提倡"区田法"，以抗干旱、提高产量；刚到甘肃之时，左宗棠看到民间种的庄稼只有大小麦、黄白粟、油麻、玉米等几种，而这些作物产量都比较低，便想到将较为高产的稻谷引来。他先在平凉试种晚稻，但没有成功。后来平凉知县王启春也试种，每亩竟收得四五百斤。于是，左宗棠劝导民间仿种。他认为，只要平川足水之地，应无不宜。只是种子要选六七十天便能成熟的，因为西北天气早寒，如成熟期较长，恐怕结实却不能饱绽。

晚清一度鸦片泛滥，除了戕害百姓身体、造成白银外流等等之外，"罂粟占种地亩"[1]札件445，以致百姓无粮。为此，左宗棠在西北大力禁烟，"度陇以来，即颁示谕禁种罂粟"[1]札件445——同治八年，颁布《禁种罂粟四字谕》[1]札件577；光绪四年，他更对好友刘典说，"弟在此一日，即办一日，断不徇隐，断不因循耳"[1]书信三351。左宗棠禁烟的特点，是禁种不禁吸；对于烟土，是禁运不禁卖；对于烟民，是劝戒而不禁吸。在他看来，售烟可以设法藏匿，但种罂粟，周期较长，既易指认，就易铲除。陕甘平定之后，左宗棠便大力推行禁种罂粟——他下令陕甘各地官员四出访查，发现种罂粟的，一律拔去；又让布政使、按察使等再派人暗中查访官员禁种罂粟的成效。种罂粟，在河东一亩所出烟土可值七八十两，在河西也能值三四十两。利之所在，违抗命令者不少，尤其在宁夏；甚至有不少人说不让种罂粟就没有银子缴钱粮；军队也暗中包庇。左宗棠几次派员查察，回来都报告说"积重难返"。最后，左宗棠把除了宁灵厅之外的宁夏一府六属的主官，

---

① 把田分成数区，种一区，空一区，这种方法相传是商朝伊尹所发明，用以防干旱。
② 把田分作几行，今年种这行，明年种那行，此为汉朝赵过所发明，以省地力。

分别革职、撤任、开缺另补、撤销保案,将中卫营协都司和一位副将革职;栽种罂粟的土地,一律充公,违抗士绅,一律拿办。① 为了消灭烟土来源,左宗棠还禁止运烟,规定川、滇等地土烟入境,一律焚毁。至于洋烟客贩入境,一律勒令折回;如已卸货,由官查封,归客贩自己看管,限期出境。对于偷运、夹带的烟土,则要求一律焚毁。[1]奏稿七337;奏稿八29 光绪五年,在通饬陕甘各州县禁种罂粟的同时,他还把各种戒烟药方介绍给烟民,并鼓励官绅士民捐资合药。[1]札件551—552

禁烟之外,左宗棠鼓励西北民间种植棉花——其用意一是用来代替他大力禁种的罂粟,二是供给衣料。据他的调查,一亩田,如收成较好,可得棉花20多斤,每斤市价一千文,远比种罂粟获利丰,并且省工。[5]225 为此,同治十三年正月,他让人编印《棉书》和《种棉十要》,分发陕甘两省,要当地官员向百姓介绍种棉之法。[8]177 同治十二年,左宗棠赴肃州途中,路过山丹、抚彝、东乐各处,看到田间棉花已是白花累累,与当地百姓交谈时,获悉收益不低于种罂粟,很是高兴。甘肃棉花向来由川陕转运贩卖,每净花一斤,价大钱七八百文,后市价跌到每斤四百文内外。[1]书信三427 这在左宗棠看来,正是各地棉产渐增的例证。

早在同治十年,左宗棠就下令陕甘各州县种植桑树,为此还将《广行山蚕檄》所载的五种桑树介绍给民众。收复新疆之后,他更是在当地大规模兴办蚕桑业。这是因为,一是新疆桑树很多,但多是把桑葚当粮食吃或者酿酒;另一方面,俄国和邻国都需要丝,他们在新疆没买够,甚至跑到四川买。根据左宗棠的调查,新疆全境桑树有80.6万株之多。于是,他先从湖州雇来熟谙蚕桑的工人60名,带着蚕具前来;后又在湖州觅雇蚕织工匠两名,带着蚕种394张来到新疆,教当地百姓种桑树、养蚕蛹、织蚕丝等。经过两年的努力,所织新丝,不减川产。甚至,左宗棠还两次从湖州运桑秧到新疆栽种——他自己在肃州栽种之外,还让杨昌濬在兰州莲花池等地种植,希望

---

① 类似参劾禁种罂粟不力官员之举,左宗棠在光绪四年七月、光绪六年十月都曾有过。见《左宗棠全集·奏稿七》,第128、544页。

"十年之后，可衣被陇中"[5]246。

经过左宗棠及西北官员的上下努力，本是满目疮痍的西北，开始有了复苏气象。光绪五年，在给甘肃布政使崇保的信中，左宗棠竟然担心粮食太多、谷贱伤农，要崇保设法稳定和提高售价，"所虑新粮上市，斗价太贱，或致伤农。此间小麦每斗三十五斤，只需钱二百二十文，上白面每斤只需十二文。将来新粮之价再减，则不足偿工本。安能设法使粮价稍昂，为力田者劝乎？"[1]书信三448 光绪六年十二月，左宗棠进京入值军机途中，曾上折告诉朝廷，"沿途察看民物安阜，较五年以前大有起色。耕垦日广，民食渐充，白面一斤值钱十文，杂粮市价递减，窖藏甚多"[1]奏稿七566，并因此为陕甘善后中的出力官员请奖。

同治八年，在给儿子们的家书中，谈及甘肃情形，左宗棠曾有这样的描述，"无论平、庆、泾、凉一带纵横数千里，黄沙白骨，路绝人踪，无可裹之粮，无可因之粮"[1]家书诗文125。细心的读者或许会记得，光绪元年时，当地甚至无法为出征新疆的将士筹备军粮。为此，左宗棠不得不派人到科布多、包头一带购粮，甚至还向俄国购买粮食。而今，却担心粮食太多、粮价太低影响农民种粮的积极性。两相比较，可以看出左宗棠恢复陕甘、新疆经济之功了。

为了尽快恢复生产，左宗棠甚至自己掏钱为当地民众购买种牛、种羊。光绪六年四月，左宗棠率兵从肃州西行，出玉门关前往哈密扎营。途中经过安西，发现自惠回堡到安西一带，"沿途尽皆沙滩（即戈壁别名耳），草树寥寥，人烟稀少，与关内迥异"[1]书信三560。打听之后得知，原来当年马文禄叛乱时，当地丁壮多被裹胁当兵，以致"荒绝地亩、颓败村堡极多，望其还复旧观，殆非三十年不可"[1]书信三560。左宗棠见状，便拿出两千两养廉银，交地方官买种羊分给各户口及兵丁，以帮助当地居民尽快恢复生产、改善生活。

5 兴办文教事业

左宗棠在西北，对兴办文化教育事业十分重视。在他看来，"关陇兵燹之余，人不悦学，不及时兴教劝学，祸患何可胜言！"[1]札件259

首先是兴办书院和义学。在他的倡导下，从同治八年起，到光绪六年离任前，至少创设了尊经书院（庄浪）、泾干学舍（泾阳）、文明书院（泯州）等20余所；又修复重建了瀛洲书院（泾阳）、仰止书院（东乐）、银川书院（宁夏）等10余所；其中还有专为回民子弟设立的书院，如在平凉化平川的归儒书院。甘肃安定县原有的育英书院被毁于战乱。光绪元年，驻扎安定县的提督刘端冕在兵营旁重设育英书院，收学生40多人。左宗棠得知后，夸奖刘端冕此举为"兴教劝学，嘉惠士林，甚盛举也"[1]札件369。后来刘端冕请发《五经》《四书》60部。左宗棠查询后，虽然发现此前已经给安定县发过《六经》《诗经》《四书》等，但还是依刘端冕所请发去《五经》《四书》60部，并加发《孝经》《小学》各30部，以资鼓励。陕西泾阳绅士姚德捐银数千两，将被战火毁坏的泾干学舍重新修复。同治八年，学舍落成后，姚德来信请左宗棠题写匾额。左宗棠欣然题写"泾干学舍"匾额，并夸姚德捐建学舍之举"将见儒术盛而世教修，关学遗风无难复振于今日"。[1]札件167

书院之外，左宗棠主政陕甘期间，先后在各地兴办了320余所义学，专为各族儿童开展启蒙教育。同治八年十一月，左宗棠进驻平凉，即在崇信县（今甘肃平凉市崇信县）开办"义学"一所。同治十三年，更是命各地一律兴办"义学"。义学入学儿童称为"蒙童"，免交学费。此外，左宗棠还办了专收回民子弟的义学，如兰州有正德、序贤、养正、存诚四所义学，其中养正和存诚两所就是专为回童办的。至光绪六年，兰州城内外共办有义学16所，而其他府、州、县亦兴办"义学"共计近300所。驻节肃州期间，左宗棠还视察了当地"义学"，并与学童问答。收复新疆后，他还命各善后局、防营多设"义学"，至光绪六年（1880），新疆地区的"义学"已达57所。[5]256—259

其次是给书院学生发膏火费。如兰州的兰山书院，当时是甘肃省最高学府，正课学生40名，每名每月给膏火费3两；副课学生50名，每名每月一两五——这些膏火费，基本能够维持生员的个人生活。[5]253这样算下来，兰山书院每年膏火费需要两千多两银子。由于甘肃省财政拮据，经常亏欠。左宗棠得知后，立即指示甘肃布政使崇保多方筹措，并形成定制。实在来源不足时，他甚至捐出自己的养廉银——同治九年，他一次性捐出万两养廉银，专门用于兰州各书院经费和资助学子参加乡试、会试，"今岁廉项，兰州书院费膏火千数百两，乡试每名八两，会试每名四十两，将及万两"[1]家书诗文138。

左宗棠十分关心学生的学业，时常到书院和学生聊天。同治九年，甘肃布政使崇保转来甘肃士子写的一篇禀文。时在平凉的左宗棠看后，十分高兴，亲笔在信上加批，勉励学生们努力学习："览呈诸生之禀，文理尚可，殊为欣然！本爵大臣四十年前一贫士耳，然颇好读书，日有粗粝两盂，夜有灯油一盏，即思无负此光景。今年垂耳顺，一知半解都从此时得来，筋骨体肤都从此时练就。边方无奇书可借，惟就《四书》《五经》及传注昼夕潜心咀嚼，便一生受用不尽。诸生勉旃。事平至兰州，当课诸生背诵也。"[1]札件222

义学里读的书是《千字文》《百家姓》《三字经》等。以往陕甘的书都是从成都和武汉等地运来。战争时期，书贩裹足不前，而外地的书质量很差，错字和破句连篇。于是左宗棠就自己刻书。早在杭州时，他就设书局刊刻六经，在福州又设"正谊堂书局"。来西北前，先在汉口设"崇文书局"，又在西安关中书院内附设书局，两局的刻书费用都由他从养廉银中支付。同治十年，由于在陕甘广立义学，"各州县求书者纷纷而至"[1]札件264，可当地并无好刻本。为此，左宗棠写信给在武汉为其办理后路粮台的王加敏，请其在湖北让崇文书局先印千本《六经》，赶紧送来。同治十三年，他奏请在浙江严州开设书局，开印四书五经，专运甘肃使用。新疆收复后，又在迪化（乌鲁木齐）开设书局，刻印的书专供回民子弟诵读。受他的影响，他的部属如西宁知府龙锡庆，在西宁开设了"尊经书局"；陕西布政使翁同爵曾利用关中书院藏版刊印了《七经》《十三经》《廿二史》《资治通鉴》《小学》等，被左宗棠夸为小投入却能收大成效的明智之举，"可谓能见其大。此等举动，乍见为迂，稍久觉著效甚捷"[1]札件259。

左宗棠在西北还办了一件惠及甘肃广大士子的大事，那就是推行"陕甘乡试分闱"——即陕甘分开举办乡试。按照清代科举考试制度，每省举行乡试，中举后就有资格进京参加会试。在清初，甘肃本来是和陕西合为一省的，康熙二年（1663）才从陕西分出来，自成一省。但乡试没有分开，两省士人仍然合闱（闱是考试地点）——同在陕西省会西安参试。到左宗棠入陕甘时，这一制度已行之200多年。"合闱"对甘省士人有很大的不利：第一是取中总额比分闱要少；第二是甘省文化落后，考不过文化水平较高的陕西人，有时一榜中竟然没有一个甘肃学子；第三是贡院在西安，由甘肃各地去，路途遥远——最近的也有七八百里，由宁夏去二三千里，由河西走廊去西安三四千里，由新疆镇迪道（隶属甘省）则有五六千里。为应乡试，来回时间需一两个月甚至三四个月，所需费用，少则数十两，多则一百数十两。由于大多数秀才都是寒士，因此能到西安应试的甘省士人，顶多只有十之二三，多数优秀人才失去了竞争的机会。[1]奏稿五511,512

同治十二年起，左宗棠奏请甘肃乡试与陕西分闱，并获得清廷批准。与此同时，甘肃各州县集资银50万两，在兰州城袖川门与萃英门之间修建了贡院。[5]265 光绪元年八月初六日（1875年9月5日），陕甘分闱后的第一次乡试举行，200多年陕甘合闱的局面终于被打破。这次与试者2700多人[1]奏稿六293，比在陕西合闱时多出两三倍。左宗棠以陕甘总督身份，照例入闱监临。分闱前，陕甘共取中举人62名。分闱后，左宗棠奏请甘肃取40名，但朝廷只批准30名。光绪二年分试，经左宗棠再次奏请，批准为40名。[1]奏稿六362,364 左宗棠看到回民子弟文化水平较低，前两科一名未中，又奏请每两科中有一科至少要取中一名回民。[1]奏稿六602,603 如此一来，无论汉回各族士人都乐于就学，仅兰州书院肄业的学生多至四五百人，甘省人文由衰转盛。[5]267

新建的兰州贡院规模宏大，号舍可容4000人，在全国也算数一数二。光绪元年左宗棠入闱监临时，为贡院亲笔题写了"至公堂"匾额，还写了一副对联：

共赏万余卷奇文，远撷紫芝，近搴朱草；
重寻五十年旧事，一攀丹桂，三趁黄槐。[1]家书诗文500

"一攀丹桂"，是说他自己乡试中举；"三趁黄槐"，则是说会试失败三次。如今已身居高位的左宗棠，是在调侃自己当年三次落第的经历——些许自夸的同时，更多是劝勉应试的士子。

首次分闱后甘肃乡试的解元安维峻，正是左宗棠最为赏识的士子。监临期间的某个夜晚，左宗棠曾倚杖桥边，对月自语，"若此生得元，亦不负此举"[1]书信二516。榜发之日，高居榜首的正是安维峻。左宗棠慧眼识人，没有看错安维峻；而安维峻，也没有辜负左宗棠，可谓成就了一段佳话。

左宗棠当年为了进京参加会试，时常举债，一路艰辛。为此，他也深知士子们的不易。出任陕甘总督之后，他不时慷慨解囊，资助士人。同治七年，孝威进京参加科考时，体察父意，曾拿出500多两银子资助进京参加会试的湖南学子，让他们有盘缠返乡。左宗棠得知后，联想到自己当年三次参加科考落第后南返时"饥渴窘迫、劳顿疲乏之状"[1]家书诗文118，对孝威此举十分赞赏，又寄去银千两。同治十二年，在长子孝威刚刚去世、自己备受打击的情况下，他还是拿出养廉银两千两，资助参加会试的甘肃学子，"陇士贫苦可怜，拟以廉项二千两，为会试朝考诸生略助资斧。……此次汇银二千两，均在廉项内拨兑"[1]书信二369。光绪二年，他又专门给安维峻寄去银30两作为伙食费。与此同时，寄去银3000两，请安维峻按人数分赠甘肃学子。光绪三年，他又拿出养廉银3000两资助甘肃士子进京参加会试。即便如此，在给安维峻的信中，左宗棠还为所寄不多表示歉意，"惜廉泉涓滴，未能渥润耳"[1]书信三287。光绪五年，他还特意嘱咐沈应奎给安维峻送银50两作为参加会试的盘缠。光绪六年，安维峻第三次进京会试前，左宗棠还赠送亲笔题写的篆书联"行无愧事，读有用书"[1]附册728，让安维峻作为座右铭。安维峻于光绪六年这科中了进士，历任御史、京师大学堂总教习等，曾上《请诛李鸿章疏》弹劾李鸿章在甲午战争中的种种误国行为，甚至还上疏批评慈禧太后。如此敢言，难怪当年能为耿介的左宗棠所赏识了。

除此之外，左宗棠在陕甘还注意培养懂得西学的人才。当年创办福州船政局时，他就同时创办了"求是堂艺局"（即后来的船政前、后学堂）；在创办甘肃织呢总局时，左宗棠即指示主持局务的总兵赖长，从士兵中挑选"赋性灵敏堪资学习者"入局学习，希望"将来有

成，尤为此邦师匠所自出，不但数世之利也"。[1]札件463

为了发展文教，左宗棠曾将当地民众给他建的生祠改为书院。同治十三年甘肃民众为左宗棠建了生祠。他知道后，命改为南华书院。光绪二年，西宁士民在改建湟中书院的同时，要为左宗棠建生祠，也被他制止。变乱之后，甘肃许多义学和书院，都让军队给占了，种种破坏，在所难免。张国香在《五泉书院修理经费碑记》中说："骄弁悍勇，据为邸馆，桃李为薪，窗扉尽废。惟余数楹破厦，四壁残碑，与蓬蒿相掩映而已。"[5]259 左宗棠得知后，便严令各军一律让出占住的义学和书院。

这些义学和书院在当时对普及文化知识起了重要作用，后来又成为兴办新式教育的基地。一二十年后，晚清政府在陕甘兴办的新式学堂，大都由这些当年的书院改建——府办学院改为中学堂；县办学院改为小学堂；兰州的兰山书院则改为优级师范学堂，仍然是甘肃省的最高学府。可以说，左宗棠在陕甘兴办文教之举，泽被后世。

对于左宗棠奏请陕甘分闱，秦翰才先生如此评论："分省就得分设学政和分闱乡试，这是天经地义。譬如康熙元年，江南分省，雍正二年，便分设学政。康熙六年，湖广分省，雍正二年，便分闱乡试。陕甘分省约和江南、湖广同时，而分闱乡试和分设学政，却远在其后。在这遥遥二百年中，竟没有一位甘肃巡抚或陕甘总督想到。光从这一点看，就知道他们对于边方政事，没有放在心上。于是文襄公的举措，格外值得人们的重视了！"[5]268

而左宗棠经营西北，影响更为深远的举措，是促成新疆建省。

6 促成新疆建省

元朝时期，新疆就是中国的一个行省。乾隆二十二年（1757），清军击败准噶尔丹各部，收复伊犁。乾隆二十五年（1760），以参赞大臣阿桂为伊犁办事大臣，"总理伊犁事宜"，此为清廷在伊犁设官之始。同年四月，命吐鲁番郡王额敏和卓之次子茂萨为伊犁阿奇木伯克，筑宁远城设衙署，专门管理维吾尔族移民的屯田事宜。次年，设伊犁镇总兵，调乌鲁木齐之屯官金梁为首任，驻绥定城，统辖绿营兵屯田事宜。乾隆二十七年（1762）十月，设"总统伊犁等处将军"（简称伊犁将军），驻惠远城，为新疆地区最高长官，命明瑞为首任将军，下辖各地参赞、办事大臣及领队大臣，并辖乌鲁木齐都统，管理新疆天山南北的广大地区。

清政府设伊犁将军是施行军府制。这种军府制只管军政，不理民事。民政事务仍由各地民族头目自理：在北疆和蒙古族、哈萨克族地区，以及吐鲁番、哈密等地实行札萨克制；在南疆的维吾尔族地区，仍然实行伯克制。

札萨克，蒙古语"执政官"的意思，由朝廷册封，有爵位，一般可以世袭，称为"王爷"。清朝分蒙古族居住地区为若干旗，每旗置札萨克一人，掌一旗政令，统领步众，受理藩院与将军、都统节制。在札萨克的封地内，山川、河流、山林、牧地、田产均归其所有，且不担负政府的任何徭役、税赋。人民统归其管辖并交纳赋税，承担徭役，札萨克对他们有生杀予夺的权利。

伯克制度则是清廷在新疆回部实行的官制，主要通行于维吾尔（回民及塔兰奇）、柯尔克孜、塔吉克等族地区。据介绍，南疆各维吾尔族地区所设伯克名目达35种之多，并仿内地官吏分别厘以三品至七品不等的品级，最高者为阿奇木伯克。清政府利用这些伯克来统治新疆维吾尔族地区。而伯克也有着种种特权：都有一定数额的亲随或家仆，在其家服役；土地全靠征用无偿劳役来耕种；任意征收苛捐杂税，从中贪污。有些伯克还把持水利、囤粮贵卖，私用肉刑，妄杀人命，奸占妇女，横行乡里。他们的种种暴行，激起了维吾尔族人民的不断反抗。

至于乌鲁木齐、巴里坤一带的汉、回地区则实行郡县制，设镇迪道——虽由乌鲁木齐都统兼管，但隶属甘肃省；哈密则隶属甘肃安肃道。

新疆地区多元制的管理方式，造成了政出多门。更为严重的是，札萨克制和伯克制助长了地方民族主义势力的膨胀，削弱了清政府的统一领导。同治三年之后，新疆各地出现了分裂割据局面，以致阿古柏、俄国等外来势力乘虚而入，使得新疆面临空前严重的危机。

早在道光十三年，在《癸巳燕台杂感》诗"其三"中，谈到新疆问题时，左宗棠就有"置省尚烦它日策，兴屯宁费度支钱"之语。[1]家书诗文406在用兵陕甘、新疆的过程中，左宗棠自然深刻体会到新疆现行管理体制的弊端，提出新疆建省的主张也就不足为奇。

嘉庆年间，和卓后裔张格尔窜入南疆，发动叛乱。当时，思想家、诗人龚自珍就在《西域置行省议》中，提出西域建立行省的方案。[9]406另一位著名思想家魏源也呼吁：新疆应"置郡县"。[10]道光十一年十月，扬威将军长龄等在平定张格尔部后曾提出在新疆添设文职同知、巡检以加强管理，道光帝虽勉强同意，但否定了"在回疆纷纷添设文职衙门"的建议。[11]卷二〇〇

光绪元年受命督办新疆军务不久，在给友人刘典的信中，左宗棠就提到新疆建省的设想，"如划分疆界，驻兵置守，立省设郡县，定钱粮，收榷税诸大端，非二三年之久不能筹定"。[1]书信二486

光绪三年六月十六日（1877年7月26日），清军一举规复吐鲁番、达坂、托克逊三城，准备向南八城进军之际，左宗棠上了《统筹全局折》，首次正式向清政府提出"设行省，置郡县"的建议，指出"为新疆画久安长治之策，纾朝廷西顾之忧，则设行省、改郡县，事有不容已者"。[1]奏稿六650

光绪四年正月初七日（1878年2月8日），在清军收复除伊犁之外新疆全部领土之际，左宗棠又上《新疆应否改设行省开置郡县请敕会议折》，建议朝廷下旨，将新疆是否改设行省问题让军机大臣、总理各国事务衙门、六部、九卿及各省督抚臣讨论。

两度上折，清廷并没有明确表态，而是要求左宗棠"通盘筹画，妥议具奏"[1]奏稿六651。针对左宗棠让军机大臣等就新疆建省发表意见的奏请，清廷则表示，"新疆应否改设行省、郡县，事关重大，非熟习该地方情形，难以悬断，此时遽令内外臣工议奏，亦未必确有定见。仍着左宗棠详细酌度，因时制宜"[1]奏稿七6。但左宗棠并未气馁，他对好友刘典说，"惟弟今岁不能回兰，以改置行省一节，所关甚巨，非与和甫（金顺）、毅斋（刘锦棠）诸公往复商量计议不可定局。新疆督抚不早放人署理，弟不能卸手也"[1]书信三331。

九月三十日（10月25日），清廷发来密谕，以"郡县之制，以

民为本"[1]奏稿七155，就此询问左宗棠新疆南北户数情形。十月二十二日（11月16日），左宗棠在《复陈新疆情形折》中，第三次详细地陈述了新疆的形势和新疆建省的必要性、可能性和迫切性。首先，左宗棠指出，现在实行的军府制，"治兵之官多，治民之官少"[1]奏稿七173，如此却希望与民教化，"不亦难哉"！其次，由于实行札萨克制、伯克制，赋税粮课均由札萨克、伯克征收后交官，导致百姓与朝廷官员隔绝，不利于中央政府的管理，"官民隔绝，民之畏官，不如其畏所管头目"[1]奏稿七173，各头目还趁机假传朝廷旨意以对百姓进行征索，严重激化了当地矛盾。如果设立行省，政务责成各厅州县等，则"民之情伪易知，政事之修废易见，长治久安之效，实基于此"[1]奏稿七174。因此，在奏知清廷新疆南北户口渐增的事实后，左宗棠认为"南北开设行省，天时、人事均有可乘之机。失今不图，未免可惜"[1]奏稿七173。但十一月初九日（12月2日），清廷认为"伊犁未经收还，一切建置事宜尚难遽定"[1]奏稿七178，对新疆建省依然未作定论。

光绪六年四月十八日（1880年5月26日），左宗棠第四次为新疆建省上折。在《复陈新疆宜开设行省请先简督抚臣以专责成折》中，左宗棠提出了新疆建省后府县州道等具体治理架构。根据新疆形势，左宗棠建议以北路的乌鲁木齐为新疆总督治所，以南路的阿克苏为新疆巡抚治所，全疆设伊犁等5个道，迪化等15个府，镇西等6个州，以及迪化县等21个县。五月初一日（6月8日），清廷仍以"伊犁尚未收复，布置一切不无窒碍"[1]奏稿七476为由，将左宗棠此折"留中"，也就是暂时搁置。

十月十二日（11月14日），已经奉旨入京的左宗棠，仍在途中上折，奏请将原属甘肃的"哈密及镇迪一道所属文武地方官均应归刘锦棠统辖"[1]奏稿七548，为将来新疆建省准备。

光绪八年三月十六日（1882年5月3日），新任陕甘总督谭钟麟奏覆朝廷关于新疆南路筹办情形时，同样提出新疆设立行省的建议。七月初三日（8月16日），督办新疆军务的刘锦棠也上了《新疆各道厅州县请归甘肃为一省折》。在奏折中，刘锦棠认为新疆现有各州厅县不过二三十处，和各省中郡县最少的贵州、广西等相比，"新疆则尚不能及其半，其难自成一省也，亦已明矣"[4]91，为此他建议将新疆和甘肃合为一省。这虽然和左宗棠新疆单独建省意见略有不同，但与此同时，刘锦棠也承认，他在新疆"于今已历七载，熟度关外情形，求所以长治久安之道，固舍设郡县、易旧制，别鲜良图"[4]91，并建议"添设甘肃巡抚一员，驻扎乌鲁木齐，管辖哈密以西南北两路各道厅州县，并请赏加兵部尚书衔，俾得统辖全疆官兵，督办边防"[4]92。

此时左宗棠虽已调任两江总督，但是他"身居江表，心系西陲"[1]奏稿八138，于九月初七日（10月18日）第五次为新疆建省上折。在这份名为《新疆行省急宜议设关外防军难以遽裁折》中，左宗棠以台湾作比形容新疆建省的必要性。他说，台湾面积大约为新疆十分之一，距福建不过"轮船一昼夜"的工夫，但同治十三年日本侵略事件发生后，"议者尚有移驻巡抚之请"，何况新疆为陕甘、山西乃至京师屏障，地大物博？除此之外，左宗棠还从五个方面阐述了新疆建省的迫切性：一是可以杜绝国外势力觊觎；二是便于处理交涉事件；三是防营未撤可壮疆臣声威；四是设立行省，增加管理民政的官员，便于安插新归附的回民，以求长治久安；五是简派督抚等地方官后，可以改变新疆此前多借军队之力办事的局面，有利于当地民众"乐事劝功，人知自奋"[1]奏稿八137。

光绪十年九月三十日（1884年11月17日），清廷正式发布新疆建省上谕：

> 新疆底定有年，绥边辑民，事关重大，允宜通筹全局，厘定新章。……前经左宗棠创议改立行省，分设郡县，业据刘锦棠详晰陈奏，由部奏准，先设道、厅、州、县等官。现在更定官制，将南、北两路办事大臣等缺裁撤，自应另设地方大员以资统辖。着照所议，添设甘肃新疆巡抚、布政使各一员。[12]卷一九四

十月初二日（11月19日），清廷任命刘锦棠为甘肃新疆巡抚，赏加兵部尚书衔，仍以钦差大臣督办新疆事宜，调魏光焘为甘肃新疆布政使。由于沙俄20余年来割占了我西北疆域50余万平方公里的领土，伊犁已由原来新疆的中心变为与沙俄接壤的前线，失去了统摄全疆的地位。为此，经刘锦棠建议，新疆政治中心由原来的伊犁惠远城

东移，改乌鲁木齐为巡抚驻地。这和左宗棠光绪六年四月十八日以乌鲁木齐为新疆总督治所的建议不谋而合。

整体说来，清政府新疆建省方案，综合了左宗棠和刘锦棠的建议——单独建省的建议，来自左宗棠，但考虑新疆实力以及骤难与甘肃分开，未采纳左宗棠新疆单独设立总督的方案；设甘肃新疆巡抚并赏加兵部尚书衔的建议，来自刘锦棠。按例，巡抚只加侍郎衔，总督才加尚书衔。清廷鉴于新疆地理位置重要等因素，为甘肃新疆巡抚赏加兵部尚书衔，可谓异数。

这样，从光绪三年（1877）正式向朝廷提出新疆建省，经5次上折、历时7载——时间远超左宗棠最初预计的二三年，左宗棠新疆建省的愿望终于变成现实！魏光焘在《戡定新疆记·序》中说：左宗棠在新疆"开建行省，创自古非常之局，而终先皇未竟之志"。[9]476 新疆建省，是新疆近代历史上的一个重大转折，为新疆的政治、经济、社会等的发展，为新疆的长治久安，为保全祖国这片166.49万平方公里的大好河山，具有重大而深远的历史意义。

【注释】

［1］左宗棠. 左宗棠全集［M］. 长沙：岳麓书社，2009.

［2］刘泱泱. 左宗棠研究文选［M］. 长沙：湖南人民出版社，2012.

［3］秦翰才. 左宗棠逸事汇编［M］. 长沙：岳麓书社，1986.

［4］刘锦棠，李续宾. 刘锦棠奏稿 李续宾奏疏［M］. 长沙：岳麓书社，2013.

［5］秦翰才. 左文襄公在西北［M］. 长沙：岳麓书社，1984.

［6］谢彬. 新疆游记［M］. 北京：中华书局，1923.

［7］孙毓棠. 中国近代工业史资料：第一辑下册［M］. 台北：文海出版社，1980.

［8］杨东梁. 左宗棠［M］. 北京：人民文学出版社，2015.

［9］沈传经，刘泱泱. 左宗棠传论［M］. 成都：四川大学出版社，2002.

［10］魏源. 圣武记［M］. 刊本. 1900（光绪二十六年）.

［11］中国第一历史档案馆. 大清宣统成皇帝实录［A］.

［12］中国第一历史档案馆. 大清德宗光绪实录［A］.

第二十一章　京城岁月

新疆建省，标志着新疆的历史进入新的阶段。而此时的左宗棠，人生也暂时从激流险滩步入静水流深——离开枕戈待旦的兵营，进京辅政，"入赞纶扉，参预密勿"[1]卷二80。

光绪六年（1880），就在为进兵伊犁积极筹备之时，七月二十四日（8月29日），左宗棠在哈密接到朝廷的六百里加急谕旨，让其进京陛见："左宗棠现已行抵哈密，关外军务谅经布置周详。现在时事孔艰，正须老于兵事之大臣以备朝廷顾问。左宗棠着来京陛见"[2]奏稿七509。

清廷召左宗棠进京，最主要的原因，是为了防备与俄交战。俄国为了达到威胁和迫使中国接受崇厚所订条约的目的，增兵伊犁、东北等与中国壤接边境，并派"兵船二十三只由黑海、阿非利加驶至中国洋面，图封辽海"[2]奏稿七546，摆出开战架势。清廷判断，中俄可能将有一战，故调晓畅戎机的左宗棠进京。还有一种说法，调左宗棠进京是清廷的示弱，是为了抑制主战派的高昂斗志。[3]151—154,[4]155—156但从推动清廷内调左宗棠进京的奏折看，"示弱说"和"抑制说"有点勉强。

对于左宗棠而言，此番进京，是他同治七年（1868）陛见后时隔13年再度入都。鉴于自己年事已高，左宗棠曾一度准备在京城安老。

为此，在哈密时他就做了相应的安排：军事方面，奏请帮办新疆军务的刘锦棠接任钦差大臣、督办新疆军务，奏请张曜帮办新疆军务；民政方面，奏请帮办新疆军务的杨昌濬护理陕甘总督；私事方面，他写信给管理自己养廉银的沈应奎，让他寄银2000两给在京城的太常寺卿徐用仪①。寄钱的目的，是请徐用仪帮忙代办陛见物件，并购置住宅，供进京后居住。在信中，左宗棠就告诉沈应奎自己在京养病终老的打算，"惟宿恙未痊，纵力疾入都陛见，而步履殊艰，断难供职，当请开阁缺养疴京寓，留备顾问，不敢以归田乞身"[2]书信三592。他也告诉徐用仪：自己打算入京陛见之后就请求开缺，"以闲散长留京师"[2]书信三593，但留京师"不可无住宅"，为此请徐氏帮忙购屋。

十月十二日（11月14日），左宗棠交卸钦差大臣关防，离开哈密入关返兰州。十一月二十一日（12月22日），抵省城兰州。十二月初三日（1881年1月2日），左宗棠交卸陕甘总督关防，初四日起程北上入京。

1 向"潜规则"说不

光绪五年（1879）十二月，左孝同夫妇曾带着母亲也就是左宗棠的侧室张氏，以及大哥孝威的三个儿子念谦、念恂、念慈等来到兰州。当时左宗棠正驻扎肃州，准备第二年春天西出玉门关，移驻新疆哈密。

本来，左宗棠预计五月出屯哈密，七月伊犁事毕，八月中秋前后当可返回兰州，与家人相聚。七月二十五日（8月30日），接到朝廷让其入京谕旨的第二天，他即写信告知孝同，计划让孝同等先回湖南为念谦完婚后，再北上入京，"尔等应于解冻后南归。明年可为丰孙完婚。此后或仍来京侍养，丰孙预备引见，尔兄弟可就便赴北闱乡试"[2]家书诗文208。

但这封信毕竟是刚接到谕旨就赶写的，难免思虑不周。之后，左宗棠关于家眷的安排，几经反复，最后还是决定家眷陪同入京，由孝

---

① 徐用仪，字小云，浙江海盐人，历任鸿胪寺少卿、工部右侍郎、吏部左侍郎、兵部尚书、军机大臣。

同打前站。光绪七年（1881）正月，他对好友沈应奎说，"拟到获鹿即先遣四儿赴都照料，沿途趱行，可先弟两日到也"[2]书信三624。根据左宗棠正月十八日（2月16日）给徐用仪的信，可知左宗棠进京之安排：十八日到了河北获鹿，因"连旬山路驰驱，殊觉惫甚"[2]书信三675，休整了一天；十九日（17日）先派差人送奏折进京，并了解住地情况；左孝同则带着两名随员，紧随其后，将行李等搬到住地；而左宗棠则预计在正月二十七日（2月25日）左右到京。

最初请徐用仪帮忙买房时，左宗棠并未有太多要求：地段方面，和大多数京官住在一块即可，只是希望屋旁有空地可以种菜，"能如京官住宅款段，即可相安，惟宅旁须有隙地可以畦蔬，庶有生趣，幸留意焉"[2]书信三593。

那当时的京官，一般都住在什么地段呢？

清代实行满汉分居，满族京官多定居于北京内城，汉族京官基本上都居于外城。至于皇城的中心紫禁城，自然是皇帝居住的地方；八旗驻防内城八门。汉人、汉官，不少居住在宣武门外。清代中央六部均设在正阳门内，宣武门外离正阳门不远，在此居住上朝方便。如顺治年间，吏部尚书金之俊、礼部尚书龚鼎孳、大学士冯溥等都住在宣武门之右、报国寺稍东北一带；位于菜市口大街的绳匠胡同（现名菜市口胡同），居然住过清代史上30余位重要人物——清中前期的徐乾学、洪亮吉、毕沅、陈元龙，晚清的军机大臣兼协办大学士李鸿藻、"戊戌变法"六君子之一的刘光第，还有蔡元培……道光年间曾国藩、左宗棠等进京赶考时，就住在宣武门外长沙郡馆、铁门等处；后来曾国藩进京为官，长时期住在宣武门外南横街、绳匠胡同等地。

但徐用仪并没有给左宗棠买房，而是在上斜街租了一处房子供左宗棠暂住。或许，徐用仪觉得，买房这样的大事，还是等左宗棠进京后自己定夺更好。上斜街位于今北京市西城区长椿街一带，东起宣武门外大街，西至下斜街，有年羹尧故居、龚自珍故居等，当时正是汉官集中居住之地。不过，左宗棠听说此地治安不好，并不满意，而是希望将住所安排在内城，"闻林心北说，其地多夜警。如内城有相宜者，或即改赁亦可，已赁之租钱不足惜也"[2]书信三675—676。

第二十一章 京城岁月

左宗棠正月二十六日（2月24日）抵京，次日觐见，二十九日（27日）奉旨入值军机，在总理各国事务衙门行走，管理兵部事务，"正月二十七日展觐，召对两次，即蒙新命入值枢垣，兼典属国"[2]书信三628。两次召见，主要是慈安太后和幼帝光绪主持。慈禧则因生病，"尚未临朝"[2]书信三628。

按照左宗棠的设想，觐见之后就请求开缺，以闲散留京以备顾问。然而，就在他进京途中，管理兵部事务的大学士沈桂芬病逝。按惯例，已为东阁大学士的左宗棠将接管兵部事务。有了实缺，则无法请求开缺了。[2]书信三626。

在被时人称为"中兴名臣"的曾国藩、左宗棠、李鸿章三人中，曾、李虽先后在畿辅重地直隶担任总督，且曾的一等侯爵高于左之二等侯①、李晋封大学士早于左②，但曾、李二人始终未曾入值军机，更别说主持总署、参戎兵部，以及直接参与和决策中枢的政治、外交、军事诸要务。

在京简单安顿之后，左宗棠即派三儿子左孝勋护家眷回老家，留孝同在京伺候，"拟饬三儿护眷南归，四儿留侍京寓"[2]书信三676。

之所以急着让家眷南返，据左宗棠二月初八日（3月7日）给沈应奎的信，主要是在京生活成本太高，而自己养廉银余钱不多，"缘长安不易居，所汇之资只万二千，仅敷两年用度（王夔石、李兰孙均如此说），不能不预为筹及"[2]书信三676。

但即便如此，左宗棠依然谢绝了陕西甘捐尾款以及地方官员的别敬。这年三月二十八日（4月26日），沈应奎来信，告知寄来左宗棠去年半年廉俸的同时，还说陕西甘捐尾款积存不少，陕西布政使王恩沂准备将这笔钱寄来，以补贴左宗棠在京城的花销。在信中，沈应奎

---

① 同治三年六月攻下天京后，清廷加曾国藩为一等毅勇侯爵；底定新疆后，清廷于光绪四年二月将左宗棠由一等恪靖伯晋为二等恪靖侯；李鸿章本为一等肃毅伯，逝世后晋封为一等肃毅侯。
② 李鸿章同治十一年六月授武英殿大学士；同治十三年八月，左宗棠补东阁大学士。

告诉左宗棠只管放心收下，因为按惯例，这些钱就本应由陕甘总督处置，"官私无碍，廉惠不伤，与者受者均有以自处"[2]书信三636。

陕甘捐纳，是指同治六年起，左宗棠为筹用兵陕甘和新疆军饷所开的捐纳——捐米或捐银后，朝廷给予九品至六品职衔等；九年下来在全国筹得八百二十多万两；光绪二年三月奉旨停办。[2]奏稿六504

左宗棠告诉沈应奎，自己本来只想做一农夫，"甘于农圃"、无意做官，没想到至今为官已经30年，"渐违素愿"；现在时局平定，正准备"封存归途舟车之费"告老还乡，所以近来甚至对各方的送别之礼如别敬都一概谢绝。之所以如此，左宗棠解释，不是为了所谓的廉洁之名，而是本来已有俸禄，理应如此。左宗棠认为，自己已从陕甘总督任上去职，如果因为一时缺钱就占用陕西甘捐尾款，那于己于人都不好，因此断不接受。

至于陕西甘捐尾款的处置，左宗棠告诉沈应奎，充公以用作陕甘将来不时之需，"以公济公，于事为合"[2]书信三636。

2 兴修水利

从正月二十六日抵京到十月十四日（12月5日）离京赴两江总督之任，左宗棠此番进京，在京城住了大约9个月，其间所做的工作，用他自己的话来说就是"河道必当修，洋药必当断，洋务必当振作"[5]第三册1575。具体而言，主要经历了如下事件：慈安太后丧礼、为八旗练兵、兴修永定河、参与禁烟事务。

光绪六年左宗棠入京前，为防备将来可能与俄国在东北作战，曾先后奏调王诗正、王德榜、刘璈等率部赴张家口驻扎，人数达3000多人。

就在左宗棠抵京当天，曾纪泽在圣彼得堡与俄方签订了《中俄改订条约》，两国免于战事。如此一来，如何安排这3000人成了左宗棠要考虑的问题。二月三十日（3月29日），他上折提出从自己所带来的楚军中挑选数百人，训练健锐、火器两营的精壮，以提高两营的战斗力；其余的楚军，则派到直隶、顺天兴修水利。

京城办事讲究程序，效率低下，左宗棠三十日所上奏折，虽慈禧下旨"着神机营王大臣会同妥议具奏"[2]奏稿八24，但直到三月十九日（4月17日），此事才开始商议。醇亲王、左宗棠等商议的结果：健锐、火器各营官兵，已经归神机营操练，因此，只能从八旗闲散兵丁里挑选新兵，由楚军教练，"拟挑新兵五千人，编立成营，益以楚军官弁勇丁数百人，分拨教练"[2]奏稿八26。

由尚非国家制兵的楚军来训练一贯高高在上、养尊处优的八旗子弟，无疑会让满族贵胄脸面难堪。这一结果，只是搪塞左宗棠。很快，左宗棠发现，真要训练这5000人，一年花费不下20万两，而"户部度支艰难"。于是，"练兵之举，暂宜从缓"，而兴修永定河水利工程，则摆上日程。[2]奏稿八27

永定河被称为北京的"母亲河"，其上游有两大支流：南为发源于山西省的桑干河，北为发源于内蒙古的洋河，两河汇合于河北省怀来县，开始称永定河。永定河上游处在太行山、阴山、燕山余脉及内蒙古黄土高原地带，海拔1500米以上，植被稀疏、地形陡峭、气候条件差、土壤侵蚀严重，因而泥沙含量较大。但因穿行山峦间，别无他道，所以上游以至中游始终没有冲决之患。然而，到了临近下游的北京西山一段，在短短几十公里内落差从海拔450米降至海拔100米，使得河水变得分外湍急。而过卢沟桥进入平缓低洼的京南诸县后，水势骤缓、流速顿减，从上游夹带下来的泥沙不断沉积，极易淤塞河道，发生水患。[6]直接受影响区域，多为京南，河北廊坊、霸州以及天津武清一带。

光绪六年底左宗棠从西北经山西进京，入河北后由井陉、获鹿，过正定、定州、保定，进顺天府地界后发现房山、良乡、宛平地，"道旁冰凌层积，多未溶化。其附近高地，则沙尘没辙，或石径荦确，不能容趾，人马均以为苦"[2]奏稿八23。

京畿地方河道虽经常修浚但成效并不明显，旱灾水灾不断，永定河两岸居民，"不得水之利，徒受其害"——很多良田或为洪水所淹，或因旱灾抛荒。鉴于此，四月十六日（5月13日），左宗棠提出派驻扎张家口的楚军到畿辅一带兴修水利。此时，刘璈已被任命为福建台湾道；马队被调回甘肃；留在张家口一带的，还有王德榜、王诗正所带的 2000 余人。

按照左宗棠的设想，自己部队负责修顺天直隶上源的桑干河、滹沱河，下游如津沽各地仍由直隶总督李鸿章经理。整个工程分为两步：治理桑干河是从上游往下游，"顺桑干河流节节疏筑至芦沟桥西，察看河道情形，次第施治"[2]奏稿八27；之后的滹沱河则是由下游到上游，"由下流而溯上源，无论支干，无分地段，不惜劳费，择要图之"[2]奏稿八27。至于经费方面，楚军军饷仍从甘肃新疆协饷中拨付，无须顺天、直隶两地负担。

左宗棠兴修水利，是关乎民生国计之事，虽然他提出让醇亲王"遥领其事"，但朝廷的态度并不是十分积极。此折上后，慈禧批示"留中"[2]奏稿八28，以致左宗棠在给好友杨昌濬的信中，慨叹"谟谋诸公未免同床异梦"。[2]书信三637

直到四月底，清廷才同意派左宗棠部开修水利。"开河一节，先从涿州动工"[2]书信三638。四月二十五日（5月22日）、二十八日（25日），王德榜、王诗正率左宗棠亲军12哨和左营勇夫共两千多人到涿州永济桥，动工分段疏浚桑干河。王德榜部同治十二年曾在甘肃狄道州一带修坝开渠，已成治水行家。五月十二日（6月8日），左宗棠请旨出京，冒着酷暑视察河工，直至六月初八日（7月3日），才取道石景山回京——出京整整25天。

这25天中，左宗棠先循河而下到天津，与李鸿章晤商，再乘舟溯流而上，沿途视察河工。后由陆路回涿州，驻永济桥，与王德榜、王诗正察看永济桥工程。该工程在桥的下游挑淤疏浚六七里至永乐村，其深八尺、宽二十余丈，挑出淤沙筑成长堤。之后，在桥之上的南面开挖长里许的小减河，北面修筑斜堤；桥之下开浚涵洞，"束泛滥之水，令出桥下"[2]奏稿八33。六月初五日，小减河开通，"大溜东趋……十余年积患一扫而空"[2]奏稿八33。至当年闰七月十三日（9月6日），永济桥浚河筑堤工程全部完工，"河流顺轨，舟楫往来，农商称便"[2]奏稿八46。而通过加高堤坝，使得河水不再漫出，道路不再泥泞，农田不再受淹，行人也不用担心湿了鞋袜衣服。经李鸿章派人验收后，给予的评价为"工程坚固，堪耐久远"[2]奏稿八47，并赏银二千两。

《涿县志》记载永济桥水利工程亦说,"左宗棠由西夏凯旋,尝驻兵县北永济桥东,后令兵士挖河,与民秋毫无犯"[7]140—141。

与此同时,左宗棠又和李鸿章会商疏浚永定河,商定让王诗正率左宗棠亲兵1400余人,协助李鸿章淮军等共同挖通永定河下游。疏浚下游的工程,从八月二十九日(10月21日)开始,至十月初一日(11月22日)全部完工,共挖土方将近60万。工程的进度之快,大大超出左宗棠的预计,"原勘三月工程,一月遂已告蒇,非臣始愿所及"[2]奏稿八47。

而王德榜一部,则被左宗棠派去察勘永定河上游,"从芦沟西北探源而入",深入上游,就地伐石——在清淤的同时,建坝拦截,凿渠导流,以减缓永定河上游湍急水流。

当年秋分前,王德榜将永定河上源察勘完毕。左宗棠随即派其率所部左营兵丁开赴工地,并另从当地雇石工200余名,聘请专家邹宗岳等,兴修永定河上游水利工程。这一工程,"工繁费巨,尤非永济桥可比"[2]奏稿八40。为了筹措经费,左宗棠挪用了原拨给刘璈一营和旌善马队的月饷六万余两。截至当年十月,已经成坝五座。由于天气渐冷,只好停工,待第二年天暖后再开工。

左宗棠兴修水利,得到沿河百姓的欢迎。九月初六日(10月28日),左宗棠改授两江总督,永定河上游沿岸百姓看到筑坝后两岸沙地已成良田,担心王德榜部很快随左宗棠南下,便推举"户部主事梁作舟、守御所千总崔清华、国子监算学生安廷璋等"为代表,到左宗棠在京寓所,联名请求王德榜军修毕水利工程后再南下。得知前已经修好的"渠坝工程化沙碛为膏腴,若推广行之沿河十余村,可得沃土二十余万亩,美利无穷",并将一改这些村庄"丁口日繁,谋生无术"的现状后,左宗棠欣然答应了士绅村民的请求。[2]奏稿八48

从康雍乾时期开始,清代就对永定河进行过治理,还设立了专门的永定河道。身为直隶总督的李鸿章,曾对恭亲王、醇亲王分析了永定河难治的三大原因:"一曰河身积高;一曰河面窄狭;一曰下口高仰"[2]书信三654,并力主疏浚下游。而左宗棠主张"上下并治,分道赴功"[2]书信三664,力求迅速完工见效。但应该说,作为一条跨区域河流,要想根治，难度很大，也非左宗棠兴修畿辅一段的水利工程所能解决。

但无论如何，左宗棠花费约四十七万两[2]奏稿八420兴修畿辅水利，使"直隶十余年为之无成且群疑为不治者"[2]书信三662的水利工程，在短时间内大都完工，大大造福畿辅百姓。十一月初四日（12月24日），清廷根据恭亲王、醇亲王的奏折发布上谕说："直隶永定河下游工程，业经左督饬所部按照分派地段挑浚蒇事，其上游一带，现已将筑坝、分渠等工逐段次第兴办，地方相安，河务可期就绪"[2]札件559，对左宗棠督部兴修水利提出表扬。当时的报纸亦称颂左宗棠以侯相之尊，"犹复沐雨栉风，宣劳畿辅，其系心于国计民生，诚无时而或释"[8]。

3 力推洋烟加税

洋烟加税起于胡雪岩光绪元年向左宗棠的建议。[2]书信二492担任陕甘总督时，左宗棠就在西北实行禁烟。入值军机后，鉴于鸦片进口数量从原来的每年3万余箱增加到近年7万余箱的严峻形势，光绪七年五月初五日（1881年6月1日），左宗棠上了《严禁鸦片请先增洋药土烟税捐折》，力推鸦片加税，通过经济手段减少百姓吸食量。

当时鸦片进口的税负，有中央税和地方厘金两种。中央税征收的标准，每100斤收30两。至于厘金，由于是各地所征收，标准不同，如广东为每百斤50两；上海为40两，后逐渐减折为20两；镇江每箱30余两，后改为四折征收。[9]

左宗棠在《严禁鸦片请先增洋药土烟税捐折》中指出，"洋药之价，前时每箱百斤售银七百余两，近闻已减至五百余两。是销路之畅，由于货价之减可知也"[2]奏稿八28。为此，他针对性地提出通过增加税金和厘金进而减少鸦片销量，建议"每洋药百斤，统税厘合计，征实银一百五十两"[2]奏稿八30。这样一来，"税捐加，则洋药土药之价必贵；价贵则瘾轻者必戒，瘾重者必减，由减吸以至断瘾尚有可期"[2]奏稿八29。

此前，为了减少鸦片输入和白银外流所造成的经济损失，自同治七年起，清政府就与英国驻华公使阿礼国协商将进口鸦片的征税额增加20%。但十几年过去了，增税问题一直受到外国鸦片贩子的阻挠而未能实现。[3]168 鸦片进口牵扯英国，事关重大，清廷先将左宗棠此折"留中"，直至闰七月二十五日（9月18日）才下旨让各省督抚等妥议具奏。经李鸿章谈判，英国驻华公使威妥玛同意每百斤征税厘110两；后改由驻英法公使曾纪泽在伦敦继续与英国交涉，但未有进展。光绪九年左宗棠接曾纪泽来函，得知与英国外务部谈判的结果，"可许百两，冀可再望增多，但恐于事无济"[2]书信三738。这不但远低于左宗棠原来提出的150两，还少于威妥玛允诺的110两！

光绪十一年（1885），左宗棠督军福建，再次奏请对福建所进口的鸦片加收厘金20两，合原征之数共为86两，并要求江西、浙江、广东各省一律加重征收，以免商贩避重就轻。经朝廷同意，这4个省份，从四月初一日（5月14日）起，每百斤鸦片所征收的税厘一律加至86两。至此，洋药加征税厘一事，只是在部分地方增加了厘金，而没有增加税金。至于每百斤洋药加税厘至110两的做法，直到这年六月初七日（7月18日），曾纪泽与英国外相沙里斯伯利在伦敦签订《烟台条约续增专条》才得以落实。① 左宗棠争取的鸦片加税，至此取得初步胜利。

4 两次请求开缺

光绪七年八月上旬，左宗棠在给好友杨昌濬的信中，对自己在京城的际遇作了相当深入的分析。

在直隶、顺天兴修水利，无疑是动了直隶总督李鸿章的地盘，左宗棠自己也深知"大臣在君侧而争声光，此危道也"。也有人好心劝左宗棠，在直隶修水利，出主意就行了，不必亲自负责，"议者谓宜

---

① 《烟台条约续增专条》规定：鸦片入口，每箱（百斤）向海关一并缴纳税厘110两（正税30两、厘金80两）后，由华商持凭单运往内地销售，中途不再征收任何捐税。见王铁崖：《中外旧约章汇编（一）》，生活·读书·新知三联书店，1957年，第471页。

发其谋，不必躬亲其役"。但鉴于进京途中看到的百姓为河所苦的现状，左宗棠无法坐视"神州陆沉""民间流徙靡常"的现实，故力主派自己的部队负责水利兴修之事。[2]书信三661,662

左宗棠甫一进京，就力主编练八旗兵、兴修直隶水利等，被同僚等看成滥邀名声之举，加上左宗棠既不愿与同僚多交往，"自入国门以来，每闻朋侪许与之谈，辄逊谢不遑，且以党附为戒"；又袒护言官，"遇言者指摘枢垣，必面陈勿予驳斥，以开言路"。如此一来，左宗棠与同值军机的同僚关系并不融洽，"前之集矢合肥者，今又以弟为众射之的矣"——以前朝中大臣多以李鸿章为攻击对象，如今则转向攻击左宗棠。但左宗棠并不介意，告诉杨昌濬，"事有是非，人有邪正，政有利弊，谋有臧否，苟有所见，不敢不言，言之亦不敢不尽也"。[2]书信三662

在京期间，左宗棠多次因病请假，先后两次请求开缺：七月初三日（7月28日），因"感触暑气，致宿恙举发"[2]奏稿八34请假10天，当时的病症为手脚疼痛、头昏耳聋；至七月二十二日（8月16日），病未有好转，只好再请假20天。此时，除了两脚浮肿、左手筋急、两耳重听外，还添了胸膈痞积的症状。医生诊断病因是心脾过于衰耗、肝气不舒，需要"宽期调理"。"胸膈痞积"，主要是感冒引发的胸口憋闷、肺部有痰等。由于病情迁延日久，到了闰七月十三日（9月6日），左宗棠第一次上折请求"开大学士实缺，并撤销军机大臣、总理各国事务衙门、管理兵部事务差使"[2]奏稿八38。

清廷没有允准左宗棠开缺之请，而是赏假一个月，让其安心调理。一个月之后，病不但没好，反而因着急而导致"风火上腾"，先是面目红肿，接着又风疹遍体，"时作痒痛，抑搔摩按，顷刻难停"[2]奏稿八41。于是，左宗棠又在八月十三日（10月5日）上折请求撤销各差使。但朝廷依旧没有同意，继续赏假两个月。九月初六日（10月28日），清廷下旨，让左宗棠接替刘坤一，出任两江总督。

左宗棠是否因为在京城过得不舒心而装病呢？应该说，他不敢，天子脚下，真的装病，那可是欺君之罪。根据左宗棠书信，在他生病期间，英国公使威妥玛曾派人前来问候，"闻弟病假，旋即走问，以致殷勤"[2]书信三663。此外，醇亲王奕譞还登门看望。醇亲王登门时，正逢永定河上游两岸百姓赴左宗棠居所请求留王德榜军继续治河，"适醇邸在坐，见之喜动颜色，已持去传抄，拟欲言于朝，务成此举"[2]书信三671。加上当时，在给李鸿章、刘锦棠、杨昌濬等人的信中，左宗棠都说及自己生病之事。[2]书信三665—668因此，装病之说应该不实。但过得不舒心，应该是实情。

考证一：究竟是谁奏调左宗棠入京？

究竟是谁奏调左宗棠入京？其实是詹事府少詹事宝廷。

宝廷，满洲镶蓝旗人，郑亲王济尔哈朗八世孙，同治七年（1868）进士。宝廷颇有诗名，也是当时著名的"清流党"——"清流党"有所谓"四谏""五虎"之说，"四谏"是指宝廷、陈宝琛、张佩纶、邓承修；"五虎"是上述四人外再加张之洞。

光绪六年七月初二日（1880年8月7日），宝廷上《外患渐迫乞召知兵重臣入朝以定危疑折》，其中说："迩来事机日迫，南、北洋战备未完，枢臣亦束手无策。""今日之事决非现在枢臣数人所能胜任，必得如寇准、李纲者或可挽回一二。"并认为："历观中外臣工，实罕其选"，"惟大学士左宗棠老成硕望，功业昭著，虽性情未必无偏，而才识迥出凡庸，方之古人未知何如，而以视今之士大夫实鲜其右者"。请清廷"速定大计，召宗棠来朝，以备顾问"。[10]第22卷1—2

《军机处随手登记档》也记录了宝廷此折，而且还特意标注"见面带上未带下，次日发下归籤"[11]。这表明，宝廷此折引起了慈禧等的高度重视，特意将此折留下慎重研究。而七月初六日即发布让"左宗棠来京陛见"谕旨表明，清廷接受了宝廷的建议。

不少左宗棠的传记，包括孙占元《左宗棠评传》[3]165、杨东梁的《左宗棠》[4]185都认为，左宗棠得以入值军机，是由于时为掌云南道监察御史邓承修的推荐。而沈传经、刘泱泱的《左宗棠传论》，虽提及了宝廷所上之折，但也认为是宝廷、邓承修以及张之洞共同合力推动的结果。[12]411—412

邓承修为晚清"清流派"的代表人物，他确实于七月十六日（8月21日）上了《奏为时局艰危请左宗棠入赞枢密以安宗庙社稷事》[13]，提出"观今之大臣志虑忠纯、晓畅戎机、善谋能断者，无如督臣左宗棠"，若"委以军国之大柄，使之内修政事，外总兵权"，可望"拯今日之急，守宗庙社稷"，甚至把召左宗棠入京提到"当今之要，无逾于此"的高度。[14]卷二80—81右庶子张之洞亦感北京比新疆更需要左宗棠，于八月十二日（9月16日）上折认为中枢"有此等缓急可恃之重臣，方免宵旰独忧、人心震动"[15]奏议(三)151。这些提议也得到醇亲王奕譞（光绪帝生父）的支持，奕譞曾明确表示应召左宗棠"入赞纶扉"[1]卷二80。

但邓承修、张之洞的奏稿，都在清廷七月初六日发布令左宗棠来京陛见谕旨之后。而从前文所引《军机处随手登记档》可知，直接导致清廷颁此旨的，是宝廷的奏折。从上文我们也基本明确，无论是宝廷、邓承修还是张之洞，奏请调左宗棠进京，主要是希望朝廷中有像寇准、李纲这样的主战大臣，而非抑制主战派。

考证二：首度入值军机，左宗棠住在哪儿？

左宗棠此番在京师9个月，住在什么地方呢？前文说过，入京之前，他曾经托徐用仪帮忙买屋，但徐只帮他在上斜街一带租了一处房子。由于位置较为偏远加上觉得治安不好，左宗棠并没有去住，暂时住在了贤良寺。时为署兵部侍郎的王文韶在日记中记载，"正月二十七日，左恪靖到京，暂寓贤良寺，先往候之，以旧有交谊也，精神甚好，惟步履稍差耳"[16]上册551。

当年左宗棠进兵陕甘时，王文韶曾和王加敏一道为其总办陕甘后路粮台，可谓左宗棠幕宾。贤良寺位于北京东城区冰盏胡同（冰盏胡同，又称冰渣胡同，1965年整顿地名时将冰盏胡同、二十四间房、西夹道并入，统称校尉胡同），今新东安市场东。最早在明朝时是著名的"十王府"，清入关后，这里就成了清王公贝勒的府邸。雍正年间为怡亲王允祥（康熙帝十三子）的王府。雍正八年（1730）允祥死后，尊其遗愿舍宅为寺，于雍正十二年（1734）建成。允祥死后谥曰贤，并世袭罔替，寺名由雍正皇帝钦赐，并依其谥号取名"贤良寺"。贤良寺离东安门不远，屋宇有200余间，大小院落多处，历来为督抚大员们晋京必住的地方，可惜的是于1993年被拆毁。[17]168

一个月后，王文韶在日记中记载了左宗棠搬新家的消息，"二月二十七日（3月26日），晴。……偕兰荪往贺左季翁移居之喜（北池子北头），谈有顷"。由王文韶的日记可知，左宗棠进京，一开始住在贤良寺，抵京一个月后即搬到北池子。这也证实，徐用仪在上斜街所租的房子，左宗棠根本就没有去住。

左宗棠相关著作也证实他在北池子一带居住。在光绪七年春所作的《〈钱南园先生文存〉序》中，左宗棠写道，"近寓东华门外，入值枢垣，诏许由隆宗门趋军机处，进内右门直庐候召对"[2]家书诗文236。这表明左宗棠进京不久，就搬到东华门。而在离京前夕所作的《红蝠山房记》中，左宗棠对所住之地的介绍更为详细，"余近寓东华门外北池子西偏，对禁城，中隔荷池，户牖皆拱宸垣。于隙地构屋，拓新旧石鼓文张之壁，名曰'石鼓阁'。一夕，门楣茁玉芝五，屋中四。周荇农（周寿昌）阁学见之，为图而缀以颂"[2]家书诗文333。"红蝠山房"就是王文韶在京城新建寓所的名字。新房建好后，王文韶请翁同龢题写匾名，请左宗棠撰文以纪念。综合王文韶日记中所记"北池子北头"和左宗棠所说的"北池子西偏"，我们可以推断，左宗棠此番进京的居所应该就在今天东城区北池子大街西侧北头，大概位置介于宣仁庙和凝和庙对面一段。这个位置，正对着故宫角门，和紫禁城只隔着护城河。

在左宗棠所写《石鼓诗》尾还有其子左孝同所题识语，从中我们得知，左宗棠在北池子的房子，开间共三间，为新盖，"先太傅光绪七年在京寓书，时赞襄枢密，于邸第筑室三楹以资休沐……名曰'石鼓阁，'"[2]家书诗文332。

考证三：左宗棠是得罪慈禧被赶出军机处的吗？

左宗棠在京期间，遇到光绪七年三月初十日（1881年4月8日）

慈安太后逝世之事。有一种说法认为，正是由于左宗棠在慈安太后逝世一事上表现不当，引起慈禧的猜忌，才被外放两江、变相赶出军机处。

是否真的如此呢？

左宗棠正月底到京时，接见他的是慈安太后。当时，慈禧太后正在病中。在给山西巡抚冯展云的信中，左宗棠曾说，"安圣谕及二十年忧劳，声泪具下；禧圣则因忧成疾，至今尚未临朝"[2]书信三628。而据慈安太后对左宗棠所说，慈禧此番生病，主要是忧心伊犁局势以及中俄可能开战所致，"禧圣之病实缘俄事而起，勉以国事全赖王大臣襄赞"[2]书信三676。而根据署兵部侍郎王文韶日记，慈禧此番生病时间长达一年半，直到六月二十五日（7月20日）才痊愈，"禧圣喜报大安，医者薛福辰、汪守正等分别加恩有差，自上年二月至今，历时将一年有半，中外臣民，同深祷祝，自此慈躬康豫，锡福无疆，天下人心为之大慰矣"[16]上册568。

慈安去世的情形，左宗棠在给杨昌濬的信中有过记述，"忽于初十夜子刻得官报，慈安皇太后于是夜戌正病危，比戴星奔往，则已升遐矣，计辍朝甫一日耳"[2]书信三633—634。戌时为19时至21时，戌正为20时，由此可知，慈安病危之时是晚上8点；让左宗棠等进宫的"子刻"则是23时至凌晨1时。当时负责为光绪帝教课的翁同龢在三月初十日的日记中记载："子初忽闻呼门，苏拉李明枯、王定祥送信，云闻东圣上宾，急起检点衣服，查阅旧案，仓促中悲与惊并。"[5]第三册1554 王文韶三月十一日的日记，也记载了慈安去世一事，"子初得报，东圣病危，即起进内，寅初乾清门始开，较往日迟二刻，奏事太监出，惊悉仙驭已于昨日戌刻升遐，仓悴生变，哀号何极"[16]上册556。左宗棠、翁同龢、王文韶三人，所说的子刻、子初大体相差无几。至于去世的时间，左宗棠所说的"戌正"、王文韶所说的"戌刻"，和清宫档案所记述基本吻合，"壬申（初十日），慈安端裕康庆昭和庄敬皇太后疾大渐。上诣钟粹宫，侍奉汤药。戌刻慈驭升遐"[18]卷一二八。

翁同龢在日记中还记下了慈安脉案、药方和病情进展状况，可以从中了解慈安发病过程："晨方天麻胆星；（脉）按云类风痫甚重。午刻一（脉）按无药，云神识不清、牙紧。未刻两方虽可灌，究不妥云云，则已有遗尿情形，痰壅气闭如旧。酉刻一方云六脉将脱，药不能下。戌刻仙逝。"[5]第三册1555 这也证实慈安当晚 8 点左右逝世。

以现代医学分析，慈安应是死于心脑血管疾病，属于正常死亡，而非传言所说的慈禧下毒。因为，根据翁同龢日记，此前慈安的病曾发作过多次。《翁同龢日记》就记载过两次：一次是同治二年二月初九日（1863 年 3 月 27 日），当时慈安 26 岁，病了 24 天，"慈安皇太后自正月十五日起圣躬违豫，有类肝厥，不能言语，至是始大安"；另一次是同治八年十二月初四日（1870 年 1 月 5 日），时慈安 33 岁，"昨日慈安太后旧疾作，厥逆半时许。传医进枳实、莱服子"。"有类肝厥，不能言语""厥逆"等。由此可知，慈安的病症为中风、脑供血不足。这次，由于慈禧生病，慈安一人独理朝政，承担着巨大的压力，身心疲惫在所难免。慈安在发病的前一天，根据《述庵秘录》记载，"两颊微赤"。虽然自我感觉无大碍，但从这一面色判断，慈安此时"肝阳上亢"，可能已经血压很高，直接诱发脑中风甚至脑出血。

徐珂在《清稗类钞》中说，得知慈安太后去世后，左宗棠曾对慈安暴病而死提出质疑，因此得罪了慈禧，很快被赶出中枢、外放两江。"自孝钦（慈禧）后寝疾，数日间，皆孝贞（慈安）一人召见。于时左宗棠方长军机，次晨入内，与同列语孝贞病状，左顿足大声曰：'吾昨早对时，上边语言清朗周密，何尝似有病者！即云暴疾，亦何至如此之速耶！'恭王在座，亟以他语乱之。未数日，出督两江之命下矣。盖内侍在旁调察，已以左语入奏也"[19]第八册3524。

左宗棠是否真的说过这样的话呢？据《王文韶日记》，初九日慈安身体就有不适，虽坚持上朝，但已减少了接见外臣的批次，"初九日（4 月 7 日）晴大风。入对不及刻，东圣欠安，撤覆带记名之谦贵、福谦两起，见面时请撤也，辰初二刻散直"[10]上册556。而根据翁同龢和王文韶的日记记载，初十日，慈安太后因病没有上朝——翁同龢说，"慈安太后感寒停饮，偶尔违和，未见军机，戈什爱班等皆请安，余等稍迟入，未及也"[5]第三册1554。王文韶也说，"初十日（4 月 8 日）

晴。东圣欠安未愈，(外感触动痰饮旧疾，) 未叫起办事递奏片，韶入直后第一次也"[16]上册556。这是王文韶入值军机3年多来，慈安第一次不上朝，"回忆自入直至今三年有余，只昨日未能见面耳"[16]上册556。可知慈安病势非轻。

三月初九日、初十日两天左宗棠都入值，那他应该知道慈安生病之事，早有心理准备，不至于说出"何尝似有病者"这样的话语。并且，慈安三月十一日病逝，初十日并未召见军机大臣，因此，《清稗类钞》所记"左宗棠说昨日早晨曾见慈安"并不属实。

其次，《清稗类钞》在同一词条中所记诸事多有谬误：比如"自孝钦后寝疾，数日间，皆孝贞一人召见"[19]第八册3524——其实慈禧自上年二月生病以来，基本不召见军机而是处于养病状态，因此由慈安和光绪帝召见军机，已是很长时间而不是数日。再比如"恭王在座，亟以他语乱之。未数日，出督两江之命下矣"——其实，当时恭亲王并未在场，而是正在昌平为其福晋办理丧事，得知慈安驾崩后直到三月十一日下午才赶回。这点，王文韶记载颇详，"是日恭邸适在昌平州办葬，申正赶回，已大殓矣"[16]上册556。"申正"为下午3时到5时。再比如"未数日，出督两江之命下矣"——左宗棠被任命为两江总督，是在九月初六日，距慈安太后去世已经过去将近半年时间。

关于慈安逝世细节这类宫闱秘事，左宗棠只在与好友杨昌濬的通信中略为提及，这也显示出他的谨慎。信中，他对慈禧十分关心，并未流露出任何怀疑之意，"官府臣僚悲恸罔极，殡殓时及梓宫升寿宁殿，哭临雨泣不期而然……幸禧圣渐就康复，王大臣同请临朝节哀视事，已允照办。然非俟大安，不能如常接见。弟随同瞻觐，窃见圣容憔悴迥异从前，时深惴惴"[2]书信三634。

慈禧的病，直到这年五月才慢慢好转。在给友朋的信中，左宗棠也不时通报慈禧的身体状况，"禧圣渐就康复"，"禧圣五月内可报大安"[2]书信三638,640。

从慈禧方面，对左宗棠并没有表现出任何的猜疑和忌恨。

王文韶在日记中记载，六月二十日（7月15日）这天，慈禧召见军机大臣，宣布病愈，将于二十五日（20日）正常视事。当天，由于左宗棠跪的时间过长，体力不支，慈禧还特意恩准左宗棠提前退朝，并专门让王文韶和兵部尚书景廉把左宗棠扶起来，细心地嘱咐他们看着左宗棠下台阶，"是日天气甚热，跪至一刻余，季相惫不能支，恩谕先退，余与秋坪两人扶之始起，仍奉谕视其下殿阶，圣心始安"[16]上册568。

从七月到八月，左宗棠先后三次请病假、两度请求开缺。如果慈禧对左宗棠有所不满，完全可以顺水推舟开去左宗棠各项差使。但慈禧非但没有，反而将有"天下第一肥缺"之称的两江总督之职交与左宗棠。十月初六日（11月27日）销病假时，慈禧曾召见左宗棠，"天颜甚怡"。在给杨昌濬的信中，左宗棠详细地描述了这次召见的情形：谈及为何授予左宗棠两江总督之职，慈禧说："若论公事繁难，两江岂不数倍于此？以尔向来办事认真，威望素著，不得不任此重寄。尔可择用妥人，分任其劳。"这次召见，历时将近两刻钟，相当于现在的半个小时。担心左宗棠劳累，慈禧还很体贴地让他先下去休息，嘱咐左宗棠如果还有其他的事情，想好之后由王大臣代奏，"尔如难支，亦可稍歇，与王大臣从容商议，再由其代奏"。慈禧的关怀，让左宗棠十分感动。在给杨昌濬的信中，他就感慨，"所以体恤者无弗至也"[2]书信三671。

因此，左宗棠冒失说出慈安暴亡而被慈禧猜忌、报复的说法，并不符合史实。慈禧将左宗棠外放两江，主要是考虑他性格耿介、不太适合在中枢工作。与此同时，两江作为国家财赋重要来源地，有左宗棠这样的重臣坐镇，慈禧也感到放心。

【注释】

[1] 刘体智. 异辞录 [M]. 北京：中华书局，1988.

[2] 左宗棠. 左宗棠全集 [M]. 长沙：岳麓书社，2009.

[3] 孙占元. 左宗棠评传 [M]. 南京：南京大学出版社，1995.

[4] 杨东梁. 左宗棠 [M]. 北京：人民文学出版社，2015.

[5] 翁同龢. 翁同龢日记 [M]. 北京：中华书局，1993.

[6] 金久红，王玉亮. 从县域治理视角看康雍乾永定河水灾治理 [J]. 史学

集刊，2019（6）.

[7] 涿县志（一）[M]. 台北：成文出版社，1968.

[8] 左相出都[N]. 申报，光绪七年五月二十一日（1881年6月17日）.

[9] 陈勇. 鸦片税政演变与晚清中央、地方利益之调整[J]. 中国经济史研究，2009（2）.

[10] 王彦威，王亮. 清季外交史料（光绪朝）[M]. 北京：书目文献出版社，1987.

[11] 中国第一历史档案馆. 军机处随手登记档[A]. 档号：03-0229-3-1206-182.

[12] 沈传经，刘泱泱. 左宗棠传论[M]. 成都：四川大学出版社，2002.

[13] 中国第一历史档案馆. 军机处录副档[A]. 档号：03-5151-117.

[14] 邓承修. 语冰阁奏议[M]//近代中国史料丛刊：第十二辑. 台北：文海出版社，1966.

[15] 张之洞. 张文襄公全集[M]. 上海：上海辞书出版社，1929.

[16] 王文韶. 王文韶日记[M]. 北京：中华书局，1989.

[17] 朱家溍. 说故宫[M]. 北京：故宫出版社，2013.

[18] 中国第一历史档案馆. 大清德宗景皇帝实录[A].

[19] 徐珂. 清稗类钞[M]. 北京：中华书局，1984.

第二十二章　总督两江

光绪七年九月初六日（1881年10月28日），清廷下旨，令左宗棠补授两江总督。觐见之后，十月十四日（12月5日），左宗棠上折请假回籍省亲：一是自咸丰十年带兵赴江西，至今已22年未再回乡，此番想借赴任两江总督之机，回籍省亲扫墓；二是扫墓之后，坐船顺长江而下，检阅水师，"就便阅视长江水师安营处所，及会商上游布置事宜"[1]奏稿八50。此番苦诣，获得朝廷批准。

十月十八日（12月9日），左宗棠离京南返，十一月二十五日（1882年1月14日）抵达长沙；十二月初二日（1月21日）抵湘阴老家；十二月初八日（1月27日）离开湘阴，奉旨前往湖北调查湖广总督李瀚章是否有任用私人、克扣厘金等劣迹。

此番回湖南，可资书写的一件事情，就是在长沙与郭嵩焘相见。这是自咸丰八年郭嵩焘进京两人曾在长沙晤面后，时隔20多年，两人的再次相见。这期间，因为围剿太平军余部产生矛盾，两人在同治五年后不再通音问。此番相见，虽未能完全冰释前嫌，但二人关系总算勉强修复。①

关于此番返湘的大概情形，左宗棠逝世后，女婿陶桄在祭文中曾有所涉及："吾庐匪遥，亲举玉趾。公兴犹豪，坐谈移晷。染翰作书，烟云满纸。"[1]附册756晷，日影，用来比喻时光；移晷，太阳的影子已经

---

① 详见本书第十一章。

移动了，可知时间已经不短。看来，左宗棠到女婿陶桄家做客时谈兴颇浓，还挥毫泼墨赠送陶桄书法作品。长沙人陈锐在《裒碧斋日记》中曾说，"文襄治军二十年，自陕还朝，授军机大臣，出督两江，乞假一月，回湘省墓。出将入相，衣锦荣归，言者塞途。一日，就婿家宴饮。婿为安化陶文毅公（澍）子，谓之曰：'两江名总督，湖南得三人：一为汝家文毅公，一为曾文正公，其一则我也。然渠二人皆不及我，文毅时未大拜，文正虽大拜而未尝生还。但我亦有一事不及二人，则无其长须耳。'合座鞭然"[2]231。大拜，指曾、左二人，均拜大学士。左宗棠这番话，形象点出陶澍、曾国藩和自己的异同——虽同为两江总督，陶澍未能成大学士；曾国藩虽为大学士，但入阁后至死未能返湘。相比二人，左宗棠自觉更为幸运。结合陶桄祭文，陈锐所言并非没有可能。

返乡期间，左宗棠接到清廷谕旨，要他调查湖广总督李瀚章被参劾贪污厘金、"任用私人，纵容劣员"[1]奏稿八51等是否属实。十二月初八日，他离开湘阴前往湖北。十二月十九日（2月7日），奏报初步调查结果后，左宗棠乘轮船赴江宁，并沿途查看长江水师，二十四日（12日）正式接任两江总督。

1 五次出省巡视

定期检阅省防各营是总督的例行公务，光绪八年（1882），正是考核之期。上任不到一个月，左宗棠就奏报朝廷，于正月二十五日（3月14日）阅看省标各营；二十六日（15日）出省，前赴扬州、清江，检阅江北各营；之后，赴瓜洲口检阅长江水师、瓜州镇标各营。

由于此时江苏正遭遇隆冬罕见的洪水，因此，检阅完江北各营后，左宗棠暂时搁置检阅江南各营的任务，指挥抗洪。直到四月十一日（5月27日），检阅江南各营的工作才重新开始。据《申报》记载，此番检阅，在上海，左宗棠受到民众的欢迎和洋人的礼遇——对于这位收复新疆的统帅，洋人流露出恭敬之情。六月二十四日（8月7日）第一次抵上海时，英国、奥地利、比利时驻沪领事前往拜见。

二十五日（8日），"侯相经过租界时，适逢天雨。西商乘马车者，见宪驾，尽行避道"[2]268。左宗棠自己也奏报朝廷，"臣过租界，接见各国领事，均恭谨有加。其大吕宋国人尤以一见为幸也"[1]奏稿八107。

光绪九年正月二十四日（1883年3月3日），左宗棠再度出省，验收水利工程，兼定洋防大局。他乘坐祥云轮船，沿途考察上元、丹徒、上海、宝应等17个辖县，阅视了朱家山工程和赤山湖工程①。左宗棠"到上海时，中外官绅商民陈设香案，亲兵及在防各营列队徐行，老稚男妇观者如堵，而夷情恭顺，升用中国龙旗，声炮致敬，较上次尤为有礼。胡雪岩及印委各员与随行员弁皆窃谓从来未有也"[1]家书诗文211。

为了考察海防情况，光绪九年九月（1883年10月），左宗棠不顾"现届冬令，朔风戒寒，凛冽倍常"，以及"左目久患云翳障蔽，渐近失明"之苦，[1]奏稿八319十九日（19日）起第四次出省，乘坐兵轮沿江考察江防、海防以及崇明岛民团海防事宜，并于二十一日（21日）午后抵达吴淞口，"自天津码头往北沿浦滩，法捕房派中西捕迎送。过洋泾桥到英租界，英捕房亦派捕迎送"[2]271。二十四日（24日），上海海关税务司、日本驻沪领事等，"到船谒见"[2]272。

光绪十年正月初五日（1884年2月1日），左宗棠第五次出省。此次出省的主要任务：一是赴清江查看引淮入海工程以及朱家山工程；二是检阅靖江、通州、崇明岛各地渔团。据左宗棠的奏报，"此次行抵上海，接见各国领事及美国总领事哲士，英国、俄国、德国各使臣均礼意殷拳，毫无隔阂"[1]奏稿八410。而据当地报纸所载，左宗棠的座船"过陆家嘴抵码头时，停泊浦江之各国兵轮船兵丁均持枪站立桅杆，并升炮恭迎。中国炮船及岸上之洋枪，连环不绝"[2]274。此次在上海期间，美、德、俄、奥等国领事均往左宗棠座船拜谒。左宗棠也曾到德、英、俄领事署回拜并参观电线公司、泰来洋行等，沿路"英国兵船即升三响以迎"。正月三十日（2月26日）离开上海时，"岸

---

① 朱家山工程位于今安徽、江苏交界的滁州、六合一带；赤山湖工程位于今镇江句容。

上各营兵丁排队开枪，并放鞭炮。浦中兵轮船及英、美等国兵轮船均升炮，兵丁持枪站桅"[2]275。

概而言之，从光绪七年十二月二十四日接任，到光绪十年三月十三日（1884年4月8日）交卸，左宗棠在两江总督任上共两年三个月左右的时间。在这800多天里，左宗棠先后出省五次：

第一次是巡阅江北兼考察水利。光绪八年正月二十六日出省，二月十二日回省，历时16天。[1]奏稿八59

第二次是巡阅江南各营。光绪八年四月初十日出省，二十七日回署，历时18天。[1]奏稿八106—107

第三次为出省视察水利工程。从光绪九年正月二十四日开始，直至二月二十九日才告竣。扣除二月十八日至二十七日回署处理公务的这9天，历时26天。[1]奏稿八216

第四次为光绪九年九月，出省目的是校阅渔团、筹划海防。九月十九日出省，十月初三日回省，历时14天。[1]奏稿八328—329

第五次为勘办引淮入海工程及考察渔团。光绪十年正月初五日出省，先苏北后苏南，二月初三日回省，历时28天。[1]奏稿八410

五次出省，总计天数达到102天，占据了其两江总督任期的八分之一。考虑到左宗棠此期间已是71至73岁高龄，我们更能体会到其公忠为国、勤政爱民之心。

2 筹备海防、江防

左宗棠上任前陛见时，慈禧便提出两江要重视海防和盐务，"臣前于陛辞时亲承圣训，谆谆以两江盐务、海防并重"[1]奏稿八83。因此，海防的布置，是左宗棠任内工作的重点。第一次鸦片战争时即深恨洋人海上入侵并写过《料敌》《定策》《海屯》等迎敌之策的他，结合戎马一生的经验，对两江海防，也有着与其他两江总督不一样的思路。

左宗棠的海防思路，是一个从长江海口逐步往外延伸的循序渐进的过程。光绪八年七月，在与长江水师大臣彭玉麟、闽浙总督何璟、两广总督张树声、江苏巡抚卫荣光等商量之后，左宗棠上了《会商海防事宜折》，指出吴淞口为轮船从外海入内海后进入黄浦江的通道，并非进入长江的通道。进入长江的外国轮船，则是由崇明岛北绕白茅沙至狼山、福山，从而驶入长江。近年由于福山南岸一带泥沙堆积，轮船难于航行，外国轮船必须绕狼山北岸经江阴进入长江。为此，左宗棠提出，目前防守的重点应先放在狼山、福山一带，再兼顾吴淞口，"故吴淞设防，不能扼其来路。查吴淞口南北宽不过十里，狼山、福山口南北宽百余里，由此冲入长江，其势甚顺。此时防长江海口，应以狼、福山为重，兼顾吴淞口，庶期周密"[1]奏稿八123—124。

光绪六年，彭玉麟曾奏请造 10 艘小轮船，以专防长江入海口。朝廷虽同意建造，但"因南洋经费维艰，部议暂从缓筹，至今尚未开造"。左宗棠就任江督之后，赞同彭玉麟所提出的"有海防无海战之说"为"据实之谈"。[1]奏稿八124,125 于是在经费并不宽裕的情况下，他从淮盐加引中筹集 230 万两，建造快船 5 艘、小轮船 10 艘，以加强海防。这 5 艘快船，原定由福州船政局建造，但福州船政局创设 17 年来，因屡次更换船政大臣，管理混乱。担心福州船政局难以赶制，左宗棠于光绪八年十一月（1882 年 1 月）奏报朝廷，改由向德国订购两艘、由福州船政局建造 3 艘。至于 10 艘小轮船，则由上海机器制造局建造。

为给将来的快船储备驾驶和管理人才，光绪九年（1883）四月，左宗棠在福州船政学堂中挑选学生 10 人，并招水手 100 人，由留洋归来的蒋超英负责训练。他还规定以 3 年为限，要他们掌握驾驶轮船、辨识海道等技能。[1]奏稿八247

江阴江面防务略有头绪之后，左宗棠开始规划吴淞口的防务，将防务范围向外延伸。光绪九年六月，他告诉朝廷：长江出江苏后经宝山、崇明入海，由此形成长江防务的三道防线，第一道为崇明岛一带，地属内洋之外、外洋之内，为外轮进入中国的必经之地；第二道为白茅沙一带；第三道则为江阴。第二、第三道的防务将由正在建造的小轮船、快船等负责，而第一道防务，左宗棠采纳参将刘光才的建议，在沿江沿海地带创设渔团，发动百姓共同防守。具体的设想是在沿江沿海的 1 万多渔民中，每百人挑选 30 名，由此可挑选出约四五千人，填入各地设立的团防局。这些渔民由刘光才督率，按勇丁编制，每月操练两次，发给军饷，还可奏保功名。崇明岛一带，暗礁林立，外国轮船必须依靠当地渔民带路，方能安全进入。左宗棠相信，通过设立渔团、管理渔民，将为崇明岛防卫争取主动。

一直以来，如何在广阔的海口设防，始终困扰着左宗棠。他自己也向朝廷承认，"臣于海防一事，久拟于海口设防，而迄未得有要领"[1]奏稿八319。刘光才设立渔团的建议，让左宗棠深感欣慰。为了检验渔团的成效，他不顾自己"左目久患云翳障蔽，渐近失明"[1]奏稿八319的身体状况，毅然决定在光绪九年九月十九日（1883年10月19日）出海实地考察海防、检阅渔团成效。

但毕竟是初创事物，崇明岛一带的渔团以给钱太少为由（每名每日给口食钱一百文，而渔民给商船带路一次，可得薪工银50两），"故违号令"。检阅时，当地54艘渔船的渔民中，能爬上桅杆的不过9人，下海泅水者都不肯前游，摆出非得加钱才肯操练的架势。这让左宗棠颇为恼火。所幸除崇明岛之外，其他像海门、吴淞口等地的渔团，"均尚精实"。[1]奏稿八329

概而言之，左宗棠总督两江时期，就海防、江防的筹备，主要是做了这样两件工作：海防方面，在崇明岛外海以渔团防御，在吴淞口、白茅沙两处长江入海口设置炮台；长江口一带则是加强狼山、福山防守，并在江阴设置最后一道防线。至于设备方面，则是筹措资金购置大小轮船15艘，以备江防、海防。但清政府的腐朽，在南洋防务中也体现得淋漓尽致——左宗棠向福州船政局订制的3艘快船，其中的开济号，光绪七年九月开工，光绪八年十二月下水，本应光绪九年交付使用。但虽经迭次严催，还是迟迟未能交付，直到光绪九年十一月才开到吴淞口。而且，途中遭遇飓风，水积船舱，配置的抽水机发生故障，进而导致轮机不能旋转，只得驶回船厂。接连返修两次，还是不尽如人意。

更为严重的是，开济号虽然制造经费由30多万增加到40多万，多项指标不增反降——原定吃水一丈七尺，现在变为一丈九尺，如此意味着轮船行驶受限增多；船速"原定每时可行百里，今兹试洋只能行九十余里"；其他关键备件也不足数。如此欺蒙、泄沓，左宗棠十分生气，奏请将当时负责的船政大臣张梦元严行申饬。但官办企业的弊端，他却无力革除，只能无奈地感慨，"闻近年该局员匠愈趋愈下，制造学生之骄肆，监工之不力，均不似昔年规模"[1]奏稿八368。

3　兴修两江水利

光绪八年正月二十二日（1882年3月11日），左宗棠奏请在江宁建陶澍、林则徐专祠，获清廷同意。专祠于省城落成后，左宗棠题写了一副对联——既总结了陶澍、林则徐二人在两江的政绩，又表达了自己对能步陶、林之后治理两江的荣幸。

　　三吴颂遗爱，鲸浪初平，治水行盐，如公皆不朽；

　　卅载接音尘，鸿泥偶踏，湘间邗上，今我复重来。[1]家书诗文427

巧合的是，左宗棠治理两江两年多的时间内，"治水""行盐"也是他力促的两件大事。左宗棠自己就说，"窃维两江时务之要，无过海防、盐务两端，而水利尤民命攸关"[1]奏稿八140。

江南水网密布，地处长江中下游，极易发生水灾。因此，左宗棠对在江南治水十分重视。上任伊始，就遭遇冬季少见的洪灾，使他被迫暂时搁置检阅江南各营的任务，先行抗洪，"俟规画粗定，再赴苏、松一带阅视"[1]奏稿八71。

两江治水的要务主要有三：一是南北运河，一是导淮入海，一是长江防汛。这三者之中，导淮入海尤为迫切。由于黄河入海口曾经南移，占据了淮河河道，"黄夺淮流，淮失故道"，淮河水流入洪泽湖后被迫南移入海。多年来，为了防止黄河泛滥，两岸修筑了不少堤坝，以"绝其南趋"。此后，随着黄河北移，旧黄河故道虽然空出，但由于淤泥堆积，导致地势北高南低，淮河水已经无法再北移回到原来的入海故道。左宗棠的前任刘坤一，就想在杨庄一带通过修筑正坝、开浚河道等办法，导淮河水经中运河重入黄河故道。光绪八年三月，左宗棠经实地调查后，发现洪泽湖比旧黄河、中运河地势低二三丈，如此"工繁费巨，程效难期"[1]奏稿八72。为此，他采取了保守之法：一方面加固新修的礼河河坝提高洪泽湖蓄水能力；一方面清除黄河故道淤泥，提高行洪能力。与此同时，着力修筑中运河沿岸周家庄一带东西两堤，以备一旦淮河大水、洪泽湖水漫溢后通过中运河进入旧黄河故道入海时，两岸居民生命财产得以保全。

光绪八年（1882）六月，刚刚巡视河工回来的左宗棠，立即面临大水考验：这年入夏之后，江湖迭涨，长江水势骤增，"复因梅雨连旬，群流争赴，堤坝吃重倍于往年"，截至六月十七日（7月31日），高邮玉马头的水深已达到一丈四尺。按照往年情形，水位线达到一丈四尺，就应该开大坝泄洪，但此时下游农作物尚未收割，因此，虽然"情形危险"，但只能坚守，"惟里下河农田收获需时，暂宜得守且守，以慰农望"。最后，经各方努力、多方抢护，在没有泄洪的情况下，洪峰总算安然通过。这连左宗棠都觉得是"实属意外之幸"，更让他感受到两江治水的重要性。[1]奏稿八112,113

"治吴诸策，治水为要。"[1]奏稿八193光绪九年（1883）正月，3个月的病假刚销假完毕，左宗棠立即出省视察水利工程。此番视察，从正月二十四日（3月3日）开始，二月二十九日（4月6日）结束。扣除二月十八日至二十七日回署处理公务的这9天，历时26天。此番考察，"沿江而下，历里河、下河以抵海壖各盐场，复勘验范堤、马棚湾、车逻坝、清水潭诸要工"。考察的结果，发现工程都还比较坚固，"均结实饱满，较上年加高培厚，宣泄有资"。[1]奏稿八216

看到工程防洪效果的左宗棠，继续筹修运河两岸堤坝。正是由于加固运河堤坝、修复范公堤等水利工程，光绪九年七月，江南虽遭遇特大洪水，接着又是风灾，但庄稼尚可丰收，"不但民食有资，且可出其赢余，转粜浙、闽、燕、齐，接济赈务"[1]奏稿八331。以致左宗棠自己也感慨，"是则事豫则立，成效昭然可睹者也"[1]奏稿八331。

按照左宗棠的计划，江南水利初见成效之后，继续兴修江北水利。未料，这年九月，左宗棠到上海检阅渔团时在崇明岛遭遇暴风，导致风痰、目疾等旧患增剧，左目渐致失明。即便如此，十月十七日（11月16日），左宗棠在上折请求开缺的同时，依然奏报了江北引淮入海的宏大计划，并准备于光绪十年（1884）开春时率领亲军各营前往实地勘查，着手兴修，"引淮水经流入云梯关一带，循独行入海之旧，俾山东、河南诸水均有所归，不致泛滥为灾"。尽管左宗棠明白此项工程"工烦费巨……异时有无成效，尚难预必"，也明白以前的两江总督多不愿兴办此事，"任事之人，莫敢执咎"，但他还是提出，等朱家山大坝工程竣工后，将一意推进此工程。[1]奏稿八331,332 为了筹集资金，左宗棠奏请改变以往淮北所收厘金五成拨金陵、四成解安徽、一成解清江的惯例，暂时将淮北所收厘金全部用于引淮入海工程。[1]奏稿八358

前文已经说过，黄河淤泥堆积，导致淮河两岸地势北高南低，如今要让淮河由地势低的南岸流向地势高的北岸、取黄河故道入海，难度之大，可想而知。这一工程，也引得官绅议论纷纷，并提出多种其他方案。为此，原定春暖再前往实地查看的左宗棠，决定提前至正月初五日（2月1日）起程前往清江考察以便定夺。

经过实地考察，二月初十日（3月7日），左宗棠奏报朝廷，提出按照分别缓急、次第办理的原则，一方面疏浚黄河故道，以引淮河支流泗水、沂水之水，减轻运河的排洪压力；另一方面疏通大通口，以畅通淮河水入海的通道。正在此时，清廷根据左宗棠的推荐，于正月二十日（2月16日）下旨，任命曾国荃为两江总督。为此，左宗棠只是先成立了复淮局，同时派员勘估工程，更多的工作只能留给后任曾国荃。

值得一提的是，导淮入海工程，最早是曾国藩提议的，并在同治六、七年间试办过。当年在奏折中，曾国藩曾写道，"复渎之大利，不敢必其遽兴；淮、扬之大患，不可不思稍减"[1]奏稿八414。长江、黄河、淮河、济水在古代被合称为"四渎"，曾国藩借此告诉朝廷：导淮水由故道入海所带来的巨大利益未必能立竿见影，但无论如何，必须想办法先减轻淮水泛滥带来的危害。曾国藩之后的历任两江总督也先后派工疏浚黄河故道。在二月初十日的奏折中，左宗棠申明"导淮之议，发于前大学士、两江督臣曾国藩"的同时，也盛赞曾国藩当年奏折所说为"老成谋国，计虑深远"。[1]奏稿八414 这也再次证明，左宗棠与曾国藩虽已交恶，但"私人意气，不废公事"。

除了导淮入海工程外，左宗棠在两江的治水举措，还包括兴修范堤。从盐城至海门,有一段绵亘 600 余里的护海长堤,为宋朝名臣范仲淹议建,故名范堤,旨在使海滨以晒盐、捕鱼为生的居民在海潮泛滥时能不被海潮席卷,"所以御风潮而奠民居"。这一范公堤,可谓泽被苍生之举,但"近年长堤失修,潮墩坍卸殆尽"[1]奏稿八74,经常发生沿海居民被海潮卷走的惨剧。左宗棠决定重修此长堤。由于工长费巨,他采取多种办法筹集资金:一方面发动当地绅士集资;一方面将治水和行盐结合起来,要求盐商捐款。此外,还有胡雪岩的自愿筹款。

光绪八年三月二十日(1882 年 5 月 7 日),修复范堤工程正式启动。总计范堤共有 12 场、94 座——后来经过实地勘察发现,泰州所属的 5 场 44 座,当地居民住地距海已远,暂时不用修复。也就是说,修了 7 场 50 座。光绪九年三月初四日(1883 年 4 月 10 日),出省巡视水利工程的左宗棠,专程视察了范堤工程。五月底,范堤修竣,"共用土方工料银十万五千五百九十五两有奇,内由道员胡光墉捐钱五万串,合银三万一千一百六十八两一钱一分"[1]奏稿八336。也就是说,胡雪岩所捐占工程经费的三分之一左右。刚刚修复的范堤,在当年七月的暴雨中经受了考验,发挥了作用,"本年伏汛,运河水势汹涌,为历届所无。兼之七月下旬,又遇飓风骤雨,沿江圩岸多有被冲之处,而各场民灶独处险得安,已得新堤保护之益……成效昭著,万灶欢呼"[1]奏稿八336。

左宗棠如此重视两江水利兴修工作,和他自己喜爱农事不无关系——他告诉朝廷,"臣家世隶耕,于泽农诸务向所究心。此次莅任江南,惭无报称,惟农田水利一事,躬亲相度,微效略有可睹"[1]奏稿八140。本来,他还计划将各郡县如何治水的方略编成一本书,将实践归纳总结成理论,以便各地参照使用,"庶旱潦有备,岁可常稔也"[1]奏稿八140,只是因为匆忙交卸,事功未毕。

4 整顿盐务

盐务整顿的工作使左宗棠筹办海防、兴修水利两大工程有了经费的保障。"江淮财赋以盐课为大宗"[1]奏稿八82,两淮盐业更是清政府三大财政支柱之一。两淮是当时清代最大的盐产区，下辖30个盐场，所产之盐行销苏、皖、赣、湘、鄂、豫六省。长期以来，两淮盐业采取凭盐引在固定产区购盐再到固定的地区（即"引岸"）销售的管理办法。道光十一年（1831），鉴于盐业疲敝的现状，两江总督陶澍在淮北推行票盐改革，打破垄断，引入竞争机制——废除引盐制，实行票盐制，商人只须凭票即可请运，不论资本多少。虽然票盐制仍保留了许多繁琐的手续，行盐必须遵循指定的路线，但实行后还是取得了显著效果：盐价降低了，销路打开了，濒临绝境的淮北盐业因此焕发生机。改革前，道光元年到十年，淮南盐课欠缴额达1900多万两；改革后，从道光十一年到十七年，可收入1600多万两；淮北方面，道光元年到十年，改革前收入只有70多万两，欠缴额为200多万两；改革后，从道光十一年到十七年，盐课收入可达370多万两。[3]

进入咸丰朝，由于太平天国战争，两淮食盐销售区域又多半处于战争的中心，销售受到严重影响，湖北、湖南等地已然成了川盐、粤盐和各种私盐的天下。"川盐济楚"虽有其历史必然性，但也导致两淮失去了两湖（其中尤以湖北为重要）广阔的销售市场，每年直接减少税收近百万两。[4]同治三年镇压太平天国之后，曾国藩着手整顿两淮盐务——一是力图收复川盐济楚失地，二是在淮南推行保价整轮，三是在淮北实施改票轮售。

淮盐在湖南、湖北行销，为大清立国以来就一直实行的政策，已有200多年。收复川盐济楚失地，就是力图收复湖北这一两淮食盐销售区域，不许川盐再在湖北销售。但由于"川盐济楚"已有十多年的历史，加之湖广总督、四川总督出于当地利益而反对，因此曾国藩的努力进展缓慢。直到同治十一年，各方才达成折中方案，将湖北市场分成两半："决定将武昌、汉阳、黄州、德安四府先行归还淮南专销淮盐，安陆、襄阳、郧阳、荆州、宜昌、荆门五府一州仍准川盐借销。"[4]

曾国藩在淮南所进行的最重要改革，当属保价整轮。所谓"保价"，即盐斤到岸，由局经理批销，按销市之畅滞，酌量情形，核定价格，不准任意涨跌；所谓"整轮"，即盐船到岸，赴局挂号，按其先后，在盐局门口公示。盐商挨次发售，不得抢卖。至于在淮北实施改票轮售，则是指借战乱平息之机，逐步停止淮北食盐中被定为军饷的饷盐部分，恢复陶澍当年施行的票盐制度。但和陶澍当年允许盐商自由销售不同，曾国藩的票盐制度，要求采取"轮售制度"，从而丧失了票盐制度原来的本意。

曾国藩的两淮盐业改革，通过行政权力，强行规定销售价格、销售时机，从而确保税收。但与陶澍以个体商人的自由竞争来扩大销量，从而提高税收收入的票法改革相比，无疑缺少市场经济的眼光。比如，从前陶澍淮北试票，十引（淮引每引500斤）即可起运。而曾国藩主张取缔小贩，规定凡行销鄂、湘、赣三岸者，须以500引起票，谓之"大票"；行销皖岸者，以120引起票，谓之"小票"。商人运盐，最低以一票起运。以当时的材料来看，办运所需成本，大票约银五六千两，小票亦须一二千两，自然是一般小商小贩所无力承受的。故曾国藩之办法，虽名之曰票，实已失去了陶澍票法改革的实质。有人做过统计：曾国藩在两淮实行循环给运、预缴部分盐厘后，淮南盐商运盐一引需成本12两，以年销盐52万引计，需资本620万两。淮北运盐一引约需商本银7两，以年销盐29万余引计，需资本近200万两。再加上场商的资本，同治以来两淮盐商的资本总额至少有1200万两银，远非一般小商贩所能染指。[4]

左宗棠整顿两淮盐务的核心是"复岸增引"。"复岸"，就是要收回原来淮盐销售地。光绪八年四月初十日（1882年5月26日），接任两江总督不久，他就上了《筹办淮盐力图兴复引岸折》，告知朝廷现在各地商贩要求增加盐引的呼声很高，各盐场积压严重，为此一方面应该增加淮引、扩大供给；另一方面应该收回湖北引地、扩大销售区域，"四川频年经营西边，盐务成效已著……两淮因销数日减，即收回引地，均事理所宜然"。并认为，"裕课便民之道，舍复岸增引别无可图"。和曾国藩一样，对于湖北因为川盐禁销而造成的损失，左宗棠提出可以给予补偿，"假使淮南引地速复，川盐借岸已还，湖北厘金不能取之蜀者，仍可取之淮……遇有急需，而两淮盐利有余，仍可随时挹注"。[1]奏稿八83 与此同时，左宗棠还提出了讲求盐质、裁减杂款规费、缉私宜严、先行官运以导商贩四项改革方案。而作为"复岸增引"的一个步骤，左宗棠决定先派员领五千引盐运至允许川盐、淮盐同时销售的湖北荆州试销，抢占川盐的市场，为今后淮盐销往荆州一带探路。

左宗棠的盐务改革，大体上与曾国藩秉持一致，而非陶澍当年引入中小资本、打破垄断的思路。但与此同时，左宗棠盐务改革，也有一定的灵活性。他有意识地减轻盐商的负担——按规定，五百引为一票，每票暂定费银一万两，后来盐商以利润微薄为由请求酌减。于是左宗棠批准减为一票5000两，"先缴二千，办运一次，察看获利在二分以上，则票费仍应加增，倘获利不及二分，则票费仍准酌减。……其余三千两，限年内缴清"[1]奏稿八127。

左宗棠整顿两淮盐务，受到盐商的欢迎。他们纷纷要求增加引数，到湖南、江西、安徽等淮盐传统销售区域去卖，"商人贺全福等三十四商请增复楚岸十五万引，商人伊厚堃等八商请增复皖岸四万二千八百五十八引，商人厚德昌等三十六商请增复淮北十六万三千十八引，商人怡同兴等二商请增平江专岸二千引"[1]奏稿八126。盐商踊跃申购，使得淮北当年指标二十九万六千九百八十二引"提早两个月全纲完竣"[1]奏稿八128。左宗棠只好于八月初三日（9月14日）奏报朝廷，八月初七日开始出售下一年度的食盐指标。

左宗棠的"复岸增引"方案，自然会使四川方面收入减少，同时又没有明确给湖北的援助数额。不出意料，遭到四川和湖广两位总督的反对，"四川督臣丁宝桢，仅允每月减让一二百引，尚属空言，并非实事；湖广督臣涂宗瀛，一意袒护川盐，争断不致少之饷项，忘必不可废之成规"[1]奏稿八197。受销售区域未能全复的影响，盐商贺全福等，原本预定了15万引（合300票），后来减为3万引，"无力承运，禀请退票"[1]奏稿八198。可贺全福等原来交的60万两定金已上缴户部，最后两淮盐运使只好动员和致祥等商号认购剩下的12万引，将60万两补给贺全福，才算平息了此番风波。左宗棠也因此慨叹收复淮盐行销地之难，"其咎固不在增引之骤，而在复淮之难也明矣！"[1]奏稿八197

而在湖北、四川尚未同意扩大淮盐商定销售区域的情况下，左宗棠即增加盐引、扩大供给，多少显得有些急切。他也因此向朝廷承认"办理掣肘"[1]奏稿八198。

努力扩大淮盐销售区域的同时，左宗棠还注意在一定程度上维护两淮盐商的利益。光绪九年三月，鉴于安徽去年夏天遭遇水灾，严重影响食盐销量，他一方面减少引数，一方面反对户部让在此区域销售食盐的盐商伊厚堃按4000两惯例补足票费的建议。光绪十年，顺天府尹周家楣奏请要求两淮盐商"一律按票每引捐银十两"[1]奏稿八393以助顺天、直隶等地赈灾。左宗棠上折表示碍难实行，"窃念两淮二十年来，课、厘两项报部者将及八千万两，他如各项商捐并前年户部筹饷捐输，入奏者又三百余万两。近因各处钱店倒闭，银路艰紧，该商等方请借公项以资周转，若令再捐巨款，商力实有不支"[1]奏稿八395。光绪十年，户部提出淮北新加盐引票费应由每引2两增至每引4两。户部认为：淮北每引盐400斤、淮南每引600斤，因此淮北每引票费应为淮南的2/3。如今淮南新加盐引票费为20两，照此推算，淮北应在12两左右，收4两已是很少。对此，左宗棠也表示反对，指出票费的高低，主要看利润的多寡，淮北食盐销售利润只有淮南的1/10，因此每引收银2两正好，而且，政策"似未便朝更夕改，失信于商贩"[1]奏稿八418。

左宗棠整顿两淮盐务的工作，还包括加强稽查打击走私、疏浚河道以利运输等方面。他一方面下令加强对盐场的检查，打击"贴色""重斤"① 等行为，一方面添募巡勇，扼要驻守缉拿私盐。与此同时，鉴于淮北盐河自西坝至安东县之傅家堰60里"河身高仰，势若建瓴，一遇水浅，则商人起驳之苦，抛耗之多，费重运迟，累日加重"情形，光绪九年春天起，左宗棠筹款挑浚挖深盐河，工程至当年秋天完工后，即使是秋冬枯水时节，"盐艘畅行，毫无阻滞"，大大便利了盐

---

① 贴色，指为了求得成色好的盐而向产盐商暗中补贴；重斤，指瞒报、少报食盐分量。

商行运。[1]奏稿八333,334

总体说来，左宗棠对两淮盐务的整顿，基本没有脱离曾国藩官办的思路，和陶澍当年引入中小商贩的做法并不一致。他顺商情而提出的"复岸增引"方案，由于四川、湖北两地的反对，最后妥协为"加费减引"，将"楚票十五万引减为三万引，皖票四万二千余引减为一万七千七百六十引"。但由于左宗棠办事认真，任用的两淮盐运使孙翼谋等忠于职守，盐务整顿工作取得明显的成效。根据左宗棠光绪九年十月十七日（1883年11月16日）《经理两淮盐务著有微效折》，自光绪七年十二月接任两江总督至光绪九年十月，"二十一个月有余，约解过实银五百数十万两"。这是个什么概念呢？自同治三年起的历任两江总督，每年解银大多在二百数十万两左右，偶尔有一两年能解到三百万两以上。而左宗棠就任后，仅光绪八年，"收数已二百八十九万余两，所收票费一百三十余万两尚不在内"。至于淮北方面，"销路渐复道光十一二年之旧"。[1]奏稿八333—334 果真如此，也是左宗棠对陶澍最好的纪念了。

两江经费出款，以治水、防海两者为大宗。[1]奏稿八263 也正是由于盐务整顿初见成效，左宗棠才有财力去购买5艘快船、10艘小轮船，才有财力整理两江水利。这些繁难之事，多是前任所未能完成的，也是左宗棠整顿两淮盐务成效的间接例证。

5　在胡雪岩破产案的漩涡中

光绪九年五、六月间，朝廷下旨让两江协款给山东赈灾，以救济遭遇水患的民众。由于此前刚刚拨解了40万两，加上江苏本身也受灾需要赈济，无奈之下，左宗棠只好向胡雪岩借银20万两，"库储将竭，……筹维再四，实非息借现银不可。……阁下长袖善舞，尤有赢余。可否以二十万假我，俾能早日解往，活此灾黎。其息银不必拘定，总以愈少愈妙"[1]书信三731。

但无论是左宗棠还是胡雪岩，估计当时都没有想到，仅仅半年之后，胡雪岩就破产了。

光绪九年十一月初七日（1883年12月6日），管理顺天府事务的毕道远等上《阜康商号关闭现将号伙讯究各折片》，告知朝廷京城阜康银号倒闭的消息。同日，清廷下旨，让闽浙总督何璟、浙江巡抚刘秉璋密查胡雪岩资财，以备抵债，"毕道远奏号商弃铺逃逸，现经会查追究，并号伙汪惟贤自行投到各折片。阜康商号闭歇，该号商经手公款及各处存款甚多，亟应严切究追。着毕道远、周家楣提讯该号伙汪惟贤等，将公私各款逐一清理。并着何璟、刘秉璋密速查明商人胡光墉原籍资财，以备偿抵亏短公款"[5]卷一七三。

这是目前在清宫档案中查到的关于胡雪岩破产的最早记录。由这份谕旨可知，由于伙计汪惟贤的自首，顺天府得知阜康银号倒闭、不少银号伙计弃铺逃跑的实情。鉴于胡雪岩经手的公私存款很多。为避免金融动荡，清廷让毕道远（时为都察院左都御史兼管顺天府事务）、周家楣（时为顺天府尹）清点京城阜康银号所存公私款项，并谕令何璟、刘秉璋查胡雪岩资财，以备将来变卖抵债。或许是考虑到胡雪岩商号牵扯到的人很多，为了避免引发社会动荡，清廷采用的是密谕方式。

十一月二十八日（12月27日），清廷给时为两江总督的左宗棠下旨，告知已将胡雪岩革职，谕令左宗棠让胡雪岩赶速还清各处公私欠款，"现在阜康商号闭歇，亏欠公项及各处存款为数甚巨。该号商江西候补道胡光墉着先行革职，即着左宗棠饬提该员严行追究，勒令将亏欠各处公私等款赶紧逐一清理。倘敢延不完缴，即行从重治罪。并闻胡光墉有典当二十余处，分设各省；买丝若干包，值银数百万两，存置浙省。着该督咨行各该省督抚查明办理，将此谕令知之"[5]卷一七四。

经过将近一个月的查访，清廷大概获知胡雪岩欠款及资产情形，谕旨中"亏欠公项及各处存款为数甚巨"，"有典当二十余处，分设各省；买丝若干包，值银数百万两"，可以说就是查访结果。由"买丝若干包"我们可知，胡雪岩确实在破产前购买了大量生丝。而从十一月七日到二十八日这22天时间里，清廷频繁为胡雪岩破产事件下旨，足以表明此事在当时影响之大。

在查访胡雪岩欠款和资财时，清廷并没有通知左宗棠。而在查处时，清廷却让左宗棠办理。胡雪岩籍贯浙江，归浙江巡抚和闽浙总督管辖，按理不应由两江总督左宗棠办理。因为两江辖境为江西、安徽、江苏，并不包括浙江。朝廷深知左宗棠与胡雪岩的紧密关系，因此查访欠款和资财时，没有通知他，或许是怕左宗棠向胡雪岩通报。而现在让左宗棠查处，则多少有袒护老臣左宗棠和从宽处理胡雪岩之意。因为，谕旨只是将胡雪岩革职，并饬令胡雪岩清偿欠款，而没有治罪、抄家。

谕旨既让左宗棠勒令胡雪岩"将亏欠各处公私等款赶紧逐一清理"，那左宗棠是如何处理的呢？

清人李伯元在《南亭笔记》中说，胡雪岩破产后，众多债权人聚集在胡雪岩杭州阜康银号，"方扰攘间，左文襄忽喝驺至。……文襄乃按簿亲为查询，而诸员至是皆嗫嚅而不敢直对。至有十余万，仅认一二千金者，盖恐干严诘款之来处也。文襄亦将计就计，提笔为之涂改。故不一刻，数百万存款，仅以三十余万了之"[2]150。

左宗棠亲自出面，把胡雪岩的数百万两欠款减为30余万两？应该说，可能性不大。首先，浙江非左宗棠辖区，如要前往，必定兴师动众，事前要和浙江巡抚联系等，但迄今并未发现时为浙抚的刘秉璋有这方面的奏报；其次，光绪九年（1883）九月，左宗棠前往上海巡阅防务，途中得病。十月初三日（11月2日）回到南京后，他立即上奏朝廷，以"衰病缠延""目疾增剧"为由，恳请朝廷"恩准开缺回籍调治"。[1]奏稿八332 朝廷最终是赏假两月让其安心调理，但不准回籍。在这种情况下，左宗棠应该不大可能动身从南京前往杭州去查封胡雪岩资财。①

光绪十年正月初七日（1884年2月3日）的《清实录》记载，"两江总督左宗棠奏遵查阜康号商、已革江西候补道胡光墉商号闭歇、亏欠部款及江苏公款，业经封产备抵。得旨：仍着查明该革员所欠公私各款，饬提追究，赶紧清理，毋任宕延"[5]卷一七七。

---

① 详见《左宗棠传信录》第七章。

由此可知,光绪九年底到光绪十年初,左宗棠虽未亲往,但确实曾派人去杭州查封胡雪岩的当铺、商号等。

屋漏偏逢连夜雨,破产亏欠清算之事未毕,光绪十年四月,户部奏报胡雪岩当年借洋款时侵吞行用补水。四月初七日(5月1日),清廷下旨,让浙江官府拍卖所封存的胡雪岩资产,在当年闰五月之前将胡雪岩所"侵吞"的行用补水银十万六千七百八十四两收缴,用于修建南疆衙署。[5]卷一八一

这十多万两行用补水,是怎么回事呢?

原来,光绪七年,应刘锦棠、杨昌濬的一再请求,刚刚交卸陕甘总督职务进京的左宗棠出面,通过胡雪岩,由德国人福克引荐,向汇丰银行借款400万两。汇丰扣除相关的手续费的同时,实际上支付370多万两。将此370多万两送交杨昌濬、刘锦棠后,胡雪岩报销了水脚行用等十万六千七百八十四两。这其中:有两万两作为中介费,由中间人福克领取,有三万零二百余两为水脚行用花费,此外还剩四万多两。[6]档号:03-6554-039 由此可知,所谓"水脚行用"大体相当于今天的差旅费、押解费。

光绪十年户部奏请追查这笔钱时,左宗棠正请假4个月在南京养病,两江总督已由曾国荃署理。因此,上述要求胡雪岩偿还"行用补水"的谕旨,清廷是寄给曾国荃的。左宗棠得知后,上折为胡雪岩求情,表明此系因公用款,应免于追缴。

清廷接到奏折后,让户部商议。[7]此事尚未有定论之际,法国进攻基隆,并派军舰在我国东南沿海一带挑衅,左宗棠以钦差大臣身份前往福建督师。法人请和后,光绪十一年(1885)三月,左宗棠再度上折,为胡雪岩奏免此笔款项。[6]档号:03-6554-039

但户部认为胡雪岩在借款之前没有预先奏报这项费用,因此无法报销。此后,虽经督办新疆军务大臣刘锦棠、前陕甘总督谭钟麟证明胡雪岩此款是因公支出,户部依然不准报销。

后经浙江方面追查,分别于光绪十一年十二月、光绪十二年六月分两次将此笔行用补水全部追齐,并解往新疆。[6]档号:03-6614-094 而此时,左宗棠已于光绪十一年七月病逝,胡雪岩也于同年十一月在贫恨交加

中郁郁而终。

客观而言，这笔"行用补水"费用并不算高——根据浙江巡抚刘秉璋的奏报，由浙江将追缴而来的这笔10.4万多两汇至甘肃，手续费为2135多两，占比为2.05%，也就是说每百两花费为二两。[6]档号:03-6614-094 而根据左宗棠的测算，当年胡雪岩护送的370多万两，由上海至武汉，水程2000余里，包括轮船运费、保险、装箱费用、人员护送报酬等，平均下来每百两开支银才九钱。[6]档号:03-6554-039 应该说，远低于刘秉璋汇款的花费。只认死条文，不看实际效果，晚清政府的颟顸，由此可见一斑。①

而且，客观而言，这笔钱胡雪岩确实没有侵吞。但借款已办理完毕，剩余的4万多两银子却迟迟没有上交，操作实在不够规范。左宗棠屡次陈请减免最终还是没有获准，表明风烛残年的他在朝廷的影响力已远不如光绪六年的鼎盛时期。至于户部趁胡雪岩破产之际"落井下石"，多少暗示着胡雪岩银号破产，使得朝中不少官员的利益遭受损失，因此借机报复。比如，时为刑部尚书的文煜，在胡雪岩阜康银号存银就达36万两。[8] 再比如，时任署户部尚书、在军机处学习行走的王文韶，就曾接到朋友来信，要他帮忙从阜康银号中索回所存的近两千两银子。[9]上册626

根据《王文韶日记》的记载，光绪九年十一月十六日（1883年12月15日），王加敏曾奉左宗棠之命进京，拜访王文韶。左宗棠此举，或许是希望署户部尚书的王文韶帮忙，使胡雪岩的银号免于破产

---

① 明知并非胡雪岩侵吞，户部却偏偏还向胡雪岩索要；事情已过这么长时间，户部重提旧事。这些都让左宗棠觉得十分委屈。他说，这是自己工作的疏忽，"漏疏之咎，百喙难辞"。因为如果当初把这笔款项列入西征花费一并报销，便不会有这些麻烦。见中国第一历史档案馆藏《军机处录副档》，档号：03-6554-039。胡雪岩行用水脚案件爆发后，接任两江总督的曾国荃曾向户部发咨文为胡氏剖白，"此番案属因公支用，非等侵吞，以视户部现办章程系在旧案准销之列，应请户部鉴核，转予斡旋；嗣后不等援以为例，以昭大信"。转引自李恩涵：《左宗棠与清季政局》，《"中央研究院"近代史研究所集刊》1994年第23期，第221页。

命运，"若农为雪岩账务奉左相命来此，意欲设法保全也"[9]上册626。但此事最后是不了了之。

令人奇怪的是，关于胡雪岩破产一事，在《左宗棠全集》所收的左宗棠书信中——无论是家书还是给朋友、同僚的信，都没有记述。而且，无论是在中国第一历史档案馆所藏清宫档案，还是在《左宗棠全集》中，都没有查到左宗棠查封胡雪岩资财状况的清单。光绪十二年六月十二日（1886年7月13日）浙江巡抚刘秉璋奏报胡雪岩欠款已经全部追缴并已陆续解往新疆后，清宫档案中再没有关于胡雪岩的记载。

【注释】

[1] 左宗棠. 左宗棠全集［M］. 长沙：岳麓书社，2009.

[2] 秦翰才. 左宗棠逸事汇编［M］. 长沙：岳麓书社，1986.

[3] 段超. 陶澍盐务改革及其时代特点［J］. 江汉论坛，2000（12）.

[4] 倪玉平. 曾国藩与两淮盐政改革［J］. 安徽史学，2012（1）.

[5] 中国第一历史档案馆. 大清德宗景皇帝实录［A］.

[6] 中国第一历史档案馆. 军机处录副档［A］.

[7] 中国第一历史档案馆. 军机处上谕档［A］. 光绪十年闰五月初七日.

[8] 中国第一历史档案馆. 军机处上谕档［A］. 光绪九年十一月二十五日.

[9] 王文韶. 王文韶日记［M］. 北京：中华书局，1989.

第二十三章　病逝福州

胡雪岩案发酵不久，左宗棠其实已交卸两江总督，步入人生的晚景。在左宗棠以身体为由一再恳请开缺的情况下，光绪十年正月十二日（1884年2月8日），清廷下旨，同意左宗棠开去两江总督职务，赏假4个月，回籍安心调理。同时，任命左宗棠推荐的曾国荃出任两江总督。

自光绪七年（1881）抵京后，左宗棠的身体一直不是很好，先后四次请假，并曾上折请求开去包括军机大臣、大学士管理兵部事务等一切差使。就任两江总督之后，也是频繁上折请假。毕竟，嘉庆十七年（1812）出生的左宗棠，此时已是年逾七十。在人生七十古来稀的当时，已经算是高龄了。

1　三次奏请开缺

左宗棠就任两江总督后第一次奏报病情，是在光绪八年六月初十日（1882年7月24日），距离他光绪七年十二月二十四日（1882年2月12日）正式接任两江总督不到半年。那时，他刚刚出省检阅江南防营不久。

定期检阅防营，是清廷赋予各省总督的职责。此番检阅，本应在光绪七年举行，但由于两江总督交替，前任总督刘坤一奏请延期，于是这一工作就落到左宗棠头上。就职不久，左宗棠先于光绪八年正月二十六日（1882年3月15日）出省视察江北防营。之后，四月初十日（5月26日）又接着出省视察江南防营。

二月中旬江北防营视察完毕，三月二十日，左宗棠即向朝廷奏报各防营情形。四月二十七日江南防营视察完毕，左宗棠却迟至六月初十日才奏报了相关情况。

个中原因，左宗棠在《旧恙频发奏报迟延片》中予以解释——主要是旧病复发，使得不但视察江南防营的日期后推了，上交奏报的时间也耽搁了，"江北阅武后，旋拟南行。途间旧恙频发，头目、肩胁、腿脚肿痛渐加，肢体笨重。行过苏州，接见宾僚，已觉惫甚"。尽管如此，左宗棠依旧抱病视察。但到上海时，眼睛出毛病了，"至上海，阅视船工、机器各局厂，适新铸大炮中节出模，火光腾灼，两目红肿有加，流汁不止"。之后，在吴淞口等地海上阅兵，眼睛受风，更是难受，以致回省途中都无法上岸视察。回到江宁后病情也没有好转，反而更加严重，"自回省后，头目肿烂，两鬓及耳轮尤甚。医言寒湿积久，变为风热"[1]奏稿八108。此后，经过连服凉药，面目、肢体浮肿渐消，双眼流汁症状略止，但左宗棠自己也清楚，毕竟年过七十，很多猛药不敢服用，病情很难根治，只能加意调养。

左宗棠的病情也牵动着慈禧的心，六月十八日（8月1日）的谕旨中就专门询问其病情，"该督现在病体若何？尚其加意调摄，以慰廑系"[1]奏稿八108。

十月初五日（11月15日），左宗棠在两江总督任上第一次上折请求开缺回籍。主要还是因为身体久病不愈，"肢体痿弛，耳鸣目眩，举动维艰"[1]奏稿八139。由于身体不行，看文件等"动辄遗忘……日间校理官书，阅毕茫然不复省忆"[1]奏稿八139。而两江政务繁杂，稍微一耽搁，文件便积压成山。如此，将影响公务并造成"疏误已多"。耳鸣、行动不便、健忘，这些都是老年病的症状。但清廷没有同意左宗棠请辞，而是赏假3个月让其安心调理，"左宗棠着赏假三个月，安心调理，毋庸开缺"[1]奏稿八140。

因为生病，有些本应两江总督出席的活动，左宗棠只好请他人代替。光绪八年十月上旬，江苏武举即将举行，但左宗棠由于"近来前患肩胁腿脚肿痛，尚不时举发"，加上两江公务繁忙，昼夜看公文以致"目力益耗"，实在难以坚持连续十多天监考武生演练，而且眼睛

也看不清标靶。担心"致屈人材"的左宗棠只好请布政使梁肇煌替代自己前往校阅武举考试。[1]奏稿八150

3个月病假到期后,从光绪九年正月十六日(1883年2月23日)开始,直至二月二十九日(4月6日),左宗棠出省巡查部队、考察水利。历时一个多月的视察中,身体尚可。九月,左宗棠再次出省检查海防,在上海崇明岛检阅渔团时突然遭遇暴风,导致风痰等旧症复发,而"左目忽为云翳障蔽,渐致失明。回省后,……每一料理文书,睛痛汁流,较寻常尤为难耐"。更麻烦的是,由于眼痛无法批阅导致文书积压严重,"检校更难。而健忘益甚"。医生诊断出来的结果,是"肝脾火郁,心失所养,病根已深,非悉心静摄,难期见效"。[1]奏稿八330 为此,年已72岁的左宗棠十月十七日(11月16日)第二次上折请求开缺,以便回籍调理。

清廷虽然对左宗棠"目疾增剧"[1]奏稿八332 十分挂念,但依旧没有批准左宗棠开缺之请,而是再度赏假两个月让左宗棠安心调理。病假期间,虽然日常的例行公事交由布政使梁肇煌办理,但海防、水利、盐务等重要事务,左宗棠还是要亲自过问。与此同时,他也请医多方调治。这次病情的主要症状在眼睛上,"现在所最苦者,右目因流汁过多,受伤益甚,检校文书,万分吃力,稍一搁置,隔日即成堆垛,勉强判阅,下笔不能成字"。由于年老气血衰惫,左宗棠此番医治,未能立即见效,"两月假期届满,而目疾如常,难期痊愈。多方觅购空青石制散点入,虽著微效,而左目云翳并未减退,右目汁流如故,光更缩短"。[1]奏稿八387—388

鉴于两江事体重大、头绪纷繁,还有南洋通商等交涉事件,害怕耽误公事的左宗棠,于光绪十年正月初四日(1884年1月31日)第三次上折请求开缺,并建议清廷从安徽巡抚裕禄、漕运总督杨昌濬、前两广总督曾国荃三人中择人署理两江总督。正月十二日(2月8日),清廷下旨同意左宗棠开缺,赏假4个月,回籍调理,同时让裕禄署理两江总督。但很快又改变主意,于正月二十二日(2月18日)下旨,任命曾国荃为两江总督。

2 中法战事起

清廷刚下旨同意左宗棠开缺回籍，内阁学士周德润即上折表示反对，说"勋臣不宜引退，请旨责以大义，令其在任调理"。于是，清廷又连忙下旨，以"当此时局艰难，尤赖二三勋旧之臣竭诚干济"，要求左宗棠赶紧调治，"一俟稍愈，不必拘定日期，即行销假，以副委任"。[1]奏稿八407

三月十三日（4月8日），左宗棠交卸两江总督，暂留江宁调理。四月初二日（4月26日），左宗棠上折告知清廷，经过两个月的静心调养，加上进参苓、茸术等补药，并服用蜂蜜温汤，如今"左目云障渐开，右目云翳虽微有增加，而汁流渐减，尚免昏眊"[1]奏稿八435。

按朝廷所给的4个月病假推算，左宗棠销假的日期应该是五月十二日（6月5日）前后。但清廷接到左宗棠四月初二日销假折后，立即于四月初九日（5月3日）下旨，要左宗棠来京陛见，"大学士左宗棠素著公忠，不辞劳瘁，朝廷深资倚任。……现已渐臻痊愈，览奏深慰厪怀。左宗棠着即来京陛见"[1]奏稿八435。

清廷之所以着急让左宗棠进京，主要缘于当时法越交兵以及法国进攻我国台湾的形势。

早在18世纪50至60年代，英法为了争夺殖民地，发动了"七年战争"，结果是法国失去了其殖民地印度领土的大部分和将近全部的北美辖地。于是，法国开始把它在东方殖民掠夺的重点从印度转到了越南。到19世纪60年代，法国已侵占了整个越南南部，此后又宣布将越南置于它的"保护"之下。

明清两代，越南一直与清朝保持着"宗藩关系"，奉明清两朝为"正朔"①。法国侵占越南，威胁我国云南和广西的安全。在藩属国发生内乱和遭遇外敌入侵时，清廷也负有出兵保护的义务。

不仅如此，光绪七年六月，法国议会通过增拨240万法郎作为侵越军费的提案。光绪八年四月，法军侵占河内，不久，又占领南定。

---

① 农历正月初一叫"正朔"，后通指帝王新颁的历法，借指王朝正统地位。

第二次组阁的茹费理更是声称："必须征服那个巨大的中华帝国是不成问题的。"[2]194光绪九年，法军攻下越南首都顺化，使越南变成法国的殖民地，接着即把侵略矛头对准了中国。

和李鸿章等"主和派"主张以退让、妥协换取"和平"并认为"未可与欧洲强国轻言战事"[3]卷十四4647不同，时为两江总督的左宗棠则主张应坚决进行抵抗、不能退缩示弱，"大致我愈俯则彼愈仰，我愈退则彼愈进"[1]奏稿八283。由于法国人进攻甚急，越南王害怕之余已服毒自尽，仅靠刘永福一军在越南支撑抗法。为此，左宗棠表示"臣任重南洋，兼管七省海口，尤属义无可辞"[1]奏稿八283，并于光绪九年七月主动请缨要赴前线指挥，"当于巡勘崇、宝海防后，率新募各营回湘继进，以赴戎机"[1]奏稿八285。但清廷没有同意。

光绪九年七月，借部将王德榜回湖南永州探亲之机，左宗棠让其招募数营兵马以便将来赴广西迎敌。同时调拨一批军械火器交王德榜运至广西省城桂林存储备用，其中有"水雷二十四具，棉花火药一千磅，棉花信子火药一百磅，洋火箭一百枝，两磅熟铁后膛过山炮十尊，开花弹六百个，铜管拉火一万七千枝，马梯呢步枪二百杆，弹子二十万颗……大铜火二百万颗，细洋枪药三万五千磅，燕非来福洋枪五千杆，铅子一万斤，六门手洋枪二百五十杆，弹子一万九千一百七十六颗，四门神机炮六尊，自来火子二万颗，七条铁线包麻电线二英里，铜丝包胶电线二英里"[1]奏稿八369—370。此外，还从金陵机器局中挑选懂放水雷以及会修理枪炮的熟练工匠，交王德榜调遣。

左宗棠这项工作，在七月份即进行。这年十月份，广西巡抚倪文蔚发现王德榜的部队"所带军火器械皆极精利"，就奏请清廷下旨要王德榜拨付部分军火器械给广西守军。清廷在下旨要王德榜拨付的同时，又让左宗棠源源不断接济王德榜所需军械。这表明，左宗棠的筹备工作，远早于清廷。

经朝廷批准，这年秋冬之际，王德榜在湖南招募了八营士兵（还拟在广东再招两营），命名为"恪靖定边军"，成营后迅速开赴法越前线。"恪靖定边军"于光绪十年三月分别以四营驻守越南谅山、四营驻守广西镇南关。左宗棠还从自己的亲军内遴选忠勤勇敢、久经战阵者三四十人，包括记名总兵陈厚顺、副将谭家振等，派往充实"恪靖定边军"，又从两江先期为"恪靖军"垫付饷银、购买军需经费等六万六千两。

光绪九年十一月十六日（1883年12月15日），法军攻占越南山西。光绪十年二月二十五日（1884年3月12日），法军新任统帅米尔又率军占领北宁，并派兵船八艘，分驶福建、江南、天津。消息传来，清廷大为震惊。分驻谅山、镇南关两地的王德榜军，"兵分力单，能守而不能进，坐失事机"[1]奏稿八445—446。四月十七日（5月11日），左宗棠奏请由前浙江提督黄少春挑选旧部，前往镇南关，策应王德榜。由于续任两江总督曾国荃的反对，加上清廷此时正与法国谈判，没有同意左宗棠之请，而是让其"即遵旨来京陛见"[1]奏稿八446。

也是在四月十七日这天，清廷代表李鸿章与法国代表福禄诺在天津签订了《中法简明条约》，其中规定：中国承认法国有权保护越南，将驻越清军调回边境，法商可以从越南向中国自由运销货物。[4]455

3 再次入京，被参劾了三次

面对法军的步步入侵，清廷一方面调左宗棠进京，再值中枢；一方面于四月二十八日（5月22日）任命一向主战的山西巡抚张之洞署理两广总督，作出备战的姿态。

目睹法国行径后"愤懑何言""寝馈难安"[1]奏稿八435的左宗棠，四月十七日接到进京谕旨，四月二十一日（5月15日）离开南京，乘坐小轮至清江，取道济宁、德州、天津、通州，于五月二十日抵京，住旃檀寺。

五月二十五日，清廷任命左宗棠为军机大臣并管理神机营事务。有评论认为，左宗棠"以汉人统治满洲军队，实为清代破天荒之举"[5]338。考虑到左宗棠年逾七旬，清廷还特意允许他不用每天入值，"着加恩毋庸常川入直，遇有紧要事件，豫备传问"[1]奏稿八453。但仅过了十多天，闰五月十三日（7月5日）起，左宗棠就"自请每日入直"[6]第四册1841。

但第二次入京期间，左宗棠过得并不如意，数度被参劾①：闰五月二十一日，他举荐曾纪泽堪任封疆、请求将曾纪泽交"军机处存记"，结果被御史赵尔巽参劾为"于体制不合"②；他所保举的署津海关道盛宣怀被参"钻营牟利，在苏州上海开设钱庄当店，与民争利并私亏甚巨"[7]卷一八六，清廷为此下旨查办；七月，因在六月二十六日（8月16日）光绪帝寿辰庆典上不随班叩拜，为礼部尚书延煦奏参并被罚俸一年。[7]卷一八九

虽然赵尔巽等的参折最终朝廷均未采纳，虽然后来醇亲王奕譞反参"延煦纠参左宗棠并不就事论事，饰词倾轧，借端訾毁，甚至斥为蔑礼不臣，肆口妄陈，任情颠倒"[7]卷一八九，使得延煦被"革职留任、仍罚俸一年"，但左宗棠心情因此受到影响。据《翁同龢日记》记载，七月二十五日（9月14日），左宗棠离京前往福建督师时，神情就不太高兴，"左相来辞行。坐良久，意极惓惓"[6]第四册1863。而光绪七年离京出任两江总督时，左宗棠则兴致颇高——非但亲自到醇亲王家告别、与醇亲王合影留念，还送翁同龢别敬、宴请翁同龢等，被翁同龢评为"此老情长多古趣，极款洽"[6]第三册1626。

除被参外，左宗棠还因擅用内阁印信而遭申饬。

此事的起因，得追溯到左宗棠刚交卸两江总督之际：当时，鉴于云贵总督岑毓英在中越战事中失利，"拟全师撤回，退守边境"[1]奏稿八445，局面被动，左宗棠奏请让前浙江提督黄少春募勇5营前往救援，同时表示由两江设立滇粤军饷局，负责饷银、军火供应。

这引起了继任两江总督曾国荃的不满。光绪十年四月十三日

---

① 此前，左宗棠也两度被参：光绪七年六月，内阁侍读学士文硕参劾左宗棠迟迟未予办理已革道员王梦熊就地劝捐请奖案；光绪八年六月，御史李鸿逵参劾为左宗棠统领营务处的王诗正等恣意招摇、狎妓浪游。对于前者，清廷答以"任意吹求，措词失当"；至于后者，经彭玉麟查复，王诗正并无狎妓之举，但确有行事不检之咎。清廷将王诗正革职、勒令回籍。均未牵涉到左宗棠。见中国第一历史档案馆藏《大清德宗景皇帝实录》卷一三一、一四八、一五〇。

② 详见本书第十五章。

（1884年5月7日），左宗棠还在江宁休病假时，曾国荃上了《请饬停募勇丁疏》，以江南防务紧要、饷项十分支绌为由，请求朝廷饬令左宗棠暂缓招募勇丁。曾国荃还告诉朝廷：自己上任的一个月内，在两江总督署养病的左宗棠已经屡次借用印信，这次提出给黄少春发放经费4万两等，事前并未商量。"兵饷攸关"，曾国荃表示"未敢稍涉迁就，当将原文各件存留，答云必俟钦奉谕旨，方敢遵照办理"[8]第二册178。

曾国荃奏报之后，清廷曾于五月十三日（6月6日）下旨令黄少春停止招募勇丁。抵京后的左宗棠见中法虽在天津草签了议和条款，但法军继续分两股进兵、围攻清军，便于闰五月初七日（6月29日）再度上折奏请让黄少春募兵5营，开赴中越前线，由他亲自指挥，"其进止机宜，一切听臣调度"[1]奏稿八455。至于每月所需军饷两万多两，则由两江拨解。

此折上递后，慈禧等尚未定夺，左宗棠即用内阁典籍厅印信行文照会黄少春，令其迅速调募成军，开赴广西镇南关外助防。内阁无印，对外行文，用典籍厅关防。[9]8左宗棠此举，很容易被误以为是内阁奉旨而行，因此很快被人参劾。慈禧等获悉后，立即于闰五月初七日当天下旨，批评左宗棠违反体制，"左宗棠调黄少春赴粤，未经奏定，即用内阁印文照会该提督，殊属非是。嗣后务当随事谨慎，不得稍逾体制。所取备用印封，均着交回内阁"[10]。还好，据《军机处随手登记档》，清廷此旨，采用的是"封交内阁"的方式。因此，能知道此事的，仅限于军机大臣等内廷决策者以及左宗棠本人，朝廷总算还照顾左宗棠的颜面。

闰五月初十日，清廷采纳了左宗棠建议，同意调黄少春前往广西支援。但与此同时，剥夺了左宗棠对旧部黄少春军的调度指挥权，"本日已谕令黄少春带营驰赴广西关外，与潘鼎新会办防务。该大学士在京供职，所请调度之处，着毋庸议"[11]582—583。应该说，这个处分是较重的——对于任何威胁、觊觎皇权的行为，封建帝皇的处置向来是决绝的。

4 主动请缨赴福建前线

四月十七日所签订的《中法简明条约》墨汁未干，闰五月初一日（6月23日），法国军官杜桑尼中校就率军900人，向驻守越南北宁观音桥的清军发起攻击，并扬言要接收谅山、高平两省。清军被迫还击，击退法军。事后，法国声称中国破坏条约，蓄意进犯中国本土。六月十五日（8月5日），法国远东舰队副司令利士比，率舰3艘，进攻台湾基隆港，轰毁基隆炮台；次日，派海军陆战队登陆。督办台湾防务大臣刘铭传指挥清军顽强抵抗，击退了法军进攻。法国政府决定扩大侵华战争，通过驻华代理公使谢满禄于六月二十九日（8月19日）向清政府提出赔款8000万法郎的新要求，并以最后通牒的形式限48小时内答复，否则下旗离京，由舰队司令孤拔立即采取军事行动。清政府拒绝了法国的无理要求。七月初一日（8月21日），谢满禄果然下旗离开北京。初三日（23日），早已停泊在福州马尾港的法国舰队，在孤拔的指挥下，向福建水师发动突然攻击。福建水师的军舰还没来得及起锚，就被法舰的重炮击沉2艘，重伤4艘。之后虽仓促应战，因实力悬殊，导致全军覆没——11艘舰艇全被击沉击伤，官兵死伤约2000人。[12]449—450第二天，法舰又向位于马江北岸的福州船政局开炮，击毁许多厂房和厂内正在制造的舰船。七月初六日（8月26日），清政府正式对法宣战。

对于法国和谈的诚意，左宗棠早就表示怀疑。四月北上期间，看到《中法简明条约》中有法越息兵、中国撤回在越南北部各防营、中法永敦和好等条款，左宗棠便上了《时务说帖》，认为越南北部"五金之矿甚旺，法人垂涎已久"[1]札件595，而且该地与我国接壤，为滇、粤门户，如果中国撤兵，听任法国人占领，那"法人得陇望蜀"，将来"吾华何能高枕而卧"[1]札件595？因此，左宗棠认为法国势难议和，中法之间将有一战，"非决计议战不可"[1]札件595。与此同时，左宗棠认为，"法人欺弱畏强，夸大喜功"，加上近来国内党争不断，"政无专主"，因此即便交战，也不用惧怕。[1]札件596

"封侯非我意，但愿海波平。"在《时务说帖》中，73岁高龄的左宗棠就向朝廷主动请缨，要求到法越作战前线督战，"倘蒙俞允，宗棠亲往视师。窃自揣衰庸无似,然督师有年,旧部健将尚多,可当丑虏。……不效则请重治其罪,以谢天下"[1]札件596。中法正式宣战后,他更是迅即慷慨请行。七月十五日（9月4日）,他往见醇亲王奕譞,请求代为请旨让自己统兵出征。奕譞在记述这次会见的情形时写道:"左相向晦长谈,仍是伏波据鞍之慨,其志甚坚,其行甚急。已嘱其少安毋躁,十八日代为请旨,始去。"[13]第五册52七月十八日（9月7日）,清廷接受了左宗棠的请求,任命他为钦差大臣,督办福建军务。与此同时,让闽浙总督杨昌濬、福州将军穆图善帮办。

七月二十六日（9月15日）,左宗棠离京,八月二十六日（10月14日）抵江宁。左宗棠为何不直接前往福州而绕道江宁？一是要和两江总督曾国荃商量饷事兵事,二是想将尚在江宁驻扎的旧部带往福建。未料到江宁后,左宗棠接到朝旨——出于江南一带海防考虑,清廷要求他除了带恪靖七营之外,"其余江军不得再行请调,以免顾此失彼"[1]秦稿八468。

堂堂钦差大臣,只带7营兵马未免"兵力尚单,难资分布"。曾国荃见状,将两江总督亲军后营中的一营兵马拨给左宗棠。九月十三日（10月31日）,左宗棠从江宁起程,取道江西河口趋崇安、延平,一路马不停蹄,于十月二十七日（12月14日）赶到福州。

其时,福州城内正因前此马尾之败和法军于八月十三日（10月1日）攻占台湾北部的基隆而人心惶惶。左宗棠的到来,使福州人心大定。据记载,当钦差大臣左宗棠带领军队进入福州城时,"威风凛凛,前面但见旗帜飘扬,上大书'恪靖侯左',中间则队伍排列两行,个个肩荷洋枪,步伐整齐,后面一人,乘肥马,执长鞭,头戴双眼花翎,身穿黄绫马褂,……主将左宫保是也"[14]138。福州人民夹道欢迎左宗棠。在这位钦差大臣下榻的行辕福州北门皇华馆,有人在大厅内悬挂楹联云:

数千程荡节复临,水复山重,半壁东南资保障;
亿万姓轺车争拥,风清霜肃,十闽上下仰声威。[15]

这一联语,表达了福建人民对时隔18年后重返福州的左宗棠之欢迎及倚赖。

5 保卫台湾

左宗棠陛辞离京时,慈禧曾当面答应每月拨给左宗棠军饷10万两[1]奏稿八/472,但没有同意左宗棠添兵之请——清廷觉得:台湾防务的关键,不在兵少而是有兵运不过去,"目前台防紧急,兵械一切苦于无船装运,并不患陆兵之少"[1]奏稿八/473。至于兵力方面,除左宗棠、杨昌濬所带的十多营之外,又先后调派杨岳斌湖南8营,江西3营,以及其他部队入闽,应已足够。

左宗棠抵福州后,立即着手加强福州一带防务。他一面下令撤去福建港口水道标识、封锁港口;一面让人在长门、金牌等防守要隘下铁桩、拦铁索以拦阻敌船,并将这些地方的原炮位修复,加装十八墩大炮作为第一道防线。[1]奏稿八/504 与此同时,修整闽安南北两岸被法军轰毁的炮台,作为第二道防线。此外,在距省城30里的林浦等"仅容小舟来往"的各要口建筑炮台、安设炮位。左宗棠还将两江行之有效的做法移植闽浙——在福州、福宁、兴化、泉州四地办理渔团,派官员前往组织当地官绅,选择渔户中骁勇善水者作为团长,组团操练,并严令不得为法国导航,"勒以步伐,犒以资财,动以功名,儆以利害,但令不为贼用"[1]奏稿八/490。

此时,摆在左宗棠面前最主要的任务,是援台,"臣等伏念目前军务,重在援台;而援台之兵,难在渡海"[1]奏稿八/487。

光绪十年(1884)八月中旬,当法国军队进攻台湾北部的基隆、沪尾时,由于驻扎沪尾的李彤恩夸大军情,刘铭传分拨大队人马前往救援,以致基隆兵力空虚而为法国人攻陷。左宗棠从京城前往江宁期间,驻台清军虽于八月二十二日(10月10日)打败了进攻沪尾的法军,但基隆仍为法国人所据。当时驻守基隆的法军只有1000多人,但刘铭传以"无此胆识,无此兵力"[1]奏稿八/484为由,拒绝了基隆知府收复基隆的请求。

攻打台湾的同时,法国方面还宣布,自九月初五日起,封禁台湾全部海口。

对此,左宗棠一方面表示不能"仅以法夷一纸空文,遽准堵禁";

一方面奏请总理衙门照会各国驻京公使,指出法方的封禁行为,"在我固多不便,而于各国商务尤有窒碍",援引国际公法与法国交涉。[1]奏稿八484

更为重要的,是紧密筹措渡海援台事宜——由于福建海军已全军覆没,左宗棠南下逗留江宁期间,咨请两江总督曾国荃、直隶总督李鸿章共调 9 艘兵轮前来援助。这一请求,当时得到曾国荃的支持,"两江督臣曾国荃虽明知南洋防务不能松懈,然不能不先其所急,拟调派兵轮五艘,并咨商直隶督臣李鸿章于北洋抽调兵轮四五艘,开赴上海取齐"[1]奏稿八474。

按照九月时商定的计划,新任帮办福建军务的前陕甘总督杨岳斌,将率领所募的湖南 8 营兵马由汉口搭轮船赴上海,再"配载兵轮"前往台湾鹿港,策应刘铭传。

但北洋大臣李鸿章操纵的北洋海军却因日本在朝鲜挑衅,拒不南来。南洋大臣曾国荃也是借故拖延,直到十二月初三日(1885 年 1 月 18 日),才由总兵吴安康率巡洋舰"开济"号、"南琛"号、"南瑞"号以及"驭远""澄庆"两艘炮舰从上海出发南下。

孤拔得知清舰南下消息后,即率军舰 7 艘北上拦击。十二月二十八日(2 月 12 日),双方舰队相遇于浙江石浦海域。吴安康毫无斗志,率队逃跑,"开济""南琛""南瑞"三艘巡洋舰驶入镇海海口,"驭远""澄庆"两艘炮舰则被封锁于石浦港(三门湾)内,自行凿沉。光绪十一年正月十五日(1885 年 3 月 1 日),法舰炮轰镇海,浙江提督欧阳利率部在港内军舰支援下奋起抵抗,挫败法军击沉"开济""南琛""南瑞"南洋三舰的图谋,并使孤拔在战斗中受伤(不久因伤重在澎湖去世)。但如此一来,南洋舰队援台的计划也因此落空,法国舰队占据了澎湖,并把马公(今我国台湾澎湖岛西部)变成其远东舰队的大本营。

无奈之下,左宗棠转而与德国商人商议雇船。德方"以有碍公法为词"[1]奏稿八487而拒绝。最后,左宗棠决定派王诗正统领恪靖三营陆续开赴泉州一带,令已革台湾总兵杨在元秘密赴厦门一带,"准备渔船多只,俟王诗正兵勇取齐,扮作渔人,黑夜偷渡"[1]奏稿八487。

由于渔船小而怕风，派军渡海救援的工作进展缓慢。王诗正部队虽于光绪十年十一月就动身，直到光绪十一年正月，才有两批人马抵达台南。正月二十日、二十一日（3月6日、7日），先期抵达的王诗正部和法军在暖暖街一带交战。由于法军装备远胜清军，"无论崎岖山径，出队总以开花炮当先"，而渡海清军"不独无开花炮，即后膛枪亦甚寥寥"。[1]奏稿八518苦战两日，虽然恪靖威、良、刚三营曾一度获胜，打退法军进攻，但最终还是因为弹尽援绝，被迫撤出暖暖街。

　　就在左宗棠积极筹备台防、闽防之际，清军在法越战场取得重大胜利。光绪十一年正月，法军进攻谅山，清军主将、广西巡抚潘鼎新率军退入镇南关（今友谊关）内。法军直驱关前，一度深入关内数十里。帮办广西军务、老将冯子材，奉命赴关迎战。他在镇南关前隘筑长墙，亲率一军当中路迎敌；命王孝祺部驻守右翼西岭；命左宗棠派去的王德榜率"恪靖定边军"驻守关外要隘；命苏元春等部驻幕府、凭祥各处为总后备队。二月初七日（3月23日），法军司令尼格里率2000余人分三路直扑关前，被清军击退。次日，法军主力猛攻长墙，冯子材率各军顽强抵抗，法军三面受敌，大败退出关外。初九日（25日），王孝祺、王德榜各军乘胜追击出关。十二日（28日），在谅山城北击败法军，重创法军司令尼格里。次日，清军收复谅山，法军退往北宁、河内。十四日（30日），法国茹费理内阁宣布倒台。

　　在此有利的形势下，清政府却抱定"乘胜即收"的方针，再派李鸿章与法国使臣议和。二月十九日（4月4日），双方代表在巴黎商定和议草约即《中法停战条件》。[4]463-464二十一日（6日），清政府谕令前线各军停战，定期撤军。

　　面对清廷停战、撤兵与议和的"谕旨"，左宗棠痛感失望和愤懑。三月初四日（4月18日），他上了《密陈要盟宜慎防兵难撤折》，在列举法国去年四月签订和约不久即占领基隆、偷袭马尾使得南洋水师全军覆没等卑劣行径后，反对向法国妥协议和，坚持收回被法国占据的基隆与澎湖，因为"如果基、澎不遽退还，则当道豺狼必将乘机起噬，全台南北不独守无可守，抑且防不胜防。此要地之不得不争"[1]奏稿八520，并表示边防各局各军不可遽散。

但是，清廷议和方针已定，左宗棠此折上后，奉旨"留中"，也就是没有就此表态。三月二十九日（5月13日），清政府派李鸿章与法国公使巴德诺（也写作巴特纳）在天津开始谈判正式条约。四月二十七日（6月9日），《中法会订越南条约十款》正式签订，主要内容为：清政府承认越南归法国保护；中国同意在广西、云南的中越边界开埠通商，法国享有减税通商权；以后中国建造铁路时，应向法国商办；法军退出台湾、澎湖。[4]466—469 至此，中法战争宣告结束。中国虽然收回了基隆、澎湖，法国却不仅夺得了整个越南，还把势力深入到我国云南和广西。

6 屡次遭申饬，屡次求开缺

生命的最后岁月，左宗棠过得并不如意。他反对与法国媾和的主张未被朝廷采纳，相反，他在福建的一些举措却屡遭朝廷下旨申饬。

福建巡抚张兆栋因马尾失守而被革职，三月十五日（4月29日），左宗棠奏请将张兆栋改为署理，结果朝廷下旨：张兆栋以获咎人员，令其暂缓交卸以重篆务。何得借口呼应不灵、辄请署理？所奏着不准行，左宗棠着传旨申饬。[7]卷二〇五

五月十一日（6月23日），清廷听说左宗棠同意台湾道刘璈借洋款办理台南善后之事，立即电旨左宗棠等不准擅发。不仅如此，清廷还借题发挥，下旨批评左宗棠到福建后，用人、拨款率性妄为，"每于调人差委，未经奏明，辄行派往。殊属非是"[7]卷二〇七。要求左宗棠今后遇到用人拨款等事，必须先行奏报、候旨遵行，"不得再涉轻率，致干专擅之咎"。谕旨中"殊属非是""轻率""干擅"等用词，语气颇重。

六月，因法国撤军，台北解严，杨岳斌、刘铭传等上折为有功将士请奖，其中就有王诗正和沈应奎。清廷在认为"所请奖叙未免过优"的同时，批评左宗棠在王诗正、沈应奎的任用上过于随性，"王诗正、沈应奎均系已革司道大员，左宗棠并未先行奏明，辄令赴营，本不应给予奖叙。姑念该革员等业经渡台，不无微劳足录，王诗正着

赏给五品顶戴、沈应奎着赏给四品顶戴"[7]卷二零九。

六月二十四日（8月4日），左宗棠上奏，要求严厉处置丢失基隆的淮军将领刘铭传。按惯例，左宗棠身为督办福建军务的钦差大臣，此类奏参一般都会照准。未料，朝廷非但不处分刘铭传，反而对左宗棠进行严厉批评，认为"刘铭传仓猝赴台，兵单饷绌。虽失基隆，尚能勉支危局，功罪自不相掩。该大臣辄谓其罪远过于徐延旭、唐炯，实属意存周纳，拟不于伦"[7]卷二一〇。

"拟不于伦"，是指拿不能相比的人或事物来比方。徐延旭，原为广西巡抚，光绪十年中法战争时率部驻守越南宁城区，曾6次上疏请战，但因备战不力、指挥调度无能，致使二月法军三路进攻北宁时，清军不战而溃。徐氏因此被革职，解京入狱，判斩监候。唐炯，原为云南巡抚，中法战争中，以山西、北宁失守，被夺职逮问，判斩监候。

同样是因为丢失基隆，台湾道刘璈被遣戍黑龙江，淮军将领刘铭传却安然无事。朝廷的处置，多少有失公允。更为严重的是，清廷不同意左宗棠处分刘铭传请求的同时，还下旨对左宗棠"传旨申饬，原折掷还"[7]卷二一〇。罕见的"掷还"二字，可以说，完全没有给这位老臣留颜面。

不过，对于左宗棠来说，这些都已成过眼烟云。此时摆在他面前最重要的事情，是医治自己的病体。

鉴于中法和议已定、自己身体状况不好，五月初六日（6月18日），左宗棠上折请求交卸督办军务差使。在奏折中，左宗棠告诉清廷，自己来福建之后饮食锐减，身体消瘦，批阅文件甚至难以握笔，"终日坐起时少，睡卧时多"。而且，福州临海空气潮湿，加上夏天湿热，自己身体更是"痛痒交作，咯血时发"[1]奏稿八528。

左宗棠还告诉朝廷，医生认为此病是"心血过亏，水土不服"，须"息心安养"才有望痊愈。为此，请求交卸差事、回籍调理。但清廷并未同意左宗棠辞职，只是"赏假一月"[1]奏稿八528,529。

六月十七日（7月28日），左宗棠第二次上折请求交卸差使、延长假期、回籍养病。在此折中，他告诉朝廷，上次赏假养病期间，

"六月初九夜陡患痰涌、气喘诸证",以致神志昏迷,抢救许久才苏醒,之后更是觉得"病势较前加剧"。[1]奏稿八541

七月初四日(8月13日),清廷下旨同意左宗棠交卸差使、回籍调理,病愈之后再进京供职,"左宗棠着准其交卸差使,不必拘定假期,回籍安心调理。该大学士素著勋勤,于吏治、戎机久深阅历,如有所见,仍着随时奏闻,用备采择。一俟病体稍痊,即行来京供职"[1]奏稿八542。

但此时左宗棠的身体,已经不允许他颠簸上千公里,从福州回湖南湘阴老家了。他依然只能留在福州养病。

7 推动建立海军中枢,力促台湾建省

生命的最后岁月,左宗棠念念不忘的,是海防和台湾建省这两件大事。就在第二次上折请求交卸差使、回籍调养的第二天,六月十八日(7月29日),左宗棠上了《复陈海防应办事宜请专设海防全政大臣折》,从"师船宜备造也","营制宜参酌也","巡守、操练宜定例也","各局宜合并也","经费宜通筹也","铁路宜仿造也","士气宜培养也"七个方面,回答清廷五月初九日提出的关于如何筹办海防的询问。[1]奏稿八544—546

此番督办福建军务,左宗棠咨调南北洋水师兵轮援台,均未成功。这一经历,让他深感设立全国统一指挥的海军力量的重要性。因此,在此折中,左宗棠提出了设立海防全政大臣或海部大臣的重大设想,"中国水师不力……所以处处牵掣,必有其由。臣曾督海疆,重参枢密,窃见内外政事每因事权不一,办理辄形棘手。盖内臣之权,重在承旨会议,事无大小,多借疆臣所请以为设施;外臣之权,各有疆界,虽南、北洋大臣,于隔省之事,究难越俎。……今欲免奉行不力之弊,莫外乎慎选贤能,总持大纲,名曰海防全政大臣,或名海部大臣。凡一切有关海防之政,悉由该大臣统筹全局,奏明办理"[1]奏稿八543。

一生戎马的经验教训,参与枢密、管理兵部以及外放两江、办理南洋这样中央和地方的历练,使得左宗棠对军事、对中枢决策、对地

方防务有着深切的了解。这样特殊的经历，加上福建督师时捉襟见肘的渡海援台，成就了左宗棠倡建全国统一指挥的海军力量这一设想。左宗棠所提出的七条建议和设立海部大臣设想，"是一幅规划全国海防全局的完整蓝图"[16]551。尽管后来总理衙门在遵旨复议中，对他所提出的各项具体措施并没有全盘采纳——比如认为左宗棠提出设立海军十大军，"骤设十大军，一时无此力量"[17]62而计划"先在北洋倡练海军，钦派大臣自宜就近经理"等，但是采纳了左宗棠减少沿海水师及艇船以节靡费、专设海防大臣以统筹全局、撤销福建船政大臣将船政局归海防大臣管理的建议。[17]58—66就在左宗棠这份奏折上后两个月，九月初五日（10 月 12 日），清政府下旨设立总理海军事务衙门，派醇亲王奕譞总理海军事务，所有沿海水师悉归节制调遣。① 这，使得中国海军的近代化建设，迈出了重要的一步。

同在六月十八日，左宗棠还上了《台防紧要请移福建巡抚驻台镇摄折》，建议清政府将福建巡抚改为台湾巡抚专理台湾事务，促成了台湾建省。

台湾建省提议，始于沈葆桢。同治十三年十一月，日军退出台湾后，办理台防事务大臣沈葆桢上《请移驻巡抚折》，建议"仿江苏巡抚分驻苏州之例移福建巡抚驻台"，从而收"有事可以立断""黜陟可以立定"等十二项好处。[18]879—880光绪元年十月，闽浙总督李鹤年、福建巡抚王凯泰认为巡抚"有全省地方之责，自难常川驻台"，建议"冬春驻台，夏秋驻省"，兼顾两地。[7]卷二十这一折中方案获准施行。光绪二年十二月（1877 年 1 月），时为刑部侍郎的袁保恒奏请"将福建巡抚改为台湾巡抚，其福建全省事宜，专归总督办理"[7]卷二十。福建巡抚丁日昌也以分驻两地往来不便，奏请简放重臣，督办数年，而后建省。光绪七年冬，福建巡抚岑毓英与台湾兵备道刘璈为加强台

---

① 总理海军事务衙门，是在总理各国事务衙门海防股的基础上成立的。海防股原掌南北洋海防之事，"凡长江水师；沿海炮台、船厂；购置轮船、枪炮、药弹、创造机器、电线、铁路，及各省矿务，均属之"，见秦翰才：《左宗棠全传》，第 463 页。

防务，奏请台湾道移驻彰化，居中控制；改台湾府为台南府。但不久，由于越南事急，岑毓英被调广东，台湾亦戒严，两人的建议均未及施行。直到中法战争结束，左宗棠又上折，再次奏请将福建巡抚改为台湾巡抚。

在《台防紧要请移福建巡抚驻台镇摄折》中，左宗棠认为王凯泰提出福建巡抚两地分驻的建议是由于觉得台湾"瘴疠时行，心怀畏却"[1]奏稿八547，丁日昌建议派重臣督办，也"非久远之图"，都不如"袁保恒事外旁观，识议较为切当"。这是因为，福建海防，以台湾为屏障，而"台湾虽系岛屿，绵亘亦一千余里。……居然海外一大都会也。且以形势言，孤注大洋，为七省门户，关系全局"[1]奏稿八547。现如今，台湾虽设有镇、道，"而一切政事，皆必禀承于督抚。重洋悬隔，文报往来，平时且不免耽迟，有事则更虞梗塞"[1]奏稿八547。为此，左宗棠建议"将福建巡抚改为台湾巡抚，所有台湾一切应办事宜，概归该抚一手经理，庶事有专责，于台防善后大有裨益"[1]奏稿八548。与此同时，左宗棠还提出由各省分饷协济台湾，以加强台湾建设，"协济饷项，内地各省尚通有无，以台湾之要区，唇齿相依，亦万无不为筹解之理"[1]奏稿八548。

九月初五日（10月12日），清廷下旨设立总理海军事务衙门的同时，采纳左宗棠的建议将福建巡抚改为台湾巡抚，移驻台湾，福建巡抚事务由闽浙总督兼管，"台湾为南洋门户，关系紧要，自应因时变通，以资控制。着将福建巡抚改为台湾巡抚，常川驻扎。福建巡抚事，即着闽浙总督兼管"[7]卷二一五。时为福建巡抚的刘铭传成为首任台湾巡抚。从此，台湾正式建为行省。所以有人称："台湾建省，始于沈葆桢，而成于左宗棠。"[19]

左宗棠奏设海部大臣和台湾巡抚的建议，都被清廷所采纳。可以说，这是已74岁高龄的他最后的政治遗产。这两份奏折事关全局，对当时和后世都产生深远的影响。可惜的是，左宗棠都未能亲见其最后变成现实。

8 抱恨辞世

七月二十五日（9月3日），左宗棠接到朝廷准许他交卸差使展假回籍调养的谕旨。就在这天，他忽然"得患腰痛，起坐维艰，手足瘛疭，热痰上涌，气弱病深"[1]奏稿八553。第二天，左宗棠抱病上折谢恩之余连上三折：将"原领'咸'字八十号钦差大臣关防一颗标封及行营一切文卷、勇册，委员赍送杨昌濬收存"[1]奏稿八550，交卸差使；鉴于中法战事结束，奏请裁撤沿海渔团；奏保在中法海战中出力的文武员弁。七月二十七日（9月5日）凌晨，左宗棠不幸离世。

左宗棠戎马一生，罕有败仗，却在晚年的中法海战中留下诸多遗憾——他念兹在兹的南洋水师全军覆没；渡海援台举步维艰，空留无奈；而且清廷最后还是与法国媾和、妥协退让。如此种种，左宗棠临终前的悲愤和遗憾，可想而知。他口授遗折，由其子孝宽笔录，缮交福州将军穆图善、闽浙总督杨昌濬，转奏于清廷。其中写道：

> 伏念臣以一介书生，蒙文宗显皇帝特达之知，历事三朝，累承重寄，内参枢密，外总师干，虽马革裹尸亦复何恨！惟此次越事和战实中国强弱一大关键。臣督师南下，迄未大伸挞伐，张我国威，遗憾平生，不能瞑目。加以频年以来，渥蒙皇太后、皇上恩礼之隆，叩辞阙廷，甫及一稔，竟无由再觐天颜。犬马之报，犹待于来生！禽鸟之鸣，倍哀于将死！
>
> 方今西域粗安，东洋思逞，欧洲各国环伺眈眈，若不并力补牢，先期求艾，再有衅隙，诚恐积弱愈甚，振奋愈难，求如今日而不可得。伏愿皇太后、皇上于诸臣海军之议，速赐乾断，期于必成。凡铁路、矿务、船炮各政，及早举行，以策富强之效。
>
> 然君心为万事之本，臣尤愿皇上益勤典学，无怠万几，日近正人，广纳谠论。移不急之费以充军实，养有用之才以济时艰。上下一心，实事求是。则臣虽死之日，犹生之年。[20]

和大多数官员不同，左宗棠并未在遗折中介绍子孙情况、请求准许子孙袭爵等。其中的"越事和战实中国强弱一大关键""遗憾平生，不能瞑目"等语，让人深切体会到左宗棠临终前的愤懑和抱恨！

左宗棠逝世的消息传出之后，福州"城中巷哭失声"，"江浙、关陇士民闻之，皆奔走悼痛，如失所亲"。[21]404八月十九日（9月27日），清廷发布谕旨，高度评价左宗棠"剿平发逆及回、捻各匪……督办陕甘军务，运筹决胜……督师出关，肃清边圉，底定回疆，厥功尤伟"等功绩，赏银三千两治丧，追赠太傅，照大学士例赐恤，"加恩予谥文襄"。[1]奏稿八555按惯例，未中进士、未入翰林者，死后谥号不能用"文"字。左宗棠举人出身，予谥"文襄"，可谓特恩。"左文襄公"之名，由此而得。

九月初七日（10月14日）在福州举行御祭，清政府特派新任福州将军古尼音布前往致祭，备极荣哀。九月初八日（10月15日），灵柩发往湖南。出殡之日，据《申报》记载：启行时"前导锡銮，全副执事，红素百余面，顶马数十骑。随后诰封、御赐各亭十余座，万民伞数十顶。大轿中装塑偶像，丰神极肖，奕奕如生。送葬者自督抚、将军、学政、司道各宪之下，均徒步徐行，闽人士感公恩德，一律闭门罢市，且罔不泣下沾襟。自皇华馆至南台，沿路张结素幄，排列香案。绅士及正谊书院肄业生皆在南台中亭路祭。远近观者，如海如山，路为之塞。是非公德泽及人，曷克令人爱慕如此！"[22]九月二十五日（11月1日），左宗棠灵柩抵湖南省城长沙，各界人士纷纷前往致吊。在此前后，湖南、江苏、浙江、福建、江西以及陕西、甘肃、新疆等省，纷纷奏请建立左宗棠专祠，以表崇祀。

左宗棠逝世后，除光绪皇帝的3篇御赐祭文外，《左宗棠全集》共收录了祭文39篇、挽诗64首、挽联688副。众多的挽联中，李鸿章、郭嵩焘的挽联，无疑最令人瞩目。两人与左宗棠均有过节，所撰挽联，角度类似，都是立足于与左宗棠的交往，再盛赞左宗棠之功勋。李鸿章写道：

周旋三十年，和而不同，矜而不争，唯先生知我；

焜耀九重诏，文以治内，武以治外，为天下惜公。[1]附册799

焜，明亮之意，九重借指皇帝。李鸿章联，上联不回避与左宗棠的30年纷争，将左比为一生知己；下联赞扬左宗棠才识卓远，所提建议多成为皇帝旨意，将左比为治国贤才。

与左宗棠一度交恶的郭嵩焘，获悉左宗棠逝世后，写下了一首挽诗和两首挽联。其中的一首挽联写道：

平生自许武乡侯，比绩量功，拓地为多，扫荡廓清一万里；
交谊宁忘孤愤子，乘车戴笠，相逢如旧，契阔死生五十年。

在此联中，郭嵩焘盛赞左宗棠为国收复万里河山的功绩以及他与左的情谊。据传，郭嵩焘另一副挽联则为："世须才，才亦须世；公负我，我不负公。"但此挽联中的"公负我，我不负公"，被评为属于私人恩怨，不值得过分提起，因此郭嵩焘没有将其拿出。

获悉左宗棠去世后，与左宗棠从未谋面的林世焘，在湖南写下挽诗六首，其中的第四首如下：

朝廷破格拜平章，主圣臣贤国运昌。
人问起居真宰相，天生哲彦佐君王。
奇才自比惟诸葛，重望咸推再李纲。
绝口不言和议事，千秋独有左文襄。[1]附册783

挽诗并无很高水平，但"绝口不言和议事，千秋独有左文襄"两句，流传甚广。它高度评价了左宗棠一生不惧外敌、不肯妥协、誓死捍卫国土和主权的气概。虽有过誉之处，但人们并不介怀，因为人们从左宗棠底定新疆、出屯哈密、督师南闽等事迹中，看到了左宗棠确确实实具有挽联所说的性格。

左宗棠的灵柩运抵长沙后，先停在城北史家坡家族墓园享堂，再由现在的兴汉门进城，到司马桥故居，沿途湖南文武百官和老百姓设立路祭。大祭就在故居举行。光绪十二年十一月十五日（1886年12月10日），左宗棠遗体被隆重安葬于湖南善化县八都杨梅河柏竹塘之阳（今属长沙市雨花区跳马乡白竹村）。左宗棠生前曾希望与夫人周诒端同穴——同治九年周诒端去世后，他曾在家书中告诉儿子们，"将来营葬时，即为我做一生圹，以慰同穴之意可也。此意亦曾为尔母说过"[1]家书诗文132。同治十年，他再提此事，"尔母一生淑慎，视古贤媛无弗及也。吾家道赖以成，无内顾忧。今在军经画边事……每念尔母辄废寝餐。未知何日事定还山，一践同穴夙约？"[1]家书诗文141

但因左宗棠葬礼规格高，周夫人墓地狭隘，只得另觅新址，他的这一遗愿未能实现。[23]347

【注释】

[1] 左宗棠. 左宗棠全集［M］. 长沙：岳麓书社，2009.

[2] 杨东梁. 左宗棠［M］. 北京：人民文学出版社，2015.

[3] 李鸿章. 李鸿章全集：译署函稿［M］. 长春：时代文艺出版社，1998.

[4] 王铁崖. 中外旧约章汇编（一）［M］. 北京：生活·读书·新知三联书店，1957.

[5] 秦翰才. 左宗棠全传［M］. 北京：中华书局，2016.

[6] 翁同龢. 翁同龢日记［M］. 北京：中华书局，1993.

[7] 中国第一历史档案馆. 大清德宗景皇帝实录［A］.

[8] 曾国荃. 曾国荃全集［M］. 长沙：岳麓书社，2006.

[9] 张德泽. 清代国家机关考略［M］. 北京：故宫出版社，2012.

[10] 中国第一历史档案馆. 军机处随手登记档［A］. 档号：03-0242-2-1210-146.

[11] 清实录：第五四册［M］，北京：中华书局，1987.

[12] 罗刚. 刘公铭传年谱初稿：上册［M］. 台北：正中书局，1983.

[13] 中国史学会. 中法战争［M］. 上海：上海人民出版社，1961.

[14] 采樵山人. 中法马江战役之回忆［M］//中国史学会. 中法战争：第三册. 上海：上海人民出版社，1961.

[15] 望慰云霓［N］. 申报，光绪十年十一月初三.

[16] 沈传经，刘泱泱. 左宗棠传论［M］. 成都：四川大学出版社，2002.

[17] 张侠，杨志本，罗澍伟，等. 清末海军史料：上［M］. 北京：海洋出版社，1982.

[18] 吴元炳. 沈文肃公（葆桢）政书［M］. 台北：文海出版社，1967.

[19] 姚永森. 左宗棠三次涉略台湾事务综述［J］. 历史档案，1988（2）.

[20] 中国第一历史档案馆. 清代官员遗折选编（上）［J］. 历史档案，2022（2）.

[21] 罗正钧. 左宗棠年谱［M］. 长沙：岳麓书社，1983.

[22] 奠醊盛仪［N］. 申报，光绪十一年九月十二日.

[23] 左景伊. 我的曾祖左宗棠［M］. 武汉：湖北人民出版社，2010.

附 篇

第一章　身体状况

从现存左宗棠照片可以看出，左宗棠体形偏胖。同治三年（1864）时，52岁的他自己就对孝威说，"自上年以来，……体更肥大，气更虚弱"[1]家书诗文74。光绪三年（1877）至光绪六年（1880），匈牙利贵族塞切尼·贝拉伯爵，曾自费组织进行了一次以中国西部为重点的科学探险，光绪五年（1879）在肃州见到了左宗棠。他在后来的《塞切尼伯爵1877年至1880年东亚之旅的科学成果》中，描绘了左宗棠的体貌，"当我下了马递上我的名帖时，左宗棠在住宅前边迎接了我（左宗棠是位上了年纪的人，肯定超过60岁了。虽然他的头发、上唇须和腮须花白着，但并非全白。敦实矮小胖胖的身材，肩上是颗很有力气的大脑袋，大嘴上配道弯唇）"[2]38。这是较少如此清晰地对左宗棠进行相貌描写的文献。

左宗棠自小身体颇为强健。同治五年在给湘军将领彭玉麟的信中，他就说"弟自来强健，乃元年①严郡疟后，腹泻不止"[1]书信一672。同治十一年（1872）十二月，时为陕甘总督和钦差大臣的左宗棠，以身体多病为由上折请辞。但朝廷没有同意，而是赏假一个月。按惯例，皇帝赏假，臣子应上折谢恩。在同治十二年四月所上的谢恩折中，左宗棠也说自己自小身体还不错，"臣世业诗书，躬耕畎亩。年少而习勤已惯，身劳而秉气尚强"[1]奏稿五420。

---

① 此处的"元年"应为同治二年。

现存文稿中，左宗棠关于自己身体状况最早的描述见于道光十六年（1836）。这年七月，左宗棠从所住的湘潭岳母周家，回湘阴老家看望兄嫂侄子等家人，到家后写信向岳母、妻子等汇报情况，"宗棠自归家后，身体颇如常"[1]附册242。

道光二十年（1840）正月，从湘潭回湘阴老家看望二哥等亲人的左宗棠，得了一次大病。这场病虽然只持续了一天，但症状颇为严重，"甫睡下，喉间忽作血腥气，吐血数口"。事后推想，左宗棠认为主要原因是劳累和饮酒不当——到家后，没有休息，就立即出门，忙着和二哥去拜亲访友；晚饭时，空着肚子，"先饮烧酒数杯，并以大鲤鱼杂下酒，或致引动肺、胃积热，故尔旧恙复发"。此次空腹饮烈酒而造成的胃出血，左宗棠认为是通过"饮童便数碗"而治愈的。病好后，痛定思痛，左宗棠立志戒酒，对妻弟周汝充说，"立誓三年内饮酒一勺者，便干神谴，并不食酸咸、辛辣、煎炒等物"[1]附册31,32。

此后，直到同治二年之前，应该说左宗棠的身体一直都不错。

1 终生受腹泻的困扰

同治二年（1863），正在浙江严州指挥作战的左宗棠得了疟疾。先是五月中旬得了一次轻微的，几天就好了。七月份又得了一次，情况变得严重了。七月在给儿子孝威的家书中，他说，"忽患疟疾，苦不可言，平生未曾抱病如此之久也。现服浙医药数十剂，清理湿热，乃就痊可，然复元则非数十日不能"[1]家书诗文64—65。

但看来服药也不太管用。根据左宗棠给沈葆桢的信，这次疟疾，前后拖延了两个多月也没有完全好，"弟患疟已两月。两日内忽腹痛作泻，恐其转成痢证，则难医治"[1]书信一477。迁延至九月，依然没有痊愈。他告诉儿子，"我近为疟所苦，计五十余日中乍凉乍热，殊不可堪。旬日来始觉稍稍痊愈"[1]家书诗文66。

军中疟疾流行，并不是同治二年才有。此前的咸丰十年（1860）和咸丰十一年（1861）也曾经发生过。咸丰十一年夏季，左宗棠楚军在江西婺源一带驻扎时，天热雨多，加上军中人口密集、卫生条件差，以致疾疫流行——楚军7000多人，"物故者不下二百余，患病未愈者约八九百"[1]家书诗文37，勉强能出战者不过3000余人。但那两次，左宗棠因为体质不错，得以幸免。

同治二年严州患疟，给他带来终生腹泻之病。左宗棠爱得腹泻，大体有两个原因：一是接生时脐带没有弄好，容易着凉，同治三年八月，他对孝威说，"吾家本寒素，尔父生而吮米汁，日夜啼声不绝，脐为突出，至今腹大而脐不深"[1]家书诗文78。脐不深，自然容易着凉。第二个原因更为重要，那就是在严州得了疟疾，估计当时的医疗条件，难以将病菌全部根除，以致疟菌一直存活在肚子里。自此之后，左宗棠常年饱受腹泻之苦。直到同治十一年，在每一年的书信中，都能找到左宗棠关于自己饱受腹泻之疾困扰的记载。[1]家书诗文74,129；书信一558,672；书信二126,175,320

为了医治自己腹泻的毛病，左宗棠想了不少办法：

先是喝牛奶，同治九年（1870）他对好友刘典说，"弟年六十，腹泻宿疾，近以饮牛乳稍可"[1]书信二196。但从今天的医学常识看，喝牛奶非但不能治愈反而会加剧腹泻。果然，过了一段时间，再也没有看到左宗棠提喝牛奶的事了。

再者是服用鹿丸、参茸等补剂——同治五年（1866），用过全鹿丸；同治六年（1867），服用过参、茸[1]家书诗文102,106；书信二13 同治九年，胡雪岩送给左宗棠野术，左宗棠回信告知自己"脾泻旧恙益甚"的同时，表示马上入药服用，"承赠天生野术，急拟制服，或可为扶衰一助。感极。感极"！[1]书信二182 野术是野生白术的简称，为多年生草本，喜凉爽气候，用根茎入药，可治脾虚食少、腹胀泄泻等症。而白术又以浙江於潜一带山区出产的最为有名。身为浙江人，胡雪岩送来的，应是当地产的白术，难怪左宗棠如此高兴。

同治五年起，左宗棠出任陕甘总督，主政西北。西北地势高寒，多饮井水或地窖水，水质较硬。同治十一年十一月，陕甘基本肃清，左宗棠移驻兰州陕甘总督衙门，条件好了，改饮水质松软一些的河水，一开始腹泻症状略有好转，但很快又复发，"腹泄自吸饮河水稍减，然常患水泄，日或数遍，盖地气高寒，亦有以致之"[1]家书诗文156。

腹泻长久不愈，影响了左宗棠的食欲和酒兴。同治六年，他对儿子们说,"我服参茸丸精神甚好,惟腹泄不愈。近日酒兴大减,亦不能饭也"[1]家书诗文108。腹泻不愈,一天上厕所数十次,让左宗棠不胜其烦。同治九年给杨昌濬的信中,左宗棠说,"惟孱躯自严州患疟后,即病腹泻,七年之疾,至今未瘳,近且益剧。每日更衣数十起,不胜其烦"[1]书信二175。

即便如此,左宗棠依然坚持在平凉大营指挥攻打金积堡之役,而没有入城居住。一边是遭受妻子周诒端去世的打击,一边是金积堡久攻不下而被清廷批评为师老无功——此时的左宗棠,遭受着身心等的多重煎熬。

腹泻导致食物营养吸收不良,影响了左宗棠的精神。同治十二年(1873),他告诉好友、文学家吴敏树(号南屏),每天吃完饭后就想睡觉,为此想出了通过练习书法、写小篆驱赶睡意的办法,"五十以后,患脾泻,饭后辄欲睡,乃取古法作篆驱魔"[1]书信二362。至少到光绪五年(1879),他还坚持采用这种办法。这一年,他送给陕西巡抚谭钟麟扇书一幅,并附信说,"弟近年遇倦怠欲睡时,辄即端坐作楷,以遣睡魔,必不可止,乃就胡床假寐半时,少慰魔意,以此为常,楷、行亦稍有进境"[1]书信三450。

不过,进入光绪年间,左宗棠书信中提及腹泻的次数明显减少,或许是已经习以为常,或许是因为身体出现了其他更为严重的症状?

2 潮州坠马落下腰腿酸痛之症

左宗棠腰腿疼痛的症状,最早出现在同治五年(1866)。镇压太平军余部后从广东回福建途中,因山路崎岖,左宗棠被摔下马,摔伤左臂和左腿。回福建不久,又被调任陕甘总督,参与"剿"捻而长期在马背上征战,一直没有得到很好的调养。于是到了同治七年(1868)这一症状开始加重,脚背严重浮肿。这年六月,他对好友夏芝岑说,"潮州回闽途间坠马,左手足遍处疼痛。此次由晋入直,学骑数十日,不能控纵自如。近月余以来,更觉上下为艰,脱袜审视,则左足背已浮肿数分矣"。两大毛病夹击,致使还出现失眠等症状,甚至不能出队阅操。左宗棠心情烦躁之余,不禁向夏芝岑抱怨,"日

将暮而途正长，如何如何"![1]书信二126

腹泻加上腰腿疼痛，以致左宗棠饮食大减，同治八年（1869）时就已有等陕甘事毕即告老还籍的念头，"孱躯日益不支，腹泄之证迄不见愈，近又加腰脚酸痛诸疾，饮食更减。区区私衷，能勉强支持将西事粗了，归就大暮，是为至幸，但恐未能耳"[1]书信二160。

腰腿疼痛的毛病始终未有好转，同治十年（1871），更是严重到非但不能骑马，甚至到了连走路都需要扶杖的程度，"上年朝那营次，即不能骑马，动履需杖，腰脚支离酸疼，意绪极劣"[1]书信二320。进入同治十一年，由于接连遭受妻子、二哥等去世的打击，加上疾病不断，此时的左宗棠，"怕闻伤心事，怕说伤心话"[1]家书诗文151。这一年，他谈及身体病状的书信为历年最多，达到18封。

雪上加霜，同治十一年十月，左宗棠得了感冒。感冒导致风寒入侵，加剧了腰腿疼痛的症状。他对陕西布政使谭钟麟说，"适因感冒，寒入经络，风掣作痛，数日始渐平复，犹未爽然"[1]附册185。

"寒入经络，风掣作痛"是这一时期左宗棠病状的明显特征。在给同僚陕西巡抚邵亨豫，以及好友沈应奎、夏芝岑、杨昌濬、袁保恒的信中，左宗棠都提到了这点。[1]附册190,196;书信二317,321 同治十一年十月这次风寒所导致的腰腿疼痛，延续了十多天才好，"时愈时发，前后绵延十余日，始渐平愈"[1]附册196。

底定西宁之后，这年十一月份，左宗棠搬进陕甘总督衙门。这是他自同治五年被任命为陕甘总督后，第一次住进总督衙门。按理说，这是件令人高兴的事情。但由于风寒入侵导致的全身疼痛，他的好心情大打折扣。他对儿子们说，"频患风寒，筋络时擂掣作痛，兴会不佳也"[1]家书诗文153。其次，他还告诉儿子们，诸多病症的会合，使得自己近来十分健忘，"腰脚则酸痛麻木，筋络不舒，心血耗散，时患健忘"[1]家书诗文156，"腹泄之疾饮河水少减，惟腰胯酸痛，健忘异常，此实衰老本病"[1]家书诗文160。为此他一再要求儿子们写信要详细些，"我近日健忘益甚，尔辈来信简略，更无从记忆也"[1]家书诗文158。

身体状况的变差让年届六十的左宗棠又生退休之念，他连连催促在西安为其负责西征军后路粮台的沈应奎，赶紧造册将西征军费报销，以便退休，"弟衰疾日增，恐无生出玉门之望。报销急宜造办，了一案是一案，断不可再迟，至要至要"[1]书信二317。并于同治十一年十二月二十六日（1873年1月24日）上折请辞陕甘总督和钦差大臣之职。在奏折中，他对自己的身体如此描述，"臣自浙江严州军营患疟失调，后患腹泻，时愈时发，医治不瘥。六年入关，驻营临潼，暑湿熏蒸，所患益剧。……上年平凉营次，即须扶杖而行。今秋入驻兰州，料理西路军务，兵饷支绌，意绪焦烦，腹泄之疾虽减，而眼目昏花，心神恍惚，衰态毕臻"[1]奏稿五370—371。概而言之，此时左宗棠身上的毛病，主要是腹泻和腰腿疼痛。

进入同治十二年，二女儿孝琪和大儿子孝威接连病逝，更让左宗棠备受打击。他再次催促沈应奎抓紧时间报销，以便解甲归田。[1]书信二410甚至，由于孝威的去世，加上身体疾病不断，左宗棠竟有不想活的念头，"近日腰脚支离，喘嗽间作，而腹泻夙恙仍未少减，久住世间，亦复何味？"[1]书信二394

但最终，国事萦怀的左宗棠还是以惊人的毅力，克服身体上的种种不适，"独为其难"[1]附册809，出屯肃州乃至哈密，指挥大军西征，收复新疆，收回伊犁。

3　总督两江后目疾加重

左宗棠目痛之疾，最早发生在咸丰七年（1857）——这一年在书信中，他对胡林翼说，"近苦目痛，两眼忽不识字"[1]书信一245。因为目痛，以致写信都十分潦草，为此他还向湘军将领杨载福道歉，"书至后数纸，目力不及，竟潦草太甚，恕之"[1]书信一269。

眼睛出现问题，可能是批答奏章、给友朋写信过多劳累所致。咸丰七年，太平军石达开部士气正旺，在九江连败曾国藩，又向西攻打武昌等。湖南一省，也因此忙于迎战、备战。这一年，正是左宗棠在湖南巡抚幕府最忙的一年。《左宗棠全集》中，收入写于咸丰七年的信有79封，比咸丰六年多出22封，是湘幕时期最多的一年——信中所写，多为调兵遣将、谈论兵机、筹饷运粮等要务或急务。

再次出现目疾，是在光绪八年（1882），这时左宗棠已经71岁。

光绪七年在北京时，左宗棠就已经有面目红肿之状。到江宁赴任两江总督后，左宗棠按例出省检阅各水陆部队并考察时，在上海看新出炉的大炮，结果眼睛为炼钢炉的火焰所伤，当时就"两目红肿有加，流汁不止"。紧接着在吴淞口检阅水操时又被海风所吹。回到省城江宁后，"头目肿烂，两鬓及耳轮尤甚"。后经医生确诊为寒湿引发的风热，连服苦寒凉药后，直到光绪八年六月才逐渐好转，"面目、肢体浮肿渐消，流汁亦止"。[1]奏稿八108 这年十月初旬的江苏武举乡试，按例应由总督监临，由于视力尚未恢复，难以看清，左宗棠被迫上折请假，改派两江藩司梁肇煌、淮扬镇总兵章合才代行校阅。

经江西巡抚潘蔚诊治，到光绪九年上半年，左宗棠的目疾略有好转。未料十月份出省检阅渔团，在崇明岛遭遇强风，再次伤及眼睛，"左目忽为云翳障蔽，渐致失明"[1]奏稿八330。由于年老体弱，还诱发了风痰等旧病。诸病缠身，左宗棠被迫多次请病假调理，加上"多方觅购空青石制散点入"[1]奏稿八388，又服用参苓茸术等补药和蜂蜜温汤，一番调理之后，直到光绪十年四月才略有好转，"左目云障渐开，右目云翳虽微有增加，而汁流渐减"[1]奏稿八435。

4 咯血之症时断时续

前文说过，左宗棠的咯血旧疾，最早记载见于道光二十年。那一年，因饭前即饮烈酒，导致"旧恙复发"，吐血数口，后来暂时治愈。

或许，由于妻子、二哥、侄子、二女儿的接连去世，尤其是大儿子孝威去世所带来的巨大打击，同治十三年（1874），也就是在孝威去世的第二年，左宗棠咯血病状复发。这年，他告诉沈葆桢，自己近来添了咯血的毛病，身体健康状况不佳，"衰病之余，更增喘嗽咯血之证"[1]书信二442。一个"增"字，表明此病已多年未见、新近才有。

进入光绪三年（1877），咯血症状复发。二月，他告诉好友刘典，"今晨堂期见客，复发咯血旧患，幸不过数口，或是肺经寒郁成火所致，惟此外却无火证也"[1]书信三167。

刘典得知后，来信劝左宗棠放手将一些事务交给幕僚办理，不要事必躬亲。左宗棠在回信中告诉刘典，吐血只是偶尔发作，更为严重的是腰腿胀痛、行动不便，"咯血不过偶尔，现尚未发，只是腰脚胀痛，步履须人扶掖耳"[1]书信三177。

但看来左宗棠对咯血病情的严重性估计不足。光绪三年夏天，咯血症状又犯了，"近旬以来，两发咯血旧疾，幸尚无多"[1]书信三204。

比起腹泻、腰腿酸痛等，吐血毫无疑问更伤身体元气，因此光绪三年的通信中，频繁看到左宗棠说自己吃不下、睡不好，精神靡顿等。他告诉刘典说，"入秋以来，病体支离日甚，眠食均不及前，幸尚能勉自揞撑"[1]书信三258，"孱躯日就衰惫，近更不思饮食，夜间半坐半眠，难得好睡"[1]书信三286。又告诉陕西巡抚谭钟麟，"数夜因嗽失眠"[1]书信三247。但也就是在这样的身体状况下，左宗棠指挥大军，在光绪三年收复了除伊犁外的新疆全境。

新疆战役获胜，加上胡雪岩借洋款成功，两大喜讯传来，左宗棠咯血病立即痊愈、食量大增，可谓人逢喜事精神爽，"弟病自闻喜后全愈，且啖全羊"[1]书信三269。

光绪五年，因忙于为收复伊犁而调兵遣将等，左宗棠咯血之病再度复发。他曾告诉好友杨昌濬某日早晨曾吐血数十口，"今晨揽衣而起，忽吐鲜血十数口尚未能止，当由用心过度所致"[1]书信三500。除此之外，在给总理衙门以及好友沈应奎的信中，左宗棠都说及自己此番所患的咯血之症。[1]书信三446,512

5 晚年饱受风疹之苦

进入光绪四、五年间，咯血之病病势稍减，但更让人难受的风疹来袭。按照现代病理，风疹是一种急性传染疾病，来得快去得也快，像一阵风似的，所以叫"风疹"，临床有发热、头痛、食欲减退、疲倦、出疹子等症状。

左宗棠所得风疹，一开始是湿热引起的，"暑湿熏蒸，致成疹结"[1]书信三352，最早出现于光绪四年。光绪五年六月后，病情严重。左宗棠在六月的家书中告诉孝宽等，"我近为风湿疹子所苦，爬搔不宁，夜不成卧，服苦寒剂稍可，惟未大效。已经三月有余，只盼秋凉，或可全愈耳"。[1]家书诗文196 由此可知至少在三月份,就患上风疹之病。

到了七月,风疹依然未退,但通过服用生大黄等去火,略有好转,"我近来为风疹所苦,缠延数月,服药无效。自服生大黄两次两钱,始觉轻减,眠食复常"[1]家书诗文196。

由于并无特效药,只能得过且过。他对谭钟麟说,"自入夏以来,风疹大作,日夕不宁,亦只置之不理"[1]书信三450。

因为风疹,一度耽误了公务。光绪五年,总理衙门来函询问左宗棠对中俄界务、商务的看法。正患风疹的左宗棠没能及时奏覆,后来还特意表达歉意,"适近为风疹所苦,心神烦懑,未克即时嘱草耳"[1]书信三469。

左宗棠认为,风湿疹子是由于体热引起的。为此,在服生大黄的同时,他还采取了多饮瓜汁以泄火的办法:"自服生大黄二钱,日饮瓜汁两盂,少见痊可,数夜得好睡。"[1]书信三523,524 但服凉药太多,身体变得虚弱,只要稍坐片刻,困意立即上犯。没办法,只好起来绕案行走,同时进补药强体。只是,进了补药,又会引起体热,诱发风疹。就这样,陷入了恶性循环。

或许是总理衙门的奏报,慈安、慈禧两宫太后甚至知道左宗棠患上风疹等病,先后表达了关切之情。[1]书信三496 直到秋天,随着天气转凉,风疹才渐渐好转。

好景不长,到了光绪六年(1880)五六月间,风疹又复发了——主要原因是这年五月初八日(6月15日)起,左宗棠进驻哈密,为收回伊犁作积极筹划。哈密气温太高,而左宗棠体胖,本就怕热;又性急,肝火本身就很旺。于是,风疹复发,"适值出屯哈密,……径行戈壁,炎威逼人,入营后,风疹旧恙复作,左肋左腿牵引作痛,兼旬始愈"[1]书信三572。

哈密的高热不仅诱发风疹,还引发了肝疾,"因冒热行戈壁中,触发肝疾,医药兼旬,乃稍愈可"[1]书信三570,576,622。此外,包括腰腿疼痛等老毛病也复发,"近为炎暑所苦,左胁左骸牵引作痛"[1]家书诗文205。

风疹、腰腿疼痛、肝疾以及高温,年已七十的左宗棠,就是在这样的情况下,出屯哈密,为交涉伊犁、收复全疆、保全国土,调兵遣

451

将，而不顾病痛的折磨、不顾高温的炙烤。

6 左宗棠的致命伤

光绪十一年七月二十七日（1885年9月5日），左宗棠病逝。在二十七日的遗折中，左宗棠提到了自己的病情，"乃自本月中旬加患腰痛，起坐维艰。近两日中手足瘈疭，热痰上涌，屡濒于危。自顾衰孱，知必不起。"[3]

由这段话可知，导致左宗棠去世的主要病因，有腰痛，但更重要的是热痰上涌。

对于痰壅这个疾病的严重性，左宗棠早有预料。光绪七年，他曾对李鸿章说，自己将来去世，很大可能就是因为痰壅，"夙恙已深，将来结束总在风痰两字"[1]书信三665。

也是从光绪七年开始，关于痰壅这一疾病，左宗棠说得越来越多。这年他告诉杨昌濬，"弟病已深，……两足已肿，耳聋目瞆，胸膈下痞积成团，两颊下均有痰核，眠食、步履一切困顿日加，万难恋栈"[1]书信三664。光绪八年，给郭嵩焘的信中，左宗棠也说及自己气喘、痰壅等病情，为此已一再上折请求开缺，"弟已上疏吁恩开缺回籍养疴，……实因病久不痊，风涎满颊，刻有痰壅气闭之虞"[1]书信三703。

光绪九年后，病情发展为痰中带血，也就是说，变得严重了。这年三月，他告诉时任漕运总督的杨昌濬"因酷热异常，痰嗽带血"[1]书信三738，原定前往淮安与杨相见的计划，只好取消了。

目疾、腹泻、腰痛、风疹等毛病虽带来不适，尚未属致命。而且，像腰痛多半是因为服寒剂过多而伤肾所致。但咯血、痰壅，则是导致左宗棠最终不起的因素。更为严重的是，随着年事渐高，左宗棠的病状，从光绪七年起就进入了综合期、并发症阶段，以致先后七次上折请求开缺——光绪七年在京期间两次，就任两江总督期间三次，中法议和后两次。①

---

① 详见第二十一、二十二、二十三章。

诸般请求开缺，清廷都没有同意，直到光绪十一年六月十七日（1885年7月28日），左宗棠上折告诉朝廷，自己"六月初九夜陡患痰涌、气喘诸证，手足瘛疭，神志昏迷，赶紧进药，逾时始苏。嗣后反复靡常，病势较前加剧"[1]奏稿八541。这样，清廷终于同意左宗棠所请，让其回籍调理。

七月二十五日（9月3日），左宗棠接到朝廷准许他交卸差使、回籍调养的谕旨。但此时的左宗棠，已难于承受从福建到湖南的旅途颠簸，自然也无法回到他魂牵梦萦的湘阴老家。两日后，即七月二十七日凌晨，左宗棠离开了人世。

【注释】

[1] 左宗棠. 左宗棠全集［M］. 长沙：岳麓书社，2009.

[2] 塞切尼. 塞切尼眼中的李鸿章、左宗棠［J］. 近代史资料，2009（109）.

[3] 中国第一历史档案馆. 清代官员遗折选编（上）［J］. 历史档案，2022（2）.

第二章　性格与爱好

说到左宗棠的性格，人们普遍爱用的，多为"忠介""狂狷"等言辞。但其实，"横看成岭侧成峰，远近高低各不同"，一个人的性格，从不同的侧面看，有不同的结论。左宗棠的性格，也有着多个侧面。

1　喜欢吹牛

左宗棠性格直率。这方面的例子不胜枚举，他经常面折人过，让人下不了台；对自己的上司，也敢直言其短。

官文为湖广总督，是湖南巡抚的顶头上司，而当时仅仅是湖南巡抚幕宾的左宗棠，咸丰六年（1856）就在给好友王鑫的信中，直言官文不是"好官"，"自张石帅①去后，湖北无好督"[1]书信-169。咸丰七年（1857），在江西很不得志的曾国藩借父丧之机缴兵符归田园，左宗棠就对曾国藩弟弟曾国荃直言，"此事似于义不合"[1]书信-201。咸丰十年（1860）后曾国藩出任两江总督并被任命为钦差大臣。或许是为了显示亲近，他在与属将往来公牍使用的还是总督体例，而没有使用钦差大臣印信。同治二年（1863），左宗棠就去信直言曾国藩此举"非使相督师所宜"。[1]书信-456 同治五年（1866），在与陕西巡抚刘蓉的通信中，左宗棠明确指出刘蓉想起用的鄢太愚并不可用，说鄢太愚此人，

---

① 张石帅，指曾任署湖广总督的张亮基，字采臣，号石卿。

"躯干伟而谈辩雄",只会纸上谈兵,遇小贼即走,趁用兵发财,现在"颇拥厚资于长沙置田宅矣"[1]书信一657,决无用理。

这一直爽的性格,左宗棠的朋友们深知。像胡林翼咸丰六年给咸丰皇帝的奏折中,就评价左宗棠"面折人过,不少宽假"[2]卷一152;郭嵩焘当着咸丰皇帝的面,也说"左宗棠自度赋性刚直,不能与世合"[3]第一卷203。这一直爽的性格,左宗棠自己也知道。同治九年(1870),他就对李鸿章说,"平生百无一能,惟人生也直,不敢不勉"[1]书信二177。

年轻时的左宗棠好大言。在同时代人的笔记、著述中,有不少记录。欧阳兆熊在《水窗春呓》中写到,道光十八年(1838)同左宗棠一道北上参加会试,两人在汉口写家信时,他看到左宗棠在给妻子的信中说"舟中遇盗,谈笑却之",便问左宗棠的仆人:"何处遇盗?"仆人回答说,并非真的遇上强盗,只是睡觉时有人误牵了左宗棠的被子,左氏便从梦中惊醒,高喊捉贼。[4]27《左宗棠全集》中并未收录有欧阳兆熊所提到的此信,因此,《水窗春呓》所言是否真实尚存疑窦,但左宗棠爱说大话的特点,应该不是诬词。

光绪五年(1879),左宗棠曾写就《长沙徐君墓表》。"长沙徐君"是左宗棠当年的同学徐夔,光绪五年三月去世。文中,左宗棠回忆起道光初年两人一起求学的情形,"余时年十四五,好弄,敢大言,每成一艺,辄先自诧以视君,君微笑而已"[1]家书诗文300。敢大言,通俗地讲就是爱说大话、好吹牛。"艺"指写八股文,当时称八股文为"制艺"。左宗棠十四五岁时,曾和徐夔一起跟着父亲左观澜学习经传和写作八股文。同徐夔在左观澜面前谨慎小心不同,左宗棠在父亲面前,较为放肆,性格特点也充分暴露——每写成一篇文章,左宗棠先自作惊诧,高喊一番"谁写的,这么好"之类的话语,以引起徐夔的注意。

说左宗棠爱自夸,还有一个例子。道光十六年(1836),科考已经两试不中的左宗棠,写下了这样一副对联,"身无半亩,心忧天下;读破万卷,神交古人"[1]家书诗文419。同治五年,时为陕甘总督的他命人将此联刻于家塾,与此同时,写下了这样一段跋语,"卅年前,作此语以自夸,只今犹时往来胸中,试为儿辈诵之,颇不免惭报之意。然志趣固不妨高也,安得以德薄能鲜,谓子弟不可学老夫少年之狂哉"[1]家书诗文419。看,左宗棠也承认自己爱自夸。

关于左宗棠的逸事中,说他喜欢自夸的不少:"文襄晚年,每与客谈,辄掀髯抵掌,盛称西陲功绩。"[4]215"晚年尤极好客,喜诙谐,语操土风。公余多说诡异惊奇不经之事,或颇匿笑,公亦大笑曰:'某姓左,所谓左氏浮夸。'"[4]109

2 细心、啰唆、事必躬亲

细心和啰唆是左宗棠性格中的又一特点。在其给孩子们的家书中,这一特点暴露无遗。咸丰十年,因受樊燮控案牵连,左宗棠离开了供职8年的湖南巡抚幕府,北上准备入京再次参加会试。北上途中,他给儿子孝威写了一封信,提醒孝威读书要"目到、口到、心到"。出人意料的是,在这封信末尾,左宗棠交代的是提醒孝威不要把家里的书借给外人这样的琐事,"家中书籍勿轻易借人,恐有损失。如必须借看者,每借去,则粘一条于书架,注明某日某人借去某书,以便随时向取"[1]家书诗文11。同治四年(1865),家人准备来福建,与阔别五六年的左宗棠相聚。那段时间,左宗棠在家书中,除了不厌其烦地告知家人选哪条道、路途中要注意安全等之外,还不忘叮嘱家人出门前要将家里的书籍家具等安顿好,"司马桥住宅即交妥人看管(不必佃与人)亦可。书籍家具须一一查点存记,免他日归来无停顿安置处也","来时多买土布带来,此间布少价贵故也"[1]家书诗文94,95。这些话,哪像出自一位手握数万雄兵的军中统帅之口?

关于左宗棠的细心,还有不少的例子。同治二年,他在浙江给湖南老家寄去一批东西。担心物品在路上被人掉包或者丢失,左宗棠的信是这样写的,"寄来泉州真神曲四十九合(每合两块)、上高丽参八两、桂圆膏一匣(共两锡合),又洋灰鼠外褂一件、花灰鼠圆袍一件,可验收"[1]家书诗文70。碰到这样细心的寄件人,信使想掉包,恐怕也无从下手了吧。

咸丰十一年(1861),孝威来信,被细心的左宗棠发现其中有错字，便在回信中毫不客气地一一指出，"昨来字，醴陵之'醴'写作'澧'，何必之'必'写作'心'，岂不可笑？"[1]家书诗文30

不单错字，写信中的称谓，左宗棠也十分在意。同治四年，由于不知道父亲左宗棠当时在何处驻扎，在京城的孝威只好写信给福建巡抚徐宗幹（字树人），请其帮忙转递。没想到，信先到了左宗棠那里。细心的左宗棠一看，发现孝威信中，包括字体、称谓、抬头等，都存在诸多不当之处："树人先生年已七十又四，较我长二十岁。我虽同官，尚时存谦逊之意。尔致信宜用红单小楷，外用全书，上写愚侄（左△△）。……信面称'安禀'或'钧启'，字体宜小。……尔昨次所写，字体带行，不用全书，不称安禀，不自称愚侄，词意间并无敬慎之意，殊为失之。"[1]家书诗文86

光绪五年，远在甘肃酒泉的左宗棠，给儿子孝宽等写信，批评大女儿左孝瑜行为不够检点。原因是同年杨性农在给左宗棠的信中说，在陶桄家中见过左孝瑜几次。细心的左宗棠觉得，自己和杨性农并非知交，女儿完全没有必要出来相见。这样做，是不守当时女子"大门不出、二门不迈"的妇德。左孝瑜道光十三年（1833）出生，光绪五年（1879）时已经四十六岁——年近五十，左宗棠却还如此认真！

和细心紧密联系的，就是啰唆。咸丰十年那封让孝威不要将家中书籍随便借给别人的信中，左宗棠还要求孝威等"屋前街道、屋后菜园，不准擅出行走"[1]家书诗文11，同时批评孝宽的字写得差，"年已十四，而诗文不知何物，字画又丑劣不堪"[1]家书诗文11，为此他要求孝威孝宽加强书法练习，将书法功课按月寄给他检查。

在之后的书信里，左宗棠频繁对孝威等的书法提出具体而微的要求。仅咸丰十一年，关于行书不可乱写、可先写小楷藏拙说了两次；关于写字"直行要整，横行要密"说了两次；关于学小楷要摹古帖，则说了 5 次！[1]家书诗文21,30,36,40 直到同治四年（1865）三月给孝威的信中，左宗棠还说"行书并未学习即可不写，亦藏拙之道也"[1]家书诗文86。

在银钱方面，左宗棠更为细心。同治五年，左宗棠由闽浙总督改任陕甘总督，西行途中，经过崇安县（今福建武夷山市）。一年前孝威同家人前来福建与左宗棠相会时，在此地得到当地县令的热情款待。虽然孝威等遵照左宗棠的指示，交了接待费，但左宗棠还是翻查了当时的账簿，结果发现：县令自己垫付了二百三十余千（大约200两）。左宗棠把欠账补清之余，还将由此悟出的道理写信告知孝威，"凡事要细心经理，不可全信别人。即如此事，若不查个明白，必翻疑县令之谎说矣。别人只知敷衍外面好看，不管人家有苦难说。即此一事，可知做官之难，可见别人不足靠也"[1]家书诗文102。

咸丰七年（1857）左宗棠一家搬到长沙后，柳庄老屋由何三照看。妻子周诒端生前，曾和左宗棠说起将来要按勇丁月饷给何三算工钱，左宗棠答应了。同治九年（1870），周诒端去世。第二年，左宗棠果然按照承诺给何三支付了4年的薪俸——共二百一十两零六钱。[1]家书诗文142 连"六钱"银子都如此认真地算清楚，谁还会怀疑左宗棠之细心呢？

细心有时是好事，有时也会坏事。与细心相伴的，就是对别人办事不够放手，喜欢亲力亲为。同治八年（1869），左宗棠对刘典说，"弟历无骨肉至亲随营，又向无门丁之说，军中巨细，皆一手经理"[1]书信二141。这样的做法，或许能够让工作少出一些纰漏，却不利于手下人才的成长。咸丰十年，左宗棠二哥左宗植告诉郭嵩焘：他曾到左宗棠大营住了一晚，发现身为一军统帅的左宗棠甚至亲自处置一马夫，责备多时。于是，便劝左宗棠不要事必躬亲，并指出这样做至少有两大弊病：一是误事，"当君盛怒时，营官有他事须关白者不敢进。是故亲小事者，越职之过小，误事之过大，其弊一也"[3]第一卷385。二是手下为了让左宗棠满意，自然只拣左宗棠爱听的话说，如此，容易让左宗棠骄傲自满。左宗植一番话，一语中的指出了左宗棠事必躬亲以及骄傲自大两大毛病，郭嵩焘也认为，"景老此言，深中高叟平生之短"①[3]第一卷385。

就是左宗棠自己，也为此觉得不堪重负。他曾向福建巡抚徐宗幹抱怨，"凡百均以一身兼之，劳累实难言状"[1]书信一453。

---

① 左宗植，字景乔；左宗棠，字季高。郭嵩焘日记中用景老、高叟借指二人。

3 "非宴客不用海菜"

节俭，也是左宗棠性格的一大特点。咸丰十年出山带兵后，很长一段时间，他每年只给家里寄银200两，供家里开销，"家中用度及延师之费，每年由营中付二百金归，省啬用之足矣。此外断不准多用，断不能多寄，致损吾介节"[1]家书诗文15。

左宗棠初带兵时，比照当时湘军统兵大员的惯例，每年办公费有数千两。同治元年（1862）起出任巡抚后，每年的养廉银高达万两。官至总督后，更可达2万两。那他为何如此节俭？同治四年给儿子孝威的信中，他说了心里话：一是觉得左家世代寒素，现在自己所享受的已经远超前辈，生怕因此而用尽了左家余庆；二是害怕子弟沾染上了纨绔习气。[1]家书诗文83 为此，他时常告诫儿子们要节俭，"惟崇俭乃可广惠"，"尔曹年少无能，正宜多历艰辛，练成材器。境遇以清苦澹泊为妙，不在多钱也"[1]家书诗文63,50。

同治五年，家人前来福建与左宗棠相聚，后因左宗棠改任陕甘总督，一家人再度分别。临别之际，左宗棠送给儿子们这样一副对联，"要大门间，积德累善；是好子弟，耕田读书"[1]家书诗文420，足见对寒素家风的强调。

由于左宗棠一再强调家中要节俭，以致当妻子周诒端生病后，家里甚至出现无钱买药的局面——既不敢让左宗棠寄钱，也不能让生病的母亲周诒端得知，于是儿子们只好偷偷借贷。事后，左宗棠还颇为内疚，"余以寒生骤致通显，自维德薄能浅，忝窃已多，不欲以利禄为身家计……每岁寄归宁家课子者不及二十之一，夫人安之若素。……虽频年疾病缠绕，于药品珍贵者概却勿进。儿辈多方假贷，市以奉母，不敢令母知也"[1]家书诗文316。《亡妻周夫人墓志铭》中的这段话，正是左宗棠节俭性格、勤俭家风的生动写照。

左宗棠不仅如此要求家人，自己也是同样要求，以身作则。同治元年，他曾告诉家人，"自入军以来，非宴客不用海菜，穷冬犹衣缊袍"[1]家书诗文58。"缊袍"是指以乱麻为絮的袍子，古为贫者所服。此时的左宗棠，已官至浙江巡抚！就是晚年出任两江总督期间，左宗棠也依然过着俭朴的生活。左宗棠的曾孙左景伊，曾记下了其伯父左念惠所转述的左宗棠在两江总督的生活——我的伯父（字念惠，文襄公第九孙）曾随侍文襄公于两江督署，他那时方八九岁。他说：文襄公每早四五点钟即起床，在签押房里批阅公事。到了天明，便召集一家男女子弟，在大厅里用早餐。文襄公坐在当中，家人侍坐两侧。早点通常是蒸红薯和煮蚕豆。伯父说，小孩子只分得半个红薯。[4]291

由于经常需要书写奏疏信件，据说，左宗棠为此还做了套袖以保护衣袖。幕友王家璧的衣袖也经常坏，同治十年（1871）见到左宗棠着套袖，也仿效起来，并写信给左宗棠说："璧时见客，亦衣袖露两肘……盖苦肘常据案，袖着处洞然。昨天营中见我师治军书，着布护袖，归而仿为之，因号'宫保袖'。拟赋一诗，……以彰勤邦俭家之美德，为后世法式。"[4]37后来他还真写了《宫保袖歌》寄给左宗棠。"宫保袖"也就是后来办公室一度流行的套袖，人们因此也知道了左宗棠生活之俭朴。

4 也有自卑的一面

道光十八年（1838）第三次落第后，左宗棠决意不再参加科举考试。时运不济，左宗棠一时颇有些怀才不遇的狂生姿态。离开京城时，他写信给妻子，表示自己今后要躬耕陇亩，效法东汉仲长统，"君能为孟德耀，吾岂不如仲长统乎？"[1]附册248孟德耀即孟光，因对丈夫梁鸿举案齐眉而知名；仲长统为东汉末年哲学家、政论家，他才华过人，但性卓异、豪爽，洒脱不拘，敢直言，不矜小节，默语无常，时人称为狂生。

类似狂生之语，估计左宗棠说了不少。后来他位居督抚高位后，妻子周诒端还不时拿出他当年的这些狂语来笑话他。左宗棠也深知自己的这一缺点，十分严肃地要求儿子们不要学他年轻时"好以言语侮人，文字讥人"的毛病，切莫沾染名士气，"吾少时亦曾犯此……尔宜戒之，勿以尔父少年举动为可效也"。[1]家书诗文58

对于左宗棠的狂傲，大家已经十分熟悉，但可能很少有人知道，左宗棠年轻时，也有极其自卑的一面，曾声称自己"做人、读书，俱无可观"[1]书信一9。

道光十七年（1837），左宗棠曾与妻弟周汝充谈及买田之事，表示由于今年银价较高，一时还难以买成，信中就有"兄处些微，不足成事"之语。[1]附册23 我们总说左宗棠极为自负，以为他的自负是与生俱来的。但看来，在早期，左宗棠也是颇为谦卑的。

周家家境当时颇为富足，以致周汝充、周汝光兄弟二人花钱总有些大手大脚。道光十八年，准备北上第三次参加会试的左宗棠，曾去信提醒周汝充花钱要节约，"老弟家计虽颇充裕，然自奉总须质朴，浮费最宜节省。一丝一粟，当思物力之艰；一人一物，当思处置之法"。这封劝周汝充花钱要省俭些的信中，罕见地有"兄做人、读书，俱无可观"这样完全否定自己的话语，更让我们见证左宗棠未发迹之前的谦卑。[1]书信一9 当然，后来的事实也证明左宗棠的远见，由于不知撙节，同治年间，周家果然衰败，还得左宗棠不时接济。

一介寒生、家世低微，长期向富裕的周家借钱，因此在周汝充面前，左宗棠多少表现得没有底气。"近阅新书殆不啻万卷"[1]书信一45 的勤奋，"自命为名士"的狂狷，某种程度上，恰好掩饰着左宗棠因贫穷与困顿而带来的自卑。

5 朝廷也知道左宗棠的毛病

人贵有自知之明。左宗棠如何评价自己的性格呢？

婞直狷狭。同治元年，孝威中了举人，寄来自己所撰写的父亲履历，让左宗棠校正后和自己的卷子一起印刷，以便分送亲友。左宗棠在回信中，如此点评了自己的性格，"吾以婞直狷狭之性不合时宜，自分长为农夫以没世"[1]家书诗文56。婞，刚愎自用；直，直爽、正直；狷，心胸狭窄、急躁，并有洁身自好之义；狭，心胸狭窄。"刚愎自用，心直口快，心胸狭窄，脾气急躁"——看来，左宗棠对自己的性格评价并不高。

性刚才拙。同治六年（1867），在给广东巡抚蒋益澧的信中，左宗棠就说，"兄平生性刚才拙，与世多忤"[1]书信二4。类似的评价，同治十年在给陕西巡抚蒋志章（字璞山）的信中，左宗棠也曾说过，"弟性刚才拙，与世多忤"[1]书信二207。性格刚烈的人，在遇到误会、挫折时，不易妥协，反而容易生出什么都不在乎的自暴自弃和自傲。咸丰十年，被牵涉到樊燮案时，左宗棠就有这样的想法。当时，他对胡林翼说，"誉我非我，毁我非我，我自有我，与人无干。且直直快快还一个我，以言敬慎，不在斯时也"[1]书信一266。

严急刚褊。道光二十五年（1845），左宗棠想辞掉给陶桄授课一事，原因之一，就是觉得性格不太合适，"性素褊浅，涉世本非所宜"[1]书信一44。褊，衣服狭小、气量狭小之意，《三国志》中如此评价董卓，"卓性刚而褊"[5]133。陶家家事繁杂，族人觊觎陶澍遗产，反而不时放出谣言，说左宗棠想侵吞，以致左宗棠心生退意。光绪三年（1877），他对同刘典一道留守兰州的幕府周云仙直言，自己和刘典都有性急的毛病，但刘典能忍耐，因此容易生病，希望周氏多开导刘典，"弟与克帅皆有严急刚褊之患，而克帅又每蕴而不宣，尤易致疾，请时思所以解之"[1]书信三200。

与左宗棠相熟的友朋又是如何评价左宗棠的性格的呢？

在胡林翼眼中，左宗棠细密周到，与此同时，又有刚直口快、不留情面的特点。胡林翼曾评价左宗棠的性格为"虑事太密、论事太尽"。这点，左宗棠深表同意。同治七年（1868），在给神机营总统恩禄晋的信中，左宗棠就说，"鄙人遇事每多过虑"[1]书信二93。

胡林翼对左宗棠性格的评价，还有过多次。咸丰二年（1852），胡林翼向湖广总督程矞采说左宗棠"品高学博，性至廉洁"[2]卷二44。咸丰六年、咸丰十年向咸丰帝推荐左宗棠时，胡林翼则说左宗棠性格刚烈、心急口快。

在认为左宗棠性格刚直这点上，郭嵩焘的看法和胡林翼相同——除在咸丰帝面前说及左宗棠"自度赋性刚直"外，咸丰十年八月，他曾去信规劝已是三军统帅的左宗棠切莫盛气行事，要懂得宽严相济，"老兄好刚使气，所以能得人之力，良由洁白公正，不畏强御，为人所敬畏"[3]第一卷394。从郭嵩焘这番话可以看出，左宗棠一方面有刚强固执、不听人劝的毛病；一方面也是不怕强权，所以让人敬畏，得以服众。

至于曾国藩，也认为左宗棠的性格，有"刚"的一面。咸丰十年四月，咸丰皇帝下旨，就如何使用左宗棠征询曾国藩的意见，曾国藩在奏覆中曾经如此评价左宗棠的性格："左宗棠刚明耐苦，晓畅兵机。"[6]奏稿二488

此外，还有不少时人对左宗棠的性格进行了评价。如咸丰十年，李云麟曾向王闿运这样评价曾国藩、左宗棠，"涤老（曾国藩）至诚恺恻，笼罩一切，为第一流。江岷樵、左季高及渠（李云麟——作者注）光明磊落，为第二等"[3]第一卷357。叶景葵《卷庵书跋》中记述了史念祖对左宗棠的评价，"妄自尊大，忌刻褊急"[7]345。不过，史念祖曾为甘肃按察使，是左宗棠部属，光绪五年因办案不力而被左宗棠所参，"一生遭际，皆受文襄抑沮"[7]90，因此他的这一评价，未必客观公正。

同治十三年底、光绪元年初，因在是否于肃州设立粮台等问题上意见不一致，左宗棠与当时负责办理西征粮台的户部侍郎袁保恒产生矛盾。清廷对此表示担忧，将袁保恒调回京城供职。同时，也下旨指出左宗棠有度量偏小的毛病，"左宗棠阅历之深、居心之正、办事之精细结实，原迥非袁保恒所能及；而该大臣平日亦间有意存畛域、气量近褊之处"[1]奏稿六145—146。这表明，就是清廷也知道左宗棠有气量不够宏阔的毛病。

光绪六年（1880）七月，由于清朝与沙俄关系趋于紧张，詹事府少詹事宝廷上折奏请调左宗棠进京，有意思的是，其中也有对左宗棠性格的评价，"大学士左宗棠老成硕望，功业昭著，虽性情未必无褊，而才识迥出凡庸，方之古人未知何如，而以视今之士大夫，实鲜其右者"[8]第22卷1—2。

这些，和同治九年左宗棠"严急刚褊"的自评，如出一辙。

6 终生喜欢干农活

左宗棠的爱好颇为广泛。具体而言，对农事和兵法舆图的喜爱贯穿左宗棠一生，这两方面的学问他也最为自信；从12岁开始对书法产生兴趣，之后也始终不改，后来甚至被他当作与病魔作斗争的手段。当然，在左宗棠的爱好中，还有嗜饮的毛病，他虽然曾立志戒酒，但并未成功。

道光十八年第三次会试落榜后，左宗棠决定不再参加会试，并开始立意农学。他对妻子说，"榜发，又落孙山。……此次买得农书甚多，颇足供探讨……虽长为乡人以没世，亦足乐也"[1]附册247—248。

购买之外，他还向友朋亲戚借阅农学方面的书籍。比如，他就曾向老师贺熙龄借阅过嘉庆、道光朝人潘公甫所著的《区田》书，"潘公甫《区田》书，此间无之，敬乞掷寄一部为幸"[1]书信一18。所谓区田，指在田里按一定距离开沟挖穴，分成数区，种一区，空一区，将种子播入其间的一种农作法。此法便于小范围内深耕细作，集中施肥灌水。道光二十四年（1844）移居柳庄之后，左宗棠便开始尝试"区种"之法。

和农事相连，左宗棠开始种茶。为给前两江总督陶澍的儿子陶桄授课，左宗棠曾在安化小淹住了8年。安化素产茶叶，又以小淹前后百里之地所产茶叶为最佳。左宗棠因此将茶叶引进湘阴，其子左孝同就说，"湘阴产茶，实府君为之倡"[9]23。道光二十六年（1846），左宗棠告诉老师贺熙龄，自己利用古农法种田，效果颇好，仅靠茶园的收入，就足以清缴赋税，"宗棠自耕之田，略以古农法之便于今者行之，闻甚良，……茶园所入，今岁差可了清国课"[1]书信一54。

种茶让左宗棠也因此养成了爱好饮茶的习惯。同治十一年（1872），远在甘肃的他，曾写信要孝威寄来数百斤茶梗，"此间缺安化陈皮（纯茶梗更好），可请大姊觅数百斤，由鄂台转寄"[1]家书诗文147。

种茶、饮茶的经历，使得左宗棠对茶叶也颇有研究。同治十二年（1873），陕西整顿茶务，准备引进湖南茶叶在陕西行销。时为陕甘总督的左宗棠，就提醒陕西巡抚谭钟麟，安化和新化两地不要搞混了，湖南安化县志就有"宁采安化草，不买新化好"[1]书信二399的说法——安化茶以砖茶为上，卷包茶为下。卷包茶中，时常掺着草叶，但即便如此，还是要比新化的茶叶有销路。

种田、种茶之外，左宗棠还种桑树。道光二十年，他告诉好友黎樾乔，自己种桑树养蚕，已经结茧两万多枚了，仅养蚕所得，足可解决一家人温饱问题，"春蚕作茧二万余，差欲无寒，此则近来树桑之利也"[1]书信一20。自己尝到甜头后,他还向妻弟周汝充推广,希望周汝充能学种桑树养蚕,"桑秧树此时正可移栽,万望细看农政书,求其种法,勿惜小费"[1]附册33。

这样理论联系实际的经历,给左宗棠留下了深刻的印象。同治六年给妻子周诒端的信中,他还愉快回忆起早年在柳庄种田的经历,"家下事一切以谨厚朴俭为主。秋收后还是移居柳庄,耕田读书,可远嚣杂,十数年前风景想堪寻味也"[1]家书诗文107。

一方面用理论指导实践,一方面将实践总结为理论。道光十八年时,左宗棠就曾对妻子坦露想写一部农书的念头,"他日归时,与吾夫人闭门伏读,实地考验,著为一书,以诏农圃"[1]附册248。道光二十四年移居柳庄之后,左宗棠经常躬耕田亩,有了更多的农业实践,写书的念头日益强烈。他对连襟张玉夫说,"因农为人生第一要务,而古今颇少传书,颇思有所著述。且素患近人著书,惟择易就而名美者为之,绝无实学可饷后人"[1]附册42。

左宗棠说到做到。一开始,他先结合柳庄"区田"的效果写成了《广区田图说》,总结归纳区种法的益处。据道光二十五年(1845)给好友罗研生的信,左宗棠此时已经写了十多篇农业方面的文章,"仆近因农家为人生第一要务,而古近颇少传书,思有所述,以诏农圃。志此者数年矣,而尚未得成卷帙,不过十数篇"[1]书信一45。后来,这些文章集成《朴存阁农书》。"朴存"是左宗棠自己起的别号,书共十余卷,分门别类叙述各种农事。左宗棠去世后,"这部残稿还存留在家中,以后几经变乱,已失散了"[10]33。更可惜的是,此书稿没有刊刻,未能实现左宗棠编写这部书为"人世不可少之书"[1]书信一45的目的,也没能成为传世之作。

对于自己在农学方面的造诣,左宗棠颇为自信,"尝自负平生以农学为长,其于区种一事,实有阅历"[1]书信三274。只是,咸丰二年后,左宗棠入湖南巡抚幕府,"日无闲暇"的他自然未能再躬耕陇亩。

自咸丰十年带兵起,只要有机会,左宗棠就会指导农事、推行农法。他自己就说,"师行所至,辄教将士种树艺疏(蔬),为残黎倡导,并课以山农泽农诸务"[1]书信三274,以帮助当地恢复生产。同治八年七月，左宗棠驻节平凉，就教士兵屯田之时采用"区田"等古法。在给儿子的一封家书中，他写到"营屯甚好，军士以南农法行之此间，甚有效。以此悟地气之厚，古法之可行也"[1]家书诗文137。陕甘用兵期间，每收复一地，他即下令部队在驻地开荒，实行屯田。光绪年间进兵新疆，为了解决粮食供给难题，左宗棠更是大力提倡部队屯田。他甚至拨出专款5万两，支持张曜的部队在哈密屯田。

光绪二年（1876），左宗棠自兰州前往肃州前线，途经古浪、永昌、山丹等地，见"大道旁荒地多未开垦"。询问得知：一是因为当地百姓缺少盖房所用的树木所以没有到这一带居住，二是因为没有牛等大牲畜所以无法开荒种地。于是，他便召集当地官员和驻防部队，"细商伐树、给牛及畜牧之事"，同时写信给留守兰州的帮办新疆军务大臣刘典，让其将去年留存的茶厘收入拨作此项工作的费用。[1]书信三10

光绪二、三年间，陕西遭遇大旱，此时左宗棠年轻时所学的农学知识派上了用场——他大力推行开井和区种之法抗旱，对刘典说，"现在庆阳办赈，自以开井、区种为宜"[1]书信三257。在此期间，因咳嗽而难以入睡的左宗棠，突然想起了《皇朝经世文编》中记载有乾隆时陕西巡抚崔纪以及鄠县（今西安市鄠邑区）名儒王丰川当年在陕西推行区种之法，立即让人找出，抄送陕西巡抚谭钟麟和陕西全省司道遵照施行。[1]书信三247

除了指导地方农事之外，在自己驻营之所，如有条件，左宗棠还种蔬栽果。光绪五年驻扎酒泉之时，左宗棠派士兵疏浚酒泉而成湖，环湖堤种植花树。他还买来鱼苗万余，投入湖中，使得此地成为酒泉的一处景点。除此之外，左宗棠还不忘"尚须垦湖旁隙地为田圃，以业学者"[1]书信三450。光绪六年驻扎哈密时，就在大营旁开挖菜地，"菜园约有二十亩，诸色瓜菜俱全"[4]259。左宗棠亲自指挥士兵浇水。而每天早晨到菜园巡视，竟然成了他难得的休息时光。光绪六年九月，接到令他进京的谕旨后，左宗棠请在京城的好友徐用仪帮忙买房——购房条件中，还专门提到一条"惟宅旁须有隙地可以畦蔬，庶有生趣，幸留意焉"[1]书信三593。

左宗棠对农事的爱好可谓发自内心。咸丰元年（1851），在给贺熙龄儿子贺仲肃的信中，左宗棠写道，"兄东作甚忙，日与庸人缘陇亩，秧苗初苗，田水琤琤，时鸟变声，草新土润，别有一段乐意"[1]书信—71。喜悦之情，溢于言表。

在左宗棠看来，且耕且读是古代读书人的优良传统之一，"伊尹生于畎亩，孔明躬耕南阳"。可是，现在读书人"博极群书，不知五谷，宁奔走于风尘，而怠荒于稼穑，名为学者，实等游民"[1]附册55。左宗棠潜心农学、奋笔著书，既希望对农事有所帮助，同时也是对读书人这种迂阔弊端的批评。

7 跟俄国军官比试地图知识

地理兵法舆图是左宗棠的另一爱好。

顾祖禹的《读史方舆纪要》作为论述我国山川地理的权威著作，左宗棠自然不会放过。道光九年（1829），18岁的左宗棠购得此书，开始潜心研究。他的儿子左孝同回忆，"府君尝言：'吾十八九岁时于书肆购得顾氏《方舆纪要》一书潜心玩索，喜其所载山川险要，战守机宜，了如指掌。'"[9]7道光十七年在渌江书院讲学期间，左宗棠就将该书随身携带。由于学生课业耗时太多，左宗棠一度抽不出时间读此书，为此还深表遗憾，"课卷改抹处太多，暇日甚少，《方舆》一事，不能不暂阁，可惜耳！"[1]附册18

《读史方舆纪要》之外，为了搞清楚山川河流等古今地理流变，左宗棠还请在京城的好友胡林翼帮忙购买"《水道提纲》《说文解字笺》及李申耆方舆图数种"[1]书信—7，进行研读。

左宗棠主张，有志于研究地理学者，应该对古今地理学方面的书籍进行辨析，通过分析、比较，得出准确的说法。由于这种做法费时费力，近人出书多选择"易成而名美"者而不愿啃硬骨头，以致"实学绝少"[1]书信—45。在批评这一风气的同时，左宗棠以身作则，对众多地理学著作进行考证、点评——道光二十五年，他对罗研生说，地理学方面的著作，除了《禹贡》外都有错误，其他大多数地理学著作要么抄袭旧书，要么漏洞百出，就连被奉为经典的《水道提纲》也是错误频仍，"齐次风《水道提纲》……数十年来，言地学者奉为典册。

467

然其中舛互颇多，不可一一。"[1]书信-45。

按照左宗棠的标准，"大抵吾辈著述，必求其精审，可以自信，然后可出以示人"[1]书信-45。如果出书只是图一时名声，不能传久远，那还不如不出呢。道光十六年，在给老师贺熙龄的信中，左宗棠透露了自己雄心勃勃的地图绘制计划，"辰下左图右书，以日以夜，拟先作皇舆一图……俟其有成，分图各省，又析为府，各为之说。再由明而元，而宋，上至禹贡九州"[1]书信-4。即先画一幅本朝的全国地图，全国总图画成之后，再画各省的分图，然后是府县地图；本朝疆域图画好之后，又画各地历史沿革图，先明朝后元朝后宋朝，一直推至禹贡九州时期！妻子周诒端大力支持他的工作，左宗棠每画成一幅，就交给妻子进行影绘、上色等。这项工作历时数年终告完成后，左宗棠对全国地形已是了然于胸。诚如胡林翼向新任湖南巡抚张亮基推荐左宗棠时所说，"其胸罗古今地图兵法、本朝国章，切实讲求，精通时务"[2]卷二45。

到了道光十九年（1839），左宗棠开始将所研究的山川地理和军事联合起来，对地图中所涉及的军事要塞，除讲述其地理、疆域变化之外，还标注出其在历朝历代所经历的重要战事等，"宗棠近仍从事地学图说，拟于山川道里、疆域沿革外，但条列历代兵事，而不及形势"[1]书信-11。道光二十年鸦片战争清廷失败，"愁愤何可言"[1]书信-14的左宗棠开始研读海防书籍，阅读清朝历代关于海防的章奏，推演防守之策，还向贺熙龄借来魏源的《圣武记》等兵书[1]书信-14,43，加以研究。他一度还准备将明代以来抗击外族的方略著为论说，只是不知为何而中止了。

在后来的军事生涯里，左宗棠从这项爱好中获益颇丰。光绪元年（1875），就在左宗棠刚刚被任命为进兵新疆统帅不久，俄国总参谋部军官索思诺福斯齐来华，以游历之名到左宗棠大营查看虚实。在拜会左宗棠时，索思诺福斯齐还与左宗棠比试地图知识。这下可真是"鲁班门前弄大斧，关公面前耍大刀"了——索思诺福斯齐所拿的中国地图，临摹的是康熙朝时所绘制的内府图，"细致殊常，山川条列具备"；而左宗棠告诉对方，乾隆时期，随着新拓国土的增加，中国已经对康熙地图作出修订。之后，左宗棠展示了将乾隆朝内府舆图放大后刊刻的地图，"索意嗒然，自此希言地学矣"。[1]书信二484 此番比试，索思诺福斯齐没有占到任何便宜。

8　靠练字来醒瞌睡

左宗棠喜好书法。据《左宗棠年谱》记载，左宗棠在 12 岁时开始留意书法。道光二十年开始，左宗棠到安化为后来的女婿陶桄授课，虽独身一人在外教书不免寂寞，但很快他发现陶家"碑帖甚多"[1]附册34，便计划将其拓出带回湘潭，继续参详。道光二十九年（1849），左宗棠就向贺仲肃推荐"抄经习篆"之法——所抄的经书，是《诗》《书》《易》三种。左宗棠认为通过抄经学习篆书，既巩固了经文，又提高了书法水平，还能修身养性，可谓一举多得，"但须印九宫格。篆好则真书断不致俗，且亦可养心也"[1]书信一67。

收藏、把玩、印拓碑帖的记载时常出现在左宗棠的通信和著作中。光绪三年，他在《法华寺碑跋后》中透露，道光初年，二哥左宗植曾从劳崇光处借来贺长龄所藏的北海《法华寺碑》，他喜欢不已，"爱玩不置"[1]家书诗文253，只是劳崇光很快就将此帖要回去了。54 年后的光绪三年，有朋友送来此帖的另一拓本，正在肃州驻扎的左宗棠十分高兴，把玩之后，立即复拓一份留存。

左宗棠虽喜欢碑帖，但不夺人所爱。这样的例子，除《法华寺碑》之外，还有很多。比如牛鉴曾为两江总督，和耆英、伊里布代表清政府与英国签订《中英南京条约》。左宗棠出任陕甘总督期间，牛鉴之孙牛端将《成亲王墨迹》送给左宗棠。左宗棠虽然十分喜爱，但欣赏过后只是加了一段跋语便璧还，"牛氏世宝之，勿为豪家所夺也。识此还之"[1]家书诗文250。

除此之外，左宗棠欣赏后题写过跋尾的书法作品，还有桐城张氏所藏的《名人书画册》、范仲淹的《范文忠公墨迹》和《何子贞墨迹》等。

借阅别人所藏字帖之外，左宗棠自己也搜罗、购买、拓印碑帖：咸丰十一年（1861），正在皖南一带与太平军作战的左宗棠，竟然收藏到了苏东坡和刘墉的书法作品，不禁喜出望外，赶紧送回家里好好珍藏，"吾于屯军乐平段家时，无意中得东坡书手卷一轴，元明人题跋颇多，极可爱玩；又石庵先生手书一册，皆至宝。今以与尔曹，好为藏之"[1]家书诗文42；同治九年，他告诉儿子"字帖箱托沈吉田觅便寄家"[1]家书诗文139；同治十一年，他就拓印了《华山碑》《三忠祠碑》等。其中的《华山碑》，他一下子就拓印了300本，还送给了沈葆桢、胡雪岩、黄子穆等。到了后来，因为要的人太多，竟然还不够送，"《华山碑》伯和拓三百本寄兰，尚不敷分送"[1]家书诗文158。也是这一年，左宗棠在信中告诉儿子们，"近得阁帖数本，明肃王刻，此间板尚存；有便再寄归分赏也"[1]家书诗文153。

左宗棠爱好书法，也为友朋所熟知。咸丰十年三月，被牵连到樊燮案中的左宗棠离开湖南巡抚幕府，曾到胡林翼英山大营。在英山期间，曾国藩得知左宗棠因缺纸而写不好篆书后，派人专程送来宣纸，"知日内为篆所苦。此间今日送宣纸十二张至英山……请试之可用否。如不可用，当专人至江西买纸"[6]书信二496。

互赠书法成为左宗棠酬答友朋的有效工具。左宗棠书法作品留存颇多，赠送过曾国藩、胡林翼、张曜、谭钟麟等等。主政陕甘期间，他曾亲笔书写"天地正气"四个大字。后来，当地官员将其刻成石碑（现藏于西安碑林）。光绪十一年（1885），陕西三原名士贺瑞麟为刻石题跋，称赞左宗棠，"公之勋业若在天壤，书法亦高抗古人。……公之生平盖皆天地之正气发泄流露。兹幅心画亦见一端，俾览者触目森然，各知正气之在我，而不可有一毫自卑自污之私，即于世道人心不无裨补"①。

有趣的是，书法还成了左宗棠去困除倦、与病魔作斗争的法宝。长此以往，书法水平竟有所提高。同治十二年时，他就对好友吴南屏说，"五十以后，患脾泻，饭后辄欲睡，乃取古法作篆驱魔。而誉我者即以为有异于人。愚亦欲窃能文章、善小篆之号以自娱

---

① 见西安碑林博物馆左宗棠"天地正气"碑。

也"[1]书信二362。光绪五年,他赠送谭钟麟扇面并说,"弟近年遇倦怠欲睡时,辄即端坐作楷,以遣睡魔,必不可止,乃就胡床假寐半时,少慰魔意,以此为常,楷、行亦稍有进境。……昨午为公书扇一柄,拟由差便寄交,然苦不能速,恐纨扇到而秋风起矣"[1]书信三450。即使据这两封信计算,从同治十二年到光绪五年,已经坚持了7年的时间,练习的字体,也从小篆发展到楷书、行书。这让我们深佩左宗棠毅力的同时,也深信他对书法的喜爱。左宗棠这些练习之作,不少还集结成册,"有宗棠篆书刻石四种,一《屡霜操》第十二本,一《东铭》第五本,一《西铭》第十本,一《正气歌》第十本,殆即为平时作篆之成绩"[11]576。

左宗棠书法,在当时看来已有令名。咸丰十年,胡林翼曾请其撰写《箴言书院碑铭并序》。其碑铭书法被曾国藩赞为"简重浑括"[6]书信二508。同年,曾国藩作《何丹畦殉难碑记》,也请左宗棠用楷书题写碑文。[6]书信二508

左宗棠书名、文名为其功名所掩,那其书法水平究竟如何?康有为说,"左文襄笔法如董宣强项,虽为令长,故自不凡"[12]270;章炳麟说,"宗棠篆书遒劲";王潜刚说,"左季高篆书有功,书盈帖颇有古意,行书不称"。[11]576而秦翰才的评价最贴合左宗棠作为政治人物的身份,"综括宗棠诗文书法,似有相同之一点,即气势浩瀚,卓然不群,此亦其个性之表现,所谓言为心声,字为心画者也"[11]576。

9 发毒誓戒酒但并未成功

年轻的左宗棠十分嗜酒。道光二十年正月曾因饮烈酒太急而诱发吐血旧症。痛定思痛,左宗棠立志戒酒,"立誓三年内饮酒一勺者,便干神谴"。[1]附册32

也正是道光二十年,在给好友兼亲家黎樾乔的信中,左宗棠还很友善地提醒黎不要贪杯,"酷暑唯百凡珍重,为友朋自爱,勿过饮,勿贪谈"[1]书信一21。同治二年,左孝威计划随伯父入山读书,远在浙江龙游与太平军作战的左宗棠,还在信中特别提醒孝威慎重交友,不要学那些"下流种子"胡作非为、花天酒地,"今日戏场,明日酒馆,甚至嫖赌、鸦片无事不为"[1]家书诗文58。湘军水师将领彭玉麟以画梅和好饮知名,同治五年,左宗棠曾去信劝其节饮,"尊体时有不适,急宜节饮。早晚两三钟,亦慰寥寂,何必连引巨觥?精神可省啬处,亦须时加葆惜"[1]书信一672。

左宗棠道光二十年立誓后是否真的三年内没有再碰酒,不得而知。但从后来的事实看,他始终保留着喝酒的习惯,可以说戒酒未果。① 同治六年五月,改授陕甘总督的左宗棠在给孝威的信中曾说道,"我服参茸丸精神甚好,惟腹泄不愈。近时酒兴大减,亦不能饭也"[1]家书诗文108。匈牙利贵族塞切尼·贝拉伯爵光绪五年前往拜会时,左宗棠还以匈牙利的多卡伊甜葡萄酒招待他。[13]54这些都表明,左宗棠并没有完全戒酒。此外,塞切尼·贝拉书中的"午饭当中我用雪茄招待左宗棠,我发现这对他的胃口"[13]55等记载,表明左宗棠或许还有抽烟的习惯。

关于左宗棠的逸事中,也有一些是和他喝酒有关的。如杨公道《左宗棠轶事》写道,左宗棠担任湖南巡抚骆秉章幕宾时,一天有急报说太平军要进犯长沙,"骆公(秉章)急欲觅公(左宗棠),共筹抵御之策,而公忽不见。乃遣仆役四出侦寻,得之于某酒肆,已酣饮大醉"[4]176。原来,左宗棠事先已安排好应敌之兵,故能如此从容,以致喝得酩酊大醉。再比如王树楠《德宗遗事》载,左宗棠出任两江总督时,"江宁将军某劾文襄酗酒怠荒,有廷寄交左宗棠传旨申饬"[4]152。之所以要批评江宁将军而不是好饮的左宗棠,是因为朝廷让左宗棠出任两江总督是来养老的。这些逸事,自然不足信,但从中也能看出左宗棠爱饮酒的雪泥鸿爪。

从书信可知,左宗棠还会抚琴,曾向妻弟周汝充借琴,一为练习,二是教女儿,"兄近解弹琴,颇有可听者。尊处记有琴一张,有便请寄至柳冲(意欲教诸女耳),暂时借用,俟觅有佳者再奉

---

① 左宗棠流传下来的文字中,不时有"沐浴罢,连饮数杯""月夜罢饮"等记载,证明其戒酒未果。见《左宗棠全集·附册》,第65页。

还"[1]附册50。只是由于相关资料甚少,左宗棠的琴技如何,不得其详。

10 对洋务的认识

魏源是我国近代睁眼看世界第一人。魏源的书,左宗棠至少看过《圣武记》《海国图志》。道光二十四年,他曾向老师贺熙龄借阅《圣武记》一书,并夸奖该书"序次有法,于地道、兵形,较若列眉,诚著作才也"[1]书信一46。至于《海国图志》,光绪四年(1878),他曾对顺天府丞王家璧说该书对海外情形"言之了了,譬犹禹鼎铸奸,物形无遁"[1]书信三318,称赞该书叙述明白清楚,并批评近来号称"洞悉夷情"者,其实连《海国图志》的皮毛都没学到。

乾隆时期,英国曾派马嘎尔尼率领使团来华为乾隆帝贺寿,但最终由于马嘎尔尼不肯下跪,闹得不欢而散。和乾隆时期的颟顸相比,在对待外国使臣礼仪问题上,左宗棠表现出一定的灵活性:同治六年,在回答总理衙门关于外国使臣觐见是否应要求其像中国臣子一样行跪拜大礼的询问时,左宗棠就明确回答"自不必以中国礼法苟之,强其从我"[1]书信二51。这在当时,无疑需要有相当的勇气。

之所以如此,左宗棠认为,"泰西各国,与中国远隔重洋,本非属国"。而且,他与洋人交谈后得知:西方各国,大臣见国王并无跪拜之礼,"泰西诸国君臣之礼,本极简略,尝于无意中询知岛人见其国主,实无跪拜之事"[1]书信二52。

对于向外国派驻使臣,左宗棠也表示赞成。在他看来,外国人通过派公使、遣洋人来华,对我国的山川、政事、风俗人情等打探得一清二楚,"驻京公使恣意横行,而我不能加以诘责。正赖遣使一节,以诇各国之情伪,而戢公使之专横"[1]书信二52。左宗棠希望,通过向外国派遣公使,可以解决我们对西方各国一无所知的问题,了解西方的虚实,并借此遏制各国公使的嚣张气焰。

但由于长期经受儒家经典和天朝中心论等思想的影响,加上当时介绍海外地理的书籍讹误颇多,左宗棠对国外情形的了解,还远谈不上深入。道光二十年鸦片战争中国战败后,左宗棠曾对老师贺熙龄表示清军如此兵心涣散实出意料之外,以致他怀疑英国人是不是施行了蛊惑厌镇之术，"岂彼族别有蛊厌之术邪？"[1]书信一28 道光二十四年给贺熙龄的信中说，"米里坚①即明之洋里干，西海中一小岛耳"[1]书信一42。光绪四年进兵新疆时在给顺天府府丞王家璧的信中，以为安集延人所有锐利之兵器，来自乳目国，其国在"俄、英之西"[1]书信三318。这些，显然不确。

看到西方制造之精，看到"我不能而人能之"[1]书信二493，左宗棠也表示要向西方学习，"吾不可不师其长"，并倡导在福州船政局和兰州机器制造局设立学校向外国人学习。与此同时，他又表示这些"博与巧"的技艺，终究比不上"儒道"。光绪元年，在给户部尚书董恂的信中，他还举例说，乡下富人新屋建成，贺宴上竟然让建房的工匠坐在塾师之前，"一座哗然，遂为笑柄"[1]书信二493。这些无疑反映出左宗棠根深蒂固的重道轻术的思想，也反映出他对学习西方的理解并不彻底。

在学习西方技术方面，左宗棠的观点则有些矛盾：他在福州倡设成立福州船政局制造兵轮，在兰州成立织呢局纺毛线、设立枪炮局制造枪炮。但另一方面，他又不赞成铺设铜线通电报电话，不赞成修建铁路，"至铁路原因火轮车而设，外国造铁路，抽火车之税，利归国家，我无火车，顾安用此？"[1]书信二53 认为中国既然没有火车，又何必造铁路呢？这些观点，反映出他对学习西方更多停留在以西方技术强兵而非富国之上。

琉球国地处中国和日本之间，同时向中国和日本进贡，以求平安。光绪年间，日本阴谋将琉球国改为郡县（今冲绳），琉球国向清廷请援。清廷为此征询王公大臣和地方督抚的意见。光绪五年，时为大学士、陕甘总督的左宗棠上书总理衙门，认为琉球划归日本对于中国来说无关紧要，"琉球归附中国与改隶日本，似无足轻重"。与此同时，左宗棠认为日本之所以急于兼并琉球国，是由于近来醉心于向西方学习，以致国力衰弱，因此想着兼并琉球来增加收入[1]书信三436。

---

① 米里坚，即美国。

这样的观点，可谓左宗棠对洋务的见识还存在不足的明证。

11 反对看《世说新语》《红楼梦》

《红楼梦》自乾隆时期诞生以来，就被清代统治者列为禁书。深受正统意识熏陶的左宗棠，对此持支持态度。同治元年，在给刚刚中举的长子孝威的信中，左宗棠就明确反对孝威看《红楼梦》，"至子弟好交结淫朋逸友，今日戏场，明日酒馆，甚至嫖赌、鸦片无事不为，是为下流种子。或喜看小说传奇，如《会真记》①《红楼梦》等等，海淫长惰，令人损德丧耻。此皆不肖之尤"。在左宗棠看来，读《会真记》《红楼梦》，和嫖赌、吸食鸦片一样，属于堕落和下流行为。同在这封信中，他甚至还引古人之语，不准许儿子们看《世说新语》这类书籍，免得"未得其隽永，先习其简傲"。[1]家书诗文58

12 赞赏割人肉当药

同治九年初，孝威的母亲即左宗棠正室周诒端病重。在母亲病危时，孝威曾割臂肉入药，希望以此能挽回母亲性命。但显然，这种做法，于病人生命并无益处。同治九年二月初，孝威的母亲病逝。

尽管如此，孝威此举，还是被当作难得的孝行，受到乡绅的广泛赞扬和朝廷的表彰，"乡君子以孝行闻诸抚部，抚部闻诸朝，奉旨旌褒"[1]家书诗文320。

类似的事情还不止一例。同治十一年孝威病危，孝威之妻贺氏也曾割肉以进。光绪四年，贺氏去世，在《冢妇贺氏圹志》中，左宗棠专门记录此事，赞扬儿媳妇贺氏"刲臂救夫，同其危也"[1]家书诗文321。

对于这样的陋习，左宗棠一再称赞：同治十一年二月，左宗棠侄子左浑病逝。左浑病危时，其妻也"刲臂以进"——割臂肉入药给左浑吃；左浑死后，其妻更是绝食三日，决意陪葬。左宗棠在给孝威的

---

① 《会真记》为《西厢记》的前身。

信中，赞为"可敬可伤"[1]家书诗文145。

部属王家澧在兰州管理仓库，从无过失，光绪四年不幸病重去世。死前，王家澧之子世祐也"刲臂和药以进"。虽无法挽救父亲的性命，但此举也被左宗棠赞为"可敬可悯，德门有此，洵光大之征"[1]书信三319。

当然，客观而言，当时认同割臂肉入药能治病观点的，并不止左宗棠一人。陈岱云为曾国藩好友，道光年间病重，陈妻也曾割臂肉疗夫，曾国藩为此还赋诗撰联以示赞赏。[6]诗文33,238 就是曾国藩病危时，其儿媳妇也曾割臂肉为其进药。而朝廷对孝威等人割臂肉之举进行表彰，正表明时人对此的赞同。

13 也曾滥保私人

同治三年，在参李元度时，左宗棠曾批评曾国藩置朝廷公义于不顾，为李元度私请官职。但其实，滥保私人之举，左宗棠也曾有过。

咸丰十一年十二月，刚刚奉命督办浙江军务的左宗棠，在给孝威的信中有这样一段话，"闵先生及癸哥、延哥均于乐平大捷案内保之，佑生亦与焉。此何足道，然非如是则又难处耳"[1]家书诗文44。

信中所说的癸哥、延哥，分别指左宗棠二哥左宗植的长子左澂、左宗棠大哥的儿子左世延。所说的乐平大捷，则是指咸丰十年十一月间，左宗棠进兵江西乐平，大败太平军黄文金部，收复德兴、婺源两城之事。左宗棠因此胜仗而被曾国藩奏保为三品京堂候补。而其实，左澂、左世延二人，当时虽在左宗棠军营，但更多是留在幕府学习、历练，并未参与冲锋陷阵，就是到了同治二年，左澂也是安坐幕府。[1]家书诗文89 因此，将其二人列入保举名单，就是左宗棠也觉得勉强，只是不这样，无法和哥哥交代。

值得注意的是，岳麓版《左宗棠全集》收录此信时，对这段话作了如此注解，"此段据《家书手迹》补"。由此可知，左宗棠后人当时觉得这样一段话显得左宗棠任人唯亲，不利于左宗棠形象，因此在最初编印时将其撤下。1987年的岳麓版才重新将其收入。

第二章　性格与爱好

由于当时左宗棠尚无专折上奏之权，因此，这份保折，是经由曾国藩得以上递朝廷的。在曾国藩的《酌保左宗棠一军出力员弁折》中，我们还看到了左履祥的名字，"勇丁……左履祥，请以外委归湖南拔补"[6]奏稿三51。这个左履祥，也是前来投靠左宗棠的亲友。咸丰十一年，左宗棠即让其回湖南老家，"履祥老实勤快，尚是子弟中之好者。今令其归，其口粮银两均由东征局会兑，本分之外给以廿两"[1]家书诗文23。可以相信，写入保单，也是左宗棠对左履祥的一个交代。

光绪六年，族人左宗概前来投靠左宗棠，希望能谋取一官半职。尽管左宗棠向儿子抱怨"年七十矣，从未得子侄之力，亦并不以此望诸子侄。乃子侄必欲累我，一累不已，且至于再"[1]家书诗文201，也让在兰州的孝同阻止左宗概前来哈密。但最终左宗概还是去了哈密大营。结果待了一段时间，不服水土，只好告归。左宗棠不但给了他150两银子作盘缠，还答应在将来找合适的时机保举左宗概，"许其遇保案照例加保"[1]家书诗文206。

14　晚年意气

野史笔记中，有不少关于晚年左宗棠意气用事的记载。

比如柴小梵在《梵天庐丛录》就记载了左宗棠出任两江总督期间接见部属的托大情形：

> 文襄任两江总督时，年尊资高。一时显达出其部下者至夥，故老态益盛。尝闻其酬对宾客情况，最足令人失笑。每冬日畏寒，则于治事室中，置一睡椅，毛革数重，终日坐卧其上。着轻裘，袭半臂，首戴貂冠。旁倚挂杖一枝，太后所赐也。武员自提镇以次来谒者，率不为礼。文职遇司道入谒，则以手摸睡椅横栏，以喻起立之意，退时亦如之，身固未尝少离坐具也。其他省督抚过而来谒者，面时，例须行跪拜礼。文襄起立，手挂杖筑之，殆以太后赐物当其半，即可不回礼也。人以其威望之隆，亦无甚议之者。[4]204—205

徐凌霄的《凌霄汉阁笔记》中，则记载了左宗棠南下福建督师时

477

直呼江西巡抚潘霨之名的事例,以证左宗棠之倚老卖老:

> (汪若卿时为江西余干知县。当时)宗棠以侯相佩钦符,赴闽治军。所过,诸官执礼甚恭,宗棠则自待颇倨。过余干,汪登舟谒见。宗棠危坐以待,戴大帽而不着公服,长衣加背心而已。汪叩拜如仪,宗棠昂然不动,惟以手示意命坐。卒然问曰:"潘霨在江西如何?"时霨为赣抚,宗棠直呼其名,若皇帝之召对也。汪对以"好"。又问:"何以好?"汪举其办赈之成绩以对。又呼布政使之名而问曰:"边宝泉何如?"亦对以"好"。又问:"何以好?"亦举事以对。又问:"江西臬司现为何人?"对曰:"王嵩龄。"宗棠笑曰:"彼已官至臬司耶?"嵩龄起家寒微,曾在黄鹤楼卖卜,故宗棠有彼哉彼哉之意。后询汪以余干事,颇嘉其政绩,谈甚洽。临别,赏办差家人以五六品功牌云。盖宗棠自负勋望阶资度越时流,对下僚不免倚老卖老,故作偃蹇。[4]226

柴小梵所记是否属实,已难以考证。徐凌霄所记,则多有与史实不符之处——比如,左宗棠南下福建督师是光绪十年(1884)八月的事情,潘霨光绪十年起已调任贵州巡抚,边宝泉则于光绪九年即升任陕西巡抚。

尽管如此,晚年左宗棠的意气用事,确有其事:比如光绪十年时奏调黄少春赴中越前线,未经慈禧同意即擅用内阁典籍厅印信下发;比如未奏准朝廷即同意台湾道刘璈借洋款善后——在君主专制时代,这种擅作主张的行为往往会被视作擅权干政,很容易会引起朝廷的猜忌。因此,左宗棠晚年屡遭朝廷申饬,也就在情理之中。

晚年左宗棠的意气用事,还表现在用人上,比如光绪七年(1881)一再奏请朝廷任命部属王加敏为淮扬海河务兵备道,还有光绪十年起用自己的女婿黎福昌总办江西粮台,任命湘军将领王鑫之子、自己第四子左孝同之妻弟王诗正总理两江总督营务处等。这些举措,多少都有任用私人的意味,并招致物议。我们常常觉得左宗棠一生正直、无私,但这些细节也告诉我们左宗棠的另外一面——那就是,也颇为眷顾亲情。在中国这样一个十分讲究人情关系的社会里,在推崇"一人得道,鸡犬升天"的时代,左宗棠这些任人唯亲的"小动作",自不值得今人效仿,但也让我们觉得左宗棠更加真实。

【注释】

　　[1] 左宗棠. 左宗棠全集 [M]. 长沙：岳麓书社，2009.

　　[2] 胡林翼. 胡林翼集 [M]. 长沙：岳麓书社，1999.

　　[3] 郭嵩焘. 郭嵩焘日记 [M]. 长沙：湖南人民出版社，1981.

　　[4] 秦翰才. 左宗棠逸事汇编 [M]. 长沙：岳麓书社，1986.

　　[5] 陈寿. 三国志 [M]. 北京：中华书局，2006.

　　[6] 曾国藩. 曾国藩全集 [M]. 长沙：岳麓书社，2011.

　　[7] 叶景葵. 卷庵书跋 [M]. 上海：古典文学出版社，1957.

　　[8] 王彦威，王亮. 清季外交史料（光绪朝）[M]. 北京：书目文献出版社，1987.

　　[9] 罗正钧. 左宗棠年谱 [M]. 长沙：岳麓书社，1983.

　　[10] 左景伊. 我的曾祖左宗棠 [M]. 武汉：湖北人民出版社，2010.

　　[11] 秦翰才. 左宗棠全传 [M]. 北京：中华书局，2016.

　　[12] 康有为. 康有为全集 [M]. 北京：中国人民大学出版社，2007.

　　[13] 塞切尼. 塞切尼眼中的李鸿章、左宗棠 [J]. 近代史资料，2009（109）.

第三章 读书与治学

科举制度确立之后，中国大多数读书人最紧要的事情，就是中榜以谋取功名，所谓的"十年寒窗无人识，一举成名天下知""学好文武艺，货卖帝王家""春风得意马蹄疾，一日看尽长安花"。和这些观念相比，左宗棠的读书观显得有些不合时宜。

1 对待科举功名的态度

思想决定行动，让我们先看看左宗棠的读书观。

读书不在博取功名而在于明理、在于讲求实际，这是左宗棠读书观一个鲜明的特点。道光十三年（1833）第一次参加会试落榜后，在给曾将其录为湖南第18名举人的座师徐法绩的信中，左宗棠就透露了自己想致力荒政、盐政、河政等实务的志向，"睹时务之艰棘，莫如荒政及盐、河、漕诸务。将求其书与其掌故，讲明而切究之，求副国家养士之意"[1]书信一-1。第二次落榜后，他又告诉老师贺熙龄，自己正在研习古今地理，准备绘制全国山川地理舆图。

道光十八年（1838）第三次会试再度名落孙山后，左宗棠决意不再参加科考。在此期间，他不时透露出对科举考试甚至包括对诗文的鄙视之意。道光二十年，在给京城好友黎樾乔的信中，他就表示，"文如昌黎，诗如少陵，总为玩物丧志，何况以有用日月徇不可必得之科名邪？"[1]书信一-20 现存的左宗棠对联中，就有这样一副："未成报国惭书剑；故将诗律变寒暄。"联语上下句各辑自苏轼的两首诗，鲜明地体现了当时的左宗棠重书剑轻诗律的务实态度。

道光二十四年（1844），在给著名经学家、史学家罗研生的信中，左宗棠在称赞罗研生的儿子资质好、有器宇的同时，也希望其能多读有用之书，解决实际问题。否则，如果过多执着于字句的考证、解释，将影响未来的成就，"能令多读有用书，讲求实济，斯为妙特。若徒龈龈于词章、训诂之为，是小其成矣"[1]书信一41。

时势造英雄。镇压太平天国是咸丰年间和同治初年清廷面临的最重要的任务，朝廷对领兵打仗之人才的重视程度远比科举中榜者高，诚如咸丰皇帝对郭嵩焘所说的："左宗棠何必以科名为重！文章报国与建功立业所得孰多？"[2]第一卷204 咸丰十年（1860）起，左宗棠出山带兵，赴江西一带与太平军作战。机缘巧合，不到两年，即出任浙江巡抚。随着自己职位的提升，左宗棠更是深感科举功名并非仕途的唯一通道，为此频频告诫儿子们不必以科名为重：同治三年（1864），孝威已决定要参加会试，作为父亲的左宗棠似乎在给儿子泼冷水："欲轰轰烈烈作一个有用之人，岂必定由科第？汝父四十八九犹一举人，不数年位至督抚，亦何尝由进士出身耶？"[1]家书诗文79 同治十三年（1874），他更是由举人补授东阁大学士——照惯例，大学士须进士出身，左宗棠以举人入阁，为有清一代所罕见。

一生之中前后遭际的巨大反差，使得左宗棠对科举功名的态度存在前后差异和矛盾：当年三次会试不中后，他自己心灰意冷，自然而然会对科举功名产生敌意，过度的自卑激成过度的自尊。跻身督抚后，对儿孙逐取科举功名之举，他也不反对——同治元年（1862），17岁的大儿子孝威被县学录取，左宗棠对孝威说"人多以此贺我，我亦颇以为乐"[1]家书诗文50；这年闰八月，孝威在湖南乡试中第32名举人，左宗棠在担忧孝威"年少侥幸太早"的同时，更是兴致勃勃地吩咐孝威刷印试卷分发亲友、答谢老师等。同治七年（1868），孝宽被录为府庠——即被府一级的官学录取，左宗棠得知后也是"为之一慰"[1]附册272；光绪六年（1880），为了让儿子孝同能在乡试中取得好成绩，远在哈密的左宗棠亲自根据《四书》拟了21个题目，要在肃州的孝同每月写6篇，每篇写作时间为一天，写完后寄到哈密，由他判改。这种做法，可以说，就是当下流行的模拟考试。

481

跻身督抚后，左宗棠对八股文的看法也发生了变化。他将八股分为真八股和假八股，为自己这一转变张本。同治三年，孝威决定要参加会试，左宗棠同意之余，去信告知孝威，求功名和做学问并不矛盾，"尔意必欲会试，吾不尔阻。其实则帖括之学亦无害于学问……只如八股一种，若作得精切妥惬亦极不易"[1]家书诗文78。——"帖括之学亦无害于学问"，左宗棠这番话，是将做八股文和研究经世致用的学问相打通。

年轻时，左宗棠反对一心博取功名的原因，是他认为当时的读书人，大多数是只知道一门心思琢磨如何写好八股文，对真正的学问反而弃之不理，"专心做时下科名之学者多，留心本原之学者少"[1]家书诗文19—20。他还很敏锐地指出，当下国家时局日坏都是由于大多数人只知学八股而无真才实学造成的："近来时事日坏，都由人才不佳……八股愈做得入格，人才愈见庸下！"[1]家书诗文19—20应该说，在当时，这样的观点，十分前卫。

将八股文分为真八股和假八股之后，那种"写一笔时派字，作几句工致诗，摹几篇时下八股，骗一个秀才、举人、进士、翰林"[1]家书诗文19的做法，就被左宗棠批评为假八股。至于真八股，他认为想写好也不容易，"要作几篇好八股殊不容易"[1]家书诗文202，"非熟读经史必不能通达事理，非潜心玩索必不能体认入微。世人说八股人才毫无用处，实则真八股人才亦极不易得。明代及国朝乾隆二三十年以前名儒名臣有不从八股出者乎？"[1]家书诗文81—82

虽然反对子孙们以博取功名作为读书的唯一目的，但左宗棠始终要求他们读书。在他看来，读书能让人明事理，义理悦心能使人心情高兴，能使子弟不改耕读本色，"所贵读书者，为能明白事理"，"读书能令人心旷神怡"[1]家书诗文19他甚至现身说法，以亲身经历为例，告诉儿子们读书的好处，"读书养身，及时为自立之计。学问日进，不患无用着处。吾频年兵事，颇得方舆旧学之力。入浙以后，兼及荒政、农学，大都昔时偶有会心，故急时稍收其益，以此知读书之宜预也"[1]家书诗文76。

至于左宗棠心目中最理想的状态，是既懂如何读书，又能博取功名，还是佳子弟。光绪二年（1876），已经年逾六十的他对儿子孝宽说，"读书只要明理，不必望以科名。……不过望子孙读书，不得不讲科名。是佳子弟，能得科名固门闾之庆；子弟不佳，纵得科名亦增耻辱耳"[1]家书诗文173。这样的心情，应该说，和天底下大多数父母，并无二致。

2　学问都从萧闲寂寞中出来

想真有学问，首先是要勤奋刻苦，耐得住寂寞。他一再告诉孝威，"古人经济学问都在萧闲寂寞中练习出来"[1]家书诗文92。同治四年（1865），孝威第一次参加会试不中，左宗棠以"会试不中甚好。科名一事太侥幸、太顺遂，未有能善其后者"。在安慰孝威的同时，他要求孝威减少社会交往、勤奋苦学，"其源头仍在'勤苦力学'四字"。

这方面，左宗棠其实早就身体力行。道光二十年（1840），刚到小淹时，由于初来杂事较多，有段时间，左宗棠没能挤出时间学习，心中就颇为惭愧。他对老师贺熙龄说，"宗棠闭居此间，日间课程繁密，自己毫不能用功读书，……悚愧悚愧"[1]书信一19。为此，左宗棠决心痛加改变。道光二十五年（1845），他对罗研生说，在小淹教陶桄，由于此地位置偏僻，加上自己性懒，6年来，竟然没有交一个新朋友，但因此得以潜心大量阅读，"仆近阅新书殆不啻万卷，赏心者不过数种已耳"[1]书信一45。"读书破万卷，下笔如有神"，可以说，这几年的研读，为左宗棠积累了丰厚的知识，也为他日后大展宏图奠定了坚实基础。

左宗棠不仅如此要求自己、如此要求孝威，对于女婿陶桄、对于老师贺熙龄的儿子贺仲肃，也是如此。咸丰元年（1851），他曾劝贺仲肃要珍惜20多岁时的光阴，减少交往、专心读书，"酬应之暇，尽有读书工夫，日间少说几句闲话，少接几个闲人，收拾精神，一心攒入书里，久之积累日多，自与凡人有别。人自二十外，工课总不如从前之严密，悠悠过度，殊可惜耳"[1]书信一71。同治四年，他对女婿陶桄说，"古之读书修身，卓然有所表现者，无不从艰难困苦中练出。'动心忍性'四字，最可玩"[1]书信一558。

总之，在左宗棠看来，求学是艰苦的。同治十三年，已为协办大学士、陕甘总督的左宗棠，得知延安不少读书人因为家贫而失学后，去信要陕西巡抚谭钟麟想办法解决。在信中，他回忆起自己当年北上进京赶考的艰苦岁月，"弟起家寒畯，忆四十年前，南城灯火，北路风尘，无聊景况，如在目前，尤不能无感也"[1]书信二418。类似的话语，他在给陕甘学政吴大澂以及甘肃首届乡试头名（解元）安维峻的信中，都有表露。[1]书信二445—446；书信三121

3 读书不下万部

道光二十五年时，左宗棠曾说近来读书不下万部。综观左宗棠一生，除为了参加科举而学习的四书五经之外，其学问主要体现在时务、地理、农学以及医学这几个方面。

时务之学，主要是指能够解决当时社会所面临问题的经世济民之学。道光十三年（1833），在给徐法绩的信中，21岁的左宗棠表明自己学习时务的志向，有致力于荒政、盐务、河漕等实务的想法，希望通过此后十多年的努力，能够有所成就，"十余年外，或者其稍有所得乎！"[1]书信一1

左宗棠深知，在当时读书人一心只求科举功名的形势下，自己这样的举动肯定会招致时人的非议。他以贾谊、诸葛亮等为例，认为古今蓄道德、能文章的"天地不数生之才"，一开始都"为世所诟病"，而等到他们功成名就之后，天下人又"翕然归之"，[1]书信一1以此表明自己不为流俗所转移的志向。

小淹教书8年期间，他利用陶家藏书丰富的便利，饱览群书，研读朝廷典章制度。他自己曾于道光二十一年（1841）对妻子周诒端说，"吾在此所最快意者，以第中藏书至富，因得饱读国朝宪章掌故有用之书"[1]附册250。受第一次鸦片战争清廷战败的刺激，左宗棠更是阅读了唐宋以来的正史、别传以及清代志书等书籍中与西洋各国打交道的史料，从中总结对付西洋国家的方法。

身为左宗棠好友的胡林翼，自然深知左宗棠的潜心苦读，并将此

第三章　读书与治学

作为左宗棠的一大优点向湖广总督程矞采、湖南巡抚张亮基推荐。①就是当时的稗官野史，也多有左宗棠读书甚多、熟知本朝典章制度的记载——如柴小梵《梵天庐丛录》中说，"文毅薨，桄（即陶桄）始八岁，文襄乃就文毅家，主持内外，岁修三百金，如是十年。文毅多藏书，清代掌故之类尤备，文襄日夕讨论，学遂大进"[3]200。

除陶家藏书外，左宗棠还不断向友人借书读。道光二十六年（1846），他曾向贺仲肃借阅《方恪敏全集》。方恪敏，即雍正乾隆朝名臣方观承，官至直隶总督，全集中仅奏议部分就收录其直隶总督间的上疏奏折共546件，记录了农业生产、降水情况、灾害治理等史事。左宗棠借阅此书，无疑是出于了解时务的目的。此外，在青年时期，他曾向贺长龄、贺熙龄等长辈借阅魏源《圣武记》等书籍。②

4　"一字不许放过"

《大学》《论语》《中庸》《孟子》这四部书，以及《诗经》《尚书》《礼记》《周易》《春秋》这五部经典，是古代科举考试的范围，自然是每一个读书人都绕不开的典籍。

同治七年六月，在给福建侯官人、时任侍读衔内阁候补中书杨浚的信中，左宗棠就说自己五六岁就开始接触《四书五经》，"自六岁读《论》《孟》时，即兼读《大注》。九岁学作制义③，先子每命题，必先令体会《大注》，一字不许放过"[1]书信二124。这里所说的《大注》，即朱熹的《四书章句集注》，是四书的重要注本，上承经典，下启群学，被当时的读书人奉为金科玉律。

除此之外，道光十三年，左宗棠还向好友周铁樵借来正谊堂刊刻的《读朱随笔》，亲自手抄。《读朱随笔》为清初宋学代表人物陆陇其所撰写，共4卷，是陆氏读《朱子大全集》时的心得笔记。此外，左宗棠还抄录过篆本《诗》《书》《易》等经书，以及《畿辅通志》

---

① 详见本书第四章。
② 详见本书第一、三章。
③ 制义即制艺，指八股文。

《西域通志》和各省通志等。[1]书信一67

手抄完毕之后，他还向周铁樵等借来《读朱随笔》《读礼质疑》等刊刻本，以作校对。[1]书信一22 也正是当年抄书形成的感情，同治七年，得知重张后的正谊堂已将《读朱随笔》雕刻出版后，他立即让人寄来一部。[1]书信二125 出任闽浙总督后，他开设正谊堂书局、制订《正谊堂书局章程》、重刻《正谊堂全书》[1]札件569;家书诗文398，并为福州正谊书院题写了"青眼高歌，异日应多天下士；华阴回首，当年共读古人书"家书诗文398—400,421。这既是左宗棠敬教劝学措施的一部分，又何尝不是一偿其当年夙愿呢？

咸丰十一年进兵江西乐平时，左宗棠曾请乐平教谕夏謇父短期担任幕宾，让其帮忙在乐平代筹军食。之所以请夏謇父前来帮忙，夏精通程朱之学也是原因之一，"有教谕夏君謇父，素讲程朱之学，兼习时务，谈论极欢，现居幕中，代筹军食，洵不可得之才也"[1]附册266。

道光二十六年（1846），左宗棠曾向贺仲肃借阅过《周易函书》等。不过，他对此书评价不高，还书时说"《周易函书》，意欲求之广大，而反失之精微，非佳书也"[1]书信一53。

5　自己开药方治病救人

"不为良相，便为良医"，这是古代读书人的理想之一。左宗棠对医学也有一定的了解。《中英南京条约》签订后，左宗棠深感"鸦片不可得禁"，便找来《本草纲目》《一统志》《职贡图》《广东通志》等加以研读，由此得知"鸦片之名，明末已有之，李时珍《本草纲目》、方以智《物理小识》皆详载之"。[1]28 这些知识，相信对他后来在光绪七年（1881）主张提高鸦片进口厘税等，都发挥了作用。

道光二十一年，左宗棠曾按《物理小识》记载自己开方医治咯血旧疾，"宗棠去冬复发咯血旧疾，取此方（指用浙江'乌开'泡开蒸服——作者注）服之，前疾尽除"[1]书信一27。

道光二十九年（1849），左宗棠所居的柳庄大水，并因此爆发疫病。左宗棠亲自开方救人。他对妻子说，"病死者多，恐有疫气，吾已查得一方，似尚可用。……僵蚕、蝉蜕、生密（蜜）三物皆不可少，此外，则芩连、枝柏、石膏之属，以意加减"[1]附册259。

这个药方，看来颇有效果。咸丰六年（1856）时，王鑫所统率的老湘营爆发时疫，左宗棠就为之推荐，并告诉王鑫此方自己已试验过，效果不错，"弟曾于道光二十九年设局造药，以此方愈多人，故知其理不易也"[1]书信一142。咸丰八年（1858），他再度将此药方推荐给湘军将领赵玉班。[1]书信一276

咸丰元年，左宗棠、郭嵩焘等避太平军于梓木洞。由于所处地方偏僻，他的医学知识终于有了施展之地。一开始，向他讨药方的人还不多，随着被治愈的人越来越多，左宗棠逐渐名声在外，前来求方的人络绎不绝。他有些得意地对贺仲肃说，"兄问证施药，初时向乞者少，数日已来，日觉其多，所用不过书中五六方，因所见证意为增减，计已愈数十人而无一毙者，良用为慰"[1]书信一75。不仅有理论，还有实践——先后治愈了几十人。应该说，已是不小的成果了。

同治十二年四月，得知孝威病情一直未有好转，左宗棠更是写了一封长信，分析病源，指出孝威所服之药并不对症，"阅尔所服药方，偏阳偏阴，时凉时补，总由未知病源、未得治法之故，心为悬系不已。病在肝脾，宜先治肺，生脉散有寸冬在内，尔咳嗽系由风寒所致，是标病，非本病，故不宜之"[1]家书诗文165。

这些表明，左宗棠确实对医学有一定的了解。

6 学问发展的三个阶段

根据左宗棠自己的说法，在20岁左右，他开始不再只专注于四书五经之学。道光十一年（1831）拜贺熙龄为师后，开始有探究学问本源、关注时务的念头，"自六岁读《论》《孟》时，即兼读《大注》。九岁学作制义，……稍长，从贺侍御师游，寻绎汉宋儒先遗书，讲求实行，……不陷溺于词章、利禄之俗说"[1]书信二125。道光十一年，左宗棠20岁。

同治四年，在给好友吴桐云的信中，左宗棠曾总结了自己学问的三个阶段：童蒙阶段、三十以后、四十以后，"仆自为童儿时，即知慕古人大节。稍长，工作壮语，视天下事若无不可为。三十以后，读书渐多，阅世渐深，知区区之存于心中，自以为是者，仅足以傲今无足指数之人，而于古之狂狷，实未逮也……又十余年……念所学未成，不能及远，权之不逮，不得自专，志在一乡一国，尚或庶焉"[1]书信一621。

这是理解左宗棠学问方向转变的一段很关键的话。按照左宗棠这一说法，年轻时的他曾认为天下事没有自己不能办的；30岁以后，读书渐多，知道天外有天，感觉自己所知，比别人多得有限，就是离古代所说的狂狷之士都相差甚远，于是开始有像诸葛亮那样耕读存世、不求闻达的念头；40岁以后，受聘出山入湖南巡抚幕府，此时的他，感到所学未成、权力有限，志向只是保卫桑梓，并无他念。同治之后，官职日隆、责任日重，当初耕读之念，反而变得越来越远了。

类似的话，早在道光二十二年（1842），他就和二哥左宗植说过，"近来读书稍多，始知从前之狂妄"[1]附册252。可知，经过道光二十年到道光二十二年这三年的苦读，左宗棠已初步意识到自己的狂傲。而此时，正是刚到小淹的三年。也是基于此，左宗棠开始了气质修正的阶段。

7 下苦功改正自己的缺点

道光十七年（1837），左宗棠告诉妻子，老师贺熙龄曾指出自己有"气质粗驳，失之矜傲"的毛病。

为了帮助左宗棠改掉"气质粗驳"的毛病，贺熙龄曾建议左宗棠认真研读《论语》，"承师谕《论语》一书，每于容貌词气之间，兢兢致谨"[1]12。左宗棠自己呢，则下决心取法朱熹在《近思录》中所提出的"涵养须用敬"（修身养性，须要长存敬畏之心），养成"寡言""养静"的习惯，进而使自己的气质有所变化。[1]附册245

与此同时，左宗棠也承认，尽管这些年来曾痛下决心改变自己"气质粗驳，动逾闲则"的毛病，[1]书信-12但发现难度很大，经常反复。他对妻子周诒端说，"然而习染既深，消融不易；即或稍有觉察，而随觉随忘，依然乖戾。此吾病根之最大者，夫人知之深矣"[1]附册245。逾闲，越出法度，语出《论语》"大德不逾闲"。"动则逾闲"指稍有行动即越出法度。

除贺熙龄外,胡林翼也曾指出过左宗棠性格上的缺点。道光二十五年,为帮忙料理陶澍夫人的葬事,胡林翼来小淹住了10天。在此期间,他就指出左宗棠有"虑事太密、论事太尽"的缺点,建议左宗棠"说话不宜着边际"。对于所指出的缺点,左宗棠深表赞同;但对胡林翼的建议,左宗棠则不以为然,他对贺熙龄说,"润之……以虑事太密、论事太尽为宗棠戒,切中弊病,为之欣服不已。然其论'出言不宜着边际'之说,似又不然也"[1]书信一47。在给老师的信中,左宗棠说得比较客气。在给自己哥哥左宗植的信中,他就直言如此太过圆滑,不像血性男儿,"惟言我辈出言不宜着边际,则未免如官场巧滑者流趋避为工、模棱两可,似非血性男子所应出也"[1]附册253。

同治元年,在信中告诫儿子孝威不要有"举止轻脱""好以言语侮人,文字讥人"的所谓"名士气"的同时,左宗棠也不讳言自己年轻时曾犯下过这样的毛病,"吾少时亦曾犯此,中年稍稍读书,又得师友箴规之益,乃少自损抑。每一念及从前倨傲之态、诞妄之谈,时觉惭赧。尔母或笑举前事相规,辄掩耳不欲听也"[1]家书诗文58。由此可知,妻子周诒端也为左宗棠戒除狂傲之举出力不少。

左宗棠年轻时下苦功所进行的气质修正、学问研究工作,效果如何呢?从前文可知,左宗棠入仕前,不止一次地批评科举求功名的行为;入仕后,态度变得缓和,儿子们中举人、入县学等,他都十分高兴,对自己以举人身份出任大学士深以为傲。左宗棠年轻时,性格以"面折人过""刚直激烈"著称,可谓"动则逾闲";入仕后,虽也有与曾国藩、郭嵩焘等挚友交恶,不忿户部刁难而用自己的养廉银为兰州城工报销等率性之举,但总体算得上颇懂为官之道——比如,虽然官文在咸丰年间的樊燮案中曾对他有所构陷,他对官文也素无好感,但在同治七年(1868),他带兵追击捻军进入直隶辖境、与直隶总督官文通信时,已为陕甘总督的左宗棠礼数备至,罕见地自称"晚""晚生"。[1]书信二119—123二月间赴保定与官文相见后,鉴于自己"少官文十四岁,筋力较可支持",左宗棠主动奏请由自己亲赴前线督剿而让官文留守省城保定。此番安排,可谓贴心周到。[1]奏稿三540再比如,左宗棠以廉直著称，自己多次拒绝诸如宁波海关经费、陕西甘捐尾款等"潜规则"，但一直坚持给京官送礼。

这些例子表明，左宗棠年轻时下苦功去改变自己"气质粗驳，动则逾闲"等缺点的努力，应该说还是有一定的效果。当然，"江山易改，本性难移"，综观左氏一生，其喜爱自夸、性情褊急等毛病，始终未改。

【注释】

［1］左宗棠. 左宗棠全集［M］. 长沙：岳麓书社，2009.

［2］郭嵩焘. 郭嵩焘日记［M］. 长沙：湖南人民出版社，1981.

［3］秦翰才. 左宗棠逸事汇编［M］. 长沙：岳麓书社，1986.

第四章　收入与支出

左宗棠一生，究竟收入了多少钱，又花掉了多少钱？这样的问题，可能在一些人眼里显得琐碎。但其实，探讨左宗棠这样一位高官的银钱收入与支出，不仅使我们得以了解他的银钱观，更可以了解他的廉直，了解晚清官场运作的明规则、潜规则。

左宗棠一生的经济收入，大体可分为 8 个阶段：道光十八年决志不参加科考前的 28 年、小淹为陶桄教书 8 年、湖南巡抚幕府 8 年、咸丰十年至同治元年帮办曾国藩军务 2 年、同治元年至同治二年浙江巡抚 2 年、同治二年至同治五年闽浙总督 4 年、同治五年至光绪六年陕甘总督 15 年、晚年岁月 5 年。下面按时间顺序给左宗棠算算经济账。

1　发迹之前：时常需要岳母家接济

左宗棠祖上比较清贫，父亲以教书为生，"贫居教授二十余年"[1]2。有记载表明，左宗棠父母去世后，只留下几十亩地，"遗田数十亩，岁收租谷只 48 石"[1]11。

几十亩地是个什么概念呢？与左宗棠同时期的曾国藩，出生时家里有"百十来亩地产"[2]8。曾国藩家，当时有 8 口人，人均 12 亩半。1936 年，毛泽东在延安接受斯诺采访时说，他们家到其父手上，只有田"二十二亩，每年能收八十担稻谷"[3]2——家里当时有 4 口人，22 亩地——人均 5 亩多。

左宗棠出生时，家中祖父母健在，两个哥哥、三个姐姐，共有 10

491

口人。比较起来，左宗棠家人均田亩数应该是比曾国藩家少，比毛泽东家多。套用家庭成分说法，应该是介于富农和小地主之间，属于典型的耕读之家。这样的家庭，看来只能勉强维持温饱，没有任何的余钱。同治元年（1862），他曾对儿子孝威说起幼时家贫之事，"吾家积代寒素，先世苦况百纸不能详。……吾二十九初度时在小淹馆中曾作诗八首，中一首述及吾父母贫苦之状，有四句云：'研田终岁营儿哺，糠屑经时当夕飱。乾坤忧痛何时毕？忍属儿孙咬菜根。'至今每一讽咏及之，犹悲怆不能自已"[4]家书诗文57—58,407。同治三年（1864），孝威得子，这也是左宗棠第一个孙子。当时已官至闽浙总督的左宗棠，不准孝威雇乳母，并在信中告知了自己当年出生时的酸楚往事：母亲没有母乳，左家也请不起乳母，左宗棠只能以米汁为食。

贫穷是家庭留给年轻左宗棠的深刻印象。他在家书中多次以"寒生""寒儒""寒士"自比，不下10次地将自己家庭称为"寒素"之家。同治七年（1868），在京参加会试的孝威提出要在京城买点人参带回去给母亲治病。左宗棠同意之余，又表示不要多买，只买一两即可。个中原因，他解释是想到自己的母亲当年生病需人参救治时，家里却穷得连一两都买不起，"惟须央真能辨别者同其觅购，能得一两亦足矣（祖母病时急需好参，无钱买取，吾至今以为恨，故不欲多买也）"[4]家书诗文114。光绪四年（1878），为了安葬左孝威夫妇，孝宽花了一两千两银子，左宗棠得知后，赶忙要求今后不得引以为例。在信中，他又回忆起当年父母生病及安葬的情形，"汝祖、汝祖母病剧时，求珍药不得，购东洋参、高丽参数钱，蒸勺许以进。丧葬一切竭诚经理，不过二百数十两。……今汝兄嫂医药丧葬之费不翅（啻）十倍过之，尔曹以为如此庶几理得而心安，自我视之，则昔时不得十一以奉吾亲者，今什倍以贻吾子若妇，于心何以为安？"[4]家书诗文180—181

父母死后，左家更是日益贫困。道光十一年（1831），20岁的左宗棠就读于湖南巡抚吴荣光所开的湘水校经堂。当时的他，穷到没钱交伙食费，幸亏学业成绩优秀，七次夺得第一，因此获得学校的助学金，才勉强得以继续读下去。儿子左孝同后来在《先考事略》中如此记载左宗棠这段求学的日子，"先祖没后，日食不给，赖书院膏火之资以佐食"[1]9。

入赘和借钱进京参加会试更能证明左宗棠之穷。道光十二年（1832）左宗棠中举。八月，与周诒端结婚。由于左家太穷，左宗棠被迫入赘周家，自此"九年寄眷住湘潭"[4]家书诗文407。男方入赘，在当时毫无疑问是件不光彩的事情。如果不是生活所迫，左宗棠肯定不会出此下策。年底，新科举人左宗棠可以入京参加科考了，却没有盘缠，"当会试北行，贫不能治装"[1]10，最后是妻子从嫁妆中拿出银百两给左宗棠作为盘缠。就在这时，左宗棠得知大姐家缺钱，就把这百两银给了大姐，自己另想办法从众亲戚处借得百金，才得以进京赶考。

道光十三年（1833），把祖上的数十亩田全部让给了大哥一家后，左宗棠的二哥"终岁旅食"[1]11，靠在外面给人讲课谋生；而左宗棠，真的成了穷光蛋。左宗棠道光十六年（1836）所写的一副对联"身无半亩，心忧天下；读破万卷，神交古人"[4]家书诗文419可谓其当时境况的真实写照。道光十八年（1838），左宗棠第三次进京科考，在京城借了同乡97两银子。就是这97两银子，左宗棠一时也还不上，最后是妻弟周汝充帮着先还的。道光二十年正月十七日（1840年2月19日），为左宗棠岳母的寿辰。左宗棠因为没钱，只送上"桂元、南枣二包"[4]附册32。为此，他在给周汝充的信中深表歉意，"十七日为岳母大人千春①大庆，未能以佳物奉献，惭愧无地，并乞原宥"[1]附册32。不仅没有佳物奉献，相反，发迹前的左宗棠，还得经常靠岳母家救济，以致同治三年时他由衷地对孝威说，"外祖母待我如子，从前寒苦时得外家攽助甚多"[4]家书诗文75。

2 教书八年，买田安家

道光二十年起，左宗棠到小淹为前两江总督陶澍的儿子、自己的女婿陶桄讲课，教了整整8年。

---

① 千春，即寿辰。

左宗棠为陶桄教课，陶家每年给多少钱？一种说法认为是 300 两。柴小梵在《梵天庐丛录》中说，"文毅薨，桄始八岁，文襄乃就文毅家，主持内外，岁脩三百金，如是十年"[5]200。但《梵天庐丛录》只是笔记小说，不能完全据以为凭。左宗棠的曾孙左景伊则说，为陶桄授课，"陶家每年送他束脩金二百两银子"[6]25。儿子孝威入学时，左宗棠为其请老师，每年束脩，一开始为百两。咸丰十一年（1861），老师提出要增加至 300 两，左宗棠没有同意，"（每年百金为度）如必欲就江西三百金之馆，亦可听其便（我每年只取二百金薪水付家，不能请三百金先生也）。明岁即请二伯来家课读可也（每岁奉脩金二百两）"[4]家书诗文41。就是自己二哥，左宗棠也只肯出 200 两。由此推断，左宗棠在陶家的束脩，更大的可能是每年 200 两。

每年"脩脯"200 两。照此计算，8 年至少有 1600 两的收入。

自此之后，左宗棠的经济状况逐渐好转。道光二十三年（1843），他用历年的积蓄，在湘阴东乡的柳庄买田、盖房，"此为有家之始"[4]家书诗文315。一开始，买了 70 亩。[4]书信一42 尽管如此，一旦碰到天灾，一家人还是会饿肚子——道光二十八年、二十九年间，柳庄大水，左宗棠家田禾被淹，家人全都生病。马上就到春节了，左宗棠却几乎穷得揭不开锅，"岁比不登，益无余粮"[4]家书诗文340——还是在贵州为官的胡林翼托人送钱来，才解了左宗棠的燃眉之急。

同治五年（1866），左宗棠倡设福州船政局，自办船厂。根据测算，此项工程 5 年之内至少需费银 300 万两。在给总理衙门的信中，左宗棠说，"所恃者由寒素出身，除当年舌耕所得，薄置田产二百余亩外，入官后别无长益，人所共知"[4]书信一668。左宗棠这样说，是为了向朝廷表明自己并没有借福州船政局捞一笔的想法，也无意中透露了自己在柳庄田亩的数目。由此我们得知，后来左宗棠又添购了田地——由原来的 70 亩逐渐增加到 200 亩。光绪五年（1879）的一封家书中，左宗棠还介绍了自己在柳庄所购之田的大概位置：这些田分别位于柳庄附近的胡家坝、大塘冲、石湖、板桥、板石坳等地。[4]家书诗文189—190

3 借了女婿1000多两银子

"幕湘八年"时期,幕府聘礼成了左宗棠的主要收入来源。

左宗棠的聘礼一年究竟是多少钱,现存资料中也没有找到相关记载。但按常理推断,应该在三百两至四百两之间。据晚清时期曾做过多年幕宾的四川人周询介绍,当时各府、厅、州、县官员对总督、布政使、按察使、盐茶道的幕宾在"三节"(三节有多种说法,一般指春节、端午、中秋)都需要送"节敬"(即节礼),每节多的要送20两或更多,少一点的是10两,最少的也要4两。故此这几个衙门的幕宾一年收入,连带"脩金"(聘金)多的能有七八千两,少的也有三四千两。[7]384 这其中,从"节敬"中所得的好处多的可达五六千两,是聘礼的三五倍。

但看来,左宗棠并没有这么多的收入。咸丰三年(1853),刚刚辞去张亮基幕宾的左宗棠回到老家,得知岳母家因佃户索钱"光景颇窘",决定送岳母银200两,"聊济急用"。与此同时,他告诉周汝充,自己去年借了女婿陶桄1000多两银子,正准备卖柳庄还债,"兄去岁用少云银一千有奇,赖今岁馆奉尚优,可还数百金。柳庄现在觅主承接,以此庄了所借之项,则山上田业尽归我矣"。[1]书信一88

左宗棠之所以花掉了这么多钱,是鉴于太平军进兵湖南的现状,为了避祸,在东山一带买地以及在山上盖房所花。此时,左宗棠家中已有一妻一妾加上子女6人,共9人,可谓大家庭。而跟随他上山避居的,还有二哥、大哥一家以及亲友族人等,花销自然不小。

不过,后来左宗棠并没有卖掉柳庄。而借女婿陶桄的钱,直到同治二年(1863)才还清。[4]家书诗文65 此时,左宗棠出任浙江巡抚已两年、出任闽浙总督已半年,有了较为丰厚的养廉银。

由此可知,幕湘八年期间,左宗棠的经济状况虽有好转,但并未完全摆脱困境。咸丰七年(1857),左宗棠全家搬至省城长沙,一开始还是租房子住。咸丰九年(1859),左宗棠在长沙买房,还得向湖南巡抚骆秉章以及好友胡林翼借钱,"新居粗适,以地僻而爽也。辛勤四十年,乃有此庐居。然借动尊处二百五十金,中丞预送二百金,纸裹中觅得二十余金,乃果得此,亦良艰矣"。[4]书信一334 借胡林翼的钱，本说好当年还的，但到了九月份，左宗棠告诉胡林翼，暂时还不了，"弟借用之二百五十两，恐今年不能还矣"[4]书信一347。这也表明，左宗棠此时的经济状况并不乐观。

4 每年只给家里寄200两银子

咸丰十年（1860）四月，咸丰帝下旨任命左宗棠为四品京堂候补、襄办曾国藩军务。从此到咸丰十一年底，左宗棠带兵在江西、安徽一带作战，支援曾国藩。

襄办军务只是一个差事，并非正式官职，因此并没有俸禄。此时左宗棠的收入主要是总统办公费等带兵津贴。

左宗棠带兵赴江西之前，好友胡林翼深知其"不私一文"的性格，担心左宗棠牵挂家庭而无法大展拳脚，曾于咸丰十年六月多次写信给时为湖南巡抚骆秉章幕宾的郭嵩焘，请郭说服骆秉章每年从盐茶局支付360两银子给左宗棠养家，使左宗棠能免去后顾之忧，得以安心打仗，"又，季公不顾其家，应请籲门前辈札饬盐茶局司道，每年筹三百六十金以赡其私……公意云何？"[8]卷二620但此事后来并未落实。

左宗棠带兵，每月的总统办公费有多少呢？光绪五年（1879），由于误会左宗棠截留两江为老湘营所拨之军饷，总统老湘营的刘锦棠向帮办甘肃新疆军务的杨昌濬表示想解职归家。在给杨昌濬的信中，左宗棠解释自己非但从未截留过老湘营的军饷，反而对刘锦棠十分照顾。他举例说，自己当年帮办曾国藩军务时，每月的总统费只有300两，一年3600两，而刘锦棠的总统费每年万两，可以说是相当优待了，"私衷窃计，总统费每月三百两，本是寻常营制，弟帮办江南军务时，亦只如此，然非所以待毅斋，故每岁拟以万金"[4]书信三484。总统费之外，左宗棠知道刘锦棠"应酬规模阂广"，花钱较多，还专门为其设立了办公经费一项，"不定多少数目，听毅斋开报支取，或由毅斋自定，但后人不得援以为例"[4]书信三484。

总统费每月300两，还有办公费等。据左宗棠同治元年对办理江西厘金的李桓所言，他当时一年的收入大约为7000两，"弟每年应得之薪水办公约可七千余两"[4]书信一440。

这7000多两银子，除去请幕友的花销，营中吃饭、做衣服等的花销，至少应该还有三四千两的盈余。那当时左宗棠给家里寄多少钱呢？从咸丰二年（1852）起，至少到同治十年（1871），他每年给家中的生活费用，就是200两银子，即使加上给孝威等请老师的费用，也不超过300两，"盖自咸丰二年幕湘已来，所得馆谷亦只以二百或三百金为宁家课子之需，余皆无所取，不欲以一官挠吾前节也"[4]书信一501。

同治元年，因为孝威娶媳妇，家里多花了100两银子，左宗棠还要在第二年抵扣。也就是说，第二年只给家中寄银百两。他对李桓说，"弟每年应得之薪水办公约可七千余两，而其实除营中食用、幕俸外，仅寄归二百金，以活眷口。上年因为大儿娶妇，多用百金，即在今年扣抵。此三军所共知者"[4]书信一440。

而且，左宗棠还不允许家中接收别人的馈赠。咸丰十年十月，得知有几位好友见自己家穷送来银400两，左宗棠赶紧告诉儿子不能乱花，以200两作为明年家中用度，另外200两则交给吴翔冈，用以制造军中所用劈山炮，"刘、王诸兄，见我寒苦，以四百金存我家中，我不知也。可以二百金划存家中，以二百金请吴翔冈代制好劈山，切勿用动为要！"[4]家书诗文15

左宗棠为什么不愿意给家中多寄钱、不愿意家中有钱呢？他在家书中也说得很清楚：一是为了保持寒素家风，并将此上升到惜福、保家的高度。咸丰十一年，他对孝威说，家里除了母亲买药、所请教书先生的饮食外，一切都应节省，"断不可浪用，致失寒素之风，启汰侈之渐。惜福之道，保家之道也"[4]家书诗文26。再者是因为军中欠饷严重，为了体现与士兵同甘共苦，不忍多寄，"念家中拮据，未尝不思多寄；然时局方艰，军中欠饷七个月有奇，吾不忍多寄也"[4]家书诗文50。

左宗棠这样的苦心，在军中确实起到很好的示范带头作用。左军欠饷司空见惯：同治元年时一年欠饷七八个月，"军中欠饷七个月有奇"[4]家书诗文50；到同治二年欠饷长达九个月甚至一整年，"吾军积欠实已九个月有奇"，"饷事新勇有欠至六七个月者，老勇则尚止截至上年十一月止，至今整欠一年"[4]书信一500,506 由于左宗棠与士兵同甘共苦，因此士兵并无怨言，"故虽艰窘万状，尚无怨声"[4]书信一440。左宗棠也告诉朝廷，"臣之驭军，别无才能权智，所恃者诚信不欺丝毫不苟……虽欠饷积多，尚无异说"[4]奏稿六317。

左宗棠的妻子周诒端体弱多病，时常需要请医用药。如此一来，200两银子常常不够用，家里只好不时向陶桄借钱，"家中缺用，可于少云处通挪，候我寄还"[4]家书诗文26。他要求家中节俭，周诒端也不愿吃贵的药，于是家人一方面要到外面借钱，一方面说这是便宜药骗她喝下。这些，都是妻子死后，左宗棠才得知。他因此在《亡妻周夫人墓志铭》中悲痛地写道，"虽频年疾病缠绕，于药品珍贵者概却勿进，儿辈多方假贷，市以奉母，不敢令母知也"[4]家书诗文316。

左宗棠每年只给家里寄200两银子，对他人却很大方：同治元年三月，就任浙江巡抚不到3个月的他，碰到了浙江学政吴保泰返京之事。按惯例，学使离任，地方需要致送一笔费用。每年只有7000两收入的左宗棠，让主管江西厘金事务的李桓以自己名义一次性送上1000两，"吴学使薪水请由尊处借给千金，此项不能归入兵饷内开销，从弟处应得薪水内划给何如？弟每年应得之薪水办公约可七千馀两……以此持赠学使，尚不失为廉泉"[4]书信一440。

5　做了两年浙江巡抚，却从未领取养廉银

咸丰十一年十二月，左宗棠出任浙江巡抚，自此开始享有官俸。

清廷官制，在京文武官员每年俸银，一品一百八十两，二品一百五十两，三品一百三十两，四品一百零五两，五品八十两，六品六十两，七品四十五两，八品四十两，正九品三十三两一钱，从九品三十一两五钱。另按俸银每两给俸米一斛。京外文官俸银等同于在京官员，但没有禄米，武官俸银只及在京武官的一半。[9]5244按此标准，封疆大吏中，总督年俸一百八十两，巡抚、布政使年俸一百五十两。当然，这还得是一品的总督、二品的巡抚。左宗棠出任浙江巡抚，为从二品，年俸大约为一百五十两。

雍正朝起，清朝实行耗羡归公和养廉银制度，将原来地方官对百

姓征收的耗羡提解归公，改发养廉银给地方官改善生活，以减少对百姓的狂征滥派。根据《清朝文献通考》的记载，浙江巡抚每年的养廉银为一万两。这意味着，左宗棠这两年至少有两万两的养廉银收入。

考察这段时间左宗棠比较大的花销，主要有这样几项：同治元年三月，从总统办公经费等存款中拿出千两转赠丁忧回籍守制的浙江学政吴保泰；每年寄200两，以作家用，共400两；同治元年闰八月孝威乡试中第32名，祭祖、答谢、印刷答卷，多寄百两；答谢孝威的启蒙老师送银50两，220两谢孝威老师及乡试主考；请二哥教儿子孝威，每年脩金160两；十二月寄120两为岳母请旌表等。

这些，加起来不过两千多两。动用养廉银支付后，应该还绰绰有余。但也是这一年，借郭崑焘的钱左宗棠竟然无力偿还，为此他不得不向郭崑焘致歉，"尊处借项，本应早还，惜债帅实为穷所迫，未及缴纳"[4]书信—434。

钱都花哪儿去了呢？原来，他并没有动用这笔养廉银。同治二年，已升任闽浙总督的左宗棠对福建巡抚徐宗幹说，"弟因浙省倾覆殆尽，抚浙以来，未尝请用廉奉，亦未尝延请幕友，巨细一切，皆一手办之，已不胜劳瘁"[4]书信—465。之所以没有动用养廉银，是觉得浙江全境沦陷，自己身为浙江巡抚，尚未收复失地，不好意思支用。

左宗棠所说应该不是妄言，同治二年（1863），朝廷鉴于浙江全省沦陷，同意免缴当年京饷，但左宗棠得知朝廷财政紧张后，"实觉心有难安"[4]书信—505。十一月，他告诉署浙江宁绍台道史士良，自己将捐出巡抚养廉银万两，让史士良再想办法，凑足5万两，于年底赶解到京城。在信中，他就说，自己就任浙江巡抚以来，未尝动用养廉银，"弟自入浙以来，未尝支用巡抚养廉。昨苏介堂信致杨石泉观察①，问此项将来如何开销，弟意将廉银万两，合成五万之数，解部以充京饷"[4]书信—505。

但清廷没有接受左宗棠的此番美意，于同治三年十月下旨命将此

---

① 苏介堂，即时任浙江布政使的苏式敬；杨昌濬，字石泉。

项银两退还,"京饷关系紧要,仍着英桂、徐宗幹遵照户部原奏,于闽海关及茶税欠解项内迅筹解纳。至养廉,系左宗棠应得办公之项,该督恳将养廉一万两抵饷解京之处,碍难允其所请,如业已汇兑来京,即着英桂于关税项下如数拨还可也"[4]奏稿一481。

当然,如此急公好义捐出养廉银的,并不止左宗棠一人。光绪初年,时任浙江巡抚的杨昌濬也曾捐廉万两,作为犒赏左宗棠西征军的费用。后来由于杨昌濬受"杨乃武与小白菜"案件牵连被革职,左宗棠便将此一万两银子归还,以便杨昌濬作为返乡养老之用。[4]书信三179 同治五年,刘典请假回湘省亲时,曾主动上缴截旷银6万余两①[4]奏稿三119。后来,这笔钱中的两万两,被用来建楚军忠义祠及金盆岭飨堂,以祭祀与太平军作战牺牲的湖南兵士。

不仅没有动用养廉银,就任浙江巡抚期间,左宗棠还拒收海关陋规,虽然这是浙江巡抚应得之款。同治二年初,史士良汇来了银4000两,并告知这是宁波海关的海关公费,以往都归浙江巡抚支配。但左宗棠并没有据为己有,而是将这笔钱用来买种谷分发给衢州百姓,同时请史士良将剩余的海关公费用来救济山阴一带灾民,"来示海关公费,亦知为抚部例得之款,可用印文指调者。然每读左司'自惭居处崇,未睹斯民康'② 之句,辄为愀然。所寄四千金已发衢郡觅种谷。其待解者可即发山阴、会稽、萧山振灾民,已用公牍奉致,并行知绍郡具领分给矣"[4]书信一501。

左宗棠拒收此类陋规,不止一次。光绪七年(1881)初,刚刚进京入值军机、管理兵部事务的他,就谢绝了陕西布政使王恩沂要寄来

---

① 清制,凡职官因事故离任或引见、升调他缺或开革等,自离任日起,文官俸廉,武官俸饷、马干等银,即概行停支;凡该官缺空出之时日内所应支领之俸廉、俸饷等项银两,照例扣存解库,称为截旷银。中华文史网《清史百科》"截旷银"条。

② "自惭居处崇,未睹斯民康"为唐代诗人韦应物晚年任苏州刺史时所作《郡斋雨中与诸文士燕集》中的两句,对百姓尚未安康而自己居室却如此华丽感到惭愧。韦应物因曾任江州刺史、左司郎中、苏州刺史,故世称韦江州、韦左司或韦苏州。

陕西甘捐尾款的建议。虽然这一尾款，按惯例是归去年刚刚交卸陕甘总督的左宗棠处置。最后，左宗棠将这笔钱充公以备陕甘将来不时之需。

6 当了闽浙总督，终于还清女婿家的欠债

同治二年三月，左宗棠被任命为闽浙总督，仍兼浙江巡抚，直至同治三年十月因福建战事紧急，才交卸浙江巡抚，由马新贻接任。据同治三年五月的一封家书，虽然兼任浙江巡抚，但左宗棠只能领闽浙总督这一份养廉银，"见在兼署并无半廉可得"[4]家书诗文74。根据清廷养廉银制度，闽浙总督每年的养廉银为18000两，比巡抚多出8000两。可以说，左宗棠的收入大为增加。

这一时期，左宗棠依然没有积蓄，财政依旧捉襟见肘：

首先是花销大增。同治二年，他一次性寄回养廉银2400两——"以八百两买旧祠作通族试馆，以千余两还少云山上田价，以二百两作润儿娶妇之费，余留为家用"[4]家书诗文65。至此，借了女婿陶桄12年之久的1000多两银子，终于还清了。至于所说的"旧祠"，就是嘉庆二十一年（1816）左宗棠父亲左观澜迁居长沙教书时所住的贡院东左氏祠堂。当时，年仅5岁的左宗棠也跟随父亲到长沙，在祠堂和两位兄长一起读书。如今，有了经济实力，左宗棠要将其买下，改建为学堂，供左氏族人上学，也作为对父亲的怀念。

还有各种捐款。捐万两养廉银作为京饷，在前文已有叙述，虽然最后清廷将钱退还，但左宗棠此时肯定已将此万两银划走。同治三年，又将总督养廉银用来修缮已被严重损毁的浙江巡抚衙署了，"总督养廉则以之修葺浙抚署矣"[4]家书诗文74。如此一来，重修长沙贡院街左氏祠堂并改为左氏一族试馆的钱，左宗棠表示只能等到同治四年（1865）才能寄回，"祠屋用度及外祖母牌坊之费，均须俟明年寄归也。贺仲肃家中光景窘甚，如家中有余银，可拨百金付其少君作家用！"[4]家书诗文74不仅没钱寄回，还要家中代自己出钱百两去资助昔日恩师贺熙龄的儿子贺仲肃家。而本来，家里还指着他寄钱回去呢！除此之外的大项捐款，还有诸如：同治四年，捐银千两助建湖南会馆；因

福建闹饥荒，捐廉买米，"闽中饥荒，已捐廉购米，为平粜之计，囊中物已无多，小涛所知也"[4]书信一604。

此外，还有资助亲朋好友、抚恤阵亡将士的花销。根据左宗棠家书和相关书信的统计，这一时期，左宗棠用于资助和抚恤的银子不下3700两。被资助的对象，有自己的二哥、族人，也有妻弟周汝充等；被抚恤的对象，有像给部将王开琳的母亲和妹妹800两，给政声颇好的部属魏俊卿赙银300两等等。[4]书信一478,545

再者，同治五年，儿子孝威进京参加会试途中前来福建，以及后来家人前来福建与阔别已经6年的左宗棠相聚——旅途花销，先后用掉银不下三四千两。

如此种种，使得左宗棠总觉得钱不够用。同治三年八月，他对孝威说，"带兵五年，不私一钱；任疆圻三年，所余养廉不过一万数千金，吾尚拟缴一万两作京饷，则存者不过数千两已耳"[4]家书诗文78。由于缺钱，像建义庄救助鳏寡孤独的族人以及买谷以备荒年等事情，左宗棠表示，只好暂时先搁置了，"试馆明岁可改造，义学明岁可举行。……义学之外尚需添置义庄，以赡族之鳏寡孤独，扩充备荒谷以救荒年，吾苦力不赡耳"[4]家书诗文78。

同治五年九月，左宗棠被任命为陕甘总督，结束了3年多的闽浙总督生涯。陕甘地处西北，与老家湖南相距千里之外，鉴于自己已是"五十外人且有万里之行"[4]家书诗文103，本着"了一件即是一件"的心态，左宗棠一次性寄回8000两养廉银，"以六千金捐入湘阴作义举，以一千五六百建试馆，余以买史坡墓田"[4]家书诗文103。由于两个儿媳妇十月、十一月预产期，故家眷无法与左宗棠同行，因此，左宗棠又留出3000两给她们作为日常花销和回湖南老家的费用。[4]家书诗文101 一下子支出了11000两银子，闽浙总督任上的养廉银已经不够，还得先预支陕甘总督的养廉银，以至于他向二哥哭穷，"闽浙廉银用尽，此八千乃预支陕甘廉也"[4]家书诗文103。

7 30万两养廉银所剩无几

按照雍正二年的标准，陕甘总督每年养廉银为两万两。从同治五年九月到光绪六年十二月交卸篆务进京，左宗棠出任陕甘总督，长达15年。如此推算，仅养廉银收入就有30万两。

光绪五年（1879），负责西征军陕西后路粮台的沈应奎告知左宗棠，总督养廉银历年所积蓄还有6万多两。光绪四年时，沈氏才刚刚告知养廉银剩余的数目为4万多两[4]书信三346，一下子多出两万两，左宗棠还有点不太相信，赶忙让沈应奎再查，"廉项六万余，似上年拨兑用去各项未曾划除，若除去各项，实无如许之多，请再为查明示知"[4]书信三410。当然，最终的结果表明，沈应奎的统计没有错。

收入30万两，剩下6万多两。这15年，左宗棠至少花掉了将近24万两银子。这些银子都花哪里去了呢？

最大的开销还是捐款。其中又可细分为以下几个方面：

第一是给家乡捐款。同治六年（1867），孝宽来信说湘阴县城城墙坍塌严重，县令募资准备重修，"尚少二三千缗"[4]附册279。为此，湘阴县令向孝宽等募捐。"二三千缗"大约为两千多两，左宗棠得知后，立即资助银2200两。同治八年（1869），得知湖南水灾严重，左宗棠捐银万两救助，而且还不允许湖南方面告诉朝廷，"今岁湖南水灾过重，灾异叠见，吾捐廉万两助赈，并不入奏"[4]家书诗文127。同治九年（1870），他又表示第二年还要拿出万两银子给湘阴赈济，"明春拟筹备万两为吾湘阴赈荒之用"[4]家书诗文138。

第二是给自己为官的陕甘地方捐款。光绪三年（1877），陕西遭遇"数十百年未有"[4]书信三231之旱灾。为号召陕西富商捐银救灾，左宗棠带头"捐廉万两"[4]书信三231——7000两给陕西，3000两给甘肃庆阳，用以买粮救灾。类似的给"在官在籍"地（为官之地、籍贯之地）的捐款，还有比如捐银修筑兰州外城——光绪二年（1876），左宗棠下令修葺兰州外城墙。工程总共费银3300余两。由于是用兵士而不是民夫，人工费节省了不少——按正常勘估，"非费十余万两不克举办"[4]奏稿六671。尽管如此，工部不顾西北物资稀缺现状，认为材料造价太高，不肯报销。左宗棠一气之下，自己掏养廉银予以报销，"兰州外城工三千余两，动用厘税，工部尚需核减，附奏以存廉了之，并不请销，看其更有何说？"[4]书信三338类似为督抚之地公益事业捐款，左宗棠还做了不少，比如同治三年他曾捐廉觅匠为浙江刊刻《六经》。同治十年，鉴于"陕、甘回变以来，古籍销亡"、士子读书缺乏经书好版本的现状，他下令从湖北招募刻手三四十名到陕西西安关中书院刻印《六经》，费用则由自己的养廉银支付——"凡刊印经费，均由陕西藩司于本爵大臣督部堂养廉项下随时拨交陕军需局支付"[4]札件514。

第三是捐款帮助地方恢复生产。光绪六年（1880）四月，左宗棠率兵从肃州西行，出玉门关前往哈密督师收复新疆全境。途中经过安西，发现自惠回堡到安西一带，"沿途尽皆沙滩，草树寥寥，人烟稀少，与关内迥异"[4]书信三560。询问之后得知，原来当年马四叛乱时，当地丁壮多被裹胁去当兵，以致"荒绝地亩、颓败村堡极多"。左宗棠便拿出两千两廉银，交地方官买种羊分给各户兵丁，以帮助当地恢复生产。

第四是捐款买军械加强防务。还是光绪六年，左宗棠在哈密与德国人福克交谈得知，德国现在也能生产可与英国媲美的水雷、鱼雷，其中"水雷每个只需银数两，鱼雷每个约需银二百余两"[4]书信三583。他便决定用自己的养廉银托胡雪岩帮买水雷200个、鱼雷20个，分送闽、浙两省，用以海防。照此推算，此项需银5000两左右。

第五是捐银建左氏宗祠等。左氏一族建宗祠修族谱，早在同治十一年（1872）就有动议，当时还派人不远数千里去西北找到左宗棠商议。左宗棠当时觉得虽然建宗祠、修族谱"两事均不可少，惟一时并举，经费万难"[4]家书诗文152，便提出先建宗祠再修族谱。为此，他在光绪五年捐了3000两银子。[4]书信三551 未料所建宗祠，违背了当初左宗棠所定的"规模不须阔侈，工作不取华丽"原则，经费严重超支，"现在上栋告成，已用去银二千两，将来一律告竣，需银六千两外"[4]书信三551 为此，族弟左宗翰等又请左宗棠再捐3000两。就是这3000两，还不包括工钱、将来买祀田和建义塾的费用，以及未来的维修费用等。心中十分恼火的左宗棠，划寄3000两的同时，也在信中责问"廉泉止此，出款有增无减，何以应之？未审弟侄等亦曾代为设想否？"[4]书信三551

第六是资助进京参加会试的读书人。同治七年，左宗棠曾寄银千两，让在京参加会试的孝威，资助进京参加会试的湖南学子返乡。[4]家书诗文118同治九年，左宗棠捐出万两养廉银，专门用于兰州各书院经费和资助学子参加乡试、会试，"今岁廉项，兰州书院费膏火千数百两，乡试每名八两，会试每名四十两，将及万两"[4]家书诗文138。同治十二年（1873），在长子孝威刚刚去世、自己备受打击的情况下，他还是拿出养廉银两千两，资助参加会试的甘肃学子，"陇士贫苦可怜，拟以廉项二千两，为会试朝考诸生略助资斧"[4]书信三369。光绪二年，他专门给甘肃分闱后首次乡试第一名安维峻寄去银30两，作为安维峻读书的伙食费。与此同时，寄去银3000两，请安维峻按人数分赠给甘肃学子。光绪五年，他又特意嘱咐沈应奎给安维峻送银50两作为参加会试的盘缠。粗略统计，仅资助甘肃学子，左宗棠花银就在1.3万两以上。总督两江之后，看到江宁府下辖的七县学子多而经费少，左宗棠又捐廉银五千两，发商生息，永资补助。[10]412—413

第七是资助子女亲友。同治八年，得知三女儿家因为三女婿黎福昌一心想做官"典尽押绝"[4]家书诗文127，左宗棠赶忙寄去了400两；光绪四年，又寄去千两，让三女儿买房出租收息以度日。

第八是亲朋故旧的赠银、赙银等社会交往方面的花销。光绪二年，大学士文祥的家人去世。左宗棠十分敬重文祥的为人，特意送去赙银1000两[4]书信三64。只是文祥并未收受。此外，像故人徐宗幹、吴子儁、蒋之纯等去世，左宗棠都致送赙金，合计不下1200两。[4]家书诗文186,187左宗棠虽不喜欢李云麟，但在光绪四年李云麟离开幕府之时，仍送银1300两[4]书信三303；也是这一年，送大姐的儿子、朱氏外甥银千两；送二哥家千两；又出千两为大哥的儿子世延还债；送给母亲外家余家500两；等等[4]家书诗文183,184。

除此之外，还有像同年杨性农刻书资助百两[4]家书诗文191，给老师贺熙龄的儿子贺仲肃赙银200两[4]家书诗文194，资助曾国藩的次子曾纪鸿300两等。[4]附册285光绪五年时，左宗棠还对儿子们慷慨地表示，"凡我五服之内兄弟贫苦者，生前之酒肉药饵，身后之衣衾棺木，均应由我分给。否则路人视之，于心何忍？"[4]家书诗文187"五服"包括"高祖父、曾祖父、祖父、父亲、自身"，真的照此标准，可以想见人员不在少数，花销自然不菲。此事，后来是不了了之，成了左宗棠好大言的又一例证。

馈赠亲朋好友花销中最大的一笔，是用在多年好友刘典身上——刘典当时受左宗棠之邀，来兰州帮办军务，每月薪水为800两。光绪二年（1876），湖南钱庄发生倒闭潮，刘典母亲存在银庄生息的钱血本无归。这年十月初九日（11月24日），刘母85岁大寿，左宗棠让部属王诗正"代措银千两送呈克庵，恳其代奉堂上，以博老人一笑"[4]书信三123，但刘典只收了100两。[4]书信三132光绪四年，刘典在兰州染病去世，左宗棠悲痛万分，除承担办理刘典灵柩返湘等后事的一切费用外，还致送赙金等6000两，"至其身后一切费用，及……六千两，均由我廉项划给，不动公款，恐累克翁清德"[4]家书诗文185。此项花销，合计应不下万两。

左宗棠虽然不收别敬，却不忘给调离的官员送上：光绪五年陕西巡抚谭钟麟入京觐见，左宗棠送上银千两，"阁下入觐，酬应纷繁，……已函嘱吉田于弟廉余内划拨一竿奉上"[4]书信三463。一竿即一千，入京觐见后谭文卿即调任浙江巡抚。光绪五年陕西布政使崇保调任山东布政使，光绪六年乌里雅苏台参赞大臣喜昌（字桂亭）调至吉林办防务，左宗棠都送上别敬千两银子。[4]书信三494,546

同治八年捐银万两帮湖南赈济水灾时，左宗棠一派财大气粗的口吻，"至今时位至总督，握钦符，养廉岁得二万两，区区之赈，为德于乡亦何足云？"[4]家书诗文127但另一方面，因为捐助太多，左宗棠甚至没钱购置私产。同治九年，因为要准备第二年资助甘肃学子和湘阴赈济的两万两，左宗棠在家书中告诉儿子们，今年"不能私置田产耳"[4]家书诗文138。但同治十一年为左宗棠六十大寿，儿子孝宽将司马桥的房子加盖了后栋、改建了轿厅，花了大约两千两。左宗棠得知后十分不满，去信责骂，"无论旧屋改作非宜，且当此西事未宁、廉项将竭之时，兴此可已不已之工，但求观美，不顾事理，殊非我意料所及……贫寒家儿忽染脑满肠肥习气，令人笑骂，惹我恼恨"[4]家书诗文143。光绪四年，即便自己的养廉银"尚有四万数千"[4]书信三338，得知家中为妻子周诒端生病买药及葬殓花了二千数百两银子后，左宗棠还是觉得花得太多，尤其是对买人参就花了1400两感到不满，对刘典诉说，"向之所以事吾亲者，求什之一而不得，此则门面之说害之也"[4]书信三338。

光绪二年起，左宗棠就筹划着拿出25000两银子，四个儿子每家给5000两，剩下的5000两作为自己养老之资，"大约廉余拟作五分，以一为爵田，余作四分均给尔辈……每分不得过五千两也"[4]家书诗文173。还好，到了光绪五年，左宗棠所余养廉银尚有6万多两。

6万多两，扣除预留的25000两，以及买鱼雷、水雷的费用，截至光绪六年九月，左宗棠的养廉银还剩下3万余两，"廉项除捐购水雷、鱼雷外，尚有三万余两（截至九月止）"[4]书信三592。除去在京城买房子的两千多两，这3万多两，左宗棠一开始计划放到钱庄生息。为此，他还向沈应奎咨询，"有言汇交票号取息，足资过度者，未知可否？"[4]书信三592但很快，左宗棠自己就否决了这想法，因为已经无钱可放了，"现拟捐兰山书院明年膏火银一千数百两，吴柳堂赠家银千余两，三儿南归需付数千两，弟北行盘川需二三千两"[4]书信三606。几项一加，就需近万两。如此一来，为了留出到京后每年3000两的日常花销，身为大学士的左宗棠，进京时竟然不舍得坐轿，改为坐车，"舆夫一项，可省则省，后档车亦好坐耳"[4]书信三606—607。但其实众所周知，西北高原崎岖，陕西、山西等山路难行，坐车自然是十分颠簸、并不舒适的。

光绪七年九月到光绪十年三月，左宗棠就任两江总督。两江总督每年的养廉银为18000两——光绪七年九月获任，按规定可领半廉，因此第一年约为9000两，光绪十年只做了3个月，大约也是9000两，如此算来，左宗棠在两江总督任上的养廉银应该在5万两左右。

这笔养廉银是如何花的，现有的左宗棠史料中，尚未找到确切的记载。但据左宗棠第九孙左念惠回忆，此时期的左宗棠，生活依旧俭朴，早餐通常是蒸红薯和煮蚕豆。而且，小孩子只分得半个红薯。[5]291

8 关于送礼那些事

左宗棠虽一生清廉，很少收别人的送礼，但身在官场，他不能免俗，也会给别人送礼。比如，他给恩人潘祖荫送去大盂鼎之事，已在前文述及。而给京官的冰敬、炭敬，则是其送礼的第一大项。送礼的对象，上至军机处大学士，下至普通御史。

清代官场，陋规极多，送礼的名目也五花八门，仅常规项目就有冰敬、炭敬、别敬、团拜等。"冰敬"就是孝敬京官夏天买冰消暑的钱，"炭敬"则是冬天烧炭的取暖费，"别敬"是离别京城时的"分手礼"。此外，逢春节、端午、中秋三节另有"水礼"，同乡、同年还有"团拜"名目——大概意思就是每年新春"团体拜年"。

光绪年间曾任吏部主事（正六品）的何刚德，在他的回忆录性质笔记《春明梦录》中说，道光咸丰以前，外官馈赠京官，冬天炭敬，夏天冰敬。但同治光绪以后，冰敬只有军机大臣有之，其余的只有炭敬。炭敬数目自8两起，最多一般是300两，军机大臣按例为300两，但也有军机大臣不收。其余按官阶大小、奉托重轻、交情厚薄多少不等，后来则渐渐变为重官阶而轻交情了。[11]138

左宗棠送得多的，主要是炭敬。这项工作，一般在春节前的十一月开始启动。

从现有资料看，左宗棠送炭敬，最早始于同治四年，此时他已为闽浙总督。这年十一月，身在福建瑞溪行营的左宗棠写信给在京城的好友夏献云（字芝岑），请其帮忙办理送炭敬之事，并告诉夏献云，所需的银两，已经让管理自己养廉银的福建布政使周开锡（字寿珊）寄出，"应致薄意之处，另单呈览。其项概由周寿珊处觅银汇兑"[4]书信一645。为了办理方便，左宗棠在给夏献云的信中，还单独附上要送礼的京官名单。

同治八年，由于已到二月还没有收到夏献云办理京官炭敬情况的来信，左宗棠还去信询问：去年腊月就已经将银两和名单寄去，是不是信行耽误了？[4]书信二157

左宗棠不仅给京官送礼，而且送上之后还写信去告诉对方。比如同治十二年正月，左宗棠就给时为户部右侍郎的温葆琛写信，告知十

月曾托在京好友李筱轩送去炭敬，"十月曾上一缄，并伸微敬，交冬至折弁寄京，由李筱轩枢密转呈，谅邀霁鉴"。[4]附册206

温葆琛可谓有恩于左宗棠：道光十五年（1835），第二次参加会试的左宗棠本来已经被录中为湖南第十五名。不料在发榜前说湖南多录了一名，要将这一名额让给湖北。时为同考官、户部侍郎的温葆琛就为左宗棠极力争取。最终虽只被录取为史馆誊录且自己最后拒绝了"誊录"之职，但左宗棠对温葆琛依然心存感激。

送完礼后，还写信给对方，详细告知时间、由谁帮忙送去。可见在当时，送冰敬、炭敬这种本为"潜规则"的行为已成司空见惯的"明规则"。

一、左宗棠给京官送礼的标准是什么？

他的送礼单目前没有找到。不过，同时代的郭嵩焘在同治四年十月二十二日（1865年12月9日）的日记中曾详细记载了自己送炭敬的标准——

"凡散信廿四件：倭艮峰相国、瑞芝生师、祁春浦师、朱桐轩师、许滇生师、汪啸庵师、宝佩蘅、文博川、曹琢如、罗椒生、陈宝珊各一百金。"此外还有：丁酉同年团拜费百两；丁未同年团拜费百两；送给万藕舲、吴竹如、宋雪帆、潘星斋、潘黼廷各五十两；送给温岷叔等三人各三十两、陈筱舫等三人各二十两；22位军机章京送百两到十六两不等——像送方子颖百两，送夏献云四十两，送李筱轩十六两；同年有交谊者六件，各二十两；书房有交谊者五件，各四十两；广东有交谊者五件，二十两到四十两；同乡有交谊者十六件：徐寿蘅、周寿昌各一百两，谭钟麟等各二十两等。又湖广团拜送百两，修缮长郡会馆送百两。"计共信七十七件，银三千三百卅八两。合之前寄潘伯寅二百金、杜寄园百金、何伯英四十金、方子严三十金、韩叔起三十金，几及四千之数矣。"[12]第二卷322

由此可见，当时军机处大学士这一级别的，如倭艮峰相国（即大学士倭仁）一般送银百两，重要一点的官员送50两，普通的则送二三十两。还有特殊一些的，如潘伯寅，即在樊燮案中郭嵩焘请其上折救左宗棠的潘祖荫，当时虽然只是工部右侍郎，官职远低于大学士，但由于交谊深厚，郭嵩焘就送了200两。要送礼的人数众多，这笔钱加起来不是小数，像郭嵩焘这次炭敬就花费了将近4000两。

左宗棠虽然没有留下如此详细的记录，但也有些蛛丝马迹可寻——一般都是30两、50两。比如，同治十一年十二月，他让李筱轩给分管陕甘的御史周声澍送50两，"前月……寄赠世兄炭敬五十两，由李筱轩转交，谅早莞存"[4]附册200。不久得知周声澍生活困难后，又送了10两。再比如，光绪五年十二月，他让在京城的好友徐用仪给时为御史的萧杞山等送炭敬30两；其他京官，像钱子密等，则照原标准办理，"萧杞山（照例补送三十金）、钱子密、孟志青、吴福茨、胡岱青诸君请照例补送"[4]书信三531。

看来，左宗棠送炭敬的标准，应该和郭嵩焘差不多。

二、左宗棠如何办理给京官送礼之事？

为办事方便，左宗棠一般事先在京城几位好友如夏献云、李筱轩、徐用仪、周寿昌等处各存上一笔钱。① 给京官送炭敬，则从这些预存的银两中支取。

同治四年七月，左宗棠托福建布政使周开锡由福建银号给夏献云汇去纹银800两转交在京参加会试的孝威。左宗棠还去信详细交代了这800两如何支配——200两让孝威还债，200两送孝威此番会试的座师，200两送给夏献云作为帮自己办事的酬劳，剩下的，"即留芝兄处应酬各项"[4]家书诗文93。而所谓的"应酬各项"，自然也就包括给京官送礼等。这样的例子还有很多，比如同治七年孝威再次进京参加会试。左宗棠通过胡雪岩的阜康银号给孝威汇去了2200两银子，让孝威给落第学子送盘缠，给老师送孝敬，给母亲买人参等药品等，剩下的钱，也是存在了夏献云处留作今后办事用。[4]家书诗文118

三、左宗棠曾给哪些京官送礼？

一类是在京为官的湖南同乡，比如同治八年十一月，他就让夏献云将700两银票交给周桂坞，分送同乡京官，"外有致同乡京官票银

---

① 夏献云，江西新建人，官至内阁学士，其弟夏献纶入左宗棠幕；李筱轩时为监察御史；周寿昌，官至内阁学士。

七百两，乞交周桂坞转致为荷"[4]书信二164。对于那些生活困难的同乡京官，左宗棠得知后，更会加以照顾。

御史李果仙与左宗棠同乡且同年。光绪八年（1882），左宗棠曾托时为大理寺卿的徐用仪给送去炭敬 50 两。不久，左宗棠收到徐氏的来信，问：李果仙已经入狱，是不是不用送了？

按照一般人的想法，官员下狱了，以后就指望不上了。而且，当时左宗棠刚从军机大学士转任两江总督，也指不上李果仙的帮忙。因此，不送也在情理之中。但左宗棠得知后，不但坚持要送，还加了 50 两，请周寿昌送去 100 两，"送炭正宜雪里，此次请仍将存款还送其家为是（更加五十两，并送百两）"[4]书信三720。

光绪六年，得知曾国藩的二儿子曾纪鸿因家有病人导致生活困难后，左宗棠让徐用仪一次性送去炭敬 300 两。曾纪鸿时为兵部武选司郎官，左宗棠此举也属于资助生活困难的同乡京官了。

其次左宗棠送礼的对象，还有大学士、尚书、巡抚一级的高官。

同治十年，大学士、军机大臣文祥的家人去世。左宗棠得知后，曾送上奠礼，但文祥没有接受。

同治八年十月，左宗棠曾让负责西安粮台的沈应奎帮忙送上两项贺礼——一是西安将军库仁庵儿子结婚的贺礼，一是陕西巡抚谭钟麟的寿礼，"仁庵将军忽有热河之调，三年共事，临别依依。……其少君嘉礼，请代致贺，贺仪随例办之，大约以二十金为度。中丞寿礼已请敬伯缄致，尊处乞照单办送为荷"[4]书信二162。库仁庵，本名库克吉泰，原为西安将军，奉旨调任热河都统。同事一场，库仁庵的儿子结婚，左宗棠自然免不了要表示表示。至于谭钟麟，是同僚，也是好友。

四、如何看待左宗棠收礼与送礼?

左宗棠如此频繁地收礼送礼，是否表明他并非如外界所宣扬的那样廉洁呢？

首先，地方督抚给京官送冰敬、炭敬，虽属陋规，但在当时可谓已成公开的秘密。清代京官俸禄廉薄，尽管最高统治者不时有给京官发双俸、赏米等奖励，但这点收入显然不足以让京官维持体面的生活；地方官员的养廉银收入，远比京官丰厚。因此京官收受地方官员的冰敬、炭敬等，也就堂而皇之了。无论是郭嵩焘、左宗棠，还是曾国藩、胡林翼等等，都曾向京官送过冰敬、炭敬。

曾国藩为京官时，也收到过地方官员所送的冰敬、炭敬。道光二十一年（1841），时为国史馆协修官的曾国藩，就曾收了九笔外官的孝敬，共银97两。[13]4047—4049 后来出任督抚之后，曾国藩也给京官送礼。同治五年十二月，他在给弟弟曾国潢的信中说："同乡京官，今冬炭敬犹须照常馈送。"[14]家书二468 同治七年进京，更是一下子送了一万四千两的别敬，"余送别敬壹万四千余金，三江两湖五省全送，但亦厚耳"[14]家书二506。连曾国藩自己都觉得送得有点多。

再者，除了给京官送礼之外，乡试主考官也是左宗棠送礼的对象。此前说过，任浙江巡抚第一年，左宗棠就曾送给浙江学政吴保泰银千两；光绪八年，时为内阁学士的黄体芳主持江苏乡试。乡试结束返京时，除官方所送之礼外，时为两江总督的左宗棠还自己出钱，送黄体芳银200两，"闱务一是平顺，……兹函致二百金……伏希莞存，不胜欣幸之至"[4]书信三697—698。

给乡试主考官送礼，在乾隆时就已成定例。光绪四年，许应骙（字筠庵）主持甘肃乡试，返京途中路过武威县。嫌武威县令夏某给考官的礼金太少，许应骙还写信向当时署甘凉道的铁珊告状。铁珊将此事汇报给陕甘总督左宗棠。左宗棠批评县令抠门"实出始料之外"的同时，还告诉铁珊，鉴于学政、主考官等平时薪俸微薄，乾隆皇帝当年就曾多次下旨要各地督抚给到辖境主持考试的主考官送礼，"乾隆间，学使典试，多有明旨令督抚欣助聊润行囊者，原以清俸太微，涸辙难于自转耳"[4]书信三382。道光二十三年（1843），时为翰林院侍讲的曾国藩获任四川乡试正考官。乡试结束后，四川当地财政和督抚司道送给曾国藩的孝敬，就高达4751两。[15]159

但左宗棠本人，反对收礼、反对陋规的态度十分坚决。同治十一年是左宗棠六十大寿，他就明确要求儿子们在长沙不准摆酒请客、收受礼物，并谆谆教导儿子们要保持贫寒本色，"今年满甲之日，不准宴客开筵，亲好中有来祝者照常款以酒面，不准下帖，至要，至要"[4]家书诗文143。光绪三年，左宗棠进兵新疆、驻扎肃州。这年，他就下令废除部属在节假日前来祝贺的陋规，更不准下属送礼，"所有关内外文武及营局各员，凡遇庆贺礼节概应删除。……断不准擅离职守来辕进谒，致旷职守。其有专差呈送礼物者尤干例禁，已早饬文武摈弃不收"[4]札件545。

光绪九年（1883），清廷拟立法整顿吏治、惩治贪腐。在律法制定和征求意见过程中，左宗棠就给户部尚书阎敬铭写信，明确反对征求意见稿中将官吏巧立名目敛来的钱划为陋规而加以默许的条文。他在信中生气地说，"官之薪廉，应得者也，此外，如相沿之陋规，或借以办公，或取以充交际之用，尚可谓为应得之款；至因巧取而创立名色，因营私而潜通请托，则赃款也，若亦指为应得而以陋规宽之，是夷、跖可同科，贪夫多侥免，法未立而弊已滋矣"[4]书信三722。

这段话至少明确地传达出左宗棠在反贪方面的几个观点：官员的薪金和养廉银是合法的收入；其次像冰敬、炭敬以及诸如海关办公经费等陋规，由于具有润滑官员交际、襄助行政办公等作用，尚可默许；至于巧立名目搜刮而来的、私下请托办事所送的，都应归为赃款，予以取缔。否则，清廉的伯夷和贪暴的盗跖将混为一谈，那这样的法律还有什么意义呢？

光绪四年，山东巡抚文格被参去泰山祈雨之余公款旅游和收受生日礼金，并于光绪五年被降级。虽然文格出任四川布政使和山东巡抚时，对西征协饷拨付十分及时，大力支持左宗棠的西征大军，但在与陕西巡抚谭钟麟的通信中，左宗棠就认为朝廷做得很对，因为"督抚收受节寿，本非例所应得"[4]书信三521。

"本非例所应得"代表了左宗棠对收礼和送礼的态度——"本非例所应得的"，他反对；"例所应得的"，他认同；"例所应送的"，他遵从。我们不能脱离历史实际而对左宗棠有过高的要求，要求他去挑战整个社会的潜规则。与此同时，耿介如左宗棠也不得不屈从于潜规则之下去送礼的史实，更让我们深叹晚清官场之窳败。

9 一掷千金与一毛不拔

左宗棠的银钱观最为突出的是在钱财方面的洁身自好。左宗棠带兵、为官20多年，过手的军饷数以亿计：同治五年十月起到同治十二年十二月底，用兵陕甘近八年，共支银4014.8万多两[4]奏稿六62；同治十三年，报销银钱800多万两。[4]奏稿七407

至于新疆用兵5年半的花费：新疆兵事初定之后，左宗棠先后于光绪五年十一月初八日（1879年12月20日）和光绪八年六月初四日（1882年7月18日）两次上折，报销光绪元年到光绪三年、光绪四年到光绪六年的军需款目。根据左宗棠这两次奏折，从光绪元年到光绪三年，共支出银2645.2多万两[4]奏稿七396，从光绪四年到光绪六年，共支出银1773.8多万两[4]奏稿八96，两次合计4419.3多万两。此外，加上赊欠的各军军饷、抚恤费，以及向华商、洋商借款的本金、利息等600万两[4]奏稿八103——合计不下5000万两。

保守估算，从同治五年到光绪六年，左宗棠经手的经费，就超过一亿两。

但左宗棠从未想过贪墨和克扣。他自己曾多次对儿子们说过，"带兵五年，不私一钱"[4]家书诗文78"带兵多年，不私一钱"[4]附册269。光绪四年，他对王加敏说，"弟自咸丰十年出山以来，拮据戎马间，未尝以余粟余财自污素节，即应受廉俸，通计亦成巨款，然捐输义举，在官在籍，至今无倦，其因家运屯蹇，买药营斋，寄归舍间者，实不及一岁之入"[4]书信三309。寄回养家的，不到其收入的十分之一——综合我们以上对左宗棠银钱收入与支出状况的分析，左宗棠说此话应该是当之无愧的。

曾有人调查同治中兴将帅财产：曾国藩、曾国荃兄弟，身后各有田一千亩，其房屋则国藩所有，值十万两弱，国荃所有，值十万两强。李鸿章遗产约一千万两，而其兄瀚章则为六七十万两。淮军将领郭松林约有四百万两。席宝田、陈湜稍次，宋庆五十万两，董福祥不及一百万两，其余积资百余万两、数十万两者，不一而足。[16]597至于左宗棠的遗产，据秦翰才的统计，不会超过十万两，其中还包括他用小淹教书所得购置的田产。①

其次是左宗棠从来不当守财奴。光绪二年，他曾对儿子们说，"我廉金不以肥家，有余辄随手散去，尔辈宜早自为谋。……自任疆圻，所有养廉均随手散去"[4]家书诗文173—174。左宗棠所言非虚，仅从同治元年正式就任浙江巡抚开始到光绪十年辞任两江总督，他的巡抚和总督养廉银，加起来不下45万两。可除了给每位儿子和自己养老所留的两万五千两以及带到京城的两三万两外，其余的40万两，几乎都让左宗棠或捐或赠而花掉了——他还为此教育下一辈说，"用财有道，自奉宁过于俭，待人宁过于厚"[4]家书诗文7。

光绪年间，御史安维峻参李鸿章、岑毓英子侄捐保取巧，其中提到：左宗棠的嫡长孙左念谦，也就是世袭恪靖侯爵者，官至正四品通政使司副使，"前年病故都门，至贫不能殓，经其同乡京官徐树铭、龙湛霖为之告帮，始得归葬湘阴"[17]37。左念谦此遭际，侧面证实了左宗棠之清廉。

再者，左宗棠既挥金如土又锱铢必较。他不时捐银万两充京饷、为湖南抗洪、帮陕西抗旱，可谓挥金如土。光绪四年，得知自己的养廉银还有四万数千两，远超自己原来的预想后，左宗棠便又"大方"起来——用养廉银为建造兰州外城工程所花的3000多两银子埋单。左宗棠经常认为办事如果过于节俭，表面上暂时是省了钱，长久看反受其害——他曾对刘典说，"西征艰苦迥异寻常，用财虽不能泰，亦不可过薄，致失人心。若务为刻啬，将并其节省者而亦成虚耗

---

① 根据秦翰才的统计：除了留给四个儿子和自己养老的二万五千两外，不动产部分，在长沙省城，有司马桥第宅一所，原为骆秉章、胡林翼所购赠，值五百两，后改造后栋，并添造轿厅，所费二千余两。后又购入毗邻李姓地，直三四丈，横十余丈，改造前栋，并添造大厅与夹室。又有府城隍庙地基一方，值三百两。在乡间，有柳庄田屋、石湖田屋、板桥田屋各一处；有板石坳墓地一处，即筠心夫人葬所，似值一千两，岁租三十余石；又有天鹅池墓地一处，为孝威夫妇葬所。此外似又有河西田一处。统共计之，以意揣测，其值当不能超越十万两。然柳庄田（二百余亩）与屋，均积课徒束脩所购，尚非游幕与出仕后之收益也。见秦翰才：《左宗棠全传》，第597页。

矣"[4]书信三352。也就是说，如果太过节省，不但失去人心，而且容易让经手者偷工减料。如此一来，前期投入的钱财毫无效果，反而是巨大的浪费。同治五年倡设福州船政局时，左宗棠曾引唐代刘晏宽于工钱造运粮船的故事，希望总理衙门不要一味要求船政大臣沈葆桢节省费用，"唐刘晏造江淮运船，价五百贯者，辄给一千贯。或议其枉费，晏曰：大国不可以小道理。凡所创制，须使人有余润。私用不窘，则官物牢固。故转运五十余年，船无破败"[4]书信一668。左宗棠因此感慨地说，刘晏造普通的粮运船尚且如此大方，何况我们现在学习制造和驾驶外国轮船？

在公事上他舍得大笔花钱，在私事上他却看不惯别人大手大脚。他批评儿子孝宽乱花钱盖屋修房为他庆祝六十大寿、批评家中有官气，"吾恐家中已有官气矣"[4]家书诗文137，"吾积世寒素，近乃称巨室。虽屡申儆不可沾染世宦积习，而家用日增，已有不能撙节之势"[4]家书诗文173。与此同时，还时常表示没有钱置私产，"明春拟筹备万两为吾湘阴赈荒之用，故不能私置田产"[4]家书诗文138；多次表示不愿意给子孙买田产，"吾意不欲买田宅为子孙计……吾自少至壮，见亲友作官回乡便有富贵气，致子孙无甚长进，心不谓然，此非所以爱子孙也"[4]家书诗文138。光绪八年，侄子左世延之子隽孙来金陵。左宗棠询问其在金陵的花销，得知已经花掉了120多两，"询其用费，则除存留之五十两外，又借用杨在元银七十余两，何以用至许多？"[4]家书诗文210觉得其花钱太多的左宗棠一怒之下，将这个侄孙赶回湖南老家，并写信要求左世延严加管教。

不仅对亲友如此，就是部属花钱大手大脚，左宗棠也很看不惯：光绪四年，他反对给管理营务的王诗正加薪，主要原因，就是王诗正花钱大手大脚，"弟观莼农为人，颇有英气，然性情挥霍，嗜欲太重，乃其受病处……若再加纵肆，用惯顺手银钱，非莼农①之福也"[4]书信三352。要知道，王诗正为湘军名将王鑫之子，还是左宗棠第四

---

① 王诗正，字莼农。

子左孝同妻弟,可谓亲上加亲!

"治大国不可以小道理",办公事、大事"勿惜小费,勿求速成"[4]书信一667;在私事上,却反对花钱大手大脚,以免沾上富贵之气;为子孙留钱财,"此非所以爱子孙也"。这样看似宏纤迥异、函矢相攻的矛盾银钱观,实际上是左宗棠治国齐家、鉴史阅世的经验总结。对此,有评论说:"省啬与慷慨,本属相背,宗棠则同时并举。一般人处己多慷慨,所谓千金一掷;待人恒省啬,所谓一毛不拔。宗棠则一反其道。……故我人欲充分发挥待人慷慨之精神,必自处己十分省啬始,宗棠之言行,可为师法。"[16]587—588

咸丰十年(1860)四月,身陷樊燮案的左宗棠在曾国藩大营住了一段时间,与曾国藩、胡林翼、李元度等多作久谈,自然也谈及银钱观。在四月初四日(5月24日)的日记中,曾国藩记下了左宗棠这样一番话:"季高言,凡人贵从吃苦中来。又言,收积银钱货物,固无益于子孙,即收积书籍字画,亦未必不为子孙之累云云。多见道之语。"[14]日记二39可见,左宗棠的银钱观,在当时就得到同时代人曾国藩的欣赏。其实,又何尝不值得今天的我们思考和学习呢?

【注释】

[1] 罗正钧. 左宗棠年谱[M]. 长沙:岳麓书社,1983.

[2] 董丛林. 曾国藩传[M]. 北京:人民出版社,2011.

[3] 中共中央文献研究室. 毛泽东传:1893—1949[M]. 北京:中央文献出版社,1996.

[4] 左宗棠. 左宗棠全集[M]. 长沙:岳麓书社,2009.

[5] 秦翰才. 左宗棠逸事汇编[M]. 长沙:岳麓书社,1986.

[6] 左景伊. 我的曾祖左宗棠[M]. 武汉:湖北人民出版社,2010.

[7] 周询. 蜀海丛谈:卷二[M]//近代中国史料丛刊:第一辑. 台北:文海出版社,1966.

[8] 胡林翼. 胡林翼集[M]. 长沙:岳麓书社,1999.

[9] 张廷玉等. 清朝文献通考[M]. 北京:商务印书馆,1936.

[10] 曾国荃. 曾国荃全集:第二册[M]. 长沙:岳麓书社,2006.

[11] 何刚德,沈太侔. 话梦集 春明梦录 东华琐录[M]. 北京:北京古籍

出版社，1995.

[12] 郭嵩焘．郭嵩焘日记［M］．长沙：湖南人民出版社，1981.

[13] 曾国藩，等．湘乡曾氏文献：第7册［M］．台北：学生书局，1966.

[14] 曾国藩．曾国藩全集［M］．长沙：岳麓书社，2011.

[15] 张宏杰．曾国藩的正面与侧面［M］．北京：民主与建设出版社，2014.

[16] 秦翰才．左宗棠全传［M］．北京：中华书局，2016.

[17] 安维峻．谏垣存稿［M］．兰州：甘肃人民出版社，1991.

第五章 妻妾与儿女

尽管此前已有零星的介绍，但在本章，作者还是想再简要说说清二等恪靖侯左宗棠的家庭，以让读者有一个全面的了解。

妻室方面，左宗棠原有一妻一妾，妻即周诒端，妾即张氏。周诒端育有大女儿左孝瑜、二女儿左孝琪、四女儿左孝瑸以及大儿子左孝威，于同治九年病逝，时年59岁；妾室张氏诞有二儿子左孝宽、三儿子左孝勋、四儿子左孝同以及三女儿左孝琳。去世前几个月，左宗棠在福州纳了一章姓女子为"妾"。

1 正室周诒端：一辈子没享过什么福

妻子周诒端与左宗棠同岁，婚事是左宗棠父亲生前所定。由于道光三年到道光十年左宗棠大哥和父母相继去世，因此，虽然订婚时间很长了，但直到道光十二年八月左宗棠参加完当年乡试后，才由二哥左宗植作主，将周氏迎娶进左家。

前文说过，道光十三年左宗棠第一次进京参加会试所需盘缠，就是周氏拿出的私房钱，只是后来被左宗棠送给了大姐。也是在此次会试期间，周诒端落下了病根，"其冬会试北行，有讹言半道病剧者，夫人微有所闻，忧思成疾。迨得南归之耗忧始解，然肝气上犯之证则讫不愈"[1]家书诗文314—315。原来，有传言说左宗棠北上时病重，由于当时信息传递不便，周夫人听说后信以为真、忧思成病，并从此落下了肝气上犯之症。由此可以看出周诒端与左宗棠之伉俪情深。

此次参加完会试回到老家，左宗棠和二哥把祖上留下的田产全给了大嫂和侄儿，自己入住湘潭周家。道光十三年八月，大女儿孝瑜出生后，左宗棠不好意思再和周家挤在一块，就向岳母借了间房子，在道光十四年搬出去，自己一家单过，"逾年长女生。余居妇家，耻不能自食，乞外姑西头屋别爨以居"[1]家书诗文315。

周诒端身体不太好，这让左宗棠颇为牵挂。

道光十四年十二月，周诒端产下次女左孝琪。此时，左宗棠正北上准备参加第二年会试。一路上，左宗棠对妻子的身体时常萦记于心；在京期间，还专门写信给周夫人的弟弟周汝充，要他帮忙找医生来给当时住在省城的周夫人看病，"家姐病体虽未必沉重，然产后失血过多，亦急宜请医调治。字到，即烦着妥速人亲到史廿一先生处，敦请来省一诊"[1]附册15。直至收到家信，得知妻子已无大碍，左宗棠心情才轻松下来，"得此信，使人帖然高卧，无复愁苦"[1]附册12。

道光十六年，左宗棠受聘到醴陵渌江书院讲课，挣钱养家。两地分居，左宗棠对周夫人的思念与日俱增。其间，他对周汝充说："兄自九月中旬束装赴馆，转瞬又逾一月。客中诸尚如常，唯家中照料乏人，刻萦怀想，真是无如何也！"[1]附册44

道光二十一年三月，周诒端小产，而此时左宗棠正在小淹教书，无法回家。但他向陶澍夫人要来辽东人参五钱、高丽野参五钱、鹿茸一架、阿胶三十二块，让人带回湘潭给"连年屡有生育，元气大亏，气血虚耗"[1]附册36的妻子补身子。左宗棠深知妻子生性节俭，不舍得花钱，为此特地去信嘱托周汝充帮忙催促周诒端吃药，"筠卿①服药不勤，又兼之爱惜小费，屡与之说，竟犹如故……须吾弟时时嘱其配服，勿稍因循"[1]附册37。他还告诉周汝充，不要吝啬，这些补品只要对症，吃完后相信省城总能买到。[1]附册36,37

道光二十三年搬到柳庄之后，左宗棠对周诒端的关心依然不减。道光二十五年正月十八日（1845年2月24日），春节刚过，左宗棠又得启程前往陶家——此时，妻子正卧病在床。在给胡林翼的信中，左

---

① 周诒端，字筠心。

宗棠说，"病妻在床，仅恃一粗妾时为照理，苦况如何可言！书及此，梦魂已飞越数百里也"[1]书信一48。牵挂之情，跃然纸上。

左宗棠对妻子殷殷关切的背后，是结婚数年以来，他已畅享与周诒端情投意合之乐。

她是左宗棠的真知己。周诒端熟读历史典籍，夫妻二人讨论某个历史问题，遇到左宗棠忘记的情形，她往往能随手在书架上找到相关的史书来查对——所找的书，十之八九都是对的，"每与谈史，遇有未审，夫人随取架上某函某卷视余，十得八九"[1]家书诗文315。道光十七年到醴陵渌江书院讲学期间给妻子的一封信中，左宗棠批评自己"气质粗驳，失之矜傲"[1]附册245，表示今后要努力改进。信中有"此吾病根之最大者，夫人知之深矣"之语，足见他真的将周夫人视为知己。

道光十八年第三次参加会试名落孙山后，左宗棠决定不再参加科举，回家务农。在京城时，左宗棠即写信向妻子通报此事。在信中，他就用肯定的语气表示，相信妻子一定会支持他的决定，"此次买得农书甚多，颇足供探讨。他日归时，与吾夫人闭门伏读，实地考验，著为一书，以诏农圃，虽长为乡人以没世，亦足乐也。君能为孟德曜①，吾岂不如仲长统乎？"[1]附册248

她是左宗棠的贤内助。左宗棠出身贫寒，后来更是"身无半亩"。但对左宗棠不专心致志于科举，周诒端从未责怪。二度会试失利后，左宗棠致力于研读方舆之学，也就是历史地理，并着手画全国地图和分省地图。道光十六年，左宗棠告诉二哥左宗植，"现拟先作皇舆一图，计程画方，方以百里，别以五色，色以五物，纵横九尺。俟其成，分图各省，又析为府，各为之说。再由明而元、而宋，上至《禹

---

① 孟德曜，即举案齐眉典故的女主角孟光。她每次给丈夫梁鸿端饭，都要把餐盘举到与眼眉齐的位置，以示敬重。举案齐眉也因此成为形容夫妻恩爱最为有名的典故。仲长统，东汉末年哲学家、政论家。少年时就敏思好学，博览群书；长大后才华过人，但因敢直言、不矜小节，时人称为狂生。凡州郡召他为官，都称疾不就。左宗棠将周诒端比作孟德曜，是赞赏周诒端的知礼与恩爱；而将自己比作狂生仲长统，也暗示了准备一生不入仕途的想法。

贡》九州。……日来已着手画稿，每一稿成，则弟妇为影绘之"[1]附册243。

左宗棠画出地图草稿后，由妻子帮着再画成精确地图并上色。为此，左宗棠不禁向二哥夸妻子"其助我殊不浅也"。

她是左宗棠的心灵港湾。道光二十二年《中英南京条约》签订后，左宗棠悲愤异常，决定要买山隐居，与妻子过"夫耕妇织"的生活。这年，他在信中告诉二哥，这是他和周诒端商量后的结果，"时局如斯，……吾既不能蹈海而亡，则惟有买山而隐耳。已与弟妇谋将积年所省修脯，买东乡柳家冲之田七十亩，明岁即移家居之"[1]附册252。果然，道光二十三年，左宗棠就用历年在陶家授课积攒下来的钱，在柳庄买田70亩。

志同道合、守礼有德、夫唱妇随，这些足见周诒端之贤。甚至，她还主动要求左宗棠纳妾。

同治九年二月初二日（1870年3月3日），周诒端病逝。获知消息后，左宗棠悲痛地对孝威等说，"尔等长为无母之人矣。以尔母贤明慧淑，不及中寿而殒。由寒士妻荣至一品，不为不幸。然终身不知安闲享受之乐，常履忧患，福命不薄，郁悴偏多，此可哀也"[1]家书诗文131。

左宗棠亲自执笔，为妻子写墓志铭。同治九年三月写完第一稿后，不够满意，六月重写了一遍，"墓志重写付来，又刻本（须添改首一行及签面）一通，可照式刻之"[1]家书诗文135。对细节的讲求，体现出左宗棠对周夫人的敬重。

同治九年整整一年，左宗棠家都在忙乎着安葬周夫人一事：四月底暂厝史坡祖茔，之后在玉池山卜葬地，买墓田，其间还改择葬期，直到同治十年（1871）才下葬。[1]家书诗文135—141

对周夫人的思念，贯穿了左宗棠余生。他时常在家书中忆起在汉口和妻子相见最后一面的情形。比如同治九年时对孝威说，"尔母自在汉口聚晤之后，即回湘中，吾亦度陇。登舟钱别之时，念及戎事倥偬，猝难了结，后会正未知何日，相对凄然"[1]附册273。同治十年时，又对孝威称赞周夫人之贤，并有将来死后与妻子同葬一墓穴的计划，

"今在军经画边事，昼夜鲜暇，然每念尔母辄废寝餐。未知何日事定还山，一践同穴夙约，思之慨然"[1]家书诗文141。

对周夫人的追忆让左宗棠时时提醒孝威等照顾周家之人，"尔母每念外家家业中落，尔姨母景况甚苦……尔等须体此意，时思所以润之"[1]家书诗文138。还时时想起当年和周夫人所做之事，比如建义仓以备饥荒，"仁风团亦宜分给，以全义举，此吾当寒士时与尔母惨淡经营者也"[1]家书诗文138。

周诒端能诗，有《饰性斋遗稿》。同治十二年（1873），左宗棠刻印了《慈云阁诗钞》，收录岳母王氏、妻子周诒端、周诒端的妹妹茹馨夫人、自己的四个女儿以及两个外甥女的诗，其中有周诒端古体诗8首、近体诗131首。左宗棠还亲自写了《〈慈云阁诗钞〉序》，以资纪念。

周诒端这139首诗中，有对日常生活的描述，有对历史人物的点评，更有对左宗棠的思念。像《送外北上》《得外都中书却寄》，从题目中可知是在左宗棠进京参加会试期间所作；像《咏梅和韵寄季高夫子》《和季高夫子自题小像四首》则是与左宗棠的唱和；像《正月十六日雨雪怀季高夫子》《秋夜偶书寄外》《新秋忆外》则是表达对左宗棠的思念。这些诗中，既有"书生报国心常在，未应渔樵了此生"等对左宗棠的劝勉，也不乏"别应千里去，且复片时留"等对左宗棠的眷恋与思念。[2]

2 副室张氏：由陪嫁女侍到一品夫人

关于副室张氏，左宗棠家书等记载不多。左宗棠道光十二年（1832）结婚后，连生了两个女儿。婚后第四年，左宗棠的岳母觉得女儿周诒端子息艰难，看中了随女儿陪嫁的张姓女侍，认为张氏有福相，能多产男孩，便命左宗棠纳为姜室。周诒端身体本羸弱，和张氏感情又好，也竭力劝左宗棠从命。于是，道光十六年（1836），左宗棠便纳张氏为副室。[3]370

张氏生于嘉庆十九年（1814）。[4]9左孝同在《先考事略》中谈到自己母亲时说，"先妣体弱多病。自生妣来归，佐内政，谨笃，自将米盐浣纫之事，举身任之，不以劳先妣"[5]14。这里的"先妣"说的就是正室周诒端，"生妣"则是孝同的亲生母亲张氏。由此看来，由于周夫人身体不太好，洗衣做饭等家务活主要由张氏承担。

道光十七年（1837）八月，左宗棠第三女左孝琳出生，这是张氏的第一个孩子；道光二十七年（1847）四月，左孝宽出生，这是张氏的第一个儿子。孝宽仅比孝威小8个月。周夫人奶水不足，于是，张氏还承担了哺乳孝威的任务，"先妣生孝威，体弱无乳。生妣并哺之，辄先乳孝威，而及孝宽"[5]24。先喂孝威，再喂自己亲生的孝宽。张氏此举，既有尊卑等级的因素，也体现出她对孝威的无私关爱。

此后，张氏还于咸丰三年、咸丰七年生下孝勋和孝同两个儿子，由此也证明左宗棠岳母看人很准。据《先考事略》记载，张氏也是一个好心人，曾经与左宗棠、周诒端一道，积极参与道光二十九年（1849）的赈济，甚至当掉首饰去买粮食救助路过柳庄的灾民，因此救活了不少人，"是年东南各省大水，米斗钱六七百文，……下游饥民来就食者，日千百计。饿殍相枕藉。府君罄仓谷煮粥俵食，病者药之。先妣与生妣亲率仆媪临门监视，不足，则典簪珥、减常飱佐之，全活甚众"[5]26。

妻子周诒端，以及孝威夫妇相继去世后，光绪四年（1878），就如何抚养孝威的三个儿子，左宗棠作出了安排——孝威的大儿子左念谦由张氏亲自抚养，后面的两个孩子左念恂、左念慈则由三个儿媳妇负责照管，"谦、恂、慈年尚幼稚，早失怙恃，……谦年稍大，尔生母尚能照料。恂、慈交诸妇抚育，饮食衣服起居一切视如所生一般"[1]家书诗文179。与此同时，左宗棠还警告孝勋、孝同等，培养不好这三个孩子，他俩则为大不孝，"诸孙之贤不肖，则尔兄弟夫妇之贤不肖也，尚慎之哉"！

随着张氏年岁渐高，左宗棠开始不时提醒孝宽等要注意照料。光绪五年（1879），他对孝宽等说，"尔生母年六十又六矣，衰病侵寻，殊深系念。尔等小心侍奉药饵，扶衰自不可少，饮馔仍须留意"[1]家书诗文192。

光绪五年十一月，左孝同带着孝威的几个孩子，以及母亲张氏一同前来甘肃，看望左宗棠。左宗棠得知后，既生气又担心，"念谦兄弟年方稚弱，无父无母，实堪怜惜，何能挟之西行，远道风霜，赴数千里寒苦边关？……尔生母年已六十有六，到此不能伺候我，翻须我照料……挈眷远行，又正值数九天气，令我悬悬"[1]家书诗文198—199。十二月，孝同一行平安抵达。但由于天气太冷，到兰州之后，张氏等未再去肃州看望左宗棠。直到第二年春暖，他们才得以再度相见。

因为孝宽获官，加上抚养左宗棠长孙念谦有功，光绪十六年（1890），左念谦承袭左宗棠二等恪靖侯侯爵后，张氏被封赠一品夫人。但左宗棠生前因感念妻子周筠心之故，特虚正嫡之位，一直没有将张氏扶正。光绪五年，张氏来酒泉看望左宗棠。属下有尊称以官太太者，左宗棠还加以纠正，认为名分万不可乱。他对好友杨昌濬说："惟外间谬以官太太呼之，则名义攸关，未容僭越，已饬柳令葆元转告温、易两巡捕矣。"[1]书信三517 左宗棠去世后四年，张氏于光绪十四年（1888）离世，享年75岁。[4]10

3 大女儿做主给父亲纳妾

关于左宗棠纳妾，李肖聃在《星庐笔记》中转引湖湘名士王闿运的话说左宗棠在75岁时纳有一妾，"其七十五岁时，犹纳一妾入侍。未数月，左薨。五十余年，而妾犹在，家人呼为'老老'。至三年前（指1946年）乃化去"[6]359。

事实真相究竟如何呢？

左宗棠的曾孙左景伊证实：左宗棠在去世前几个月，确实在福州纳了一"妾"，姓章。左宗棠去世后，她随家人回到长沙，一直住在司马桥宅中，阖家称其为"姥姥"。

左宗棠纳妾时已74岁，身患重病，而章氏才18岁。几十年来，左宗棠南征北战，戎马倥偬，一直独身住在军营中，为何到病危之际，却纳一妾呢？

原来，光绪十年（1884）十月左宗棠抵达福州后，副室张氏由于年事已高没有陪同前往，儿女们都回到长沙，只有左孝同陪侍在身边。大女儿左孝瑜心疼左宗棠任重事繁，又年老多病，身边没有体己人服侍，便在民间买了一个年轻女子，还亲自送到福州，说明是为父亲更衣、洗脚。

关于左宗棠娶妾，甚至引发了一些传说。有人说这位小妾是维吾尔族人，是左宗棠在新疆时娶的。但显然，此说并不可信——左宗棠于光绪五年五月到达哈密，十月离开。德国人福克六月间曾到哈密拜会左宗棠，和左宗棠同住了一段时间，赞叹道："爵相年已七旬身在沙漠之地，起居饮食，简省异常。内无姬妾，外鲜应酬之人……尤旷代所罕见。"[6]259而且，据曾见过章氏的左宗棠曾孙左景伊介绍，章氏是一口长沙话，外貌全无维吾尔族特征。

还有一个传说，说章氏是西安章知府的女儿，为妾室所生，有兄弟二人均被豺狼咬死。她由于才貌出众，被选妃进宫。光绪七年（1881）左宗棠进京，慈禧太后"怜他鳏老"，将这个妃子赐给左宗棠做妾。这显然也是谣传。既已入宫，自然不会外赐了。而且，当时京师同僚文人甚多，如果真有此事，不仅文人笔记、小说会记载，就连《左宗棠年谱》以及左宗棠家书也会记录此"荣耀"。但所有的公私文籍都没有记载此事，因此只能说是子虚乌有之事了。

在司马桥宅，章氏住在一所小独院内，领养了一个小女孩，常年吃斋拜佛。1937年抗日战争爆发，次年长沙实施焦土抗战，纵火烧城，司马桥左宗棠侯府也被烧毁了。那时，章氏养女已结婚，章氏则先期逃到湘阴左家塅老家，避居太傅祠内。有一天晚上遭到一伙强盗抢劫，多年留下来的一点积蓄全被抢光。章氏七十高龄，经不起这样惊吓，心身受到极大打击，恹恹成病，于1947年去世，年80岁，安葬在太傅祠后山上。①

4　四个女儿皆能作诗

左宗棠有4个女儿、4个儿子。从道光十三年到道光十七年，左宗棠先后迎来了4个女儿：大女儿孝瑜（道光十三年八月）、二女

---

① 关于章氏事迹，见左景伊：《我的曾祖左宗棠》，第374—376页。

儿孝琪（道光十四年十二月）、四女儿孝瑸（道光十七年九月）为周夫人所生，三女儿孝琳（道光十七年八月）为副室张氏所生。连得4个女儿，在重男轻女的当时，左宗棠无疑颇为郁闷。道光十九年在给友人的信中，左宗棠就自嘲，"古谚云'盗不过五女之家'，弟自今可夜不闭户矣"[1]书信一13。在农耕时代的中国，男子是主要劳动力，没有劳动力的家庭自然是贫困的，所以连小偷也不屑于光顾。这种郁闷，甚至在道光十七年给妻弟周汝充的信中，左宗棠也毫不掩饰，"令姊又生一女，殊为气闷。语云'盗不过五女之家'，极言为致穷之道。兄年方始壮，即得其四，将来事体更多费手。念及此，殊为悒郁之至。此情向何处说也！"当然，在抱怨的同时，左宗棠也不忘提醒周汝充多多宽慰姐姐，"令姊处，乞随便宽譬，勿使焦急为要"[1]附册21。

道光二十七年八月，15岁的左孝瑜与陶桄结婚。[1]附册56 婚后第二年，陶桄一家搬到长沙福源巷。看得出来，左宗棠对大女婿颇为满意。道光二十八年，他在给周汝充的信中说，"陶婿近日更见老练，读书而外，别无嗜好，亦子弟中之佳者"[1]附册58。

左宗棠对大女儿左孝瑜颇为看重。咸丰十年（1860）起左宗棠带兵后，陶桄曾通过岳母即周诒端多次表达想来军营投奔左宗棠之意。[1]家书诗文39,51 一向反对亲友前来投靠的左宗棠，对陶桄并未拒绝，只是说希望收复金华后再来，这样可免受随营奔波之苦，"我意俟金华克复后再邀其来。盖克复金华后始有驻足之处，否则随营逐队，太劳苦也"[1]家书诗文51。

陶桄后来没有来浙江。但其实，左宗棠对其的栽培是颇为用心的。虽然不太愿意陶桄出来做官，但大女儿坚持，左宗棠也就没再反对。同治三年（1864）的一封家书中说，"少云光景原可不必作官。尔大姊不知外间作官苦楚，一意怂恿，将来必有懊悔不及之日。前为致信簏翁，今将其回信给阅，听其自打主意"[1]家书诗文77。由此可知，由于大女儿的请求，左宗棠还亲自向时为四川总督的骆秉章推荐陶桄。

要知道，左宗棠一生，是十分反对给别人写推荐信的。他对陶桄，可以说是例外。陶桄后来累官至四川布政使衔，可知，左宗棠此次推荐是起了作用——骆秉章治下的四川成了陶桄仕途的起点。

同治元年（1862），左孝瑜提出让刚刚8岁的弟弟左孝勋前来小淹读书，左宗棠没有同意。原因之一，就是左孝瑜身体不好，怕孝勋去了给添负担，"尔大姊多病，岂可累其照料"[1]家书诗文50。同治四年（1865），孝威带着母亲等全家前来福建与左宗棠相见。按照左宗棠的意思，本来也希望大女儿一同前来的。不巧的是，此时陶桄生病，她只好留在家中照料，"少云病似不轻，尔大姊闻眷属赴闽，未免孤寂，亦无法致之"[1]家书诗文94。

爱之深、责之切。光绪五年（1879），同年杨性农给左宗棠来信，说是在陶家中见过大女儿几次。左宗棠收信后，立即去信，毫不客气地批评左孝瑜抛头露面："性翁来书，言在少云处曾见过大姊数次。我意晋见父执非女子事，而性翁与我并非心交，（不解大姊何忽如此）察看大姊平日于母教颇少体会……"[1]家书诗文192。

也是在光绪五年，妻弟周汝光的儿子不远千里来西北投靠左宗棠。左宗棠又去信，批评大女儿事前没有劝阻。在他看来，周汝光已有多个儿子病故，唯一的儿子，应该留在身边照顾，"汝二舅丧子已多，应留一子侍养，自不待言。尔应向二舅说明，乃不力为劝阻，到甘肃后又增我一累，尔知之否？尔大姐不明道理，我颇为虑之"[1]家书诗文197—198。

从家书中得知，左孝威的大儿子左念谦（丰孙）与左孝瑜的女儿结婚。这种近亲结婚，在当时看来习以为常，反而认为是亲上加亲。婚期定在光绪九年，时为两江总督的左宗棠正在外视察河工。他特意派孝宽带着母亲张氏返湘操办此事，要求婚事从简，只准用二百两银子，"丰孙喜期……宽儿可作第二次回湘，尔生母可同去。……丰孙婚事，准用银二百两，当与大姊说明"[1]家书诗文212。

长女如母，妻子周诒端去世后，左宗棠对左孝瑜寄望更深。左孝瑜也没有因此与左宗棠关系疏远。光绪十年，买章氏到福州照料左宗棠，就是左孝瑜的主意。

说女儿是父亲的小棉袄，看来不假。

次女左孝琪，道光十四年（1834）十二月为正房周诒端所生。出生半年，即患惊风，误服补药，落下终身残疾。此后一直住在母家，终生未嫁，帮着管理家务。

在左宗棠看来，二女儿最具妻子周诒端之风。因此，同治九年妻子去世后，左宗棠多次在家书中要求孝威等听从二姊的管教，不要让二姊生气："二姊极有尔母遗风，家事均须禀之而行。诸妇善事二姊，不可令二姊烦恼。至要！至要！"[1]家书诗文136

同治十二年二月，刚刚40岁的左孝琪去世。此时，左宗棠正在甘肃。得知消息后，他心情十分悲痛，还让孝勋推迟婚期，以示哀敬，"此女生半岁，患急惊风症，误服补剂成废。生年四十，与病始终，实为可痛。……每一执笔，辄悲不自胜……勋儿婚期自当于明春服满办理"[1]家书诗文163—164。

第三女左孝琳道光十七年（1837）八月出生，为副室张氏所出。咸丰元年，左孝琳嫁给湘潭人黎福昌。[5]29 黎福昌的父亲黎吉云（又名黎光曙，字樾乔）比左宗棠大18岁，为道光十三年进士，后官至江南道监察御史，是左宗棠的好友。咸丰九年，左宗棠在《前江南道监察御史黎君墓志铭》中说，"余少君十八岁，而相为友，晚更结为婚姻，投契至深"[1]家书诗文307。

虽然黎家长期为官，但黎吉云"不喜治生产，所得钱随手散去"[1]家书诗文307，加上黎家孩子多——黎吉云就有5个儿子，因此黎福昌后虽为江西知县，但左孝琳家过得并不宽裕。前文已述，由于三女婿一门心思要跑门路当官，把家产典尽押绝，左宗棠曾多次资助三女儿一家。

第四女左孝瑸道光十七年九月为周诒端所生，咸丰四年嫁给周翼标。[5]42 周翼标是周汝充之子，为左宗棠岳母第二孙，也就是左宗棠之外甥——和孝威之子娶了孝瑜之女类似，这也是近亲结婚，以致左孝瑸所生的孩子早夭。[1]家书诗文136

周家本属富足，后因周汝光、周汝充兄弟二人不知撙节而家道中落。考虑到四女儿家光景不好，同治三年，左宗棠坚持把自己的田产分一部分给她，交待儿子说，"剑锋垅田前以给尔四姐，仍须给之，毋听其辞"[1]家书诗文75。

孩子早夭之外，更不幸的是，丈夫周翼标于同治八年（1869）早逝，左孝瑸被迫守寡。这让左宗棠颇为痛心，"四姊命运蹇薄，早已虑之。今竟如此，殊为悲切"[1]家书诗文123。为了排解忧烦，左孝瑸一度还住到母家，左宗棠为此还特意提醒孝威等要好好加以照顾，"四姐苦命，在家有二姐同住，尚不寂寞，尔曹可敬事之如兄"[1]家书诗文123。

同治九年（1870）时，周汝充曾想给寡居的左孝瑸过继一个孩子。但此事尚未办成，左孝瑸就于这年忧伤而亡，"先母七日而逝"，年仅34岁。[1]家书诗文316看来，同治四年去福建，或许就是左宗棠、左孝瑸父女的最后一次相见。

左宗棠的妻子周诒端和四个女儿都能作诗。在左宗棠所刻的《慈云阁诗钞》中，除周诒端诗作外，还有大女儿左孝瑜近体诗14首，二女儿近体诗79首，三女儿左孝琳近体诗5首；四女儿左孝瑸近体诗13首。

5 四个儿子命运不同

道光二十六年八月，长子孝威出生。此前，自道光十七年八月、九月连得两女之后，由于周诒端因小产致病，身体一直不好；左宗棠一年大部分时间又在外教书，因此，这10年间左家竟未添丁！孝威的出世，终于打破了这一僵局，也让左宗棠心头的郁闷一扫而光。

根据左孝宽在《先兄行略》中的记载，"先兄名孝威，字子重。生时值久旱，父馆安化，忽梦雷电绕身，大雨如注。数日柳庄书至，知是日举一男，命曰霖生"[5]23—24。原来，孝威出生当日，左宗棠梦见天降大雨，便为孝威起小名"霖生"——因此我们在左宗棠的家书中，时常能看到"霖儿"二字。

孝威体质看来并不太好，出生时额头隆起两角，且有多动之症，"初生时，头上两旁有骨隆起如角，……亦时见燥症"[1]家书诗文164。用现代医学的观点，应该是缺钙所致。但由于医学知识所限，时人并不明了。左宗棠请人给孝威算命，被告知是"八字火太多……体气必弱"[1]附册53，请医生诊视的结果说是肝内有火。为此，服了不少平肝去火的清凉药物，"延医诊视，……用平肝散郁之剂（曾服过龙胆草），试服相安，头骨亦稍平也"[1]家书诗文164。服凉药过多，虽能暂时平复躁动等症，却也伤害了孝威的肝脾。

孝威出生后8个月，副室张氏的第一个儿子孝宽也降生了。周诒端奶水不足，哺乳孝威的任务就落到了张氏肩上。左孝同在《先考事略》中说，"先妣生孝威，体弱无乳。生妣并哺之，辄先乳孝威，而及孝宽"[5]24。先喂完孝威，再喂自己的亲生儿子孝宽，张氏之贤以及尊卑次序之严，可见一斑。咸丰三年三月和咸丰七年九月，张氏又先后生了孝勋、孝同两个儿子——看来当年左宗棠的岳母"张氏有福相、能多产男孩"之言非虚。

就在左孝威出生这年，左宗棠的恩师贺熙龄去世，"遗命以季女字孝威"[5]24，左宗棠只好答应。咸丰元年，6岁的左孝威即与贺家订亲，"霖儿随其母读书学字，尚颇不厌，已于昨二十四日为订贺氏之姻矣[1]附册61。

咸丰二年，左宗棠同意出山，担任湖南巡抚张亮基的幕宾。这年十二月，他写信给孝威，要孝威读《小学》，学习古人"事父母，事君上，事兄长，待昆弟朋友夫妇之道"。与此同时，还为孝威规定了修身、学习、练字之法，指出"读书要眼到、口到、心到"[1]家书诗文4。

为了能让孝威明白，左宗棠对眼到、口到、心到都做了解释——眼到，是要"一笔一画莫看错"；口到，是要"一字莫含糊"；心到，是要"一字莫放过"。但作为一个才6岁的孩子，孝威无论如何一时是难以理解这么多、这么深奥的道理。从中，我们可以看出左宗棠对儿子期望之深。这种心情，左宗棠后来也向孝威坦白，"生尔等最迟，盼尔等最切"[1]家书诗文19。

期望越高，失望越大。孝威等人的学业进境看来总难达预期，以致左宗棠颇为失望。咸丰十年，受樊燮案牵连，左宗棠被迫离开湖南巡抚幕府，北上京城。本就心情不佳的他，想到儿子的学业问题，更是烦懑，于正月二十三日（1860年2月14日）给孝威、孝宽写信，毫不客气地批评，"尔等近年读书无甚进境，气质毫未变化，恐日复一日，将求为寻常子弟不可得，空负我一片期望之心耳。夜间思及，辗不成眠"[1]家书诗文9。

在左宗棠看来,孝威年已十五,但"气质轻浮"[1]家书诗文10;孝宽虽年已十四,却"气质昏惰……开卷便昏昏欲睡,全不提醒振作,一至偷闲顽耍,便觉分外精神",可以说"毫无一点好处"。为了改变儿子这些毛病,左宗棠要求他们二人自二月份起,"将每日工课按月各写一小本",寄到京城供他查阅。甚至,对两个儿子的活动范围也做了严格的规定,"屋前街道,屋后菜园,不准擅出行走"。即使是奉母命出外,也要"速出速归。'出必告,反必面',断不可任意往来"。[1]家书诗文11

左宗棠后来也没有进京,这些要求能否落实,令人怀疑。但其实,孝威学得还是可以的。同治元年,17 岁的他即考取了秀才,并于当年乡试中举人第 32 名。虽然不如当年伯父左宗植乡试第 1 名、父亲左宗棠乡试第 18 名的成绩,但当年中举时,左宗植已 30 岁、左宗棠已 21 岁。咸丰六年十一月初八日(1856 年 12 月 5 日),在给胡林翼的一封信中,左宗棠写道:"吾有子三人,大者最佳,吾绝爱之。每读书夜深,心中辄怦怦,恐其伤也。每鼻血疾发,辄为损眠食,不自知其过于爱。"①[1]书信一185 左宗棠以刚烈著称,但在给胡林翼的这封信里,在与知心朋友敞开心胸交流时,我们看到了渗透纸背的温情。可惜孝威身体不好,先于左宗棠去世。

左宗棠去世后,原为员外郎衔、分部主事的二儿子孝宽恩赏郎中,但一直没有出来做官,而是照管家事;原为郎中衔的三儿子孝勋恩赏主事,分到兵部武库司行走,可惜的是 40 多岁就去世了。[3]372

左宗棠晚年,左孝同基本陪伴身边,无论是出任两江总督时期还是督办福建军务时期。临终之前,孝宽等从老家赶来,并负责记录左宗棠口授的遗折。

左宗棠去世后,原为廪贡生的四儿子左孝同恩赏举人、授候选道,但后来并没有考中进士,曾以候补道在长沙主持保甲局。

---

① 左宗棠之所以说"有子三人",是此时左孝同尚未出生。

第五章　妻妾与儿女

光绪二十四年（1898）六月，光绪皇帝推行新政，史称"戊戌变法"。在全国各省份中，湖南响应最为积极。但新政很快失败——八月初六日（9月21日），慈禧太后发动政变，囚光绪皇帝于西苑（今中南海）内之瀛台，第三次垂帘听政，并开始整肃康有为、梁启超、谭嗣同等戊戌党人。

慈禧再度掌权后，湖南新政全被撤销，湖南巡抚陈宝箴被免，湖南保卫局重新恢复为原来的湖南保甲局。也就在此时，左孝同被人参劾，说他把持局务、和戊戌党人往来过密，"有人奏，请裁湖南保卫局仍复保甲旧章一折。湖南保卫局既经裁撤，所有该局章程，自应一律销毁，仍复保甲局旧章。即着俞廉三督饬府县将保甲团练事宜认真兴办，以靖地方。候选道左孝同有无把持局务、依附奸邪实迹，着俞廉三确切查明，据实具奏"[7]卷四三一。

这道于十月十四日（11月27日）下发的谕旨，对左孝同来说，无异于一场灾难。所谓"依附奸邪"指的就是和戊戌党人交往。慈禧发动政变，除了"戊戌六君子"遇害、康有为梁启超被通缉外，受此案牵连的人，还有不少——光绪的老师、协办大学士翁同龢，因推荐康有为而被令开缺回籍[7]卷四一八；介绍康有为给翁同龢的户部侍郎张荫桓，虽经外国人施压而免于死刑，也很快被发往新疆，交地方官"严行监禁"[7]卷四四四；屡次上新政奏议的徐致靖"永远监禁"[8]12740，其子徐仁铸革职，永不叙用。此外，候补四品京堂王照、礼部尚书李端棻、驻日大使黄遵宪、刑部主事张元济、翰林院庶吉士熊希龄等数十人，因支持新政，或被缉拿，或被革职，或被下狱。

也就是说，如果左孝同被认定和戊戌党人有牵连，至少也难逃或被革职、或被下狱的命运。还好，新任湖南巡抚俞廉三没有趁机落井下石，而是奏报"查明：道员左孝同实无把持局务及依附奸邪实迹"[7]卷四三一。

但此事并未结束，第二年，关于左孝同与戊戌党人有牵连的案件继续发酵——从光绪二十五年五月二十三日（1899年6月30日）的密谕可知，左孝同再度被参，"有人奏勋阀子弟怙恶不悛一折，候选道左孝同从前是否钻附革抚陈宝箴，交结黄遵宪、梁启超，有无主张民权、擅易冠服情事？该道现在出游江浙等处，是否与革员文廷式、宋伯鲁往来？着俞廉三按照所参各节逐一确切查明、据实具奏，毋得稍涉徇隐"[7]卷四四五。

此次情况看来更为严重——不再是笼统地说"依附奸邪"，而是具体到与陈宝箴、梁启超等是否有牵连。为此还给湖南巡抚俞廉三下密旨，要其查访。还好，俞廉三再次为左孝同开脱，"查左孝同被参各节，均无实据。该员赋性忼爽，易招物议。再加磨砺，尚不失为有用之才。拟请免其置议"[7]卷四四五。

有惊无险，左孝同总算没有被牵连进戊戌党人案中。而"赋性忼爽，易招物议"的评价，让人不禁联想起当年胡林翼评价左宗棠的"汲黯大戆、宽饶少和"之语。可知，孝同和其父左宗棠颇为相像，难怪左宗棠生前喜欢他。

否极泰来。光绪二十八年（1902）之后，左孝同官运亨通——从光绪二十八年到光绪三十三年（1907），从四品京堂候补升至正三品的按察使，连升三级：

首先是光绪二十八年四月，左孝同获得慈禧的召见，并立即由浙江试用道改为四品京堂候补——这是咸丰十年左宗棠曾经被授予的职务，之后历任光禄寺卿、宗人府府丞、河南按察使、江苏按察使。[7]卷四九八，五三〇，五五五，五六三，五六四，五八三，五八七

父亲左宗棠咸丰十年四月四品京堂候补，到咸丰十一年（1861）底，已升至从二品的浙江巡抚。这点，左孝同自然无法和父亲相比。但在和平年代，左孝同没有军功，也没有科甲出身，只是恩赏的举人，能如此顺利升迁，已属不易。

宣统二年（1910），清朝进行官制改革。七月，清廷发布谕旨，各省按察使改名为提法使。时为江苏按察使的左孝同，自然也改任江苏提法使，"以各直省按察使为各该省提法使。齐耀琳直隶，左孝同江苏，吴品珩安徽，胡建枢山东，王庆平山西……其各道员有兼按察使衔者，均改为兼提法使衔"[9]卷三九。

宣统三年（1911）闰六月，经两江总督张人骏推荐，左孝同署江苏布政使。[9]卷五七布政使为从二品，和按察使相比，职位无疑更为尊

崇，权力也更大些，巡抚缺位时一般还会署理巡抚。因此，这次调职对左孝同来说是一种升迁。

有趣的是，此前宣统元年（1909）五月，清廷调张人骏出任两江总督。在张氏未到任之前，由江宁布政使樊增祥护理总督，"两江总督兼南洋大臣着张人骏调补，迅赴新任，毋庸来京陛见。未到任以前，着樊增祥暂行护理"[10]。

樊增祥是谁？樊燮的次子——要知道，当年左宗棠曾被樊燮控告，差点入狱，两人可谓仇敌。上文说过，光绪三十四年（1908）二月起，左孝同即出任江苏按察使。因此，虽江苏按察使驻苏州，江宁布政使驻江宁，但左孝同和樊增祥至少曾同在江苏任职，成为同僚。

宣统三年九月，樊增祥重任江宁布政使。不久，江苏革命党响应辛亥革命发动起义、占领南京，樊增祥匆忙出逃。宣统三年十一月十五日（1912年1月3日），两江总督张人骏等奏报清廷，"江宁省城自九月十七等日匪徒扰乱，新军叛变，事起仓卒，司道府县各官，及各署局所供差人员，均各仓皇出走。事后查访，仅有署江宁县知县陈兆槐尚未离城，计江宁藩司樊增祥、江苏交涉司汪嘉棠等均不知下落"[9]卷六五。

而左孝同，在清亡后移居上海，于1924年在上海去世，享年68岁。[3]372

左宗棠有4个儿子，孙辈人丁兴旺，孙儿孙女共21人，其中孙儿11人、孙女10人。除早夭的外，共有11个孙子、7个孙女长成。[3]377长孙念谦出生于同治三年七月，小名丰孙。同治八年，孝威和孝宽的第二个儿子接连降世。左宗棠得知后十分高兴，借此机会对孙辈的起名方式进行了统一——"新添两孙，大者命曰念恂，小者命曰念恕，丰孙即易曰念谦可也"[1]家书诗文126。也就是说，同治八年开始，左宗棠让孙辈的名字皆以"念"字开头，并由此形成定例。

综合左宗棠家书、左宗棠年谱等资料，左宗棠孙辈排行大约如下：长子左孝威一支有三人——念谦（丰孙，行一），念恂（毅孙，行二），念慈（劼孙，行四）；左孝宽一支有三人——念恕（恩孙，行三），念忠（纯孙，行八），念飑（炯孙，行十）；左孝勋一支两人——念惠（良孙，行九），念恒（南孙，行十二）；左孝同一支三人——念贻（绳孙，行五），念康（台孙，行十一），念蒦（矩孙，行十三）。左宗棠孙辈，孙儿和孙女是一起排行的，只是孙女的排行尚不明确。

长孙左念谦出生于同治三年七月，由于长子孝威早逝，念谦袭了左宗棠的恪靖侯爵兼一等轻车都尉。光绪元年（1875）为正一品荫生，后官至刑部员外郎、太常寺少卿、通政使司副使（正四品），光绪十八年（1892）病逝，年仅28岁。[11]第四卷754

6 左宗棠的故居与坟墓

道光二十三年（1843），左宗棠用历年在小淹教书的积蓄，在湘阴东乡柳家冲买田70亩，建屋安宅，命名为柳庄。第二年，全家从湘潭搬到湘阴柳庄。

咸丰四年二月，太平军攻下了左宗棠的家乡湘阴，并在湘阴逗留十多天。其间，太平军曾扬言要进山抓正在山中隐居的左宗棠家眷，"从贼中脱出者并言贼将入梓木洞，得吾而甘心焉"[1]书信一92。幸亏左宗棠带人及时将家眷转移至安化。①

太平军进山搜捕其家眷一事把左宗棠吓得不轻，事后他对女婿陶桄说，"事过之后，犹为虩虩也。前接内子辰山来信，喜极欲涕"[1]书信一93。

而且左宗棠得知，土匪进山时，家眷们曾有要自杀之举。好在太平军距离尚远，左宗棠及时赶到，才免了一场灾难。吸取此次事件的教训，咸丰六年七月，左宗棠把家眷接到长沙，彼此好有照应，"敝眷已接之来城，因上次新市之警，丑女辈遽作自了之计，……弟意以并命一处为是，故遂挈之长沙耳"[1]书信一179。

初到长沙，是租房而居。为了安顿家眷，在湖南巡抚骆秉章和好友胡林翼相劝下[1]家书诗文315，咸丰七、八年间，左宗棠在长沙城西北角

---

① 详见本书第五章。

司马桥买屋。买屋所需的钱,除了骆秉章预付的200两薪金之外,左宗棠还向胡林翼借了250两,"新居粗适,以地僻而爽也。辛勤四十年,乃有此庐居。然借动尊处二百五十金,中丞预送二百金,纸裹中觅得二十余金,乃果得此,亦良艰矣"[1]书信一334。借胡林翼的250两银子,原想在咸丰九年还,后来由于樊燮控案爆发,推迟了,"弟借用之二百五十两,恐今年不能还矣"[1]书信一347。

司马桥老宅共两进、二十余间房子,还有一片菜地,几亩池塘,既可种菜,又可养鱼。左宗棠在此住了3年,很是喜欢。光绪五年(1879),他向陕西巡抚谭钟麟如此描绘此屋,"虽近城市,却似山村。种蔬数十畦,养鱼数百尾,差足自给"[1]书信三409。

咸丰十年八月率楚军前往江西之前,左宗棠在司马桥住了3年。咸丰九年(1859)八月,左宗棠跟胡林翼谈到对新居的喜爱之情,"新居粗适,以地僻而爽也。辛勤四十年,乃有此庐居"[1]书信一334。

后来随着家中人口的增多,原来的房子已不够住。同治十一年(1872),为了庆祝左宗棠六十大寿,儿子孝宽对司马桥的房子加以改造,加盖后栋、改建了轿厅。光绪四年,左家买下南邻李国贤屋基,进行扩建。远在西北的左宗棠,请好友夏献云进行设计,自己也在信中对房屋的改造提出了很多具体意见,比如"司马桥李氏屋可通为本宅前进,方向一式。惟头门宜改向西,中空一夹道。由头门进夹道,由夹道转进前栋正屋大门。大门以内,中为大厅;厅左为夹室,储书籍;厅右为吾会客之所。旁为住屋,前植花木,后为厨,足供栖止。……吾百年后,即为吾祠堂,可省修建之费也","三合土改作砖墙,所费更省,但底用眠砖,实砌五六尺上始灌斗砌,较坚固也"[1]家书诗文183,191。李氏房屋改造完毕后成为左宗棠府邸的正屋,与旧房连成一片。但左宗棠只是在光绪七年(1881)回湘省亲时住了7天。

左宗棠去世后,司马桥的房子也并没有作为左宗棠的祠堂,而是另在长沙北门湘春街盖了左文襄公祠[3]390。祠堂占地60亩,从临街一条巷道进去,正门坐西朝东,上书"左太傅祠"。祠内有池塘、假山、石舫,正殿背靠城墙,坐北朝南。殿内有文襄公的塑像,是檀木雕塑而成,手脚都能动,一年四季要换礼服。形象很威严,双目炯炯有神。1938年长沙"文夕大火",祠堂全部被焚。新中国成立后改建为长沙市工人文化宫(今长沙市第二工人文化宫)。改建时,当时的市长作过批示:"左宗棠的东西保留一点。"① 所以至今留着一座假石山。[12]

据左景伊先生回忆,司马桥是南北走向的一条小街,长约100米,宽约四五米,路面用麻石铺砌。这条街僻处长沙东北隅,却是南北通衢要道,终日熙熙攘攘,行人车辆不绝。[3]390 1938年11月,司马桥左宗棠府邸同样被毁于"文夕大火"。2004年,湖南省长沙市人民政府在司马桥左宗棠故居遗址立了"左宗棠故居原址"碑,以示纪念。

"文革"期间的1974年,位于长沙市雨花区跳马乡的左宗棠墓遭到破坏。墓穴被挖墓者用炸药炸开,棺椁被撬开,原"用白布缠裹着"的遗体被用镰刀割开、甩到墓外,但"棺内并无任何珍宝随葬"。[12]第二天清晨,守墓人后代黄十爹于心不忍,便命他儿子挖个土坑将左宗棠的遗体草草掩埋。1983年,经王震将军倡议,长沙市人民政府拨款修复已遭破坏的左宗棠墓。修复工程于1985年5月5日开工,9月5日告竣,10月19日遗骨重新入殓下葬,作为对左宗棠逝世100周年的纪念。

2012年11月24日至25日,在左宗棠200周年诞辰之际,湖南省有关部门在左宗棠的故乡湘阴县举行了隆重纪念活动。② 为此,湘阴县新建了左宗棠文化园、左宗棠生平事迹展览馆,修缮了左宗棠故居柳庄、左太傅祠等。活动期间还举行了祭拜左公、左宗棠200周年诞辰纪念座谈会、左公故里游等活动。曾任上海市副市长的左宗棠后人左焕琛,率领40多名左氏后裔参加了纪念活动。11月24日这天,苍天垂泪,湖南湘阴一直下雨。人们就在蒙蒙细雨中,缅怀这位在历史长河中为中华民族做出过突出贡献的中兴名臣、洋务先驱、爱国将领、民族英雄。

---

① 目前,该假山已被长沙市文物局列为一般不可移动文物。
② 2022年左宗棠210周年诞辰之际,湖南有关方面也举行了纪念活动。

【注释】

[1] 左宗棠.左宗棠全集［M］.长沙：岳麓书社，2009.

[2] 慈云阁诗钞［M］.刻本.中国国家图书馆，(1873) 同治十二年.

[3] 左景伊.我的曾祖左宗棠［M］.武汉：湖北人民出版社，2010.

[4] 王先谦.虚受堂文集［M］.刻本.（1900）光绪二十六年.

[5] 罗正钧.左宗棠年谱［M］.长沙：岳麓书社，1983.

[6] 秦翰才.左宗棠逸事汇编［M］.长沙：岳麓书社，1986.

[7] 中国第一历史档案馆.大清德宗景皇帝实录［A］.

[8] 赵尔巽，柯劭忞，等.清史稿［M］.北京：中华书局，1977.

[9] 中国第一历史档案馆.大清宣统政纪［A］.

[10] 中国第一历史档案馆.军机处上谕档［A］.宣统元年五月十一日.

[11] 秦国经，唐益年，叶秀云.清代官员履历档案全编［M］.上海：华东师范大学出版社，1997.

[12] 左景范.关于左宗棠长沙故居和墓园的回忆［J］.长沙文史，1992（12）.

第六章　幕府人才

就曾国藩、左宗棠、李鸿章幕府而言，人们经常说曾国藩幕府、李鸿章幕府人才济济，而左宗棠幕府人才乏善可陈。

持此观点者的一个论据，便是从曾国藩、李鸿章幕府走出的高官数量比左宗棠幕府多得多。

先说曾国藩幕府，仅以巡抚以上官员为例，据朱东安先生的统计，出身曾国藩幕府而后官至督抚及以上的——计有大学士2人：文华殿大学士李鸿章、东阁大学士左宗棠。军机大臣2人：左宗棠、钱应溥。督抚堂官23人：丁日昌、刘蓉、刘瑞芬、许振祎、沈葆桢、李兴锐、李明墀、李宗羲、李瀚章、何璟、庞际云、陈士杰、陈兰彬、陈宝箴、恽世临、倪文蔚、涂宗瀛、钱鼎铭、郭柏荫、郭嵩焘、梅启照、黄赞汤、靳方锜。"仅就掌握地方最大实权的各地总督而言，当时除河、漕二督外，主持军政者只有八个额缺。光绪元年至十年间全国先后担任是职者共有18人，其中湘、淮系统的官员12人，占总人数的三分之二，曾为曾国藩幕僚者即有6人，占总人数的三分之一。而光绪三、四两年情况尤为突出，不仅8名总督全属湘、淮系统官员，且曾为曾国藩幕僚者就有6人，占了总人数的四分之三。"[1]346—347

而从李鸿章幕府走出的巡抚及以上高官，根据欧阳跃峰在《人才荟萃：李鸿章幕府》一书中的统计：甲午战争之前的高官，有刑部尚书薛允升，以及郭嵩焘、刘郁膏、郭柏荫、丁日昌、王凯泰、钱鼎铭、涂宗瀛、倪文蔚、沈秉成、李秉衡、邵友濂、刘瑞芬等12名巡抚，共13人。甲午战争后，有邮传部尚书盛宣怀、刑部右侍郎伍廷芳，以及袁世凯、李兴锐、聂缉椝、周馥、杨士骧、吴廷斌、袁大化、孙宝琦等督抚8人。此外，淮军将领中，张树声曾由江苏、贵州两省巡抚升任两广总督、署理直隶总督，刘秉璋由江西、浙江巡抚升任四川总督，潘鼎新历任云南、湖南、广西三省巡抚，刘铭传先授福建巡抚后改任台湾巡抚。加起来为14人。两项相加，出身李鸿章幕府的督抚堂官不下27人。[2]56

这些人当中，像左宗棠能否算曾国藩幕宾、郭嵩焘能否算李鸿章幕宾等，都存争议。此外，淮军将领张树声、潘鼎新、刘铭传等为部属能否算幕宾也存疑问。同时也有像左宗棠、李鸿章等因既是大学士又是总督存在重复计算之嫌。但总体而言，曾李幕府走出的高官数量颇多，应该说是实情。

那左宗棠方面呢？

要想弄清楚这个问题，我们先对左宗棠幕府作一个梳理。

1 左宗棠幕府发展简史

按照《现代汉语词典》的解释，幕府为古代将帅办公的地方。幕府人员统称幕宾，可分为幕僚和幕友两种：幕僚最初指将帅幕府中的参谋、书记，后泛指文武官署中的佐助人员（一般是指有官职的）；幕友则多指地方官署中无官职的佐助人员，分管刑名、钱谷、文案等事务，俗称"师爷"。

以曾国藩幕府为例，其办事机构大体分为军政、粮饷两类。其军政办事机构主要有秘书处、营务处等；至于粮饷类，则有办理厘金、粮饷转运等机构。研究者做过统计，"曾国藩幕府的总体规模是颇为可观的，当不下四五百人"[3]277。仅秘书人员就有一二百人，"曾在曾国藩身边工作过的秘书人员大约有一二百人"[1]349。

一、左宗棠幕府人员鼎盛时期应该不下400人。

应当说，要想确切统计出左宗棠幕府人员的数量是比较困难的——有姓名可稽的，只是左宗棠亲自上折向朝廷奏调者；其他，比如出任浙江巡抚后，左宗棠曾委托广信府知府办理粮台，委托玉山县知县管理转运局，但其下面的办事人员，则难知其详；再比如，王加敏、沈应奎曾为左宗棠负责粮台办理多年，但王、沈手下工作人员的名姓等，多付之阙如。

至于薪俸方面。同治元年（1862），左宗棠曾让好友李桓帮忙找管刑名的幕友。其时，左宗棠说，"薪俸则不能多也"[4]书信一440。考证后发现，左宗棠给大部分幕宾的薪资应该是每月30两。光绪二年（1876），在给帮办陕甘军务刘典的信中，左宗棠曾说起给幕宾发工资之事，"拟加支应文案薪水，请即由尊处注册。莼农未定薪资，或即照芋僧每月三十两可耳"[4]书信三31。这可以说是左宗棠幕宾薪金水平的一个旁证。

左宗棠带兵之后的报销款项中，多有"随营办事文武及各台局当差员弁薪水，书役、工匠、护勇、长夫口粮、纸张、油红等项"[4]奏稿八102开支——如光绪元年正月初一日到光绪三年十二月底，左宗棠西征军共支出银2645万多两，其中此项支出为50.1万多两[4]奏稿七405；光绪四年正月初一日到光绪六年十二月底，共支出银1773.8万多两，其中此项支出为49.03万多两。[4]奏稿八102康雍乾时期，幕友薪资多以官员养廉银支付。这些用军饷支付薪水的"随营办事文武及各台局当差员弁"，仅是指左宗棠幕府中有官职的幕僚，还是包括掌管刑名、钱谷、文案的幕友，尚待考证。

以光绪元年到光绪三年为例，50万两的"随营办事文武及各台局当差员弁薪水，书役、工匠、护勇、长夫口粮、纸张、油红等项"开支，剔除纸张、油红等，姑且以人员薪资、口粮三年共40万两计算，每年约为13万两。如果按上文说过左宗棠给幕友的正常工资每年360两推算，幕府人员就有360人左右。当然，像护勇、长夫等的薪水自然低于幕友，因此保守估算，陕甘用兵期间，左宗棠幕府人员应当不少于400人。而根据《左宗棠全集》统计，先后被调入左宗棠幕府，有名字可查的，约为110人。也就是说，幕府的大部分人员都未留下名姓。

按入幕时间划分，这110人中，进兵江西期间入幕者9人，浙江巡抚时期24人，闽浙总督时期6人，陕甘总督时期33人，两江总督时期 12 人，督师闽浙时期 26 人。

二、最早幕府中只有四个人。

左宗棠幕府是从何时开始的？

左宗棠幕客出身，咸丰二年至咸丰九年先后为两任湖南巡抚做过 8 年幕宾。而他自己的幕府，则开始于咸丰十年（1860）。这年四月，廷旨命刚刚摆脱樊燮控案的左宗棠"以四品京堂候补，襄办曾国藩军务"。之后，他受曾国藩之命招募五六千人，组建楚军，六月二十四日（8 月 10 日）起在长沙南郊的金盆岭编练，以王开化总理营务，王开琳管理老湘营营务，杨昌濬、刘典辅助。这年七月，他对曾国藩说，"请王梅村总理全军事务，王毅卿办老湘营务，杨石泉、刘克庵诸公均入幕府"[4]书信一374。

王开化、王开琳为湘军将领王鑫的弟弟，咸丰七年王鑫江西病逝后，二人续统王鑫所创的"老湘营"。杨昌濬，最早从湘军将领罗泽南读书并跟随至湖北、江西与太平军作战，积功升为知县，咸丰六年起在家守父孝，咸丰十年应左宗棠之邀"以三个月为期"入左宗棠幕；刘典，则是左宗棠咸丰三年出任骆秉章幕府时就已赏识，经左宗棠推荐，骆秉章委任其办理宁乡县团练，后因剿匪有功被保为训导。他们四人，就是左宗棠幕府的最早成员。

早期的左宗棠幕府，还有几位特殊人员，那就是左宗棠的两个侄子左世延、左澂。咸丰十年十一月左宗棠取得乐平大捷，大败太平军黄文金部，收复德兴、婺源两城。事后，左宗棠将两位侄子列入奏保案中，只是连他自己也向儿子孝威承认，虽然很无奈但不这样难以向亲朋好友交代，"闵先生及癸哥、延哥均于乐平大捷案内保之，佑生亦与焉。此何足道，然非如是则又难处耳"[4]家书诗文44。

对于这一时期的幕府，左宗棠还是较为满意的。同治二年（1863）十二月，他曾有意让儿子孝威前来军营学习，"幕中多谨饬之士，尔来此学习，亦长才识"[4]家书诗文70。在给二哥左宗植的信中，左宗棠也说，"喜幕中多端士"[4]家书诗文89。

左宗棠早期幕府中，王开化最早崭露头角。咸丰十年因在江西乐平大败太平军李世贤部有功而被赏加布政使衔。遗憾的是，咸丰十一年（1861），王开化即病逝于军中。这让左宗棠伤心异常，直到同治五年（1866），他还伤感地对杨昌濬说道："自念金盆岭誓师以来，所相与周旋者，梅村、克庵及兄而三。梅村不幸早逝，未见其止。"[4]书信一650

至于刘典和杨昌濬，则与左宗棠共事更久。咸丰十年进兵江西后，刘典即领偏师征战，先后跟随左宗棠转战江西、安徽、浙江、福建、广东，积功官至浙江按察使。同治五年左宗棠调任陕甘总督后，奏调刘典为甘肃按察使、帮办陕甘军务，随后被赏三品卿衔，署理陕西巡抚。同治九年（1870），刘典以母亲年老多病为由，告假归养。光绪元年（1875），左宗棠受命以钦差大臣督办新疆军务后，再次奏调刘典来西北，以三品京卿候补帮办陕甘军务。此后，刘典升任太仆寺卿，并于光绪三年（1877）被授予头品顶戴，光绪五年（1879）病逝于甘肃。

杨昌濬也是跟随左宗棠转战江西、安徽、浙江等地，后升任浙江按察使、布政使、浙江巡抚。光绪元年九月，左宗棠从邸报中得知杨昌濬因病请假后，就想奏调杨昌濬来西北，但朝廷以"杨昌濬系封疆大吏，如令前赴军营，应如何位置之处，着该大臣先行奏明，请旨办理"[4]奏稿六318。可能是因一时没有合适的位置，左宗棠暂息此念。不久，杨昌濬因杨乃武与小白菜案被参革浙江巡抚一职。光绪四年（1878），帮办陕甘军务的刘典提出回老家侍奉母亲，左宗棠又旧事重提，奏调杨昌濬来西北帮办陕甘军务。此后，杨昌濬先后署理陕甘总督，出任漕运总督、闽浙总督等。

三、出任浙江巡抚后，幕府中出现了胡雪岩。

同治元年正月二十九日（1862年2月27日），刚刚出任浙江巡抚的左宗棠，一气奏调了17人来营听候使用，其中包括候补主事李云麟、自己的学生周开锡、好友夏献云的弟弟夏献纶等。①

进兵浙江之初，左宗棠将后勤补给基地设在江西——分别在广信

---

① 李云麟，字雨苍；周开锡，字寿珊，亦写作受三等；夏献云，字芝岑；夏献纶，字筱涛、小涛。

府设立粮台、在玉山县设立转运局。同在这一天，左宗棠奏调王加敏、胡光墉入幕，为自己大军办理粮台和转运事宜。王加敏（字若农）自咸丰四年（1854）起在湖南办理军需粮台，自此进入左宗棠幕府，长达20年；而胡光墉，就是大名鼎鼎的胡雪岩。

四、出任闽浙总督之初身边一度甚至没有幕友。

从咸丰十年到同治二年（1863）被任命为闽浙总督之间，左宗棠幕府的规模一直都比较小，一度甚至没有幕友。同治二年，已为闽浙总督的左宗棠，就向福建巡抚徐宗幹诉苦，"弟自入浙以来，无吏、无幕、无丁，凡百均以一身兼之，劳累实难言状"[4]书信一453。此时，王开琳、杨昌濬、刘典等都已独领一军作战，前方大营幕府无人，左宗棠只好自己动手写奏章。至于后方福州闽浙总督衙署的公文，只好请幕友打理了。这年，徐宗幹来信告知为左宗棠找了陈琴斋、朱仲彝二人帮忙处理总督署的往来文书。左宗棠感谢之余，从自己的养廉银中拿出钱来，给两位幕友发放四、五、六这三个月的薪水。

上文不是说同治元年左宗棠曾奏调了17人入幕府吗？原来，这些人来了之后，左宗棠都派到浙江地方为官，以致自己幕府空无一人。

同治四年（1865），左宗棠幕府重新壮大。这年，左宗棠督师入闽追剿太平军余部。鉴于福建吏治、军政积弊已重，人才凋敝，他于正月奏调浙江督粮道周开锡、记名道吴大廷、按察使衔福建候补道胡光墉、刑部员外郎张树荻4人速从浙江前来大营。与此同时，他甚至还请求朝廷从当年可出任知县的进士中，"多签十数员来闽，以供差委"[4]奏稿二6。这4人中，周开锡、胡光墉已是二度入幕。

五、总督陕甘时幕府出高官最多。

同治五年（1866）受命西征后，左宗棠奏调的第一个幕友，是此前即为其总理营务的刑部员外郎吴观礼（字子儁）。吴氏曾跟随左宗棠转战闽粤，同治四年十二月在平定太平军余部的嘉应州战役中，率左宗棠亲兵偷袭汪海洋后路，为击毙汪海洋立下战功，被左宗棠赞为"深明战略，不避艰险"[4]奏稿三116。同治五年九月，经左宗棠奏保，吴观礼升为道员补用，并赏戴花翎，从军西征。襄赞戎幕之外，吴观礼还潜心书史，著有诗集、文集以及《读鉴随录》30卷，官至翰林院编修。

从同治五年到光绪六年，左宗棠主政陕甘14年之久——先后用兵陕甘、新疆，事务繁多。相应地，在此期间奏调入幕的人员也最多，仅据《左宗棠全集》所载就有30人。而且，此时的幕友，后来出任高官的也最多：军机大臣、大学士王文韶，直隶总督兼北洋大臣谭钟麟，两江总督魏光焘，东河总督吴大澂，以及出任过新疆巡抚的刘锦棠、饶应祺等等。

六、总督两江时幕府多用陕甘旧部。

光绪六年（1880）左宗棠奉命入京，自然不再带着庞大的幕府，幕友多留地方。光绪八年（1882）二月出任两江总督后不久，他就上折一气奏调了17人来两江使用。[4]奏稿八65 这17人多为陕甘旧属，像王诗正是跟随多年的部将，刚刚在京畿完成永定河下游疏浚工程；谭信絜则是此前就在营务处并已升至按察使衔道员。当然，也有刚刚结识的京官，比如礼部主事王金彝，则是光绪七年左宗棠任职军机处半年多时所新识的，"臣供职京师，过从频数，稔知该员操履笃勤，通晓时务，堪以造就"[4]奏稿八65。

七、督师入闽后重组幕府。

光绪十年（1884），左宗棠被授钦差大臣督师入闽。之后，他陆续新调一批人员进入幕府，如三女婿黎福昌、曾国藩之侄曾纪渠。此时入幕的，还有此前曾为其办理文案的高维寅、唐承健，对"洋务、营务均极熟悉"的刘麒祥，"久历戎行，才明识卓"的陈鸣志，"心地正直，处事公平"的户部主事周滋大，"勤慎敏干"的刑部主事周朝树、内阁中书陶森甲，以及按察使衔江苏候补道李家骅、三品衔河南试用道许星翼、三品衔前湖南补用知府冒沅、同知衔浙江候补知县夏献鋆等。[4]奏稿八476,480,482 从九月十五日到十月十四日，短短一个月时间，左宗棠幕府就增加了12人。

文案人员之外，左宗棠还奏调了一批武官入幕：

黄少春本是左宗棠旧部，曾随左宗棠收复浙江，历任福建、浙江两省提督。光绪十年（1884）朝廷曾下旨令其募勇赴广西、江苏作战。光绪十一年（1885）正月，左宗棠将其奏调来营，总理行营营务，并统领7营兵马。[4]奏稿八514同年二月，又调记名提督、前陕西汉中镇总兵胡珍品等12人来营。这些人或因丁忧或因请假而闲散在籍，而且多为左宗棠在陕甘的旧部，像其中的江西候补通判顾长龄，还是被革职之员。[4]奏稿八515如此数来，被新调入幕的，至少有25人之多。

根据现有资料，左宗棠奏调的最后一位幕府人员，是光绪十一年六月奏调的广西委用副将、世袭一等伯赵永铭。光绪六年，左宗棠即认识赵永铭，当时就将其留营练习。之后，赵永铭被赏给二等侍卫，在皇帝面前当差，三年侍卫任满后被"以副将发往广西差遣使用"。光绪十一年三月，赵永铭过福州拜谒左宗棠；六月，左宗棠以"海疆多事，防务需才"[4]奏稿八535为由，奏请将赵永铭留营练习并由广西改归闽浙补用。

2　幕宾人员的来源

左宗棠幕府人员主要来自哪些方面呢？

首先是驻地乡绅。咸丰十一年，左宗棠从江西乐平进兵婺源。婺源为朱熹故里，"夙称文献之邦"[4]家书诗文33，当地绅士夏謇父讲求程朱理学，又熟悉时务。左宗棠获悉后延作幕友，负责为楚军筹买军粮。[4]附册266福建同安绅士叶文澜，同治三年（1864）在太平军余部攻占漳州后，曾"捐资雇募勇船，随同各军进剿，并收养各处难民，所费巨万"[4]奏稿二280。左宗棠部收复漳州后，叶文澜又捐银九千九百余两，办理浚河、修桥、收骸等善后事务。经左宗棠奏请，清廷将叶文澜由知府升为道员，并将蓝翎换为花翎。此后，左宗棠又将叶文澜延入幕府，负责从海上为左宗棠部运送军火、传递文报等。同治五年九月，左宗棠还以叶文澜运送军火"费省器良、妥速济用"以及转递文报"迅速无误，有裨军情"[4]奏稿三106之功，同时奏请朝廷为叶文澜与胡雪岩赏加布政使衔。清制，赏衔最高即为布政使衔，可见左宗棠对叶文澜和胡雪岩的重视。同治五年十一月离闽前往陕甘之际，左宗棠荐叶文澜交船政大臣沈葆桢使用，帮助创建福州船政局。

至于另一位由乡绅转为幕友的胡雪岩，事迹更是为人所知——他负责在上海为左宗棠筹借洋款、购买枪械军需，以及转运等。经左宗棠多次奏请，先后获赏布政使衔、一品封典等，光绪四年（1878）更是得黄马褂之赏。黄马褂本是只赏给内臣及有军功之人，胡雪岩以一商人而得之，堪称异数。

第二类是门生故旧。此类人员，占据了左宗棠幕府中的大多数。同治元年正月所奏调的17人中，就包括自己的学生周开锡、好友夏芝岑的儿子夏献纶等。除此之外，像王加敏，是早在湖南巡抚幕府时期的旧识。此类幕友，还有不少，比如左宗棠的故友李续宾曾任安徽巡抚，不幸于咸丰八年的三河战役中阵亡，其子李光久后来曾入左宗棠幕府，"从余江南总统营务"[4]家书诗文312。

旧识之外，还有旧部。同治十年（1871）十月，左宗棠奏调丁母忧在籍的河南按察使谭钟麟来陕甘练习边务。谭钟麟是左宗棠的湖南同乡，也是旧部——同治四年（1865）出任署浙江杭嘉湖道，为时任闽浙总督的左宗棠所赏识，称赞其"品正学优，才识卓越"[4]奏稿五144。

和左宗棠喜欢用门生故旧相对应的，是其幕府人员多次入幕成常态。比如李云麟，同治元年、光绪二年两次进入左宗棠幕府；比如周开锡，本在曾国藩幕府，左宗棠进兵浙江后前来投效，官至福建布政使，后因与新任闽浙总督吴棠不和，同治八年（1869）十月，经左宗棠奏请，前来陕甘总统甘南诸军[4]奏稿四186;奏稿五88；比如张树荻，同治四年、同治六年两度入幕。

奏调门生故旧入幕府，可谓贯穿左宗棠一生。周崇傅为回族人，曾为翰林院编修，后改任内阁中书、候选道员，此前曾在左宗棠幕府办理营务，为人"勤朴明练，洞晓机宜"[4]奏稿六405。光绪二年三月，左宗棠将其再度调入幕府，负责督办新疆税厘总局。光绪三年十二月，接署镇迪道。[4]奏稿六732 光绪七年（1881）左宗棠改任两江总督后，又将已升任盐运使衔、甘肃尽先补用道的周崇傅奏调来两江，并在奏折中盛赞周崇傅"品清望峻，刚明耐苦，操守之严，实一时所仅见"[4]奏稿八57。

刘璈，咸丰十一年即入左宗棠幕府襄办营务，以战功出任浙江台州府知府。同治十三年（1874）曾由钦差大臣沈葆桢奏调赴台湾。后因母亲去世而"回籍守制"。[4]奏稿六704光绪三年十月,左宗棠将其檄调来营,重新入幕,后来被任命为福建台湾兵备道兼提督学政。光绪十年,因基隆被法军攻陷以及被参侵吞厘金等入狱,中法议和后被遣戍黑龙江,光绪十二年(1886)死于戍所。

第三类是降革人员。和曾国藩幕府一样,容留降革人员,并让他们充分发挥作用,也是左宗棠幕府的一大特色。"太平天国革命时期,因失地革职的官员甚多。原来对这些官员所定律令甚严,后因太平军攻势过猛,失地官员太多,清政府遂通融解决,从轻处理,除情节特别严重的少数官员如青麐、何桂清外,一般不再处死,只革职了事。"[1]331左宗棠幕府,就有不少此类革员。这些革员,通过入左宗棠幕立功,不少很快就官复原职,甚至更上层楼。

福建金门右营水师游击陈允彩,因防守朝天岭失利而被革职。由于陈氏为水师出身,对水师情形十分熟悉,加之福建海防人才难得,同治四年三月,左宗棠奏请将陈允彩以水师都司留营,为其办理海防。

唐炯,为官四川期间因失地被参革。同治六年(1867)六月,左宗棠奏调时为四川即补知府的唐炯来军营效力。光绪年间,唐炯官至云南巡抚。

同治六年底,西捻军张宗禹渡黄河,并奔袭京畿。原山西按察使陈湜(字舫仙)因防范黄河不力,于同治七年(1868)被革职。同治九年七月,奉旨到左宗棠大营效力赎罪。陈湜本为湖南湘乡人,带勇5营来后,左宗棠让其总理营务。同治十年(1871),因在克复金积堡战役中有功,经左宗棠奏请,陈湜得以开复原官。

李云麟擅古文及经世之学,曾师事曾国藩。咸丰十一年,左宗棠出任浙江巡抚时,就觉得此人"刚明耐苦,质地实堪造就"。此后,李云麟曾升任署伊犁将军、布伦托海办事大臣,但"因事获咎"被革职[4]奏稿五408。同治十二年(1873)四月,左宗棠将其调入幕府。当时,李云麟以丁父忧等为由,未能前来。光绪二年二月,守丧期满的李云麟再入左宗棠幕府,并随总理行营营务的刘锦棠率师出塞,为肃清新疆北路、规复新疆南路"侦察贼情,诹稽地利"。仅仅过了6个月,经左宗棠奏保,"已革副都统衔前布伦托海办事大臣"李云麟于光绪二年八月得以"开复副都统衔,并赏还翎枝"。[4]奏稿六481

杨岳方本为湖南衡州府一被革职的教谕,后入左宗棠幕府,在克复乌鲁木齐战役中立功,被开复原官并免缴捐复银两;再因在"克复吐鲁番各城尤为出力"[4]奏稿六616,经左宗棠奏保,得以免选教谕,升为知县并优先补用。

前署乌里雅苏台将军长顺,满洲正白旗人,"壮健能战,人亦爽直"[4]奏稿六723,因与前署乌里雅苏台参赞大臣互参,于同治十三年被革职。光绪三年十一月,左宗棠奏调长顺前来军营效力。长顺此后历任署巴里坤领队大臣、哈密帮办大臣。光绪八年,清廷任命哈密帮办大臣长顺为伊犁段分界大臣,依据《中俄改订条约》,与俄国代表勘界后签订《伊犁界约》。光绪九年(1883)二月,又奉旨勘分新疆南段界务。此后,长顺历任乌鲁木齐都统、正白旗汉军都统、吉林将军。

第四类是原曾国藩、李鸿章幕府人才。同治五年奉命西征后,左宗棠即开始留意关陇人才;同治六年(1867)初经湖北、河南入陕西途中,更是悉心寻访。六月二十四日(7月25日),他上折奏调知盐运使衔直隶候补道祝垲入幕。祝垲曾在曾国藩、李鸿章军中任职营务处,虽能力出众但恃才自傲,因此在曾、李幕中"未尽其用"[4]奏稿三377。陕甘平乱后,祝垲于同治十三年被赏加二品顶戴,署天津长芦盐运使。祝垲自幼天赋聪明,博学多识。虽一生戎马倥偬,但手不释卷,著有《体微斋日记》《爽亭斋易说》《语录》等书。清代诗人施补华,曾入曾国藩幕府,为人沉默寡言而被怀疑狂傲,也不为曾国藩所喜。施补华后转入左宗棠幕府,曾为左宗棠撰写《候选训导左君墓志铭》。后又入张曜幕府,因功升至道员。除了祝垲、施补华,由曾国藩幕府转入左幕的,还有马复震、史致谔、周开锡、章寿麟、易孔昭等人。

第五类是友朋推荐的人。王家璧与左宗棠素昧平生,当年前云贵总督贺长龄、林则徐曾向左宗棠说起王家璧万里寻亲之事,左宗棠听后,觉得"非晚近士夫所有,心窃敬之"[4]奏稿三669。同治七年(1868),王家璧以候补五品京堂身份遵旨前往左宗棠军营效力。当时，左宗棠正在追击渡黄河直扑京畿的西捻军，王家璧也跟着转战河南、直隶，帮助严防运河东岸，并负责办理运河东岸团练。受命之后，他在运河东岸动员了壮丁约6万人参加团练，新筑堡寨60多座，使得捻军无隙可乘。当地百姓因免于战乱而给王家璧送来万民伞。这年七月，捻军被镇压后，经左宗棠奏保，王家璧得以升为四品京堂候补。有趣的是，光绪元年海防塞防大讨论期间，此时身为御史的王家璧，还专门上折，请求朝廷处分主张放弃西北的李鸿章。这，也算是王家璧对左宗棠知遇之恩的一种回报吧。

第六类是特殊幕友。在左宗棠幕府中，还有些特殊人物：

比如他的三女婿黎福昌（字尔民）。黎的父亲黎吉云（又名黎光曙，字樾乔）为道光十三年（1833）进士，后官至江南道监察御史，比左宗棠大18岁，是左宗棠的好友。虽然黎家长期为官，但黎吉云"不喜治生产，所得钱随手散去"[4]家书诗文307，加上黎家孩子多——黎吉云就有5个儿子，因此黎福昌虽为江西知县，但三女儿左孝琳家过得并不宽裕——来信中竟有"典尽押绝"之说[4]家书诗文127。可怜天下父母心，左宗棠对三女儿一家颇为挂念，时常接济——同治八年（1869）就一次性寄去400两。很长一段时间，左宗棠每年只给家里寄200两银子。相比之下，他给三女儿的钱，应属不少了。

光绪二年，黎福昌当了一段时间知县之后，还想高升，便捐了道台。左宗棠虽然不赞成，但也无法阻止，在家书中流露出无奈之感，只好继续接济。光绪四年，又寄去千两银子，让三女儿买屋出租，收息以补贴家用，"尔民捐升道员，自趋窘境，将来恐无收束，吾意宜以千金为其买屋收租息，为三姊衾余私蓄，聊资补贴"[4]家书诗文183。

光绪十年，左宗棠奉命赴福建督师后，于八月奏调黎福昌入营务处，为其办理江西九江湖口后路粮台，并负责"督饬各分局转运军饷、办解军火、军装"。左宗棠此举，被秦翰才评为"此为宗棠引用私亲之第一次"[5]209。中法议和后，裁撤后路台局，黎福昌回浙江候补。左宗棠在考语中，评价黎福昌"委办局务差使，从无贻误"，希望朝廷能加以任用，"伏念军事初平，吏治为当务之急，细查该道员才具开展，如蒙圣明录用，当能尽其所长，以报国称"[6]档号:03-5204-027。

551

另一个较为特殊的幕友是曾纪渠。

曾纪渠是谁？是曾国藩弟弟曾国潢的儿子，过继给战死军中的曾国葆，也就是曾国藩和曾国荃的侄子。曾纪渠原为广东连州直隶州知州。光绪九年，曾国荃署理两广总督，曾纪渠按例回避，改发江西。光绪十年三月，左宗棠开缺两江总督，由曾国荃接任。江西属于两江管辖，如此一来，曾纪渠又得回避。由于一时没有合适的职位，曾纪渠一下子由实缺官员变成了只有官衔而无职位的闲职。

左宗棠得知后，便于九月将曾纪渠调来营中总理营务。但正在此时，曾纪渠接到广东巡抚送部引见的咨文，按例需请假进京。十二月，经左宗棠奏请，朝廷同意将曾纪渠改发福建使用。如此一来，曾纪渠既能免于舟车劳顿和不知被派往何处的担心，在福建还能得到左宗棠、杨昌濬等父辈故友的照拂。光绪十一年六月，中法议和之后，左宗棠亲自上折称赞曾纪渠"年富才优，沉毅豁达"[4]奏稿八494，是州县官员中不可多得的人才，并安排曾纪渠回广东，以便更好发挥所长。

3 如何选择幕宾？

首先看人品——要端庄正直。

同治五年九月，左宗棠奏调在陕西长大的湖南人、同治进士谢维藩（字麟伯）赴陕甘大营幕府。

奏调谢维藩，一个重要原因，就是觉得谢氏品行端正。左宗棠在奏稿中如此评价，"其人学优品卓，才识闳通，实有干略"[4]奏稿三120。谢维藩入幕后颇得左的赏识。同治七年，儿子左孝威进京参加会试期间母亲生病，左宗棠得知后大骂孝威不孝并不准其参加会试。后经谢维藩的斡旋，左宗棠才同意孝威参加考试。但谢维藩在左宗棠大营的时间很短，同治七年即奉命进京，出任翰林院编修。这年二月在给儿子孝威的信中，左宗棠还极力赞扬谢维藩的人品，希望孝威与其多接触，"性行肫笃，君子人也，尔可以师友之间待之"[4]家书诗文112。谢维藩后来还出任山西学政。遗憾的是，光绪四年，年纪尚轻的他不幸病逝。

此外，像光绪三年十一月，左宗棠奏调翰林院编修吕耀斗、吴大澂入幕，一个重要原因，也是看中此二人的品行，"翰林院编修吕耀斗，志正行方……翰林院编修吴大澂，前任陕甘学政，臣于晤谈之余，悉其器识轩昂，才品卓越"[4]奏稿六723。

左宗棠为何如此看重幕友的人品？在左宗棠看来，做幕友不应避权，"幕所办之事，本是官事，若是避揽权之嫌，则除是不办事也"[4]书信一388。揽权之外，因办理厘金、漕粮等俗务，幕友还会揽钱。如此，更需讲求品行。左宗棠曾对刘典说，"营务猥杂，令凡才品庸下者，均不得冒居其间"[4]书信二141。是呀，幕府，尤其是总理营务的幕府，工作繁杂，既需要和各方面的人士打交道，又需要抵御银钱粮秣的诱惑，品行不端、情商不高者，岂能胜任？一个例子，幕友曾岚生有能力、肯干事，但"英锐而少涵蓄"[4]书信二141——也就是说话过于直率、不善于处理人际关系，同治八年，就曾引发刘典的不满，最后只好离开。

其次看才干——要足以济事。

咸丰八年（1858）时，左宗棠曾向胡林翼如此评点过曾国藩的幕友周寿昌，说"周荇农虽素行不孚于人，然其才智亦足济事（吾乡翰林明白者，此君耳），涤请入幕司章奏，以幕友处之，实无不可"[4]书信一277。左宗棠言下之意，虽知周寿昌品行上有不足，但才干突出，时值用兵之际，纵然有德配孔孟者，如果不能办事，又有何益？周寿昌后来回京供职，出任内阁学士，还与左宗棠成为好友。张树荚两度被左宗棠奏调入幕。左宗棠之所以如此器重他，是因为张氏"性情伉爽，通晓方略"[4]奏稿三120。

第三看气质——要临事有静气。

汪廷栋是数学家汪莱的长孙，对数学、舆地学、测绘均深有研究，属清末有贡献的科技人物。同治年间，他随左宗棠到西北，最初在左宗棠幕中负责财务管理。光绪四年，陕西布政使崇保（字峻峰）曾有意将汪廷栋调署宁州道。左宗棠没有放，是因为觉得汪廷栋办事有条理、临事有静气，"至省城支应处需员总理……现在接办是汪廷栋，昨观其开具各款项，井井有条，甚为慰意。……未示拟令接署宁州，殊可无庸。宁州既非久局，支应又关紧要，为汪君计，固一动不如一静矣"[4]书信三392。此后在给杨昌濬的信中，左宗棠再度表扬汪廷栋临事有静气，"汪君总理支应，见其来牍，知为良才，以其临事而有静气也"[4]书信三414。汪廷栋后任甘肃河州知州7年，治理过黄河、湟水。辞官前，任陕西全省水利总局提调。

第四看精神——要勤劳耐苦，能骑马。

同治元年，刚刚出任浙江巡抚的左宗棠，托正在为曾国藩办理江西厘金的李桓帮忙找幕友，为自己办理诉讼方面的事务。其时，他对幕友的要求之一，就是胆大耐劳，"敝处无一时式幕友能办刑名例折者，此后照例事件似不可少，未知尊意中有无胆大耐劳之人，薪俸则不能多也"[4]书信一440。由于常年在外征战，甚至能骑马也成为左宗棠找幕友的一条标准。同治七年二月给儿子的信中，他就婉转批评吴子儁、陈淀生不够吃苦，"近十日来，昼夜骑马奔走如健儿，尚不甚惫。幕中如子儁、淀生诸人无不驰马者，亦不独我之耐劳"[4]家书诗文113。光绪三年，他奏调吴大澂的理由中，除了吴氏的人品才干之外，就有吴氏善骑马、能吃苦一条，"又善骑耐劳，留心边务，实为难得"[4]奏稿六723。

4 如何培养幕宾？

左宗棠曾担任湖南巡抚幕宾长达8年之久，对幕宾这一角色可谓有着独到的了解。相应地，对于如何培养幕宾，也有独得之秘。

一、要到地方历练。

同治五年，在给郭嵩焘的信中，左宗棠曾经透露将幕宾外放地方的安排，"弟自闽省肃清后，所有随行僚佐，多委署地方，办理局务"[4]书信一624。外放地方之外，左宗棠还让幕友到各台局历练。同治四年，他就让福建布政使周开锡将朱瑛、黄晃两位幕宾调至地方粮台或厘局历练，之后再委任为州县官员，"有随员留浙知县两员，一朱瑛，长沙人，诚实而精九章算法，又晓州县利弊，厘剔钱粮，可资其助；一黄晃，宁乡老诸生，朴介谨愿，可于各局中位置一席，俟其历练稍深，再委一小僻州县，可期胜任也"[4]书信一628。

夏献纶是左宗棠好友夏献云的弟弟。左宗棠为京官送礼等事务，多是委托夏献云完成的。相应地，左宗棠对夏献纶也是悉心栽培。咸丰十一年左右，夏献纶入幕，同治四年，31岁的他即被外放为府道——四品官员了。同治五年正月，左宗棠对夏芝岑说，"筱涛阅历渐深，学识、才品均非时流所能企及，现权汀漳龙道，措置均有余裕，甚为放心"[4]书信一676。经过地方官的历练后，夏献纶后来官至署福建布政使、赏布政使衔福建台湾道。

二、时常出面回护幕宾。

吴士迈为湖南巴陵人，曾在洞庭湖旁广设救生船救落水者，在当地颇有令名。咸丰十一年，他曾率宗岳军一营随李元度来左宗棠大营，当时左宗棠就有意延请吴士迈入幕。但得知左宗棠要裁撤李元度平江勇后，吴士迈"义不独留"。同治五年冬左宗棠出任陕甘总督，将吴士迈"延入戎幕"，并让其回湖南召募旧部，重组宗岳军。同治七年三月，宗岳军在陕西三水、淳化以少胜多，大获奇胜。经左宗棠专折奏保，吴士迈由从七品的中书科中书连升四级至从五品的员外郎衔，并赏戴花翎。[4]奏稿三607

同治九年，回民军从秦州奔袭陕西陇州、宝鸡边境，左宗棠调汉中镇总兵李辉武率兵阻击，并令吴士迈率宗岳军7营前往援助。由于所部信营营官朱德树未能遵令按时赶到指定地点，而且竟然"七调不至"[4]奏稿四340，吴士迈一怒之下，"斩朱德树以徇"——将朱德树军前正法。

按照清廷的规定，守备军衔以上军中人士的处分，需由督抚奏明朝廷请旨后才能实施，无论是军中营官还是一省督抚，都无权处理。朱德树虽为营官，是吴士迈的下属，但已被保至记名总兵，为二品衔，高于吴士迈的四品衔。按规定，吴士迈应该禀报左宗棠，再由左宗棠奏参后请朝廷治罪，而"不宜专杀"[4]奏稿四340，否则将被追究责任。同治九年，在吴士迈去世之际，经左宗棠奏请，朝廷才准予免参吴士迈擅杀朱德树之罪。

同治四年调入左宗棠幕府的张树荚，本是浙江即补知府，后被外放为甘肃巩秦阶道。同治七年，得知母亲在京城"衰病日增"，张树炎提出请假回家侍奉母亲。甘肃当时正在用兵，张树炎又是实缺道员，按制度，战时请假会被认为是逃避战事，将会遭到参劾。为了使张树炎免于被参，左宗棠亲自上折，证实张母年逾七旬、家中只有张树炎一个儿子，为张缓颊。最后，朝廷同意了张树炎的请假，要求张树炎养亲事毕后以道员归甘肃补用。

吴观礼是最早跟随左宗棠进入陕甘的幕友，同治七年因眼疾请辞。病势稍好后，吴观礼又提出回西北再入左宗棠幕。考虑西北风沙太大，对吴的眼睛不好，左宗棠没有同意吴观礼前来。光绪四年，吴观礼、谢维藩两位昔日幕友相继病逝，左宗棠分别送了赙银，还伤感地说，"旧好凋谢，殊难为怀"[4]书信三405。这样的例子，可以看出左宗棠对待幕友的人情味。

最能体现左宗棠对幕友之回护的，莫过于为云南巡抚唐炯说情一事。唐炯早前曾入左宗棠幕府。光绪十年（1884）的中法战争中，已官至云南巡抚的唐炯率兵镇守边关，未奉谕旨，即率行回省，以致清军溃败，越南的山西、北宁失守。清廷为此将唐炯革职、交刑部治罪。八月二十八日（10月16日），时为军机大臣的左宗棠上折胪列了唐炯在四川办理盐务、在云南推行矿务以及同治年间平定贵州苗乱之功，恳请朝廷严定唐炯罪名之后，仍让其立功赎罪，以观后效。左宗棠此折虽然为朝廷"留中"[4]奏稿八471、没有采纳，但唐炯最终还是被起用——先是被遣戍云南，交云贵总督岑毓英使用，又于光绪十三年（1887）以巡抚衔督办云南矿务，不久因病辞职回乡。

当然，左宗棠的回护也并不意味着毫无原则。李耀南从同治元年开始就为左宗棠部下，跟随左宗棠转战浙江、福建、广东。同治七年，经左宗棠奏调，已为二品顶戴、浙江即补道道员的李耀南改留陕西，在幕府帮助左宗棠料理营务。同治九年，已积功升至按察使衔、陕西补用道的李耀南，却因防护不力致使驻地居民屡遭劫杀，还有不遵调度拖延不押解军饷来兰州、挥霍无度等情状。左宗棠立即对其进行奏参。之后，清廷下旨将李耀南革职，"永不叙用，并不准投效军营"[4]奏稿四430。

三、对幕友功劳多是不吝奏保。

前文已经说过,不少被革职的官员进入左宗棠幕府后,很快凭军功等官复原职。比如陈湜、长顺。这些,自然离不开左宗棠的大力奏保。再比如杨昌濬,光绪元年因"杨乃武与小白菜案件"被免浙江巡抚之后,经左宗棠奏调,以"四品顶戴,帮办新疆善后事宜"。杨昌濬光绪四年十二月抵兰州,一年后即被任命为署理甘肃布政使并赏给三品顶戴,光绪六年八月被赏给头品顶戴。左宗棠奉旨进京之际,奏请由杨昌濬护理陕甘总督;十二月又改为会办新疆善后事宜。总办的副职一般分为会办、襄办、帮办等职级,杨昌濬由帮办改为会办,很明显,是得到升迁。[4]奏稿七101—102,221,409,508,571这些,都为他后来升任漕运总督、闽浙总督奠定了基础。

对于自己的幕友,只要他们确有功劳,左宗棠总是不吝奏保,而不一味讲求论资排辈。

湖南湘乡人罗长祜生于道光二十六年(1846),本为左宗棠营务处道员,后受委派帮助刘锦棠老湘营总理营务处,随同出征新疆。此时的罗长祜,只有29岁,但已被左宗棠评价为"谋勇兼资"。光绪二年七、八月间进攻玛纳斯城战役中,在金顺部久攻不下的情况下,罗长祜遵刘锦棠之命率部前来援助,因作战勇敢而被赏加按察使衔。第二年三月,刘锦棠进兵南疆达坂城,令罗长祜率5营人马援助攻打吐鲁番的徐占彪、孙金彪部。罗氏不但收复吐鲁番满、汉两城,而且招降了当地回民万余人。四月,左宗棠亲自上折,夸赞罗长祜"剿抚协宜,最为出力"。为此清廷赏给罗长祜二品顶戴及精勇巴图鲁名号。[4]奏稿六616

在王加敏身上,我们更能看到左宗棠对幕友的不吝奏保:王加敏本在湖南起家,早年因赴湖北通城与太平军作战有功而被赏以湖北知县、同知等职,后因在湖南办理局务等功又改归湖南使用。他的岳父,就是咸丰五年第一位向朝廷举荐左宗棠的御史宗稷辰。[5]353自咸丰十年(1860)起,王加敏就以湖南候补道员的身份为左宗棠办理粮台。左宗棠西征陕甘后,王加敏驻湖北武昌,总办陕甘后路粮台,被左宗棠评价为"公正廉明,操履笃实,与臣共事已久,相知最深"[4]秦稿八57。此后,左宗棠曾借平定陕甘之机,奏请朝廷赏给王加敏从一品封典、"遇有湖北道员缺出,请旨简放"[4]秦稿六397。但清廷只是于光绪二年(1876)二月下旨赏给王加敏从一品封典,至于改派湖北使用的请求,则被吏部以"与章程不符"为由驳回。

吏部所说的"与章程不符",指的是康熙年间对被革职官员复出所作的规定,"嗣后直省州县官亏空钱粮,被参离任后,赔补已完开复者,不准别省补用,仍以原缺补用,庶无规避之弊"[7]卷二四二。原来,同治元年,因怀疑王加敏在厘局的账目不清,湖南巡抚毛鸿宾曾奏请将王加敏暂行革职,"前据毛鸿宾奏参该员经用各款恐有浮冒侵蚀等弊。请暂行革职。仍责令在局查办旧案报销"[8]卷十九。后虽经湖南巡抚刘崐查明王加敏"经手省城收支各款,悉数相符"[4]秦稿八281,但清廷同时也下旨"仍以道员归湖南补用"。

也就是说,即使要将王加敏改派地方,也应该派往湖南,而不是湖北。

但左宗棠并未放弃。

光绪四年(1878),鉴于新疆军务已定、吏治需才,左宗棠又上折奏请将王加敏交"军机处存记,候旨擢用"。他告诉朝廷,王加敏办理陕甘后路粮台至今已19年,经手的款项不下数千万两,但"操守之廉洁、勾核之精详、采办转运之妥慎,臣军倚赖最久、最深"[4]秦稿七24。

如前,清廷并未采纳左宗棠的建议,而是将此折"留中"。

光绪六年(1880)九月,左宗棠出任两江总督,立即调年已62岁的王加敏由湖北改留江苏补用。光绪七年(1881)六月,淮扬海河务兵备道桂嵩庆请求开缺回籍。于是,左宗棠会同漕运总督杨昌濬、江苏巡抚卫荣光,奏请由王加敏补授此职。[6]档号:03-5825-072

此时,王加敏为二品顶戴、布政使衔,论级别是足以出任正四品的淮扬道。左宗棠在奏折中,虽一再强调"人地相需,例得专折奏请"[4]秦稿八282,但他自己也清楚与定例不符。果然,此折上后,被吏部"核与例意不符"而驳回。[4]秦稿八335 但左宗棠不为所动,于光绪九年(1883)九月底再次上折,引用"河道总督所属江南淮扬道、淮徐道、淮海道，准该督抚拣选谙练河务者，具题引见补授"[4]奏稿八335的惯例，奏请清廷将此职授予王加敏。

十月初五日（11月4日），清廷下旨，承认"吏部核与例章不符"而驳回的做法正确的同时，也照顾老臣脸面，破例同意了左宗棠之奏请，由王加敏署理江苏淮扬海道员，只是表示"嗣后不得援以为例"[9]卷一七一。

四、最终失欢的幕友也不在少数。

考察左宗棠与幕友的关系，还发现一点，最后和他失欢的幕友不在少数。比如幕友成定康（字涤泉），同治十一年（1872）被保为道员、外放地方，先后出任署陕西延榆绥道、甘凉道，后来还升任甘肃按察使。光绪三年，因与左宗棠在某案件的查处上失和，上折解职，悻悻而去。比如魏铭，因为与左宗棠不和，同治八年告病辞幕，后来在去西安看病时，说了不少左宗棠的坏话，"捏造蜚语，四处腾达"[4]书信二141。再比如李云麟，光绪二年重新进入幕府后，变得言语不够检点，"入营以来，加意箴贬"[4]书信三303，引发营内人心浮动；此外，去塔城办案时没有遵循左宗棠的指示而自行办理，使得左宗棠感觉"诞妄过甚，不堪造就"[4]书信三303。光绪四年，李云麟因病请假，左宗棠趁机将其"资遣回旗"，让其回所属的汉军正白旗效力。[4]奏稿七26虽然左宗棠出资让其雇大车4辆返程，外给盘缠300两，后又从自己的养廉银中追加了1000两，但李云麟并不满意，一路攻击左宗棠"秉性褊急，夙无容人之量"[10]5。不仅如此，他还批评左宗棠"能伸独断，不能集众思"，以致难以听到属下建议，虽"不辞劳瘁，巨细亲躬"，但"决不肯以事权假人，每每顾此失彼"。[10]6

或许是因为与左宗棠失欢的幕友为数不少，以至于晚清名士王闿运在比对中兴三大臣胡林翼、曾国藩、左宗棠的用人时曾说，"胡文忠能求人才，而不知人才；曾文正能收人才，而不用人才；左季高能访人才，而不容人才"[11]726。

五、过于亲力亲为，不敢对幕友放手使用。

令人遗憾的是，在悉心培养自己幕府人才的同时，左宗棠其实更多的是亲力亲为、不敢放手。他自己在同治八年给刘典的信中也承认说，"弟于营务诸君，向皆以情意孚洽，至于大事大疑，则颇取独断，不贵苟同。除王贞介一人为生平所推服，未尝一语违忤外，如阁下及石泉，则间有可否，不嫌异同。自此以后，则一手包揽，未敢委以重寄"[4]书信二140。

王贞介，即王开化，楚军初成时即入幕总理营务。由此信可知，左宗棠幕府人才中，他言听计从的，只有王开化一人。但王开化早于咸丰十一年病逝。至于杨昌濬与刘典的建议，偶尔还会拒绝。其他的幕友，左宗棠则基本不敢重用。

为何不敢放手？光绪三年，在给刘典的信中，左宗棠解释，"近年弟处营务，均由弟裁决，未尝假手他人。……一经诸公参预，便觉头绪纷纭，反费寻讨"[4]书信三176—177。原来，左宗棠觉得事情经幕友讨论、参与后，反而复杂化，难以抉择。为此，遇到大事，他多是一人独断，请来的幕友，则多是从事造册、点验兵勇等，并未参与机要事务，"但请谨司册籍及点验兵勇，而机务不预焉"。这固然体现了左宗棠的能干，但这种"手挥五弦、目营四表"的情况，在左宗棠精力壮盛之时，或能支撑，长此以往，也让他感慨食少事繁、劳累难支，"凡百均以一身兼之，劳累实难言状，现复膺此重任，竭蹶何堪？"[4]书信一453而且，此种做法，也限制了幕府人才的成长。

5 幕府中出了哪些高官？

左宗棠幕府出了哪些高官？和曾国藩、李鸿章幕府相比，高官的数量究竟是多还是少？

仅以官至督抚一级的为例，至少有14人，其中还有大学士、军机大臣1人。

王文韶，字夔石，浙江人。用兵陕甘时，为了解决西征军的粮饷、军火供应，左宗棠在武昌设陕甘后路粮台，在襄阳设水陆转运总局，在河南荆紫关设陆运分局，在西安设甘肃总粮台。同治六年正月，左宗棠奏派王加敏、王文韶在武昌总办陕甘后路粮台。王文韶后来成晚清重臣，先后出任湖南巡抚、云贵总督、直隶总督兼北洋大臣，以户部尚书、协办大学士入值军机，被授体仁阁大学士、文渊阁大学士、武英殿大学士。

杨昌濬，字石泉，湖南人，从咸丰十年左宗棠刚刚领兵时就入左宗棠幕，后独领一军，在平定浙江时立下战功，历任浙江按察使、布政使。同治九年起正式出任浙江巡抚。光绪元年因杨乃武与小白菜案件被免职。光绪四年四月，经左宗棠奏请，清廷赏给杨昌濬四品顶戴、帮办新疆善后事宜。光绪五年九月又赏给三品顶戴，署理甘肃布政使，仍帮办甘肃新疆善后事宜。[4]奏稿七409光绪五年，杨昌濬从兰州前往肃州看望左宗棠，有感于沿途所见左宗棠在西北种树的成就，写下了脍炙人口的《恭送左公西行甘棠》——"大将筹边尚未还，湖湘子弟满天山。新栽杨柳三千里，引得春风度玉关"。光绪六年，左宗棠奉旨调京入值军机，杨昌濬护理陕甘总督，后出任闽浙总督、陕甘总督等。

谭钟麟，号文卿，湖南人，早年曾任职浙江，为左宗棠部属。同治十年经左宗棠奏调来军营历练陕甘边务，第二年即护理陕西巡抚，之后历任陕西、浙江巡抚，陕甘、闽浙、两广总督，官至直隶总督兼北洋大臣。他的儿子谭延闿，在近代史上也是大名鼎鼎，曾任湖南省政府主席、广州国民政府主席。

魏光焘，字午庄，湖南人，魏源的族侄孙。咸丰六年入湘军，从曾国荃攻吉安，办老湘军营务。后隶左宗棠军，随赴陕甘平乱。光绪初升任平庆泾固化道道员、甘肃按察使、甘肃新疆布政使、护理新疆巡抚。后历任陕西巡抚、陕甘总督、云贵总督、两江总督等。

陶模，字方之，浙江人。同治七年进士，改翰林院庶吉士，由杨昌濬推荐给左宗棠。陶模墓志铭撰写者陈豪回忆说："时湘乡杨太傅抚浙，豪居幕府。一日出示疏稿特荐公，有学宗宋儒、才德兼备、可大用之语。调任皋兰。"[12]962杨昌濬将陶模推荐给左宗棠，左宗棠立即加以任用，入幕一段时间后出任甘肃文县知县。同治十一年，左宗棠对杨昌濬说："文县陶令，志趣不苟，又有条理，的是良材。陇中吏事颇敝之秋，得此令人气壮，已调首县矣。"[4]书信二322左宗棠所说的"首县"，即隶属于兰州的皋兰县。同治十二年，左宗棠还在甘肃推广陶模捐廉办学、推崇礼教的做法，盛赞陶模"深识治原，迥异俗吏"[4]札件327，要求新任文县县令延续陶模做法。陶模在秦州知州任上被左宗棠奏为"勤明练达，政声素著"[4]奏稿七318，此后历任署甘肃按察使、直隶按察使、陕西布政使、护理陕西巡抚等。光绪十七年（1891）升任新疆巡抚，后署陕甘总督，光绪二十六年（1900）调两广总督。

吴大澂，字清卿，江苏人，同治朝进士，光绪三年入左宗棠幕府，后历任陕甘学政、广东巡抚、东河总督、湖南巡抚。

王加敏，字若农，浙江人，为左宗棠办理粮台局务20余年，后任江苏淮扬道，护漕运总督。

刘锦棠，字毅斋，湖南湘乡人，随叔父刘松山入陕甘作战，为老湘营总理营务。刘松山阵亡后，经左宗棠奏请，统领老湘营。后出任收复新疆前敌总统、总理西征各军营务，亲率大军收复新疆南北各地。新疆建省后，成为首任甘肃新疆巡抚。

唐炯，贵州遵义人，咸丰、同治年间为官四川，因失地先后为两任四川总督骆秉章、吴棠所劾而被革职。同治六年六月，左宗棠奏调时为四川即补知府的唐炯来军营效力。光绪年间，唐炯官至云南巡抚。

饶应祺，字子维，湖北人，幼年聪颖好学，曾自制浑天仪，12岁即考上秀才。饶应祺在左宗棠幕府10年，后迁兰州道、署按察使等。光绪二十一年（1895）任新疆巡抚。光绪二十八年（1902）调任安徽巡抚，赴任途中在哈密病逝。

潘效苏，字少泉，湖南湘乡人。咸丰十年八月起，左宗棠率楚军向皖、赣边界进发。随着军务增多及楚军的不断壮大，幕府进一步扩充了营务人员，成定康、潘效苏等在此时先后入幕办理营务。潘氏后来历任西宁府循化同知、迪化直隶州知州、署伊犁府知府、甘肃按察使、甘肃新疆布政使等。光绪二十八年，任甘肃新疆巡抚。

刘典，字克庵，湖南人，与杨昌濬同时入左宗棠幕府，后独领一军，在平定浙江时立下战功，任浙江按察使；同治五年左宗棠出任陕甘总督后，奏请调刘典来西北，历任甘肃按察使、督办陕西军务、署理陕西巡抚等。

沈应奎，字吉田，浙江人，主持左宗棠西征粮台事务，历任福建泉州知府、台湾布政使、护理台湾巡抚。

周开锡，字寿珊（也写作受三），湖南人，早年受教于左宗棠，曾在左宗棠幕府筹办军饷，历任福建布政使、护理福建巡抚、陕甘南路诸军总统等。

至于左宗棠幕府中官至二品但未任督抚的，也不少，诸如夏献纶、张树棻、吕庭芷、成定康、李云麟、陈湜等等。

综上所述，左宗棠幕府中走出的高官，7人官至总督（其中含军机大臣、大学士1人，护理总督1人），7人官至巡抚（其中护理巡抚3人）。在总数上，虽不如曾国藩幕府23位、李鸿章幕府27位督抚多，但人数也不少，而且官至总督者，多达7人，还高于曾国藩幕府。如果算上部将，还有曾任广东巡抚的蒋益澧、曾任山东巡抚的张曜等等。

为何左宗棠幕府所出的督抚高官人数不如曾国藩、李鸿章幕府多呢？

个中原因，首先是左宗棠长期担任陕甘总督。当时全国八大总督中，两江、直隶、两广总督最为重要——他们管辖的地带，经常和洋人打交道，在当时大兴洋务运动的热潮中，懂洋务的人才自然更受重用。陕甘、新疆为"荒远寒苦之区，四方才俊多不愿赴"。[4]奏稿六722 左宗棠就曾慨叹，辖下"深明大略、能识治体者"[4]奏稿六723 十分缺乏。即使有，也难为中枢所识见。左宗棠虽然也出任过两江总督，但时间很短，而且当时年事已高。

再者，如前所述，左宗棠为人干练，没有大胆放手，使得幕友缺乏历练机会，也影响了更多幕友的脱颖而出。

第三，左宗棠所奏保、推荐的人才，并非只是自己的部下，比如他曾推荐过曾国藩的儿子曾纪泽，一手提拔曾国藩的女婿聂缉椝（字仲芳）等等，并没有刻意培养自己的派系集团。

此外，还有运气的原因，那就是左宗棠幕府中年轻有为者不少早逝，比如夏献纶32岁就署理福建布政使、34岁时就被赏加按察使衔，为从二品官员，但光绪五年年仅45岁时就病逝；比如周开锡，年仅

40岁就出任署福建布政使兼福建船政局提调,也是从二品官员,但同治九年44岁时病逝;罗长祜,年轻有为,未满30岁即出任新疆阿克苏道首任道尹(相当于知府,四品),光绪十年37岁时逝世。其他像吴观礼,年仅49岁病逝;谢维藩光绪四年去世时年仅40岁,以致同为左宗棠幕友的吴可读(字柳堂)写下如此挽联:"是国家可惜人,叹四十韶华,君不长年我偏寿;为亲友辄作恶,下两行老泪,别犹足恨没何堪。"[13]

对于曾、左幕府人才差异的现象,《清史稿·左宗棠传》则认为与左宗棠的性格、胸襟有关——左宗棠"刚峻自天性",在与曾国藩、胡林翼交往时,"气陵二人出其上"。这样的性格和气度,使得左宗棠对幕宾过于求全责备,造成其幕府不如曾国藩幕府之盛,"然好自矜伐,故出其门者,成德达材不及国藩之盛云"[14]12035。

【注释】

[1] 朱东安. 曾国藩传[M]. 天津:百花文艺出版社,2001.

[2] 欧阳跃峰. 人才荟萃:李鸿章幕府[M]. 长沙:岳麓书社,2001.

[3] 董丛林. 曾国藩传[M]. 北京:人民出版社,2011.

[4] 左宗棠. 左宗棠全集[M]. 长沙:岳麓书社,2009.

[5] 秦翰才. 左宗棠全传[M]. 北京:中华书局,2016.

[6] 中国第一历史档案馆. 军机处录副档[A].

[7] 中国第一历史档案馆. 大清圣祖仁皇帝实录[A].

[8] 中国第一历史档案馆. 大清穆宗毅皇帝实录[A].

[9] 中国第一历史档案馆. 大清德宗景皇帝实录[A].

[10] 李云麟. 西陲事略[M]//中国方志丛书:西部地方:第三十六号. 台北:成文出版社,1968.

[11] 王闿运. 湘绮楼日记[M]. 长沙:岳麓书社,1997.

[12] 陈金林,等. 清代碑传全集:上册[M]. 上海:上海古籍出版社,1987.

[13] 陈琳,程凯. 吴可读楹联[J]. 对联:民间对联故事,1997(6):11.

[14] 赵尔巽,柯劭忞,等. 清史稿[M]. 北京:中华书局,1977.